Die Stadt Bonn und ihr Umland

Ein geographischer Exkursionsführer

ARBEITEN ZUR RHEINISCHEN LANDESKUNDE

ISSN 0373 - 7187

Herausgegeben von

P. Höllermann · W. Matzat · K.-A. Boesler · J. Grunert

Schriftleitung: H.-J. Ruckert

Heft 66

Die Stadt Bonn und ihr Umland

Ein geographischer Exkursionsführer

Herausgegeben von

Eckart Stiehl

1997

In Kommission bei

FERD. DÜMMLERS VERLAG · BONN

— Dümmlerbuch 7166 —

Die Stadt Bonn und ihr Umland

Ein geographischer Exkursionsführer

Herausgegeben von
Eckart Stiehl

Mit 103 Abbildungen, davon 5 auf 4 Beilagen
und 27 Tabellen

In Kommission bei
FERD. DÜMMLERS VERLAG · BONN
1997

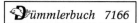

Dümmlerbuch 7166

Gedruckt mit Unterstützung des Landschaftsverbandes Rheinland

ISBN 3 – 427–7166 1– 9

© 1997 Ferd. Dümmlers Verlag, 53113 Bonn

Druck und Einband: Druckerei Plump OHG, 53619 Rheinbreitbach

Vorwort

Der 51. Deutsche Geographentag 1997 in Bonn ist dem zuständigen Ortsausschuß Anlaß, der interessierten Öffentlichkeit neben einer wissenschaftlichen Festschrift auch einen Exkursionsführer über die Stadt Bonn und ihr näheres und ferneres Umland zu überreichen. Es ist dies in der langen Geschichte der Bonner Geographischen Institute die erste Veröffentlichung dieser Art; sie war seit langem überfällig und gewinnt zum jetzigen Erscheinungstermin angesichts der jüngsten politischen Entwicklung und ihren daraus resultierenden weitreichenden Konsequenzen für den Standort Bonn vielleicht eine besondere Aktualität.

Trotz des Bestrebens, eine gewisse Vereinheitlichung bei der Beschreibung der Exkursionen zu erreichen, sollten Individualität und Stil der Manuskripte dennoch erhalten bleiben, um dem persönlichen Anliegen der Autorinnen und Autoren gerecht zu werden. Durch die unterschiedliche Vorgehensweise bei der Routenbeschreibung soll ein möglichst weit gefaßter Kreis von Nutzerinnen und Nutzern dieses Exkursionsführers angesprochen und angeregt werden, sich mit den vielseitigen geographischen Aspekten der Bundesstadt Bonn und ihres näheren und weiteren Umlandes durch die Beschäftigung „am Objekt" und „vor Ort" intensiver zu befassen.

Räumlicher Schwerpunkt dieses Bandes ist die Stadt Bonn, die von den einzelnen Autoren ganz bewußt unter den unterschiedlichsten thematischen und räumlichen Gesichtspunkten dargestellt wird. So werden nach einer geographischen Einführung einer großen - das gesamte Stadtgebiet umfassenden - Exkursion mehrere kleinere, auf einzelne Stadtteile oder auch Themen begrenzte und in entsprechend kürzerer Zeit durchführbare Exkursionen zur Seite gestellt. Aspekte, die bei der einen Exkursion eher eine untergeordnete Rolle spielen, können über Querverweise im Text an anderer Stelle einer vertieften Betrachtung unterzogen werden.

Was die Exkursionen in das nähere und fernere Umland betrifft, mußte auf die Darstellung einiger Teilräume leider verzichtet werden; dies nicht zuletzt deshalb, weil einige Autorinnen bzw. Autoren ihre ursprüngliche Zusage zur Mitarbeit vor allem aus zeitlichen und berufsbedingten Gründen kurzfristig zurückziehen mußten. Dennoch ist es gelungen, einen weitgespannten Raum vom Niederrhein bis zum Mittelrhein und vom Hohen Venn bis in den Bereich der südlichen Westeifel „exkursionsmäßig" darzustellen.

Möge dieser Exkursionsführer dazu beitragen, ein größeres Verständnis für die Strukturen und Funktionen der beschriebenen Räume einschließlich ihrer möglichen Probleme und Verletzbarkeiten zu bewirken.

Bonn, im August 1997   Eckart Stiehl

Inhalt

Bonn und seine Region

Geoökologische Grundlagen, historische Entwicklung und Zukunftsperspektiven

Hans Dieter Laux und Harald Zepp

1 Vorbemerkung

Überblicksdarstellungen über traditionsreiche Universitätsstädte und ihre Region sind keine Seltenheit; sie werden in unregelmäßigen zeitlichen Abständen meist zu Geographentagen oder anderen Kongressen verfaßt. Nachdem auch Verlage dem verstärkten Streben breiter Bevölkerungsschichten nach regionaler Identität und dem ungebrochen propagierten Umweltbewußtsein durch entsprechende populärwissenschaftliche Publikationen nachgekommen sind, kann die nachfolgende, dicht gedrängte Darstellung der landschaftsökologischen Grundzüge des Bonner Raumes nicht ohne erläuternde Vorbemerkungen bleiben.

Einerseits soll ein solcher Überblick eine rasche Einordnung der in diesem Band zusammengefaßten Exkursionen ermöglichen, ohne ergänzende Literatur bemühen zu müssen; andererseits soll die Darstellung der naturräumlichen Grundlagen Hintergrundinformationen für das Verständnis der historischen Entwicklung Bonns und seiner Region bieten. Die heutige räumliche Organisation von kulturellen, sozialen und wirtschaftlichen Aktivitäten der Wohn-, Arbeits- und Freizeitbevölkerung kann noch weniger als in früheren Epochen alleine durch Grundmuster der physisch-geographischen Landschaftsstruktur erklärt werden; dennoch bleibt unverkennbar, daß in historischer Zeit Grundzüge der Nutzungsverteilung und Siedlungsstruktur an das räumlich differenzierte Leistungsvermögen des Naturraums angelehnt waren. Diese Raumstrukturen sind bis in die Gegenwart persistent geblieben. Die im 20. Jahrhundert beschleunigte Entkoppelung des Siedlungs- und Wirtschaftswachstums von den lokalen oder regionalen naturräumlichen Voraussetzungen zieht ihrerseits Konsequenzen nach sich, die in der politischen Diskussion als Phänomene einer ökologischen Krise wieder an Aktualität gewinnen und eine Beschäftigung mit den naturräumlichen Lebensgrundlagen des Menschen unabdingbar machen. Daß eine Entschärfung ökologischer Probleme auch maßstabsübergreifende Ansätze auf globaler und europäischer Ebene erfordert, mag die Bedeutung naturräumlicher Gegebenheiten und landschaftshaushaltlicher Prozesse auf regionaler Ebene zwar relativieren, jedoch nicht in Frage stellen.

Vor allem im 19. Jahrhundert spielte für die Entwicklung Bonns zur Universitätsstadt und zum bevorzugten Alterswohnsitz vermögender Bevölkerungsschichten die im Geiste der Romantik als "landschaftlicher Reiz" oder "landschaftliche Schönheit" wahrgenommene naturräumliche Vielfalt der Region im Übergangsbereich zwischen Mittelgebirge und Niederrhein eine herausragende Rolle. Es ist bemerkenswert zu sehen, daß mit der wachsenden Bedeutung sog. weicher Standortfaktoren für die Stadt- und Regionalentwicklung diesem landschaftlichen Potential offenbar erneut ein besonderer Stellenwert für die Zukunft Bonns nach dem Verlust der Hauptstadtfunktion zukommen wird.

2 Relief, Gesteine, Substrate und ihre Bedeutung für die Nutzung

Bonn und seine nach dem Kartenausschnitt (Abb. 1) abgegrenzte nähere Umgebung haben Anteil an verschiedenen geologisch-geomorphologisch geprägten naturräumlichen Einheiten im Übergangsbereich zwischen der Eifel, dem Westerwald, dem Bergischen Land und der Niederrheinischen Bucht (vgl. PHILIPPSON 1947, S. 8; PAFFEN 1953). Zwischen Mehlem und Bonn tritt der Rhein im Godesberger Taltrichter, in der Siegburger Talweitung tritt die Sieg aus dem Rheinischen Schiefergebirge in das quartär geformte Terrassenrelief der Niederrheinischen Bucht (vgl. Geomorphologische Übersichtskarte in GRUNERT 1988). Wechselfolgen von Sand-, Schluff-, Tonsteinen sowie Grauwacken, Quarziten und Tonschiefern des Unterdevon bilden in der Nordeifel, in Teilen des Westerwaldes und im Bergischen Land das oberflächennahe Festgestein. Diese Gebiete weisen einen ausgeprägten Faltenbau auf, den sie der variszischen Gebirgsbildung (Oberkarbon) verdanken. Großflächig werden die Festgesteine von quartären Decklagen aus Hangschutt und Lößlehm überdeckt. Im Pleiser Lößhügelland und im Drachenfelser Ländchen sind stellenweise tertiäre Lockersedimente (Tone und Sande) in abbauwürdiger Mächtigkeit zwischengeschaltet. Das Relief der Bonn umrahmenden Mittelgebirge trägt Züge eines im Mesozoikum und Tertiär eingeebneten Gebirgsrumpfes (Rumpfflächen, Altflächen) mit geringen Höhenunterschieden im Niveau der Wasserscheiden. Südlich von Meckenheim und Rheinbach sind diese Teile des Altreliefs zur Niederrheinischen Bucht hin abgebogen (QUITZOW 1978), andernorts hat die jungtertiäre-quartäre Bruchtektonik (AHORNER 1962, SCHÜNEMANN 1958) und Abtragung denudativ überformte Bruchlinienstufen entstehen lassen. Aufgrund der tektonischen Absenkung gegenüber den Hochlagen der Eifel und des Westerwalds sind in der Umgebung des Siebengebirges, im Drachenfelser Ländchen (MEYER 1994, S. 246; SPIES 1986) sowie am Eifelnordrand südlich von Rheinbach auf den Gesteinen des Unterdevon Reste der tiefgründigen mesozoisch-tertiären Verwitterungsrinde (FELIX-HENNINGSEN 1990) erhalten. Diese durch Verlust an Gesteinsfestigkeit und

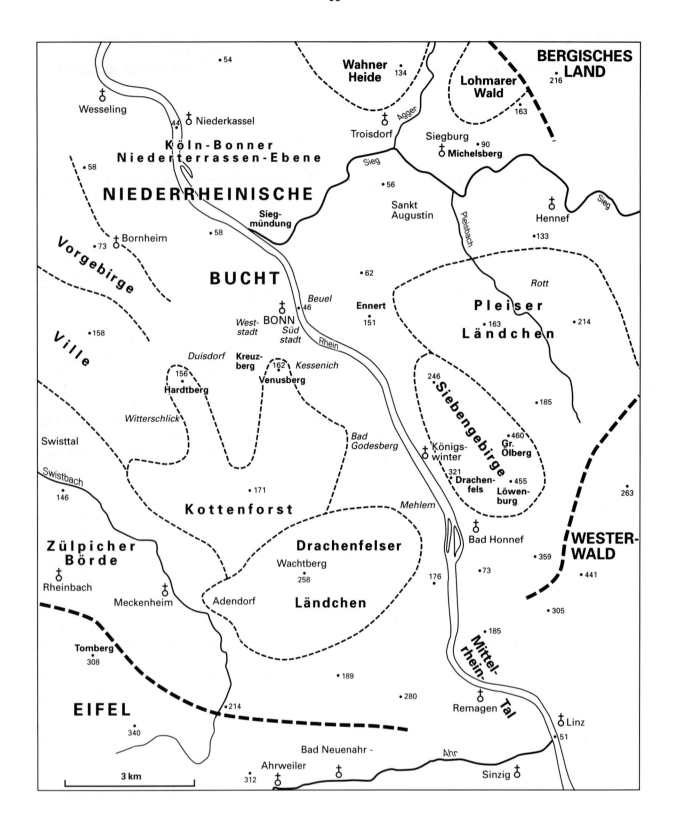

Abb. 1: Naturräumliche und topographische Übersicht des Bonner Raums

hohe Tongehalte gekennzeichneten Bildungen (Saprolit) verursachen geotechnische Probleme bzw. Mehrkosten im Rahmen des Straßenbaus und der Erschließung von Siedlungsflächen sowie Nachteile für die Land- und Forstwirtschaft. Bei künstlichen Hanganschnitten können Rutschungen auftreten (HARDENBICKER 1994). Die tonreichen Verwitterungsprodukte bilden verbreitet die wasserstauende, lößlehmfreie peri-

glaziäre Basislage der Böden am Eifelnordrand und im nördlichen Westerwald und sind somit die Ursache für kräftig entwickelte Pseudogleye.

Der Einbruch der Niederrheinischen Bucht begann im Oligozän, aus dem Meeresvorstöße bis in das Rheinische Schiefergebirge bekannt geworden sind (BRELIE et al. 1981). Ab dem Miozän wurden die den Bonner

Raum begrenzenden Mittelgebirge weit über den ehemaligen Meeresspiegel gehoben; diese Hebung hält bis heute an. Im Südwesten des Kartenausschnitts steigt die Nordeifel auf Höhen über 300 m an, im Nordosten ist der Rand des Bergischen Landes mit Höhen über 200 m erreicht. Der Rhein verläßt das betrachtete Gebiet bei 44 m ü. NN. Die größten Höhen werden im Siebengebirge (Großer Ölberg 460 m, Löwenburg 455 m) erreicht. Sie gehen auf den Vulkanismus zurück, dessen Hauptphase im Oberoligozän stattfand (TODT/LIPPOLT 1980). Ihm verdankt die Bonner Umgebung eine besondere Vielfalt an vulkanischen Gesteinen und Strukturformen.

Das Siebengebirge südwestlich von Bonn stellt das Zentrum des tertiären Vulkanismus der Bonner Umgebung dar. Hier treten kuppenbildend vor allem Trachyte, Latite und Basalte hervor. Diese Festgesteine waren als Quell- und Staukuppen (subvulkanisch) in zuvor geförderte mächtige Ablagerungen aus Trachyttuff (CLOOS 1948, CLOOS/CLOOS 1927, MEYER 1988, FRECHEN 1976) eingedrungen. Später sind die umgebenden weicheren Schichten durch Denudation und Erosion abgetragen worden, so daß das Siebengebirge als komplexe Vulkanruine erhalten geblieben ist. Die Tuffe, die dem variszischen Sockel großflächig auflagern, bilden in tieferen Reliefpositionen den oberflächennahen Untergrund, die vulkanischen Festgesteine sind als Härtlingskuppen herauspräpariert. Neben den zahlreichen basaltischen Kuppen des Siebengebirges sind die Bergkegel des Michelsbergs in Siegburg, der Godesburg, des Tombergs bei Rheinbach und des Drachenfelser Ländchens besonders reliefprägend.

Das Siebengebirge war in den vergangenen Jahrhunderten wegen seines Reichtums an nutzbaren Gesteinen geschätzt (BURGHARDT 1979). Bereits die Römer richteten den Steinbruch im Drachenfels-Trachyt ein; diese Trachyte wurden auf dem Rhein verschifft, so daß man sie auch an vielen Profanbauten und Kirchen des Mittelalters entlang des Niederrheins antrifft. Basalte wurden für die Verwendung als Bausteine, zur Uferbefestigung entlang der Flüsse sowie als Schotter für den Eisenbahn- und Straßenbau gewonnen; manche Trachyte eigneten sich als Schamottsteine im Ofenbau. Nach fast 100 Jahre währenden, teilweise heftigen Auseinandersetzungen mit am Naturschutz interessierten Bürgern sind seit 1922 die Gesteine des engeren Siebengebirges durch die Ausweisung als erstes Naturschutzgebiet Deutschlands vor der weiteren Gewinnung geschützt. Somit ist auch das einzigartige Kuppenrelief erhalten geblieben.

In der Niederrheinischen Bucht, deren Südende in der Umgebung von Bonn weder tektonisch noch durch Substrate scharf abgegrenzt werden kann, sind tertiäre Ablagerungen erhalten, die in der Vergangenheit abgebaut wurden. Das traditionelle Töpferhandwerk in Adendorf bei Meckenheim verwendete ursprünglich die dort vorkommenden Tone, die als korrelate Sedimente zur Abtragung der mesozoisch-tertiären Verwitterungsdecke der Eifel angesehen werden. Ähnliche Tone wurden früher bei Witterschlick abgebaut. Sande und Kiese des Vallendar-Typs, die Sedimente eines eozän-oligozänen Flußsystems, das die Eifel noch vor den intensiven tektonischen Bewegungen des Mittel- und Jungtertiärs querte, sind örtlich im Drachenfelser Ländchen gewonnen worden.

Die weitaus überwiegenden Sedimente der Niederrheinischen Bucht gehen auf relief- und substratbildende Prozesse im Quartär zurück (vgl. Abb. 2). Nachdem bereits im Pliozän Rhein und Sieg das Schiefergebirge in einer flachen Talung bei Bonn verließen (vgl. zusammenfassend KAISER 1961, BIBUS 1980, GRAMSCH 1978, GRUNERT 1988), wurden das Alternieren der pleistozänen Kalt- und Warmzeiten und die allgemeine Hebungstendenz des Schiefergebirges für die Formung ausschlaggebend. Der unter periglaziären Klimabedingungen stark schuttüberlastete Rhein trat als verzweigter Fluß (braided river) in die Niederrheinische Bucht ein. Seine starke Sedimentführung geht auf die gesteigerte morphodynamische Aktivität im Einzugsgebiet zurück: es war durch eine vegetationsarme, reliefierte Tundrenlandschaft mit Permafrost gekennzeichnet. Abspülung und Solifluktion führten den Bächen und Flüssen große Sedimentmassen zu, die während der sommerlichen Schmelzhochwässer transportiert wurden.

Wegen des nachlassenden Gefälles beim Eintritt in die Niederrheinische Bucht sank die Transportkapazität des Rheins, die Flußfracht wurde abgelagert, und der Rhein begann sich weitflächig zu verzweigen. Diese fächerartige Verbreiterung setzte bereits weit südlich von Bonn, nördlich des heutigen Laacher Sees, ein. Die Hauptterrassenkiese und -sande, vielfach stratigraphisch gegliedert und wohl sämtlich mehr als 500.000 Jahre alt (MEYER 1994, S. 453), sind im Drachenfelser Ländchen, auf dem Ennert und am Nordrand des Pleiser Ländchens verbreitet; im Kottenforst, auf dem Villerücken und in der Zülpicher Börde bilden sie das Liegende der Würmlösse. Aufgrund tektonischer Verstellungen während und nach der Ablagerung unterscheiden sich Mächtigkeiten, Niveaus der Terrassenoberflächen und die Neigung der Terrassenbasen. Die westliche Begrenzung der Ville entlang der Swist (SCHÜNEMANN 1958), die Bruchlinienstufen am Ostrand des Duisdorfer Grabens (FRÄNZLE 1969), die den Kreuzberg und Venusberg horstartig als weit nach Norden vorgeschobenes Höhengebiet hervortreten lassen, sind an Verwerfungen gebunden, die auch die liegenden Tertiärsedimente und devonischen Gesteine durchsetzen. Morphologisch weniger auffällig sind Verstellungen der Hauptterrassensedimente im Bereich des Siebengebirgsgrabens im Pleiser Hügelland. Durch die Verwitterung der Terrassensedimente sind die Quarzkiese und Quarzitgerölle relativ angereichert. Sie wurden und werden insbesondere dort abgebaut, wo sie an Bruchlinien in erhöhter tektonischer Position oder an

Erosionsrändern frei ohne nennenswerte Überdeckung anstehen.

Mittelterrassenablagerungen von Rhein, und untergeordnet der Sieg, kommen nur noch östlich der durch den Kottenforst und die Ville gebildeten Hauptterrassenhochfläche vor. Deren Ostrand wird als denudativ überformter Erosionsrand (TROLL 1957) des mittelpleistozänen Rheines angesehen. Westlich des Rheins sind die Mittelterrassen von zum Teil mehrere Meter mächtigem Würmlöß bedeckt, östlich trägt die Mittelterrasse als sog. Heidesandterrasse eine gleichaltrige Flugsanddecke. Auch in der Bad Honnefer Talweitung und in einem breiten Saum am Nordrand des Siebengebirges und im Pleiser Hügelland zwischen Beuel und St. Augustin bis nach Hennef werden die Mittelterrassensedimente durch entsprechend jüngere äolische Deckschichten überlagert.

Im Mittelrheintal gehören die Mittelterrassen bereits zu den Engtalterrassen, da sie dort leistenartig den Talhang begleiten, der nach der Bildung der jüngeren Hauptterrassen durch kräftige Tiefenerosion des Rheins entstanden ist. Auch im Bonner Raum ist dieser Unterschied zwischen den 150-160 m hoch liegenden Hauptterrassenflächen und dem 70-80 m-Niveau der Mittelterrassenoberfläche beträchtlich und landschaftsbildprägend. Die Lösse, die die gesamte Bonner Landschaft außerhalb der Niederterrassenflächen, einiger exponierter Steilhangbereiche und der holozänen Aufschüttungen überziehen, erreichen ihre größten Mächtigkeiten im Raum zwischen Meckenheim und Rheinbach sowie an der Ostabdachung der Ville, die allgemein als "Vorgebirge" bezeichnet wird. Hier sind Mächtigkeiten bis 20 m nachgewiesen. Auch im Drachenfelser Ländchen und im Pleiser Hügelland sind Lößmächtigkeiten von mehreren Metern weit verbreitet (vgl. JANUS 1988, HENSCHEID/ZEPP 1995).

Rheinwärts schließen sich, meist durch einen markanten Erosionsrand mit bis über 10 m Stufenhöhe von der Mittelterrasse abgesetzt, auf tieferem Niveau (50-60 m ü. NN) die weiten Niederterrassenflächen an; die Niederterrassenebene erreicht zwischen Köln und Bonn eine Breite von 10 km. Ihre Schotter und Sande stammen aus der Würm-Kaltzeit und werden in ausgedehnten Kiesgruben unterhalb der Grundwasseroberfläche im Naßbaggerverfahren gewonnen. Das Relief der Niederterrassenflächen ist durch muldenförmige, geschwungene Tiefenlinien, die reliktischen Altarme aus dem Präboreal, gegliedert. Sie entstanden zur Pleistozän/Holozän-Wende, als sich der verwilderte kaltzeitliche Strom in einen mäandrierenden Fluß umwandelte. Diese Umstellung des Flußgrundrißtyps war eine Folge der Verstetigung des Abflusses zu ganzjähriger ausgeglichener Wasserführung; nach dem Abtauen des Permafrostes wurden die Flüsse wieder durch zuströmendes Grundwasser gespeist; der Oberflächenabfluß verlor an Bedeutung. Der Sedimenthaushalt von Rhein und Sieg paßte sich der nachlassenden Sedimentnach-

lieferung aus dem Einzugsgebiet an, die Hänge wurden durch die warmzeitliche Vegetationsentwicklung und Bodenbildung stabilisiert.

Die quartären Terrassensedimente an Rhein und Sieg bilden ergiebige Grundwasserlagerstätten. An der unteren Sieg betreibt der Wahnbachtalsperrenverband ein Grundwasserwerk, das neben der Talsperre östlich von Siegburg zur Versorgung des Rhein-Sieg-Kreises, der Stadt Siegburg und der Stadt Bonn mit Trinkwasser dient (KRÄMER 1992). Die mittlere langjährige Grundwasserneubildung beträgt auf ackerbaulich genutzten Schluffböden im Raum Rheinbach ca. 140-150 mm (ZEPP 1995). Wegen der Niederschlagszunahme (vgl. Kap. 4) dürften im Siegburger Raum die Werte bei etwa 160 mm liegen, auf sandigen Böden ist mit Neubildungshöhen von deutlich über 200 mm zu rechnen (vgl. HENNIG 1992, KRÄMER 1992).

Im Präboreal und Frühholozän wurden auch Auensande und Auenlehme gebildet, die der Rhein bei Hochwässern über den Terrassenkiesen und -sanden sedimentierte. Sie sind die Grundlage für die landwirtschaftliche Nutzung auf der Niederterrasse. Einige Niederterrassenareale, die den noch fluvial aktiven Rinnen benachbart waren, sind von Flugsanden überzogen; typische Dünenreliefs sind jedoch durch Umgestaltungen im Rahmen der Besiedlung nicht mehr erhalten.

Die noch in historischer Zeit von Überflutungen betroffenen Auen an Rhein und Sieg (vgl. DIETZ 1967, ZEPP 1984) sind durch den Bau von Hochwasserdämmen vor allem auf der rechtsrheinischen Seite und an der Sieg verkleinert worden; trotz wasserbaulicher Maßnahmen im Mündungsbereich in den Rhein bietet die Sieg unterhalb von Siegburg eine ausgedehnte zusammenhängende, regelmäßig überflutete Auenlandschaft mit entsprechendem Kleinrelief und Resten naturnaher Vegetation. Dieser Raum ist für den Naturschutz und die Naherholung gleichermaßen bedeutsam (vgl. Exkursion B2b).

Relief und Untergrund haben in den vergangenen Jahrhunderten die raumzeitliche Differenzierung der Wirtschaft und Flächennutzung stärker beeinflußt als im 20. Jahrhundert. Dies betrifft nicht nur die bereits besonders herausgestellte Gewinnung mineralischer Rohstoffe. Eine lebhafte Schilderung der das endogene Potential des Bonner Raums nutzenden Raumstruktur gibt PHILIPPSON (1996). Grundzüge der heutigen Flächennutzung (vgl. Kap. 5) zeigen noch immer eine gewisse Bindung an die Relief- und Substratdifferenzierung.

Bezeichnenderweise lehnen sich die großen überregional bedeutsamen Verkehrslinien, die entlang der Rheinschiene die Wirtschaftsräume am Niederrhein mit dem Rhein-Main-Gebiet verbinden, an die geologisch-geomorphologischen Strukturen an. Die Bundesautobahn A 61 nutzt die bereits von der mittelalterlichen "Krönungsstraße" bevorzugte Verbindung von Rheinbach zum Mittelrhein durch eine südliche Fortsetzung des Meckenheimer Grabens, die Bundesautobahn A 3 (Köln-Frankfurt) umgeht ebenso wie zukünftig die Trasse der ICE-Strecke das enge Rheintal und nutzt den relativ flachen Anstieg auf den Westerwald, der im Pleiser Ländchen gegeben ist. Dagegen verliert das Rheintal an Bedeutung für den überregionalen Verkehr, wenngleich durch zwei Bundesstraßen, zwei Fernverkehrsstrecken der Deutschen Bahn und den Rhein als internationale Schiffahrtsstraße die Verkehrsdichte nach wie vor hoch ist.

3 Böden, potentielle Vegetation, land- und forstwirtschaftliches Nutzungspotential

In ihrer Verschiedenartigkeit spiegeln die Böden des Bonner Raums (Abb. 2) die unterschiedlichen, hauptsächlich im Quartär gebildeten bodenbildenden Substrate wider. Sie bestimmen zusammen mit dem Klima die bedeutsamsten ökologischen Standortbedingungen, die in der potentiellen natürlichen Vegetation ihren komplexen Ausdruck finden. Abgesehen von den verschiedenen Typen des Buchenwaldes gibt es im Bonner Raum wie in der Niederrheinischen Bucht einige boden- und reliefbedingte pflanzengeographische Besonderheiten. Sie sollen im folgenden im Zusammenhang mit den Bodenformen und dem Nutzungspotential erläutert werden.

Im holozänen Überflutungsbereich von Rhein und Sieg dominieren braune Auenböden; je nach Korngrößenzusammensetzung der Hochflutsedimente trifft man 6-20 dm mächtige schluffige Lehme oder lehmige Sande an. Die Hochwassergefährdung ist die Ursache dafür, daß die Böden vorzugsweise grünlandwirtschaftlich nutzbar sind. Rhein- und Siegauen wären gekennzeichnet durch Eichen-Ulmenbestände, von denen sich allerdings nur noch vereinzelte Reste vor allem im Mündungsbereich der Sieg erhalten haben. Auf den ebenfalls auesedimentbedeckten, hochwasserfreien Niederterrassenflächen überwiegen die Parabraunerden aus sandigem Lehm. Die Bodenzahlen nach der Bodenschätzung können 75 erreichen, je nach der Mächtigkeit des für die Wasser- und Nährstoffspeicherung entscheidenden Auelehms.

Der Maiglöckchen-Perlgras-Buchenwald ist die standortgemäße Vegetation für die dicht besiedelte und nur im Norden Bonns agrarisch genutzte Niederterrassenebene. Flugsandbedeckte Niederterrassenteile beiderseits des Rheins erreichen nur bis maximal 40 Bodenpunkte, sie sind allerdings für den Spargelanbau in Bornheim-Alfter gut geeignet (vgl. Exkursion B2a). Auf diesen Standorten wäre ein trockener Flattergras-Traubeneichen-Buchenwald zu erwarten (TRAUTMANN 1973). Während die Mittelterrassenareale östlich des Rheins, in der südlichen Wahner Heide und im Raum Bonn-Beuel, St. Augustin und Hennef ebenfalls flugsandbedingt Braunerden aus lehmigem Sand tragen und nur mittlere Bodenzahlen erreichen, sind die lößbe-

deckten Mittelterrassen westlich des Rheins bevorzugte Agrarstandorte. Auf häufig über 20 dm mächtigem Löß haben sich Parabraunerden gebildet, die bis 85 Bodenpunkte erreichen. Vergleichbare Böden trifft man großflächig im Raum Rheinbach und Meckenheim an. Die ackerbaulich gut nutzbaren, ebenen Flächen der Lößbörde zwischen Rheinbach und Meckenheim sowie die ebenfalls günstigen Lößstandorte im Drachenfelser Ländchen würden natürlicherweise von Maiglöckchen-Perlgras-Buchenwäldern eingenommen. Im Drachenfelser Ländchen südöstlich des Godesberger Baches sowie im nördlichen Pleiser Hügelland sind ähnliche Standorte verbreitet; häufig beträgt die Lößmächtigkeit nur zwischen 10 und 20 dm. Von der Bodenerosion betroffene Lößstandorte sind durch Pararendzinen gekennzeichnet. Für die landwirtschaftliche Nutzung ungünstige Böden tragen die Hochflächen des Kottenforstes und der Ville. Über den an ihrer Oberfläche verdichteten Hauptterrassensanden und -kiesen variiert die Mächtigkeit der aufliegenden Lößlehme in einem weiten Bereich bis 15 dm. Insbesondere bei Mächtigkeiten um 1 m bilden sich ungünstige staunasse bzw. wechselfeuchte Pseudogleye aus. In der Regel sind diese Böden mit mittleren Bodenzahlen nicht landwirtschaftlich genutzt, was allerdings auch auf historische Ursachen zurückzuführen ist. Hier lagen die von den Bonner Kurfürsten bevorzugten, bewaldeten Jagdreviere. Dies sind die Maiglöckchen-Stieleichen-Hainbuchenwälder, die vor allem auf die linksrheinische Hauptterrassenflur mit geringmächtiger Lößlehmbedeckung beschränkt sind. Entsprechende Bestände trifft man heute noch im Kottenforst an; sie sind besonders reich an Winterlinde.

Die westliche Bruchkante des Villehorstes wird gesäumt von sandigen Braunerden, ebenso wie der rheinwärtige Rand der Hauptterrassen-Hochfläche, der durch zahlreiche Tälchen reich gegliedert ist. Am Eifelfuß zwischen Rheinbach und Meckenheim dominieren wiederum Pseudogleye, die auf im Unterboden stark verdichteten Solifluktionsdecken ausgebildet sind. Sie enthalten lehmig-tonige Reste der präquartären Verwitterung des Rheinischen Schiefergebirges. Hainsimsen-Buchenwälder bilden hier die potentiell natürliche Vegetation.

Eine ähnliche Vegetation ist im Siebengebirge auf Braunerden und Pseudogleyen zu erwarten, die auf Trachyttuffen und umgelagertem Lößlehm verbreitet sind. Die Bodenarten wechseln zwischen grusig-steinigem, sandig-schluffigem und schluffig-tonigem Lehm. Wegen der großen Reliefenergie und der Lage im Naturschutzgebiet scheiden auch diese Standorte für die landwirtschaftliche Nutzung weitgehend aus. Kleinflächig im Drachenfelser Ländchen und im Siebengebirge trifft man auf Braunerden auf vulkanischen Festgesteinen, deren Basensättigung stark vom Chemismus des Ausgangsgesteins abhängt. Im Siebengebirge tritt auf den nährstoffreicheren basischen Vulkaniten der Perlgras-Buchenwald hinzu.

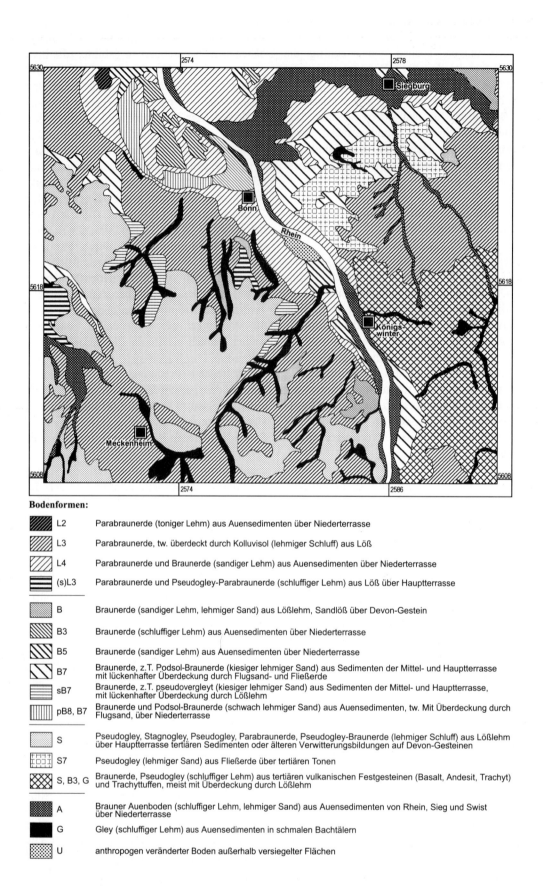

Bodenformen:

▨	L2	Parabraunerde (toniger Lehm) aus Auensedimenten über Niederterrasse
▨	L3	Parabraunerde, tw. überdeckt durch Kolluvisol (lehmiger Schluff) aus Löß
▨	L4	Parabraunerde und Braunerde (sandiger Lehm) aus Auensedimenten über Niederterrasse
▤	(s)L3	Parabraunerde und Pseudogley-Parabraunerde (schluffiger Lehm) aus Löß über Hauptterrasse
▨	B	Braunerde (sandiger Lehm, lehmiger Sand) aus Lößlehm, Sandlöß über Devon-Gestein
▨	B3	Braunerde (schluffiger Lehm) aus Auensedimenten über Niederterrasse
▨	B5	Braunerde (sandiger Lehm) aus Auensedimenten über Niederterrasse
▨	B7	Braunerde, z.T. Podsol-Braunerde (kiesiger lehmiger Sand) aus Sedimenten der Mittel- und Hauptterrasse mit lückenhafter Überdeckung durch Flugsand- und Fließerde
▤	sB7	Braunerde, z.T. pseudovergleyt (kiesiger lehmiger Sand) aus Sedimenten der Mittel- und Hauptterrasse, mit lückenhafter Überdeckung durch Lößlehm
▥	pB8, B7	Braunerde und Podsol-Braunerde (schwach lehmiger Sand) aus Auensedimenten, tw. Mit Überdeckung durch Flugsand, über Niederterrasse
▢	S	Pseudogley, Stagnogley, Pseudogley, Parabraunerde, Pseudogley-Braunerde (lehmiger Schluff) aus Lößlehm über Hauptterrasse tertiären Sedimenten oder älteren Verwitterungsbildungen auf Devon-Gesteinen
▦	S7	Pseudogley (lehmiger Sand) aus Fließerde über tertiären Tonen
▨	S, B3, G	Braunerde, Pseudogley (schluffiger Lehm) aus tertiären vulkanischen Festgesteinen (Basalt, Andesit, Trachyt) und Trachyttuffen, meist mit Überdeckung durch Lößlehm
▨	A	Brauner Auenboden (schluffiger Lehm, lehmiger Sand) aus Auensedimenten von Rhein, Sieg und Swist über Niederterrasse
■	G	Gley (schluffiger Lehm) aus Auensedimenten in schmalen Bachtälern
▦	U	anthropogen veränderter Boden außerhalb versiegelter Flächen

Abb. 2: Bodenübersichtskarte des Bonner Raumes. Entwurf: K. Holzmüller, H. Zepp nach Bodenkarten des GLA NW: SCHALICH (1972, 1974), SCHNEIDER (1980, 1983)

Tab. 1: Mittlere Niederschlagshöhen (mm)

Station	See-höhe (m)	J	F	M	A	M	J	J	A	S	O	N	D	Jahr	Quelle
Köln-Wahn (Flugh.)	92	56	46	50	50	68	80	89	87	59	52	64	65	766	(3)
Bonn-Friesdorf	61	51	44	36	51	61	77	68	87	54	48	53	46	676	(1)
Bonn-Oberkassel	57	52	46	37	52	62	80	71	89	55	49	53	48	694	(1)
Bad Honnef	90	53	42	35	54	63	74	69	83	56	48	51	47	675	(1)
Königswinter	112	56	44	37	56	65	77	72	86	58	50	53	49	703	(1)
Oberpleis	134	69	60	44	64	65	78	81	89	68	68	65	65	816	(1)
Aegidienberg	277	66	55	43	64	69	82	82	94	67	62	63	61	808	(1)
Hangelar	66	46	38	44	41	61	73	81	82	56	48	55	54	679	(2)
Euskirchen	167	40	37	40	41	59	67	69	73	47	39	49	42	602	(2)
Euskirchen	176	40	37	40	41	59	68	69	73	47	39	49	42	604	(3)
Overath-Immekeppel	110	87	70	74	70	75	98	108	104	79	73	90	98	1024	(2)

(1) DEUTSCHER WETTERDIENST 1972 (in ZEPP 1982)
(2) MURL NW (1989): Klimaatlas von Nordrhein-Westfalen: mittlerer monatlicher Niederschlag in mm (1951-1980)
(3) DEUTSCHER WETTERDIENST: Monatlicher Witterungsbericht (Mittelwerte für 1951-1980, berechnet)

Tab. 2: Mittlere Temperaturverhältnisse (°C)

Station	See-höhe (m)	J	F	M	A	M	J	J	A	S	O	N	D	Jahr
Köln-Wahn (Flugh.)	92	1,6	2,4	5,1	8,5	13,0	16,2	17,7	17,1	14,2	9,9	5,7	2,8	9,5
Euskirchen	176	1,8	2,4	5,1	8,4	12,6	15,7	17,2	17,0	14,4	10,2	5,7	3,1	9,7

Quelle: DEUTSCHER WETTERDIENST: Monatlicher Witterungsbericht (Mittelwerte für 1951-1980, berechnet)

Standorte thermophiler Vegetation sind am westlichen Siebengebirgsrand anzutreffen; auch wenn - wie bei der potentiellen natürlichen Vegetation unterstellt - die menschliche Tätigkeit in den Rebfluren aussetzen würde, wären dies bevorzugte Standorte für submediterrane Florenelemente (vgl. PATZKE, in ZEPP 1982, S. 30). Die Talböden der kleinen Nebentäler des Rheins, häufig Siefen genannt, tragen Gleye wechselnder bodenartlicher Zusammensetzung.

4 Gelände- und stadtklimatische Besonderheiten

Der Bonner Raum ist - wie für Nordwestmitteleuropa typisch - durch ein subozeanisches Klima mit sommerlichen und herbstlichen Niederschlagsmaxima, milden Wintern und mäßig warmen Sommern charakterisiert (vgl. Tab. 1 u. 2). Die synoptische Windrichtung im 850 hPa-Niveau besitzt ihr Maximum im Sektor 225-270°; ohne die Leitwirkung der Orographie wäre im Bonner Raum ein Bodenwindmaximum im 180-225°-Sektor zu erwarten. Tatsächlich ist ein kräftiger Kanalisierungseffekt durch das Rheintal zu beobachten, der in der südlichen Kölner Bucht, im Rheintal bei Bonn besonders stark ist und Maxima im Richtungssektor 100-150° bewirkt (KLAUS et al. 1997). Nordwest-Wetterlagen besitzen im Juli ihr Häufigkeitsmaximum und verursachen in diesem Monat ein sekundäres Niederschlagsmaximum. Bemerkenswert ist der Niederschlagsgradient: der Westrand des hier betrachteten Gebietes um Rheinbach empfängt lediglich 600 mm Jahresniederschlag und profitiert somit von einer Leelage im Regenschatten des Hohen Venns. Die Luvwirkung des rechtsrheinischen Schiefergebirges sowie des Siebengebirges zeigt sich in den kontinuierlich nach Osten zunehmenden Jahresniederschlägen, die bis über 800 mm ansteigen.

Der Einfluß der Geländegestalt wirkt sich auch auf die thermische Begünstigung des Bonner Rheintals aus. Es ist gekennzeichnet durch relativ längere und frühzeitig einsetzende phänologische Phasen (WEISCHET 1955). Entsprechend der Höhenlage fällt die mittlere wirkliche Lufttemperatur während der Vegetationsperiode von über 16°C im Rheintal auf etwa 14°C im südwestlich angrenzenden Rhein-Westerwald (MURL NW 1989) ab. Geländeklimatische Besonderheiten besitzen die südwest- bis westexponierten Hangzonen im Rheintal, insbesondere an der Rheinfront des Siebengebirges. Hier erlaubt die durch die längere Sonnenscheindauer (1563 Stunden (RICHTER 1978) und die hohen Hangneigungen hervorgerufene Wärmebegünstigung einen weit nach Norden vorgeschobenen Weinbau.

Die Existenz innerstädtischer Wärmeinseln ist durch mehrere Gutachten erwiesen. Während sommerlicher Strahlungswetterlagen kann die nächtliche Lufttemperatur um bis zu 5°C höher als die Temperatur im umgebenden Freiland liegen, während der Tagesstunden

Tab. 3: Ausstattungsmerkmale naturräumlicher Einheiten

Benennung	Oberflächenform	Niederschlag	Boden (Bodenart, -typ, Ausgangsgestein)	Wasserhaushalt	Nährstoffe	Bodenreaktion	potentiell-natürliche Vegetation	typische Nutzung
Hochflutbett von Rhein und Sieg	ebene Fläche mit tw. aktiven Altwasserrinnen	< 650 mm erhöhte Nebelhäufigkeit	Br. Auenboden, tiefgründiger schluffiger Lehm aus Auelehm über Sand	mittl. - hohe Wasserkapazität zeitweise überflutet, Grundwaser in 13->20 dm u. Flur	hohe, stellenweise mittlere Sorptionsfähigkeit, Nährstoffeintrag durch Hochwasser	mäßig sauer	Auenwald	Wiese, Weide, Acker
NT an Sieg und Rhein	ebene Flächen, stellenweise	≈ 650 mm (Rinnen frostgefährdet)	Braunerde, aus lehmigem Hochflächensand über Kies	geringe bis mittlere Wasserkap., dürreempfindlich (oft Zusatzberegnung)	geringe bis mittlere Nährstoffspeicherung (Düngung)	schwach sauer (gekalkt)	Maiglöckchen-Perlgras-Buchenwald	Acker, Feldgemüse
flugsandüberdeckte NT	muldenförmige Altarme (reliktisch: Präboreal)	≈ 650 mm	Podsol-Braunerde aus Flugsand über Terrassensand u. -Kies	geringe Wasserkapazität, dürreempfindlich	geringes Nährstoffspeichervermögen (Düngung)	schwach sauer (gekalkt)	trockener Flattergras-Traubeneichen-Buchenwald	Feldgemüse (Spargel), Forst
auelehmbedeckte NT		≈ 650 mm (Rinnen frostgefährdet)	Braunerde, Parabraunerde, schluffiger Hochflutlehm über Terr.sand- und -Kies	hohe bis mittlere Wasserkapazität bzw. Staunässe im Unterboden	hohes Nährstoffspeichervermögen (Düngung)	schwach sauer (gekalkt)	Maiglöckchen-Perlgras-Buchenwald	Acker, Obst, Feldgemüse
MT	ebene bis schw. geneigte Flächen	≈ 650 mm	Parabraunerde, lehmiger Schluff aus Löß	hohe bis sehr hohe Wasserkapazität	hohes Nährstoffspeichervermögen (Düngung)	neutral bis schw. sauer (gekalkt)	Maiglöckchen-Buchenwald	Feldgemüse
HT	ebene Plateaufl. mit schwach muldenförmigen Depressionen	≈ 650 mm	Pseudogley, lehmiger Schluff bis Schluff. Lehm über Terrassenabl.	Wasserkapazität örtlich sehr variabel (gering bis hoch); ausgepr. Wechsel von Austrocknung u. Vernässung	mittlere bis geringe Sorptionsfähigkeit	stark sauer bis sehr stark sauer	Maiglöckchen-Stieleichen-Hainbuchenwald [feuchter Eichen-Birkenwald]	Forst
Kuppen des Siebengebirges aus basenreichen Vulkaniten (Basalt, Latit, Basaltuff)	geneigte bis steil geneigte Kuppen und Hänge	700 - 800 mm (tw. windexponiert)	Braunerde aus steinigem Lehm (basenr. Vulkanite)	mittlere Wasserkapazität	hohes Nährstoffspeichervermögen, nat. Nährstoffnachlieferung durch Verwitterung	schwach bis mäßig sauer	Perlgras-Buchenwald	Forst (vorherrschend Laubholz)
saure Vulkanite d. Siebengeb. (Trachyte, Trachyttuffe)	geneigte bis steil geneigte Kuppen und Hänge	700 - 800 mm (tw. windexponiert)	Braunerde, steinig-schluffiger Lehm (Fließerde über saurem vulkan. Gestein)	mittlere Wasserkapazität, tw. Vernässungen im Unterboden	mittlere Nährstoffspeicherung und -nachlieferung durch Verwitterung	stark sauer	Hainsimsen-Buchenwald	Forst (Laub- u. Nadelholz)
S-SW-exponierte rheinnahe Hänge	Steilhänge	650 - 700 mm Strahlungsgunst, starke Bodenerwärmung	Ranker, flachgr. Braunerde, Silikatböden, auf Unterhängen Rigosole, Felsflächen	geringe Wasserkapazität Trockenstandorte	geringe Nährstoffnachlieferung, Weinberglagen, gedüngt	n.b.	Linden-Traubeneichen-Hainbuchenwälder mit Felsenbirnengebüsch	Reblagen

Quellen: GRUPE (1987), MURL NW (1989), SCHNEIDER (1983), TRAUTMANN (1973)

17

wird die innerstädtische Überwärmung an bis zu 3 °C höheren Temperaturen spürbar (KLAUS 1988, S. 75).

Bei Inversionslagen sind Boden- und Höhenwindfelder weitgehend entkoppelt. Das Bodenwindfeld richtet sich längs des Rheintals aus, unabhängig vom Höhenwind. Bodennahe Inversionen und gekoppelte lokale Zirkulationen treten bevorzugt in Verbindung mit Hochdrucklagen auf. Dann stellen sich Berg-Tal-Winde mit tageszeitlichen Richtungswechseln ein. In den Nachtstunden folgen abfließende Kaltluftmassen dem natürlichen Gefälle der in das Rheintal mündenden Nebentälchen und dem Rheintal selbst. In den Tagesstunden heizen sich besonders Hänge und Hochflächen auf, Konvektion setzt ein und verursacht Ausgleichsströmungen aus bevorzugt nördlichen Richtungen. Diesen geländeklimatischen Besonderheiten tragen auch die klimaanalytische Karte und die klimaökologische Planungskarte der Stadt Bonn (STADT BONN 1993) Rechnung. Hier sind die von der linksrheinischen Hauptterrassenfläche (Hardtberg, Brüser Berg, Venusberg) ins Rheintal herabziehenden Tälchen als Kaltluftabflußbahnen ausgewiesen. Sie besitzen klimaökologische Ausgleichsfunktionen für die innerstädtischen Wärmeinseln in Bonn mit den Stadtteilen Weststadt, Südstadt, Kessenich und Godesberg. Ähnliche Phänomene sind auf der rechten Rheinseite festgestellt worden. Die besonderen, orographisch bedingten Modifikationen des Windsystems spiegeln sich bei austauscharmen, winterlichen Inversionswetterlagen auch in der räumlichen Verteilung der SO$_2$-Konzentration wider. Gerade am südlichen Ende der Kölner Bucht reichert sich dieser durch Haushalte und Kleingewerbe verursachte Luftschadstoff durch das oben beschriebene Talwindsystem an (KLAUS et al. 1997).

Diese stadtklimatologischen Tatsachen bilden eine wesentliche Planungsgrundlage für die Erstellung eines integrierten Freiraumkonzeptes für die Stadt Bonn und ihre weitere Umgebung (STADT BONN 1997). Man hat erkannt, daß zur Milderung der schädlichen Auswirkungen des Stadtklimas auf den menschlichen Organismus die Ausweisung von Natur- und Landschaftsschutzgebieten außerhalb des besiedelten Bereiches nicht mehr ausreicht, sondern daß auch Freiräume innerhalb der Bebauung gesichert werden müssen.

5 Landschaftsökologische Raumgliederung

In eher konventioneller Weise gibt Tab. 3 eine Übersicht über die Naturraumausstattung der Bonner Umgebung. Dort sind Geofaktorenausprägungen in charakteristischer Kombination nach Raumtypen aufgeführt, die durch Oberflächenformen und genetische Substrattypen bestimmt sind. Eine derartige Vereinfachung und Abstraktion aus räumlich-geoökologischer Perspektive kann nur unzureichend die tatsächlich im Naturraum ablaufenden naturhaushaltlichen Prozesse vermitteln, die einer starken anthropogenen Steuerung unterliegen. Die Beeinflussung der Stoff- und Energieströme, be-

Tab. 4: Betriebsflächen der land- und forstwirtschaftlichen Betriebe in den Gemeinden des Rhein-Sieg-Kreises und in der Stadt Bonn (Angaben in Prozent der Gesamtbetriebsflächen)

Gemeinde	Acker-land	Grünland	Obst/ Baumschule	Wald
Bonn	9,0	5,5	1,3	66,0
Alfter	39,7	18,0	6,0	33,4
Bad Honnef	4,6	14,0	0,6	78,0
Bornheim	76,4	1,5	4,8	15,1
Eitorf	4,4	20,3	0,2	72,2
Hennef	31,2	44,0	0,4	19,1
Königswinter	39,2	38,2	6,0	13,3
Lohmar	20,0	57,6	0,0	9,3
Meckenheim	25,0	5,0	46,0	15,0
Much	9,4	71,3	0,2	18,0
Neunk.-Seelscheid	11,5	73,6	0,3	13,4
Niederkassel	97,1	0,9	0,7	0,1
Rheinbach	48,8	18,8	4,0	27,6
Ruppichteroth	2,3	30,8	0,0	65,2
Sankt Augustin	43,6	23,0	1,0	30,3
Siegburg	4,0	3,2	0,0	88,0
Swisttal	82,0	5,0	1,5	10,5
Troisdorf	8,7	1,3	0,1	89,4
Wachtberg	55,3	18,0	12,1	13,2
Windeck	10,0	54,3	1,0	32,0

Quelle: berechnet nach LANDWIRTSCHAFTSKAMMER RHEINLAND (1996)

sonders evident in den Siedlungs- und Verkehrsflächen, zeigt auch ein Blick in die Agrarstatistik (Tab. 4). In den jeweiligen Anteilen der Ackerflächen, des Grünlands, der Obstbauflächen und Baumschulen sowie des Waldes an den land- und forstwirtschaftlich genutzten Flächen unterscheiden sich die Gemeinden erheblich. Gemeinden auf der rechts- und linksrheinischen Niederterrasse (Niederkassel, Bornheim) weisen z.T. deutlich mehr als drei Viertel des Freiraums unter Ackernutzung auf. Dagegen tritt hier der Grünlandanteil auf unter 5 % zurück. Im krassen Gegensatz hierzu stehen die Gemeinden in der Eifel und im Bergischen Land (z.B. Much, Neunkirchen-Seelscheid), deren Grünlandanteile 70 % übersteigen. Bemerkenswert sind auch die hohen Waldanteile bei Bad Honnef, Eitorf, Siegburg und Troisdorf, aber auch im Stadtgebiet von Bonn, wo immerhin der Waldanteil noch 65 % des Freiraums ausmacht. Diese Verteilungsmuster sind ebensowenig rein naturdeterministisch zu erklären wie auch der mit 46 % bemerkenswert hohe Anteil der Obstplantagen und Baumschulen auf dem Gebiet der Gemeinde Meckenheim.

Abb. 3 (Beilage) zeigt mit all den Einschränkungen einer Übersichtsdarstellung, den Unschärfen einer Satellitenbild-Klassifikation und den üblichen Generalisierungszwängen die feindifferenzierte landschaftsökologische Gliederung des Bonner Raums. Ökosystemtypen, die sich nach dominanten Prozeßkombinationen voneinander abgrenzen lassen, sind farblich unterschieden. Die Typen entsprechen den Prozeßgefüge-Haupttypen nach ZEPP (1991, 1994). Versiegelung, Bodenfeuchteregime, Zuschußwasser (Überflutungsareale, Hangwasserdynamik) sowie Rutschungsdisposition einerseits und die Art und Intensität der anthropogenen Steuerung des Landschaftshaushalts andererseits werden typbestimmend herangezogen.

Im Bonner Raum begründen hauptsächlich Stoffeinträge und -entnahmen, differenziert in Abhängigkeit von der Bewirtschaftungs- und Nutzungsintensität, die Unterschiede der Ökosystemzustände. Während der Nährstoffzustand in Agrar- und eingeschränkt in Forstökosystemen in hohem Maße anthropogen kontrolliert wird, ist der standörtliche Wasserhaushalt im Bonner Raum - mit Ausnahme teil- oder vollversiegelter Flächen sowie gelegentlicher Bewässerung im Gemüsebau und Dränagen - weniger gravierend verändert. Nicht zuletzt die in diesem Jahrhundert gleich mehrfach aufgetretenen sog. "Jahrhundert-Hochwässer" am Rhein unterstreichen die Bedeutung des Wasserhaushalts und die Empfindlichkeit schlecht angepaßter Kultur-Ökosysteme.

Neben einer Orientierung über das komplexe landschaftsökologische Gefüge erlaubt die Karte einen ersten Einblick in die Freiraumqualitäten Bonns und seiner Umgebung. Diese Freiräume sind bedeutsam für die Biotopvernetzung, zur Schaffung eines klimatischen Ausgleichs und im Rahmen der Naherholung. Gerade in der Diskussion um den Ausbau Bonns zur Bundesstadt und zum Sitz hochrangiger europäischer und internationaler Einrichtungen erlangen die weichen Standortfaktoren eine bisher kaum bekannte Bedeutung (STADT BONN 1997).

6 Die historische Entwicklung des Bonner Raumes von der Römerzeit bis zum 19. Jahrhundert

Wie die vorangegangenen Ausführungen gezeigt haben, ist der Raum Bonn durch eine beachtliche naturräumliche Vielfalt geprägt, die sicherlich ein großes Entwicklungspotential darstellt und zur Attraktivität der Region als Lebensraum einer stets wachsenden Bevölkerung maßgeblich beigetragen hat. Auch wenn wir als Geographen gelernt haben, daß die natürlichen Gegebenheiten keinen determinierenden Einfluß auf das Verhalten der Menschen ausüben, so ist es doch unbestritten, daß der Naturraum und seine Differenzierung sich mehr oder weniger stark im Muster der Kulturlandschaft niederschlagen. Die Oberflächenformen haben Einfluß auf Siedlungsentwicklung und Verkehrserschließung, die Bodenfruchtbarkeit prägt die landwirtschaftliche Nutzung, Bodenschätze führen zur Entwicklung von Industrie und Gewerbe und "landschaftliche Vielfalt" fördert den Fremdenverkehr. Vor diesem Hintergrund erscheint es reizvoll, den kulturlandschaftlichen Wandel des Bonner Raumes im Laufe seiner historischen Entwicklung zu verfolgen (zur Geschichte Bonns vgl. insbesondere ENNEN/HÖROLDT 1976).

Wie durch archäologische Funde belegt, reicht die Besiedlung des Bonner Raumes bis in die Altsteinzeit zurück; die breiten Flächen der Haupt- und Niederterrasse waren hierfür sicherlich förderlich. Mit der Einbeziehung des Rheinlandes in das *Imperium Romanum* seit dem ersten vorchristlichen Jahrhundert beginnt die durch schriftliche Zeugnisse dokumentierte Geschichte der Region. Am Anfang der eigentlichen Ortsgeschichte von Bonn dürfte eine Fähr- und Fischersiedlung auf dem hochwasserfreien Niederterrassenufer gestanden haben, die vermutlich den keltischen Namen *Bonna* trug: Dieser Name wurde von den Römern beibehalten. Zusätzlich zu dem unter Drusus im Rahmen der Sicherung der Rheingrenze in der Nähe des heutigen Marktplatzes angelegten Auxiliarkastell wurde etwa 40 n. Chr. nördlich der Innenstadt zwischen Rhein, Rheindorfer Straße, Rosental und Augustusring eine Legionsfestung mit Namen *castra Bonnensia* errichtet, die über die Zeit der Römer hinaus als wichtiger Siedlungsplatz erhalten blieb (vgl. Exkursion B1b).

Nahezu ein halbes Jahrtausend wurde der linksrheinische Raum kulturell und wirtschaftlich durch die Römerherrschaft geprägt. Bonn war mit den dominierenden städtischen Zentren Köln und Trier durch gut ausgebaute Straßen verbunden, zahlreiche römische Siedlungen lagen im Bereich der Niederterrasse, entlang des Vorgebirges, in der Lößbörde bei Meckenheim und im Gebiet der heutigen Gemeinde Wachtberg. Der Trachyt des Drachenfelses wurde bereits als Bau- und Werkstein gebrochen (vgl. Kap. 2).

Die Einfälle der Franken seit der Mitte des 3. Jahrhunderts schwächten die Herrschaft der Römer jedoch zusehends, bis sich diese nach der Eroberung Kölns um 458 gezwungen sahen, das Rheinland endgültig zu räumen. Zu dieser Zeit existierten im Rheingebiet bereits zahlreiche christliche Gemeinden. Ein Zeugnis hiervon ist die den Märtyrern und Bonner Stadtpatronen Cassius und Florentius gewidmete frühchristliche *cella memoriae* unter dem heutigen Münster, die als eigentlicher Ursprung des mittelalterlichen und neuzeitlichen Bonn angesehen werden kann.

Die fränkische Landnahme und Besiedlung im Bonner Raum wird neben archäologischen Funden durch das verbreitete Vorkommen von Ortsnamen mit den Endungen -heim (auch -em und -um) und -dorf dokumentiert, die vor allem im Rheintal und der Niederrheinischen Bucht sowie im Drachenfelser Ländchen und den Ausläufern der Zülpicher Börde verbreitet sind. Daneben finden sich vornehmlich im heutigen Stadtgebiet mehrere Orte mit der Endung -ich, die auf das galloromänische -iacum zurückzuführen ist und als Beleg für die Siedlungskontinuität seit römischer Zeit gelten kann. Lediglich östlich des Rheines auf den Randhöhen

Ausführliche Erläuterung zu Abb. 3 (Beilage)

A: urban-industriell geprägte und durch bedeutsame laterale Stofftransporte beeinflußte Ökosysteme

1. **urban-industrielle Prozeßgefüge:** hochgradig versiegelte und überbaute Siedlungsflächen mit an die Kanalisation angeschlossener Oberflächenentwässerung und anthropogen dominierten Stoffflüssen entsprechend dem Ver- und Entsorgungsverhalten der privaten Haushalte, Wirtschaftsbetriebe und Dienstleistungseinrichtungen; Stoffdynamik weitestgehend von den abiotischen Standortfaktoren entkoppelt

2. **urban-industrielle Prozeßgefüge mit Freiflächen auf sickerwasserbestimmten Böden:** teilversiegelte und teilüberbaute Siedlungsflächen mit an die Kanalisation angeschlossener Oberflächenentwässerung und anthropogen dominierten Stoffflüssen entsprechend dem Ver- und Entsorgungsverhalten der privaten Haushalte, Wirtschaftsbetriebe und Dienstleistungseinrichtungen; Stoffdynamik auf Freiflächen durch sickerwasserbestimmte Bodenfeuchteregimes und unterschiedlich intensive, in der Regel gartenbaulich bestimmte Steuerung der Stoffdynamik

3. **urban-industrielle Prozeßgefüge mit Freiflächen auf stauwasserbeeinflußten Böden:** teilversiegelte und teilüberbaute Siedlungsflächen mit an die Kanalisation angeschlossener Oberflächenentwässerung und anthropogen dominierten Stoffflüssen entsprechend dem Ver- und Entsorgungsverhalten der privaten Haushalte, Wirtschaftsbetriebe und Dienstleistungseinrichtungen; Stoffdynamik auf Freiflächen durch Staunässe im Boden beeinflußt, dadurch eingeschränkte Tiefensickerung und zeitweise durch Sauerstoffmangel und Vernässung modifizierte Stofftransformationsprozesse; unterschiedlich intensive, in der Regel gartenbaulich bestimmte Steuerung der Stoffdynamik

4. **wie A1 oder A2, jedoch mit periodisch wiederkehrenden Überflutungen durch Hochwässer**

5. **periodisch überflutete Grünlandstandorte (Wiesen, Weiden):** regelmäßig meist mittlere Stoffeinträge durch Düngung und Hochwässer, regelmäßige Stoffentnahmen durch Beweidung oder Mahd

6. **grundwasserbeeinflußte Stoffdynamik:** Wasser- und teilweise Nährstoffversorgung der Vegetation im Bereich der meist schmalen Bachsohlen durch Grundwasser beeinflußt, je nach Nutzung örtlich stark wechselnde Steuerung der standörtlichen Stoffdynamik durch Stoffzufuhren und -entnahmen, teilweise urban geprägte Stoffaustauschprozesse (siehe A1 und A2)

7. **hangwasserbeeinflußte Stoffdynamik in Wäldern und Forsten:** quasi-stationäre Stoffdynamik mit Erhaltungskalkung und periodisch erfolgenden Entnahmen ohne Kahlschlag, lateraler Hangwassertransport, Stofftransformationsprozesse durch regelmäßige Bodenvernässung mit Sauerstoffmangel beeinflußt

8. **episodisch starke Materialabfuhr durch Rutschungen,** meist vegetationsbestandene Flächen mit unterschiedlicher anthropogener Beeinflussung der Stoffdynamik durch forstliche Pflegemaßnahmen und Grünflächenpflege

B: Agrar-Ökosysteme

1. **Standorte mit Sonderkulturen:** Stoffdynamik auf meist sickerwasserbestimmten Böden mit regelmäßigen starken Einträgen durch Düngung und regelmäßige Entnahmen, verbunden mit Bestandswechsel, bei Gemüse mehrmals im Jahr

2. **Standorte mit Sonderkulturen auf Sandböden:** Stoffdynamik wie B1, jedoch trockenere Bodenfeuchteregimes und größere Durchsickerungshöhen (Grundwasserneubildung)

3. **Reblagen am Siebengebirgshang:** stauwasserfreie, kleinräumig stark wechselnde rigolte Böden

4. **stauwasserfreie Ackerstandorte:** Stoffdynamik mit regelmäßigen, mittleren bis starken Einträgen durch Düngung und regelmäßigen Ernten, verbunden mit Bestandswechsel

5. **Ackerstandorte auf Stauwasserböden:** Stoffdynamik wie B4, jedoch eingeschränkte Tiefensickerung, zeitweise durch Sauerstoffmangel und Vernässung modifizierte Stofftransformationsprozesse

6. **Grünlandstandorte (Wiesen, Weiden):** regelmäßig meist mittlere Einträge durch Düngung und regelmäßige Stoffentnahmen durch Beweidung oder Mahd; Bodenfeuchte örtlich stark wechselnd zwischen stauwasserfreien und staunassen Standorten mit entsprechender Modifikation der Stoffdynamik und des Wasserhaushalts

7. **Obstplantagen und Baumschulen:** Stoffdynamik auf den meist stauwasserfreien Standorten bestimmt durch mäßige bis mittelstarke Einträge durch Düngung und geringe regelmäßige Entnahmen, Kahlschlag bzw. Entnahmen mit Bestandswechsel in der Regel erst nach einigen Jahren

C: Wald- und Forstökosysteme

1. **Stoffdynamik in Laubwäldern und -forsten:** quasi-stationäre Stoffdynamik mit Erhaltungskalkung und periodisch erfolgenden Entnahmen ohne Kahlschlag; sickerwasserbestimmte Standorte, Bodenreaktion vor Kalkung stark sauer

2. **Stoffdynamik in Nadelholzforsten:** quasi-stationäre Stoffdynamik mit Erhaltungskalkung und periodisch erfolgenden Entnahmen in Beständen, die als Monokulturen und für regelmäßige Durchforstungen und Kahlschlag angelegt waren; häufig auf staunassen Böden Stofftransformationsprozesse durch regelmäßige Vernässung und Sauerstoffmangel modifiziert, Bodenreaktion vor Kalkung stark sauer

3. **Stoffdynamik in Laubwäldern und -forsten des Siebengebirges:** quasi-stationäre Stoffdynamik (teilweise mit Erhaltungskalkung), periodisch erfolgende Entnahmen ohne Kahlschlag; sickerwasserbestimmte und staunasse Standorte, Nährstoffversorgung kleinräumig wechselnd in Abhängigkeit vom bodenbildenden Substrat (saure oder basische Vulkanite, Lößlehm u.a.), Bodenreaktion in der Regel sauer bis stark sauer

D: Gewässerökosysteme

1. **Rhein**

2. **Baggerseen und Freizeitseen**

des Bergischen Landes und des Westerwaldes kam es noch in späteren Jahrhunderten zur nennenswerten Ausweitung der Siedlungsflächen (Ortsnamen auf -rath, -rott und -scheid). Diese Gebiete sind auch stärker durch Weiler und Einzelhöfe geprägt, während im übrigen Raum die geschlossene Dorfsiedlung mit gelegentlichen Einzelhöfen überwiegt.

Unter fränkischer Zeit war das *castrum Bonna*, wie die ehemalige römische Legionsfestung in Urkunden genannt wurde, als Vorort des Bonn- und Ahrgaus zunächst die bedeutendste Siedlung des Bonner Raumes. Ihr erwuchs jedoch seit dem 8. Jahrhundert in enger Nachbarschaft zunehmend Konkurrenz durch den Ausbau des Cassiusstiftes im Bereich der heutigen Münsterkirche, an das sich in karolingischer Zeit eine kleine Fernhändlersiedlung, der *vicus Bonnensis*, angegliedert hatte. Diese erstmals im Jahre 804 als *villa Basilica* erwähnte geistliche Siedlung mit dem angrenzenden Vicus erlangte schließlich das Übergewicht über das später als Dietkirchen bezeichnete Marktdorf im alten Römerlager. Die mit Mauer und Graben gesicherte Stiftssiedlung - im 10. und 11. Jahrhundert auch *civitas Verona* genannt - wird so erst um 1000 zum eindeutigen Schwerpunkt und Kern der weiteren Stadtentwicklung von Bonn (vgl. Exkursion B1b).

Die Zugehörigkeit zum Kurfürstentum Köln bestimmte über Jahrhunderte hinweg die Geschicke der Stadt und weiter Teile ihres Umlandes. Aus den Auseinandersetzungen zwischen dem Königtum, den Pfalzgrafen und den Erzbischöfen von Köln um die territoriale Vorherrschaft im Bonner Raum gingen letztere als Sieger hervor. Die Kurfürsten von Köln wurden die Herren der Stadt und bauten sie als wichtigen Stützpunkt und schließlich als Residenz ihres Territoriums aus. Nachdem sich vor den Mauern der Stiftssiedlung eine bürgerliche Handwerker- und Marktsiedlung, das unbefestigte *oppidum Bonnense*, entwickelt hatte, befahl Konrad von Hochstaden im Jahre 1244 - unter gleichzeitiger Gewährung städtischer Freiheiten und Privilegien - seinen Bürgern, die Stadt weiträumig, d.h. unter Einbeziehung umfangreicher landwirtschaftlich genutzter Flächen, mit Mauer und Graben zu befestigen. Bis ins 18. Jahrhundert hinein reichte diese großzügige Ummauerung für die Bevölkerungs- und Siedlungsentwicklung Bonns aus.

Zunehmende Auseinandersetzungen zwischen dem selbstbewußten Kölner Bürgertum und dem Kurfürsten führten seit dem 13. Jahrhundert zur schrittweisen Verlagerung der Residenzfunktion von der mächtigen rheinischen Metropole in das benachbarte Bonn, bis die Stadt schließlich im Jahre 1525 Sitz der Verwaltung und 1597 nach den Wirren des Kölnischen Krieges unter dem ersten Kurfürsten aus dem Hause Wittelsbach auch offiziell Haupt- und Residenzstadt des Kurstaates wurde. Unter der fast 180jährigen Regentschaft der Wittelsbacher (1583-1761) erlebte Bonn, auch wenn es immer wieder von Kriegen und Belagerungen sowie der Pest (1665-1669) heimgesucht wurde, eine städtebaulich und kulturell glanzvolle Zeit. Zunächst mit mächtigen Bastionen nach Vaubanscher Manier zur mächtigsten Landesfestung ausgebaut, wurden diese Anlagen nach der letzten Belagerung von 1703 sukzessive geschleift. Reste der alten Bastionen sind noch im Bereich der Nordstadt (vgl. Exkursion B1c) erhalten.

Das 18. Jahrhundert sieht eine großzügige und folgenreiche Bautätigkeit der kurfürstlichen Landesherren in Stadt und Umland im Geiste des Barock und Absolutismus. Der Bau des Residenzschlosses (1698-1717), des Poppelsdorfer Schlosses als Sommerresidenz und des Jagdschlosses Herzogsfreude im Kottenforst seien ebenso genannt wie die Anlage des Hofgartens oder der Poppelsdorfer Allee. Hinzu treten unter dem letzten Kurfürsten Max Franz (1784-1794) der Ausbau von Godesberg als Badeort und Nebenresidenz (vgl. Exkursion B1a). EDITH ENNEN hat eindrucksvoll beschrieben, wie die vom Rationalismus und dem französischen Vorbild geprägten Ideen der Raumgestaltung und des Landesausbaus in dieser Zeit das in sich abgeschlossene, enge Gefüge der mittelalterlichen Siedlung aufbrechen und die Stadt in Form von großzügigen Schloß- und Gartenanlagen sowie Alleen mit der Landschaft zu einer Gesamtkomposition verbinden (ENNEN/ HÖROLDT 1976, S. 139f.). Bis heute prägt das Erbe dieser kurfürstlichen Raum- und Landschaftsplanung das Siedlungsbild von Bonn und Teilen seiner Umgebung, wie etwa das heute als Naherholungsgebiet dienende ehemalige Jagdrevier des Kottenforstes auf den Hauptterrassenhöhen im Südwesten der Stadt (vgl. Kap. 3).

7 Bonn als Universitäts- und Rentnerstadt

Mit dem Einmarsch der französischen Truppen am 8. Oktober 1794 endete die glanzvolle Epoche als kurfürstliche Residenz: Bonn verliert zum erstenmal seine Funktion als Hauptstadt und sinkt für die Dauer der französischen Herrschaft (1794-1814) zum Sitz eines Arrondissements im Rahmen des Rhein-Mosel-Departements ab. Auch nach der Übernahme des Rheinlandes durch Preußen (1814) kann Bonn keine höherrangigen Verwaltungsfunktionen mehr auf sich konzentrieren, es wird lediglich zum Sitz eines Kreises, aus dem schließlich im Jahre 1887 die Stadt als selbständiger Stadtkreis ausscheidet.

Auch wenn Bonn in seiner wirtschaftlichen Bedeutung stets deutlich hinter dem benachbarten Köln zurückstehen mußte, so entwickelte es sich doch im 19. Jahrhundert zu einer Stadt mit eigenständigem Charakter und spezifischer Atmosphäre. Dabei konnte Bonn über seine Stellung als zentraler Ort für die nähere Umgebung hinaus bedeutende überregionale Funktionen an sich binden. Eine entscheidende Rolle spielte hierbei die Gründung der Universität im Jahre 1818 durch Friedrich Wilhelm III. von Preußen; sie machte Bonn zu einem geistigen Zentrum des Rheinlandes. Unter den Professoren und Studenten der Universität, die auch als bevorzugter Studienort des Hochadels galt ("Prinzenuniversität"), finden sich so bedeutende Persönlichkeiten wie Ernst Moritz Arndt, August Wilhelm Schlegel, Karl Marx, Heinrich Heine oder Karl Schurz. Daneben entwickelte sich die Stadt, nicht zuletzt aufgrund des regen geistigen Lebens und unter dem Einfluß der Rheinromantik, zu einem beliebten Altersruhesitz für vermögende Bevölkerungsschichten aus nah und fern; sie machten Bonn vor dem ersten Weltkrieg zu einer der wohlhabendsten Städte Deutschlands. So lebten am Vorabend des ersten Weltkriegs etwa 200 Vermögensmillionäre in der Stadt (ENNEN/ HÖROLDT 1976, S. 254). Die besondere Atmosphäre Bonns als Universitäts- und Rentnerstadt im ausgehenden 19. Jahrhundert hat ALFRED PHILIPPSON in seinen Lebenserinnerungen, die er im Konzentrationslager Theresienstadt schrieb, höchst lebendig und liebevoll geschildert (PHILIPPSON 1996). Eine ähnliche Beliebtheit als Ruhesitz für Angehörige des gehobenen Mittelstandes wie Bonn entwickelten gegen Ende des 19. Jahrhunderts die südlich gelegenen Badeorte Godesberg und Honnef.

Hatte der Platz innerhalb der hochmittelalterlichen Stadtmauer über Jahrhunderte hinweg für die Bevölkerungsentwicklung ausgereicht, so wuchs seit Beginn der preußischen Zeit die Stadt zunächst sehr zaghaft, seit den 60er Jahren jedoch verstärkt über den alten Mauerbering hinaus ins städtische Umland. Dabei vollzog sich die Siedlungserweiterung in Form von räumlich und sozial sehr unterschiedlichen Quartieren, die bis heute das Gefüge der Stadt prägen (vgl. Exkursion B1c). Im Süden und Südwesten des alten Stadtkerns bildeten die kurfürstlichen Parkanlagen und Alleen die Hauptachsen und Leitlinien eines Wohnviertels, das - mit repräsentativer Villen- und Reihenhausbebauung an breiten, baumbepflanzten Straßen - der wohlhabenden Mittel- und Oberschicht vorbehalten war. Vor allem die Poppelsdorfer Allee und die rheinnahe Koblenzer Straße, die heutige Adenauerallee, bildeten die bevorzugten Adressen für die Angehörigen fürstlicher Häuser, des rheinischen Geldadels und der neuaufgekommen Schicht der Industriellen. Zwischen diesen beiden Achsen dehnte sich die Bebauung der sog. Südstadt als Wohnsitz begüterter Bürger und Rentiers bis zur Jahrhundertwende über die Bonner Gemarkungsgrenzen hinaus auf das Gebiet der Gemeinden Poppelsdorf und Kessenich aus, die schließlich 1904 zusammen mit Endenich und Dottendorf nach Bonn eingemeindet wurden (vgl. VON DER DOLLEN 1982).

Ganz anders gestaltete sich die Entwicklung im Norden und Nordwesten der Altstadt. Durch das Klinikviertel auf den alten Wallanlagen zunächst in der Ausdehnung blockiert, entstand hier mit zeitlicher Verzögerung ein stärker gewerblich geprägtes Wohngebiet für die weniger begüterten Bevölkerungsschichten, die in mehrstöckigen Häusern in engen Straßen ohne Baumbepflanzung Unterkunft fanden.

Auch wenn die Stadtväter im Jahre 1867 beschlossen hatten, die Möglichkeiten einer industriellen Entwicklung den Bedürfnissen der Universitäts- und Rentnerstadt unterzuordnen - und ähnliches gilt für Godesberg - (vgl. ENNEN/HÖROLDT 1976, S. 263ff.), so ging die Industrialisierung doch nicht ganz spurlos an Bonn und seinem Umland vorbei. Sie wurde gefördert durch den Anschluß des Raumes an das überregionale Eisenbahnnetz: Die linksrheinische Bahnlinie von Köln erreichte Bonn im Jahre 1844, sie wurde 1858 bis Koblenz verlängert; auf der rechten Rheinseite wurde Beuel nach 1870 an die Strecke Köln-Frankfurt angeschlossen.

Die Industrie des Bonner Raumes war häufig aus dem lokalen Handwerk erwachsen und als Konsumgüterindustrie stark auf die Bedürfnisse der Universitäts- und Rentnerstadt ausgerichtet. Daneben spielten die vorhandenen Rohstoffe eine nicht unbedeutende Rolle (vgl. Kap. 2). Bevorzugte Standorte waren weniger das eigentliche Stadtgebiet, sondern die vorstädtischen Gemeinden wie Poppelsdorf, Kessenich, die Außenbereiche von Godesberg (Mehlem, Lannesdorf) sowie vor allem die rechtsrheinischen Vororte, allen voran Beuel und Oberkassel. Als größere Betriebe mit überregionaler Bedeutung vor dem ersten Weltkrieg sind u.a. zu nennen: die Wesselwerke (Keramik) und die Firma Soennecken (Schreibwaren) in Poppelsdorf, die Jutespinnerei in Kessenich, die Ringsdorff-Werke (Kunstkohle-Erzeugnisse) und die Rheinischen Chamotte-Werke in Mehlem, die Zementfabrik in Oberkassel sowie die Jutespinnerei und die Chemie-Fabrik Marquardt in Beuel (vgl. MEYNEN 1967, S. 168ff.) In der weiteren Umgebung Bonns hatten sich zur gleichen Zeit Siegburg und Troisdorf u.a. mit der Friedrich-Wilhelms-Hütte (heutige Mannstaedt-Werke) sowie der Dynamit AG (heute Dynamit-Nobel AG) als bedeutende Industriestandorte etabliert.

Die Zeit zwischen der Reichsgründung und dem ersten Weltkrieg kann als eine ausgesprochen dynamische und ökonomisch prosperierende Epoche der Stadtentwicklung betrachtet werden. Wie Tab. 5 zeigt, wuchs die Einwohnerzahl des "alten Bonn" (in den Grenzen von vor 1969) zwischen 1871 und 1905 von 32.447 auf 81.996 Einwohner, das entspricht einer mittleren Wachstumsrate von 2,76% pro Jahr. Eine vergleichbare Rate wurde erst wieder zwischen 1950 und 1961 erreicht. In dieser Hochphase der Verstädterung kam es, wie BUSSO VON DER DOLLEN in einer eindrucksvollen Karte der Bebauung im Bonner Raum dokumentiert hat (VON DER DOLLEN/GRAAFEN 1988), zu einer bemerkenswerten Ausdehnung der Siedlungsflächen, von der in erster Linie Bonn und das südlich benachbarte Godesberg, in abgestufter Form aber auch die rechtsrheinischen Gemeinden von Beuel über Königswinter bis Bad Honnef betroffen waren. Demgegenüber erlebten die landwirtschaftlich geprägten Ortschaften abseits der Rheinschiene nur ein moderates Wachstum ihrer Einwohnerzahlen und Siedlungsflächen.

Tab. 5: Region Bonn*: Bevölkerungsentwicklung 1816/18 - 1994

Jahre	Stadt Bonn insgesamt	Alt-Bonn vor 1969	1969 eingemeindete Stadtteile	unmittelbar an Bonn angrenzende Gemeinden	übrige Gemeinden	Gesamtregion
Absolute Bevölkerungszahlen						
1816/18	20439	12805	7634	37606	91815	149860
1871	51798	32447	19351	61177	131324	244299
1905	123458	81996	41462	79943	170734	374135
1939	166477	100788	65689	115159	214765	496401
1950	201807	115394	86413	146297	265047	613151
1961	270874	143850	127024	178793	307271	756938
1970	274518	123948	150570	230985	355667	861170
1980	288148	124305	163840	288209	403199	979556
1990	292234	119896	172338	311928	430143	1034305
1994	293072	122288	170784	331284	458377	1082733
Mittlere jährliche Wachtumraten in %						
1816/18-1871	1,71	1,70	1,71	0,89	0,65	0,89
1871-1905	2,58	2,76	2,27	0,78	0,77	1,26
1905-1939	0,88	0,61	1,36	1,08	0,68	0,84
1939-1950	1,76	1,23	2,52	2,20	1,93	1,94
1950-1961	2,71	2,02	3,56	1,84	1,35	1,93
1961-1970	0,15	-1,64	1,91	2,89	1,64	1,44
1970-1980	0,49	0,03	0,85	2,24	1,26	1,30
1980-1990	0,14	-0,36	0,51	0,79	0,65	0,54
1990-1994	0,07	0,50	-0,23	1,52	1,60	1,15

* Abgrenzung vgl. Abb. 4
Quellen: ENNEN/HÖROLDT 1976, LAUX/BUSCH 1989, Beiträge zur Statistik des Landes Nordrhein-Westfalen (versch. Hefte); Statistik von Rheinland-Pfalz (versch. Hefte)

Die Zeit zwischen den Weltkriegen ist, wie auch die Entwicklung der Bevölkerungszahlen (Tab. 5) erkennen läßt, eher durch Stagnation gekennzeichnet. Wirtschaftskrise und Inflation, die Tausende von Rentnern ruinierten und z.T. zu Fürsorgeempfängern machten, führten angesichts der Industriearmut die ehemals reichen Gemeinden Bonn und Bad Godesberg in den 20er Jahren in finanzielle und wirtschaftliche Bedrängnis, von der sie sich bis zum 2. Weltkrieg nur langsam erholten. Etwas günstiger war die ökonomische Lage im stärker industriell geprägten rechtsrheinischen Beuel, das 1921 aus 13 Dörfern gebildet worden war.

Der von Deutschland entfesselte 2. Weltkrieg führte auch im Bonner Raum zu beträchtlichen Zerstörungen, unter denen in der Folge zahlreicher Luftangriffe vor allem das Zentrum der Stadt Bonn zu leiden hatte, während die umliegenden Gemeinden vergleichsweise verschont wurden. Dabei blieben die Kriegsfolgen mit einem Anteil von 70,3% beschädigter und 18,9% zer-

störter Wohngebäude (ENNEN/HÖROLDT 1976, S. 330) deutlich hinter den Verlusten anderer rheinischer Städte wie etwa Köln oder Koblenz zurück. Weitgehend zerstört wurden indes die Städte Rheinbach und Meckenheim im westlichen Umland von Bonn im Rahmen des Vorrückens der amerikanischen Streitkräfte im Februar/März 1945.

8 Die Entwicklung der Region Bonn unter dem Einfluß der Hauptstadtfunktion

Die Wahl von Bonn zum Sitz von Parlament und Regierung der nach dem Zweiten Weltkrieg aus der amerikanischen, britischen und französischen Besatzungszone hervorgegangenen Bundesrepublik Deutschland bedeutete den Beginn einer völlig neuen und höchst dynamischen Phase in der jüngeren Geschichte von Stadt und Region (vgl. HÖROLDT 1974). Über die Motive und Hintergründe dieser Wahl, vor allem über den Einfluß des im nahe gelegenen Rhöndorf wohnenden

Konrad Adenauer, ist viel diskutiert und geschrieben worden. Als in der Abstimmung des Parlamentarischen Rates vom 10. Mai 1949 Bonn mit der knappen Mehrheit von 33 zu 29 Stimmen gegenüber Frankfurt den Sieg davontrug, lag dieser Entscheidung neben der ausreichenden Verfügbarkeit von Gebäuden zur Unterbringung der Regierungsorgane vor allem die Überlegung zugrunde, daß mit der Wahl der beschaulichen rheinischen Universitätsstadt der provisorische Charakter der westdeutschen Staatsgründung sehr viel besser zum Ausdruck gebracht werden konnte als mit der Entscheidung für eine Metropole wie Frankfurt (vgl. BERGKNECHT 1989, S. 14ff.). Dieser besondere Charakter der Wahl äußerte sich auch darin, daß Bonn als "vorläufiger Sitz der Bundesorgane" bezeichnet und über Jahrzehnte hinweg lediglich als "Hauptstadt auf Widerruf" angesehen wurde. So dominierte in den ersten Jahren der Spaltung Deutschlands in allen politischen Lagern die Überzeugung, daß nach der baldigen Wiedervereinigung Berlin seine Funktion als "natürliche Hauptstadt Deutschlands" wiedererlangen werde; und selbst als sich im Verlaufe des Kalten Krieges die Hoffnung auf eine schnelle Wiedervereinigung zunehmend als illusionär herausstellte, blieb der provisorische, stellvertretende Charakter der "Bundeshauptstadt Bonn", zumindest was die offiziellen politischen Bekenntnisse betraf, unbestritten.

Unabhängig von diesen politischen Willensbekundungen entwickelte sich das "Provisorium" Bonn, der "Wartesaal für Berlin", wie der Autor John le Carré die Stadt genannt hat, im Laufe von vier Jahrzehnten zum etablierten und funktionsfähigen politischen Zentrum der Bundesrepublik Deutschland, bis dieser einzigartigen Karriere am 20. Juni 1991 mit der höchst knappen Entscheidung des Bundestages von 338 zu 320 Stimmen (vgl. LAUX 1991), Berlin zur Hauptstadt im wiedervereinten Deutschland zu machen, formal ein jähes und unerwartetes Ende bereitet wurde.

Die Übernahme der Hauptstadtfunktion im Jahre 1949 setzte einen wirtschaftlichen und sozialen Strukturwandel in Gang, der nachhaltige Konsequenzen für das städtebauliche Erscheinungsbild der Stadt, die Bevölkerungs- und Siedlungsentwicklung der gesamten Region sowie die Stellung Bonns im Städtesystem der Bundesrepublik Deutschland hatte (vgl. LAUX 1990). Da eine Reihe der nachfolgend beschriebenen Exkursionen Teilaspekte dieses Strukturwandels im Detail behandeln werden, soll sich die einführende Darstellung auf die Grundzüge der Entwicklung von Stadt und Region beschränken.

In Abhängigkeit von der politischen Entwicklung der Nachkriegszeit können verschiedene Phasen des Ausbaus von Bonn zum Parlaments- und Regierungssitz unterschieden werden (vgl. HÖROLDT 1974, KULS 1988, BORCHARD 1997). Bestimmt durch den Charakter des Provisoriums wurden die unterschiedlichen Institutionen und Behörden zunächst in bereits vorhandenen Gebäuden, so etwa in früheren Kasernen vornehmlich im Außenbereich der Stadt bzw. im Vorort Duisdorf oder im Komplex der ehemaligen Pädagogischen Akademie (Parlament), untergebracht. Als Residenz des Bundespräsidenten und Sitz des Bundeskanzlers wurden großbürgerliche Villen an der Koblenzer Straße, der repräsentativen Achse von der stark zerstörten Innenstadt in Richtung Bad Godesberg, ausgewählt. Diese Standorte bildeten mit dem nahe gelegenen Parlamentsgebäude den Kern des sich fortan entwickelnden Regierungsviertels (vgl. Exkursion B1d). Der schnell wachsende Raumbedarf mußte jedoch bald durch zusätzliche Neubauten, so das Auswärtige Amt, das Bundespostministerium und das Bundespresseamt, gedeckt werden.

Auch nach der Aufhebung des Besatzungsstatuts und der damit verbundenen Erlangung der Souveränität der Bundesrepublik Deutschland am 5. Mai 1955 blieb der provisorische Charakter des Regierungs- und Parlamentssitzes Bonn weiterhin politisches Programm, auch wenn in der Folge die Arbeitsplätze, die an diese Funktionen geknüpft bzw. von ihr abhängig waren, rapide zunahmen. Zwischen 1956 und 1965 kam es unter dem Einfluß einer starken "Zurück-nach-Berlin-Bewegung" zu einem weitgehenden Stopp bei der Errichtung von Bundesbauten. Während dieser Zeit wurde der wachsende Bedarf nach Büroraum durch Anmietungen auf dem privaten Wohnungsmarkt gedeckt. Die städtebaulichen Folgen dieses Provisoriums und des fehlenden Gesamtkonzeptes für die Unterbringung der Regierungsfunktionen waren fatal (vgl. STRACKE 1983). So waren Mitte der 60er Jahre die hauptstädtischen Einrichtungen über eine Vielzahl von Standorten über die Stadt und ihre Nachbargemeinden zerstreut, was nicht zuletzt zu beträchtlichen Kommunikations- und Verkehrsproblemen führte.

Die kommunale Gebietsreform von 1969, in deren Rahmen das alte Bonn in den Grenzen von 1904 mit den Nachbarstädten Bad Godesberg und Beuel sowie weiteren acht Gemeinden zu einer neuen Gebietskörperschaft mit einer 4,5fachen Fläche und doppelten Einwohnerzahl zusammengeschlossen wurde (vgl. HOHLEFELDER 1975, S. 22), sollte nicht zuletzt die genannten Probleme beseitigen helfen und zu einer geordneten Stadtplanung führen.

Erst seit Anfang der 70er Jahre kommt es dann, rechtlich und finanziell abgesichert durch Vereinbarungen zwischen dem Bund, dem Land Nordrhein-Westfalen und der Stadt in den Jahren 1970 und 1975 (Hauptstadtvertrag), zu einem stärker koordinierten und systematischen Ausbau Bonns zur Bundeshauptstadt. Verstärkt wurden diese Aktivitäten - etwa mit dem Neubau des Plenarsaals sowie der Errichtung der Bundeskunsthalle und des Hauses der Geschichte - nach 1982, ohne daß jedoch die immer wieder modifizierten, großzügigen Planungskonzepte vollständig realisiert worden wären (vgl. BORCHARD 1997). Dennoch

Tab. 6: Stadt Bonn: Nichtlandwirtschaftliche Arbeitsstätten 1950 - 1987

Jahr	Zahl	Beschäftigte insgesamt	davon: sekundärer Sektor	tertiärer Sektor	davon: Handel u. Verkehr	sonstige Dienstleistungen	Organisationen ohne Erwerbszweck, Gebietskörperschaften
1950	11052	80693	35938	44755			
1970	11140	148574	43426	105148	29964	23543	51641
1987	13363	163250	26432	136818	27138	41121	68559

Quellen: ENNEN/HÖROLDT 1976, S. 149; Beiträge zur Statistik des Landes Nordrhein-Westfalen (versch. Hefte)

hat sich im Laufe der Jahrzehnte ein spezifisches Standortmuster der wichtigsten hauptstadtorientierten Funktionen herausgebildet (vgl. KULS 1988, Abb. 2): Das sog. Regierungsviertel, das sich im Südosten des alten Bonner Zentrums in Richtung Bad Godesberg erstreckt, beherbergt u.a. mit dem Bundestag, dem Bundesrat, dem Bundespräsidialamt und dem Bundeskanzleramt sowie einigen Ministerien die höchsten legislativen und exekutiven Institutionen der Republik. Hier sind ebenfalls die Büros und Studios von Presse, Rundfunk und Fernsehen zu finden. Weitere Ministerien sind über das Stadtgebiet verstreut, mit einer Konzentration im Bereich Duisdorf. Die Botschaften haben ihren bevorzugten Standort in den attraktiven Villenvierteln von Bad Godesberg, während die zahlreichen Verbände und Interessenvertretungen - dem Bedürfnis nach einer "guten Adresse" folgend - häufig ihren Sitz im gründerzeitlichen Viertel der Bonner Südstadt haben.

Die Übernahme und der Ausbau der Hauptstadtfunktionen hatten einen rapiden Anstieg der Arbeitsplätze im tertiären Wirtschaftssektor und ein entsprechendes Wachstum der Einwohnerzahlen zur Folge (vgl. Tab. 5). Während sich die Zunahme der Beschäftigten zunächst und vor allem auf die Stadt Bonn konzentrierte, profitierten von der Bevölkerungszunahme sehr bald und in wachsendem Maße das nähere und weitere Umland der Stadt. Dies führte in wenigen Jahrzehnten zu einem grundlegenden sozialen, ökonomischen und siedlungsstrukturellen Wandel in der Region, in dessen Verlauf ehemals landwirtschaftlich geprägte Gemeinden, die noch in der frühen Nachkriegszeit nur wenig auf Bonn orientiert waren, zu Wohnvororten mit einem hohen Anteil "ortsfremder" und durch intensive Pendlerbeziehungen mit der Stadt verbundener Bevölkerungsgruppen wurden. Erst dieser tiefgreifende Strukturwandel führte zur Herausbildung einer in sich differenzierten, funktional vielfältig miteinander verflochtenen Region, die wir als "Raum Bonn" bezeichnen können. Anhand einiger Abbildungen und Tabellen sollen diese Wandlungsprozesse näher verdeutlicht werden.

Wie Tab. 6 erkennen läßt, wuchs die Zahl der in Bonn (in den Stadtgrenzen nach 1969) Beschäftigten in nichtlandwirtschaftlichen Arbeitsstätten zwischen 1950 und 1987, dem Jahr der letzten Volkszählung, auf mehr als das Doppelte. Noch stärker war der Gewinn im tertiären Sektor mit einer Steigerung um mehr als 200%. Der Löwenanteil fiel dabei auf die Arbeitsplätze in den Bereichen "Organisationen ohne Erwerbszweck" und "Gebietskörperschaften"; unter die erste Kategorie fallen in erster Linie Parteien, Verbände und Interessenvertretungen, die Gebietskörperschaften entsprechen der öffentlichen Verwaltung, d.h. hier vor allem den Bundesorganen. Anfang der 90er Jahre waren nach den Recherchen des Autors (vgl. LAUX/THIEME 1996, S. 121) im Raume Bonn etwa 42.500 Personen in hauptstadtorientierten administrativen und politischen Institutionen (einschließlich der Abgeordneten und der Ländervertretungen) beschäftigt. Etwa 5.000 Arbeitsplätze waren mit den diplomatischen Vertretungen verbunden, ca. 9.300 Beschäftigte konzentrierten sich auf Parteien, Verbände und Lobby, während in Presse und Medien rund 1.200 Personen beschäftigt waren. Diese Zahlen addieren sich auf zu 58.000 Arbeitsplätzen in unmittelbaren Regierungs- sowie regierungsbezogenen Funktionen.

Wie die Daten zur Bevölkerungsentwicklung in Tab. 5 deutlich machen, konzentrierte sich das Wachstum der Bevölkerung in der Region zwischen 1950 und 1961 zunächst noch auf den Bereich der Stadt Bonn, wobei neben den 1969 eingemeindeten Ortschaften auch "Alt-Bonn" noch beträchtliche Gewinne verbuchen konnte. Die zunehmende Konversion von Wohn- in Büroflächen, die geänderten Wohnwünsche, die verbesserten Einkommen sowie die steigende Motorisierung führten ab Ende der 50er Jahren zu einer Verlagerung der Wachstumsspitzen in die unmittelbar an Bonn angrenzenden Umlandgemeinden, die vor allem zwischen 1961 und 1980 in der Summe ausgesprochen hohe jährliche Zuwachsraten zeigten. Es war dies die Hochphase des Suburbanisierungsprozesses, der schließlich auch die Ansiedlung von Arbeitsplätzen des tertiären Sektors im Umland von Bonn zur Folge hatte. So stieg die

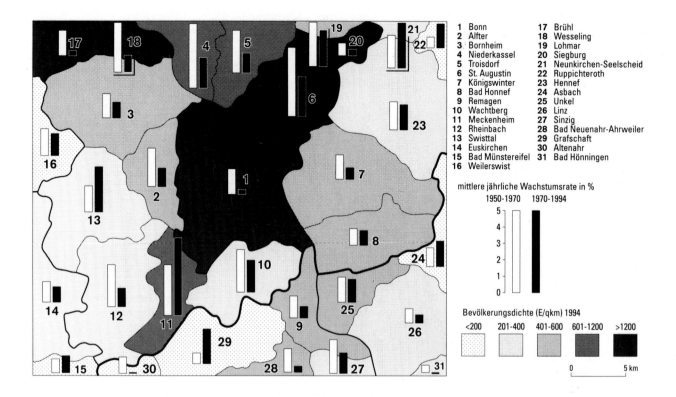

Abb. 4: Raum Bonn - Bevölkerungsentwicklung 1950-1994. (Quellen: vgl. Tab. 5)

Zahl der Beschäftigten in nichtlandwirtschaftlichen Arbeitsstätten in den unmittelbar an Bonn angrenzenden Gemeinden zwischen 1970 und 1987 mit 25.665 absolut und relativ stärker als in Bonn selbst. Nach 1980 verlangsamte sich das Bevölkerungswachstum im Raum Bonn, wobei die Kernstadt durch die niedrigsten Raten gekennzeichnet war, während die Wachstumsintensität der weiter außen liegenden Gebietseinheiten nun bereits an die der eigentlichen Umlandgemeinden heranreichte.

Im einzelnen kam es, wie Abb. 4 deutlich macht, zu räumlich recht unterschiedlichen Schwerpunkten der Bevölkerungsentwicklung. Die stärksten Wachstumsraten zwischen 1950 und 1970 zeigten auf rechtsrheinischem Gebiet die Gemeinden St. Augustin, Niederkassel, Troisdorf und Lohmar, während die weiter südlich gelegenen Orte Königswinter, Honnef und Unkel mit ihren Siedlungsschwerpunkten im Rheintal vergleichsweise moderate Bevölkerungszunahmen aufwiesen. Auf der rechten Rheinseite hatten neben dem an Köln angrenzenden Wesseling die Gemeinden Meckenheim, Rheinbach, Alfter und Wachtberg ein ausgesprochen starkes Bevölkerungswachstum. Nur wenige Gemeinden konnten zwischen 1970 und 1994 nochmals die Zuwachsraten der vorangegangenen Periode übertreffen. Es sind dies im westlichen und südlichen Umland von Bonn Meckenheim, Swisttal und Grafschaft sowie an der Peripherie der Karte Neunkirchen-Seelscheid und Ruppichteroth im Bergischen Land, Asbach im Westerwald sowie Bad Münstereifel.

Beeinflußt wurde das differenzierte Muster der Bevölkerungsentwicklung durch eine Reihe von Faktoren.

Neben der Entfernung zu Bonn und Köln spielten das wirtschaftliche Eigenpotential der Gemeinden, die Gemarkungsgröße und damit die Flächenreserven sowie nicht zuletzt auch die naturräumlichen Gegebenheiten wie Relief und Waldverbreitung eine entscheidende Rolle. So wurde die Entwicklung der nördlichen Gemeinden von Brühl über Wesseling, Niederkassel und Troisdorf bis nach Siegburg teils durch die Nähe zu Köln, teils durch die eigene Wirtschaftskraft u.a. auf der Basis von Industrieunternehmen nachhaltig bestimmt. Für die Entwicklung von St. Augustin spielte neben der unmittelbaren Nähe zu Bonn sicherlich die Verfügbarkeit von Siedlungsflächen auf den Ebenen der Nieder- und Mittelterrasse eine wichtige Rolle, während das geringere Wachstum der Gemeinden Königswinter und Bad Honnef durch die Lage der Siedlungskerne im Rheintal und die durch das Naturschutzgebiet des Siebengebirges eingeschränkten Ausdehnungsmöglichkeiten der höher gelegenen Ortsteile beeinflußt wurde. Sehr viel günstiger waren indes die Möglichkeiten des Siedlungswachstums entlang des Vorgebirges in der Gemeinde Alfter (vgl. Exkursion B2a) sowie in den flachen, waldfreien Börderegionen jenseits des Kottenforstes und der südlichen Ville. Mit Meckenheim ist hier die Gemeinde mit dem stärksten Wachstum der gesamten Region zu finden (vgl. Exkursion B2d).

Die Bevölkerungsentwicklung nach 1950 hatte, wie die bereits erwähnte Karte von BUSSO VON DER DOLLEN verdeutlicht, einen tiefgreifenden Wandel der Siedlungsstruktur zur Folge. Seit den 50er Jahren wuchsen nicht nur Bonn und Godesberg zusammen, es kam viel-

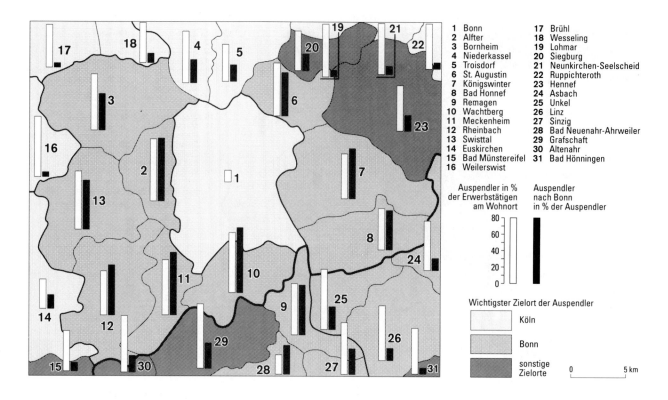

Abb. 5: Raum Bonn - Pendelwanderung (Berufspendler) 1987. Quellen: Beiträge zur Statistik des Landes Nordrhein-Westfalen (versch. Hefte), Statistik von Rheinland-Pfalz (versch. Hefte)

mehr zur Herausbildung einer zusammenhängenden Siedlungsagglomeration oder Städtelandschaft, die sich von Bonn entlang des Rheintals bis nach Bad Honnef sowie vom südlichen Vorgebirge in Richtung Nordosten bis nach Siegburg und Troisdorf erstreckt (vgl. Abb. 3, Beilage). Dem stehen stark erweiterte, aber noch voneinander getrennte, aus Dörfern und Weilern erwachsene Wohnvororte im Pleiser Ländchen nordöstlich des Siebengebirges, im Drachenfelser Ländchen südlich von Bad Godesberg sowie in den Bördegebieten gegenüber. Eher ein Siedlungsband bilden die Ortschaften entlang des Vorgebirges zwischen Alfter und Brühl, während Rheinbach und vor allem Meckenheim mit ihren ausgedehnten Wohngebieten Sonderfälle in der Art von Trabantenstädten bilden. Die verbliebenen, unbebauten Flächen werden teils landwirtschaftlich genutzt, mit dominierendem Ackerbau auf den Niederterrassen und in der Börde sowie Sonderkulturen entlang des Vorgebirges (vgl. Exkursion B2a), oder dienen als Naturschutzgebiet (Siebengebirge) bzw. Naturpark (Kottenforst) der Naherholung (vgl. Exkursion B2c).

Die Karte zur Pendelwanderung im Jahre 1987 (Abb. 5) kann die funktionalen Verflechtungen in der Region Bonn über die bisherigen Hinweise hinaus deutlich machen. Dargestellt ist das jeweils dominierende Einpendlerzentrum, der Anteil der Auspendler an den in den Gemeinden wohnhaften Erwerbstätigen sowie der Prozentsatz der Auspendler nach Bonn. Zwischen 1950 und 1987 stieg die Zahl der Einpendler nach Bonn von 9.933 auf 69.492 Erwerbspersonen, d.h. auf annähernd

Tab. 7: Stadt Bonn: Berufspendler 1950 - 1987

Jahr	Einpendler	Auspendler	Saldo	Einpendler in % der Beschäftigten in nichtlandwirtschaftlichen Arbeitsstätten
1950	9933	5416	4517	12,3
1970	38151	8567	29584	25,7
1987	69492	16791	52701	42,6

Quellen: HÖROLDT 1974, S. 163ff.; Beiträge zur Statistik des Landes Nordrhein-Westfalen (versch. Hefte)

das Siebenfache (vgl. Tab. 7). Für insgesamt 15 Gemeinden des Kartenausschnitts stellt Bonn 1987 das wichtigste Einpendlerzentrum dar. Köln dominiert als Zielort in 10 Fällen, darunter auch für die Auspendler aus Bonn und aus den - zugleich an Köln angrenzenden - Nachbargemeinden Niederkassel und Troisdorf. Bei sechs Gemeinden haben kleinere Zielorte, so z.B. Troisdorf für Siegburg, Siegburg für Hennef, Euskirchen für Bad Münstereifel oder Bad Neuenahr-Ahrweiler für Altenahr und Grafschaft, die höchste Attraktivität. Diese Zielorte, unter ihnen drei Verwaltungssitze von Landkreisen, stellen, wie ihr vergleichsweise niedriger Auspendleranteil andeutet, ökonomisch selbständige und wenig von Bonn oder auch Köln abhängige Gemeinden dar. Die stärksten Verflechtungen mit

Bonn besitzen die Orte im Westen und Süden der Stadt, vor allem Alfter, Meckenheim und Wachtberg, in abgestufter Form auch Swisttal, Rheinbach und Remagen. Von St. Augustin mit dem stärksten absoluten Pendlerstrom und Königswinter abgesehen, ist die Verflechtung Bonns mit den rechtsrheinischen Gemeinden eher etwas schwächer ausgebildet. Das mag als Ausdruck der lange Zeit recht wirksamen Barriere des Rheinstromes gedeutet werden.

9 Die Zukunft des Bonner Raumes nach der Verlegung des Parlaments- und Regierungssitzes

Die Entscheidung des ersten gesamtdeutschen Bundestages vom 20. Juni 1991, Parlament und Regierung in einer angemessenen Frist nach Berlin zu verlegen, löste in Stadt und Region zunächst einen tiefen Schock aus. Zu sehr waren die Wirtschaft und die Bevölkerung des Raumes ökonomisch, aber auch in ihrem Selbstverständnis, in ihrer Identität, mit der Hauptstadtfunktion verbunden, als daß eine Zukunft ohne diese krisensichere Existenzgrundlage einer ganzen Region vorstellbar schien. Geht man davon aus, daß Ende der 80er Jahre im Raume Bonn etwa 176.000 Menschen, Erwerbstätige mit ihren Familienangehörigen, direkt oder indirekt von den Regierungsfunktionen und den ihnen zugeordneten Aktivitäten wirtschaftlich abhängig waren (vgl. LAUX/THIEME 1996, S. 121), so schienen die Visionen einer düsteren Zukunft nicht ganz unbegründet.

Mitte 1997, d.h. sechs Jahre nach dem Umzugsbeschluß, scheint sich in Bonn wenig geändert zu haben, da noch keine bedeutsame politische Institution ihren Sitz nach Berlin verlagert hat. Die eingetretene Verzögerung mag zum Teil durch das Wirken einer einflußreichen Bonn-Lobby erklärbar sein (BEYME 1995, S. 60); entscheidender ist, daß sich die Suche nach geeigneten Unterbringungsmöglichkeiten in Berlin als schwieriger erwies denn erwartet. Darüber hinaus kam es zu Verzögerungen bei den Planungs- und Baumaßnahmen, und die Gesamtkosten des Umzugs stiegen stärker als vorgesehen. Zur Zeit wird ein Gesamtrahmen von 20 Mrd. DM als realistisch betrachtet (KANSY 1995, S. 97). Der Umzug schließlich soll zwischen den Jahren 1998 und 2000 abgewickelt werden.

Nach intensiven Debatten und Verhandlungen wurde am 26. April 1994 im Bundestag mit großer Mehrheit das *Berlin/Bonn-Gesetz* verabschiedet, das den Umzugsbeschluß präzisieren und Maßnahmen zur Sicherung der Zukunft Bonns und seiner Region festschreiben sollte. So wurde im politisch-administrativen Bereich die "Sicherstellung einer dauerhaften und fairen Arbeitsteilung" (GESETZ ZUR UMSETZUNG... 1994, S. 918) zwischen der neuen Hauptstadt Berlin und der "Bundesstadt" Bonn - so nun der neue Titel - vereinbart. Konkret bedeutet dies, daß Bonn Teile der Regierungseinrichtungen (Ministerien) behalten soll und zusätzlich aus anderen Städten Bundesbehörden nach

Bonn verlegt werden. Darüber hinaus sollten als Ausgleichsmaßnahmen großzügige finanzielle Hilfen für einen nachhaltigen sozialen und wirtschaftlichen Strukturwandel gewährt werden. Auf dieser Grundlage wurden der Region schließlich in einer weiteren Vereinbarung vom 29. Juni 1994 bis zum Jahre 2004 Bundesmittel in Höhe von insgesamt 2,8 Mrd. DM in Aussicht gestellt.

Nach den Vorstellungen der Planer und Politiker soll die Zukunft von Stadt und Region Bonn - ausgehend von vorhandenen Potentialen - auf fünf sog. Entwicklungssäulen beruhen (STADTPLANUNG FÜNF JAHRE DANACH 1996). Es sind dies:

Bonn als
- Bundesstadt,
- Zentrum für internationale Zusammenarbeit,
- Region von Wissenschaft und Forschung,
- Region zukunftsorientierter Wirtschaftsstruktur und
- Modell einer umweltgerechten Städtelandschaft und Kulturregion.

Bonn als Bundesstadt

Eine Verlagerung sämtlicher Regierungsfunktionen von Bonn nach Berlin hätte ohne Zweifel zu gravierenden wirtschaftlichen und sozialen Problemen in der Region geführt. Nach den Beschlüssen des Jahres 1994 wird dies nicht geschehen. Zwar werden der Bundespräsident, der Bundeskanzler, der Bundestag und - entgegen den ursprünglichen Absichten - auch der Bundesrat nach Berlin verlegt, von den gegenwärtig 16 Ministerien sollen jedoch sieben - unter ihnen das personalstarke Verteidigungsministerium - ihren ersten Amtssitz in Bonn behalten. Nach diesen Plänen werden etwa 14.000 Beschäftigte - und damit etwas mehr als 50% der Arbeitsplätze in den zentralen Institutionen von Parlament und Regierung - in Bonn verbleiben (DER BUND IN BONN 1994, V). Als Kompensation sollen nachgeordnete Bundesbehörden mit etwa 7.400 Beschäftigten aus Berlin und anderen Städten nach Bonn verlegt werden. Hierzu zählen z.B das Bundeskartellamt, das Bundesversicherungsamt und der Bundesrechnungshof.

Es müssen jedoch Zweifel angemeldet werden, ob die zunächst verbleibenden Ministerien ihren Standort auf Dauer in Bonn behalten werden; die Anziehungskräfte der politischen Zentrale Berlin werden langfristig sicherlich dominieren. Darüber hinaus ist zu beachten, daß die diplomatischen Vertretungen, die Medien und die meisten der Verbände und Interessenvertretungen Bonn in Richtung Berlin verlassen werden und damit der Arbeitsplatzverlust in den hauptstadtorientierten Funktionen sehr viel größer sein wird als durch die Bilanzen der Bundesregierung suggeriert.

Bonn als Zentrum für Internationale Zusammenarbeit

Eines der Felder, auf dem Bonn sicherlich Perspektiven besitzt, ist die Ansiedlung von Institutionen der internationalen Zusammenarbeit. Dabei soll die Region sowohl als Zentrum der Entwicklungspolitik und Nord-Süd-Kooperation wie auch als Standort europäischer Institutionen ausgebaut werden. Die Nähe zur Europäischen Kommission in Brüssel sowie die freiwerdenden Büroflächen werden hierfür als günstige Standortfaktoren betrachtet. Es muß jedoch gesehen werden, daß Bonn im Vergleich zu etablierten Zentren internationaler Zusammenarbeit in Europa wie etwa Genf, Wien oder Paris aufgrund seines eher provinziellen Flairs in einer sehr schwierigen Situation sein wird. So waren die Versuche, Institutionen der EU oder der UNO nach Bonn zu ziehen, bisher nicht sehr erfolgreich. Lediglich einige kleinere Einrichtungen, wie etwa das United Nations Volunteers Programme (UNV), haben sich für Bonn entschieden. Erfolgversprechender erscheint die geplante Ansiedlung nationaler Institutionen der Entwicklungszusammenarbeit wie der Deutschen Stiftung für internationale Entwicklung, des Deutschen Entwicklungsdienstes und der Deutschen Gesellschaft für Entwicklungspolitik mit insgesamt jedoch nicht mehr als 400 Beschäftigten.

Bonn als Region von Wissenschaft und Forschung

Der größte Teil der Ausgleichsgelder (1,675 Mrd. DM) soll für den Ausbau Bonns als Wissenschaftsstandort verwendet werden. Im "Center for International Cooperation in Advanced Education and Research" (CICERO) zusammengeschlossen, wurden an der Universität Bonn bereits zwei neue, interdisziplinär ausgerichtete Forschungseinrichtungen geschaffen: das "Zentrum für Europäische Integrationsforschung" (ZEI) und das "Nord-Süd-Zentrum für Entwicklungsforschung" (ZEF). Im Aufbau begriffen sind zwei Fachhochschulen mit Standorten in Rheinbach, St. Augustin und Remagen sowie als bedeutendstes Projekt das "Center for Advanced European Studies and Research" (CAESAR), das sich auf die Forschung in technologisch innovativen Bereichen konzentrieren soll. Diese erweiterte "Forschungslandschaft" wird ergänzt durch die Konzentration von bestehenden Einrichtungen der Wissenschaftsverwaltung und Wissenschaftsförderung, wie etwa der Deutschen Forschungsgemeinschaft (DFG) oder des Deutschen Akademischen Austauschdienstes (DAAD).

Bonn als Region zukunftsorientierter Wirtschaftsstruktur

Mit dem Verlust von Arbeitsplätzen in den hauptstadtorientierten Funktionen steht die Region Bonn vor der Aufgabe, durch den Ausbau und die Entwicklung einer diversifizierten, stärker durch Privatunternehmen geprägten Wirtschaftsstruktur einen nachhaltigen ökonomischen Wandel in Gang zu setzen. Zur Unterstützung dieser strukturpolitischen Aufgaben wurden vom Bund insgesamt 300 Mill. DM bereitgestellt. Die im Jahre 1992 gegründete "Strukturfördergesellschaft Bonn/ Rhein-Sieg/Ahrweiler" (SFG) soll als kreis- und landesgrenzenübergreifende Institution die Region national und international als attraktiven Wirtschaftsstandort vermarkten. Zu ihren Aufgaben gehören u.a. die Pla-

nung und Erschließung von Gewerbeflächen, von Technologie- und Transferzentren, die Förderung des Fremdenverkehrs- und Kongreßwesens sowie die Durchführung von Werbe- und Marketingmaßnahmen. Besonderes Gewicht wird in diesem Rahmen auf den Ausbau des Telekommunikationssektors gelegt, für den die "Deutsche Telekom" mit ihren Tochterunternehmen einen hervorragenden Standortvorteil und Kristallisationskern bildet.

Bonn als Modell einer umweltgerechten Städtelandschaft und Kulturregion

Die sog. weichen Standortfaktoren, wie z.B. landschaftliche Schönheit und kulturelle Attraktivität, spielen offenbar eine wachsende Rolle für eine zukunftsorientierte, nachhaltige Regionalentwicklung. In diesem Sinne soll zur Flankierung der geschilderten Entwicklungsmaßnahmen das vorhandene Potential an kulturellen Einrichtungen wie die verschiedenen Museen, die Theaterszene und das Musikleben weiter ausgebaut und vermarktet werden. Wie schon im 19. Jahrhundert geschehen, kann schließlich auch der landschaftliche Reiz des Bonner Raumes mit seiner Vielfalt unterschiedlicher Naturräume eine erneute und besondere Bedeutung für die weitere Entwicklung gewinnen. Die landschaftlichen Schönheiten sollen nicht nur zur Freizeit und Erholung der regionsansässigen Bevölkerung dienen, sondern auch als Anreiz für den Tourismus und die Ansiedlung neuer Bevölkerungsgruppen wirken.

Ausblick

Wie nach dem Verlust der Residenzfunktion im Jahre 1794 oder nach dem Ende des ersten Weltkriegs steht Bonn - und diesmal mit der Stadt die gesamte Region - erneut in einer Phase des tiefgreifenden sozialen und wirtschaftlichen Umbruchs. Sechs Jahre nach dem Beschluß des Bundestages, Parlament und Regierung nach Berlin zu verlegen, sind jedoch die anfänglichen Zukunftsängste und Befürchtungen eines wirtschaftlichen Niedergangs einem moderaten Optimismus gewichen. Die zeitliche Streckung des Umzugs, die großzügigen Kompensationsmaßnahmen, die hervorragende technische und personelle Infrastruktur, die landschaftliche Attraktivität sowie die großräumige Lage in Europa, all diese positiven Standortfaktoren werden der Region Bonn helfen, mit neuen Aufgaben auch in der Zukunft zu bestehen.

Literatur

AHORNER, L. (1962): Untersuchungen zur quartären Bruchtektonik der Niederrheinischen Bucht. In: Eiszeitalter und Gegenwart 13, S. 24-105.

BARTELS, G., HARD, G. (1974): Zur Datierung des Rodderbergs bei Bonn. In: Decheniana 126, S. 367-376.

BERGKNECHT, W. (1989): 40 Jahre Bundeshauptstadt Bonn 1949-1989. Köln 1989.

BEYME, K. (1995): Von der Hauptstadtsuche zur Hauptstadtfindung: Die Implementation des Hauptstadtbeschlusses. In: SÜSS, W. (Hrsg.): Hauptstadt

Berlin, Bd. 1: Nationale Hauptstadt, europäische Metropole. 3. Aufl. Berlin, S. 55-75.

BIBUS, E. (1980): Zur Relief-, Boden- und Sedimententwicklung am unteren Mittelrhein. Frankfurter Geowissenschaftliche Arbeiten Serie D: Physische Geographie 1, Frankfurt.

BÖHM, H. (1964): Eine Klimakarte der Rheinlande. In: Erdkunde 18, S. 202-206.

BÖHM, H. (1988): Gartenbau und Landwirtschaft in der Umgebung von Bonn. In: MAYER, E., FEHN, K., HÖLLERMANN, P.-W. (Hrsg.): Bonn - Stadt und Umland. Arbeiten zur Rheinischen Landeskunde 58, Bonn, S. 225-245.

BÖTTCHER, W. (1941): Die Niederschläge im Rheinischen Schiefergebirge. Beiträge zur Landeskunde der Rheinlande 3, Reihe 5, Bonn.

BORCHARD, K. (1997): Bonn - vom Provisorium über die Bundeshauptstadt zur Bundesstadt oder: Von den Schwierigkeiten der baulichen und städtebaulichen Selbstdarstellung unseres Staates. In: EHLERS, E. (Hrsg.): Deutschland und Europa. Historische, politische und geographische Aspekte. Festschrift zum 51. Deutschen Geographentag, Bonn 1997. Colloquium Geographicum 24, Bonn, S. 11-33.

VON DER BRELIE, G. et al. (1981): Pollenflora und Phytoplankton in den Kölner Schichten sowie deren Lithostratigraphie im Siegburger Graben. In: Fortschr. Geol. Rheinl. u. Westf. 29, S. 21-58.

BRUNNACKER, K. (1978): Neuere Ergebnisse über das Quartär am Mittel- und Niederrhein. In: Fortschr. Geol. Rheinl. u. Westf. 28, S. 111-122.

BURGHARDT, O. (1979): Siebengebirge. Landschaft im Wandel. Geologisches Landesamt Krefeld.

CLOOS, H. (1948): Der Basaltstock des Weilberges im Siebengebirge. In: Geol. Rdsch. 35, S. 33-35.

CLOOS, H., CLOOS, E. (1927): Die Quellkuppe des Drachenfels am Rhein. Ihre Tektonik und Bildungsweise. In: Z. Vulkanol. 11, S. 33-40.

VON DECHEN, H. (1961): Geognostischer Führer in das Siebengebirge am Rhein. Bonn.

DER BUND IN BONN (1994): Beilage des General-Anzeigers für Bonn und Umgebung vom 8.3.1994.

DEUTSCHER WETTERDIENST (1972): Die Klimaverhältnisse im Großraum Bonn. Amtliches Gutachten, Wetteramt Essen.

DEUTSCHER WETTERDIENST (1951-1980): Monatliche Witterungsberichte. Offenbach.

DIETZ, J. (1967): Die Veränderungen des Rheinlaufs zwischen der Ahrmündung und Köln in historischer Zeit. In: Rhein. Vierteljahresblätter 31, S. 351-376.

VON DER DOLLEN, B. (1982): Der Thomann-Plan. Zur Aufstellung und Interpretation des ersten Stadterweiterungsplanes für Bonn im Bereich der sogenannten Südstadt (1985ff.). In: Bonner Geschichtsblätter 34, S. 141-172.

VON DER DOLLEN, B., GRAAFEN, R. (1988): Die Entwicklung der Bebauung im Bonner Raum 1810-1980. In: MAYER, E., FEHN, K., HÖLLERMANN, P.-W. (Hrsg.): Bonn - Stadt und Umland. Arbeiten zur Rheinischen Landeskunde 58, Bonn, S.247-267.

EMONDS, H. (1954): Das Bonner Stadtklima. Arbeiten zur Rheinischen Landeskunde 7, Bonn.

ENNEN, E., HÖROLDT, D. (1976): Vom Römerkastell zur Bundeshauptstadt. Kleine Geschichte der Stadt Bonn. 3. Aufl. Bonn.

ERIKSEN, W. (1967): Das Klima des Mittelrheinischen Raumes in seiner zeitlichen und räumlichen Differenzierung. In: MEYNEN, E. (Hrsg.): Die Mittelrheinlande. Festschrift zum XXXVI. Deutschen Geographentag vom 2. bis 5. Oktober 1967 in Bad Godesberg. Wiesbaden, S. 16-30.

FEHRE, H. (1965): Zu den Entwicklungstendenzen im Bereicheder Bundeshauptstadt. Aufgezeigt anhand der Gemeindestatistik 1950 und 1961. In: Raumforschung und Raumordnung 23, S. 198-222.

FELIX-HENNINGSEN, P. (1990): Die mesozoisch-tertiäre Verwitterungsdecke (MTV) im Rheinischen Schiefergebirge. Aufbau, Genese und quartäre Überprägung. Paläoklima 6, Stuttgart.

FRÄNZLE, O. (1969): Geomorphologie der Umgebung von Bonn. Arb. z. Rhein. Landeskunde 29, Bonn.

FRECHEN, J. (1976): Siebengebirge am Rhein - Laacher Vulkangebiet - Maargebiet der Westeifel - Vulkanologisch-petrologische Exkursionen. Sammlung geol. Führer 56, Berlin/Stuttgart.

GESETZ ZUR UMSETZUNG des Beschlusses des Deutschen Bundestages vom 20. Juni 1991 zur Vollendung der Einheit Deutschlands (Berlin/Bonn-Gesetz) vom 26. April 1994 (1994): In Bundesgesetzblatt, Teil I, Nr. 27, S. 918-921.

GRAMSCH, H.-J. (1978): Die Entwicklung des Siegtals im jüngsten Tertiär und Quartär. Bochumer Geogr. Arbeiten 31, Bochum.

GRUNERT, J. (1988): Geomorphologische Entwicklung des Bonner Raumes. In: MAYER, E., FEHN, K., HÖLLERMANN, P.-W. (Hrsg.): Bonn - Stadt und Umland. Arbeiten zur Rheinischen Landeskunde 58, Bonn, S. 165-180.

GRUPE, M. (1987): Untersuchungen zur Verteilung, Bindung und Pflanzenverfügbarkeit umweltrelevanter Spurenelemente in jungen Aueböden von Rhein und Sieg. Diss. Bonn.

HARDENBICKER, U. (1994): Hangrutschungen im Bonner Raum. Naturräumliche Einordnung und ihre anthropogenen Ursachen. Arbeiten zur Rheinischen Landeskunde 64, Bonn.

HENNIG, A. (1992): Vergleich verschiedener Methoden zur Berechnung und Simulation des Bodenwasserhaushaltes - dargestellt am Beispiel von Aueböden bei Hennef/Sieg. Bonner Bodenkundliche Abhandlungen 6, Bonn.

HENSCHEID, S., ZEPP, H. (1995): Bodennutzung und Nitrat-Stickstoff in der Dränzone von Lößdecken der südlichen Niederrheinischen Bucht. In: Zeitschrift für Pflanzenernährung und Bodenkunde 158, S. 157-164.

HERZOG, W., TROLL, C. (1968): Die Landnutzungskarte Nordrhein 1:100.000, Blatt 1: Köln-Bonn. Arbeiten zur Rheinischen Landeskunde 28, Bonn.

HOHLEFELDER, W. H. (1975): Folgeprobleme der

kommunalen Neugliederung am Beispiel der neuen Stadt Bonn. Veröffentlichungen des Stadtarchivs, Bd. 15. Bonn.

HÖROLDT, D. (1974): 25 Jahre Bundeshauptstadt. Eine Dokumentation. Veröffentlichungen des Stadtarchivs Bonn, Bd. 14. Bonn.

JANUS, U. (1988): Löß der südlichen Niederrheinischen Bucht. Kölner Geographische Arbeiten 49, Köln.

KAISER, K. (1961): Gliederung und Formenschatz des Pliozäns und Quartärs am Mittel- und Niederrhein sowie in den angrenzenden Niederlanden unter besonderer Berücksichtigung der Rheinterrassen. In: Köln und die Rheinlande, Festschrift zum 33. Deutschen Geographentag Köln. Wiesbaden, S. 236-278.

KANSY, D. (1995): Der Bundestag vom Berlin-Beschluß zum Berlin/Bonn-Gesetz. In: SÜSS, W. (Hrsg.): Hauptstadt Berlin, Bd. 1: Nationale Hauptstadt, europäische Metropole. 3. Aufl. Berlin, S. 77-98.

KLAUS, D. (1988): Aspekte des Bonner Stadtklimas. In: MAYER, E., FEHN, K., HÖLLERMANN, P.-W. (Hrsg.): Bonn - Stadt und Umland. Arbeiten zur Rheinischen Landeskunde 58, Bonn, S. 63-83.

KLAUS, D. et al. (1997): Beziehungen zwischen synoptischer und lokaler Windzirkulation und der Schadstoffbelastung in der südlichen niederrheinischen Bucht. In: Berichte zur Deutschen Landeskunde (im Druck).

KRÄMER, R. (1992): Zur Hydrogeologie und Hydrochemie des unteren Siegtales unter besonderer Berücksichtigung der Nitrate in Sicker- und Grundwasser. Schriftenreihe des Wahnbachtalsperrenverbands 1. Siegburg.

KRAUSE, A. (1972a): Pflanzengesellschaften im Bonner Raum. Eine Aufzählung. In: Decheniana 131, 52-60.

KRAUSE, A. (1972b): Wald- und Forstgesellschaften im Siebengebirge. Arbeiten der Bundesanstalt für Vegetationskunde, Naturschutz und Landschaftspflege. Bonn-Bad Godesberg.

KULS, W. (1988): Bonn als Bundeshauptstadt. In: MAYER, E., FEHN, K., HÖLLERMANN, P.-W. (Hrsg.): Bonn - Stadt und Umland. Arbeiten zur Rheinischen Landeskunde 58, Bonn, S. 5-18.

KÜMMEL, K. (1956): Das Siebengebirge - Landschaft, Vegetation und Stellung im europäischen Raum. In: Decheniana 108, S. 247-298.

LANDWIRTSCHAFTSKAMMER RHEINLAND (1996): Rheinland aktuell, 6. Ausgabe. Bonn.

LAUX, H.D. (1990): Hauptstadt oder Hauptstädte? Zur Stellung Bonns im Städtesystem der Bundesrepublik Deutschland. Ein Beitrag zur Hauptstadtdiskussion. Bonn.

LAUX, H.D. (1991): Berlin oder Bonn? Geographische Aspekte einer Parlamentsentscheidung. In: Geographische Rundschau 43, S. 740-743.

LAUX, H.D., BUSCH, U. (1989): Entwicklung und Struktur der Bevölkerung 1815 bis 1980. Geschicht-

licher Atlas der Rheinlande, Beiheft VIII/2 - VIII/4. Köln.

LAUX, H.D., THIEME, G. (1996): Bonn: Historical development and prospects for the future. In: HEINEBERG, H., DE LANGE, N., MAYR, A. (Eds.): The Rhine Valley. Urban, harbour and industrial development and environmental problems. Beiträge zur Regionalen Geographie 41, Leipzig, S. 118-126.

MAUS, O. (1993): Satellitenbilddaten und Geoinformationssysteme. Kleinräumige Erfassung der Flächennutzung am Beispiel von Bonn. Bundesforschungsanstalt für Landeskunde und Raumordnung (Hrsg.): Fernerkundung in Raumordnung und Städtebau 18, Bonn.

MEYER, W. (1988): Die Entstehung der Trachyttuffdecke und einer Caldera im Siebengebirge. In: Fortschr. Miner. 66, Beih. 2, S. 27-30.

MEYER, W. (1989): Die geologische Geschichte der Umgebung von Rott. In: KOENIGSWALD, W. VON et al.: Fossillagerstätte Rott bei Hennef am Siebengebirge. Siegburg, S. 9-15.

MEYER, W. (1994): Geologie der Eifel. Stuttgart.

MEYER, W., STETS, J. (1975): Das Rheinprofil zwischen Bonn und Bingen. In: Z. dt. geol. Ges. 126, S. 15-29.

MEYNEN, E. (1967): Die Städtelandschaft am Austritt von Rhein und Sieg in die Kölner Tieflandsbucht. Bad Godesberg-Bonn-Beuel-Siegburg. In: MEYNEN, E. (Hrsg.): Die Mittelrheinlande. Festschrift zum XXXVI. Deutschen Geographentag vom 2. bis 5. Oktober 1967 in Bad Godesberg. Wiesbaden, S. 150-183.

MÜLLER-LIST, G. (1989): Bonn als Bundeshauptstadt (1949-1989). In: HÖROLDT, D. (Hrsg.): Geschichte der Stadt Bonn, Bd. 4: Bonn. Von einer französischen Bezirksstadt zur Bundeshaupstadt 1794-1989. Bonn, S. 639-744.

MÜLLER-MINY, H. (1958a): Das Mittelrheingebiet und seine naturräumliche Gliederung. In: Berichte zur Deutschen Landeskunde 21, S. 193-233.

MÜLLER-MINY. H. (1958b): Der Niederwesterwald und seine naturräumliche Gliederung. In: Berichte zur Deutschen Landeskunde 21, S. 233-246.

MÜLLER-MINY, H. (1958c): Die naturräumliche Gliederung am Mittelrhein. In: Berichte zur Deutschen Landeskunde 21, Remagen, S. 247-266.

MURL NW (Ministerium für Umwelt, Raumordnung und Landwirtschaft des Landes Nordrhein-Westfalen) (1989): Klima-Atlas von Nordrhein-Westfalen. Düsseldorf.

PAFFEN, K.H. (1953): Die natürliche Landschaft und ihre räumliche Gliederung. Eine methodische Untersuchung am Beispiel der Mittel- und Niederrheinlande. Forschungen zur Deutschen Landeskunde 68, Remagen.

PHILIPPSON, A. (1947): Die Stadt Bonn, ihre Lage und räumliche Entwicklung. Bonner Geographische Abhandlungen 2, Bonn.

PHILIPPSON, A. (1996): Wie ich zum Geographen wurde. Aufgezeichnet im Konzentrationslager Theresienstadt zwischen 1942 und 1945. Hrsg. von H. BÖHM und A. MEHMEL. Bonn.

QUITZOW, H.W. (1978): Der Abfall der Eifel zur Niederrheinischen Bucht im Gebiet der unteren Ahr. In: Fortschr. Geol. Rheinl. u. Westf. 28, S. 9-50.

RICHTER, M. (1978): Landschaftsökologische Standortanalysen zur Ermittlung des natürlichen Potentials von Weinbergbrachen am Drachenfels. Arbeiten zur Rheinischen Landeskunde 45, Bonn.

ROTH, H.J. (1977) Das Siebengebirge. Rheinische Landschaften 13, Köln.

SCHALICH, J. (1972): Bodenkarte von Nordrhein-Westfalen 1:50.000, L 5106 Köln. Geologisches Landesamt Nordrhein-Westfalen. Krefeld.

SCHALICH, J. (1974): Bodenkarte von Nordrhein-Westfalen 1:50.000, L 5306 Euskirchen. Geologisches Landesamt Nordrhein-Westfalen. Krefeld.

SCHNEIDER, F.K. (1980): Bodenkarte von Nordrhein-Westfalen 1:50.000, L 5108 Köln-Mülheim. Geologisches Landesamt Nordrhein-Westfalen. Krefeld.

SCHNEIDER, F.K. (1983): Bodenkarte von Nordrhein-Westfalen 1:50.000, L 5308 Bonn. Geologisches Landesamt Nordrhein-Westfalen. Krefeld.

SCHÜNEMANN, W. (1958): Zur Stratigraphie und Tektonik des Tertiärs und Altpleistozäns am Südrand der Niederrheinischen Bucht. In: Fortschr. Geol. Rheinld. u. Westf. 2, S. 457-472.

SIEGBURG, W. (1987): Asymmetrische Täler in der Umgebung von Bonn. In: Decheniana 140, S. 204-217.

SIEGBURG, W. (1988): Periglaziale Täler und andere eiszeitliche Formen im Raum Bonn. In: MAYER, E., FEHN, K., HÖLLERMANN, P.-W. (Hrsg.): Bonn - Stadt und Umland. Arbeiten zur Rheinischen Landeskunde 58, Bonn, S. 181-193.

SINS, G. (1953): Die Baumschulen des Rheinlandes unter besonderer Betonung der Verhältnisse in Meckenheim. Arbeiten zur Rheinischen Landeskunde 4, Bonn.

SPIES, D. (1986): Vergleichende Untersuchungen an präpleistozänen Verwitterungsdecken im Osthunsrück und an Gesteinszersatz durch aszendente (Thermal-) Wässer in der Nordosteifel (Rheinisches Schiefergebirge). Diss. Bonn.

STADT BONN (1993): Klimaanalytische Karte und klimaökologische Planungskarte der Stadt Bonn.

STADT BONN(1997): Gesamtstädtisches Freiraumsystem für die Stadt Bonn. Stadtplanungsamt Bonn.

STADTPLANUNG FÜNF JAHRE DANACH (1996). Beiträge zur Stadtentwicklung, Stadtplanung und zum Bauwesen, Nr. 9. Bonn.

STRACKE, F. (1983): 33 Jahre Hauptstadtplanung Bonn. In: Bauwelt 10, S. 332-339.

THIEME, G. (1988): Bonn als Universitätsstadt. In: MAYER, E., FEHN, K., HÖLLERMANN, P.-W. (Hrsg.): Bonn - Stadt und Umland. Arbeiten zur Rheinischen Landeskunde 58, Bonn, S. 45-61.

THIEME, G., KEMPER, F.-J. (1994): Bonn: Urban functions and population processes. In: CLOUT, H. (Ed.): Europe's cities in the late twentieth century. Netherlands Geographical Studies 176, Utrecht/ Amsterdam, S. 171-186.

TODT, W., LIPPOLT, H.J. (1980): K-Ar Age Determinations on Tertiary Volcanic Rocks: V. Siebengebirge, Siebengebirgs-Graben. In: J. Geophys. 48, S. 18-27.

TRAUTMANN, W. (1973), unter Mitarbeit von KRAUSE, A., LOHMEYER, W., MEISEL, K U. WOLF, G.: Vegetationskarte der Bundesrepublik Deutschland 1:200.000 - Potentielle und natürliche Vegetation - Blatt CC.5502 Köln. Schr.-R. Vegetationskde. 6.

TROLL, C. (1957): Tiefenerosion, Seitenerosion und Akkumulation der Flüsse im fluvioglazialen und periglazialen Bereich. In: Petermanns Mitteilungen, Ergänzungsheft 262, S. 213-226.

WEISCHET, W. (1955): Die Geländeklimate der Niederrheinischen Bucht und ihrer Rahmenlandschaften. Eine geographische Analyse subregionaler Klimadifferenzierungen. Münchener Geographische Hefte 8. Kallmünz/Regensburg.

ZEPP, H. (1982): Naturpark Siebengebirge, Inhalte vorliegender natur- und landschaftskundlicher Grundlagen. Beiträge zur Landesentwicklung 39, Landschaftsverband Rheinland, Ref. Landschaftsplanung. Köln.

ZEPP, H. (1984): Die Hochwasserkatastrophe 1983 im Bonner Raum, aktuelles Naturgeschehen in einer städtisch geprägten Flußlandschaft. In: Rheinische Heimatpflege 21, S. 1-8.

ZEPP, H. (1991): Zur Systematik landschaftsökologischer Prozeßgefüge-Typen und Ansätze ihrer Erfassung in der südlichen niederrheinischen Bucht. In: Arbeiten zur Rheinischen Landeskunde 60. Bonn, S. 135-151.

ZEPP, H. (1994): Geoökologische Ansätze zur Bewertung des Leistungsvermögens des Landschaftshaushaltes. Versuchungen, Grenzen und Möglichkeiten aus der Sicht der universitären Praxis. NNA-Berichte 1/94 (Norddeutsche Naturschutzakademie), S. 105-114.

ZEPP, H. (1995): Klassifikation und Regionalisierung von Bodenfeuchteregime-Typen. Relief - Boden - Paläoklima, Bd. 9, Berlin.

Anschriften der Autoren:

Prof. Dr. Hans Dieter Laux, Geographisches Institut der Universität
Meckenheimer Allee 166, D-53115 Bonn

Prof. Dr. Harald Zepp, Geographisches Insitut der Universität
Universitätsstr. 150, D-44780 Bochum

Die Stadt Bonn
Übersichtsexkursion

Frauke Kraas

mit Beiträgen von

Jörg Bendix und Andreas Dix

Thematik:	**Überblick über Strukturmerkmale und Entwicklungsprobleme der Stadt Bonn**
durchzuführen als:	**Pkw- bzw. Busexkursion, in Teilbereichen (Innenstadt) auch zu Fuß**
ungefähre Dauer:	**je nach Ausführlichkeit bis zu 1½ Tagen**
Empfohlene Karten:	**Stadtplan Bonn, Topogr. Karten 1:25.000, Blätter 5208 Bonn, 5308 Bonn-Bad Godesberg, 5209 Siegburg, 5309 Königswinter**

Einführung

Ziel der Exkursion ist es, einen Überblick über Strukturmerkmale und -probleme sowie funktionale Differenzierung der ehemaligen (provisorischen) Bundeshauptstadt und jetzigen Bundesstadt zu vermitteln. Für mehrere Teilräume finden sich in diesem Exkursionsführer detaillierte Exkursionsrouten und -erläuterungen. Für den vorliegenden Beitrag ergibt sich daraus die Notwendigkeit ungleichgewichtiger Behandlung einzelner Exkursionsstandorte, da Wiederholungen unter Verweis auf ausführlichere Darstellung in anderen Beiträgen weitgehend vermieden werden sollen. Die Überblicksexkursion will in einige Grundfaktoren und Einflußgrößen der raum-zeitlichen Entwicklung, der baulichen Gestaltung, der funktionalen Differenzierung (unter besonderer Berücksichtigung metropolitaner Aufgaben und kleinräumiger Persistenzen) und der künftigen Chancen Bonns einführen.

Das Stadtgebiet von Bonn (141 km^2) entstand in seiner heutigen Ausdehnung nach mehrjährigen kommunalpolitischen Diskussionen 1969 durch die Zusammenlegung der Stadt Bonn mit den Städten Bad Godesberg und Beuel (mit Vilich) sowie den Gemeinden Buschdorf, Ippendorf, Lessenich, Röttgen, Holzlar, Oberkassel, Duisdorf und Lengsdorf und dem Ortsteil Hoholz der Gemeinde Stieldorf. Diese Eingemeindungen trugen teilweise der bis Ende der 60er Jahre erfolgten baulichen Entwicklung und Ausdehnung des städtischen Siedlungskörpers Rechnung, die durch die Ansiedlung von Bundesministerien und -behörden beschleunigt worden war, bezogen aber auch entferntere Siedlungen ein, um im Hinblick auf das prognostizierte Wachstum der (provisorischen) Bundeshauptstadt vorzusorgen. Insbesondere die Zusammenlegung mit Bad Godesberg und Beuel bedeutete einen großen Flächen- und Funktionsgewinn für Bonn. Durch die administrative Neugliederung des Bonner Raumes erhöhte sich damals die Fläche der Stadt beträchtlich; die Einwohnerzahl stieg von 143.850 (1961) auf 275.700 (1970).

Trotz starker Suburbanisierung wuchs die Einwohnerzahl weiter auf 309.885 (1.1.1997).

In der Grobstruktur schließt sich südlich an die Bonner Innenstadt eine von hochrangigen Verwaltungs- und Dienstleistungsaufgaben geprägte, dabei zugleich prestigereiche Wohngebiete einbeziehende und durch Verkehrsadern (Zugang zum Mittelrheintal) strukturierte Entwicklungsachse an, die über Bad Godesberg und Mehlem bis Rolandswerth und Rolandseck (Rheinland-Pfalz) reicht. Nach Nordwesten erstrecken sich auf flacherem Gelände mit Ausrichtung auf den Kölner Raum Gebiete mit stärkerer industrieller Prägung und einem Großwohngebiet der 50er bis 70er Jahre (Tannenbusch). Der Westen umfaßt mehrere ehemalige Dörfer, die die Hanglage im Bereich der lößüberlagerten Mittelterrasse und im Anstieg zum Kottenforst (Hauptterrasse) wählten und heute eng mit der Stadt zusammengewachsen sind. Mit den Wohngebieten Brüser Berg und Heiderhof wurden seit den späten 70er Jahren weitere neue Stadtteile gebaut. Das rechtsrheinische Stadtgebiet wird von Bonn-Beuel bestimmt, bis 1969 selbständig und wie das benachbarte Oberkassel stark gewerblich geprägt. In größerer Entfernung zum Rhein schließt sich ein Halbkreis kleinerer Ortsteile an, die auf der kleingekammerten Siedlungsstruktur ehemals ländlicher Gemeinden beruhen und noch typische Ortskerne zeigen, aber durch Suburbanisierungsprozesse insbesondere entlang des Rheins und an der Entwicklungsachse Beuel - Siegburg überformt wurden.

Die Überblicksexkursion kann nur einzelne, als typisch erachtete Facetten aus diesem Gesamtbild herausgreifen. Die Route ist so gewählt, daß sie am Rand der Bonner Innenstadt ansetzt und auch dort endet. Ein Bus- bzw. Autotransport ist in den Außenbezirken erforderlich; die Route in den Innenstadtbereichen von Bonn und Bad Godesberg ist zu Fuß zurückzulegen. Je nach Intensität und inhaltlicher Ausrichtung der Exkursion müssen einzelne Standorte (ggf. anhand der Querverweise möglich) vertieft, andere ausgelassen werden.

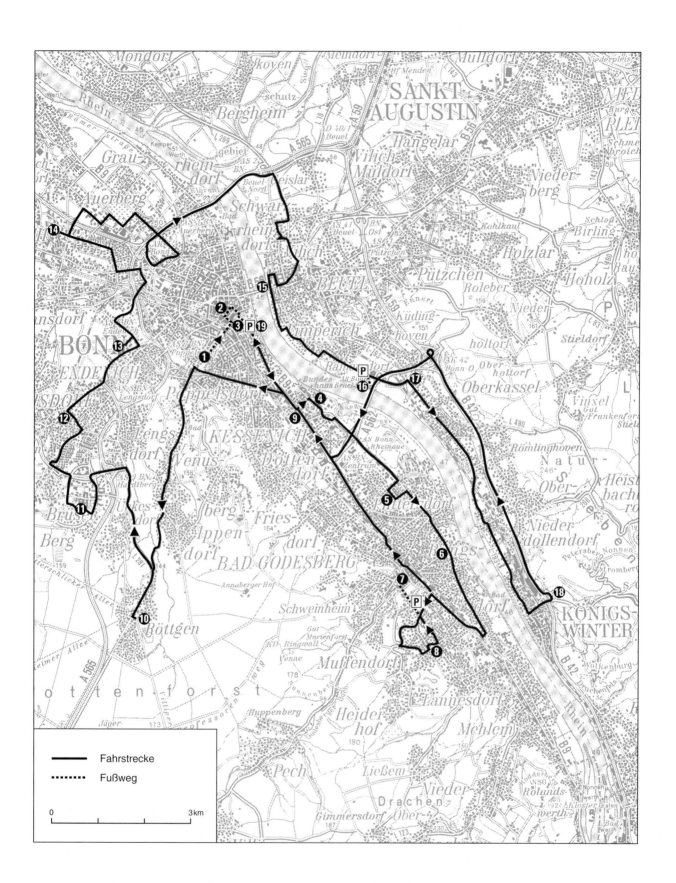

Abb. 1: Exkursionsroute

Das vollständige Programm ist je nach Ausführlichkeit auf die Zeit von bis zu 1½ Tagen ausgelegt.

Exkursionsbeschreibung

Standort 1: Poppelsdorfer Allee vor dem Poppelsdorfer Schloß mit Sichtkontakt zum Gebäude der Geographischen Institute (Meckenheimer Allee 166)

Thematik: Entwicklung Poppelsdorfs durch das kurfürstliche Jagdschloß Clemensruhe; räumliche Struktur der Universität Bonn

Erläuternde Hinweise: Poppelsdorfer Schloß mit Allee und Garten entstanden im Zuge der barocken Ausgestaltung Bonns an der Wende vom 17. zum 18. Jahrhundert. Die Poppelsdorfer Allee stellt eine Sichtachse zum Stadtschloß her und erhielt eine neue Bedeutung mit der gründerzeitlichen Ausgestaltung Bonns; die Westseite wurde mit den für Bonn typischen schmalen Stadthäusern bebaut, die Ostseite z.T. mit etwas aufwendigeren, einzelstehenden Villen (vgl. dazu die Exkursionen B1c und B1d).

1777 als Akademie gegründet, wurde die Hochschule der letzten hier residierenden Kurfürsten-Erzbischöfe von Köln 1786 zur Universität erhoben; sie fiel jedoch zehn Jahre später den durch die Französische Revolution ausgelösten politischen Umwälzungen zum Opfer. Nach Übergabe des Rheinlandes an Preußen wurde die heutige Universität 1818 durch König Friedrich Wilhelm III. gestiftet, wodurch Bonn etwas für den Verlust der Residenzfunktion entschädigt werden sollte, die es bis zum Ende des 18. Jahrhunderts ausgeübt hatte. Die Gebäude an der Meckenheimer Allee entstanden in einer zweiten Ausbauphase zwischen 1847 und 1910 für die Natur- und Landbauwissenschaften. Dabei bildeten die beiden Schlösser den Kern der Neugründung. Die geisteswissenschaftlichen Fakultäten haben ihr Zentrum im nun als Universitätshauptgebäude bezeichneten Stadtschloß (ehemaliges kurfürstliches Residenzschloß). Das Poppelsdorfer Schloß dient heute als Institutsgebäude für Teile der naturwissenschaftlichen Fakultät. Der Schloßgarten wurde Mitte des 19. Jahrhunderts zum Botanischen Garten der Universität umgestaltet. Jenseits der Meckenheimer Allee schließen sich an das Gebäude der Geographischen Institute (vormals Chemisches Institut) Gebäude der Agrarwissenschaften an, die auch über eigene Versuchsfelder mitten in der Stadt verfügen (an der nach dem Bonner Geographen Carl Troll benannten Straße). Ein Teil der natur- und agrarwissenschaftlichen Institute mußte wegen zunehmenden Raumbedarfs und Platzmangels an der Meckenheimer Allee in den Stadtteil Endenich und auf das Immenburggelände verlegt werden, die Pädagogische Hochschule nach Norden in die Nähe der Friedrich-Ebert-Brücke (KNOPP/HANSMANN 1987). Das Klinikum befindet sich seit Ende des Zweiten Weltkriegs auf dem Venusberg. Damit sind die Einrichtungen der Universität über verschiedene Stadtteile

verstreut, wobei jedoch innenstadtnahe Standorte nach wie vor dominieren.

Route: Zu Fuß der Poppelsdorfer Allee folgend, damit am Rande der Südstadt entlang (vgl. dazu die Exkursion B1c) zum Gelände des Hauptbahnhofs (Fußgängerunterführung) mit Hinweis auf den Trennfugencharakter von Gumme und Eisenbahntrasse durch die Stadt. Weiter über den Kaiserplatz und durch die Straße "Am Neutor" zum Münsterplatz.

Standort 2: Münsterplatz

Thematik: Stadtentwicklung Bonns von der Römerzeit bis zur Gegenwart; Bedeutung Bonns in der preußischen Rheinprovinz; Bedeutung der Innenstadt als oberzentrales Einkaufsziel

Erläuternde Hinweise: Bonn entstand wie Mainz, Koblenz, Köln und andere rheinische Städte aus einem römischen Militärlager, das von Augustus' Stiefsohn Drusus zur Sicherung der Rheingrenze errichtet wurde und sich - um eine römische Kleinstadt ergänzt - zu einer halb militärischen, halb zivilen Siedlung entwickelte, die sich nördlich der heutigen Altstadt im Bereich des Römerlagers befand. Über dem Grab der frühchristlichen Märtyrer Cassius und Florentius wurde eine Kapelle errichtet, an deren Stelle sich heute das seit dem 11. Jahrhundert im Stil der Hochromanik errichtete Münster St. Martin erhebt (vgl. dazu die Exkursion B1b). Der Stadtrechtsverleihung 1244 folgte ein Bedeutungsgewinn, als die Erzbischöfe von Köln nach Auseinandersetzungen mit der Bürgerschaft sich zu-nächst in Brühl, dann in Bonn neue Residenzen schu-fen. Dadurch wurde Bonn zwar zwischen 1584 und 1703 mehrfach in territoriale Auseinandersetzungen hineingezogen, doch profitierte es sehr von der neuen Aufwertung, die sich nicht zuletzt im Stadtausbau und einer barocken Ausgestaltung niederschlug, die an Schloß und Hofgarten besonders deutlich wird. Mit dem früheren kurfürstlichen Jagdschloß Clemensruh, heute Poppelsdorfer Schloß, wurde der alte städtische Ring um eine neue ausladende Entwicklungsachse geöffnet (vgl. dazu die Exkursion B1c).

Die kurkölnische Residenzfunktion endete 1794. Nach dem Reichsdeputationshauptschluß und der politisch-administrativen Neuordnung, in deren Rahmen das Rheinland preußisch wurde, erhielt Bonn durch die Gründung der Universität neue Aufgaben. 1844 wurde die Rheintaleisenbahn angelegt. Der Bahnhof entstand am Rand der damaligen Innenstadt, wobei die Poppelsdorfer Allee als Achse erhalten blieb (vgl. Exkursion B1d). Die Nachteile der Trassierung zeigten sich in der Phase des gründerzeitlichen Ausbaus, als auch das Gelände südlich der Eisenbahn aufgesiedelt wurde (Südstadt; vgl. dazu Die Exkursion B1c). Die hohe Frequenz von Zügen auf der Strecke durchtrennt heute die Südstadt in hohem Maße und behindert die Verbindung zwischen Innenstadt und den südwestlichen innenstadtnahen Ausbaubereichen.

Im Zweiten Weltkrieg wurde Bonn durch Luftangriffe, besonders am 18.10.1944, erheblich in Mitleidenschaft gezogen. Der Zerstörungsgrad wird mit 24% angegeben; in der Innenstadt gingen 78% des Wohnraums verloren. Im Wiederaufbau wurden die Lücken nach und nach durch wenig aussagekräftige Zweckbauten aufgefüllt, wobei anfangs eine Mischnutzung mit Wohnungen in den Obergeschossen noch im Vordergrund stand (dazu auch: die Entwicklung der Nordstadt; vgl. die Exkursion B1c).

Route: Zu Fuß durch die Remigiusstraße (eine der Hauptgeschäftsstraßen; vgl. dazu die Exkursion B1b und GROTZ 1997) zum Marktplatz und weiter zu Schloß und Hofgarten.

Standort 3: Schloß auf der Hofgartenseite

Thematik: Bonn als Residenz (vgl. hierzu auch Exkursion B1d)

Erläuternde Hinweise: Das Residenzschloß entstand nach Plänen des Graubündner Baumeisters Enrico Zucalli zwischen 1697 und 1702 als großzügige Vierflügelanlage mit späteren Anbauten nach Schleifung der Wallanlagen (Bestimmung des Utrechter Friedens von 1715). Seit Ende des 18. Jahrhunderts wird das Schloß von der Universität genutzt; bis 1987 waren auch die Geographischen Institute hier beheimatet. Die Philosophische und die beiden Theologischen Fakultäten behielten bis in die Gegenwart ihren Standort im Schloß, während die Staatswissenschaftliche Fakultät 1967 mit dem Juridicum in der Adenauerallee einen Neubau beziehen konnte; in der Nachbarschaft befindet sich auch die Universitätsbibliothek. Die großzügige Hofgartenanlage ist als öffentlicher Park gestaltet und dient - im Zusammenhang mit der Hauptstadtfunktion Bonns - als Versammlungsort für Großdemonstrationen (vgl. dazu die Exkursion B1b).

Route zur Weiterfahrt: Mit dem Bus durch die Adenauerallee, am Auswärtigen Amt und Bundeskanzleramt vorbei nach links in die Heussallee.

Standort 4: Regierungsviertel, am Abgeordnetenhochhaus

Thematik: Räumliche Differenzierung der Regierungsfunktionen, bauliche Ausweitung (vor dem geplanten Umzug nach Berlin); angestrebte Folgenutzungen

Erläuternde Hinweise: Die Konzentration höchster Entscheidungsspitzen im Regierungsviertel darf nicht darüber hinwegtäuschen, daß die Übernahme der Hauptstadtfunktion durch Bonn sich flächenhaft auf die gesamte Stadt auswirkte, da kein innerstädtisches Regierungszentrum bestand, welches hätte ausgebaut werden können. Vielmehr mußten Ministerien und nachgeordnete Behörden in verschiedenen Stadtteilen ihre Standorte suchen und allmählich ausbauen. Da zwi-

schen 1956 und 1965 jegliche Bautätigkeit für neue Bundeseinrichtungen unterblieb, setzte in dieser Phase der Konsolidierung der Ministerien und nachgeordneten Behörden eine außerordentliche Standortstreuung über das gesamte Stadtgebiet ein. Dabei ist die große Zahl der Arbeitsplätze zu bedenken: Die Gesamtzahl der Beschäftigten in Ministerien und nachgeordneten Bundesbehörden wuchs bis Ende der 80er Jahre auf knapp 40.000 an und bestimmt die berufliche Struktur der Bevölkerung. Hinzu kommen zahlreiche Institutionen, die mit Regierungsstellen eng zusammenarbeiten, aus Gründen der Lobbybildung die Standortnähe suchen oder auf den ständigen Kontakt zur Politik angewiesen sind, ferner die diplomatischen Vertretungen des Auslandes mit ihrem Personal. Schon Mitte der 70er Jahre konnte man etwa 50.000 Beschäftigte unmittelbar den Hauptstadtfunktionen zuordnen (ENNEN/ HÖROLDT 1985: 346).

Route zur Weiterfahrt: Durch die Kurt-Schumacher-Straße und den Sträßchenweg zur Franz-Josef-Strauß- und Ludwig-Erhard-Allee am Freizeitpark Rheinaue vorbei nach rechts in die Kennedyallee.

Standort 5: Wissenschaftszentrum Kennedyallee/Ahrstraße

Thematik: Wissenschaftsverwaltung als metropolitane Aufgabe; Kontinuität der Bedeutung Bonns als Wissenschaftsstadt

Erläuternde Hinweise: In enger räumlicher Gesellschaft sind zwei große staatliche Einrichtungen der Wissenschaftsförderung, die Deutsche Forschungsgemeinschaft (DFG) und der Deutsche Akademische Austauschdienst (DAAD) untergebracht, in einiger Entfernung in Rüngsdorf die Alexander von Humboldt-Stiftung. Das Wissenschaftszentrum dient als Tagungsort für internationale wissenschaftliche Begegnungen. In enger Nachbarschaft befindet sich mit „Inter Nationes" auch die für den kulturellen Austausch mit dem Ausland zuständige Behörde. Der wuchtige Bau der Deutschen Siedlungs- und Landesrentenbank ergänzt die funktionale Ausstattung des Standorts. Die Ansiedlung dieser Institutionen beruht auf der Nähe zu den zuständigen Ministerien, in deren Haushaltsansätzen die Mittel für diese Institutionen vorgesehen sind. Nach dem Umzug der Regierung nach Berlin sollen die Spitzenorganisationen der Wissenschaft in Bonn verbleiben, um den Verlust an metropolitanen Funktionen etwas auszugleichen. Zudem ist vorgesehen, im Rahmen eines Ausbaus des Wissenschaftsbereiches auch Institutionen der europäischen und internationalen Wissenschaftsorganisation nach Bonn zu ziehen, um eine Folgenutzung der Gebäude der Bundesbehörden zu gewährleisten.

In unmittelbarer Nachbarschaft südöstlich anschließend liegt das prestigereiche Villenwohnviertel (Hohenzollernstraße, Viktoriastraße) der gründerzeitlichen Stadterweiterung am Rande der Innenstadt von Bad Godesberg.

Route zur Weiterfahrt: Durch Plittersdorf (in der Plittersdorfer Aue großzügig durchgrünte Neubausiedlung ("Klein-Amerika") für Angehörige der US-amerikanischen Besatzungsmacht) der Mittel- und Ubierstraße folgend zur Rheinallee.

Standort 6: Rheinallee in Rüngsdorf

Thematik: Folgenutzung des Villenviertels durch Botschaften bzw. Residenzen; Frage der Folgenutzung nach der Verlagerung der Hauptstadtaufgaben nach Berlin

Erläuternde Hinweise: Die dem Rhein zugewandten Wohnviertel des Stadtbezirks Bad Godesberg weisen die stärkste Überprägung durch die Hauptstadtfunktion auf. Zahlreiche Villen bildeten mit ausgedehnten Parkanlagen "vornehme" Wohnviertel der Gründerzeit für die Oberschicht von Fabrikanten und Pensionären. Die Bautätigkeit setzte sich auch nach dem Ersten Weltkrieg fort und führte zum baulichen Zusammenschluß von Rüngsdorf mit Bad Godesberg. Nach dem Zweiten Weltkrieg konnten einzelne Dienststellen untergebracht werden, später folgten diplomatische Vertretungen, die zwar Umbauten, jedoch seltener völlige Neubauten vornahmen.

Route zur Weiterfahrt: Durch die Konstantinstraße zur Mainzer Straße und weiter in einer Spitzkehre nach NW über die Koblenzer Straße zum Parkplatz an der Stadthalle Bad Godesberg (Rigal'sche Wiese), von dort zu Fuß ins Stadtzentrum von Bad Godesberg (Hinweis auf die Ausbauarbeiten an den Verkehrswegen und die trennende Bedeutung von U-Bahn, DB, B 9).

Standort 7: Stadtzentrum Bad Godesberg - Theaterplatz vor dem Gebäude der Kammerspiele

Thematik: Stadtentwicklung am Fuß der Godesburg, funktionale Bedeutung; heutige Stellung als intraurbanes Zentrum (vgl. dazu Exkursion B1d).

Erläuternde Hinweise: Bad Godesberg entstand aus dem administrativen Zusammenschluß von Dörfern des ehemaligen Amtes Godesberg-Mehlem und war mit der Eingemeindung von Lannesdorf und Mehlem 1935 Stadt geworden. Die älteren Dörfer sind in ihren Ortskernen noch sichtbar, wie das Beispiel Muffendorf zeigt. Bädertradition erhielt Godesberg durch einen 1790 erschlossenen Stahlsäuerling, an den sich bald Kuranlagen und Logierhäuser anschlossen. Auch die Redoute als ehemaliger Konzert- und Ballsaal mit ausgedehntem Park gehört hierzu (WIEDEMANN 1930, STRACK 1990). Seit der ersten Hälfte des 19. Jahrhunderts, als Kölner und Elberfelder Fabrikanten die wichtigste Klientel des Bades waren und Bad Godesberg sich zu einem beliebten Ausflugsort entwickelte,

wurden die Hänge in einem Landschaftsraum mit großem Imagewert (Ausgang des Mittelrheintales, Blick auf das Siebengebirge) in die Bebauung einbezogen. Daran knüpft die Wohnbebauung zur Wende vom 19. zum 20. Jahrhundert am, die von einem wohlhabenden Bürgertum getragen wurde. Bad Godesberg entwickelte sich zum Villenvorort, dessen Bausubstanz (Einzel- und Doppelvillen) zwischen Rüngsdorf und der U-Bahnstation an der Rheinallee besonders gut erhalten ist. Zunehmend wurden die verbliebenen Acker- und Obstbauflächen zurückgedrängt. In der Nachkriegszeit entwickelte sich Bad Godesberg aufgrund der hauptstädtischen Aufgaben Bonns selbst zu einem zentralen Ort mittlerer Stufe, wobei die Funktion als "Pensionärsstadt" erhalten blieb und zum relativen Reichtum beitrug. Damit verbunden ist auch eine Besonderheit bei der Alterszusammensetzung der Wohnbevölkerung: Im Vergleich zu anderen Stadtteilen Bonns liegt der Anteil der über 65-Jährigen überdurchschnittlich hoch. Allerdings sind viele Villen nicht mehr von der Wohnfunktion geprägt, sondern einer umfassenden Tertiärisierung unterzogen, wobei die Ansiedlung von diplomatischen Vertretungen besonders wichtig ist. Damit verbindet sich als zweite demographische Besonderheit ein relativ hoher Anteil ausländischer Bevölkerung, der im statistischen Bezirk Bad Godesberg-Zentrum auf 32% ansteigt. Zugleich machen Angestellte im Bereich von Handel und Dienstleistungen in den statistischen Bezirken Bad Godesberg-Kurviertel und -Villenviertel knapp 60% aus.

Heute ist Bad Godesberg hinsichtlich seiner funktionalen Bedeutung der zweitwichtigste Stadtbezirk Bonns und weist eine beträchtliche Konzentration des Einzelhandels im Stadt(bezirks)zentrum auf. Das Einzugsgebiet reicht rheinaufwärts über die Stadtgrenzen hinaus und bezieht im Anstieg zu den Ausläufern des Rheinischen Schiefergebirges und zur Hauptterrasse insbesondere die Ortsteile der Gemeinde Wachtberg ein. Die Gestaltungsplanung bemüht sich daher, auch über die Zentrenausstattung hinaus eine hohe Attraktivität zu bewahren, was in den zurückliegenden Jahren insbesondere im Fußgängerbereich Theaterplatz/Am Fronhof erreicht wurde. Umstritten und problematisch hinsichtlich Gestaltung und Einbindung ist bis heute das in den 1980er Jahren errichtete Altstadt-Center. Die Existenz von drei Tiefgaragen mit zusammen rd. 1.000 Stellplätzen und die Nähe von oberirdischen Abstellplätzen bewirken eine relative Zufriedenheit der Kunden mit den Zugangsmöglichkeiten zum Geschäftszentrum.

Route zur Weiterfahrt: Über Kurfürstenstraße, Deutschherrenstraße und Kommendestraße ins Ortszentrum Muffendorf.

Standort 8: Muffendorf - Muffendorfer Hauptstraße/An der Kommende (Andreas Dix)

Thematik: Geschlossen erhaltener Dorfkern in Bad Godesberg

Erläuternde Hinweise: Der mit der kommunalen Gebietsreform 1969 entstandene Stadtbezirk Bad Godesberg schließt neben Godesberg mit seinen Anlagen aus kurfürstlicher Zeit acht Dorfkerne ein, die sich zwei Standorttypen zuordnen lassen. Während Mehlem, Rüngsdorf und Plittersdorf auf hochwassersicheren Bereichen der Niederterrasse liegen, befinden sich Friesdorf, Schweinheim, Muffendorf, Pennenfeld und Lannesdorf unmittelbar am Fuße des Hauptterrassenhanges. Die Bedeutung von Muffendorf liegt in seinem geschlossenen Ensemble dörflicher Fachwerkbebauung vornehmlich aus dem 18. und 19. Jahrhundert mit dem größten und am besten erhaltenen Dorfkern im heutigen Bonner Stadtgebiet.

Muffendorf wird bereits im 9. Jahrhundert urkundlich erwähnt, eine erheblich längere Siedlungskontinuität ist aber anzunehmen, worauf Bodenfunde aus der römischen Zeit hinweisen. Geistlicher Grundbesitz spielte in allen Dörfern des heutigen Bonner Stadtgebietes wie auch in der Bonner Innenstadt (hier z.B. der des Bonner Cassiusstiftes) lange eine entscheidende Rolle. Die Säkularisation 1803 mobilisierte in hohem Maße diesen Grund- und Immobilienbesitz. Am südlichen Ende der Muffendorfer Hauptstraße befindet sich die Anlage der Deutschordenskommende, die heute Residenz des belgischen Botschafters ist. Der Deutsche Orden war bis zur Säkularisation der wichtigste Grundbesitzer in der Muffendorfer Gemarkung. Nach 1803 gelangte die Kommende in adlige und bürgerliche Hände. Eine erste genaue Aufnahme des Grundeigentumes der Kommende und seiner Nutzung liegt mit dem Flurkartenatlas des Landmessers Mathias Ehmans von 1795 vor (STRACK 1988), die sich mit den Angaben im Urkataster um 1811 und der ersten französischen Landesaufnahme durch Tranchot deckt (Blatt 102 Duisdorf, 1808/1809). Wald und Niederwald nahmen 1811 mit 46,2% die größte Fläche der Muffendorfer Gemarkung ein. Sogenannte "Rahmbüsche", als Niederwald genutzte Waldflächen, lieferten die Rebpfähle für den Weinbau. Ackerland umfaßte 33,4%, Weingärten 5,9%, und Baumgärten nur 2,8% Anteil der Gemarkungsfläche. Während im Pennenfeld die Ackerflächen den größten Teil einnahmen, konzentrierten sich die Weingärten in einem breiten Streifen am Hang unterhalb des Dorfkerns und schlossen sich hangaufwärts an die Hausgärten an. Auf der Hochterrasse dominierte der Wald. 1811 gab es in Muffendorf 111 Wohn- und dazugehörige landwirtschaftlichen Nebengebäude (STRACK 1987, S. 106-107). Trauf- und giebelständige, meist zweigeschossige Häuser wechseln sich bis heute ab, es dominiert das einraumtiefe Quereinhaus, das durch rückwärtige Stall- oder Scheunengebäude ergänzt wird. War zu Beginn des 19. Jahrhunderts der Weinbau noch in allen benachbarten Dörfern verbreitet, sind Weingärten 1850 nur noch in Lannesdorf und Friesdorf ausgewiesen (HARTSTEIN 1850, Karte). Die Weingärten verschwanden in der Folgezeit vollständig und wurden durch Obstbaumkulturen (besonders Pfirsichbäume) ersetzt.

Muffendorf behielt seinen abgeschlossenen dörflichen Charakter und seine landwirtschaftliche Prägung auch nach seiner Eingemeindung im Jahr 1915. Nach 1949 wurden die noch offenen, landwirtschaftlich genutzten Areale im Rahmen der nach Bonn verlagerten Hauptstadtfunktionen dann zu Flächen für die typischen Wohnsiedlungen der fünfziger Jahre umgestaltet. Dazu zählt besonders die 1951 errichtete sog. HICOG-Siedlung (Röntgenstraße, Theodor-Heuss-Straße, Hans-Böckler-Allee) für die Mitarbeiter des High Commissioners of Germany, der auf dem Petersberg im Siebengebirge residierte. Die Siedlung repräsentiert die damals modernen städtebaulichen Auffassungen mit überbreiten Straßen, weitständiger Blockbebauung und einer Parklandschaft mit Rasenflächen und Baumgruppen. Zusammen mit den anderen HICOG-Siedlungen in Plittersdorf, Tannenbusch und der Reutersiedlung gehört sie zu den einheitlich geplanten Siedlungsanlagen der 1950er/60er Jahre, die die wachsende Bedeutung einzelner Stadtbereiche als Wohnstandorte für Regierungseinrichtungen und Botschaften unterstreichen. Heute unterliegen sie hohem Modernisierungs- und Veränderungsdruck, wobei die städtebaulichen und architektonischen Qualitäten ihres Konzepts heute wieder stärkere Beachtung finden (DENKMALPFLEGEPLAN BAD GODESBERG 1990).

Nach 1964 wurde oberhalb des Dorfes auf dem Gelände des ehemals zur Kommende gehörenden Heiderhofes eine eigenständige Trabantensiedlung für 5.000 Einwohner gebaut, die sich in eine Reihe ähnlich großdimensionierter Erschließungsprojekte der letzten 30 Jahre einfügt (z.B. Hardtberg, Tannenbusch, Europaring/Duisdorf). Diese Ausweitung der Wohnfunktion führte nach 1949 zu einem raschen Anstieg der bebauten Fläche: Muffendorf konnte in den 25 Jahren zwischen 1949 und 1974 den größten Zuwachs an bebauter Fläche in allen Bonner Dorfgemarkungen verzeichnen (von ca. 21 ha im Jahr 1949 auf über 112 ha im Jahr 1974) (HÖROLDT 1974, S. 168).

Route zur Weiterfahrt: Über die Klosterbergstraße, Muffendorfer Straße und Theodor-Heuss-Straße zur Koblenzer Straße und Godesberger Allee zurück zur Adenauerallee (mit zusammenfassenden Hinweisen auf die räumliche Struktur im Raum Bonn-Bad Godesberg und auf die Konzentration von Gebäuden der großen Parteien, Verbände, öffentlich-rechtlichen Institutionen, Spitzenorganisationen der Wirtschaft etc.) zur Kunsthalle.

Standort 9: Kunsthalle

Thematik: Die Museumsmeile als Ausdruck der Kulturpolitik

Erläuternde Hinweise: Mit dem metropolitanen Ausbaugedanken ist auch die Gestaltung einer "Kulturmeile" verbunden, die in Bonn in Gestalt einer Museumsmeile verwirklicht wurde. Die Planung und bauliche

Ausführung reicht in die Zeit vor der deutschen Vereinigung zurück und erfolgte im Hinblick auf eine weitere Stärkung der Hauptstadtfunktion Bonns. Wo die Eröffnung erst Anfang der 1990er Jahre stattfand, hatte die politische Entwicklung inzwischen die Planung überholt, doch soll auch nach dem vorgesehenen Umzug nach Berlin die Stellung der Bundesstadt Bonn als Kulturzentrum fortbestehen (KUNSTRAUM DÜSSELDORF, KÖLN, BONN. 1995). Die Kunst- und Ausstellungshalle der Bundesrepublik Deutschland wurde 1992 eröffnet und kann auf 5.400 m^2 Ausstellungsfläche gleichzeitig bis zu fünf verschiedene Wechselausstellungen präsentieren, die inhaltlich Kunst und Kulturgeschichte ebenso wie Exponate aus Wissenschaft und Technik darstellen. Das benachbarte Kunstmuseum Bonn besitzt die Sammlungsschwerpunkte "August Macke und die Rheinischen Expressionisten" und "Deutsche Kunst seit 1945"; darüber hinaus soll ein Überblick über die Kunst des 20. Jahrhunderts vermittelt werden. Das Haus der deutschen Geschichte (1994 eröffnet) umfaßt eine Dauerausstellung, die die Nachkriegsentwicklung Deutschlands mit starker wirtschafts- und sozialgeschichtlicher Zielsetzung präsentiert und regelmäßig Sonderausstellungen zeigt.

Route zur Weiterfahrt: Über die Reuterbrücke und Reuterstraße (mit Hinweisen auf die Verkehrsüberlastung und die topographischen Schwierigkeiten, die sich einem weiteren Ausbau der Südumfahrung der Innenstadt entgegenstellen) zur Clemens-August-Straße und durch Poppelsdorf und Ippendorf nach Röttgen.

Standort 10: Röttgen - Schloßplatz bei der Landesjugendakademie

Thematik: Stadtrandphänomene im Übergang zum ländlichen Raum; Wohnraumnachfrage; Kottenforst als fürstliches Jagdrevier und städtischer Naherholungsraum

Erläuternde Hinweise: Siedlungsentwicklung von Röttgen: Unter Kurfürst Clemens August wurde Röttgen zum Ausgangspunkt eines im Anschluß an das Jagdschloß "Herzogsfreude" (abgetragen) schematisch geplanten Wegenetzes, das den gesamten Kottenforst durchzieht (vgl. hierzu die Exkursion B1c). Der ursprüngliche Eichen-Hainbuchenbestand des Kottenforsts veränderte sich im Lauf der Zeit, insbesondere nach 1845, als man damit begann, den bisherigen Mittelwald in einen Hochwald zu überführen. Buchen, Fichten und andere Nadelhölzer ergänzen heute die immer noch dominierenden Eichenbestände. Röttgen zählt heute zu den begehrtesten und teuersten locker bebauten Wohngebieten auf den bioklimatisch bevorzugten Randhöhen in unmittelbarer Nähe zum Kottenforst und bestem Verkehrsanschluß zu Innenstadt und Fernautobahn.

Route zur Weiterfahrt: An Ückesdorf vorbei zum Konrad-Adenauer-Damm und über den Brüser Damm zur Fahrenheitstraße.

Standort 11: Brüser Berg, Edisonallee

Thematik: Großwohngebiet der 1980er/1990er Jahre

Erläuternde Hinweise: Das Wohngebiet Brüser Berg zeigt eine recht deutliche sozialräumliche Gliederung. Zwar besteht keine Massierung von Hochhäusern des sozialen Wohnungsbaus, doch unterscheiden sich die Bereiche Newtonstraße/Borsigallee/Celsiusstraße mit hohem Mietwohnungsanteil von den südwestlichen, von Eigentumswohnungen und Eigenheimen bestimmten Bereichen in der Nachbarschaft des Naherholungsbereichs Kottenforst. Der Stadtteil beruht auf einer einheitlichen Planungskonzeption: Die Erschließung erfolgt von einer Umgehungsstraße (Brüser Damm/Pascalstraße) zu den einzelnen Wohnquartieren (GRAAFEN 1989). Entlang einer zentralen Achse entwickelte sich ein Stadtteilzentrum mit Versorgungseinrichtungen für den täglichen und mittelfristigen Bedarf, Sozialeinrichtungen und kirchlichen Gemeindezentren. Eine Besonderheit des Wohnungsmarktes ergibt sich aus der Nähe von mehreren Bundesministerien mit entsprechender Nachfrage nach Wohnraum in "gehobener" Qualität; vor allem das Bundesministerium für Verteidigung auf der Hardthöhe liegt im fußläufigen Bereich. Die Entscheidung, dieses Ministerium beim bevorstehenden Regierungsumzug nicht nach Berlin zu verlegen, wird den Wohnungsmarkt auf dem Brüser Berg mittelfristig stabilisieren.

Route zur Weiterfahrt: Über Fahrenheit- und Hankelstraße vorbei an der Philippsonstraße (benannt nach dem Bonner Geographen Alfred Philippson, 1864 - 1953, der nach seiner Deportation ins Konzentrationslager Theresienstadt nach Kriegsende zu den Persönlichkeiten gehörte, die das Fach Geographie an der Bonner Universität wiederbelebten), Reaumurstraße, Pascalstraße (vorbei am Bundesministerium der Verteidigung), Konrad-Adenauer-Damm, Fontainengraben (vorbei am Bundesministerium für Wirtschaft), Villemombler Straße zum Rochusplatz.

Standort 12: Duisdorf - Rochusplatz

Thematik: Entwicklung des Stadtteilzentrums; Ausstattung, Versorgungsverhalten und Folgerungen für städtebauliche Gestaltungsänderung

Erläuternde Hinweise: Duisdorfs Einbeziehung in den baulichen Zusammenhang mit Bonn begann bereits in der ersten Hälfte dieses Jahrhunderts; der alte Ortskern weist daher Überformungsmerkmale mehrerer Baugenerationen auf, doch lassen sich noch einige im Zusammenhang mit der früheren Landwirtschaft entstandene Höfe nachweisen. Mit der Verlagerung der Hauptstadtfunktion nach Bonn übernahmen nach dem Abzug der Besatzungstruppen zwei Kasernenkomplexe neugeschaffene Ministerien (Ernährung, Landwirtschaft und Forsten; Arbeit und Sozialordnung; Wirtschaft), deren Mitarbeiterschaft den Wohnungsmarkt beeinflußte.

Route zur Weiterfahrt: Rochusstraße (vorbei am Bundesministerium für Ernährung, Landwirtschaft und Forsten sowie dem Bundesministerium für Arbeit und Sozialordnung), Hermann-Wandersleb-Ring, Auf dem Hügel zum Steinweg

Standort 13: Meßdorfer Feld - Steinweg/ Am Schwanenmorgen (Jörg Bendix)

Thematik: Stadtklimatologische Bedeutung von Freiflächen: städtische Wärmeinsel und Luftaustausch

Erläuternde Hinweise: Freiflächen im urbanen Raum werden in der stadtklimatologischen Forschung häufig als "Ausgleichsräume" bezeichnet, deren Funktion sich vor allem auf zwei stadtklimatologische Effekte bezieht:

- Gegenüber der "städtischen Wärmeinsel", die sowohl im Sommer (durch die solare Aufheizung der Bausubstanz) als auch im Winter (anthropogene Wärmeemissionen) auftreten kann, bildet sich über Freiflächen aufgrund verstärkter nächtlicher Ausstrahlung Kaltluft, die durch den entstehenden Druckgradienten zwischen städtischer Wärmeinsel (Wärmetief) und dem Umland (Kältehoch) in den bebauten Bereich einfließt (Flurwindzirkulation).

- Über die Steuerfunktion für die Ausprägung solcher Lokalwindsysteme hinaus sind Freiflächen (Acker, Grünland) generell durch eine gegenüber den bebauten Bereichen deutlich reduzierte "Rauhigkeit" gekennzeichnet. Diese steigt mit zunehmender Bebauungsdichte und -höhe an und führt zur verstärkten Abbremsung des thermischen und synoptischen Windfelds, so daß bei niedrigen Windgeschwindigkeiten innerstädtische Bereiche nur noch unzureichend ventiliert werden. Besonders das Fehlen von "Frischluftschneisen" verhindert dann den Austausch von durch Verkehr, Hausbrand und Industrie belasteter Stadtluft.

Das "Meßdorfer Feld" ist eine ausgedehnte Freifläche im urbanen Raum Bonns, der nach verschiedenen Klimagutachten eine klare klimatologische Ausgleichsfunktion in Form besserer Durchlüftung der dem Feld benachbarten Siedlungsgebiete vor allem bei schwachwindigen Strahlungswetterlagen zukommt (OTTE et al. 1991, OTTE 1991).

Während Strahlungswetterlagen ergeben sich eindeutige thermische Unterschiede sowohl für die Phase der täglichen Erwärmung als auch der nächtlichen Abkühlung zwischen dem freien Feld und dem bebauten Bereich. Im freien Feld werden maximale Differenzen zwischen Minimum- und Maximumtemperatur von 15,8° C registriert, während die maximale Temperaturamplitude in der Stadt aufgrund des nächtlichen "Wärmeinseleffekts" 10,8° C nicht übersteigt (Meßwerte: Juli 1996).

Die Temperaturentwicklung zeigt den für einen sommerlichen Strahlungstag typischen Tagesgang: Das Temperaturminimum tritt am Ende der nächtlichen Ausstrahlungsperiode kurz nach Sonnenaufgang ein, während das Temperaturmaximum erst in den Nachmittagsstunden deutlich nach Sonnenhöchststand erreicht wird. Im Wohngebiet wird das Temperaturmaximum, das hier zusätzlich etwa 1,5° C niedriger ausfällt, gegenüber dem freien Feld etwa 2-3 Stunden später erreicht. Denn durch die im Vergleich zur Straßenbreite recht hohe und dichte Bebauung "Am Schwanenmorgen" ergeben sich vor allem in den Morgenstunden deutliche Beschattungseffekte gegenüber dem freien Feld, so daß sich die Bausubstanz langsamer aufwärmt als das unbeschattete Feld. Aufgrund der höheren Wärmekapazität der städtischen Bausubstanz kommt es in der Nacht gegenüber dem freien Feld zu einer deutlichen Überwärmung. Die lokale Wärmeinsel im Bereich der Wohnbebauung ist am stärksten zum Zeitpunkt des Sonnenaufgangs ausgebildet.

Bezogen auf die Ausprägung eines lokalen Windfelds durch die Temperatur- und die resultierenden Druckgradienten ist aufgrund der differentiellen Erwärmung zwischen Stadt und Feld am Nachmittag eine schwache Strömung aus der Stadt zum wärmeren Feld und gegen Sonnenaufgang eine etwas stärkere Strömung vom Feld zur Stadt zu erwarten, wenn der synoptische Wind das lokale Windfeld nicht überprägt. Eine schlechtere Durchlüftung des städtischen Standorts zeigt sich vor allem am Tag, wenn die Windgeschwindigkeit aufgrund der höheren Rauhigkeit gegenüber dem freien Feld um bis zu 3 m/sec herabgesetzt ist. Die Eindringtiefe der nächtlichen Abkühlung in den Wohnbereich reicht kaum in den mittleren Bereich des "Schwanenmorgens" vor.

Mit zunehmend negativer Strahlungsbilanz bilden sich nachts in den unteren zwei Metern tiefer gelegenen Feldern eine deutliche Bodeninversion (Temperaturumkehr) und autochthone Kaltluftbildung aus, die kurz nach Mitternacht bereits eine Stärke von 1,7°C erreicht. Von etwa 3 Uhr an wird die ausgekühlte bodennahe Luftschicht mit leichtem Auffrischen des Windes und einer Drehung auf S-SW turbulent durchmischt, und die Bodeninversion wird zugunsten einer nahezu isothermen Schichtung aufgebrochen, wobei die Temperatur der bodennahen Kaltluft weiter abnimmt. Erst nach Sonnenaufgang stellt sich in den unteren Metern durch die solare Erwärmung des Bodens der normale adiabatische Temperaturgradient (Temperaturabnahme mit der Höhe) über dem Feld ein. Diese nächtliche Richtungsdominanz, die an einer Station im Lessenicher Feld (westlich des Exkursionsgebiets) mit 46,7% SW-Winden noch deutlicher ausfällt, wird mit allochthonen Kaltluftabflüssen aus den Seitentälern des Venusbergs (Hardtbachtal) erklärt (OTTE 1991). Ebenfalls erfolgt eine allochthone Kaltluftzufuhr von den Venusberghängen. Die Winddrehung in den unteren Metern des Venusbergs zeigt deutlich eine mächtige Kaltluftbildung auf dem Plateau des Venusbergs und ein Überfließen des Höhenzugs durch Kaltluft aus dem Rheintal an, die dann von den Hängen gravitativ abfließt und somit auf dem Meßdorfer Feld wirksam wird. Sie überprägt in der zweiten Nachthälfte die autochthone Kaltluftdynamik und trägt somit indirekt zur Durchlüftung der randlichen Bebauungsgebiete bei. Dabei haben die Rauchkerzenexperimente gezeigt, daß die allochthone Kaltluftzufuhr nicht sehr weit in die Wohngebiete vordringt, sondern sich vor der Bebauung "Am Bleichgraben" aufstaut. Insgesamt wird bei sommerlichen Strahlungstagen die Durchlüftung der randlichen Wohnbebauung sowohl durch die autochthone als auch die allochthone Kaltluftdynamik verbessert. Die langsame Eindringgeschwindigkeit der Kaltluft in die Siedlungsbereiche verweist aber auch auf die Sensibilität der Ventilation gegenüber einer Erhöhung der Rauhigkeit durch weitere Baumaßnahmen, die daher aus stadtklimatologischer Sicht nicht empfehlenswert sind.

Route zur Weiterfahrt: Von Auf dem Hügel über Am Probsthof, Bornheimer Straße, Lievelingsweg, Berta-Lungstras-Straße über die Oppelner Straße zur Kreuzung Riesengebirgsstraße/Pommernstraße.

Standort 14: Tannenbusch - Riesengebirgsstraße/Pommernstraße

Thematik: Großwohnsiedlung des sozialen Wohnungsbaus und Gewerbe im Nordwesten Bonns

Erläuternde Hinweise: Das Großwohngebiet Tannenbusch entstand seit den 1950er Jahren zunächst zur Aufnahme von Flüchtlingen und Vertriebenen aus dem deutschen Osten. Hieran erinnern noch heute zahlreiche Straßennamen. In den 1960er Jahren schloß sich nach Westen ein Wohngebiet des sozialen Wohnungsbaus mit geplantem gesellschaftlichem Zentrum (Schulen aller Stufen, Stadtteilzentrum) und Versorgungszentrum an. Der Anschluß an die U-Bahn verringert den Zeitaufwand für den Weg in die Innenstadt. Die nördlich des Wohngebiets vorbeiziehende Autobahn 555 nach Köln und die im Süden verlaufende Bahntrasse erschweren die räumliche Integration des Stadtteils und führen zu einer gewissen Isolation. Die allmähliche Überalterung der Bausubstanz führt zu einem "filtering-down"-Effekt in der Sozialstruktur der Bevölkerung, so daß Teile von Tannenbusch heute zu den Problemgebieten Bonns gehören.

Route zur Weiterfahrt: Über die Schlesienstraße, die Christian-Lasse-Straße, In den Dauen, Friedrich-Wöhler-Straße, vorbei am Gewerbegebiet Buschdorf und an den Vereinigten Aluminiumwerken (einer der flächengrößten Betriebe im NW Bonns) zur Kölnstraße, Richtung Innenstadt über den Lievelingsweg zur Auffahrt auf die Autobahn, über die Autobahnbrücke auf die rechtsrheinische Seite bis zur Abfahrt Bonn-Beuel-Nord; über die Niederkasseler Straße und Stiftsstraße, vorbei an der historischen Doppelkirche St. Clemens, Dixstraße, Clemensstraße, Niederkasseler Straße, Richtung Rheinufer über die St.-Augustiner-Straße.

Standort 15: Beuel - Fuß der Kennedybrücke/Rheinufer

Thematik: Entwicklung einer "Brückenkopfsiedlung" zur Stadt, Gewerbeansiedlung auf der rechtsrheinischen Seite

Erläuternde Hinweise: Die rechtsrheinische Seite bildete bis ins letzte Jahrhundert einen wichtigen agrarischen Ergänzungsraum. Mit dem Eisenbahnbau setzte dann eine Industrialisierung ein, die ihrerseits - nach Bau des Vorgängers der heutigen Kennedybrücke (1900) und Anschluß an das elektrische Vorortbahnnetz - eine städtische Entwicklung in Beuel begünstigte. Die Agrarwirtschaft wurde jedoch nicht vollständig verdrängt. In der landwirtschaftlichen Nutzung finden sich noch im N und NW Beuels ähnlich wie im linksrheinischen Alfter und Bornheim auf der rechtsrheinischen Seite Gartenbaubetriebe mit intensivem Gemüseanbau. Mit der Bevölkerungszunahme in Bonn wurde der Druck auf die verfügbaren Freiflächen allerdings so groß, daß immer neue Wohngebiete ausgewiesen werden mußten. Dadurch bildeten sich Entwicklungsachsen heraus, die einerseits dem Rhein folgen, andererseits von Beuel nach St. Augustin reichen.

Beuel findet seine historischen Ansatzpunkte in den Stiften Schwarz-Rheindorf und Vilich sowie in der Deutschordenskommende von Ramersdorf, die zu Zentren einer dörflichen Umgebung wurden. Vilich-Müldorf, Schwarz-Rheindorf und Pützchen bilden heute Zentren im Außenring Beuels und entwickelten sich von rein dörflichen Gemeinden zu Arbeiterwohnsiedlungen. Typisch ist eine Gemengelage von Wohnbereichen, Gewerbeflächen, kirchlichem Besitz und Resten früherer Agrarnutzung.

Route zur Weiterfahrt: Über die Rheinaustraße (bevorzugte Uferwohnlage), Ringstraße und den Landgrabenweg zum Parkplatz beim Freizeitpark Rheinaue; von dort zu Fuß auf die Südostseite der Konrad-Adenauer-Brücke mit Blick auf Oberkassel

Standort 16: Auf der Konrad-Adenauer-Brücke mit Blick auf das Industriegelände (Andreas Dix)

Thematik: Deindustrialisierung und "Brückenkopf" für den Funktionswandel der Bundesstadt Bonn

Erläuternde Hinweise: Von der Konrad-Adenauer-Brücke, die als letzte der drei Bonner Rheinbrücken 1972 erbaut wurde, bietet sich in südöstlicher Richtung ein guter Überblick über den Bereich des Oberkasseler Rheinufers. Oberkassel liegt auf der Nieder- und Mittelterrasse im südöstlichen Bereich der Köln-Bonner Bucht. Die offenen Basaltwände von Kuckstein und Rabenlay weisen auf deren Entstehung durch Steinbrüche im Zuge des wirtschaftlichen Wandels von der Landwirtschaft zum Bergbau seit der Mitte des 19. Jahrhunderts hin. Nach ersten bergbaulichen Anfängen im 18. Jahrhundert erfuhr der Abbau seit den 1830er

Jahren großen Aufschwung. Sprunghaft steigender Materialbedarf für den Straßenbau, den Wasserbau am Rhein und Deichbauten in den Niederlanden ließen die verkehrsgünstig nahe am Rhein liegenden Brüche bis zum Ersten Weltkrieg florieren. Nach dem Ersten Weltkrieg nahm der Steinbruchbetrieb allmählich ab, 1952 wurde nach letzten Wiederbelebungsversuchen ihr Betrieb vollständig eingestellt. Neben den großen Felswänden verweisen der Dornheckensee, Blaue See und der frühere Märchensee heute auf die ehemalige wirtschaftliche Bedeutung der Steingewinnung.

Südlich der Brücke liegt die ca. 57 ha große Industriebrache des ehemaligen Bonner Zementwerkes. Dieser Standort überrascht, da in der näheren Umgebung kein Kalkstein ansteht. Er ist nur mit einer erstaunlich langen Persistenz älterer Standortentscheidungen zu erklären, deren Ausgangspunkt eine Braunkohlen- und Tongrube sowie eine Alaunhütte auf der Hardt bildeten, die 1806 von Leopold Bleibtreu errichtet wurden. Die Hütte gehörte neben einer weiteren in Friesdorf zu den größten Betrieben dieser Art in Preußen (HISTORISCHE WIRTSCHAFTSKARTE 1973). Dem Alaun (Kaliumaluminiumsulfat) als wichtiger Basischemikalie z.B. für die Textil- und Lederproduktion war zunächst ein guter Absatz gesichert, bis in der Mitte des 19. Jahrhunderts Abbau und Verarbeitung in der Hütte durch neue Verfahren unrentabel wurden. Der Sohn Leopold Bleibtreus, Hermann Bleibtreu, hatte die seit 1844 in Großbritannien aufkommende Produktion und Verarbeitung von Portlandzement studiert, ließ sich 1853 ein eigenes Verfahren patentieren und errichtete 1856 als erste Anlage in Deutschland hier eine Zementfabrik. Als Rohstoffe verwendete man zunächst noch die auf der Hardt vorkommenden Tone und Braunkohlen; der Kalk wurde bis zur Schließung der Fabrik aus einem Steinbruch bei Budenheim auf dem Rhein herantransportiert. Konkurrenzfähig konnte das Werk durch seine Lage am Rhein und an der Eisenbahnstrecke (seit 1871) bleiben. Es wuchs zum wichtigsten industriellen Arbeitgeber zwischen Beuel und Königswinter heran. 1964 wurden immerhin noch 430 Arbeitnehmer beschäftigt, die Produktion betrug 800.000 t. Zement. Von 1972 an mußten infolge wachsender Konkurrenz zunächst Kapazität und Belegschaft des Werkes abgebaut, später der Drehofen und 1987 endgültig der Betrieb stillgelegt werden. Das in der Folgezeit immer wieder als "Filetgrundstück" bezeichnete Areal wurde bis heute nicht bebaut. Zunächst wurde die gesamte Fläche des industriegeschichtlich so bedeutsamen Standorts bis auf die unter Denkmalschutz gestellten Gebäude des Wasserturms, eines Verwaltungsgebäudes und des als massiver Klinkerbau im Stil preußischer Fiskalbauten ausgeführten Rohmühlengebäudes von 1860 (FÖHL 1985, S. 69), geräumt und gesichert. Das Gelände wurde an die Bayerische Immobilienleasing (BIL) verkauft; etliche Bebauungs- und Ansiedlungspläne (darunter Pläne zur Errichtung der Europäischen Zentralbank, eines Spielcasinos, zur Verlegung der Hauptverwaltung eines Unternehmens) wurden aufgestellt und wieder verworfen.

Zunächst noch als Ausbaureserve im Dienste der Hauptstadtfunktionen gesehen (wie Pläne zur Ansiedlung eines neuen Europaministeriums belegen), wurde das Gelände 1993 in das Entwicklungsgebiet Bundesviertel einbezogen. Nach jüngsten Plänen soll die Wissenschaftsstiftung CAESAR (Center of Advanced European Studies and Research) angesiedelt werden.

Route zur Weiterfahrt: Landgrabenweg, Königswinterer Straße nach Süden

Standort 17: Oberkasseler Straße/Königswinterer Straße mit Fahrt zur Evangelischen Kirche (Andreas Dix)

Thematik: Tertiärisierungstendenzen der 1990er Jahre

Erläuternde Hinweise: Die großen, einzeln stehenden Verwaltungskomplexe, die den nördlichen Ortseingang von Oberkassel säumen, sind Belege für den jüngsten wirtschaftlichen Strukturwandel seit Beginn der neunziger Jahre, gefördert durch die Privatisierung der Telekom und ihre Neustrukturierung. Hierzu zählen die Komplexe der DARA (Deutsche Agentur für Raumfahrt-Angelegenheiten, seit 1991 mit ca. 350 Beschäftigten), der Detecon (Deutsche Telepost Consulting, eine Tochter der Telekom, seit 1991 mit ca. 600 Mitarbeitern), der Bundesanstalt für Post und Telekommunikation (BaPT) und schließlich als größter Komplex die Hauptverwaltung der DeTeMobil (Landgrabenweg). Dieser architektonisch eindrucksvolle Bau beherbergt ca. 2.000 Arbeitsplätze. Die dynamische Bautätigkeit am Standort erklärt sich durch seine verkehrsgünstige Lage mit dem Direktanschluß an die A 59 in Richtung Flughafen Köln-Bonn sowie die gute Anbindung zum Regierungsviertel und die Bonner Innenstadt.

Die Auswirkungen der Verlagerung und Neuansiedlung von Dienstleistungsfunktionen lassen sich auch entlang der Königswinterer Straße in Richtung der Ortsmitte von Oberkassel beobachten. Hier waren von den 1870er Jahren an einige Fabrikbetriebe neu entstanden. Ein größeres Industrieareal lag unmittelbar hinter dem Ernst-Kalkuhl-Gymnasium. Dort befanden sich seit 1880 die Zementwarenfabrik H. Hüser & Co. und seit 1888 die Oberkasseler Brauerei. Nach Schließung der Fabriken wurden die Gebäude seit Mitte der achtziger Jahre durch Baublöcke für tertiäre Nutzungen ersetzt (Interessenverbände, Kreiswehrersatzamt). Auch an anderer Stelle wurden neue Bürogebäude errichtet oder vorhandene Villen genutzt. Den zweifellos repräsentativsten Standort konnte 1982 die Bundesarchitektenkammer im ehemaligen Lippischen Landhaus im Ortskern von Oberkassel (Königswinterer Straße 709) beziehen. Bei diesem Gebäude handelt es sich um ein "maison de plaisance", einen Bautypus des 18. Jahrhunderts, wie er auch in Graurheindorf (Rheindorfer Burg) als Landhaus einer adligen Familie zu finden ist. Die Anlage wird Johann Conrad Schlaun zugeschrieben. Seine baulichen Nachfolger fand dieses Landhaus in einer größeren Zahl von Villen, die seit der Mitte des 19. Jahrhunderts im Bereich zwischen der Königswinterer Straße und dem Rheinufer vor allem von Industriellen und begüterten bürgerlichen Familien errichtet wurden. Dazu gehören die Anlagen des Freiherrn von Stumm in der Theresienau (Villa 1969 abgerissen, Gelände in den siebziger Jahren mit einem Altenheim neu bebaut) oder das Landhaus des Geheimrates Vorster in der heutigen Julius-Vorster Straße (erbaut 1907 von dem Charlottenburger Baurat Otto March). Diese Gruppe einflußreicher und vermögender Personen ermöglichte durch ihre Finanzkraft, daß die evangelische Kirchengemeinde in einer ansonsten überwiegend katholischen Gegend 1908 eine sehr große und repräsentative Kirche (Kinkelstraße) im Jugendstil errichten lassen konnte, die zum Wahrzeichen des Ortes wurde. Bedeutsam ist das hohe Alter dieser Gemeinde, deren Kapelle, ein barocker Saalbau mit Satteldach aus dem Jahre 1689, sich an der Zipperstraße/ Ecke Königswinterer Straße erhalten hat.

Die lockere Landhausbebauung, die ihre Entsprechung auf dem linken Rheinufer z.B. in der Villa Hammerschmidt hatte, ist Ausdruck eines Lebensgefühls, das eine Lage inmitten offener Landschaft suchte. Die Gemeinde Oberkassel bestand zu dieser Zeit noch aus einzelnen Siedlungszeilen, die zunächst aufgrund der topographischen Situation isoliert voneinander lagen. Der Hauptort erstreckte sich entlang der heutigen Königswinterer Straße, der früheren Landstraße von Beuel nach Königswinter. Bis 1982 die Bundesstraße 42 als Umgehungsstraße fertiggestellt wurde, führte der gesamte Durchgangsverkehr durch den Ort (1980 wurden bis zu 20.000 Fahrzeuge/Tag gezählt; GESCHICHTE DER OBERKASSELER STRAßEN 1980, S. 92). Seitdem erhielt sie nach umfangreichen Verkehrsberuhigungsmaßnahmen wieder mehr den Charakter einer Dorfstraße. Entlang der Zipperstraße, Meerhausener Straße, Berghovener und Hosterbacher Straße befinden sich trotz umfangreicher Substanzverluste der letzten Jahrzehnte heute noch viele Fachwerkhäuser, die auf diese älteren Siedlungsstrukturen hinweisen (GROßJOHANN 1988). Im Zuge des Basaltabbaus und der Notwendigkeit, den Basalt an das Rheinufer zu transportieren, wurden die Ost-West-Straßenverbindungen ausgebaut. Dazu gehören z.B. die Basalt-, Simon-, Als- und Jakobstraße. Mit kontinuierlich fortschreitender Bebauung wuchsen die einzelnen Ortsteile zusammen. Oberkassel war seit 1815 Sitz einer Amtsverwaltung (Rathaus, erbaut 1898, Königswinterer Straße 720) und mit zentralen Funktionen der untersten Stufe ausgestattet. Nach dem Zweiten Weltkrieg wurden in Oberkassel zwei kleinere Wohnsiedlungsgebiete für Bundesbedienstete (Am Bürgerpark, Am Kriegersgraben) errichtet.

Route zur Weiterfahrt: Der Königswinterer Straße oder der parallel verlaufenden B 42 folgend ins Ortszentrum Königswinter zur Talstation der Drachenfelsbahn, von dort auf den Drachenfels.

Standort 18: Drachenfels (Jörg Bendix)

Thematik: Topographie und Klima des Rheintals bei Bonn

Erläuternde Hinweise: Vom Standort Drachenfels hat man einen guten Überblick über das Rheintal, dessen topographische Situation die klimatischen Verhältnisse im Stadtgebiet von Bonn nachhaltig beeinflußt. Das Bonner Stadtgebiet liegt am Ausgang des Mittelrheintals und somit im Übergangsbereich vom Rheinischen Schiefergebirge zur Niederrheinischen Bucht. Der vom Drachenfeld gut sichtbare, linksrheinisch gelegene Stadtteil Bonn-Bad Godesberg wird von den Randhöhen des Siebengebirges (rechtsrheinisch) und des Kottenforst-Plateaus (linksrheinisch) eingerahmt, während der Bonner Norden bereits im Bereich des Taltrichters liegt, der unmerklich in die Niederrheinische Bucht übergeht. Die mittlere Höhenlage der Talsohle beträgt etwa 55 m NN, die Randhöhen überragen das Rheintal um etwa 50 m bis maximal 405 m (Siebengebirge).

Wie in den Siedlungsgebieten anderer Talbereiche sind auch im Bonner Stadtgebiet die klimatischen Eigenheiten eng mit der topographischen Situation verknüpft und können wie folgt zusammengefaßt werden (EMONDS 1954, FAUST 1972, KLAUS 1988):

- Das Hauptproblem des Bonner Klimas stellen die im Vergleich zu anderen Städten deutlich reduzierten Windgeschwindigkeiten dar, die aus der Abschattung des SE-NW orientierten Rheintals durch die Randhöhen gegenüber der im Jahresmittel vorherrschenden synoptischen Westströmung resultieren. Calmen treten in Bonn dreimal so häufig auf wie im Ruhrgebiet.

- Die Ventilation des Talbereichs wird in windschwachen Strahlungsnächten vornehmlich durch Kaltluftabflüsse der lokalen Randhöhen und des weiteren Rhein-Einzugsgebiets gewährleistet. Der in der ersten Nachthälfte dominierende Kaltluftabfluß von den Randhöhen (z.B. Melbtalwind) ist allerdings aufgrund der kleinen Einzugsgebiete nur schwach ausgebildet und erreicht das Stadtinnere in der Regel nicht.

- Die nächtliche Kaltluftsammlung im Tal verursacht allerdings die Ausbildung einer Inversion (Temperaturumkehr), die im Winter und in den Übergangsjahreszeiten mit Talnebelbildung einhergehen kann. Die stabile Temperaturschichtung innerhalb der Inversion unterdrückt den vertikalen Impulsaustausch im Rheintal, so daß bei schwachwindigen Kaltluftabflüssen eher ein lufthygienisch nachteiliger Effekt eintritt. Die Kaltluft stagniert und in der Folge können sich die durch Verkehr, Hausbrand und Industrie emittierten Luftschadstoffen im Stadtgebiet konzentrieren.

- Auch die permanente Überwärmung durch die im Bonner Talkessel deutlich ausgeprägte städtische

Wärmeinsel ist bioklimatisch nachteilig zu bewerten und trägt zur vermehrten Schwülebelastung bei (36 Schwületage/Jahr).

Im Winterhalbjahr bleibt die SE/S gerichtete Windströmung in 75-80% aller Fälle (Station "Langer Eugen") über den gesamten Tag persistent. In Fällen erhöhter Windgeschwindigkeit z.B. bei der Kopplung von synoptischem und lokalem Windvektor ist der südöstliche "Rheintalwind" bis Köln wirksam. Bei sommerlichen Strahlungswetterlagen findet sich gegenüber der Wintersituation ein gut ausgeprägtes tagesperiodisches Talwindsystem, das vor allem aus der stärkeren Erwärmung der Talhänge gegenüber der Niederrheinischen Bucht resultiert (GROBER 1973).

Bei mehrtägiger Persistenz der sommerlichen tagesperiodischen Windwechsel können sich in Verbindung mit nächtlichen Talinversionen lufthygienisch besonders kritische Situationen im Rheintal ergeben. Die durch den Abend- und Morgenverkehr im Bonner Raum emittierten Luftschadstoffe werden aufgrund der schwachen Kaltluftabflüsse nur noch unzureichend aus dem Rheintal abgeführt, während am Tag mit nördlichen Winden zusätzlich zu der autochthonen Luftverunreinigung der Ferntransport aus dem Industrieraum der niederrheinischen Bucht (Köln, Wesseling) die Schadstoffkonzentrationen im Rheintal deutlich ansteigen läßt. So konnte im Rahmen verschiedener Meßprogramme nachgewiesen werden, daß der Transport von Olefinen aus dem Bereich der petrochemischen Industrie um Wesseling zur Genese erhöhter bodennaher Ozonkonzentrationen (Sommersmog) im Bonner Rheintal beiträgt.

Die nächtliche Kaltluftsammlung im Rheintal führt besonders bei synoptisch windschwachen Situationen zur Ausbildung einer Temperaturinversion mit kalt-feuchter Luft im Tal und deutlich wärmeren Hangbereichen der Randhöhen. Die Inversionswahrscheinlichkeit ist in Sommernächten (Juni-August) gegenüber Winternächten etwas erhöht, während sich am Tag die Verhältnisse umkehren. Im Winter (Dezember-Februar) bleiben Inversionen häufig ganztägig bestehen, während sie sich im Sommer gegen Mittag fast in allen Fällen aufgrund der hohen täglichen Einstrahlung auflösen.

An Tagen mit Nebel oder starker Dunstbildung steigt die Inversionsobergrenze durch das Abheben der Inversion bis auf Höhen von 275 m über Grund an, die Inversionsstärke liegt im Mittel um 1-2°C/100 m über dem Wert nebelfreier Tage und die Windgeschwindigkeit im Nebel ist gegenüber anderen Inversionstagen reduziert. Da der Nebel die einstrahlungsbedingte Auflösung der begleitenden Temperturinversion am Tag deutlich verzögert, zählen Nebelsituationen in Kombination mit der kritischen Ausprägung von Windfeld und Schichtungsstabilität zu den lufthygienisch bedenklichsten Wettersituationen im Rheintal (Wintersmog).

Route zur Weiterfahrt: Über die B 42 zur Konrad-Adenauer-Brücke und zurück zur Friedrich-Ebert-Allee, von dort auf der Adenauerallee in das Zentrum.

Literatur

DENKMALPFLEGEPLAN FÜR DEN STADTBEZIRK BAD GODESBERG (1990): Bearb. v. H. LAMBERT und G. KONERMANN, gruppe hardtberg, stadtplaner - architekten. Bonn.

DOLLEN, B. von der und GRAAFEN, R. (1988): Die Entwicklung der Bebauung im Bonner Raum 1810 - 1980. In: Bonn - Stadt und Umland. Festschrift zum 75 - jährigen Bestehen der Gesellschaft für Erd- und Völkerkunde zu Bonn. Bonn. S. 247-267. Arbeiten zur Rheinischen Landeskunde 58.

EMONDS, H. (1954): Das Bonner Stadtklima. Arbeiten zur Rheinischen Landeskunde 7. Bonn.

ENNEN, E., D. HÖROLDT (1985): Vom Römerkastell zur Bundeshauptstadt. Kleine Geschichte der Stadt Bonn. 4. Aufl. Bonn.

FAUST, R. (1972): Die Klimaverhältnisse im Großraum Bonn. DWD Wetteramt Essen.

FÖHL, A. (1995): Bauten der Industrie und Technik. Bonn. Schrifteneihe des Deutschen Nationalkomitees für Denkmalschutz 47.

GESCHICHTE DER OBERKASSELER STRAßEN (1980): A. HANSMANN u.a. Bonn 1980. Schriftenreihs des Heimatvereins Bonn-Oberkassel 3.

GRAAFEN, R. (1989): Die bauliche Entwicklung in den Bonner Stadtbezirken Beuel und Hardtberg sowie ihrem Umland seit dem frühen 19. Jahrhundert. In: Bonner Geschichtsblätter 39, S. 353-382.

GROBER, K.W. (1973): Die Windverhältnisse am Flughafen Köln/Bonn und die Möglichkeit einer Prognose. Meteorologische Rundschau 26, S. 152-156.

GROSSJOHANN, K. (1988): Fachwerkhäuser in Oberkassel. Bonn-Oberkassel. Schriftenreihe des Heimatvereins Bonn-Oberkassel 7.

GROTZ, R. (1997): Die Versorgungsstruktur im Bonner Zentrum und das Versorgungsverhalten im Stadtbezirk Bonn. Bonn.

HARTSTEIN, E. (1850): Statistisch-landwirtschaftliche Topographie des Kreises Bonn. Bonn.

HÖROLDT, D. (1974): 25 Jahre Bundeshauptstadt Bonn. Eine Dokumentation. Bonn. Veröffentlichungen des Stadtarchivs Bonn 14.

KLAUS, D. (1988): Aspekte des Bonner Stadtklimas. Arbeiten zur Rheinischen Landeskunde 58, S. 63-84.

KNOPP, G., W. HANSMANN (1987): Universitätsbauten in Bonn. Rheinische Kunststätten 190. Köln, 2. Aufl.

KUNSTRAUM DÜSSELDORF, KÖLN, BONN. AKTUELLE KUNST IN GALERIEN UND MUSEEN (1995): Hg. Industrie- und Handelskammern zu Düsseldorf, Köln, Bonn. Köln.

MAYER, E., K. FEHN, P.-W. HÖLLERMANN (Hg.) (1988): Bonn - Stadt und Umland. Festschrift zum 75-jährigen Bestehen der Gesellschaft für Erd- und Völkerkunde zu Bonn. Bonn. Arbeiten zur Rheinischen Landeskunde 58.

MEYNEN, E. (1967): Die Städtelandschaft am Austritt von Rhein und Sieg in die Kölner Tieflandsbucht:

Bad Godesberg - Bonn - Beuel - Siegburg. In: Die Mittelrheinlande. Festschrift zum XXXVI. Deutschen Geographentag vom 2. bis 5. Oktober 1967 in Bad Godesberg. Wiesbaden, S. 150-183.

OTTE, U. (1991): Amtliches Gutachten über das Klima in Bonn-Duisdorf/Lessenicher Feld. DWD, Wetteramt Essen.

OTTE, U. et al. (1991): Amtliches Gutachten über das Stadtklima von Bonn. Bonn.

STRACK, H. (Bearb.) (1987): Auszüge aus den Ur-Flurbüchern der Gemeinde Muffendorf vom 8. November 1811. Bonn-Bad Godesberg.

STRACK, H. (1988): Mathias Ehmans Flurkartenatlas "Besitzungen der Commenthurey zu Muffendorf"

von 1795. In: 1100 Jahre Muffendorf 888-1988. Beiträge zum 1100. Jahrestag der ersten urkundlichen Erwähnung von Muffendorf am 13. Juni 888. Hg. v. Verein für Heimatpflege und Heimatgeschichte Bad Godesberg e.V. Bonn-Bad Godesberg, S. 49-117.

STRACK, H. (1990): Bonn-Bad Godesberg. Vom kurfürstlichen Bad zur Diplomatenstadt. Rheinische Kunststätten 134. Köln, 2. Aufl.

WIEDEMANN, A. (1930): Geschichte Godesbergs und seiner Umgebung. Godesberg, 2. Aufl.

WIPPERMANN, F. 1987: Die Kanalisierung von Luftströmungen in Tälern. Promet 3/4'87; 40-50.

Anschriften der Autoren:

Priv.-Doz. Dr. Jörg Bendix, Geographisches Institut der Rheinischen Friedrich-Wilhelms-Universität Meckenheimer Allee 166, D-53115 Bonn

Dr. Andreas Dix, Seminar für Historische Geographie der Rheinischen Friedrich-Wilhelms-Universität Konviktstr. 11, D-53113 Bonn

Priv.-Doz. Dr. Frauke Kraas, Geographisches Institut der Rheinischen Friedrich-Wilhelms-Universität Meckenheimer Allee 166, D-53115 Bonn

Die Bonner Innenstadt (City)

Reinhold Grotz

Thematik:	**Rundgang durch die Innenstadt mit Erläuterung ihrer historisch-genetischen Strukturen sowie der heutigen Funktionsvielfalt**
durchzuführen als:	**Fußexkursion**
ungefähre Dauer:	**etwa 1,5 bis 2 Stunden mit Abkürzungsmöglichkeiten**
Parkhinweise:	**Am Rande der Innenstadt befinden sich zahlreiche Parkhäuser; dem Ausgangspunkt am nächsten die Universitätstiefgarage (Zufahrt von der Adenauerallee bzw. B 9 über die Stockenstraße) und die Marktgarage (Zufahrt ebenfalls über die Stocken- oder Franziskanerstraße). Für Reisebusse Parkmöglichkeiten auf der Adenauerallee entlang der Hofgartenwiese.**
Empfohlene Karten:	**Stadtplan Bonn**

Vorbemerkung

Ziel dieser Exkursion ist, den Besucher mit dem Kern Bonns, der Altstadt, vertraut zu machen. Neben historisch-genetischen Aspekten der Stadtstruktur und wichtigen Gebäuden sollen auch das Leben und Wirtschaften in der Innenstadt im Mittelpunkt stehen.

Kaiserplatz

Am besten beginnt man die Exkursion auf dem Kaiserplatz vor dem Schloß (vgl. Abb. 1).

Der an den Kaiserplatz angrenzende Seitenflügel des Schlosses entstand nach 1715, in der zweiten Bauphase des Schloßbaus, die von dem Franzosen Robert de Cotte geplant wurde (vgl. Exkursion B1d). Heute beherbergt das Schloß Teile der Bonner Universität, vor allem die Institute und Seminare der Philososphischen Fakultät sowie die Aula, einen Festsaal und die Universitätsverwaltung. Vor der Südfront des Schlosses erstreckt sich der Hofgarten, der ursprünglich als französischer Garten angelegt war. Heute dient er als Liege- und Spielwiese für Studierende, gelegentlich finden hier auch - nach Genehmigung durch die Universität - Großdemonstrationen statt.

Vom **Standort vor dem Schloß** lassen sich einige Elemente der barocken Stadtplanung um Bonn herum erkennen. Der Blick reicht entlang der 50m breiten Poppelsdorfer Allee (um 1750) bis zum etwa einen Kilometer entfernten Schloß Clemensruh (1715-1753), das an der Stelle eines mittelalterlichen Wasserschlosses steht und heute allgemein Poppelsdorfer Schloß genannt wird. Die Baupläne stammen ebenfalls von de Cotte, in ihnen sind das Zoologische und das Mineralogische Institut der Universität untergebracht. Der Schloßgarten ist als Botanischer Garten umgestaltet. Der Blick vom Stadtschloß entlang der Poppelsdorfer Allee zum Lustschloß Clemensruh entspricht der Aussicht, die der Vollender Kurfürst Clemens August (1723-1761) von seinen Privatgemächern aus genießen konnte. Hinter dem Poppelsdorfer Schloß fällt der Blick auf den Turm der Kreuzbergkirche, an die Clemens August nach Plänen von Balthasar Neumann eine Heilige Stiege anbauen ließ. Um seine Residenzen mit der Kirche und einem heute nicht mehr bestehenden Jagdschloß im Kottenforst zu verbinden, ließ der Kurfürst den Straßenzug der Meckenheimer Allee mit ihren Fortsetzungen bis nach Röttgen anlegen. Senkrecht zu dieser Achse sollte eine Straße das Poppelsdorfer Schloß mit Schloß Augustusburg in Brühl verbinden, jedoch wurde nur ein kurzes Teilstück (Nußallee) verwirklicht.

Der Blick zur Poppelsdorfer Allee offenbart noch ein anderes wichtiges Detail zur naturräumlichen Lage Bonns. Im Vordergrund fällt der Kaiserplatz leicht in Blickrichtung ab; der tiefste Punkt ist dort erreicht, wo die Bahn verläuft. Hier nähert sich die Gumme, eine der diluvialen Rinnen, die der Rhein in die heutige Niederterrasse eingetieft hat, der Stadt. Wegen ihres sumpfigen Geländezustandes war die Gumme nach Südwesten ein zusätzlicher Schutz im Vorfeld der Stadtbefestigung. Der Gumme-Verlauf blieb lange Zeit von der Bebauung frei und deshalb konnte die Trasse der Bahn hier ganz nahe an die Altstadt herangeführt werden.

Zwischen Hofgarten und Kaiserplatz liegt die **Kreuzkirche**, die als Evangelische Hauptkirche 1871 fertiggestellt wurde. Seitdem das Rheinland 1815 preußisch geworden und 1818 die Universität gegründet war, zogen zahlreiche protestantische Beamte, Bürger, Professoren und Studenten ins zuvor rein katholische Bonn. Daher war im Laufe der Jahre der Bau einer großen evangelischen Kirche notwendig. Für sie konnte bei Baubeginn 1866 noch ein Grundstück unmittelbar an der Altstadtgrenze gefunden werden.

Entlang der Südfront des heutigen Schlosses vom Rhein bis etwa zur Mitte des Kaiserplatzes verlief die ab 1244 gebaute Stadtmauer, die während des Dreißigjährigen Krieges mit Bastionen ausgebaut und verstärkt wurde (vgl. Abb. 2). Davon ist heute nur noch ein Bollwerk, der Alte Zoll, am Rhein erhalten. Die anderen Befestigungsanlagen mußten dem barocken Schloßbau ab 1697 weichen.

Die Verbindungsstraße vom Kaiserplatz zum Münster trägt noch den Namen eines früheren Stadttores (Am Neutor). Folgt man ihr, so betritt man die Altstadt Bonns.

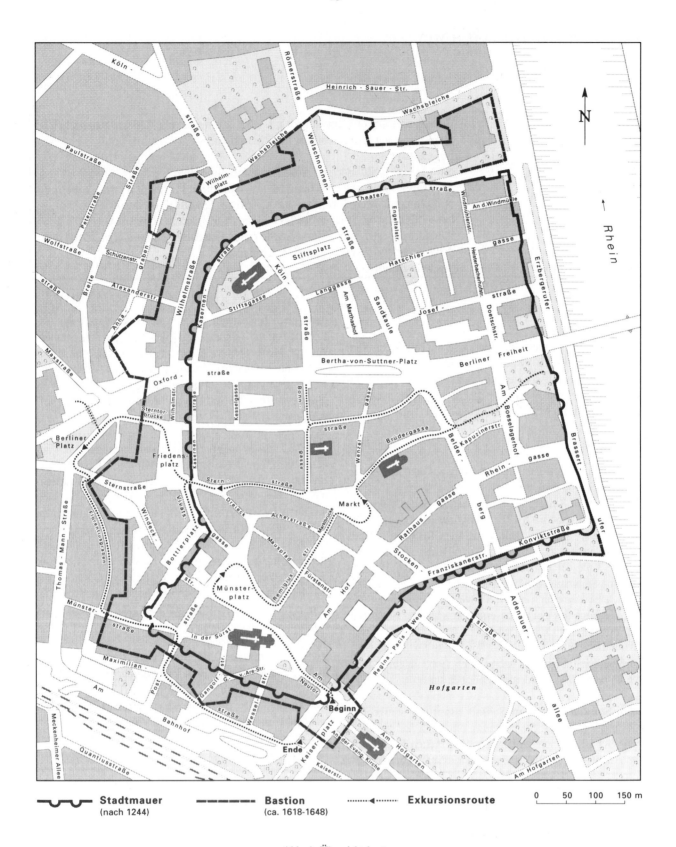

Abb. 1: Übersichtskarte

Münsterplatz

Die **Münsterkirche** entstand als Stiftskirche über der cella memoriae zum Andenken an die beiden Märtyrer Cassius und Florentius. Diese Totengedenkstätte, die erst 1928 unter dem Münster ausgegraben wurde, gilt als das älteste archäologische Zeugnis christlichen Glaubens in Niedergermanien. Es entstand Anfang des 4. Jahrhunderts inmitten eines der bedeutendsten römischen Kultzentren des Rheinlandes. Um eine über dem Grab gebaute spätrömische Märtyrer-Kirche herum (691 erstmals schriftlich erwähnt) entstand bald eine kleine Stiftssiedlung (villa Basilica), die von dem bestehenden Marktdorf Dietkirchen in der Südwestecke des alten Römerlagers ("Bonnburg") entfernt

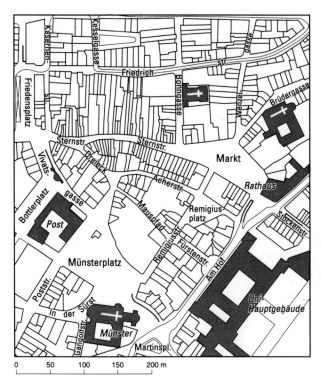

Abb. 2: Grundstücksgrenzen Münsterplatz - Markt. (Quelle: DGK 5, Stand 1995, Bl. Bonn 5208/22)

mächtige Vierungsturm - eine weithin sichtbare Landmarke - ragt 81 m empor.

Um 1230, etwa zu der Zeit, als in Köln der Grundstein für den Dom gelegt wurde, war der Bau in seiner heutigen Form vollendet. Auf der Südseite der Kirche schließt sich ein dreiseitiger Kreuzgang an, der bereits vor 1200 fertiggestellt war und heute eine Oase der Ruhe inmitten der Stadt ist.

Die Größe des Kirchenbaus und seine Ausstattung zeugen vom wirtschaftlichen Wohlstand des Cassiusstiftes. Um die Kirche oder in ihrer Nähe wohnten die Stiftsherren. Da sie in der Regel wohlhabende Adelige waren, wohnten sie in Herrenhöfen, die manchmal sogar Privatkapellen enthielten. Die letzte erhaltene Kapelle (**St. Helena Kapelle**) kann nahe beim Münster in einem Gebäude der Straße Am Hof besichtigt werden. Die Grundflächen der Herrenhöfe waren um ein Vielfaches größer als die Grundstücke der anderen Bürger. Diese Tatsache besitzt bis heute Bedeutung, denn die größeren Grundstücke um den Münsterplatz erleichterten es späteren großflächigen Nutzungen, die nötigen Grundstücksflächen zusammenzufügen (vgl. Abb. 2). Um den Münsterplatz befinden sich als großflächige Einrichtungen die beiden Kaufhäuser Kaufhof und Hertie, das Bekleidungshaus Leffers und die Dresdner Bank. An der Westseite des Platzes steht als einzig erhaltenes Kanonikerhaus das barocke **Palais des Stiftsdechanten**, das jetzt als Postgebäude dient.

Der Baublock um das Palais, das sogenannte Postkarree, wird bis 1998 in ein intensiv genutztes Einkaufs- und Bürozentrum umgebaut, in dem von der Post nur noch die Schalter verbleiben. Vom Balkon des Palais verfolgten 1845 König Friedrich Wilhelm IV und Königin Victoria von England die Einweihung des Beethoven-Denkmals anläßlich dessen 75. Geburtstages. Die Herrschaften sollen etwas überrascht gewesen sein, als die Statue nach ihrer Enthüllung ihnen den Rücken zukehrte.

Auf der dem Münster diagonal gegenüber liegenden Platzseite sind einige etwa 100 Jahre alte Wohn- und Geschäftshäuser erhalten. Die Anfang der 80er Jahre neu gestaltete Fassade des Kaufhofs nimmt mit ihren Giebeln und Erkern Formen alter Häuser wieder auf und schafft durch eine vorgezogene Baulinie Arkaden. Beim Bekleidungshaus Leffers und beim Kaufhof ist von außen deutlich zu erkennen, daß sich die Geschäftsräume über mehrere früher eigenständige Gebäude erstrecken.

Remigiusstraße

Zwischen Kaufhof und Leffers beginnt die in Richtung Marktplatz führende Remigiusstraße. Sie ist verhältnismäßig eng und dennoch Bonns frequentierteste Einkaufsstraße. An einem Samstag werden dort in einer Stunde rund 8.000 Passanten gezählt (vgl. Abb. 3). Sie wurde 1968 als eine der ersten Straßen zur Fußgängerzone umgebaut. Die Gebäude entlang der Straße und um den Remigiusplatz sind 3-5 Geschosse hoch, in ihnen wird kaum

lag. Diese später ummauerte Stiftssiedlung ("Stiftsburg"), antikisierend auch als civitas Verona bezeichnet, war geistlicher Mittelpunkt der Region und beherbergte außer den Stiftsherren auch weltliche Grundherren, Handwerker und sonstige abhängige Leute des Stiftes.

Die Stiftssiedlung war also kein einfaches Dorf. Das Stift besaß eine eigene Immunität und der Münsterplatz diente nicht nur für Prozessionen, sondern war auch erzbischöfliche Gerichtsstätte. An der Stelle des heutigen Beethovendenkmals stand bis zur Französischen Revolution ein Löwenmonument, das "Steinerne Wölfchen", als äußeres Zeichen der Gerichtsbarkeit. Dieser Löwe, der noch im Vestibül des Rathauses zu sehen ist, bildet zusammen mit einem Kreuz, dem Wappen des ehemaligen Kurfürstentums Köln, das Bonner Stadtwappen. Auch die rote Steinsäule vor dem Nordportal des Münsters mit einer bekrönenden Trachytkugel ist ein Hoheitszeichen. Es handelt sich um eine Prangersäule, an der noch die Löcher zur Befestigung des Halseisens zu sehen sind.

Mittelpunkt der ehemaligen Kultsiedlung war die Stiftskirche. Mit dem Bau des heutigen Münsters wurde an der Stelle von kleineren Vorgängerkirchen um die Mitte des 11. Jahrhunderts begonnen. Der Bau ist eine dreischiffige Basilika mit zwei Chören, die jeweils über Krypten liegen, einem Langchor im Osten mit zwei Flankentürmen und einem kurzen Chor im Westen, der erst Ende letzten Jahrhunderts mit einem Portal versehen wurde. Bereits von außen erkennt man die verschiedenen Bauphasen: der schlichte romanische Unterteil aus der Salierzeit und der frühgotische Oberteil aus der frühen Stauferzeit. Der

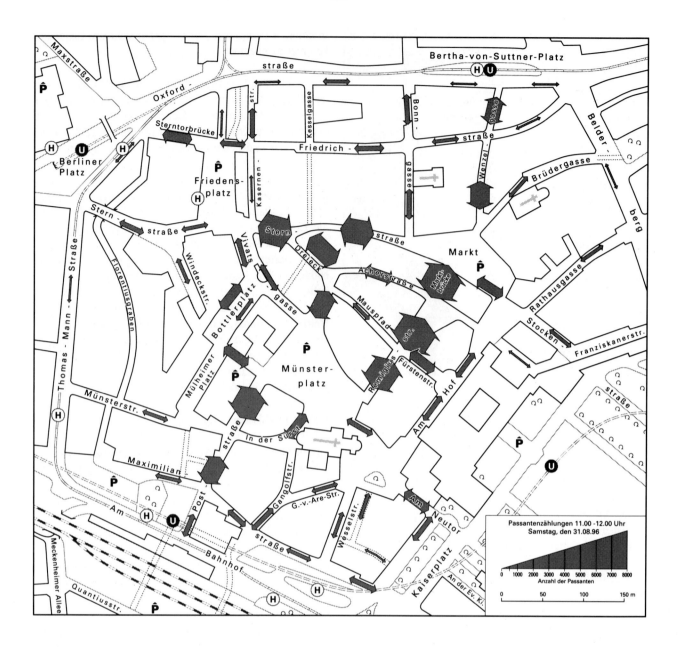

Abb. 3: Fußgängerzählung Bonn-Innenstadt. (Quelle: Eigene Erhebung)

noch gewohnt. Die Nutzung ist sehr vielseitig. Es gibt vier Schuhgeschäfte, ein weiteres Kleinkaufhaus (Kaufhalle), eine Reihe sehr spezialisierter Fachgeschäfte (Bürobedarf, Samenhandlung, Pralinen usw.) sowie zahlreiche Imbißstände und Cafés.

Eine breite Querstraße, die **Fürstenstraße**, ist Teilstück einer geplanten Prachtstraße, die das große Nordportal des Schlosses mit dem Sterntor verbinden sollte. Jenseits der Remigiusstraße setzt sich die Fürstenstraße jedoch nur als enger Mauspfad fort (von Musepad = feuchter Pfad). Entlang dieses Straßenzuges müssen sowohl der Kaufhof als auch die Kaufhalle mit Großlastwagen beliefert werden.

Die Verbreiterung der Remigiusstraße zum **Remigiusplatz** dient heute dem Blumenmarkt. Der Platz entstand erst 1806 mit dem Abriß der alten Pfarrkirche St. Remigius. Sie war zusammen mit zwei ebenfalls beseitigten Kirchen

beim Münster (St. Martin, St. Gangolf) Pfarrkirche für die nicht zum Stift gehörige Bevölkerung. Auf den Remigiusplatz mündet die gebogen verlaufende **Acherstraße**. Die frühmittelalterliche Stiftsummauerung gaben der Straße Form und Name. Sie lief hier "achter", d.h. hinter der Mauer entlang. Offensichtlich war das Tor an der Remigiusstraße aus der Stiftssiedlung heraus zusätzlich durch einen Graben gesichert, denn man gelangt über die "Marktbrücke" vollends auf den Marktplatz.

Marktplatz

Lag im Frühmittelalter der nichtklerikale Siedlungsschwerpunkt Bonns abgesetzt von der Stiftssiedlung im Bereich des früheren Römerlagers, so änderte sich dies etwa ab der Jahrtausendwende. Vor den Toren der befestigten Stiftssiedlung entstand an der Gabelung der großen rheinabwärts führenden Handelsstraße ein Marktplatz mit einer Marktsiedlung. Ein Ast der Fernstraße führt über die

Bonngasse - Kölnstraße weiter nach Köln, der andere über die Sternstraße nach Aachen. Der Markt bildete also das bürgerliche Zentrum Bonns, das dem geistlich geprägten Kern um den Münsterplatz gegenüber stand. Erst nach 1244 wurde die unbefestigte Marktsiedlung in einen gemeinsamen Ring aus Mauer und Graben einbezogen und die innere Grenze zur Stiftsburg aufgehoben (vgl. Abb.1). Mit dem Befestigungsprivileg des Kölner Erzbischofs, Konrad von Hochstaden, wurden die besonderen Rechte und Freiheiten der Stadt auch den Neubürgern gewährt. Damit begann eine rasche wirtschaftliche und städtische Entwicklung Bonns. Sie wurde dadurch gefördert, daß im Zuge der Auseinandersetzungen zwischen den Erzbischöfen und Kurfürsten und der Stadt Köln die Herrscher mit ihrer Residenz zeitweilig nach Bonn auswichen. 1597 wurde mit der Verlegung der Zentralbehörden und des kurfürstlichen Wohnsitzes Bonn zur Haupt- und Residenzstadt erhoben.

Das bürgerliche Bonn wird auf dem **Marktplatz** besonders gut sichtbar. Auf dem von einer Tiefgarage untertunnelten Platz findet werktäglich ein Obst- und Gemüsemarkt statt. Vor dem Rathaus können Bürger und Besucher die kulturellen Veranstaltungen des "Bonner Sommers" verfolgen und sich gleichzeitig auf den zahlreichen Plätzen der Außengastronomie bewirten lassen. Das Rathaus von 1738 mußte neu erbaut werden, weil der mittelalterliche Vorgängerbau wie auch ein Großteil der Stadt 1689 im Laufe der Eroberungskriege Ludwigs XIV. zerstört worden war. Zum Hauptportal führt eine doppelläufige Freitreppe hinauf, von deren oberem Podest zahlreiche Bundespräsidenten, Kanzler und ausländische Staatsgäste, darunter de Gaulle und J. F. Kennedy, zu den Bonnern sprachen. In der Mitte des Mansardendaches ist, flankiert von zwei Löwen und mit einem Kurhut gekrönt, das alte Stadtwappen zu sehen. Das Rathaus dient heute repräsentativen Zwecken und beherbergt den Amtssitz des Stadtoberhauptes.

Die Hausgrundstücke um den Markt sind vor allem auf der Südseite schmal und von annähernd gleicher Breite. Die Häuser reihen sich dicht aneinander zu einer geschlossenen Front. Diese Anordnung und Größe ist typisch für eine mittelalterliche Händler- und Handwerkersiedlung und unterscheidet sich grundsätzlich von den in Gestalt und Fläche stark abweichenden Verhältnissen in der ehemaligen Stiftssiedlung (vgl. Abb. 2). Ende des 19. Jahrhunderts wurden die kleinen Häuser am Markt durch 4-5 stöckige Bauten ersetzt, die aber 1944 nach einem Luftangriff fast alle abbrannten. Die heutige Nutzung in den nunmehr 5-6 geschossigen Gebäuden ist sehr vielfältig. Neben dem Einzelhandel mit Schwerpunkt Bekleidung (z.B. Bloemer, Anson) gibt es außer einem Hotel noch zahlreiche Gastronomiebetriebe und auf der Nordseite eine Ansammlung von acht Kinos. Der Marktplatz ist durch die Kinos und seine zentrale Lage mit sechs einmündenden Straßen und Gassen ein Knotenpunkt innerhalb der Fußgängerzone. Daher wirkt er auch am späten Abend noch belebt.

Vom Markt führt der abgekürzte Rundgang direkt in die **Sternstraße**, der etwas ausführlichere Weg durch die **Brüdergasse**.

Brüdergasse

Der Name der Straße weist auf den Minoritenorden hin, der 1274 hier einen Konvent gründete und eine Kirche in betont bescheidener Bettelordensarchitektur erbaute. Nach dem Abriß der alten Pfarrkirche St. Remigius 1806 gingen Name und Patrozinium auf diese einzig erhaltene gotische Kirche über. Die **Brüdergasse** gehört zwar noch zum Fußgängerbereich der Innenstadt, aber die angetroffenen Funktionen sind deutlich anderer Natur als im bisher kennengelernten Bereich. Hier kommen ab dem ersten Obergeschoß bereits Wohnungen vor, während dies in der **Remigiusstraße** und am **Markt** höchstens in den obersten Etagen der Fall ist. In der Nähe des Belderbergs gibt es sogar reine Wohnhäuser. Die Ladengeschäfte benötigen weniger Laufkundschaft, weil sie teilweise hoch spezialisiert (Stilmöbel, Betten, Brautmoden, Perserteppiche usw.) oder wohnungsorientiert sind (Apotheke, Wäscherei, Friseur).

Oper, Kennedy-Brücke und Rhein

In einer Unterführung quert man den **Belderberg**, einen viel befahrenen Teil des City-Ringes und der B 9, und gelangt zum Platz bei der **Oper**. Wegen des starken Verkehrs und ihrer Breite besitzt die Straße eine deutliche Trennwirkung. Auf der östlichen Seite entstand eine Mischung aus Wohn- und gewerblicher Nutzung, wie man sie häufig in Innenstadtrandlagen antreffen kann. Die am Rhein gelegenen Flächen zwischen dem **Alten Zoll** und der **Rheinbrücke**, die wegen ihrer Nähe zum Flußübergang während des Krieges besonders stark zerstört wurden, nutzte man zur Deponie eines Teils des Trümmerschuttes aus der Stadt. Die Erhöhung des Rheinufers verringerte die Überschwemmungsgefahr, ohne sie jedoch ganz zu beseitigen. Danach wurden die Grundstücke neu festgelegt und eine Reihe von Straßenverbreiterungen durchgeführt, so auch beim Straßenzug **Belderberg-Sandkaule**. Die neu gestalteten Flächen entlang des Rheins konnten erst während der 60er Jahre neu bebaut werden.

1965 wurde der **Theaterneubau** eingeweiht, der zunächst für Oper und Schauspiel diente. Seit dem Umzug des städtischen Sprechtheaters nach Bad Godesberg wird der Bau, dessen hohes Bühnenhaus das Stadtbild vom Rhein her markant prägt, nur noch von der Oper bespielt. Im Großen Haus stehen 1.037 Plätze zur Verfügung. Die angegliederte Werkstattbühne mit 175 Plätzen teilen sich Oper und Schauspiel. Die Zuschauer können von der Theatergarage unmittelbar ins Foyer gelangen.

Die 1949 fertiggestellte **Kennedybrücke** ist die Nachfolgerin der 1898 erbauten ersten Stahlbrücke, die 1945 beim Rückzug der Deutschen Wehrmacht gesprengt wurde. Sie verbindet mit vier Fahrspuren und zwei Straßenbahngleisen die Innenstadt mit dem seit 1969 eingemeindeten Stadtbezirk Beuel sowie dem rechtsrheinischen Teil des Rhein-Sieg-Kreises, mit dem sehr enge Pendlerverflechtungen bestehen (etwa 90.000 Einpendler bei 183.000 Beschäftigten). Auch die beiden anderen Rheinbrücken im Norden und Süden der Stadt erfüllen, obwohl sie Autobahnbrücken sind, im wesentlichen regionale Verkehrsaufgaben.

Obwohl Bonn seine Entstehung schon in römischer Zeit seiner Lage am Rhein verdankt, spielt der Fluß im Leben der Stadt eine erstaunlich geringe Rolle. An vielen Stellen erreicht man die Uferstraße oder Promenade nur über hohe Treppen oder enge, steile Straßen und Wege. Die Zugänge zu den in Flußnähe liegenden öffentlichen Einrichtungen (Oper, Beethovenhalle, Universitätsbibliothek usw.) sind vom Rhein abgewandt. Wer nicht den Fluß queren muß oder an ihm entlang spazieren geht, hat nur wenig Gelegenheit, ihn überhaupt wahrzunehmen.

Friedrichstraße - Bonngasse

Beim Weg von der Oper zum östlichen Beginn der **Friedrichstraße** wird nochmals die trennende Wirkung des Belderbergs als innerstädtische Hauptverkehrsader deutlich. Diese Beobachtung trifft noch mehr auf die von der Brücke in die Stadt führende Achse **Berliner Freiheit - Bertha-von-Suttner-Platz - Oxfordstraße** zu, die außer dem Ziel- und Quellverkehr zur City auch noch Durchgangsverkehr bewältigen muß. Hier werden in Bonn die höchsten Verkehrsdichten gemessen mit der Wirkung, daß sich jenseits dieser Barriere nur noch wenig citytypische Nutzungen befinden.

Die **Friedrichstraße**, die heute Einbahnstraße in westlicher Richtung ist und mit ihrem letzten Abschnitt als Fußgängerstraße auf den Friedensplatz einmündet, war bis nach dem Zweiten Weltkrieg die Zu- und Abfahrt zur Rheinbrücke. Unter den heutigen Verkehrsverhältnissen ist es kaum vorstellbar, wie sich der gesamte Auto- und Straßenbahnverkehr durch diese enge Straße zwängen konnte. Nach dem Durchbruch bzw. der Aufweitung bestehender Straßen zu einer neuen Verbindung bis zum Stadthaus ist die Friedrichstraße heute eine eher ruhige Cityrandstraße mit nur wenig Fahr- und Fußgängerverkehr. Die Nutzungen sind in ihrer Spezialisierung denen in der parallel verlaufenden Brüdergasse vergleichbar: Raumausstattung, Espressomaschinen, Betten, Bekleidung für Übergrößen, Computerspiele, Kunsthandwerk u.a., Gastronomie, Praxen von Heilberufen. In der Nähe der querenden und wesentlich belebteren Fußgängerstraßen Wenzelgasse und Bonngasse kommen noch andere Funktionen hinzu, die citytypischer sind, Bekleidungs- und Sportgeschäfte, Boutiquen, Juwelier. Trotz der Cityrandlage gibt es kaum Geschäfte und Einrichtungen, die dem täglichen Bedarf dienen. Beobachtungen über mehrere Jahre hinweg lassen den Schluß zu, daß die Straße aufgewertet wird. Dennoch sind in den Obergeschossen noch viele Wohnungen anzutreffen.

Die höhere Fußgängerfrequenz in den beiden querenden Gassen kommt deshalb zustande, weil diese die Verbindung vom ÖPNV-Knoten Bertha-von-Suttner-Platz zum Marktplatz darstellen. Daher ist es nicht verwunderlich, wenn sich besonders entlang der **Wenzelgasse** eine wesentlich höhere Einzelhandels- und Dienstleistungsdichte als in der Friedrichstraße herausgebildet hat.

In der **Bonngasse** nahe des Bertha-von Suttner-Platzes gibt es mit dem **Beethovenhaus** einen überregional bedeutsamen Anziehungspunkt. Beethoven, dessen Vater als Sänger und Chorleiter am Hoftheater tätig war, wurde 1770 in einem bescheidenen Hinterhaus geboren. Er lebte bis zu seinem 22. Lebensjahr in Bonn. Die im Vorder- und Hinterhaus von Bonner Bürgern 1889 eingerichtete Gedächtnisstätte wird in den Sommermonaten täglich von etwa 500 Personen besucht, darunter sind auffällig viele aus dem englisch-sprachigen Raum und Japan. Neben dem Museum befindet sich ein 1989 neu erbauter Kammermusiksaal mit 200 Plätzen und das Beethoven-Archiv, das u.a. über 460 Originalhandschriften besitzt und vor allem Forschungszwecken dient. Nach dem Verlust der Hauptstadtfunktion ist Bonn in jüngerer Zeit u.a. bestrebt, sich auch als „Beethoven-Stadt" neu zu profilieren.

Der Weg entlang der Bonngasse zurück zum Markt führt an der **Namen-Jesu-Kirche** mit ihrer mächtigen Fassade vorbei. Sie wurde vom Jesuitenorden für seine Bonner Niederlassung erbaut und 1717 geweiht. Heute nutzen die italienische und die kroatische Gemeinde den im sogenannten Jesuitenbarock errichteten Bau. Die Gebäude dieser Straße sind durchschnittlich vier Geschosse hoch, wobei ab dem zweiten Obergeschoß die Wohnnutzung vorherrscht. Die Läden sind auch hier teilweise sehr spezialisiert: Sanitätshaus, Naturschuhe, Hutladen, Berufsbekleidung u.a..

Sternstraße

Der Name der sich trichterförmig vom Marktplatz her verengenden Straße kommt von lateinisch pisternia = Bäckerei. Er erinnert genauso wie die Wenzelgasse (Wenster = Wurstmacher, Metzger) an die mittelalterliche Zunftgliederung. Die **Sternstraße** gehört zur Haupteinkaufszone der Stadt, denn an Samstagen werden hier bis zu 6.000 Passanten in einer Stunde gezählt (vgl. Abb. 3). Seit 1970 ist die heute für hohe Fußgängerfrequenzen zu enge Straße zur Fußgängerzone umgewandelt. Die vielen kleinen Bürgerhäuser, die zu Geschäftshäusern umgestaltet sind, verleihen dem Straßenzug einen abwechslungsreichen Charakter mit hoher Attraktivität. Die Gebäude reihen sich lückenlos aneinander, sie sind am Markt fünf Geschosse, in größerer Entfernung von ihm nur noch drei Geschosse hoch. Die höheren Häuser tragen z.T. sehr schöne Jugendstil-Fassaden. Sie entstanden von 1900 bis zum 1. Weltkrieg. Da die älteren und kleineren Häuser häufig nur 4-6 m breit sind, bieten sie zur Straße hin oft nur Platz für drei Fenster in einer Reihe (Rheinisches Dreifensterhaus). Die Häuser reichen jedoch wie auch die Ladengeschäfte weit in die Tiefe.

Der besonders große Baublock zwischen Stern- und Friedrichstraße ist durch die **Sternpassage** erschlossen.

Manche der schmalen Gebäude sind in den oberen Stockwerken nur noch als Lager oder gar nicht genutzt. Dies ist auch der Grund dafür, warum sich in der Sternstraße kaum Dienstleistungsbetriebe befinden, die sich normalerweise in den oberen Etagen niederlassen. Oftmals besitzen die oberen Geschosse keinen separaten Eingang, sie sind nur über die Läden erreichbar. Bei den schmalen Straßenfronten und den kleinen Nutzflächen lohnen sich Umbauten offenbar nicht. Die beschränkte Parzellen- und Hausgröße läßt auch nur relativ kleine Verkaufsflächen zu. Man findet daher viele Spezialgeschäfte, wie z.B. Juweliere, Optiker, Boutiquen usw. sowie eine große Anzahl von Bekleidungsläden mit einem teilweise sehr spezialisierten Angebot. Gerade bei den sehr kleinen Läden ist die Fluktuation bemerkenswert hoch.

Die Monatsmieten für 60 - 120m^2 große Ladenlokale in den besten Geschäftslagen mit fünf Meter Front und ebenerdigem Zugang liegen zwischen 135 und 210 DM/m^2 (1997). Größere Objekte mit 120 - 260 m^2 Geschäftsfläche und etwa sieben Metern Schaufensterfront sind etwas günstiger zu mieten (80 - 135 DM/m^2). Wegen der stagnierenden oder leicht rückläufigen Einzelhandelsumsätze in den letzten Jahren ermäßigten sich auch die Mieten seit 1995 um etwa 15 - 20 DM/m^2.

Exkurs:
Die Bonner Innenstadt als Versorgungszentrum

Die City ist nicht nur das höchstrangigste Zentrum auf dem Bonner Stadtgebiet, sie hat auch, da Bonn als Oberzentrum im Landesentwicklungsplan von Nordrhein-Westfalen ausgewiesen ist, hochrangige Versorgungsfunktionen für ein größeres Umland wahrzunehmen. 1996 gab es in dem Raum, der vom Schloß, der Bahnlinie und der Hauptverkehrsachse zwischen der Bahn und der Kennedybrücke umschlossen ist, etwa 600 Ladengeschäfte und rund 640 private Dienstleistungsbetriebe (vgl. Abb. 4 und 5). Die Verkaufsflächen aller Läden zusammen betrug 121.000 m^2 mit einer leichten Zunahme in den letzten zehn Jahren. Deutlich über ein Drittel der Geschäfte gehört der Bekleidungsbranche im weiteren Sinne an. Die meisten Läden sind recht klein, denn fast drei Viertel verfügen über weniger als 150 m^2 Verkaufsfläche. Dagegen bringen es die sieben größten Kauf- und Textilkaufhäuser zusammen auf etwa 40% der Verkaufsfläche. Der Einzelhandel beschäftigt umgerechnet auf Vollzeitstellen rund 4.300 Personen. Der Filialisierungsgrad beträgt etwa 50%, aber unter den jüngeren Betrieben liegt der Anteil höher.

Die Einkaufszone der Innenstadt übt nicht nur auf die 310.000 Bonner Bürger große Anziehungskraft aus. Einwohner der umliegenden Städte und Gemeinden werden ebenfalls in großer Zahl in die Innenstadt gelockt. Etwa zwei Drittel von ihnen wohnen im Rhein-Sieg-Kreis und 9% im Kreis Ahrweiler/Rheinland-Pfalz. Rund die Hälfte der Auswärtigen kommt zum Einkauf nach Bonn, etwa ein Viertel kommt zum Bummeln, besucht kulturelle Veranstaltungen oder sucht Freizeitvergnügen. Das restliche Viertel verteilt sich auf sehr verschiedene Besuchsmotive. Die Masse derjenigen, die aus Bonner Stadtteilen oder aus der Umgebung mit Kaufabsichten das Zentrum aufsuchen, wollen vor allem Bekleidung, Schuhe oder Bücher kaufen. Darüber hinaus gibt es teilweise sehr spezielle Kaufwünsche, die aber zahlenmäßig nicht so sehr in den Vordergrund treten.

Zur Fahrt in die Innenstadt nutzen die Auswärtigen zu 56% ihren Pkw. Es stehen ihnen dort und in der unmittelbaren Umgebung rund 4.000 Parkhaus- und Tiefgaragenplätze zur Verfügung. 39% der auswärtigen Besucher kommen mit dem Öffentlichen Personennahverkehr (ÖPNV), doch schwanken die Zahlen sehr stark nach Wohnorten. Bei den Bonnern hängt die Verkehrsmittelwahl verständlicherweise von der Lage und Entfernung ihres Wohnortes ab. Je näher sie wohnen, desto mehr kommen sie zu Fuß oder mit dem Fahrrad. Der Anteil der ÖPNV-Nutzer ist entlang von Straßen- und Stadtbahnen erwartungsgemäß am höchsten. Zur positiven Einkaufsatmosphäre der Innenstadt trägt nach Ansicht sehr vieler Besucher die kompakte und überschaubare Fußgängerzone bei, die bei 600-700 m Durchmesser (Luftlinie) keine langen Wege entstehen läßt, sowie die städtebauliche Gestaltung mit den vielen historischen Gebäuden. Allerdings empfinden einige, vor allem ältere Innenstadtbesucher, das Leben, Treiben und den Verkehr zeitweise bereits als zu hektisch und zu laut. Man beobachtet daher bei immer mehr Bonner Bürgern, daß sie sich verstärkt nicht nur den jungen randstädtischen Einkaufsmöglichkeiten, sondern auch den Bezirkszentren innerhalb des Stadtgebietes zuwenden (Bad Godesberg, Hardtberg, Beuel), weil dort das Kaufangebot ebenfalls sehr hochwertig ist und näher an den suburbanen Wohngebieten liegt.

Bottlerplatz - Friedensplatz

Am Ende der Sternstraße stand bis 1898 das Sterntor, das Teil der Stadtbefestigung von 1244 war. Die bauliche Andeutung der alten Stadtmauer sowie der in der Pflasterung markierte Grundriß des ehemaligen Sterntores sollen den Bezug zur Geschichte herstellen. Teile der Toranlage sind wenige Meter weiter an das Nordende des **Bottlerplatzes** versetzt worden, wo sie als Platzbegrenzung einen reizvollen Kontrast zu den Jugendstilformen der dahinter stehenden Häuser bilden. Den Bottlerplatz begrenzen die Rückseite des Postkarrees, das nach dem Umbau bald aufgewertet sein wird, das alte Stadthaus von 1924 mit der Stadtbibliothek sowie das Textilkaufhaus C&A.

Der Weg zurück auf den **Friedensplatz** führt durch die **Vivatsgasse**. Als früherer Eselsgraben verlief der Weg vor der alten Stadtmauer zum Viehmarkt, dem heutigen Friedensplatz. Dieser Platz besaß während der letzten 100 Jahre immer eine besondere Verkehrsbedeutung, denn er liegt unmittelbar vor der eng bebauten Altstadt. Bis 1929 war hier der Endpunkt der sogenannten Vorgebirgsbahn. Straßenbahnen überqueren den Platz und mit der zunehmenden Motorisierung wurde er zur reinen Verkehrsfläche. Umbaumaßnahmen im Jahre 1989 sollten dem Raum seine ursprüngliche städtische Qualität zurückgeben. Ein Teil des Platzes ist jetzt verkehrsfrei.

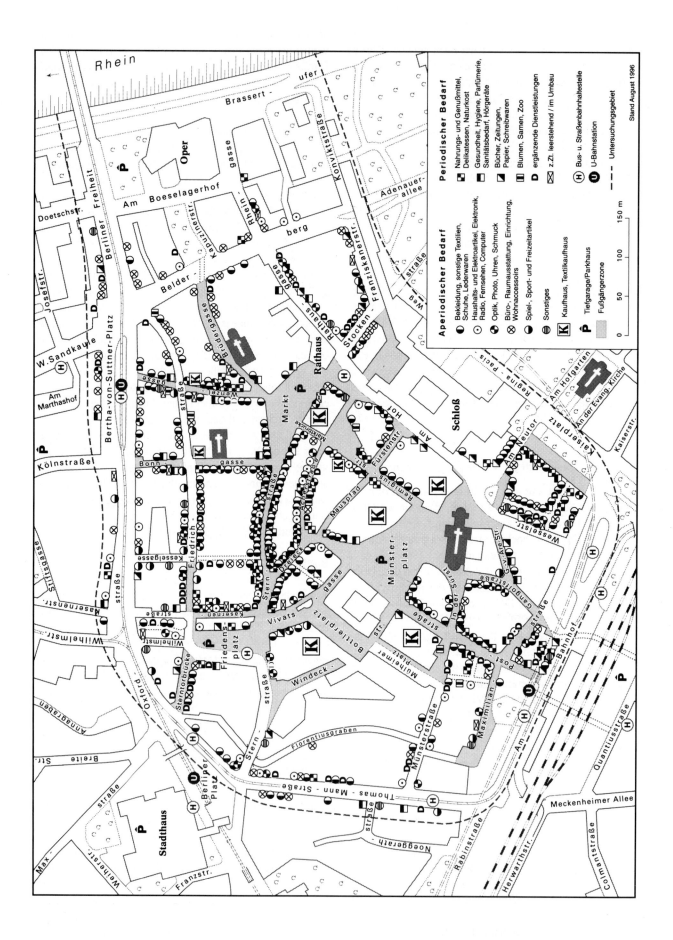

Abb. 4: Branchenstruktur des Einzelhandels Bonn-Innenstadt (Stand August 1996)

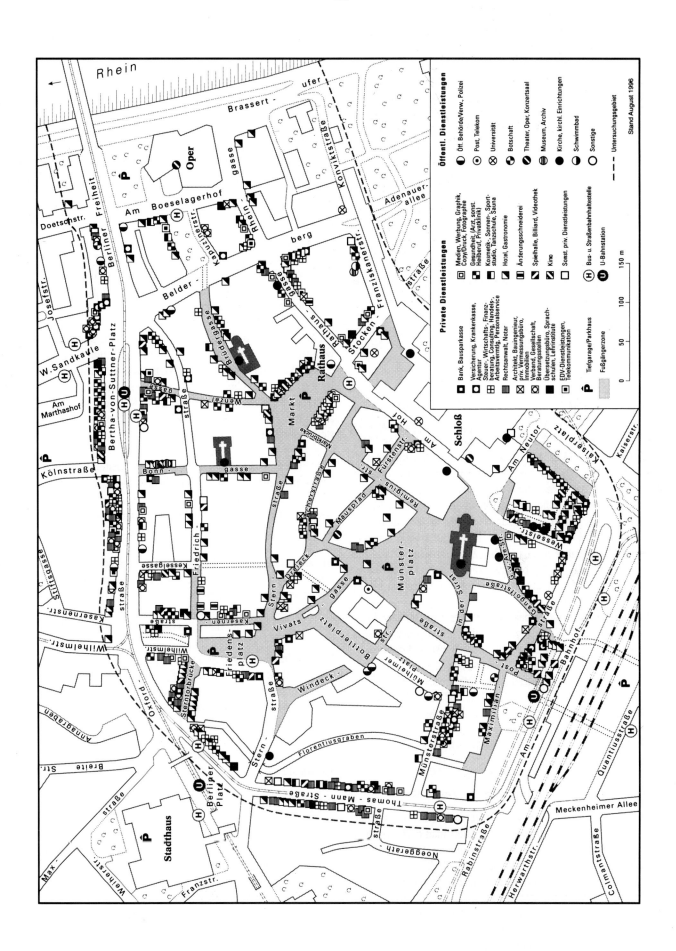

Abb. 5: Branchenstruktur der Dienstleistungen Bonn-Innenstadt. (Stand August 1996)

Dennoch ist die frühere Funktion als Verkehrsknoten nicht ganz verlorengegangen, denn alle nach Norden und Osten führenden Buslinien steuern den Friedensplatz an. Er ist einer der wichtigsten Zusteigepunkte für den stadtauswärts gerichteten Verkehr. Außerdem befindet sich unter dem Platz die zweitgrößte Bonner Tiefgarage mit 810 Stellplätzen, die vom Cityring aus angefahren werden kann.

Um den Platz stehen noch einige imposante etwa 100-jährige Bürger- und Geschäftshäuser und hier ist auch der Sitz der städtischen Sparkasse. Obwohl der Platz sehr belebt ist, finden sich um ihn mehr Dienstleistungs- als Einzelhandelsbetriebe.

Sterntorbrücke und Stadthaus

Die kurze Straße der **Sterntorbrücke** ist der jüngste Teil der Fußgängerzone (1993). Er ist ganz dicht mit Ladengeschäften, Gastronomie, Praxen und Büros besetzt. Die hohe Fußgängerfrequenz rührt daher, daß hier die wichtigste Verbindung zwischen dem Wohngebiet der Nordstadt und der Innenstadt hindurchläuft.

An der **Oxfordstraße** bzw. dem **Berliner Platz** wird wieder die Barriere der West-Ost-Hauptverkehrsachse erreicht. Jenseits der Verkehrsschneise erheben sich die fünf Bürotürme des 1973-1977 erbauten **Stadthauses**. Die Baumasse von 330.000 m^3 umbauten Raumes mit 34.400 m^2 Nutzfläche wirkt wegen seiner Höhe (72m), die nur 9 m unter der Höhe des vergleichsweise schlanken Vierungsturmes des Münsters bleibt, in der Nähe der Altstadt sehr massig. Daher ist der für 160 Mio.DM errichtete Bau auch heute noch umstritten. In ihm finden aber fast alle städtischen Ämter mit ca. 1.700 Schreibtischen Platz, die zuvor über das Stadtgebiet verstreut waren. Die im unteren Gebäudeteil eingebauten Parkgeschosse können bis zu 930 Autos aufnehmen.

Von einer Fußgängerüberführung über den Berliner Platz oder von der hochgelegenen Ladenzeile beim Stadthaus aus kann man das Ausmaß des Verkehrsdurchbruchs Oxfordstraße - Berta-von-Suttner-Platz überblicken (vgl. Abb. 6). Die breite Straßenschneide trennt sehr effektiv den nördlichen vom zentralen Teil der Altstadt. Entlang des Straßenzuges befinden sich vergleichsweise wenige Ladengeschäfte, darunter einige Büro- und Raumausstatter (vgl. Abb. 4). Hier haben sich mehr Dienstleistungen niedergelassen (vgl. Abb. 6).

Florentiusgraben - Münsterstraße - Poststraße

Geht man vom Berliner Platz über die Sternstraße wieder zurück in Richtung Innenstadt, so quert man nach wenigen Metern eine Brücke. Sie überspannt den Graben der erweiterten Stadtbefestigung aus dem Dreißigjährigen Krieg. Auf der Stadtseite ist noch die Mauer zu erkennen, die an der Brücke in einer Bastion nach außen vorspringt. An dieser Stelle verlegte die neue Befestigung die frühere Mauergrenze von 1244 (Sterntor) um etwa 170 m nach außen. Dies zeigt, daß der mittelalterliche Mauerring recht großzügig bemessen war und daß er 400 Jahre lang für die Bonner Stadtentwicklung ausreichte. Der durch die neue

Befestigungslinie vorgegebene, nur wenig vergrößerte Siedlungsraum reichte seinerseits wieder über 200 Jahre bis etwa 1860 aus (ca. 20.000 Einwohner). Erst dann kam es zur Anlage von Vorstädten (Nordstadt, Südstadt).

Über eine Treppe steigt man in den ehemaligen Festungsgraben hinab, dem die Straße **Florentiusgraben** folgt. Der Graben ist breit genug, um einer Reihe von Wohnhäusern und auf der gegenüber liegenden Seite Garagen, Werkstätten und weiter südlich ebenfalls Wohnhäusern Platz zu bieten. Durch einen der Hauseingänge (z.B. bei Haus Nr. 10) kann man auf die Rückseite der Gebäude gelangen und erkennt, daß sich hinter den alten Fassaden moderne Wohnungen verbergen. Sie gehören zu einem Großteil einer gemeinnützigen Wohnungsbaugesellschaft. Früher war der Wohnwert im Graben in Verbindung mit der vorhandenen Mischnutzung sehr gering. Heute ist die zentrumsnahe und ruhige Lage sehr begehrt.

Im Bereich der Innenstadt wohnen nur noch 5.900 Einwohner (Ende 1996), sechs Jahre zuvor waren es knapp 6.200 Personen. Die meisten Menschen wohnen in den Randstraßen der City, darunter sind viele Studenten. Es überwiegen die Einpersonenhaushalte, 90 % der Haushalte sind ohne Kinder. Der Ausländeranteil beträgt 23 % bei steigender Tendenz.

Der Florentiusgraben mündet in die **Münsterstraße**, an der man, wenn man sich nach links wendet, den achtgeschossigen Betonbau des Geschäftshauses **Cassius-Bastei** erkennt. Der Name nimmt die Bezeichnung einer früher an dieser Stelle gelegenen Bastion wieder auf. Das Gebäude, das in seinem Inneren durch Passagen erschlossen ist, enthält in den oberen Stockwerken zahlreiche Praxen und Büros von Ärzten, Anwälten, Notaren, Beratungsdiensten, Versicherungen, Architekten usw. Das Angebot der Ladengeschäfte im Erdgeschoß ist ebenfalls breit gestreut, u.a. befindet sich hier das Büro der Tourist-Information.

Die Cassius-Bastei grenzt an die **Poststraße**, wo man wieder die stark frequentierte Fußgängerzone erreicht. An diesem unteren Abschnitt der Poststraße bis zum **Bahnhof** befinden sich sowohl hochspezialisierte Geschäfte, z.B. Brautmoden, Nähmaschinen, Lederwaren oder EDV-Geräte als auch Einrichtungen, die auf einen starken Publikumsverkehr setzen, z.B. H+M, Tabakwaren oder McDonald's.

Bahnhof - Maximilianstraße - Busbahnhof

Ein Blick entlang der Poststraße endigt am Gebäude des 1885 eingeweihten **Hauptbahnhofs**. Er besitzt keinen Vorplatz, denn der Cityring führt als Hauptverkehrsstraße unmittelbar an seinen Stufen vorbei. Davor öffnet sich das sogenannte **"Bonner Loch"**. Es handelt sich um den Zugang zu den unterirdischen Stadtbahnhaltestellen und zu einer Geschäftspassage. Von dort gelangt man in einer Unterführung auf die andere Bahnseite sowie auf die verschiedenen Bahnsteige. Seit seiner Fertigstellung im Jahre 1979 ist das Bonner Loch umstritten. Es wird städte-

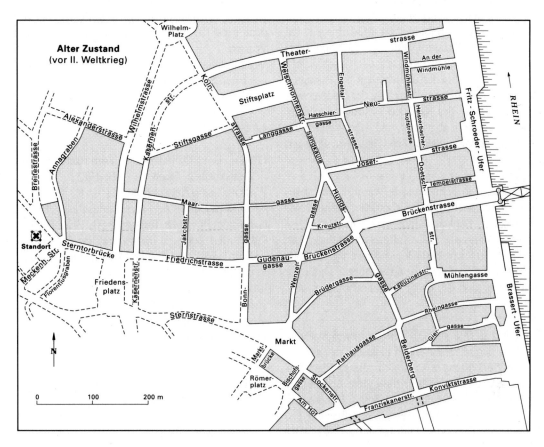

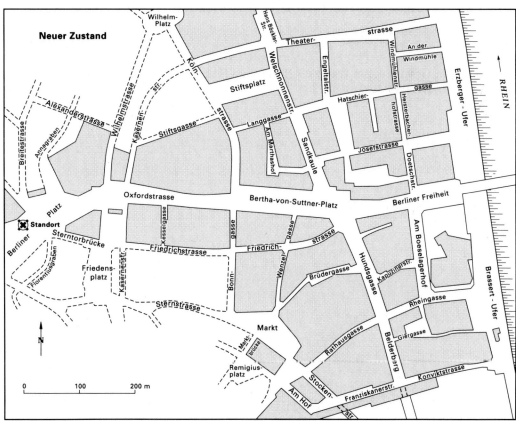

Abb. 6: Umlegung Altstadt Bonn. (Quelle: Stadt Bonn, Kataster- und Vermessungsamt (Hrsg.). Die Umlegung der Altstadt Bonn, Bonn 1969 (Straßennamen aktualisiert, Stand 1997)

baulich als wenig gelungen empfunden und entwickelte sich in den letzten Jahren zunehmend zum sozialen Brennpunkt. Die Stadt Bonn betreibt hier ein Modellprojekt im Umgang mit sozialen Randgruppen. Die Situation führt aber zu ständigen Interessenkonflikten mit Geschäftsleuten und verursacht Gefühle der Unsicherheit bei Passanten und Fahrgästen. Ein konkreter Vorschlag der Stadtverwaltung zur Überbauung des Geländes wurde von einer großen Zahl von Bürgern abgelehnt, und daher werden die Bonner vermutlich noch lange Zeit mit dem Problem leben müssen.

In der Bahnhofsgegend befinden sich, wie in vielen anderen Städten zahlreiche Gastronomiebetriebe, Reisebüros, Hotels, Spielhallen, Banken, Kinos usw. Die Geschäftslage zwischen Poststraße und Kaiserplatz entlang der Maximilianstraße ist nicht besonders hochwertig, obwohl hier viele Menschen ankommen und abfahren. Dafür ist der Straßenverkehr und der damit verbundene Lärm verantwortlich.

Am **Busbahnhof** treffen sich 32 Bus- und zwei Straßenbahnlinien. Hier beginnen und enden nicht nur fast alle innerhalb Bonns verkehrenden Buslinien; dieser Platz besitzt auch für den Regionalverkehr die größte Bedeutung. Bei einem Blick vom Busbahnhof in Richtung Hauptbahnhof fällt das Auge auf die architektonisch aufwendig gestaltete Südseite des Gebäudes. Dort befand sich der Wartesalon der kaiserlichen Gäste. Bonn erfreute sich häufiger Besuche aus dem preußischen Königs- bzw. Kaiserhaus, denn nach 1830 war Bonn die bevorzugte Universität der Prinzen.

Der Busbahnhof grenzt mit seiner dem Bahnhof gegenüber liegenden Seite an den Kaiserplatz. Damit schließt sich der Kreis des Rundgangs.

Literatur

ENNEN, E. u. D. HÖROLDT: Vom Römerkastell zur Bundeshauptstadt. Bonn, 4. Aufl. 1985.

WALDHAUSEN-APFELBAUM, J. u. R. GROTZ: Entwicklungstendenzen der innerstädtischen Zentralität. Das Beispiel Bonn. In: Erdkunde 50, 1996, S. 60-75.

PFEIFF, R.: Bonn als Haupt- und Residenzstadt Kurkölns. Köln 1989 (2000 Jahre Bonn. Etappen der Stadtgeschichte, 3. Station).

REY, M. van: Kirchen und Stadt Bonn im Mittelalter. Köln 1989 (2000 Jahre Bonn. Etappen der Stadtgeschichte, 2. Station).

STADTPLANUNGSAMT DER BUNDESSTADT BONN (Hrsg.): Straßen und Plätze in Bonn. Dokumentation ausgewählter Beispiele. Bonn 1995.

TÖPFER, H.: Die Bonner Geschäftsstraßen. Räumliche Anordnung, Entwicklung und Typisierung der Geschäftskonzentrationen. Arbeiten zur Rheinischen Landeskunde 26, 1968.

Anschrift des Autors

Prof. Dr. Reinhold Grotz, Geographisches Institut der Rheinischen Friedrich-Wilhelms-Universität
Meckenheimer Allee 166, D-53115 Bonn

Worlds Apart -

Lebenswelten der Bonner Südstadt und Nordstadt im Vergleich

Andreas Dittmann

Thematik:	Sozio-struktureller Vergleich der Bonner Nord- und Südstadt
durchzuführen als:	Fußexkursion
ungefähre Dauer:	4 bis 5 Stunden
Empfohlene Karten:	Stadtplan Bonn und "Plan der Stadt Bonn von 1865" sowie Karte "Wohnumfeldverbesserung in der Bonner Nordstadt" (siehe Anhang in diesem Band)

Obwohl zu etwa gleicher Zeit entstanden, von ähnlichen Baustilen geprägt und unter vergleichbaren gesellschaftlichen Rahmenbedingungen entwickelt, präsentieren sich Bonner Südstadt und Bonner Nordstadt in deutlichem Gegensatz zueinander. Sie stellen das siedlungsgeschichtliche Erbe zweier voneinander getrennter und doch aufeinander angewiesener, gesellschaftlicher Lebenswelten dar. Bei einer Vielzahl von stadt- und baugeschichtlichen Gemeinsamkeiten definieren sich die Hauptmerkmale der beiden Stadtteile vor allem in der Abgrenzung gegenüber dem jeweils anderen. Diese Abgrenzungen sind historisch vorgegeben, waren von Beginn an als solche konzipiert und haben sich bis heute trotz aller Umwandlungen ihren bemerkenswert persistenten Dualismus erhalten.

In der Bonner Südstadt siedelten sich in der Gründerzeit wohlhabende Rentiers, Kaufleute und Professoren an. Außerhalb der industriellen Ballungsräume gelegen, entwickelte sich Bonn in landschaftlich reizvoller Lage am Rhein zwischen Siebengebirge und dem Beginn der Kölner Bucht seit dem 19. Jahrhundert zu einem bevorzugten Altersruhesitz. In der Südstadt lebte man in geräumigen Einfamilienhäusern entlang großzügig angelegter Repräsentationsstraßen. Die Wohngebiete der Südstadt waren insgesamt kleiner und bescheidener als die Villenviertel entlang der Rheinpromenade oder in Godesberg, jedoch gleichen gesellschaftlichen Traditionen und Wertvorstellungen verpflichtet.

Die Südstadt mußte mit gewerblichen und handwerklichen Erzeugnissen, vor allem aber mit Dienstleistungen versorgt werden. Als Produktionsstandort und Arbeitskräftereservoir diente die Bonner Nordstadt. Im Gegensatz zur Südstadt, die allein auf Wohn- und Repräsentationszwecke ausgerichtet war, besaß die Nordstadt eine von vornherein vorgegebene Mischfunktion aus Wohnen und gewerblicher Nutzung. Die hier in überwiegend beengten Wohnverhältnissen lebenden Handwerker- und Arbeiterfamilien waren auf Erwerbsmöglichkeiten im Dienstleistungssektor in besonderer Weise angewiesen, da in Bonn industrielle Arbeitsplätze kaum existierten.

Nord und Süd unterschieden sich in der Bonner Gründerzeit in erster Linie hinsichtlich der Sozialstruktur ihrer Bevölkerung. Die Trennung der beiden Stadtteile drückte sich somit nicht nur in ihrer räumlichen Trennung als jeweils gegenüberliegende Pole der Stadterweiterung aus, sondern vor allem in der sozialen Zugehörigkeit der Bewohner und der daraus resultierenden gesellschaftlichen Kluft.

Und doch bedingen sich beide Stadtteile gegenseitig, sind historisch funktional und strukturell miteinander verflochten. Der eine ist ohne den anderen siedlungsgenetisch nur schwer vorstellbar. Erst im Gegenüber offenbaren beide ihren besonderen Reiz eines Bonner Nord-Süd-Vergleichs.

Ein deutliches Süd-Nord-Gefälle ist auch bezüglich der beide Stadtteile behandelnden Publikationen feststellbar. Während es über die Südstadt eine ganze Reihe von stadtgeographischen und historischen Arbeiten gibt, existiert insgesamt nur sehr wenig Literatur über die Bonner Nordstadt.[1]

Die vorgesehene Route zum Vergleich der beiden Stadtteile ist als Fußexkursion konzipiert, muß man doch, "wenn man Bonn richtig kennenlernen will, sich zum Wandern entschließen ..." (FEHR 1976, S. 31). Die Exkursion beginnt auf dem Vorplatz des Poppelsdorfer Schlosses, führt zunächst über die Meckenheimer Allee an der Rückseite der Poppelsdorfer Allee entlang, dann diese wieder hinauf bis zum Schloß, um schließlich in die Argelanderstraße einzubiegen. Über die Bismarckstraße und den Bonner Talweg führt sie schließlich zum Kaiserplatz, wo der Überblick über die Südstadt endet (Karte 1). Unter Südstadt wird im folgenden der Bereich verstanden, der sich zwischen Bahnlinie und Reuterstraße befindet und im Westen durch die Poppelsdorfer Allee begrenzt wird.[2]

---

[1] Neben den stadtgeschichtlichen Standardwerken von ENNEN (1962) sowie ENNEN und HÖROLDT (1976), die auch auf die südlichen Stadterweiterungen Bonns eingehen, ist vor allem die Studie von PHILIPPSON (1947) zu nennen, die 1989 in unveränderter Neuauflage wieder herausgegeben wurde und sich im letzten Abschnitt der Südstadt zuwendet (S. 38-43). Besonders hervorzuheben sind die zahlreichen, detailliert recherchierten Arbeiten mit direktem Bezug zur Geschichte der Bonner Südstadt von VON DER DOLLEN (1978, 1979, 1982a, 1982b und 1988b). Zu den wenigen umfangreicheren Studien über die Nordstadt gehört ein von der Bonner Geschichtswerkstatt herausgegebener Sammelband mit Milieuschilderungen aus der Zeit zwischen 1850 und 1990 sowie ein von der Stadt Bonn erstellter Abschlußbericht über die durchgeführten Wohnumfeldverbesserungsmaßnahmen in der Nordstadt.
[2] Dieses Gebiet entspricht weitgehend dem statistischen Bezirk 118 "Bonner Talviertel" der Stadtverwaltung. Im Gegensatz zum

Standort: Vorplatz des Poppelsdorfer Schlosses

Die **Poppelsdorfer Allee** ist eines der charakteristischen Merkmale der Stadt Bonn (vgl. auch Exkursionen B1b und B1d). Insgesamt gehört die über 200 Jahre alte Straße heute zu den schönsten geschlossenen Anlagen dieser Art in Deutschland. Ihre Konzeption war von Beginn an auf großzügige Repräsentation ausgerichtet. Die Allee wurde im wesentlichen unter Leitung des Kurfürsten Clemens August (1723-1761) angelegt, der damit eine Verbindung zwischen dem in Rheinnähe gelegenen kurfürstlichen Residenzschloß und dem Poppelsdorfer Schloß schaffen wollte. Bereits seinen Vorgänger, Josef Clemens, hatte die Idee der architektonisch-landschaftsgärtnerischen Verbindung zwischen den beiden Schlössern beschäftigt. Ab 1715 hatte er den Neubau des Residenzschlosses und "einen Kanonenschuß vom Stadtschloß entfernt"[3] den Bau seines Sommerschlosses, des späteren Poppelsdorfer Schlosses, auf dem Gelände einer mittelalterlichen Wasserburg initiiert (Beilage 1). Die Fertigstellung erfolgte erst unter Clemens August. Während seiner Regierungszeit wandelte sich das ursprünglich als Sommerschloß konzipierte Poppelsdorfer Anwesen zu einer Retirade, einem Rückzugsbereich im unmittelbaren Umfeld der Residenz mit Funktionen, die eher innerstädtischen Villen vergleichbar waren. Dementsprechend wird das Poppelsdorfer Schloß in dieser Zeit als "Clemensruhe" bezeichnet. 1725 wurde das Residenzschloß im Spätbarockstil vollendet und durch einen Galerietrakt mit dem Bereich des Alten Zoll am Rheinufer verbunden. Heute ist es das Haupt- und Verwaltungsgebäude der Rheinischen Friedrich-Wilhelms-Universität, während im Poppelsdorfer Schloß das Zoologische Institut, das Mineralogisch-Petrologische Institut sowie ein Mineralienmuseum untergebracht sind.

Die optische und architektonische Verbindung der beiden Schlösser markierte nach VON DER DOLLEN (1979, S. 12) einen wichtigen Wendepunkt in der Bonner Stadtentwicklungsgeschichte. Durch die großzügig geplante Anlage der Poppelsdorfer Allee wurde erstmals weiträumig auch über den engeren Bereich der ehemaligen Stadtbefestigung hinaus ein wichtiger Grundstein für künftige Stadterweiterungen gelegt (vgl. Beilage 1). Darüber hinaus bewirkte die Einbeziehung der südwestlichen Peripherie von Bonn eine durchgreifende Umstrukturierung und funktionale Umorientierung des bislang ländlich geprägten Umfeldes. Wichtige Entwicklungsimpulse ergaben sich vor allem für Poppelsdorf.

Seit den frühen siebziger Jahren dieses Jahrhunderts drohte eines der wichtigsten Charakteristika der Poppelsdorfer Allee, der alte Baumbestand, nach und nach zu verschwinden. Zunehmende Verkehrsbelastung, eine Flächenversiegelung zwischen den Bäumen der linken und rechten Alleereihe sowie erhöhter Parkraumbedarf hatten den Baumbestand stark geschwächt und nachhaltig geschädigt.

Ein Gutachten ergab, daß bereits ein Drittel der Bäume irreparable Schäden aufwies und ersetzt werden mußte. Mitte 1984 wurde die Poppelsdorfer Allee unter Denkmalschutz gestellt. Formuliertes Ziel der Stadt Bonn war es, die historische Poppelsdorfer Allee weitgehend wiederherzustellen. Übergeordnetes Leitbild war dabei die Rekonstruktion des ursprünglich symmetrischen Querschnitts der alten Promenade. Dazu war vor allem ein einschneidender Rückbau der bisherigen Verkehrswege für Kraftfahrzeuge notwendig. Zu beiden Seiten wurde die Fahrbahnversiegelung zwischen den Baumreihen wieder geöffnet und die Fahrbahn verlegt. Nachdem hier eine wassergebundene Sand-Kies-Decke aufgetragen wurde, dienen diese Bereiche heute als Rad- und Fußwege. Der reduzierte Kraftfahrzeugverkehr wurde ganz auf die ehemaligen Nebenfahrspuren zwischen Häuserfront und den jeweils ersten Baumreihen konzentriert. Zusätzlich wurde auch hier die ehemalige Asphaltdecke entfernt und durch Kopfsteinpflaster ersetzt. In Ergänzung dazu erhielten die Gehwege unmittelbar vor den Vorgärten mit Kleinpflasterstreifen eingefaßte Basaltbetonplatten als einheitliche Auflage. Durch die Verengung der verbliebenen Fahrbahn, die Fahrgeräusche verstärkende Pflasterung sowie die zusätzliche Parkraumnutzung in Längsrichtung setzte unmittelbar nach Abschluß der Sanierungsmaßnahmen ein deutlicher Rückgang der Verkehrsbelastung ein. Insbesondere der Durchgangsverkehr meidet heute die Poppelsdorfer Allee und hat sich fast ganz auf die Meckenheimer Allee verlagert.

Vom Vorplatz des Poppelsdorfer Schlosses aus wendet sich die Exkursionsroute zunächst von der Poppelsdorfer Allee ab nach Westen in die **Meckenheimer Allee** (Karte 1). Vom Kreuzungsbereich aus ist bereits das repräsentative Gebäude der sog. "Alten Chemie" zu erkennen, in welchem heute das Institut für Mikrobiologie (Frontflügel) und die Geographischen Institute (Seitenflügel) untergebracht sind. Eine Routenerweiterung zur Besichtigung der Geographischen Institute bietet sich an; an dieser Stelle kann aber nicht näher darauf eingegangen werden.[4]

Standort: Meckenheimer Allee

Auffallend in der Bonner Südstadt ist die unmittelbare Nachbarschaft zweier, nahezu parallel verlaufender Alleen, der Poppelsdorfer und der Meckenheimer Allee. Der Eindruck dieser vermeintlich luxuriösen Doppelgleisigkeit wird noch dadurch verstärkt, daß beide Achsen ein vergleichbares Alter aufweisen. Dennoch sind die Funktionen, die den beiden Straßen traditionell zugedacht waren, grundsätzlich unterschiedlich. Die Poppelsdorfer Allee war allein dem Kurfürsten und seinem Gefolge als kürzeste Verbindung zwischen dem kurfürstlichen Schloß und seiner Retirade, dem heutigen Poppelsdorfer Schloß,

---

Statistikamt der Stadt wird hier jedoch der Bereich zwischen Bahnlinie und Rhein (Bezirk 119) nicht mehr zur Südstadt gerechnet.

[3] Zitiert nach VON DER DOLLEN (1979, S. 12).

---

[4] Über die von Universitätseinrichtungen ausgehenden Impulse und ihre Wirkung auf die Bonner Stadtentwicklung hat allgemein THIEME (1988) einen zusammenfassenden Überblick geliefert, während KNOPP (1989) auf architektonische und denkmalschützerische Aspekte des gründerzeitlichen Gebäudes der "Alten Chemie" detailliert eingeht.

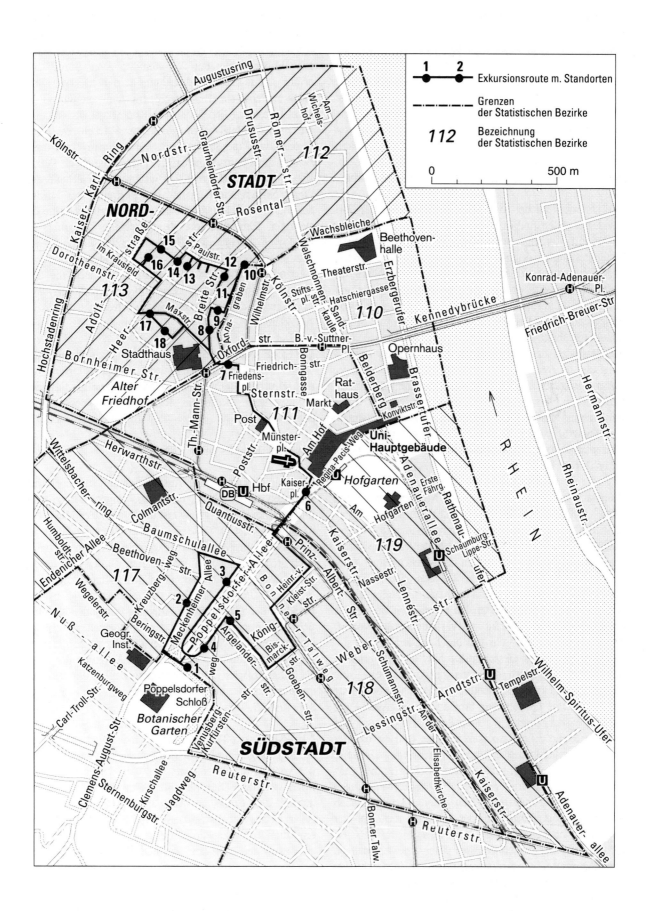

Karte 1: Bonner Südstadt und Nordstadt mit Verlauf der Exkursionsroute.

zugedacht. In der Barockzeit erfüllte diese Verbindung weniger verkehrstechnische Funktionen, sondern war vielmehr ein Ort gesellschaftlicher Repräsentation und Kommunikation. Im Gegensatz dazu hatte die Meckenheimer Allee bzw. Meckenheimer Straße die Aufgabe, den immer stärker werdenden Zustrom von Fuhrwerken und Fußgängern, der aus der südlichen Peripherie nach Bonn strebte, umzuleiten und vom semi-öffentlichen Bereich der Poppelsdorfer Allee fernzuhalten. Bis heute ist die Meckenheimer Allee eine der wichtigsten und am stärksten frequentierten Verkehrsverbindungen in der Bonner Südstadt.

Die Unterschiede der Meckenheimer gegenüber der Poppelsdorfer Allee sind offenkundig. Sie drücken sich nicht nur in einer geringeren Gesamtbreite und weniger großzügig gestalteten öffentlichen Grünanlagen aus, sondern vor allem auch in der schlichteren Fassadengestaltung der Gebäude. Obwohl auch in der Meckenheimer Allee, insbesondere im nördlichen Abschnitt, der Typ des zwei- bis dreigeschossigen Dreifensterhauses vorherrscht, ist der Anteil reichhaltiger Stuckverzierungen und aufwendiger Blendfassaden deutlich geringer. Vor allem entlang der Westseite im zentralen Abschnitt der Meckenheimer Allee zeigen großzügig angelegte, private Vorgärten und andere Grünflächen sowie teilweise freistehende villenartige Bauten mit breiter Straßenfront, daß Grundstückspreise und Steuerbelastung in dieser als weniger repräsentativ erachteten Allee ursprünglich niedriger waren als in der benachbarten Poppelsdorfer Allee.

Ein Gang entlang der Ostseite der Meckenheimer Allee lohnt vor allem aber auch wegen der von dort von Baulücken oder kleineren Durchgängen aus möglichen Einblicke in den rückwärtigen Bereich der Häuser an der Poppelsdorfer Allee. Dieser von der Meckenheimer Allee aus mögliche Blick hinter die Kulissen gibt Aufschluß über den tatsächlichen Umfang dieser großbürgerlichen Reihenhäuser. Nur ihre schmalen Frontseiten wenden sie der Poppelsdorfer Allee zu und vermitteln daher vordergründig den Eindruck sehr viel bescheidenerer Dimensionen. Der Grund für diese schmale aber langgezogene, in den Hinterhausbereich weit ausladende Bauweise sind frühere Hausbesteuerungsrichtlinien, die sich an der Breite der Frontseite, Giebeln zur Straße und der Anzahl der Fenster in der Frontseite orientierten. Hinterhaus- und Gartenbereiche zeigen ein ganz anderes Bild als das der auf Repräsentation ausgerichteten Vorderseite. Teilweise sind über mehrere Baugenerationen in nicht immer ganz stilgerechter Form vorgenommene Gebäudeerweiterungen erkennbar. Der langgezogene Hausgrundriß setzt sich auch in der Form der dazugehörenden Parzellen fort. Von der Poppelsdorfer Allee reichen sie teilweise bis an die Straßenseite der Meckenheimer Allee. Einige der ehemaligen Hinterhausgärten wurden im Zuge späterer Entwicklungen in Garagenanlagen umgewandelt, die heute auf die Meckenheimer Allee ausgerichtet sind.

Die gegenüber der Poppelsdorfer Allee relativ geringere Attraktivität der Meckenheimer Allee drückt sich u. a. auch in einem verzögerten Nutzungswandel aus. Während die Poppelsdorfer Allee und einige ihrer östlich, Richtung Rhein, gelegenen Nachbarstraßen schon früh eine Umwandlung von reiner Wohnfunktion zu einem Mischgebiet aus Wohnnutzung mit Verwaltungs- und Büroflächen erfuhr, setzte diese Entwicklung in der Meckenheimer Allee erst später ein. Die verzögerte Umwandlung in der Meckenheimer Allee läßt sich anhand der Ausrichtung der nicht zu Wohnzwecken genutzten Flächen erkennen. Geprägt wird die Straße heute, vor allem im Kreuzungsbereich zur Baumschulallee, in erster Linie durch Praxen spezialisierter Fachärzte. Ein wachsender Flächenbedarf dieser Nutzungsrichtung und das Bestreben zur Niederlassung in der Südstadt zeichneten sich erst seit Mitte der siebziger Jahre verstärkt ab, zu einem Zeitpunkt, als attraktivere Bereiche der Südstadt bereits besetzt waren. Aus einer noch jüngeren Boomphase und dem erst spät entstandenen Niederlassungsbedürfnis ist auch die auffallende Konzentration von psychologisch oder psychiatrisch ausgerichteten Praxen in der Meckenheimer Allee zu erklären.

Die Exkursionsroute führt weiter bis zur **Baumschulallee**, wendet sich dort nach rechts bis zur Poppelsdorfer Allee und führt dann unmittelbar vor den prachtvollen Fassaden der Westseite wieder in Richtung des Poppelsdorfer Schlosses.

Standort: Poppelsdorfer Allee

Obwohl in Anlage und Ausrichtung auf frühere Konzeptionen zurückgehend, erhielt die Poppelsdorfer Allee ihre entscheidende Prägung erst durch gründerzeitliche Bebauung (Beilage 1).[5] Wie ein 1865 erschienener "Plan der Stadt Bonn" im Maßstab 1:2.500 belegt, waren bis dahin noch größere Baulücken, insbesondere an der Ostseite der Allee sowie südlich der Gemarkungsgrenze zwischen Bonn und Poppelsdorf,[6] zu verzeichnen. Die frühere Funktion der Poppelsdorfer Allee als Promenier- und Repräsentationsmeile wurde in der Gründerzeit beibehalten und weiter ausgebaut. Eine eindrückliche Schilderung vom gesellschaftlichen Leben und der Funktion der Allee als Bühne sozialer Repräsentation zu Beginn des Jahrhunderts enthalten die Lebenserinnerungen von PHILIPPSON (1996, S. 134-135):[7]

"An Eleganz der Toiletten und Equipagen (so nannte man die Eigenwagen der Reichen), an ausgezeichneten Gespannen konnten damals nur wenige Städte Deutschlands mit Bonn wetteifern. Diese elegante Welt zeigte sich vornehmlich mit dem Corso, der jeden Freitag bei gutem Wetter gegen Mittag auf der Poppelsdorfer Allee stattfand; während die Husarenkapelle konzertierte, fuhren die Equipagen neben der "Gehallee" auf und ab, und ihre Insassen

---

[5] Vgl. VON DER DOLLEN (1979, Karte 2).
[6] Die Gemarkungsgrenze befand sich in Höhe der heutigen Einmündung der Argelanderstraße in die Poppelsdorfer Allee.
[7] Diese Beschreibungen beziehen sich auf die ersten drei Jahrzehnte des 20. Jahrhunderts. Sie sind ein Teil der von PHILIPPSON zwischen 1942 und 1945 verfaßten und 1996 von BÖHM und MEHMEL herausgegebenen und kommentierten Lebenserinnerungen.

liessen sich gegenseitig von der gedrängten Kolonne der Fussgänger bewundern, welche zwischen den Baumreihen wandelte."

Im Bereich der Häuser Nr. 56 bis Nr. 100 läßt sich der Grundtyp des gegen Ende des vergangenen Jahrhunderts errichteten zwei- bis dreigeschossigen Rheinischen Familienhauses besonders gut erkennen. Dieser Haustyp prägt die Bonner Gründerzeitbebauung der Südstadt. Der überwiegende Teil der Häuser wurde hier als sog. Dreifensterhäuser konzipiert. Sie besaßen in den oberen Stockwerken meist drei nebeneinanderliegende Fenster, während im Erd- und teilweise auch im Untergeschoß eine Eingangstür den Platz des dritten Fensters einnahm. Fenster und Türen der Frontseite waren in den verschiedenen Stockwerken so angebracht, daß sie in einer Zeile übereinanderlagen (Dreizeilenhaus). Bei einer Vielzahl der Häuser wird eine Fensterzeile über alle Stockwerke hinweg durch einen Erker hervorgehoben. Die Eingangstür kann dabei in den Erkervorsprung integriert sein oder sich in gleicher Front mit den übrigen Fenstern befinden. Charkteristische Beispiele für diese Stilrichtung bilden die Häuser Nr. 48, 56-58a, 62, 92 und 100 in der Poppelsdorfer Allee.

Aber auch hier bestimmen Ausnahmen die Regel. Größere Häuser mit besonders breiten, repräsentativen Straßenfronten sind zwar noch nach traditionellem Dreizeilenmuster aufgeteilt, von einem Dreifensterschema kann aber keine Rede mehr sein. Häufig sind es fünf bis sechs in einem Stockwerk liegende Fenster, welche die Repräsentationsfront bestimmen (Haus Nr. 44/46, 66 und 68). Durch die Zusammenfassung in Erkern, Balkonen oder gemeinsamen Fensterbögen wird jedoch auch bei diesen Formen das tradititionelle Dreizeilenschema beibehalten. Dieses Grundmuster besitzt eine bemerkenswerte Persistenz. Auch bei zwischengeschobenen Neubauten hat es sich erhalten (Haus Nr. 92 und 94).

Aus dem Dreizeilenschema brechen solche Häuser aus, die zwei der Fenster in einen gemeinsamen Erkervorsprung integrieren (Häuser Nr. 72 bis 78) oder durch ein zusätzliches Fenster in jedem Stockwerk zu Vierzeilenhäusern werden (Häuser Nr. 54, 64, 86 und 88). Eine Besonderheit der Poppelsdorfer Allee bildet Haus Nr. 82 im Bauhausstil.

Kennzeichnend für die Gründerzeithäuser der Poppelsdorfer Allee sind allgemein ein klassizistischer Stil mit reichhaltigen, häufig in Stuck gearbeiteten Fassadenverzierungen, sowie Kombinationen aus Balkonen und Erkervorsprüngen. Erker, Balkone oder andere Fassadenvorsprünge wurden steuerlich zusätzlich belastet und durften grundsätzlich nur bei Häusern mit Vorgärten in ausreichend breiten Straßen angebracht werden, da laut Bauregelung der "Luftraum der Straße" freigehalten werden mußte. Diese Erfordernisse erfüllt die großzügig angelegte Poppelsdorfer Allee in idealer Weise. Ein besonderes Merkmal der Südstadt stellen die Schein- oder Blendgiebel einiger Dachgeschosse dar. Es handelt sich dabei um giebelartig aufgebaute, überdimensionale Verkleidungen und

Umrahmungen von Mansardenfenstern. Im allgemeinen wurden die echten Giebel der Häuser nicht zur Straßenseite hin ausgerichtet, da dies zusätzliche Steuerkosten verursacht hätte. Als Reihenhäuser standen die Gebäude in der Regel Giebel an Giebel. Dennoch versuchte man, an der auf Repräsentation ausgerichteten Frontseite durch Scheingiebel in der Dachschräge einen insgesamt noch luxuriöseren Gesamteindruck zu vermitteln. Alleiniger Hauptzweck einiger Dachgeschosse schien es zu sein, die Bühne für solche Prunkgiebel darzustellen. "Man dachte nicht lange über den Wohnwert eines solchen Giebelgeschosses nach, sondern wollte einfach in die Straße Poesie hineintragen, einen schweifenden Übermut." (LÜTZELER 1972, S. 81).

In der Regel baute man die Häuser hier zweieinhalb- bis dreigeschossig. Im Souterrain waren Küche und andere Diensträume untergebracht. Die großen Repräsentations- und Besuchsräume befanden sich im Erdgeschoß, während die Wohn- und Schlafräume der Familie im Stockwerk darüber eingerichtet waren. In der obersten Etage, meist bereits mit Dachschräge, befanden sich weitere Schlafräume und die Zimmer des Dienstpersonals.

Der überwiegende Teil der Gründerzeithäuser in der Poppelsdorfer Allee war, wie auch in anderen Stadterweiterungsgebieten der Südstadt, ursprünglich als geräumige Einfamilienhäuser konzipiert worden. Traditionell wurden sie von einer wohlhabenden großbürgerlichen Familie zusammen mit dem Dienstpersonal bewohnt. Hinter der Eingangstür eines solchen Hauses öffnete sich eine als Ganzes über mehrere Etagen ausgerichtete Wohneinheit. Insbesondere in Richtung der rückwärtigen Gärten verfügten die Reihenhäuser daher über ein enormes Wohnflächenangebot. Der selbst in diesem Milieu aufgewachsene Bonner Geograph ALFRED PHILIPPSON schildert eindrücklich die frühere Lebensweise und spricht von einem "außerordentlichen Wohnluxus" der damaligen Zeit (1949, S. 40). Die großen, einheitlich konzipierten Wohnhäuser wurden später in mehreren Etappen zu immer kleiner werdenden Wohnbereichen umstrukturiert. Dies geschah bereits in einer ersten Phase während der Wirtschaftskrise Anfang der dreißiger Jahre, verstärkte sich im Zuge der Wohnungsnot unmittelbar nach Kriegsende und setzt sich bis heute im Zeichen zunehmender Anteile von Single-Haushalten fort. Die einzelnen Etagen werden dabei zu selbständigen Wohneinheiten umgebaut und die Eingangstüren öffnen sich heute zu Gemeinschaftsfluren und -treppenhäusern. Teilweise wurden die ehemaligen Souterrain-Hauswirtschaftsbereiche in Garagen mit tiefliegenden Einfahrten umgewandelt.

Parallel zu diesen strukturellen Umwandlungen wurden die Häuser der Südstadt, maßgeblich seit den frühen sechziger Jahren, auch von einer funktionalen Umwandlung erfaßt, die verallgemeinernd als Tertiärisierung bezeichnet werden kann. Dabei kam es verstärkt zu einer Umwandlung ehemals als Wohnungraum dienender Flächen zu gewerblicher Nutzung. Diese Veränderungen betrafen insbesondere die unteren Stockwerke, meist das Erdgeschoß.

Kanzleien, Praxen und Verwaltungseinrichtungen überregionaler Verbände und Interessenvertretungen verdrängten die frühere Wohnraumnutzung mehr und mehr, während die oberen Etagen auch weiterhin zu Wohnzwecken genutzt wurden.

Die Südstadt gehört heute zu den sog. "guten Adressen" in Bonn. Verdrängung der früheren Wohnfunktion und zunehmende Tertiärisierung haben einen enormen Anstieg des Mietspiegels bewirkt, der es in der Regel nur gehobenen Einkommensgruppen erlaubt, sich hier niederzulassen. Darin unterscheidet sich die heutige Südstadt grundsätzlich von der Bonner Nordstadt. Allgemein beweist das traditionell vorgegebene Bonner Süd-Nord-Gefälle bis heute eine bemerkenswerte Persistenz.

Die Exkursionsroute führt die Poppeldorfer Allee wieder hinauf bis in die Nähe des ersten Standortes vor dem Schloß und überquert hier die Straße. Kurz darauf ist die Einmündung der Königsstraße erreicht.

Standort: Einmündung der Königstraße

Gleich zu Beginn der Königsstraße lohnt sich eine genauere Betrachtung der Fassadengestaltung beim Eckhaus Nr. 97. Der an einem Treppenhausgiebel sichtbare Spruch, "Mit Gott erbaut nach Schnur & Lot trotz Nachbar und trotz Bauverbot",[8] legt Zeugnis darüber ab, daß in der Aufbauphase der Bonner Südstadt durchaus nicht alles so harmonisch gewesen sein mag, wie sich die Gründerzeitbauten heute hier aneinanderreihen.

Es herrschen unterschiedliche Ansichten darüber, ob sich diese heutige Harmonie der Farben und Formen entwickelte, obwohl oder gerade weil es nicht zur Durchsetzung eines übergeordneten Stadterweiterungskonzeptes kam. Einen entsprechenden Plan hatte bereits 1855 der Architekt Thomann vorgelegt. Trotz mehrfacher Änderungen und Zugeständnisse gelangte der Plan jedoch nie zur vollen Ausführung. Nach VON DER DOLLEN (1982a) sind die Gründe für die geringe Durchsetzungkraft des sog. Thomann-Planes vor allem in einer umfassenden Rechtsunsicherheit während des letzten Jahrhunderts zu sehen.

Die Exkursionsroute führt weiter auf dem Bürgersteig vor den Häusern der Ostseite der Poppelsdorfer Allee wieder in Richtung Hofgarten. Deutlich wird dabei nochmals der bereits von der gegenüberliegenden Straßenseite aus festgestellte Unterschied zwischen der "Sonnenseite" der Poppelsdorfer Allee entlang der Westflucht und den vergleichsweise nüchternen Bauten entlang der Ostseite. Dieses augenfällige Merkmal ist nicht allein auf unterschiedlich starke Kriegszerstörungen oder frühe Wiederaufbausünden zurückzuführen, sondern spiegelt eine bereits in der Entstehungsphase der Allee angelegte Bevorzugung der sonnigen, nach SO exponierten Seite wider. Dies ist

auf dem "Plan der Stadt Bonn" von 1865 besonders gut zu erkennen (siehe Beilage 1).

Standort: Beginn der Argelander-Straße

Als die gründerzeitliche Stadterweiterung an der südlichen Peripherie Bonns einsetzte, waren Anlage und Ausrichtung der Poppelsdorfer Allee bereits weitgehend abgeschlossen. Baulücken waren an der Westseite kaum noch vorhanden und die Allee wies bereits einen beeindruckenden Baumbestand auf, wie ein 1819 vom Architekten Hundeshagen gezeichneter Plan dokumentiert (Stadtplanungsamt Bonn 1995, S. 42). Die übrigen Straßen der Bonner Südstadt erhielten jedoch erst durch die Gründerzeitbebauung ihr charakteristisches Gepräge. Unter ihnen kann die nach dem berühmten Bonner Astronomen benannte Argelanderstraße als repräsentatives Beispiel dienen, da hier eine Tertiärisierung noch nicht so umfassend gewirkt hat wie etwa in der Poppelsdorfer Allee und die Übergangsstadien zwischen reiner Wohnfunktion und Mischfunktion deutlicher zum Vorschein kommen.[9]

Die wichtigsten, für die Bonner Südstadt charakteristischen Entwicklungsphasen lassen sich in der **Argelanderstraße** und ihren Nachbarstraßen nachvollziehen:

- Umbau der ursprünglichen Einfamilienhäuser zu kleineren, selbständigen Wohneinheiten (dreißiger und vierziger Jahre);
- Funktionale Umwandlung durch zunehmende Mischnutzung (sechziger und siebziger Jahre);
- Steigende Verkehrsbelastung und Wohnqualitätsverlust (bis in die späten siebziger Jahre);
- Umfassende Sanierungs- und Restaurierungsmaßnahmen (seit Mitte der achtziger Jahre).

Vom inzwischen nahezu lückenlos erfolgten Umbau der ehemals als Einheit konzipierten Wohnhäuser können sich heutige Betrachter leicht anhand der Vielzahl unterschiedlicher Klingelschilder pro Hauseingang überzeugen. Kennzeichnend ist ferner die weitverbreitete funktionale Umwandlung der unteren Stockwerke. In der Argelanderstraße treten ebenso wie im Venusbergweg oder in der Bismarck-, Kurfürsten- und Königsstraße vermehrt Anwaltskanzleien, Arztpraxen, Verwaltungsbüros überregionaler Verbände sowie andere Einrichtungen auf, die auf eine Kombination von Innenstadtnähe mit Lage in repräsentativer Umgebung ausgerichtet sind. Dort, wo noch eine über alle Stockwerke eines Hauses einheitliche Nutzung nachweisbar ist, handelt es sich durchweg nicht mehr um private Wohnraumnutzung im traditionellen Sinne. Burschenschaften und Studentenverbindungen oder kleinere diplo-

---

[8] Unter dem Wort "Nachbar" ist zusätzlich ein nach rechts weisender Pfeil angebracht. Unklar bleibt dabei, ob dieser in Richtung eines gegenüberliegenden Hauses in der Poppelsdorfer Allee zeigt, oder gar zum Poppelsdorfer Schloß.

[9] Die ehemalige Wirkungsstätte Argelanders, die 1845 fertiggestellte Sternwarte, befindet sich im Innenblockbereich an der Ecke Argelanderstraße und Poppelsdorfer Allee. Hier entstand der berühmte dreibändige Bonner Sternenkatalog (1853-1863). F.A.W. Argelander (1799-1875) selbst wurde nicht ganz so alt, wie PHILIPPSON in seinen Lebenserinnerungen über den "an die 100 Jahre altgewordenen Astronomen" angibt (hrsg. 1996, S. 115).

matische Vertretungen [10] haben sich in solchen Gebäuden eingerichtet.

Um einen möglichst breitgefächerten Überblick über die Vielgestaltigkeit der Bonner Südstadt zu erlangen, biegt die Exkursionroute von der Argelanderstraße nach links in die **Bismarckstraße** ein (Karte 1), folgt dieser bis zum Bonner Talweg und wendet sich auch hier nach links, um schließlich in die ruhigere **Heinrich-von-Kleist-Straße** einzubiegen. Diese Route verdeutlicht noch einmal, was bereits PHILIPPSON (1947) mehrfach bedauert: die Zerschneidung der Südstadt durch Hauptverkehrsachsen wie den Bonner Talweg und die Baumschulallee und die Opferung des Wohnwertes eines Stadtviertels auf dem Altar des motorisierten Individualverkehrs. Deutlich wird aber auch, daß die schon fast sprichwörtliche Tertiärisierung der Südstadt, die insbesondere in der Meckenheimer und Poppelsdorfer Allee prägend ist, durchaus nicht alle Bereiche der Südstadt gleichermaßen erfaßt hat. So präsentieren sich im weiteren Routenverlauf weite Abschnitte der Heinrich-von-Kleist-Straße trotz der Nähe zur City noch in einem vorwiegend von Wohnfunktion geprägten Zustand.

An der **Prinz-Albert-Straße** wendet sich die Exkursionsroute nach links, um dann durch die Fußgängerunterführung unter der Bahnlinie zum **Kaiserplatz** zu gelangen (Karte 1).

Standort: Kaiserplatz (vgl. auch Exkursion B1b)

Vom oberen Ende des Kaiserplatzes aus eröffnet sich der schönste Gesamtblick auf die Anlage der Poppelsdorfer Allee mit dem Poppelsdorfer Schloß am südwestlichen Ende und der dahinter aufragenden Kulisse des Kreuzberges.

Etwa im Bereich der heutigen Bahnlinie erstreckte sich am unteren Ende des Kaiserplatzes die Gumme als Rest eines ehemaligen Altrheinarmes. Dieser hatte im wesentlichen den Verlauf der alten Befestigungsanlagen bestimmt und behinderte auch nach deren Niederlegung in diesem Bereich noch lange Zeit alle Stadterweiterungspläne. Landschaftsgärtnerisch stellte die Verbindung von Stadtschloß und Poppelsdorfer Schloß durch die geplante Poppelsdorfer Allee bei Überwindung des Höhenunterschiedes zur Gumme ein wesentliches Problem dar. Pläne zum Bau von Wasserspielen im mittleren Bereich der Allee wurden wieder aufgegeben. Schließlich konnte für das sich vom Poppelsdorfer Schloß aus zur Gumme hin sanft neigende und von dort zum Hofgarten steiler ansteigende Gelände eine aus heutiger Sicht ideale Gesamtlösung gefunden werden.

Vom Kaiserplatz aus erreicht die Exkursionsroute auf kürzestem Weg über den Münsterplatz und die Vivatsgasse den Rand der Nordstadt (siehe Karte 1).

Standort: Sterntorbrücke (vgl. auch Exkursion B1b)

Im Übergangsbereich der Straße Sterntorbrücke zur Oxfordstraße verläßt die Exkursionsroute wieder die Innenstadt und steht damit unmittelbar an der Grenze zur Nordstadt. Der Name Sterntorbrücke weist auf die alten Befestigungsanlagen hin. Hier war im Zuge einer ersten Öffnung der alten Umwallung eine zusätzliche Brücke über den Stadtgraben in der Nähe des Sterntores geschlagen worden (Abb. 1).

Abb. 1: Das alte Sterntor am Übergang zwischen Altstadt und Nordstadt (nach ZIMMERMANN, 1914, S. 31).

Hinsichtlich einer Abgrenzung und Definition der Bonner Nordstadt bestehen teilweise erheblich unterschiedliche Interpretationen:

Die Bonner Nordstadt liegt unmittelbar nördlich des Stadtzentrums, von dem sie durch den Bertha-von-Suttner-Platz bzw. die Oxfordstraße getrennt wird. Im Westen wird die Nordstadt durch die Bahnlinie und den Alten Friedhof, im Osten durch den Rhein und im Norden durch den Kaiser-Karl-Ring begrenzt. Trotz teilweise erheblicher struktureller Unterschiede ist dieser Bereich unter historischen und heutigen stadtplanerischen Gesichtspunkten als funktionale Einheit aufzufassen. Dem Gebiet, welches vom Bonner Stadtplanungsamt als Innere Nordstadt bezeichnet wird, entspricht etwa der gleiche Bereich, jedoch ohne die Straßen zwischen Wachsbleiche und Bertha-von-Suttner-Platz.

Umgangssprachlich hat sich für einen Großteil dieses Gebietes auch die Bezeichnung "Altstadt" eingebürgert. Dies ist jedoch historisch falsch. Die ältesten Teile der Stadt Bonn liegen im Bereich zwischen Münster und Rhein im Innern der ehemaligen Befestigungsanlagen (VON DER DOLLEN 1988a; ENNEN und HÖROLDT 1976; PHILIPPSON 1947). Die Bausubstanz der alten Bürgerstadt wurde jedoch größtenteils bei einem Luftangriff am 18. Oktober 1944 und folgenden Bombardierungen zerstört bzw. durch die unmittelbar nach Kriegsende einsetzenden Aufräum- und Wiederaufbauarbeiten nachhaltig umgestaltet. Während heute die Bonner Innenstadt überwiegend von modernen Gebäuden aus der zweiten Hälfte des 20. Jahrhunderts geprägt wird, hebt sich der Bereich der daran anschlie-

---

[10] Etwa die Botschaft von Senegal oder die der Philippinen am Einmündungsbereich der Argelanderstraße in die Poppelsdorfer Allee.

ßenden Nordstadt baulich deutlich ab. Die umgangssprachliche Bezeichnung "Altstadt" bezieht sich somit vordergründig auf eine rein äußerlich als älter erscheinende Bebauung. Bemerkenswert ist in diesem Zusammenhang, daß ausgerechnet der Bereich der Nordstadt zwischen Rhein und Römerstraße, der wegen der dortigen Reste früher römischer Bauten ein hohes siedlungsgenetisches - wenn auch nicht unbedingt städtisches - Alter aufzuweisen hätte, allgemein ausgenommen wird aus dem umgangssprachlichen "Altstadt-Bereich". Zu diesem wird im engeren Sinn nur das Gebiet zwischen Oxfordstraße und Kaiser-Karl-Ring bzw. zwischen Altem Friedhof und Kölnstraße gerechnet.

Die mißbräuchliche Verwendung des Begriffs "Altstadt" scheint in Bonn eine gewisse Tradition zu haben: Schon PHILIPPSON (1947, S. 5-6) sah sich dazu veranlaßt, zu betonen, daß der Begriff "Altstadt" in Bonn nur auf den Bereich innerhalb der ehemaligen Befestigungsanlagen anzuwenden sei und kritisiert, daß nicht nur umgangssprachlich, sondern auch bereits von Seiten der Stadtverwaltung andere Stadtteile fälschlicherweise mit "Altstadt" tituliert würden. Damals meinte man damit jedoch wiederum einen anderen Bereich mit älterer, allgemein schlechter Bausubstanz. Nach PHILIPPSON waren es die "meist von der ärmeren Bevölkerung bewohnten Straßenenden am Rheinufer" (1947, S. 6).[11] Diese Viertel wurden jedoch durch Bombardierungen nahezu völlig ausgelöscht, sodaß der Titel "Altstadt" wieder vergeben werden konnte.

Mitverantwortlich für die heutigen Falschbenennungen ist sicher auch ein Imagewandel, den der Begriff "Altstadt" im Lauf der Zeit erfahren hat. Heute versteht man darunter in erster Linie nicht mehr nur alte, heruntergekommene Bausubstanz, sondern verbindet mit dem Begriff vermehrt auch restaurierte, nostalgische Gastlichkeit. Der Verdacht liegt daher nahe, daß von Seiten der zahlreichen Gastronomiebetriebe in der Bonner Nordstadt eine bewußte Imagepflege durch Bezeichnungen wie "Altstadtwirte" und "Altstadtkneipen" betrieben wird. Die Bonner Bauverordnung von 1958 kennt außerdem ein "Neuordnungsgebiet Altstadt", das sich zwischen Wachsbleiche und Bertha-von-Suttner-Platz bzw. Rhein und Kölnstraße befindet.[12] Weniger seriöse Quellen versteigen sich gar zu Neuschöpfungen wie "neue Altstadt".[13]

Im folgenden werden für den oben gekennzeichneten Bereich ausschließlich die Begriffe "Nordstadt" oder "Innere

Nordstadt" verwendet. Die "Innere Nordstadt" entspricht den städtischen statistischen Bezirken 112 "Wichelshof" und 113 "Vor dem Sterntor". Die Exkursionsroute verläuft hauptsächlich durch Straßen innerhalb des statistischen Bezirks 113 "Vor dem Sterntor" (siehe Karte 1).

Standort: Beginn Breitestraße

Die Breitestraße ist eine der wichtigsten und repräsentativsten Straßen der Bonner Nordstadt. Ihr Beginn an der Kreuzung zur Oxfordstraße gegenüber dem alles überragenden Stadthaus kann gleichsam als "Eingang zur Nordstadt" angesehen werden.

In der Bonner Nordstadt ließen sich vorwiegend Handwerker, kleinere Kaufleute, Tagelöhner und Gewerbetreibende nieder. Im Gegensatz zur Südstadt, wo die heute weitverbreitete Mischnutzung und Aufteilung in kleinere Wohneinheiten eine Folge jüngerer, sekundärer Umstrukturierungen darstellt, repräsentieren in der Nordstadt sowohl die Einrichtung von Etagenwohnungen als auch die Kombination von Wohnen und Arbeiten eine traditionelle Konzeption. Die sozialen Unterschiede zwischen den gründerzeitlichen Lebenswelten der Südstadt und der Nordstadt spiegeln sich in der historischen Bausubstanz wider.

Bevölkerungs- und Beschäftigungsstruktur der Nordstadt unterscheiden sich auch heute noch in vielfacher Hinsicht von der anderer Bonner Stadtteile. Aber zwischen den einzelnen Bezirken der Nordstadt lassen sich erhebliche Unterschiede ausmachen.

Die Nordstadt gehört traditionell zu den am dichtesten besiedelten Stadtteilen Bonns. Hier leben heute etwa 9.300 Menschen (Tab. 1).[14] Trotz eines starken Einwohnerrückgangs in den sechziger und siebziger Jahren, der vor allem auf einen Abbau überbelegter Wohnungen zurückzuführen war, ist die Nordstadt bis heute das Stadtgebiet mit der höchsten Einwohnerdichte.[15] Die traditionelle Mischnutzung aus Wohnen und Arbeiten ist noch immer erkennbar, in manchen Straßenabschnitten sogar prägend. Charakteristisch sind ferner ein hoher Anteil an Ein- bis Zweipersonenhaushalten sowie ein im Bonner Gesamtvergleich relativ hoher Anteil ausländischer Bevölkerung. Die Nordstadt gilt heute auch als ein wichtiges studentisches Wohnquartier.

Mit über 62% ist der Anteil der Einpersonenhaushalte in der Nordstadt besonders hoch. Bis in die frühen achtziger Jahre war diese Struktur nicht nur auf die Funktion der Nordstadt als studentisches Wohnquartier oder den vergleichsweise jungen Trend einer allgemeinen Zunahme von Single-Haushalten zurückzuführen, sondern vor allem

---

[11] Bereichert wird diese schon fast babylonische Sprachverwirrung dadurch, daß PHILIPPSON selbst den Begriff "Altstadt" nicht nur als Bezeichnung für einen Bonner Stadtteil (1947, S. 5-7, 22-27, 38) verwendet, sondern darüber hinaus auch im Sinne einer Stadttypologie oder -entwicklungsstufe. So entwickelte sich Bonn seinen Ausführungen zufolge im Lauf der Geschichte von einer "Altstadt" zu einer "Mittelstadt" (1947, S. 6).

[12] Die Stadtverwaltung bezeichnet diesen Bereich unter Hinweis auf die besondere Arbeitsplatzstruktur als sog. "City-Ergänzungsgebiet" (Stadtplanungsamt 1977, S. 3).

[13] "Nach 21 Uhr wechsle man von der Altstadt in die neue Altstadt." (COLDITZ 1976, S. 120).

[14] Stand 1.1.1997: 9.323 Einwohner im statistischen Bezirk "Vor dem Sterntor" (Statistikstelle der Stadt Bonn).

[15] Im Planungsbereich Innere Nordstadt sank die Bevölkerungszahl von 21.559 im Jahr 1961 über 16.804 (1970) auf nur 15.675 im Jahr 1977. Im Mischgebiet zwischen Kölnstraße und Bornheimer Straße sank die Einwohnerzahl von 1970 10.036 bis 1977 auf 9.131 (Stadtplanungsamt 1977, S. 8).

Tab. 1: Wohnberechtigte Bevölkerung nach Altersgruppen. (Stand 1.1.1997)

Statistischer Bezirk	Insg.	Wohnberechtigte Bevölkerung am 1.1.1997					
		davon im Alter von ... bis unter ... Jahren in Prozent					
		0 - 15	0 - 18	18 - 30	30-60	60-75	65 und älter
110 Zentrum-Rheinviertel	2.663	9,0	10,7	26,9	44,5	11,2	13,8
111 Zentrum-Münsterviertel	3.256	7,9	9,4	29,4	45,2	8,9	12,6
112 Wichelshof	6.809	8,5	9,8	23,7	43,9	12,7	18,4
113 Vor dem Sterntor	9.323	10,6	12,2	30,4	46,8	7,3	7,4
114 Rheindorfer Vorstadt	5.568	13,5	15,9	24,9	37,2	11,4	18,0
115 Ellerviertel	5.949	13,6	16,1	21,6	43,5	12,4	14,2
116 Bonn-Güterbahnhof	1.057	10,1	12,3	25,3	45,6	10,4	12,5
117 Baumschulviertel	6.729	9,7	11,3	23,8	47,3	9,6	14,1
118 Bonner Talviertel	8.295	10,0	11,7	27,2	48,9	7,2	9,5
119 Vor dem Koblenzer Tor	3.926	7,6	9,2	32,0	44,4	8,7	10,6
11 Bonner Zentrumsbereich	53.575	10,3	12,1	26,5	45,1	9,7	12,8
120 Neu-Endenich	3.171	14,0	16,3	26,7	37,1	14,0	14,8
121 Alt-Endenich	8.284	11,2	13,0	22,1	42,7	12,6	17,9
122 Poppelsdorf	6.869	8,6	10,2	32,6	42,9	9,0	11,2
123 Kessenich	12.663	12,2	14,2	19,3	45,3	12,5	16,8
124 Dottendorf	5.788	12,0	14,3	16,1	46,1	13,9	18,6
125 Venusberg	2.222	11,3	13,2	18,3	40,9	14,4	22,5
126 Ippendorf	7.239	13,8	16,6	16,6	42,3	15,6	19,4
127 Röttgen u. Kottenforst (129)	4.947	15,3	18,4	13,5	42,5	19,0	18,9
128 Ückesdorf	2.392	26,0	29,1	9,7	48,2	9,5	9,5
12 Bonn-Südwest	53.575	12,8	15,0	20,2	43,5	13,3	16,8
131 Alt-Tannenbusch	6.091	15,1	18,2	11,9	40,6	17,9	23,7
132 Neu-Tannenbusch	9.701	21,8	26,8	24,1	40,2	6,5	5,9
133 Buschdorf	4.626	19,5	23,4	14,5	46,8	11,9	10,2
134 Auerberg	7.967	16,7	19,7	19,5	41,5	14,3	14,0
135 Grau-Rheindorf	3.153	14,9	17,4	18,4	41,3	15,4	17,5
136 Dransdorf	4.747	19,9	23,6	18,1	40,5	13,7	12,2
137 Lessenich/Meßdorf	3.945	17,0	20,1	14,1	45,3	14,8	14,4
13 Bonn-Nordwest	40.230	18,3	21,9	18,1	41,9	12,7	13,2
141 Gronau-Regierungsviertel	1.726	10,9	13,3	24,3	43,1	13,2	13,6
242 Hochkreuz-Regierungsviertel	1.856	10,6	12,7	17,4	42,4	17,9	22,2
14 Regierungsviertel	3.582	10,7	13,0	20,7	42,7	15,7	18,1
251 Godesberg-Zentrum	4.829	13,3	16,2	18,2	44,4	13,9	15,4
252 Godesberg-Kurviertel	1.775	13,1	17,9	14,8	37,6	16,5	24,8
253 Schweinheim	2.914	12,2	16,1	14,8	40,7	15,2	23,3
254 Godesberg-Nord	1.882	14,2	17,4	17,5	41,7	16,6	15,7
255 Godesberg-Villenviertel	5.531	12,8	16,8	15,0	45,6	11,9	18,7
25 Godesbg. Zentrumsbereich	16.931	13,0	16,7	16,1	43,2	14,0	18,9
260 Friesdorf	7.526	13,2	15,4	14,7	44,7	16,5	19,6
261 Neu-Plittersdorf	4.997	13,3	15,7	12,6	40,9	16,9	25,4
262 Alt-Plittersdorf	3.924	11,5	13,3	12,1	47,8	16,4	21,3
263 Rüngsdorf	6.390	13,5	16,1	14,5	43,3	15,2	21,4
264 Muffendorf	3.576	10,6	12,9	13,8	45,8	17,8	21,1
265 Pennenfeld	3.528	12,5	15,1	12,3	40,0	20,7	26,6
266 Lannesdorf	5.965	15,3	18,3	14,1	43,7	16,0	17,5
267 Mehlem-Rheinaue	3.721	13,4	16,6	14,4	40,5	15,8	23,5
268 Obermehlem	4.199	15,0	18,1	13,4	43,6	17,2	19,2
269 Heiderhof	4.481	10,0	12,2	11,5	41,2	24,1	27,1
26 Godesberger Außenring	48.307	13,0	15,5	13,5	43,2	17,4	21,9
371 Beuel-Zentrum	9.610	10,1	12,0	22,7	45,3	12,7	15,6
372 Vilich/Rheindorf	7.184	12,6	14,8	17,5	45,0	15,7	17,2
373 Beuel-Ost	4.908	19,8	23,3	19,2	45,1	9,4	8,6
374 Beuel-Süd	6.116	16,4	19,1	14,4	46,0	13,9	15,2
37 Beueler Zentrumsbereich	27.818	13,9	16,3	18,9	45,3	13,2	14,7
381 Geislar u. Siegaue (380)	1.851	19,3	21,6	15,6	45,4	12,6	12,9
382 Vilich-Müldorf	2.268	17,9	21,3	12,9	47,1	13,2	13,4
383 Pützchen/Bechlinghoven	4.980	16,4	19,4	15,5	44,5	14,1	14,9
384 Li-Kü-Ra	5.745	14,6	16,7	16,1	44,9	15,5	16,4
385 Oberkassel	7.094	15,9	19,0	14,0	43,4	14,6	17,9
386 Holzlar	8.015	18,8	21,8	15,4	46,3	12,9	10,7
387 Hoholz	2.281	16,2	19,2	13,8	43,5	16,9	17,1
388 Holtorf u. Ennert (389)	1.791	12,6	15,2	14,0	49,0	16,4	15,5
38 Beueler Außenring	34.025	16,6	19,4	14,9	45,2	14,3	14,8
491 Duisdorf-Zentrum	4.939	14,9	17,6	16,2	44,0	13,3	17,4
492 Finkenhof	2.239	13,0	15,8	11,1	43,3	20,9	23,7
493 Medinghoven	4.141	17,0	20,5	15,8	47,1	12,7	9,9
494 Brüser Berg	8.567	17,4	20,9	16,2	50,8	9,0	8,2
495 Lengsdorf	4.216	13,3	15,9	16,6	47,5	14,5	14,8
496 Duisdorf-Nord	2.034	14,1	16,6	17,5	49,0	11,8	12,4
497 Neu-Duisdorf	5.706	12,9	15,1	14,8	42,3	17,4	22,3
49 Hardtberg	31.842	15,1	18,0	15,7	46,7	13,4	14,6
Stadtbezirk Bonn	149.106	13,3	15,8	21,9	43,6	11,8	14,3
Stadtbezirk Bad Godesberg	67.094	12,9	15,7	14,3	43,2	16,6	21,1
Stadtbezirk Beuel	61.843	15,4	18,0	16,7	45,2	13,8	14,7
Stadtbezirk Hardtberg	31.842	15,1	18,0	15,7	46,7	13,4	14,6
Stadt Bonn	309.885	13,8	16,5	18,6	44,2	13,4	15,9

Quelle: Bundesstadt Bonn, Amt 33 / Statistikstelle

auch auf die spezifische Altersstruktur der Bonner Nordstadt. Während 1977 der Anteil der über 65jährigen im Stadtdurchschnitt bei 13% lag, erreichte er in der Nordstadt 18% und machte im Bereich von Annagraben sowie Adolf-, Köln- und Maxstraße bereits mehr als ein Viertel der Bevölkerung aus.

Diese Situation hat sich jedoch in den letzten Jahren grundlegend geändert. Anfang 1997 beträgt der Anteil der über 65jährigen in der Bonner Nordstadt nur noch 7,4%.[16] Lediglich im statistischen Bezirk Neu-Tannenbusch liegt er mit 5,9% noch niedriger, während der Wert im Bonner Gesamtdurchschnitt 15,9% beträgt (Tab. 1). Diese "statistische Verjüngung" der Bonner Nordstadt darf jedoch nicht überinterpretiert oder in Richtung eines monokausalen Bevölkerungsaustauschs gedeutet werden. Vielmehr führten eine Reihe unterschiedlicher Veränderungen zum heutigen Gesamtbild: Insgesamt sank die Bevölkerung der Nordstadt zwischen 1970 und 1996 um 7,1%. Zwischen 1990 und 1996 hat sich dieser Trend zwar auf 3,7% verlangsamt, hält aber weiterhin an. Während die jüngeren Bevölkerungsanteile (Studenten, ausländische Arbeitnehmer etc.) nach Wegzug durch vergleichbare Alters- und Sozialgruppen ersetzt werden, finden die abgewanderten bzw. gestorbenen über 65jährigen keinen entsprechenden Ersatz. Ein weiterer Grund für die Abnahme der älteren, meist deutschen Bevölkerung ist die zeitgleiche Zunahme ausländischer Bevölkerung und die sich daraus ergebenden Verdrängungs- und Abwanderungseffekte. Eine Verdrängung von vergleichsweise finanzschwachen Rentnerhaushalten hat aber auch der vermehrte Zuzug von Studenten bewirkt, die in Wohngemeinschaften organisiert wesentlich höhere Gesamtmieten bezahlen können. Als ein weiterer wichtiger Grund für die statistische Scheinverjüngung der Nordstadtbevölkerung ist die in den achtziger Jahre durchgesetzte Änderung der Wohnsitzmeldepflicht anzusehen. Nach der Neuregelung durften Studenten nicht mehr wie bisher den Heimatort als Wohnsitz angeben, sondern mußten sich jetzt am Studienort, dem sog. "Zentrum der jeweiligen Lebensbeziehungen", anmelden. Dadurch nahmen die Anteile der jüngeren Nordstadtbevölkerung, statistisch betrachtet, stärker zu, als sich tatsächlich die Gesamtzusammensetzung der ortsanwesenden Bevölkerung veränderte. Vergleichbare Entwicklungen betrafen zur gleichen Zeit ausgesprochene Universitätsstädte mit hohen Anteilen studentischer Bevölkerung wie etwa Göttingen, Heidelberg oder Marburg.

In der Nordstadt sind grundsätzlich drei Bauperioden voneinander zu unterscheiden, die sich im jeweiligen Straßenbild leicht erkennen lassen: In einer frühen, vor 1890 anzusetzenden Bauphase wurden zwei- und dreigeschossige Häuser gebaut. In der eigentlichen Boomphase um die Jahrhundertwende herrschten zweieinhalb bis dreigeschossige Gebäude vor. Der überwiegende Teil der fünfgeschossigen Häuser wurde erst nach den späten zwanziger Jahren errichtet. Die ursprüngliche Geschoßzahl ist in den

meisten Fällen auch heute noch gut erkennbar und die jeweiligen Gebäude lassen sich dadurch zeitlich leichter einordnen. Umbauten mit Aufstockungen bilden eher die Ausnahme. Häuser mit Wohnbereichen in Dachschrägen sind mit diesen Halbstockwerken nicht immer leicht zuzuordnen. Auch in der Nordstadt war das Grundprinzip, Dachschrägen durch Blendgiebel oder überdimensionierte Umrahmungen von Mansardenfenstern repräsentativer zu gestalten, weit verbreitet. Stuckverzierungen der Fassaden gibt es in der Nordstadt ebenso wie in der Südstadt. Jedoch sind sie hier weniger aufwendig gestaltet und jeweils auf bescheidenere Häuserfronten beschränkt. Erker, Balkone oder andere in den Luftraum der Straße ragende Elemente kommen in den vergleichweise schmalen Straßen der Nordstadt ebenso wenig vor wie Vorgärten.

Eine Ende der sechziger Jahre durchgeführte Bestandsaufnahme ergab, daß 82% der Häuser und Wohnungen in der Nordstadt über eine schlechte bis mangelhafte Infrastrukturausstattung verfügten. In diese Kategorie fielen Wohnungen, die kein Bad und/oder keine Sammel- bzw. Zentralheizung besaßen. Der Anteil der unterversorgten Wohnungen war damit höher als in allen anderen Bonner Stadtteilen. Darüber hinaus waren die Durchschnittswerte der Wohnfläche pro Kopf hier am niedrigsten und zu kleine Wohnungen allgemein verbreitet. Diese Mißstände führten dazu, daß die Bonner Nordstadt, einschließlich des Gebietes zwischen Kölnstraße und Rhein, 1973 in ein umfassendes Programm zur Wohnraumsanierung des Bundes und der Länder aufgenommen wurde. Städtische Fördermaßnahmen unterstützten diese Initiative, die in den achtziger Jahren schließlich in die Maßnahmen zur Wohnumfeldverbesserung in der Bonner Nordstadt überging (Stadtplanungsamt 1977, 1993, 1995). Einen räumlichen Gesamteindruck der städtischen Wohnumfeldverbesserungsmaßnahmen vermittelt Beilage 2.

Eine Analyse der Bausubstanz hingegen ergab, daß sich die meisten Nordstadthäuser in einem wesentlich besseren Zustand befanden als ihr äußeres Erscheinungsbild zunächst hatte vermuten lassen. Der größte Teil der Gebäude wurde vom Landeskonservator für denkmalwert erklärt. Schlechte, nicht erhaltenswerte Bausubstanz in Form von Lagerräumen, Schuppen und anderen Nebengebäuden befand sich vor allem in den Innenblockbereichen. Die Entscheidung des Landeskonservators bewirkte beim überwiegenden Teil der Nordstadtbewohner eine Steigerung der Wertschätzung ihres Stadtviertels. Die Bereitschaft, bei den folgenden städtischen Umgestaltungsmaßnahmen mitzuwirken bzw. eigene Investitionen in Gebäudeinnen- und Fassadenrestaurierung zu tätigen, wurde dadurch positiv beeinflußt.

Auch die öffentlichen Investitionen zur Wohnumfeldverbesserung in der Bonner Nordstadt waren erheblich. Insgesamt wurden von der Stadt und dem Land Nordrhein-Westfalen 12,7 Millionen DM zur Verfügung gestellt. Diese gliederten sich in folgende Förderbereiche auf (Stadtplanungsamt 1993, S. 19):

- ca. 9 Mio. DM für Verkehrsberuhigung und Umgestaltung der Straßen;

---

[16] Die aktuellen Zahlen spiegeln den Stand vom 1.1.1997 wider (Statistikstelle der Stadt Bonn).

- ca. 2 Mio. für öffentliche Grün- und Freiflächen sowie Spielplätze;
- 400.000 DM für Planung und Bürgerberatung;
- 250.000 DM zur Unterstützung privater Begrünungsmaßnahmen;
- 750.000 DM zur Unterstützung privater Fassadenrestaurierung.

Die Kosten wurden zu rund 70 % (8,27 Millionen DM) vom Land getragen. Die Exkursionsroute durch die Nordstadt versucht, die jeweils wichtigsten Umgestaltungsmaßnahmen in den einzelnen Straßen nachzuzeichnen. Dabei können die durchgeführten Verbesserungsmaßnahmen anhand der Karte auf Beilage 2 nachvollzogen werden. Zunächst führt der Weg entlang der - nur im Nordstadtvergleich breiten - Breitestraße, um dann nach rechts in die Alexanderstraße abzubiegen.

Standort: Alexanderstraße

Mitte des 19. Jahrhunderts wurde in Bonn die Frage einer städtischen Gasversorgung und die Einrichtung einer Gasfabrik akut. Mit Hilfe von Gas sollte in erster Linie die Beleuchtung öffentlicher Plätze und größerer Straßen sowie einzelner begüterter Haushalte sichergestellt werden. Städtische Beleuchtung war bis dahin nur an ausgewählten Orten über wartungsintensive und wenig zuverlässige Öllampen bewerkstelligt worden. Eine private Gasversorgung aus Flaschen war seltene Ausnahme. Nachdem allgemeine Bedenken bezüglich der Luftverunreinigung, möglicher Sicherheitsrisiken und einem befürchteten Bodenpreisverfall in der Nähe einer Gasfabrik ausgeräumt worden waren, erteilte die Stadt Bonn 1854 dem Kölner Unternehmer Alexander Oster den Auftrag, die Gasversorgung Bonns sicherzustellen. Der Vertrag war auf eine Laufzeit von 25 Jahren angelegt. Er beinhaltete neben der Errichtung einer Gasfabrik auch das Aufstellen von Gaslaternen, das Verlegen von Gasleitungen unter städtischen Straßen und den Anschluß ausgewählter Privathaushalte. Oster interpretierte den Vertrag darüber hinaus als Zusicherung des Monopols auf die städtische Gasversorgung, was in der Folgezeit zu einer Reihe von vertraglichen Auseinandersetzungen zwischen dem Unternehmer, der Stadt und privaten Nutzern führte (DRESSEL 1991b, S. 55-57).

Obwohl die Sicherung der Gasversorgung in erster Linie auf eine Befriedigung der Bedürfnisse in den wohlhabenden Stadtgebieten Bonns ausgerichtet war, bedeutete der Bau einer Gasfabrik einen entscheidenden Entwicklungsimpuls für die Bonner Nordstadt. Zu Beginn der zweiten Hälfte des 19. Jahrhunderts befanden sich hier außerhalb der ehemaligen Befestigungsanlagen nur wenige Häuser. Diese konzentrierten sich im wesentlichen auf den Abschnitt der Kölnstraße. Als Standort für seine Gasfabrik wählte Oster mehrere Gartenparzellen aus, die sich im Bereich der heutigen Dorotheen- und Wolfstraße etwa gegenüber der Einmündung der Peterstraße befanden. Das Gaswerk entwickelte sich zu einem bedeutenden Arbeitgeber. 1875 arbeiteten hier 50 Frauen und Männer sowie 33 Kinder und Jugendliche unter 16 Jahren. Durch Verhand-

lungsgeschick, unternehmerischen Weitblick und skrupellose Gewinnmaximierung gelang es Alexander Oster, seine Monopolstellung weiter auszubauen. Den erwirtschafteten Gewinn investierte er größtenteils in den Erwerb von Grundstücken und den Bau von Mietshäusern in der Bonner Nordstadt. Hier war Alexander Oster in den siebziger und achtziger Jahren des vergangenen Jahrhunderts einer der größten Bauherren. An die einstige Bedeutung erinnert noch heute der Name Alexanderstraße. Weniger bekannt hingegen ist der Ursprung der Benennung der Dorotheenstraße: Der Name der Ehefrau des Gasmagnaten war Dorothea Oster.

Gegen Ende des 19. Jahrhunderts hatten schließlich auch die Verantwortlichen der Stadt die Notwendigkeit eines Ausbaus der öffentlichen Gasversorgung und vor allem die daraus erzielbaren Gewinnspannen erkannt. Das technisch inzwischen völlig veraltete Ostersche Gaswerk wurde von der Stadt erworben und niedergelegt. Die neue "Städtische Gasanstalt" errichtete man an der Immenburgstraße. Das Gelände der alten Gasfabrik wurde parzelliert und 1894 als Bauplätze verkauft. Äußere Form und Abmessungen der in dieser Zeit in Bonn nahezu flächendeckend etablierten Gaslaternen zur Straßenbeleuchtung sind überliefert.[17] Sie waren Vorbild für die Gestaltung der ab 1986 im Rahmen der Sanierungsmaßnahmen zur Wohnumfeldverbesserung neu eingeführten elektrischen Straßenlaternen, die heute in den meisten größeren Straßen der Bonner Nordstadt ein zusätzliches gründerzeitliches Flair vermitteln sollen (vgl. Beilage 2).

Standort: Annagraben

An ihrer tiefsten Stelle kreuzt die Alexanderstraße den Annagraben. Diese Straße zeichnet im wesentlichen den Verlauf des alten Grabens vor den städtischen Befestigungsanlagen nach (Karte 1). Von der Kreuzung aus sind rechts im Bereich des 1996 abgerissenen Gefängnistraktes neben dem Gelände des Land- und Amtsgerichtes noch die unteren Teile der früheren Bastionsmauer zu erkennen. Dahinter erhebt sich die Aufschüttung der Oxfordstraße. Der ehemalige Stadtgraben setzt sich nach SW über die ebenfalls tiefliegenden Straßen des Florentiusgrabens und Cassisusgrabens bis zur Maximilianstraße vor dem Bahnhof fort. Rheinwärts wird die Linie der ehemaligen Befestigungsanlagen etwa durch die Reihe der heutigen Krankenhausbauten nachgezeichnet.

Dieser Richtung folgt die Exkursionsroute im Annagraben bis in Höhe des Hauses Nr. 49, über dessen Eingangstür die in Sandstein gemeißelte Aufschrift "Elisabeth-Kinder-Bewahr-Anstalt" zu lesen ist. Hinter diesem, nach heutigem Sprachempfinden befremdlichen Namen verbarg sich eine gemeinnützige, zeitweise genossenschaftlich organisierte Einrichtung. Frauen aus Familien, die nicht im heimischen Handwerks- oder Gewerbebetrieb im Bereich der eigenen Wohnung oder des Hinterhofes arbeiteten, sondern außer Haus beschäftigt waren, konnten hier

---

17 DRESSEL (1991b, S. 53, 55, 57).

ihre Kinder unter Aufsicht "bewahren" lassen. Abends holte man die Kinder aus dieser Vorform unserer heutigen Kindergärten wieder ab. Die außer Haus arbeitenden Frauen waren meist als Näherinnen, Spinnerinnen oder Wäscherinnen beschäftigt. Ein größerer Wasch- und Bleichbetrieb befand sich in unmittelbarer Nähe der Kinderverwahranstalt. Die Straße Wachsbleiche, zwischen Wilhelmsplatz und Rhein wurde danach benannt (SCHLOTTERROSE 1955). Allgemein läßt sich im Annagraben sowie in der benachbarten Alexanderstraße und der Schützenstraße noch das Nebeneinander von renovierten und noch nicht restaurierten Fassaden erkennen. In der Schützenstraße spiegeln beispielsweise die Häuser 3, 10 und 12 das für die Nordstadt typische Bild vor dem Einsetzen der öffentlich Maßnahmen zur Wohnumfeldverbesserung wider. Dieses Programm beinhaltete eine großzügig ausgestattete Anreizförderung zur privaten Fassadenrestaurierung. Gefördert wurden:

- Restaurierung erhaltenswerter Fassaden (Stuckarbeiten, Verputz, Anstrich);

- Rückbau von Fassadenverunstaltungen;

- Entfernen unpassender Bauelemente (Verkachelungen und andere Verkleidungen);

- Verputz und Begrünung von Brandgiebeln;

- Ersatz unpassender Materialien bei Türen und Fenstern durch Holzelemente mit stilgerechtem Design.

Dabei konnten Hauseigentümer je nach Art der durchgeführten Restaurierungsarbeiten und dem Maß der Beachtung denkmalschützerischer Vorgaben mit städtischen Kostenbeteiligungen von bis zu 50 % (höchstens bis 50,- DM pro m^2) rechnen. Nach Angaben der Stadtverwaltung bewirkten diese Fördermaßnahmen zusammen mit Bürgerberatung und -beteiligung schließlich eine Verwandlung der Bonner Nordstadt "von einem häßlichen Entlein zu einem schönen Schwan" (Stadtplanungsamt 1993, S. 64).

Standort: Schützenstraße

Die Schützenstraße ist die kürzeste und zugleich eine der schmalsten Straßen der Bonner Nordstadt. Sie gehört zu den Straßen mit einem besonders hohen Anteil ausländischer Bevölkerung.

Allgemein ist der Anteil ausländischer Bevölkerung in der Nordstadt höher als in anderen Bonner Stadtteilen. Im städtischen Gesamtdurchschnitt beträgt der Anteil ausländischer Bevölkerung an der Wohnbevölkerung Anfang 1997 13,3%, während er 1970 noch bei 4,2% und 1982 bei 9,2% lag (Karte 2).[18] In der Nordstadt war der Ausländeranteil mit 18,6 % bereits 1982 deutlich höher als in anderen Bonner Stadtteilen (Tab. 2).[19] Heute sind 23,8%

der Nordstadtbewohner ausländischer Herkunft. Die Gründe dafür liegen einerseits in der innerhalb der Nordstadt allgemein geringeren Durchschnittsgröße der einzelnen Wohneinheiten und den damit zusammenhängenden niedrigeren Gesamtmietkosten. Andererseits hatten auch eine unzureichende Infrastrukturausstattung der Nordstadtwohnungen und ihr vergleichsweise schlechter Erhaltungszustand bis in die späten siebziger Jahre hinein relativ preiswerte Durchschnittsmieten bewirkt. Dies führte verstärkt zum Zuzug von weniger wohlhabenden Bevölkerungsgruppen, unter ihnen vor allem Ausländer. Die dadurch vorgegebene Konzentration von ausländischer Bevölkerung in der Bonner Nordstadt und die damit verbundenen Selbstverstärkungseffekte führten in den letzten Jahren zu einem weiteren Anwachsen der Anteile ausländischer Bevölkerung (Karte 2).

Eine allgemeine absolute wie auch relative Zunahme ausländischer Bevölkerung und die damit verbundenen Konzentrationsprozesse sind in der Bonner Nordstadt vor allem unter den Zuwanderern aus islamisch geprägten Ländern zu verzeichnen. Deren spezifischer sozialer und ökonomischer Situation hat sich BERNS'AU (1993) in einer detailliert recherchierten Studie gewidmet.

Die einzelnen Straßen weisen jedoch unterschiedlich starke Anteile ausländischer Bevölkerung auf. In der Heer-, Schützen-, Dorotheen-, Vorgebirgs- und Viktoriastraße sowie der Bornheimer Straße sind 21 bis 30% der Bewohner ausländischer Herkunft, während die Ausländeranteile im Gebiet zwischen Kölnstraße und Rhein meist unter 10% liegen (Tab. 2).

Ein weiteres Beispiel für relativ hohe Ausländerdichten innerhalb der Nordstadt stellt neben der kleinen Schützenstraße heute vor allem die Maxstraße dar. Allgemein ist eine deutliche Zunahme bei Läden, Gastronomiebetrieben, Interessenvertretungen und Vereinseinrichtungen zu beobachten, die sich überwiegend oder nahezu ausschließlich an eine ausländische Klientel wenden. Dies gilt insbesondere für die Muslime und unter ihnen vor allem für die Türken in der Bonner Nordstadt. Hier konzentrieren sich Einrichtungen wie z. B. die Bonner Moschee e.V. (Maxstraße 60), das Kurdistan-Zentrum (Maxstraße 52) oder der Treffpunkt für muslimische und deutsche Mädchen (Dorotheenstraße 20). Wie in den meisten anderen Städten Deutschlands stellen auch in Bonn die Türken den größten Teil der muslimischen Bevölkerung. In der Nordstadt jedoch liegt ihr Anteil mit 71% deutlich über dem Bonner Gesamtdurchschnitt von 43% (BERNS'AU 1993, S. 92). Dennoch stellt die Nordstadt auch heute nur in einigen Abschnitten einen überwiegend von Ausländern geprägten Stadtteil dar. Broschüren und Prospekte zur städtischen Imagepflege, die gerne von einer "multi-kulturellen" Struktur der Bonner Nordstadt sprechen, damit aber allenfalls eine "multi-kolorierte" Gesamterscheinung meinen

---

[18] Die Daten für 1970 und 1982 stammen aus KEMPER und KOSACK (1988, S. 43). Die aktuellen Werte (Stand 1.1.1997) wurden dankenswerterweise von Herrn K. Kosack vom Amt 33 (Statistikstelle) der Stadt Bonn zur Verfügung gestellt.

[19] Höhere Ausländerquoten waren in Bonn 1982 nur in den Industriebereichen Ost und West mit 18,7% bzw. 22,2% sowie in Neu-Tannenbusch mit 28,2% zu verzeichnen. Die ebenfalls hohen Ausländeranteile an der Wohnbevölkerung in den statistischen Bezirken

Alt-Godesberg (28,2%) und Plittersdorfer Aue (34,5%) dürfen als Vergleich nicht herangezogen werden, da sie die besondere Bonner Situation als Diplomatenwohnort widerspiegeln (KEMPER und KOSACK 1988, S. 43).

Tab. 2: Einwohnerentwicklung 1970 - 1996 und Ausländeranteil 1996 in Bonn

Statistischer Bezirk		Wohnberechtige Bevölkerung (gesamt)					Ausländer ges. 1996	Ausländer ges. in %
		27/05/70	25/05/87	31/12/90	31/12/92	31/12/96		
110	Zentrum-Rheinviertel	3.162	2.528	2.774	2.844	2.663	600	22,5
111	Zentrum-Münsterviertel	4.176	3.305	3.391	3.529	3.256	783	24,1
112	Wichelshof	6.768	6.817	6.816	6.875	6.809	897	13,2
113	Vor dem Sterntor	10.036	9.124	9.679	9.829	9.323	2.220	23,8
114	Rheindorfer Vorstadt	5.528	5.495	5.584	5.762	5.568	948	7,9
115	Ellerviertel	6.788	5.684	6.100	6.190	5.949	1.080	18,2
116	Bonn-Güterbahnhof	1.555	1.080	1.233	1.156	1.057	307	29,0
117	Baumschulviertel	7.770	6.948	6.915	6.931	6.729	685	10,2
118	Bonner Talviertel	9.033	8.355	8.549	8.621	8.295	883	10,7
119	Vor dem Koblenzer Tor	4.693	4.133	4.298	4.307	3.926	491	12,5
11	Bonner Zentrumsbereich	59.509	53.469	55.339	56.044	53.575	8.894	16,6
120	Neu-Endenich	2.836	3.058	3.008	3.067	3.171	310	9,8
121	Alt-Endenich	7.968	7.854	8.174	8.203	8.284	807	9,7
122	Poppelsdorf	6.152	6.551	7.022	7.113	6.869	1.069	15,6
123	Kessenich	14.119	12.396	12.573	12.854	12.663	1.691	13,4
124	Dottendorf	5.312	5.430	5.425	5.647	5.788	527	9,1
125	Venusberg	2.628	2.441	2.473	2.464	2.222	235	10,6
126	Ippendorf	6.152	6.598	7.001	7.024	7.239	570	7,9
127	Röttgen u. Kottenforst (129)	4.211	4.704	5.020	4.988	4.947	241	4,9
128	Ückesdorf	1.041	1.070	1.331	1.588	2.392	81	3,4
12	Bonn-Südwest	50.419	50.102	52.027	52.948	53.575	5.531	10,3
131	Alt-Tannenbusch	8.363	6.188	6.230	6.211	6.091	517	8,5
132	Neu-Tannenbusch	28	8.135	9.393	9.830	9.701	2.505	25,8
133	Buschdorf	1.683	3.773	4.502	4.791	4.626	371	8,0
134	Auerberg	4.440	7.169	7.580	7.873	7.967	1.460	18,5
135	Grau-Rheindorf	3.259	3.025	3.103	3.157	3.153	374	11,9
136	Dransdorf	5.148	4.639	4.903	4.909	4.747	858	18,1
137	Lessenich/Meßdorf	2.018	3.403	3.535	3.533	3.945	163	4,1
13	Bonn-Nordwest	24.939	36.332	39.246	40.304	40.230	6.248	15,5
141	Gronau-Regierungsviertel	2.292	1.939	1.816	1.831	1.726	251	14,5
242	Hochkreuz-Regierungsviertel	2.079	1.949	1.971	2.027	1.856	221	11,9
14	Regierungsviertel	4.371	3.888	3.787	3.858	3.582	472	13,2
251	Godesberg-Zentrum	4.903	4.340	4.823	5.284	4.829	1.669	34,6
252	Godesberg-Kurviertel	1.793	1.722	1.869	1.855	1.775	215	12,1
253	Schweinheim	3.279	2.822	2.848	2.938	2.914	348	11,9
254	Godesberg-Nord	2.591	1.795	1.854	1.794	1.882	526	28,0
255	Godesberg-Villenviertel	5.832	5.638	5.846	5.980	5.531	936	16,9
25	Godesbg. Zentrumsbereich	18.398	16.317	17.240	17.851	16.931	3.694	21,8
260	Friesdorf	8.225	7.548	7.639	7.768	7.526	872	11,6
261	Neu-Plittersdorf	6.326	4.953	4.952	5.122	4.997	802	16,0
262	Alt-Plittersdorf	2.877	3.321	3.782	4.102	3.924	498	12,7
263	Rüngsdorf	6.712	5.914	6.231	6.402	6.390	1.087	17,0
264	Muffendorf	2.860	3.416	3.617	3.674	3.576	437	12,2
265	Pennenfeld	4.333	3.631	3.515	3.647	3.528	713	20,2
266	Lannesdorf	6.604	5.835	5.949	6.034	5.965	1.028	17,2
267	Mehlem-Rheinaue	3.764	3.485	3.623	3.752	3.721	837	22,5
268	Obermehlem	3.397	3.913	4.130	4.232	4.199	524	12,5
269	Heiderhof	3.856	4.444	4.330	4.421	4.481	381	8,5
26	Godesberger Außenring	48.954	46.460	47.768	49.154	48.307	7.179	14,9
371	Beuel-Zentrum	10.477	9.691	10.053	10.054	9.610	1.051	10,9
372	Vilich/Rheindorf	5.831	6.360	6.778	7.256	7.184	668	9,3
373	Beuel-Ost	3.471	3.423	3.965	4.565	4.908	891	18,2
374	Beuel-Süd	2.968	5.513	5.732	5.700	6.116	561	9,2
37	Beueler Zentrumsbereich	22.747	24.987	26.528	27.575	27.818	3.171	11,4
381	Geislar u. Siegaue (380)	1.361	1.394	1.472	1.585	1.851	94	5,1
382	Vilich-Müldorf	1.691	1.851	2.134	2.210	2.268	119	5,3
383	Pützchen/Bechlinghoven	3.658	4.315	4.574	4.590	4.980	450	9,0
384	Li-Kü-Ra	5.423	5.673	5.770	5.767	5.745	555	9,7
385	Oberkassel	5.892	6.151	6.175	6.177	7.094	619	8,7
386	Holzlar	3.038	6.388	6.991	7.365	8.015	704	8,8
387	Hoholz	1.665	2.103	2.196	2.210	2.281	109	4,8
388	Holtorf u. Ennert (389)	1.267	1.777	1.793	1.794	1.791	72	4,0
38	Beueler Außenring	23.995	29.652	31.105	31.698	34.025	2.722	8,0
491	Duisdorf-Zentrum	4.594	4.424	4.930	4.991	4.939	688	13,9
492	Finkenhof	3.323	2.441	2.409	2.351	2.239	102	4,6
493	Medinghoven	330	4.269	4.252	4.300	4.141	361	8,7
494	Brüser Berg	416	6.914	7.860	8.538	8.567	915	10,7
495	Lengsdorf	4.316	3.973	4.179	4.230	4.216	502	11,9
496	Duisdorf-Nord	1.172	1.300	1.685	1.737	2.034	195	9,6
497	Neu-Duisdorf	7.035	5.703	6.001	5.992	5.706	511	9,0
49	Hardtberg	21.186	29.024	31.316	32.139	31.842	3.274	10,3
Stadtbezirk Bonn		137.159	141.842	148.428	151.127	149.106	20.924	14,0
Stadtbezirk Bad Godesberg		69.431	64.726	66.979	69.032	67.094	11.094	16,5
Stadtbezirk Beuel		46.742	54.639	57.633	59.273	61.843	5.893	9,5
Stadtbezirk Hardtberg		21.186	29.024	31.316	32.139	31.842	3.274	10,3
Stadt Bonn		274.518	290.231	304.356	311.571	309.885	41.185	13,3

Quelle: Bundesstadt Bonn, Amt 33 / Statistikstelle

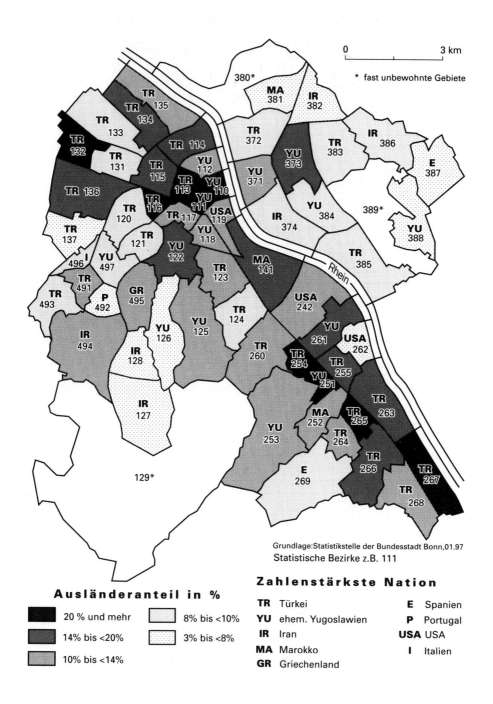

0   3 km

* fast unbewohnte Gebiete

Grundlage:Statistikstelle der Bundesstadt Bonn,01.97
Statistische Bezirke z.B. 111

Ausländeranteil in %

	20 % und mehr		8% bis <10%
	14% bis <20%		3% bis <8%
	10% bis <14%		

Zahlenstärkste Nation

TR	Türkei	**E**	Spanien
YU	ehem. Yugoslawien	**P**	Portugal
IR	Iran	**USA**	USA
MA	Marokko	**I**	Italien
GR	Griechenland		

Karte 2: Ausländeranteil in den statistischen Bezirken der Stadt Bonn (Stand 1.1.1997)

können, sollten daher mit entsprechend kritischer Distanz betrachtet werden. Es erscheint vielmehr geboten, den "hohen Ausländeranteil" der Bonner Nordstadt allein im Bonner Gesamtkontext zu interpretieren (Tab. 2). Keinesfalls darf der Eindruck entstehen, die Nordstadt sei mit den vor allem von Ausländern geprägten Vierteln an-derer Groß- und Mittelstädte Deutschlands vergleichbar. Wenn KEMPER und KOSACK (1988, S. 37-39) in ihrer bevölkerungsgeographischen Skizze der Stadt Bonn dennoch von "Ghetto" und "Segregation" sprechen, dann ist dies eher als allgemeine Erklärung und Vergleichsgrundlage mit entsprechenden Strukturen in anderen Städten zu verstehen.

Aus der Schützenstraße kommend überquert die Exkursionsroute die Breitestraße, um links gegenüber in die Wolfstraße einzubiegen. Nach wenigen Metern wendet sie sich nach rechts in die Peterstraße.

Standort: Peterstraße

Die Peterstraße ist ebenfalls eine der schmalsten und zugleich kürzesten Straßen der Bonner Nordstadt. Parallel zur Breitestraße verlaufend verbindet sie Paulstraße und Wolfstraße. Dem Besucher fällt, unabhängig davon ob er von SW oder NO in die Peterstraße einbiegt, sogleich die durchgehende einheitliche Bebauung auf, welche beidseitig den gesamten Straßenzug prägt und in deutlichem Kontrast zur abwechslungsreichen Formenvielfalt der Nachbarstraßen steht.

Die einheitliche Bebauung repräsentiert die inzwischen renovierten Gebäude früherer, gemeinnütziger Wohnungsbaugesellschaften, die hier bereits in der zweiten Hälfte des letzten Jahrhunderts mit preiswerten, genormten Kleinwohnungen für Arbeiterfamilien der latenten Wohnungsnot zu begegnen versuchten. Wie in vielen anderen Groß- und Mittelstädten Deutschlands waren auch in Bonn privater und profitorientierter Wohnungsbau allein nicht in der Lage, dem mit zunehmender Industrialisierung wachsenden Wohnraumbedarf gerecht zu werden.

Die Aufgabe, billigen Wohnraum zu schaffen, übernahmen entweder gemeinnützige Wohnungsbaugesellschaften oder einzelne Arbeitgeber, wie etwa die Jutespinnerei in Beuel. Durch Projekte in der Peterstraße und Paulstraße wurden 30 Häuser mit insgesamt 118 Wohnungen bereitgestellt. Damals galten die Wohnungen mit drei Zimmern und Etagen-WC als überaus fortschrittlich. Teilweise waren den Wohnungen insbesondere im hinteren Bereich der Erdgeschosse Werkräume und Werkstätten direkt angeschlossen.

In der Peterstraße baute ab 1862 die "Gemeinnützige Wohnungsbaugesellschaft" und ab 1898 die "Arbeiter-Wohnungsgenossenschaft" (DREßLER 1991, S. 27). Pläne für eine geschlossene Häuserfront in der Paulstraße stammen bereits aus dem Jahr 1874 (Stadtplanungsamt 1990). Damit ist dieser Bereich ein relativ frühes Zeugnis gemeinnützigen Wohnungsbaus in Deutschland. In der Bonner Nordstadt gibt es nur zwei Beispiele solcher Wohnraumprojekte, wovon die Peterstraße als die am eindrucksvollsten renovierte Anlage gelten kann. Die Gebäude gehören noch heute einer Wohnungsbaugenossenschaft.

Im Rahmenplan für die Innere Nordstadt wurde die gesamte Fassadenfront der Peterstraße als erhaltenswert eingestuft und einheitlich restauriert. Neben den üblichen verkehrsberuhigenden Maßnahmen, Pflasterung und Begrünung, wurde die neue Beleuchtung hier nicht, wie sonst in der Nordstadt üblich, in Form von Stablaternen eingesetzt, sondern als Zugeständnis an die geringe Straßenbreite direkt an den Hausfassaden angebracht. Die Peterstraße besitzt auch heute noch reine Wohnfunktion. Gewerbe-und Gastronomiebetriebe an ihren Endpunkten gehören bereits zur Paul- bzw. Wolfstraße.

Einen guten Überblick auf die Rückseite der trotz ihrer ehemaligen Fortschrittlichkeit heute eher beengt wirkenden Normwohnungen gewährt eine Bebauungslücke zwischen Haus Nr. 27 der Peter- und Haus Nr. 5 der Paulstraße, der Gaststätte "Klein Bon(n)um". Von hier aus sind - über eine Mauer hinweg für großgewachsene Exkursionsteilnehmer - die einheitlichen, nach Wohnungszugehörigkeit streng voneinander abgetrennten Kleinsthinterhöfe noch gut zu erkennen. Eigentümer und Mieter haben jedoch in den letzten Jahren durch Zusammen-

legung und Entsiegelung der Hinterhöfe verstärkt zu einer Auflockerung des Gesamtbildes beigetragen.

Um einen Gesamteindruck vom typischen Zusammenspiel zwischen Vorderhaus und Hinterhof in der Bonner Nordstadt zu erlangen, wendet sich die Exkursionroute nun in die Paulstraße und dort links in Richtung Heerstraße.

Standort: Hinterhöfe im Bereich Paulstraße und Heerstraße

Auch heute noch ist in der Bonner Nordstadt das frühere funktionale Zusammenspiel zwischen Wohnraum, Gewerbeflächen und Hinterhöfen bzw. Kleingärten zur Selbstversorgung deutlich erkennbar. Innenblockgebiete und Hinterhöfe besaßen in der gründerzeitlichen Nordstadt eine von vornherein geplante, völlig andere Funktion als die allein auf Repräsentation und Erholung ausgerichteten entsprechenden Bereiche der Südstadthäuser.

Eine Art Zeitreise durch die verschiedenen Phasen der Nutzung von Innenblockbereichen in der Bonner Nordstadt kann die Einhaltung einer bestimmten Reihenfolge beim Besuch von Hinterhofzugängen in der Paulstraße ermöglichen (siehe Beilage 2):

Dazu führt die Exkursionsroute zunächst durch eine Hofeinfahrt zwischen den Häusern 23 und 25. Hier läßt sich noch etwas vom ursprünglichen, fast ländlich anmutenden Flair erahnen. Im nicht renovierten Innenblockbereich sind mehrere alte, wenn auch mittlerweile nicht mehr betriebene Werkstätten und sogar noch bestellte Nutzgärten zu erkennen. Diese Form der Inwertsetzung war für die Nordstadt allgemein von der Gründerzeit bis in die fünfziger Jahre kennzeichnend. Die nächste Nutzungsphase offenbart eine Durchfahrt im Bereich von Haus Nr. 15. Der Weg führt zu weitläufigen Garagenhofanlagen, wie sie für Sekundärnutzungen während der sechziger und siebziger Jahre charakteristisch waren. Die monotonen Garagenzeilen nehmen einen Großteil des gesamten Innenblockbereichs ein und reichen teilweise bis an die Rückfront der Häuser der Wolfstraße. In deutlichem Kontrast dazu steht die die nächste Phase kennzeichnende Gestaltung eines benachbarten Hinterhofs, der über eine Durchfahrt unter Haus Nr. 21 erreichbar ist. Hier ist in einem ehemaligen Garagenhof durch private Initiative von Anwohnern eine Grünanlage mit Bäumen, Sträuchern und berankten Mauern entstanden. Schließlich wird auch die Phase öffentlich gelenkter Wohnumfeldverbesserungen in der Nordstadt veranschaulicht durch einen Blick hinter die Kulissen des Hauses Nr. 25. Eine regelrechte Hinterhausbebauung oder eine mehrfach ineinander gestaffelte Blockbebauung, wie sie für viele andere gründerzeitliche Wohnquartiere Deutschlands charakteristisch war, gab es in der Bonner Nordstadt nicht. Ansatzweise ist dieses Prinzip nur an einigen wenigen Stellen, wie im Bereich des denkmalgeschützten Hauses Nr. 25, noch heute erkennbar. Die hintereinander liegenden Gartenhäuser 25a sowie 27 und 27a stellen gleichsam Relikte der früheren, in Bonn insgesamt seltenen Blockinnenbebauung dar.

Wieder zurück auf der Paulstraße wendet sich die Exkursionsroute nach links in die Heerstraße (Karte 1).

Standort: Heerstraße

Die Heerstraße bildet die zentrale Verbindungsachse der Inneren Nordstadt. Ihr Verlauf folgt im wesentlichen der Trasse der alten Römerstraße, die als Abzweig der Fernverbindung Gallien-Trier-Köln von der Eifel zum am Rhein gelegenen Heerlager "Castra Bonnensia" führte. Diesem historischen Bezug hat die Straße ihren bis heute erhaltenen Namen zu verdanken. Die Heerstraße war ausgerichtet auf die "Porta Decumana", den westlichen Haupteingang des römischen Legionslagers, dessen Reste zwischen Rhein und Römer- bzw. Kölnstraße nachweisbar sind. Der ehemalige Verlauf der römischen Westverbindung wird über die Heerstraße hinaus innerhalb Bonns auch durch andere Flur- und Straßennamen nachgezeichnet. Die Route setzt sich fort als "Alter Heerweg" in Lessenich sowie als Steinweg und "Alte Heerstraße" (Flurbezeichnung) in Endenich. Im Bonner Raum traf die Westanbindung mit der linksrheinischen römischen Fernverbindung Basel-Mainz-Köln-Nimwegen zusammen. Den Verlauf dieser Straße zeichnen die frühere Steinstraße in Graurheindorf, die Römerstraße als ehemalige "via principalis" in der Nordstadt und die früher Steinweg genannte Adenauerallee[20] entlang des Rheins nach.

Als wichtige Landstraße in der frühen Neuzeit zunächst noch außerhalb Bonns gelegen, wurde die Heerstraße ab 1865 mit meist dreigeschossigen Gebäuden flankiert und zeigt seit etwa 1880 eine geschlossene Straßenrandbebauung. Die Qualität der Bausubstanz ist im Durchschnitt deutlich besser als die anderer Nordstadtstraßen. Aufgrund ihrer zentralen Lage und als wichtige Verbindung zwischen Kölnstraße und Bornheimer Straße war die Heerstraße immer auch eine Hauptverkehrsachse. Vor den verkehrsberuhigenden Maßnahmen im Rahmen der Wohnumfeldverbesserung in der Nordstadt war die Heerstraße geprägt von langen Parkreihen sowie lautem und langsamem Durchgangsverkehr. Zahlreiche Läden und andere Versorgungseinrichtungen zogen zusätzlichen Anliegerverkehr an.

Die Umgestaltungspläne für die Bonner Nordstadt setzten zunächst in der Heerstraße an. Daher besaß die Heerstraße nach Realisierung der Maßnahmen zur Verkehrsberuhigung und Wohnumfeldverbesserung eine Art Demonstrations- und Vorbildcharakter, lieferte wichtige Erfahrungswerte für künftige Kostenplanungen und konnte erfolgreich bei der Überzeugungsarbeit im Rahmen der geplanten Bürgerbeteiligungen eingesetzt werden.

Im Vordergrund der Umgestaltungsmaßnahmen standen zunächst zwar vor allem Verkehrsberuhigung und Verkehrsverminderung, jedoch sollte langfristig auch die im

---

Nordstadtvergleich solide und repräsentative Bausubstanz optisch aufgewertet werden. Die dabei eingesetzten Mittel umfassen eine ganze Reihe aufeinander abgestimmter Maßnahmen:

Dazu gehörten die Anlage einer schmaleren, gepflasterten Fahrspur in der Mitte der Straße, tempomindernde Doppelversätze der Fahrbahn sowie eine Ausstattung mit Laternen und Baumreihen. Bezugnehmend auf die historische Bedeutung der Heerstraße wurden in die im Abstand von 60 bis 70 Metern errichteten Tempobremsen Abgüsse römischer Gedenksteine und -säulen integriert. Die Originale dieser Stücke wurden im Bereich der Heerstraße bzw. Römerstraße gefunden und befinden sich heute größtenteils im Rheinischen Landesmuseum.

Die Maßnahmen zur Wohnumfeldverbesserung in der Bonner Nordstadt hatten für die Heerstraße ursprünglich seitlich wechselnde Parkreihen vorgesehen, die Autofahrer zu mehrfachen Richtungsänderungen zwingen und damit zur Verkehrsberuhigung beitragen sollten. Jedoch paßte dieses Umbauprinzip stilistisch nicht zu einer Straße mit vorwiegend gründerzeitlicher Bebauung. Bei solchen Straßen kommt, unabhängig davon, ob sie geplant oder ohne übergreifende Regelungen angelegt wurden, immer einer symmetrischen Gesamtausrichtung eine zentrale Bedeutung zu. Aus diesem Grund wurden in der Heerstraße zwei Baumreihen mit zwischengeschalteten Parkbuchten zu beiden Seiten der Straße eingerichtet. Eine dadurch eintretende, weitere Fahrspurverengung wurde bewußt in Kauf genommen. Das heutige Bild der Heerstraße kommt damit dem Aussehen einer um die Jahrhundertwende entstandenen Allee näher. Dennoch muß betont werden, daß dieses heutige, gründerzeitlich anmutende Gesamtbild nichts gemein hat mit einem früheren, historisch belegbaren Aussehen der Heerstraße. Diese war als wichtige Verkehrsverbindung in einem Mischgebiet entstanden und nie als Allee konzipiert gewesen. Ungeachtet dieser nicht ganz stilgerechten Restaurierungskomponente stellt die Heerstraße ein Beispiel besonders gut gelungener Wohnumfeldverbesserungsmaßnahmen in der Bonner Nordstadt dar (siehe Beilage 2).

Standort: Spielplatz im Blockinnenbereich zwischen Heer- und Adolfstraße

Von der Heerstraße aus erreicht die Exkursionsroute über eine Einfahrt zwischen den Häusern 32 und 34 eine der wenigen größeren Grünanlagen der Bonner Nordstadt. In diesem Blockinnenbereich zwischen Heer- und Adolfstraße sowie Georgstraße und der Straße Im Krausfeld hat die Stadt im Rahmen der umfassenden Umgestaltungsmaßnahmen der siebziger und achtziger Jahre in mehreren Etappen eine größere Gesamtfläche erworben und unter Einbeziehung der Vorstellungen verschiedener Bürgerinitiativen umgestaltet. Von den ursprünglichen Planungen der Einrichtung einer Tiefgarage zur Minderung des allgemeinen Parkdrucks in der Bonner Nordstadt wurde wieder abgerückt. Heute befinden sich auf dem Gelände das sog. Frauenmuseum (siehe nächster Standort), ein öffentlicher Kinderspielplatz und begrünte Stellflächen für PKWs.

Die Exkursionsroute führt weiter quer über das Spielplatzgelände und gelangt über einen öffentlichen Durchgang in Haus 88 auf die Adolfstraße (Karte 1). Dieser folgt sie nach SW und biegt dann wieder links in die Straße Im Krausfeld ab. Über einen großzügig verbreiterten Durchgang im Bereich von Haus Nr. 10 erreicht man den Platz vor dem sog. Frauen-Museum.

Standort: Frauen-Museum

Das 1981 eröffnete Frauen-Museum war das erste seiner Art in Deutschland. Eingerichtet wurde es im Gebäude eines ehemaligen Textilgroßhandels, das früher den Innenblockbereich zwischen Heer- und Adolfstraße einerseits sowie zwischen Im Krausfeld und Georgstraße andererseits dominierte. Das dreistöckige Gebäude war 1965 erbaut, in mehreren Etappen aufgestockt und umgebaut worden. Der Textilgroßhandelsbetrieb arbeitete hier bis 1979. Dies belegt, daß die immer wieder betonte Mischnutzung aus Wohnen und Gewerbe in der Bonner Nordstadt nicht nur ein gründerzeitliches Relikt darstellte, sondern teilweise bis in die achtziger Jahre dieses Jahrhunderts prägend war.

Ursprünglich sollte das von der Stadt aufgekaufte Fabrikgebäude niedergelegt und das Gelände zusammen mit dahinterliegenden Innenhofbereichen in eine große zusammenhängende Grünfläche umgewandelt werden. Gegenvorschläge und Bürgereinspruch verhinderten dies jedoch. Heute stellt der Bereich um das Frauen-Museum einen von Seiten der Stadt Bonn gern präsentierten Beleg für die erfolgreiche Synthese aus stadtplanerischen Erwägungen und Bürgerbeteiligung dar.

Standort: Maxstraße

Nicht viele Bonner Straßen können auf eine so wechselvolle Namensgebungsgeschichte zurückblicken wie die Maxstraße und dabei gleichzeitig beredtes Zeugnis ablegen von der Verbindung zwischen (Welt-)Politik und (Schild-)Bürgeraktivitäten: Benannt wurde die Straße zwischen Breitestraße und Heerstraße in Verlängerung der Vorgebirgsstraße nach dem letzten Kurfürsten Max Franz. Im Sinne dieser Tradition steht sie in Namensverbindung mit ihrer südlichen Parallelstraße, der Franzstraße.

Vermutlich war es auch die phonetische Nähe zwischen Max und Marx, die 1922 auf zunächst noch gemeinsame Initiative der im Stadtparlament vertretenen DDP, SPD und Zentrumspartei zur Durchsetzung einer Umbenennung in Karl-Marx-Straße führte. Dies zog erhebliche Proteste konservativer Bürger nach sich. Zeitgeistkonform wurde die Marx-Straße 1933 wieder in Maxstraße umbenannt. Spätestens dadurch endgültig zum Politikum geworden, dauerte es nach dem Krieg bis immerhin 1949, bevor man die "nationalsozialistische Umtaufaktion" wieder rückgängig machte und zum Namen Karl-Marx-Straße zurückkehrte. Während der Hochphase des Kalten Krieges wurden 1961 im Rahmen einer nicht ganz unumstrittenen Bürgerbefragungsaktion "Karl" und "r" wieder gestrichen

und der ursprüngliche Name Maxstraße wieder eingesetzt. Daß es seither nicht zu weiteren Umbenennungsvorschlägen kam, ist wohl vor allem darauf zurückzuführen, daß das inzwischen größer gewordene Bonn im Stadtteil Dottendorf eine andere Karl-Marx-Straße erhalten hat - hinter dem Erich-Ollenhauer-Haus. Darüber hinaus leben beide Namen des Kurfürsten ungeteilt im Stadtteil Bad Godesberg als Max-Franz-Straße fort.

Heute weist die Bebauung der Maxstraße sehr unterschiedliche Strukturelemente auf. Gründerzeitliche Wohnhausreihen mit erhaltenswerten Fassaden einerseits stehen einer jüngeren offeneren Bebauung mit teilweise gewerblicher Nutzung andererseits gegenüber.

Den Kreuzungsbereich Maxstraße-Heerstraße prägt ein - für sich allein betrachtet - eher unscheinbares Gebäude, das jedoch im Kontext der übrigen Nordstadtbebauung eine Besonderheit darstellt: Haus Nr. 77, die einzige freistehende Villa der Inneren Nordstadt (siehe Beilage 2). Das Gebäude war 1871 in spätklassizistischem Baustil italienischer Prägung errichtet worden. Nach wechselvoller Geschichte verfiel das seit der zweiten Hälfte dieses Jahrhunderts immer länger unbewohnte Haus zusehends. Nach langen und schwierigen Übernahmeverhandlungen konnte die Stadt Bonn das Gebäude 1986 erwerben und in die Planungen zur Wohnumfeldverbesserung der Bonner Nordstadt einbeziehen. Die Renovierungskosten waren erheblich, da die Vorbesitzer nichts in die Erhaltung des Gebäudes investiert, sondern im Gegenteil auf baldigen Verfall und Abrißgenehmigung gehofft hatten. An den Kosten beteiligte sich der Bund der Deutschen Architekten mit einer großzügigen Spende, so daß die Villa zur 2000-Jahrfeier der Stadt Bonn eröffnet und ihrer neuen Bestimmung als Begegnungs- und Beratungsstätte für arbeitslose Jugendliche zugeführt werden konnte.

Die für die Nordstadt allgemein charakteristische Mischnutzung drückt sich im Verlauf der Maxstraße - weniger als etwa in der benachbarten Breitestraße - in einem Nebeneinander von Wohnungen und Ladenlokalen aus als vielmehr in einer funktionalen Verschachtelung von Lagern und Wohnhäusern mit handwerklich und kleingewerblich genutzten Hinterhöfen. Einen guten Einblick und eine Vorstellung der für diesen Stadtteil früher prägenden Mischnutzung gewährleistet ein zugänglicher Hinterhofkomplex mit Lagern und Werkstätten zwischen den Häusern gegenüber der Einmündung der Weiherstraße.

Wie diese traditionellen Hinterhofbereiche im Zuge der Wohnumfeldverbesserungsmaßnahmen in der Bonner Nordstadt schließlich umgestaltet wurden, zeigt am besten ein Abstecher in den ehemaligen Innenblockbereich zwischen Max-, Weiher- und Franzstraße. Dorthin gelangt man zwischen Haus 75 und der Villa 77 entlang der Stichstraße-Maxstraße, dem früheren sog. "Maxstraße-Privatweg" (siehe Beilage 2). Im Innenblockbereich wurden hier auf mehreren brachliegenden, ehemals gewerblich genutzten Parzellen in Nachbarschaft eines Schrottplatzes ab 1986 von Seiten der Stadt Grünflächen und ein Kinderspielplatz eingerichtet. Angeregt durch die öffentliche Initiative werteten seit Ende der achtziger Jahre zahlreiche Haus- und Gewerbehofbesitzer ihre Anlagen durch private Begrünungsaktionen optisch auf. Gegen die Einrichtung eines allseits zugänglichen Spielplatzes mit Grünanlagen im Blockinnenbereich hatten allerdings erhebliche Einwände von Seiten der Anwohner bestanden. Man befürchtete, eine solche "Begegnungsstätte" könne sich zum Anziehungspunkt von umherziehenden Jugendlichen oder gar zu einem Treffpunkt der Drogenszene entwickeln. Angeblich waren schon Einwegspritzen gefunden worden.[21] Aus einer Mischung von Besorgnis und Hysterie entwickelte sich ein Bedürfnis nach Kontrollierbarkeit. Nach entsprechenden Bürgereingaben wurden ein Tennis- und ein Kinderspielplatz mit hohen Gitterzäunen umgeben, die es ermöglichen, das Gelände nachts abzuschließen. So erinnert ein Gang durch den Bereich Stichstraße-Maxstraße heute weniger an eine innerstädtische Grünanlage als an einen Zoobesuch. Als letzte bauliche Integrationsmaßnahme des ehemals abgeschlossenen Innenblockgebietes wurde durch eine 1992 errichtete Wendeltreppe ein Durchgang zur Weiherstraße und damit zum Bereich um das Stadthaus geschaffen.

Die Exkursionsroute folgt dieser Treppe und gelangt über die Weiherstraße und den unteren Bereich der Maxstraße nach rechts wieder zum Ausgangspunkt, dem Beginn der Breitestraße als Tor zur Nordstadt.

Literatur

BERNS'AU, M. (1993): Muslime in der Bonner Nordstadt. Religion, Identität, Integration. (unveröff. Examensarbeit), Bonn.

Bonner Geschichtswerkstatt (Hg.) (1991): "... tranken dünnen Kaffee und aßen Platz dazu." Leben in der Bonner Nordstadt 1850-1990. Bonn.

COLDITZ, H.-P. (1976): Extra Bonnam nulla vita. Notizen aus der Bonner Altstadt. In: Bonn. - Merian-Monatsheft 29 (9), Hamburg S. 40-43, 120.

VON DER DOLLEN, B. (1978): Vorortbildung und Residenzfunktion. Eine Studie zu den vorindustriellen Stadt-Umland-Beziehungen. Dargestellt am Beispiel Bonn-Poppelsdorf. -Veröffentlichungen des Stadtarchivs Bonn 20, Bonn.

VON DER DOLLEN, B. (1979): Bonn-Poppelsdorf. Die Entwicklung der Bebauung eines Bonner Vorortes in Karte und Bild (bis zur Sanierung). - Landeskonservator Rheinland, Arbeitsheft 31. Köln, Bonn.

VON DER DOLLEN, B. (1982a): Der Thomann-Plan. Zur Aufstellung und Interpretation des ersten Stadterweiterungsplanes für Bonn im Bereich der sogenannten Südstadt (1855 ff.). In: Bonner Geschichtsblätter 34, S. 141-172.

VON DER DOLLEN, B. (1982b): Bonn-Poppelsdorf. Entwicklung der Bebauung (Primärbebauung) und Alter der Bebauung 1967. - Geschichtlicher Atlas der Rheinlande, Beiheft IV/3.3, Köln.

VON DER DOLLEN, B. (1988a): Die Bonner Altstadt - zur Genese ihrer Bausubstanz. In: MAYER, E., FEHN, K. und P.W. HÖLLERMANN (Hg.): Bonn - Stadt und Umland. - Arbeiten zur Rheinischen Landeskunde 58, S. 105-125.

VON DER DOLLEN, B. (1988b): Die Entwicklung der Bebauung im Bonner Raum 1810-1980. In: MAYER, E., FEHN, K. und P.W. HÖLLERMANN (Hg.): Bonn - Stadt und Umland. - Arbeiten zur Rheinischen Landeskunde 58, S. 247-267.

DREßEL, H.C. (1991a): Soziales Bauen: "Ueber Arbeiterwohnungen in Bonn". In: Bonner Geschichtswerkstatt (Hg.): "... tranken dünnen Kaffee und aßen Platz dazu." Leben in der Bonner Nordstadt 1850-1990. Bonn, S. 22-28.

DREßEL, H.-C. (1991b): Die Ostersche Gasfabrik: Es werde Licht, auch des Nachts. In: Bonner Geschichtswerkstatt (Hg.): "... tranken dünnen Kaffee und aßen Platz dazu." Leben in der Bonner Nordstadt 1850-1990. Bonn, S. 52-57.

ENNEN, E. (1962): Geschichte der Stadt Bonn. II. Teil. Bonn.

ENNEN, E. und D. HÖROLDT (1976): Vom Römerkastell zur Bundeshauptstadt. Kleine Geschichte der Stadt Bonn. Bonn.

FEHR, G. (1976): Hoffähig seit Jahrhunderten. Als Bonn noch kurfürstliche Residenz war. In: Bonn. - Merian-Monatsheft 29 (9), Hamburg S. 26-34.

KEMPER, F.-J. und K. KOSACK (1988): Bevölkerungsgeographische Skizze der Stadt Bonn. In: MAYER, E., FEHN, K. und P.W. HÖLLERMANN (Hg.): Bonn - Stadt und Umland. - Arbeiten zur Rheinischen Landeskunde 58, S. 19-44.

KNOPP, G. (1989): Das Gebäude des alten chemischen Instituts der Universität Bonn. "The dignity of a great Public Building dedicated to science". In: Jahrbuch der Rheinischen Denkmalpflege 33, S. 193-224.

KNOTH, P. und B. STRICKER (1995): Lebensraum Stadt - Raum zum Leben? München.

LÜTZELER, H. (1972): Bonn, so wie es war. Düsseldorf.

MÜLLER-HENGSTENBERG, H. (1982): Heerstraße, Milchgasse, Heidenweg - Bonner Straßen aus der Römerzeit. In: Bonner General-Anzeiger vom 30.5.82, S. IV.

NIESSEN, J. (1956): Geschichte der Stadt Bonn. I. Teil. Bonn.

PHILIPPSON, A. (1947): Die Stadt Bonn. Ihre Lage und räumliche Entwicklung. Bonner Geograph. Abhandlungen 2, Bonn.

PHILIPPSON, A. (1996): Wie ich zum Geographen wurde. Aufgezeichnet im Konzentrationslager Theresienstadt zwischen 1942 und 1945. Hrsg. von H. BÖHM und A. MEHMEL. Bonn.

SCHLOTTEROSE, R. (1955): Rund um die Wachsbleiche in den letzten zwei Jahrhunderten. In: Alt Bonn - Heimatblätter für Bonn und Umgebung 1, S. 2-4.

SCHUBERT, G. (1977): Gedanken zur Stadtplanung. Eine

---

[21] Etwas harmloser beschreibt die städtische Werbeschrift "Wohnumfeldverbesserung in der Bonner Nordstadt" die Situation: "Da dieser Spielplatz, der im Blockinnenbereich frei zugänglich war, in den Abendstunden auch zahlreiche Jugendliche zum fröhlichen Feiern anzog, ..." (Stadtplanungsamt 1993, S. 46).

kritische Betrachtung am Beispiel Bonn. Hg. von Rheinischer Verein für Denkmalpflege und Heimatschutz. Bonn.

Stadtplanungsamt Bonn (Hg.) (1977): Rahmenplanung Innere Nordstadt. Bonn.

Stadtplanungsamt Bonn (Hg.) (1993): Wohnumfeldverbesserung in der Bonner Nordstadt. - Beiträge zur Stadtentwicklung, Stadtplanung und zum Bauwesen 3, Bonn.

Stadtplanungsamt Bonn (Hg.) (1995): Straßen und Plätze in Bonn. -Beiträge zur Stadtentwicklung, Stadtplanung und zum Bauwesen 6, Bonn.

THIEME, G. (1988): Bonn als Universitätsstadt. In: MAYER, E., FEHN, K. und P.W. HÖLLERMANN (Hg.): Bonn - Stadt und Umland. - Arbeiten zur Rheinischen Landeskunde 58, S. 45-61

ZIMMERMANN, W. (1914): Heimatkunde der Stadt Bonn und ihrer Umgebung. Bonn

Anschrift des Autors

Dr. Andreas Dittmann, Geographisches Institut der Rheinischen Friedrich-Wilhelms-Universität
Meckenheimer Allee 166, D-53115 Bonn

Von der Residenz zu den Turmbauten

Busso von der Dollen und Helmuth Toepfer

Thematik:	**Aspekte der Stadtentwicklung vom mittelalterlichen Stadtkern bis zur Bundesstadt**
durchzuführen als:	**Fußexkursion**
ungefähre Dauer:	**ca. 4 Stunden (ohne Besuch der Museen)**
Empfohlene Karten:	**Stadtplan Bonn**

1. Einführung

Diese Exkursionsroute soll die städtebauliche Entwicklung vom mittelalterlichen Stadtkern innerhalb der Mauern zur modernen Stadt an ihrer südlichen und südwestlichen Peripherie vorführen. Ausschlaggebend waren sowohl im 17./18. Jh. als auch im 20. Jh. zentrale Funktionen höchster Ordnung: die einer Hauptstadt. Bonn hat auch über den Beschluß vom 20. Juni 1991 hinaus, der Berlin zur Hauptstadt des wiedervereinigten Deutschland bestimmte, nach wie vor Hauptstadtfunktionen und soll sie als Bundesstadt auch behalten (siehe hierzu auch die Exkursion B1a). Die Entwicklung zu einer Hauptstadt setzt jedoch wesentlich früher ein, als mit dem Beschluß des Parlamentarischen Rats vom 11.5.1949.

Im 16. Jh. werden die zentralen Regierungsfunktionen des Erzstifts und Kurfürstentums Köln schrittweise auf Bonn konzentriert, so daß Kurfürst Ferdinand Bonn 1601 endgültig zur festen Residenz bestimmmt. Kurköln ist eines jener vielen Territorien des alten Deutschen Reiches; zu diesem gehören neben dem schmalen Landstreifen am Niederrhein von Rheinberg bis Linz noch das Herzogtum Westfalen und das Vest Recklinghausen.

Selbstverständlich wird seit dieser Zeit an einem repräsentativen Residenzschloß in Bonn gebaut. Der Ausbau zur Haupt- und Residenzstadt bezieht die Landschaft und damit das städtische Umland ein. Ein System von Alleen gliedert sich im südwestlichen Bereich zwischen Bonn, Poppelsdorf und Endenich an die Achse zwischen den beiden Schlössern in Bonn und Poppelsdorf, die Poppelsdorfer Allee. Der Bau des Poppelsdorfer Schlosses als maison de campagne "einen Kanonenschuß weit vor den Toren der Stadt" leitet eine Entwicklung ein, die im 19. Jh. die gesamte Gemarkung beider Siedlungen der städtischen Überbauung zuführt und bereits im 18. Jh. die Vorortbildung in der ländlichen Siedlung verursacht.

Die Rheinische Friedrich-Wilhelms-Universität trat mit ihrer Gründung 1818 das Erbe der Kurfürsten an. Sie zog in beide Schlösser und nutzte das zum Poppelsdorfer Schloß gehörende Gelände an der Nußallee für naturwissenschaftliche Institutsbauten. Wir beginnen unsere Fußexkursion vor dem Poppelsdorfer Schloß unweit des repräsentativen, langgestreckten Gebäudes des Instituts für Mikrobiologie und Biotechnologie und der Geographischen Institute (1864 - 67 nach den Vorstellungen des Institutsdirektors Prof. A. W. Hofmann durch Universitätsbaumeister Aug. Dieckhoff als Chemisches Institut erbaut).

2. Exkursionen

Das **Poppelsdorfer Schloß** (Botanisches Institut der Universität Bonn mit Botanischem Garten) wurde an der Stelle einer mittelalterlichen Wasserburg am Kreuzungspunkt wichtiger Straßen erbaut: Die im Zuge der Meckenheimer Allee verlaufende Nord-Süd-Verbindung vom vormaligen Sterntor Bonns in Richtung Trier und der Ost-West-Verbindung eines Reiterschnellwegs (Reuterstraße) bzw. der etwas weiter südlich am Fuße der Haupt- und Mittelterrasse verlaufenden Landstraße (Sternenburg/Sebastianstraße). Die von den Erzbischöfen von Köln für wichtige Funktionen genutzte Burg ging jedoch im Verlauf des 16. und 17.Jh. bis auf Reste unter. Nur der Garten wurde mit einem kleinen Lusthaus weiter von den Kurfürsten genutzt. Kurfürst Joseph Clemens reizte die planerische Idee einer axialen Verbindung zweier Schlösser zu einer einheitlichen Komposition. Nach Plänen des Pariser Baumeisters Robert de Cotte ließ er - teilweise auf den Fundamenten der alten Vorburg - eine quadratische Vierflügelanlage mit einem zentralen Rundhof errichten, die erst 1756 von seinem Nachfolger Clemens August unter Leitung von Balthasar Neumann vollendet werden konnte. (Im II. Weltkrieg durch Bomben bis auf die Außenmauern zerstört).

Schloß und Garten waren auf allen vier Seiten durch einen Wassergraben umgeben. Auf der Westseite des Wassergrabens befanden sich die Wirtschaftsgebäude, die als Halbrondell den Eingang der heutigen Nußallee flankierten (im Rahmen der Institutsneubauten in der Gründerzeit abgerissen). Eine axiale Verbindung im Zuge dieser Allee von Poppelsdorf nach Brühl war wohl eine großartige planerische Vision der schon genannten Barockfürsten, verwirklicht wurde sie jedoch bis zum Ende der kurfürstlichen Zeit nicht einmal ansatzweise. Dennoch hielt sich diese Legende hartnäckig, obwohl eine gerade Linie zwischen beiden Schlössern in dieser Achse topographisch nicht zu ziehen ist.

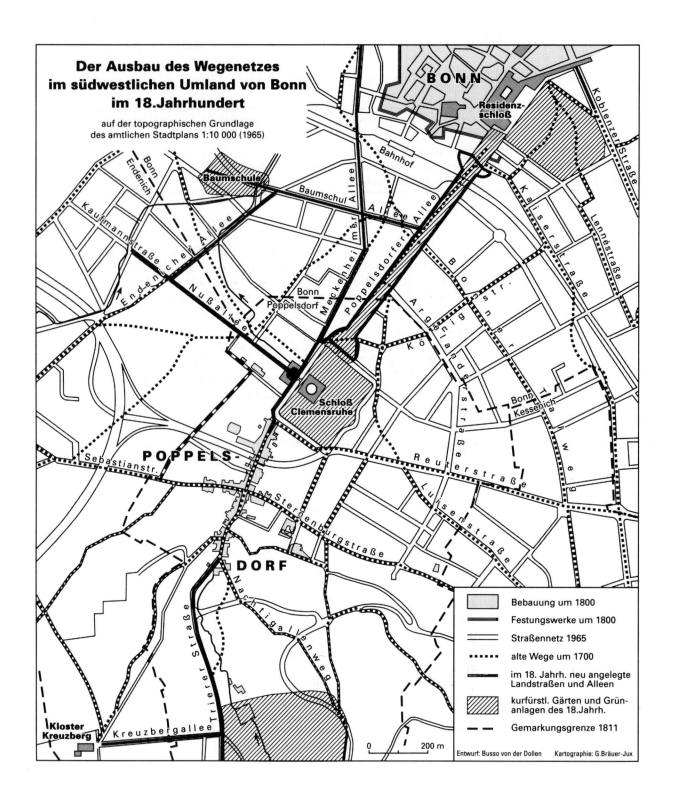

Abb. 1: Der Ausbau des Wegenetzes im südwestlichen Umland von Bonn im 18. Jahrhundert; auf der topographischen Grundlage des amtlichen Stadtplans 1:10.000, 1965. (Entwurf: BUSSO VON DER DOLLEN; aus: VON DER DOLLEN, BUSSO: Vorortbildung und Residenzfunktion. Eine Studie. Dargestellt am Beispiel Poppeldorf, Bonn 1978)

Die Idee, zwischen die Schlösser in Bonn und Poppelsdorf einen Kanal zu legen, wurde sehr früh zu Gunsten einer breiten Allee fallengelassen, die um 1755 fertiggestellt war. Ihr war nicht die Funktion einer schnellen Verkehrsverbindung zwischen Bonn und Poppelsdorf zugedacht, sondern die einer Promenade. Für den Verkehr wurde gleichzeitig eine Umgehungsstraße angelegt, die von Poppelsdorf zum Sterntor auf der Westseite Bonns führt (heutige Meckenheimer Allee und Thomas-Mann-Straße). (Siehe zu diesem und den drei folgenden Standorten auch die Exkursion B1c).

Wir gehen die **Poppelsdorfer Allee** entlang in Richtung Residenzschloß. Bürgerliche Wohnbauten des

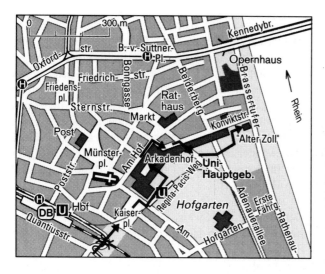

Abb. 2: Exkursionsroute

19.Jh. - wenige in spätklassizistischer Architektur, die meisten weisen historische Fassaden der Gründerzeit auf - füllen seit der Mitte des 19. Jh. die ursprünglich unbebauten Seiten dieser Allee. Unmittelbar nach der Einmündung der **Argelanderstraße** auf der rechten Seite können wir einen Blick auf die nach Angaben des Astronomen Argelander von Universitätsbaumeister Peter Josef Leydel 1839 - 45 erbaute Sternwarte werfen, deren Pläne Schinkel überarbeitet hatte. Etwa auf der halben Strecke zwischen Bonn und Poppelsdorf führt die Baumschulallee nach Nordwesten in die Baumschule hinein, seit dem Ende des 18. Jh. ein beliebtes Ausflugsziel. Von dort führt gegen Endenich eine weitere Allee; sie kreuzt die bereits vor dem Poppelsdorfer Schloß genannte Nußallee. Dieses System von Alleen der Barockzeit gab die Leitlinien für die Entwicklung der Bebauung im südwestlichen Umland der Stadt Bonn.

An der Ecke, wo der **Bonner Talweg** einmündet, stoßen wir rechter Hand auf die ersten Einbrüche moderner Bürobauten, hier eines kurz nach dem II. Weltkrieg errichteten Versicherungsbaus, wobei es nur Bürgerprotest zu verdanken ist, daß das klassizistische Gebäude der Poppelsdorfer Allee Nr. 25 (1920-1969 Sitz des Instituts für geschichtliche Landeskunde der Rheinlande an der Universität Bonn), nicht auch einer derart unmaßstäblichen Neubebauung weichen mußte, wie sie das Hotel Bristol darstellt.

1858 ff. wurde in den alten Rheinarm (genannt Gumme) die zweigleisige Eisenbahn gelegt, die aufgrund der Intervention von Professoren der Bonner Universität im Bereich der Poppelsdorfer Allee nicht auf einem Damm geführt werden durfte, um die Achse nicht zu stören.

Vom **Kaiserplatz** schauen wir auf den Buenretiro-Flügel des Residenzschlosses, in dem sich einst die Privatgemächer des Kurfürsten befanden, heute adäquate

Bleibe des Kunsthistorischen Instituts der Universität. Er wurde bei dem Neubau des Residenzschlosses ab 1715 der Anlage bewußt als Gelenk für die Sichtachsenverbindung zum Poppelsdorfer Schloß angefügt und ist architektonischer Nachweis, daß die Schlösser in Bonn und Poppelsdorf als planerische Einheit zu verstehen sind. Ihre aufeinander abgestimmte Verbindung durch die Poppelsdorfer Allee darf auch dann als die erste planmäßige Stadterweiterung Bonns über die Grenze der Stadtmauern und Festungswerke hinweg bezeichnet werden, wenn damit keine zusätzliche städtische Bebauung eingeleitet werden sollte. (Siehe zu diesem und den folgenden innerstädtischen Standorten auch die Exkursion B1b).

Südosteingang der Universität (darüber die Regina Pacis)

Die zwischen zwei Türme mit barocken Dachlaternen eingespannte Gebäudefront von 29 Fensterachsen ist die Südostseite der mit vier Ecktürmen bewehrten Vierflügelanlage italienischen Gepräges (der Nordwest-Turm geplant, aber erst 1926-30 erbaut). Kurfürst Joseph Clemens ließ sie zwischen 1697 und 1703 nach Plänen des bayerischen Hofbaumeisters Enrico Zuccali am Rande der Stadt Bonn anstelle älterer Vorgängerbauten errichten. Nach seinem Exil in Frankreich setzte der Kurfürst Pläne des französischen Architekten Robert de Cotte um, durch die der kastellartige Stadtpalast mittels angesetzter Flügel - links der bereits genannte Buenretiro-Bau, rechts der heutige Rektoratsflügel (einst Küchenflügel) - zu einer offenen Rokokoanlage nach französischem Vorbild in die Landschaft geöffnet wurde. Somit erreicht dieser Residenzbau eine sehr lange Gebäudeabfolge vom Kaiserplatz bis zum Alten Zoll unmittelbar über dem Rheinufer.

Die feldseitigen Mauern der alten Vierflügelanlage stehen auf den Stadtmauern von Bonn. Im 30jährigen Krieg genügten diese linearen Verteidigungsanlagen des Mittelalters nicht mehr; die Kurfürsten setzten Bastionen davor - im Laufe des 17. Jh. entstanden vollständige Festungswerke. Damit war Bonn auch Landesfestung mit den entsprechenden Folgen: 1689 wurde die Stadt bei der Belagerung nahezu vollständig zerstört.

Der Friede von Utrecht 1713, der den Spanischen Erbfolgekrieg beendete, erlegte dem Kurfürstentum die Schleifung dieser Festungsanlagen auf. Doch erst in der zweiten Hälfte des 18. Jh. waren alle Werke zugunsten des Gartenparterres und der gärtnerischen Anlagen vor dem Schloß, dem heutigen Hofgarten, beseitigt bzw. eingeebnet. Damit war auch die Öffnung der Stadt in die Landschaft mit der großartigen Kulisse des Siebengebirges vollzogen.

Anstelle der ehemaligen Wasserspiele, die vom Godesberger Bach gespeist wurden, entstand 1820 als erstes Institutsgebäudes außerhalb des ehemaligen Residenzschlosses die neue Anatomie, ein Bau von Universitätsbaumeister Friedrich Waesemann nach Plänen von Schinkel. Wir schreiten durch den Eingang unter der Regina Pacis in den jetzt **Kolonnadenhof** der Universität. Linker Hand (heute Aula) befand sich die Schloßkapelle, in Größe und Höhe einer städtischen Pfarrkirche gleich. Das riesige Schloß gab allen Residenz- und Hauptstadtfunktionen Raum, von der privaten Wohnung des Kurfürsten und seinen offiziellen Repräsentationsräumen bis zur Kanzlei des Hofrats, des zentralen Regierungsorgans. 1777 vernichtete ein Brand das Residenzschloß. Nur die Hofgartenflügel erstanden in der alten Höhe wieder, die stadtseitigen Flügel zeichneten den alten Grundriß der Anlage lediglich mit einem Geschoß nach. Diese wurden 1926-30 in Anlehnung an die ursprüngliche Gestalt wiederhergestellt, um der Universität den nötigen Raum zu verschaffen. 1944 ließen die Bomben nur die Außenmauern übrig. Wir können auf der anderen Seite in der Achse dieses Durchgangs (beide Eingänge waren im 18. Jh. nicht vorhanden) in eine außergewöhnlich breite Straße, die Fürstenstraße blicken. Sie war der einzige barocke Ansatz, die eng bebaute Innenstadt mit ihrem alten Straßensystem in Richtung auf das Sterntor zu durchbrechen und damit zu regulieren. Aus besitzrechtlichen Gründen blieb der Plan auf den ersten Straßenabschnitt bis zur Remigiusstraße beschränkt.

Entlang der stadtseitigen Front gehen wir nach Nordosten, wo das **Rathaus** gegenüber der Universität den Bischofsplatz abschließt. Die Hauptfront mit der Freitreppe dieses Rokokobaus (nach Plänen von Michael Leveilly 1737/38 erbaut) ist dem Markt zugewandt. Der Bau wurde vom Landesherrn Clemens August veranlaßt und auch finanziert. Durch das erst 1937 in den Baukörper gebrochene Stockentor (hier war allerdings vormals das mittelalterliche Stadttor) gelangen wir zurück in den Hofgarten, um an der Südfront bis zur **Adenauerallee** weiterzugehen. Dieser lange Flügel des Schlosses wird durch das **Michaels-** oder **Koblenzer Tor** unterbrochen und zugleich akzentuiert, einen festlichen Barockbau, der 1751-55 nach Plänen des Münchener Hofbaumeisters François Cuvilliérs unter Bauleitung von Michael Leveilly errichtet wurde. Im Trakt links davon befand sich das Hoftheater.

Nur noch zwei Bastionen der barocken Befestigung Bonns sind vollständig erhalten. Von der kleineren, dem sogenannten **Alten Zoll** genießen wir den Blick auf Rhein und Siebengebirge, wie er vor der Stadterweiterung des 19. Jh. auch vom Schloß zu haben war. Weder die Bastion noch die beiden französischen Beutekanonen aus dem Krieg 1870/71 dienten der Einnahme von Zöllen am Flußufer. Der Name erinnert vielmehr an ein Zollhaus stadtseitig unter der Bastion, das im 16. Jh. sogar aufgrund seiner anspruchsvollen Architektur für repräsentative Zwecke der Kurfürsten benutzt wurde. Mit der stadtseitigen Front auf die mittelalterliche Stadtmauer gesetzt wurde das aus der Barockzeit stammende, aber nach 1945 vereinfacht

wieder aufgebaute Wohnhaus der kurkölnischen Hofgärtnerfamilie Lenné am Fuße der Bastion. Die angebrachte Tafel spiegelt etwas von der geistigen Zentralität einer solchen Residenz wider: Hier wurde Peter Joseph Lenné 1789 geboren, der nach einem schöpferischem Leben als Gartenarchitekt im Range des königlich preußischen Generalgartendirektors in Potsdam starb. Sein erster aus dem Bistum Lüttich eingewanderter Bonner Vorfahr wurde 1665 Hofgärtner in Poppelsdorf und begründete diese "Dynastie" von Hofgärtnern.

Der Blick nach Süden bleibt an der Bebauung des Bonner Rheinufers hängen. Im 18. Jh. lag hier auf dem Prallhang nur das kleine Wingertschlößchen *vinea domini* des Kurfürsten Clemens August (auf den Grundstücken der Universitätsbibliothek und des Beethoven-Gymnasiums), ein Vorläufer der Villen, die im Laufe des 19. Jh. die gesamte Rheinbiegung besetzten. Die größten, wie Villa Hammerschmidt und Palais Schaumburg, waren der erste Ansatz für einen Bundesdistrikt, in dem die höchsten zentralen Funktionen der Bundesrepublik Deutschland nach 1949 Unterkunft fanden. Das in Nachbarschaft des Bundeshauses errichtete Abgeordneten-Hochhaus (Langer Eugen) legt Zeugnis ab von der Nachkriegsentwicklung, als derartige Bauwerke nicht immer mit der nötigen Rücksicht auf das gewachsene Stadtgefüge und die Landschaft errichtet wurden.

Vom Alten Zoll bedarf es nur eines Fußwegs von 15 Minuten auf der Rheinpromenade, um zu den Residenzen der jungen Bundesrepublik Deutschland zu gelangen. (Hinweisschild "Museum Alexander Koenig" am Treppenaufgang von der Rheinpromenade zur Kaiser-Friedrich-Straße und weiter zur Adenauerallee. Als Alternative käme eine U-Bahn-Fahrt von der Haltestelle "Universität/Markt" zur Haltestelle "Museum Koenig" in Betracht) Als erster Markstein für die Entwicklung der Bundesrepublik Deutschland stellt sich das **Museum Alexander Koenig** dar (Adenauerallee 150-164; Öffnungszeiten: Di.-Fr. 9.00-17.00 Uhr, Sa. 9.00-12.30 Uhr, So. 9.30-17.00 Uhr). Das im prunkvollen neoklassizistischen Stil errichtete Gebäude beherbergte nämlich 1948 den Parlamentarischen Rat. Er schuf das am 23. Mai 1949 verkündete Grundgesetz der Bundesrepublik Deutschland. Auch danach war das Museumsgebäude eng mit der Gründungsgeschichte der Bundesrepublik verknüpft: 1949/50 nutzte Dr. Konrad Adenauer als erster Bundeskanzler zunächst die Bibliothek Alexander Koenigs für einige Monate als Arbeitszimmer, und in den zur Adenauerallee gelegenen Räumen waren bis 1955 Teile des Bundeskanzleramtes, später auch des Auswärtigen Amts untergebracht.

Bis heute bieten die repräsentativen Räume des Museums einen außerordentlichen Rahmen für Veranstaltungen des wissenschaftlichen, künstlerischen und politischen Lebens in Bonn. Ein Besuch des Museums führt nicht nur in ein interessantes Museum, sondern auch in ein weltbekanntes Forschungsinstitut. Zu Beginn unseres Jahrhunderts von Alexander Koenig gegründet, einem Sohn des in Sankt Petersburg und Bonn lebenden Zuckerindustriellen Leopold Koenig, verdankt das Institut seine Entstehung dem regen Interesse Alexander Koenigs an der Vielfalt der Natur. Schaumuseum und Forschungsinstitut sind unter einem Dach vereint. Der Grundstein zum Hauptgebäude wurde 1912 gelegt. Im ersten Weltkrieg diente der Rohbau als Lazarett, danach von 1918 bis 1926 als Kaserne für französische, englische und marokkanische Besatzungstruppen. Erst 1934, sechs Jahre vor dem Tod des Gründers, konnte die Einweihung des Instituts gefeiert werden. Den zweiten Weltkrieg überstand das Hauptgebäude weitgehend unversehrt.

Die Erforschung und Dokumentation der Artenvielfalt unserer Erde ist eine besonders aktuelle Aufgabe: Nur wer die Arten eines Lebensraumes genau kennt, kann auch nähere Aussagen über ihr Zusammenwirken im Ökosystem treffen. Die am Zoologischen Forschungsinstitut und Museum Alexander Koenig betriebene Grundlagenforschung stellt also eine wichtige Voraussetzung dar, um diese Erkenntnisse zusammenzutragen und damit einen Beitrag zur Erhaltung der Funktionsfähigkeit unserer Umwelt zu leisten. Wissenschaftler des Museum Koenig arbeiten in nahezu allen Teilen der Erde, von den Tropen Afrikas und Südamerikas bis in die Antarktis. Es werden aber auch Forschungsarbeiten im europäischen Raum und im engeren Umkreis Bonns durchgeführt.

Als eines der bedeutendsten zoologischen Museen der Bundesrepublik bietet das Museum Alexander Koenig auch einen Einblick in die Vielfalt des Lebens: von der Mücke bis zum Elefanten findet sich hier unter einem Dach nahezu alles. Einheimische und tropische Lebensräume werden in naturnah aufgebauten Dioramen präsentiert, den Lichthof beleben Giraffe, Elefant und Zebra als Vertreter des afrikanischen Großwilds. An zahlreichen Vögeln, Säugetieren und Insekten werden Regeln der Biologie verständlich gemacht. Ein kleines Vivarium mit Reptilien ergänzt den Streifzug durch die Biologie. Auch sehbehinderten und blinden Besuchern wird das Erlebnis Zoologie in einer Sonderausstellung nahegebracht.

Gegenüber dem Museum Alexander Koenig findet sich der Amtssitz des Bundespräsidenten in Bonn, die **"Villa Hammerschmidt"**. Sie kann auf eine lange Geschichte zurückblicken. In den Bonner Adreßbüchern wurde die Villa erstmals 1862/63 erwähnt. Der Kaufmann Albrecht Troost verkaufte sie 1868 an den "Zuckerkönig" Leopold Koenig, der es in St. Petersburg zu ansehnlichem Vermögen gebracht hatte. 1899 ging die Villa in den Besitz des Geheimen Kommerzienrates Rudolf Hammerschmidt über, der in St. Petersburg ebenfalls als Zuckerfabrikant ungewöhnliche Erfolge erzielte. Hammerschmidt machte die Villa zum

gesellschaftlichen Mittelpunkt von Kultur und Wirtschaft. Nach seinem Tode wurde das Haus 1828 versteigert und in mehrere Wohnungen aufgeteilt. Es überstand den Zweiten Weltkrieg ohne Schaden. Bei Kriegsende beschlagnahmten die britischen Alliierten das Haus und gaben es 1949 frei.

1950 erwarb die Bundesrepublik Deutschland den Grundbesitz und bestimmte die Villa Hammerschmidt zum Amtssitz des Bundespräsidenten. Seither ist das spätklassizistische Haus mehrmals umgebaut und restauriert worden. Den Anfang machte Bundespräsident Theodor Heuss, der es, wie er sagte, vom "Zuckerguß" befreite. Bundespräsident Gustav Heinemann ließ das erste Obergeschoß umbauen, das seitdem den Bundespräsidenten als Privatwohnung zur Verfügung steht. Die letzte Renovierung wurde unter Bundespräsident Richard von Weizsäcker vorgenommen.

Die heutige Einrichtung besteht aus Gegenständen, die Eigentum des Bundes sind oder auch aus Leihgaben der Bundesländer und deutscher Museen. Das jetzige Mobiliar - französischer Empire um 1830 - entstammt dem Schloß Wilhelmshöhe in Kassel. Den reichen Bilderschmuck verdankt die Villa vor allem Leihgaben der Stiftung Preußischer Kulturbesitz, des Wallraf-Richartz-Museums und der Bayerischen Staatsgemäldesammlungen.

Während das Obergeschoß die Privaträume des Bundespräsidenten beherbergt, befinden sich im Erdgeschoß die Repräsentationsräume. Dazu gehören ein Empfangssaal, ein Kaminsaal, ein Speisesaal und ein Terrassenzimmer. In diesen Räumen empfängt der Bundespräsident Gäste aus dem In- und Ausland, gibt Essen für Staatoberhäupter ebenso wie für Bürger, lädt zu Dichterlesungen und Konzerten ein, stellt sich den Fragen von Journalisten und Schulklassen, oder empfängt Botschafter zur Akkreditierung oder Vertreter sozialer Einrichtungen.

Gleich neben dem Bundespräsidenten hat der Bundeskanzler seinen Amtssitz im **"Palais Schaumburg"**, das ehemals der Prinzessin Viktoria von Schaumburg-Lippe gehörte, einer Schwester des letzten deutschen Kaisers Wilhelm II. Der Bundeskanzler und das Kanzleramt wurden zunächst in diesem Palais untergebracht. Inmitten des herrlichen Parks wurde zusätzlich ein Bungalow für den Bundeskanzler und seine Gäste errichtet. 1976 zogen Bundeskanzler und Kanzleramt in einen modernen, technisch auf den neuesten Stand gebrachten Neubau neben dem Palais Schaumburg.

Wer mehr über die Geschichte der Bundesrepublik Deutschland erfahren will, kann sich ein paar Schritte weiter auf der sog. Museumsmeile nach Süden zur Adenauerallee 250 begeben (Öffnungszeiten: Di.-Fr. 9.00-17.00 Uhr, Sa. 9.00-12.30 Uhr, So. 9.30-17.00 Uhr). Hier zeigt das **"Haus der Geschichte der Bundesrepublik Deutschland"** in seiner Dauerausstellung

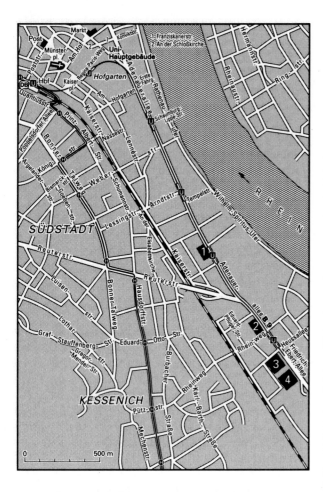

1 Zoologisches Forschungsinstitut und Museum Alexander Koenig

2 Haus der Geschichte der Bundesrepublik Deutschland

3 Kunstmuseum Bonn

4 Kunst- und Ausstellungshalle der Bundesrepublik Deutschland

Abb. 3: Museumsmeile

deutsche Zeitgeschichte vom Ende des Zweiten Weltkrieges bis in die Gegenwart. Mit dem Haus der Geschichte der Bundesrepublik Deutschland in Bonn entstand 1994 erstmals ein Museum für Zeitgeschichte, ein Ausstellungs-, Dokumentations- und Informationszentrum für das geteilte ebenso wie für das vereinigte Deutschland. Die Ausstellung ist chronologisch gegliedert: Jahre des Aufbaus in West und Ost (1949 - 1955), Die Ära Adenauer und die innere Entwicklung der DDR (1956 - 1963), Kontinuität und Wandel: Aufbruch und Protest (1963 - 1974), Neue Herausforderungen, Vereinigung Deutschlands, der Weg nach Europa (1974 - heute). Sie bietet einen Weg mit visuellen und akustischen Eindrücken. Das Museum präsentiert Politik-, Wirtschafts- und Gesellschaftsgeschichte, Lebensbedingungen des Alltags sowie wichtige Aspekte aus Kunst und Kultur. Fotos, Dokumente und vor allem Originalobjekte sollen als faszinierende Zeugnisse ihrer Zeit dazu beitragen, sich kritisch mit der deutschen Nachkriegszeit auseinanderzusetzen. Wechselnde Ausstellungen und Veranstaltungen ergänzen das Programm und setzen Akzente. Der Museums-

garten zeigt in Gestaltung und Bepflanzung exemplarisch die Entwicklung vom Schrebergarten der Nachkriegszeit bis zum Garten der Gegenwart, einschließlich einer Auswahl historischer Spielgeräte für Kinder. Das Informationszentrum - Bibliothek und Mediathek - regt an, Eindrücke aus den Ausstellungen zu vertiefen. Museumspädagogik und Besucherdienst bieten zielgruppenorientierte Programme an.

Die Museumsmeile setzt sich mit dem **Kunstmuseum Bonn** als architektonischem Juwel neben dem Haus der Geschichte der Bundesrepublik Deutschland fort. (Friedrich-Ebert-Allee 2; täglich 10.00-19.00 Uhr geöffnet; montags geschlossen). Der Museumsneubau, entworfen von dem Berliner Architekten Axel Schultes, umfaßt eine Gesamtfläche von über 10.000 qm und wurde im Juni 1992 eröffnet. Das Museum ist mit seinen Sammlungsschwerpunkten "August Macke und die Rheinischen Expressionisten" und "Deutsche Kunst seit 1945" ein Museum moderner Kunst des 20. Jahrhunderts.

Kunst und Wissenschaft stehen im Mittelpunkt des vielseitigen Veranstaltungsprogramms der **Kunst- und Ausstellungshalle der Bundesrepublik Deutschland** gleich neben dem Kunstmuseum Bonn (Friedrich-Ebert-Allee 4; Öffnungszeiten: Di.- So. 10.00 - 19.00 Uhr). Das 1992 eröffnete Ausstellungshaus bietet auf einer Fläche von 5.400 qm Raum für die gleichzeitige Präsentation von bis zu fünf wechselnden Ausstellungen. Sie zeigen geistige und kulturelle Entwicklungen in Vergangenheit und Gegenwart aus den Bereichen Bildende Kunst und Kulturgeschichte, Wissenschaft und Technik. In einem Forum mit 5oo Sitzplätzen finden Konzerte, Performances, Diskussionsrunden, Symposien, Film- und Theateraufführungen statt. Eine Bibliothek, eine Buchhandlung und ein Restaurant laden ein zu Begegnung und Kommunikation.

Von den Museen aus sieht man bereits auf der gegenüberliegenden Straßenseite zahlreiche Bauten des **"Regierungsviertels"**. Eine umfassende Planung für den Gesamtbereich des Regierungsviertels existierte lange Zeit nicht, da Bonn nur als vorübergehender Ersatz einer wirklichen Hauptstadt für die Bundesrepublik Deutschland angesehen wurde. Doch auch die nach 1970 entwickelten Planungen, die aufgrund von Vereinbarungen zwischen Bund, Land und Stadt zustande kamen, führten nur zu Bruchstücken eines städtebaulichen Gesamtkonzeptes. Das äußere Erscheinungsbild des Regierungsviertels wird durch verschiedene Hochhäuser geprägt, von denen das markanteste Gebäude sicherlich das 30 Stockwerke hohe Abgeordnetenhaus ist, der sog. **"Lange Eugen"**. In seiner Nachbarschaft finden wir die "kleinen Botschaften", die Landesvertretungen der Länder beim Bund. Sie haben sich, wie auch zahlreiche Interessenvertretungen, vielfach in alten gründerzeitlichen Wohnbauten niedergelassen und die Wohnbevölkerung weitgehend aus dem Viertel verdrängt. Einige der Vertretungen bezogen in den letzten Jahren Neubauten, wie auch die Parteizentralen und einige Ministerien, die heute teilweise in eigenen Gebäuden untergebracht sind, teilweise auch neuen Büroraum, der von privaten Investoren errichtet wurde, angemietet haben.

In dieses Stadtviertel mit fast auschließlich hauptstädtischen Funktionen wurde schließlich noch das neue Abgeordnetenhaus hineingesetzt, in das die Volksvertretung 1995 einziehen konnte, nachdem sie vorher im alten "Bundeshaus", der einstigen Pädagogischen Akademie und zeitweise im alten Wasserwerk getagt hatte. (Informationsmaterial über den Deutschen Bundestag kann schriftlich oder telefonisch angefordert werden bei: Deutscher Bundestag - Öffentlichkeitsarbeit - Bundeshaus, 53113 Bonn; Tel.: 0228-1627969; Auskünfte über den Besucherdienst: Bundeshaus, 53113 Bonn; Tel.: 02228-1622152; Fax: 0228-1620027)

Die Weiterverwendung der Bauten, die derzeit Hauptstadtfunktionen beherbergen, ist noch nicht in allen Einzelheiten geklärt. Über die derzeitigen Planungen für die weitere Nutzung dieser Bauten informiert die Exkursion B1a.

Literatur

ADERS, G.: Bonn als Festung. Ein Beitrag zur Topographie der Stadt und zur Geschichte ihrer Belagerungen. Bonn 1973. Veröffentlichungen des Stadtarchivs Bonn, Bd.6.

DEHIO, G.: Handbuch der Deutschen Kunstdenkmäler, Nordrhein-Westfalen, 1.Bd., Rheinland, bearb. v. R. SCHMITZ-EHMKE, o.O. 1967.

DIE KUNSTDENKMÄLER DER STADT UND DES KREISES BONN, bearb. v. P.CLEMEN. Düsseldorf 1905. Die Kunstdenkmäler der Rheinprovinz, 5.Bd., III.

DIETZ, J.: Topographie der Stadt Bonn vom Mittelalter bis zum Ende der kurfürstlichen Zeit. 2 Teile, Bonn 1962 und 1963. Bonner Geschichtsblätter 16, 17.

VON DER DOLLEN, BUSSO: Die Stadtregion Bonn. Entwicklung der Bebauung. Geschichtlicher Atlas der Rheinlande, Karte und Beiheft IV/3.2, Köln 1989.

VON DER DOLLEN, BUSSO: Bonn-Poppelsdorf. Entwicklung der Bebauung (Primärbebauung) und Alter der Bebauung 1967. Geschichtlicher Atlas der Rheinlande, Karte und Beiheft IV/3.3, Köln 1982.

VON DER DOLLEN, BUSSO: Bonn, Altstadt. Alter der Bebauung 1981. Planbeilage in: ders.: Die Bonner Altstadt - zur Genese ihrer Bausubstanz. In: Bonn - Stadt und Umland. Festschrift zum 75jährigen Bestehen der Gesellschaft für Erd- und Völkerkunde zu Bonn. Hrsgg. E.MAYER, K.FEHN, P.-W. HÖLLERMANN, Bonn 1988.

ENNEN, E. und D. HÖROLDT: Vom Römerkastell zur Bundeshauptstadt. Kleine Geschichte der Stadt Bonn. Bonn 1976.

HANSMANN, W.: Die Bau und Kunstgeschichte. In: Geschichte der Stadt Bonn, Bd.3. Bonn als kurkölnische Haupt- und Residenzstadt. 1597 - 1794. Hrsg. v. D.HÖROLDT, S.351 - 448.

KULS, W.: Bonn als Bundeshauptstadt. In: MAYER, E. u.a. (Hrsg.): Bonn - Stadt und Umland. Arbeiten zur Rheinischen Landeskunde 58. Bonn 1988.

RHEINISCHER STÄDTEATLAS, begründet von E.ENNEN, fortgeführt von K.FEHN, K.FLINK, G.DROEGE. Hrsg. Landschaftsverband Rheinland, Amt für Rheinische Landeskunde Bonn. Bonn 1972 ff. Blatt Bonn, Lfrg. I - 6 - 1972, 2.Aufl. 1978. Bearb. K. FLINK und M.MÜLLER.

Anschriften der Autoren:

Dr. Busso von der Dollen, Deutsche Burgenvereinigung Marksburg, D-56339 Braubach

Prof. Dr. Helmuth Toepfer, Institut für Wirtschaftsgeographie der Rheinischen Friedrich-Wilhelms-Universität Meckenheimer Allee 166, D-53115 Bonn

Bad Godesberg

Rolf Beyer

Thematik:	Städtebauliche Entwicklung und heutige Struktur Bad Godesbergs
durchzuführen als:	Fußexkursion
ungefähre Dauer:	ca. 3-4 Stunden, ca 4-5 km
Empfohlene Karten:	Stadtplan Bonn; für den Überblick: Topographische Karte 1:25.000, Blätter 5308 Bonn-Bad Godesberg, 5309 Königswinter

Vorwort

Im ersten Teil dieses Exkursionsvorschlages wird über den Stadtbezirk Bad Godesberg informiert hinsichtlich seiner topographischen Einordnung in das Umland, seiner Geschichte, der heutigen Zusammensetzung des Stadtbezirks nach Ortsteilen, seiner Bevölkerungssituation und der Situation des Handels in der Innenstadt.

Im zweiten Teil wird der Exkursionsverlauf beschrieben, ausgehend von der Godesburg, über einen Gang durch die Innenstadt und das Kurviertel, durch das Villenviertel in Richtung Rheinufer und von dort durch das ehemals dörfliche Rüngsdorf zurück an den Rand der Innenstadt. Die zeitliche Dauer der Fußexkursion kann bei gemächlicher Gangart mit einem halben Tag bemessen werden.

1. Der Stadtbezirk Bad Godesberg

1.1 Topographie

Bad Godesberg liegt im südlichsten Zipfel der Niederrheinischen Bucht. Nachdem der Rhein die auf seinem linken Ufer gelegene Vulkankuppe des Rodderberges und den rechtsrheinisch gegenüberliegenden Drachenfels passiert hat, verbreitert sich ab Mehlem der Godesberger Rheintaltrichter. Während nach Osten hin das Siebengebirge und die nördlichen Ausläufer des Ennert dem Flußverlauf noch einmal Grenzen setzen, tritt der Rhein dank der Talweitung nach Westen hin auf der Höhe von Bad Godesberg aus dem Rheinischen Schiefergebirge heraus. Mit dem Verlassen des Schiefergebirges ändert der Fluß sein Erscheinungsbild deutlich. Der landschaftliche Übergang vom Mittelrhein zum Niederrhein, vom Mittelgebirge zur Niederrheinischen Tieflandbucht ist von dem erhöhten Standpunkt auf der Godesburg sehr gut erkennbar. Der sich nach Norden hin stark weitende Taltrichter wird in seinem weiteren Verlauf nach Westen hin vom Rücken der Ville, nach Osten hin von den Randhöhen des Bergischen Landes weiträumig begrenzt (vgl. Karte 1).

Ab dem Austritt aus dem Mittelgebirge verbreitern sich die im Wechsel von Warm- und Eiszeiten entstandenen Terrassenstufen des Rheintales. Die jüngste, niedrigste Stufe bildet das bereits in großen Teilen be-siedelte (z.B. Hotel Dreesen) Hochflutbett des Rheins, das bei starkem Hochwasser auch heute noch überschwemmt wird, zuletzt im Januar 1995 (vgl. hierzu den Beitrag A). Hieran schließt sich die um 5-7 m höher gelegene Niederterrasse an. An den Zufahrten zu den beiden Fähranlegern nach Niederdollendorf und Königswinter sowie im Godesberger Ortsteil Rüngsdorf kann dieser noch relativ steil verlaufende Geländeanstieg gut nachvollzogen werden. Nachdem sich der Rhein durch Tiefenerosion immer tiefer in sein Bett eingeschnitten hatte, wurde die Niederterrasse hochwasserfrei. Ihr Niveau liegt heute in Bad Godesberg bei ca. 60m über NN. Die Römer bauten auf ihr die feste Heerstraße entlang des Rheines, zur Zeit der fränkischen Landnahme entstanden zahlreiche Siedlungen auf ihr.

Als Standorte besonders geschätzt waren die Schwemmfächer der am Rand der Hauptterrasse entspringenden Bäche. Ihre Täler boten zugleich günstige Verkehrswege und Aufstiegsmöglichkeiten zu den Flächen der Hauptterrasse, die sich auf einer Höhe von ca. 180 m erstreckt. Mehlem und Bad Godesberg sind Beispiele von Siedlungsgründungen auf Schwemmfächern (Mehlemer bzw. Godesberger Bach). Die Mittelterrasse fehlt im Raum von Bad Godesberg bis auf kleine Reste (z.B. in Muffendorf) nahezu völlig, sie tritt erst weiter nördlich in flächenhafte Erscheinung. Als einzige markante Erhebung tritt aus der Niederterrasse bei Bad Godesberg der Vulkankegel mit der Godesburg heraus. Die Verwitterung und die Erosion des Rheines haben diesen im Zusammenhang mit dem Siebengebirgsvulkanismus entstandenen Basaltkegel aus den weicheren Schichten seiner Umgebung herauspräpariert.

1.2 Geschichte

Der Basaltkegel mit der Godesburg war Namensgeber des heutigen Ortes Godesberg. Der Namen leitet sich aus Wuodenesberg/Wotansberg ab, ein Hinweis darauf, daß der Berg schon in germanischer Zeit eine dem Gott Wotan geweihte Kultstätte der Ubier war. Sakrale Bedeutung hatte der Berg auch als Stätte der Verehrung des Erzengels Michael, dem eine Kapelle mit zugehörigem Friedhof geweiht wurde. Erste Hinweise auf eine Siedlung am Fuße der Godesburg finden sich in einer fränkischen Urkunde des Jahres 722. Ausgrabungen im

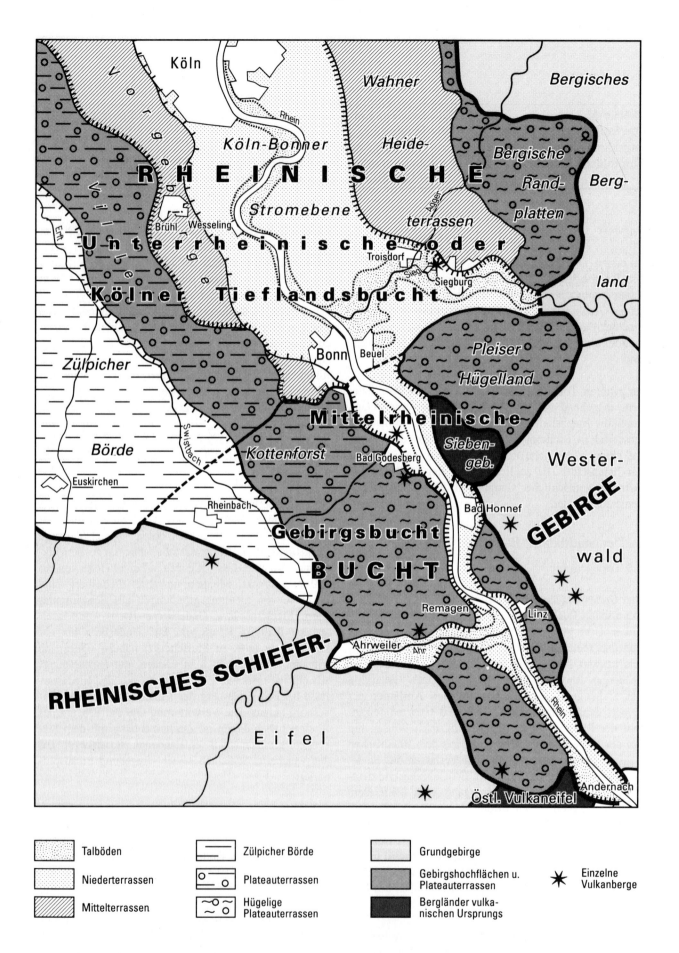

Karte 1: Rheinische Bucht. (Quelle: ENNEN, E. u. HÖROLDT, D.: Vom Römerkastell zur Bundeshauptstadt, Bonn 1976, aus: Berichte zur deutschen Landeskunde, Bd. 28,2)

Abb. 1: Bad Godesberg: Ansicht des Theaters und der Redoute. Umrißradierung von Johann Ziegler 1792/98. (Quelle: STADT BONN u. P. ZLONICKY & PARTNER: Rahmenplanung Bonn-Bad Godesberg/Mitte. Dortmund/Bonn 1984)

Jahr 1959 bestätigten jedoch, daß auch die Römer dort schon gebaut hatten. In einer Schenkungsurkunde aus dem Jahr 722 für das Cassius-Stift in Bonn ist der Name Godenesberg nachgewiesen.

Die Godesburg wurde 1210 zum Schutz der Südgrenze des Kurfürsten- und Erzbistums Köln errichtet. 1583 im Truchsessischen Krieg weitgehend zerstört, wurde die Burg 1959 bis 1961 unter Einpassung neuer moderner Gebäudeteile durch den Kölner Architekten Gottfried Böhm zu einem Hotel- und Restaurationsbetrieb umgebaut. Nähere Informationen zur Godesburg finden sich im Kapitel 2.1.

Im Mittelalter bestand das heutige Godesberg aus 7 verstreuten Dörfern. Am Fuße der Burg entstanden am Godesbach die beiden Siedlungskerne Godesberg und Schweinheim. Aufgrund von Kriegen, Plünderungen, Krankheiten und ständigem Abgabedruck durch die Kurfürsten entwickelte sich die Einwohnerzahl nur langsam. 1449 hatten die beiden Siedlungen 460 Einwohner und 1649 nach dem Dreißigjährigen Krieg lebten in Godesberg kaum 100 Menschen über 12 Jahren in 36 Haushalten.

Eine Blütezeit erfuhr Godesberg unter Max Franz von Habsburg-Lothringen, der 1784 Kölner Kurfürst wurde. Er machte es zum Verwaltungssitz des kurfürstlichen Amtes und ihm verdankt Godesberg die Anfänge seiner Entwicklung zum Badeort. Max Franz ließ die Draitschquelle einfassen und ihre Umgebung als Parklandschaft gestalten. Unterhalb der Quelle wurde die Redoute als Ball-, Konzert- und Spielsaal gebaut, ihr südlich benachbart wurden ein Theater und von wohlhabenden Privatleuten Bade- und Logierhäuser errich-

tet (vgl. Abb. 1). Damit entstand neben dem alten Dorfkern unterhalb der Burgruine ein zweiter Entwicklungspol in Godesberg. Gleichzeitig mit dieser baulichen Blüte verzeichnete Godesberg ein breites kulturelles Leben mit Konzerten, Theater und Bällen, an dem auch Gäste aus England und anderen europäischen Ländern teilhatten. Dieser Aufschwung spiegelte sich wider in steigenden Einwohner- und Gästezahlen, eine Entwicklung, die aber mit dem Einmarsch und der Besetzung durch französische Revolutionstruppen von 1794 bis 1814 vorübergehend zum Stillstand kam.

Entsprechend den Beschlüssen des Wiener Kongresses kam 1815 das Rheinland und damit auch Godesberg zu Preussen. Zu Beginn des Maschinenzeitalters gewann der Rhein als Verkehrsweg einen erheblichen Bedeutungszuwachs. Godesberg wurde 1830 an die aufblühende Rheinschiffahrt angebunden, 1856 erfolgte der wichtige Anschluß an das Streckennetz der von Köln kommenden linksrheinischen Eisenbahn, welches nach Süden bis zum bekannten Bahnhof Rolandseck reichte (vgl. Karte 2). Damit war Godesberg touristisch und wirtschaftlich an bedeutende Zentren in Deutschland und Europa angeschlossen.

Das Mineralwasser der Draitschquelle, die landschaftliche Schönheit und das milde Klima veranlaßte im Laufe des 19. Jahrhunderts zahlreiche vermögende Bürger, sich in Godesberg einen Zweitwohnsitz für die Sommermonate zu errichten sowie viele wohlhabende Rentner, sich dort für den Lebensabend ganz niederzulassen. Trotz des Ausbaus von Kur- und Villenviertel und der lebhaften Bautätigkeit bewahrte sich Godesberg bis heute seinen Charakter als grüne Stadt. Blickbeziehungen zur umgebenden Landschaft wurden ge-

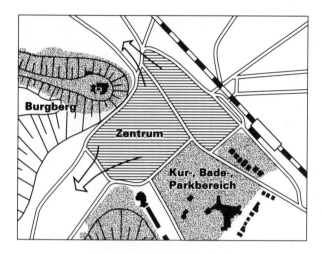

Karte 2: Bad Godesberg: Gliederung der Stadtstruktur (Quelle: STADT BONN u. P. ZLONICKY & PARTNER: Rahmenplanung Bonn-Bad Godesberg/Mitte. Dortmund/Bonn 1984

wahrt, Straßen mit Alleebäumen bepflanzt, um die Häuser wurden größere Gärten angelegt und der Kurpark von Bebauung weitgehend freigehalten. Es war erklärte Planungspolitik, Industrieansiedlungen aus dem Siedlungsbereich herauszuhalten, da diese in Konflikt zu dem gewünschten Charakter als Fremdenverkehrs-, Kur- und Wohnstadt gestanden hätten.

Zwischen 1899 und 1935 vergrößerte sich Godesberg durch Eingemeindungen umliegender Dörfer, 1928 erhielt es den Titel Bad und 1935 die Stadtrechte. 1938 machte Bad Godesberg weltweit Schlagzeilen, als sich der englische Premier Chamberlain und Hitler im noch heute bestehenden Rheinhotel Dreesen zu Verhandlungen über die Sudetenfrage trafen und kurzzeitig Hoffnungen auf eine Abwendung des drohenden Weltkrieges aufkeimten.

Die Entscheidung des Bundestages, das benachbarte Bonn 1949 zur Bundeshauptstadt zu machen, förderte die weitere Entwicklung. Godesberg wurde für die meisten diplomatischen Missionen, für zahlreiche Bundesbehörden, für Verbände und Wissenschaftseinrichtungen u.a.m. zu einem bevorzugten Standort; das bewirkte eine rasche städtebauliche Entwicklung. Baulücken wurden geschlossen, es erfolgte der Bau der Stadthalle, des Theaters, die Umbauung des Theaterplatzes, des Kaufhauses Hertie, die Neugestaltung des Gipfels unter Einbeziehung der Godesburgruine in ein bauliches Ensemble mit Hotel und Restaurant und vor allem eine umfassende Stadtsanierung des alten Viertels unterhalb der Burg mit flächenhaften Abrißmaßnahmen sowie dem Neubau des großen und heute sehr kritisch bewerteten Altstadtcenters. Die Einwohnerzahl stieg zwischen 1950 und 1960 von 46.000 auf 68.000 an.

1969 erfolgte im Zuge der nordrhein-westfälischen Kommunalreform die Eingemeindung von Bad Godesberg nach Bonn. Diesem Schritt gingen heftige Auseinandersetzungen voraus, da er zwar einerseits die Vergrößerung und Aufwertung der damaligen Bundeshauptstadt Bonn zu einer mittleren Großstadt bedeutete, gleichzeitig jedoch auch das Ende der kommunalen Selbstbestimmung und Unabhängigkeit von Bad Godesberg mit sich brachte. Im Streit um das Für und Wider dieser kommunalen Neuordnung, der von Parolen wie "Hände weg von Bad Godesberg" (Abb. 2) oder "Bad Godesberg ist nicht Bonn 2" (in Anspielung auf die Benennung des Postzustellbezirks) engagierten sich auch namhafte Bonner und Bad Godesberger Geographen, unter ihnen die Professoren Troll und Meynen, die in dieser Frage übrigens gegensätzliche Positionen vertraten.

Auch nach fast 3 Jahrzehnten wird die Zugehörigkeit zu Bonn von vielen Godesbergern immer noch nicht emotionsfrei gesehen und die eigene Identitätsbestimmung weiterhin stärker von Bad Godesberg als von Bonn geprägt. Mit Erfolg wurde nach der Eingemeindung beispielsweise eine längere Auseinandersetzung um das Recht geführt, auf der Burg (eine städtische Liegenschaft) statt der neuen Bonner weiterhin die alte Godesberger Fahne zu hissen. Heute ist Bad Godesberg der zweitgrößte von vier Bonner Stadtbezirken.

Nach dem Abschluß der Maßnahmen zur Stadtsanierung in den frühen siebziger Jahren, die einen weitgehenden Neubau des Innenstadtbereiches und die Ein-

Abb. 2: Plakat „Hände weg von Bad Godesberg"

richtung einer Fußgängerzone zur Folge hatte, stagnierte die städtebauliche Entwicklung des Innenstadtbereiches, und auch die Einwohnerzahlen von Bad Godesberg (einschließlich der ansässigen Mitglieder der Diplomatie) pendelten sich um 70.000 ein. Trotz des Zentrenentwicklungskonzeptes der Stadt Bonn aus den frühen siebziger Jahren, das eine mehrpolige Stadtentwicklung zum Ziel erklärte, kämpft Bad Godesberg seit Jahren gegen einen drohenden Verlust an Bedeutung und Funktion.

1.3 Ortsteile

Bad Godesberg als zweitgrößter Bonner Stadtbezirk umfaßt heute neben dem gleichnamigen Stadtkern und den benachbarten Vierteln Godesberg-Nord, Schweinheim, Kurviertel und Villenviertel die Ortsteile Friesdorf, Lannesdorf, Mehlem, Muffendorf, Plittersdorf und Rüngsdorf, die sich aus den gleichnamigen alten Dorfkernen entwickelt haben, sowie den in der Nachkriegszeit völlig neuerrichteten Ortsteil Heiderhof. Der südlichste Ortsteil Mehlem grenzt bereits an das benachbarte Bundesland Rheinland-Pfalz. Anders als die von der Flächensanierung betroffene Innenstadt haben das Kur- und das Villenviertel sowie die dörflichen Kerne ihren ursprünglichen städtebaulichen Charakter weitgehend bewahren können, während die Zwischenräume vor allem in der Nachkriegszeit weitgehend aufgesiedelt wurden.

1.4 Bevölkerung

Hinsichtlich seiner Bevölkerung weist Bad Godesberg drei wichtige demographische bzw. sozioökonomische Besonderheiten auf:

1. Der Altersaufbau der Wohnbevölkerung ist im Vergleich zu Gesamt-Bonn durch überdurchschnittlich hohe Anteile älterer Jahrgänge geprägt (in einigen statistischen Bezirken machen die Personen mit 65 Jahren und mehr etwa ein Viertel der Bevölkerung aus).

2. Der Anteil an Ausländern verschiedenster Nationalitäten liegt überdurchschnittlich hoch - in Bad Godesberg-Zentrum beträgt der Anteil über 30%. Hinzugerechnet werden muß ferner noch das ausländische Botschaftspersonal, für das keine genauen Zahlen verfügbar sind.

3. Einige statistische Bezirke sind über das ohnehin hohe Maß Gesamt-Bonns hinaus überdurchschnittlich stark durch Erwerbstätige im Handel- und Dienstleistungssektor geprägt; die Anteile der Angestellten unter den Beschäftigten betragen teilweise über 59% (in Bad Godesberg-Kurviertel und -Villenviertel; in Neu-Plittersdorf sogar 65,3%).

Am 31.12.1996 leben 22% der Bonner Wohnbevölkerung im Stadtbezirk Bad Godesberg; nämlich 67.094 Personen (wohnberechtigte Einwohner; Quelle: Statistikstelle der Stadt Bonn). Konzentrationen der Wohnbevölkerung innerhalb Bad Godesbergs befinden sich im Villenviertel, in Rüngsdorf, Plittersdorf, Friesdorf und in Lannesdorf. In der Dichteverteilung sticht jedoch Bad Godesberg-Zentrum mit rund 8.000 Einwohnern/km^2 am deutlichsten hervor.

Bei den Einwohnerzahlen ist zu berücksichtigen, daß bei den vorliegenden Angaben diejenigen, die den Status "Diplomaten" besitzen, noch nicht einbezogen sind, da für diese keine Meldepflicht besteht. Schätzungen zufolge dürfte ihre Zahl in Bad Godesberg bei ca. 5.600 Personen liegen.

1.5 Handel in der Innenstadt und Kaufkraft der Wohnbevölkerung

Im gesamträumlichen Zusammenhang bildet die Innenstadt von Bad Godesberg mit ihrer Konzentration von Einzelhandel (fast 300 Ladengeschäfte) und Dienstleistungen das funktionale Bindeglied zwischen den einzelnen Teilräumen des Stadtbezirks sowie teilweise auch zu den angrenzenden Gebieten. Hierzu zählt insbesondere die benachbarte Gemeinde Wachtberg. In geringerem Maße stammen Kunden auch aus den nahegelegene Gemeinden Meckenheim, Königswinter, Remagen sowie aus weiteren Städten. Insgesamt wohnt jeder vierte Kunde in der Bad Godesberger Innenstadt außerhalb der Stadt Bonn.

Dem Einzelhandel kommt bei der Zentrenfunktion Bad Godesbergs eine Schlüsselstellung zu. Nach den Ergebnissen der Handels- und Gaststättenzählung sowie Untersuchungen des Geographischen Institutes der Universität Bonn zufolge steht der Zentrumsbezirk von Bad Godesberg hinsichtlich seiner Bedeutung als Einzelhandelsstandort innerhalb der Stadt Bonn an zweiter Stelle, dies jedoch mit deutlichem Abstand zur Bonner City. Von den gesamten Einzelhandelsumsätzen in der Stadt Bonn entfallen auf den Stadtbezirk Bad Godesberg ca. 19%. Außerhalb des Zentrums liegen noch großflächige Einzelhandelseinrichtungen in Pennenfeld und Lannesdorf. Nahversorgungszentren, wie die von Mehlem, Plittersdorf und Friesdorf, sichern zusätzlich die lokale Versorgung mit Gütern für den täglichen Bedarf.

Die Nachfrage und das Anspruchsniveau der Einwohnerschaft bestimmen in hohem Maß die Angebotsvielfalt, Ausstattungsmerkmale und speziellen Versorgungswünsche im Einzelhandel und bei den Dienstleistungen. Dies liefert die Erklärung für das insgesamt hohe Niveau des Warenangebotes, das für ein Zentrum dieser Größe und mit mittelzentraler Funktion untypisch ist, zumal dieses noch in unmittelbarer Nachbarschaft zum Oberzentrum Bonn liegt. Das Kaufkraftpotential der Godesberger Wohnbevölkerung ist jedoch außerordentlich hoch. Während die gesamte Stadt Bonn nach den Kaufkraftkennziffern der BBE für 1996 mit 120 bereits um 20% über dem Bundesdurchschnitt liegt, beträgt die Kaufkraftkennziffer für den Stadtbezirk Bad Godesberg 129.

1.6 Ausblick

Bad Godesberg steht gegenwärtig in einer Phase des Umbruchs. Es war immer ein gehobener Wohnort und wird dies auch in Zukunft bleiben. In bezug auf seine Funktion als Bonns Diplomatenstadtteil wird es jedoch aufgrund des Berlin-Beschlusses zu deutlichen Veränderungen kommen.

Die sich seit langem abzeichnende Schließung des Kaufhauses Hertie erfolgte Ende Februar 1997. Das Gebäude soll möglicherweise bis auf die Grundmauern abgerissen werden und an seiner Stelle ist zur Zeit die Errichtung eines besser proportionierten Neubaus mit überwiegender Wohnfunktion sowie Handel und Gastronomie im Erdgeschoß in der Diskussion. Aktuelle Entwicklungen sind außerdem der Bau des Straßentunnels, der ab 1999 den Durchgangsverkehr aus der Innenstadt heraushalten wird. Dies erlaubt eine Umgestaltung und Verkehrsberuhigung der heute stark befahrenen Koblenzer Straße, die die Fußgängerzone durchtrennt. Es ist zu hoffen, daß dies der Anfang zu einer umfassenden Attraktivitätsverbesserung der Fußgängerzone sein wird. Die bereits erfolgte Sanierung des alten Gasthofes Schaumburger Hof am Rheinufer sowie die 1997 anlaufenden Sanierungen der Villa Kahn und der Bastei nahe dem Fähr- und Dampferanleger eröffnen außerdem gute Möglichkeiten für eine Aufwertung des derzeit unterbewerteten Rheinufers, ausgehend vom Rheinhotel Dreesen bis hin zum Haus Carstanjen, dem Sitz der UNO-Organisationen.

Die Errichtung des auf einen überlokalen Einzugsbereich hin dimensionierten Kinopolis wird Bad Godesberg zu einem Kinostandort in der Region machen und neue Besuchergruppen aus dem Umland in die Innenstadt holen. Hierin liegen neue Chancen für Gastronomie und Handel.

Zukunftschancen wird Bad Godesberg außer in der Behauptung seiner hohen Wohnqualität als Gesundheits-, Tagungs- und Wissenschaftsstandort haben. Mit seinen Privatkliniken, dem Hotel Maritim an der B9, dem Hotel Dreesen, der modernisierten Stadthalle, dem Wissenschaftszentrum in der Ahrstraße sowie der Humboldt-Stiftung und zahlreichen anderen ansässigen Wissenschaftsorganisationen ist ein gutes und ausbaufähiges Potential für die weitere Entwicklung gegeben. Nach Jahren, die in vieler Hinsicht eher von Stillständen geprägt waren, erhält die Entwicklung von Bad Godesberg gegenwärtig und in den Folgejahren neue und wichtige Impulse, die zu einer erneuten Vitalisierung dieser Stadt beitragen können.

2. Die Route

Die Exkursionsroute führt, ausgehend von der Godesburg (vgl. Karte 3), die im Herzen der Stadt liegt und einen ausgezeichneten Überblick über Bad Godesberg und die umgebende Landschaft erlaubt, durch die Go-

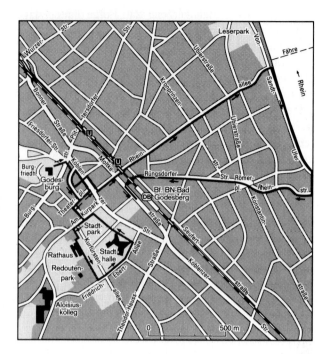

Karte 3: Exkursionsroute

desberger Innenstadt zum Kurviertel. Von dort verläuft der weitere Weg durch das gründerzeitlich geprägte Villenviertel zum Rheinufer. Am Beispiel von Rüngsdorf wird zum Abschluß einer der Orteile besucht, die aus den früheren umliegenden Dorfkernen entstanden sind und die diese Entstehung auch heute noch nachvollziehbar machen.

2.1 Godesburg

Der Kölner Kurfürst und Erzbischof Dietrich I von Hengebach ließ 1210 auf dem Gipfel des Basaltkegels die Godesburg erbauen. Ihr Grundstein befindet sich heute im Rheinischen Landesmuseum in Bonn. Sie diente 373 Jahre lang der Sicherung des Herrschaftsgebietes von Kurköln nach Süden, dem Schutz gegen Raubritter und der Sicherung der Zollerhebung auf der Handelsstraße entlang des Rheintales.

Nach Überlieferung des Mönches Caesarius von Heisterbach (Zisterzienserkloster Heisterbach, Siebengebirge) soll diese mittelalterliche Entweihung der alten Kultstätte den Erzengel Michael derart erzürnt haben, daß er mit einem Reliquienschrein über den Rhein bis auf den gegenüberliegenden Petersberg flog, wo die Zisterzienser sich vor dem Bau ihres Klosters Heisterbach vorläufig niedergelassen hatten. Zur Besänftigung ließ der Erzbischof eine neue Kapelle in der Vorburg errichten, die jedoch Ende des 17. Jahrhunderts grundlegend umgestaltet wurde, so daß nur noch die Apsis erhalten blieb.

Dank ihrer günstigen strategischen Lage beherrschte die Godesburg sowohl die alte Heerstraße römischen Ursprungs entlang des Rheintals als auch den Aufstieg vom Rhein zur Eifel durch das Marienforster Tal. Sie hatte jedoch nicht nur militärische Bedeutung, sondern diente auch als administrativer Mittelpunkt und als Residenz (vgl. Abb. 3). Die Vermählung des Kölner Erzbischofs Gebhard Truchseß von Waldburg mit der protestantischen Gräfin Agnes von Mansfeld und sein Übertritt zum Protestantismus hatte den päpstlichen Bann zur Folge. Zum Nachfolger wählte das Kölner Domkapitel Herzog Ernst von Bayern. Es kam in der Folge zwischen beiden zu Auseinandersetzungen, die in den Kölnischen Krieg, auch Truchsessischer Krieg genannt, einmündeten. Da die Godesburg einer langen Belagerung erfolgreich trotzte, erfolgte nach der Fertigstellung eines in den Berg getriebenen Stollens am 17.12.1583 die Sprengung von 1.500 Pfund Pulver, die einen Teil des Burgberges und der Burg wegriß. Die Verteidiger zogen sich zunächst in den erhaltenen gebliebenen Bergfried zurück, dennoch war die Eroberung des Turmes auf Dauer nicht zu verhindern und die Verteidiger wurden bis auf zwei niedergemacht.

In den nachfolgenden Jahren diente die Ruine der Bevölkerung lange Zeit als Steinbruch. Im Zuge der Rheinromantik erfolgte allmählich eine Veränderung in der Wertschätzung der Ruine, die Gemeinde Godesberg, zu deren Wahrzeichen die Burg wurde, brachte immer wieder Mittel auf, um den weiteren Verfall aufzuhalten. 1891 machte Kaiser Wilhelm II die Burgruine der Gemeinde zum Geschenk, 1894 erwarb Godesberg auch den westlichen Teil des Burgberges und schaffte damit die Voraussetzung für eine Neugestaltung. Es wurde eine Auffahrt angelegt, verschiedene Wege- und Plattierungsarbeiten durchgeführt und 1896 auf dem Gipfel eine Burggaststätte eröffnet. 1959-1961 wurde von Gottfried Böhm die Burg in ihren heutigen Zustand zu einem Hotel- und Restaurationsbetrieb um- und ausgebaut.

Der Panoramablick gewährt rundum Fernsichten auf die Eifel, das Siebengebirge, das Rheintal, Bonn und die Kölner Bucht. Auch wird deutlich, wie sehr Bad Godesberg bis heute eine grüne Stadt geblieben ist.

Zu Füßen der Burg fällt der Blick in Richtung Süden auf die seit der Sanierung völlig umgestaltete Innenstadt, auffallende Objekte sind das rot verklinkerte Altstadtcenter, das dahinter sich abhebende Theater und der nach Westen durch die Redoute und die Flucht der klassizistischen Logierhäuser begrenzte Kurpark. Nach Westen hin hebt sich der im rein funktionalen Stil der 60er Jahre errichtete häßliche Quaderbau des ehemaligen Kaufhauses Hertie deutlich ab, der die städtebaulichen Proportionen der Innenstadt stört und dessen Zukunft z.Zt. (1997) noch immer unklar ist. Außerdem kann der Verlauf der Burgstraße mit der Marienkirche, der preisgekrönten neuen Südbebauung und der Aufstieg zur Eifel durch das Marienforster Tal beobachtet werden. In Blickrichtung Osten fällt der postmoderne Lindeblock an der Ecke der Moltkestraße auf und der benachbarte Neubau des Multiplex-Kinocenters vor dem Verlauf der vielbefahrenen Bahnlinie, die das

Abb. 3: Die Godesburg. (Quelle: STADT BONN u. P. ZLONICKY & PARTNER: Rahmenplanung Bonn-Bad Godesberg/ Mitte. Dortmund/Bonn 1984

Stadtgebiet durchschneidet. In der Ferne sind das Rheintal und das dahinter liegende Siebengebirge mit den markanten Erhebungen Petersberg (Bundesgästehaus) und Drachenfels zu erkennen.

Zum Abstieg sollte statt der zur Burg führenden Autostraße einer der Fußwege gewählt werden, die entweder direkt auf das Plateau des Altstadtcenters hinunter führen oder der Weg - und dieser sollte vorgezogen werden - der am Aennchenplatz endet. Entlang dieses Weges kommen zahlreiche wärmeliebende und auf Felsstandorte spezialisierte Pflanzenarten wie Mauerpfeffer und weiße Fetthenne vor. Viele vorkommende Pflanzenarten haben ihre Heimat in den warmen Gebieten Südeuropas und finden hier ihre nördlichste Verbreitung, so das Wimperperlgras, der Feldbeifuß oder die lila blühende Wilde Malve.

2.2 Innenstadt und Kurviertel

Unten am **Aennchenplatz** angekommen, kann der im Rahmen der Stadtsanierung verschobene Bau des berühmten Gasthofes "Zur Lindenwirtin" besucht werden. Der Gasthof wurde 1891 von der Wirtin Aennchen Schuhmacher übernommen und ist seit Generationen das Ziel für einkehrwillige Bonner Studenten und Professoren. Nach Überquerung der Straße in Richtung Villichgasse führt der Weg durch diese am Altstadtcenter entlang bis zu einem unscheinbaren Durchgang zwischen den kleinen angejahrten Pavillonbauten aus den fünfziger Jahren, die den Theaterplatz von der rechts liegenden großen Freitreppe trennen, die zum oberen Plateau des **Altstadtcenters** führt. Ein kurzer Abstecher auf das obere Plateau zeigt, daß die von den Architekten Böhm und Schaller dort geplante

Einzelhandelsnutzung gescheitert ist. Der hintere Teil dieses Plateaus wartet auf seine funktionale Neubestimmung.

Das Altstadtcenter ist das Ergebnis einer der letzten großen flächenhaften Altstadtsanierungen in der Bundesrepublik (vgl. Karte 4). Mit dem Abriß der überwiegend in der zweiten Hälfte des 19. Jahrhunderts errichteten Häuser verschwand nicht nur die historische Bausubstanz, sondern zugleich auch der alte Straßengrundriß (vgl. Karten 5 und 6). Standen Anfang der 60er Jahre die überwiegend schlechte Bausubstanz, die unzeitgemäßen sanitären Verhältnisse und die für den wachsenden Autoverkehr zu engen Straßen im Vordergrund der Erörterungen, so setzte bereits während der Altstadtsanierung ein Meinungsumschwung in der Bewertung dieses historischen Viertels ein, der jedoch den Sanierungsfortgang nicht mehr aufhalten konnte. In der Folge dieses Bewertungswandels ist das Altstadtcenter, einst für seine Architektur gelobt, bei der einheimischen Bevölkerung heute eher unbeliebt.

Vor dem Altstadtcenter fällt der Bau des Godesberger Theaters auf, das heute vom Bonner Schauspiel genutzt wird. Der weitere Weg führt am Theater vorbei durch die verkehrsberuhigte Straße Am Michaelshof in Richtung Kurpark. Nachdem die gleichnamige Straße überquert worden ist, führt der Weg ins Kurviertel. Nach rechts gelangt man am Kurpark entlang zur **Redoute**, dem alten kurfüstlichen Konzert-, Spiel- und Ballsaal. Dort fanden zu kurfürstlicher Zeit Aufführungen von Oper, Schauspiel, Konzert und Ballett statt, es wurde gespielt, es wurden Bälle veranstaltet und der junge Ludwig van Beethoven spielte dort seinem Lehrer Joseph Haydn vor. Seit der Wahl Bonns zur Bundeshauptstadt dient die Redoute Veranstaltungen und Empfängen von Diplomatie, Politik, Wirtschaft und Kultur. Diese Aufgaben werden in den letzten Jahren auch vom neuen Hotel Maritim an der B9 oder dem Gästehaus der Bundesregierung auf dem Petersberg in Königswinter wahrgenommen.

Nach Süden hin schließt sich die **Kurfürstenallee** an, dort liegen das ehemalige Hoftheater, in dem heute Kunstausstellungen präsentiert werden, sowie die Zeile der klassizistischen Logierhäuser aus der Frühzeit des Bades. Sie dienen heute der Stadtverwaltung und kulturellen Zwecken. In ihrer klassizistischen Architektur erinnern sie ein wenig an die Wiener Heimat des Kurfürsten Max Franz von Habsburg-Lothringen. Am Ende der kurfürstlichen Häuserzeile verläuft der Exkursionsweg nach Überquerung der Kurfürstenallee dann die Friedrich-Ebert-Straße hinunter, die nach Süden hin durch die Rigalsche Wiese begrenzt wird. Das einst an deren Nordseite liegende frühere Schloß ist abgerissen und an seiner Stelle liegt heute in unverkennbarer Architektur die Botschaft der Volksrepublik China.

Der weitere Weg führt dann vorbei am Haupteingang der Godesberger Stadthalle, einem der wichtigsten Tagungsorte in der Stadt. Dort ist auch die Endstation der

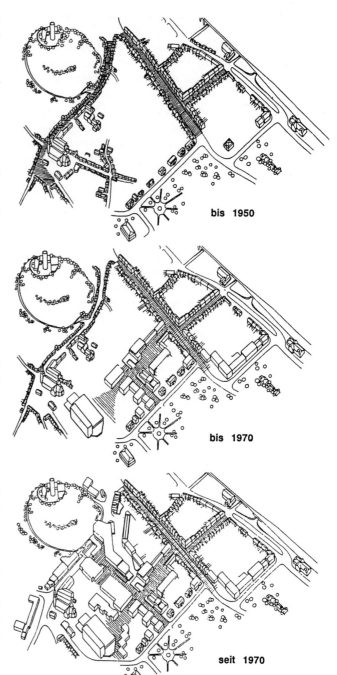

bis 1950

bis 1970

seit 1970

Karte 4: Bad Godesberg: Entwicklung der Geschäftsstraße im Ortskern (Quelle: STADT BONN (Hrsg.) und gh-gruppe hardtberg, Bonn, Denkmalpflegeplan Bad Godesberg, Bonn, 1990

aus Bonn kommenden U-Bahn. Die auf der anderen Straßenseite liegende Privatklinik zeigt stellvertretend auch für andere, daß Bad Godesberg seine alte Tradition als Gesundheitsstandort bis heute gut behauptet hat und noch weiter ausbaut.

Für den weiteren Weg sollte unmittelbar nach der Stadthalle links in den **Kurpark** eingebogen werden. In ihm liegt außer der Stadthalle auch der Trinkpavillon, der jedoch nicht von der alten kurfürstlichen Draitschquelle, sondern von der 1962 erbohrten Kurfürstenquelle gespeist wird. Der Park wurde in den

Jahren 1890-91 von dem Kölner Gartendirektor Kowallek im Stil eines Englischen Gartens angelegt. Der vielseitige Baumbestand wird durch Hinweisschilder erläutert. Auf der anderen Seite des Parks wieder angekommen, sollte der weitere Weg durch die Innenstadt nach Querung der Straße Am Kurpark wieder durch die bereits durchlaufene Straße Am Michaelshof gewählt und am Theater rechts auf den **Theaterplatz** abgebogen werden. Dieser von einer Baureihe umstandene Platz mit seiner Umbauung aus den frühen fünfziger Jahren, ist nach seiner früheren Nutzung als zentrale Schnittstelle der Godesberger Buslinien heute Teil der Fußgängerzone. Trotz seiner eher nüchternen und langweiligen Gestaltung bildet er das Herzstück der Innenstadt. Er wird in seiner Mitte von Marktständen genutzt und dient an seinen Rändern in den wärmeren Jahreszeiten der Außengastronomie. Hier finden sich die höchsten Fußgängerfrequenzen der Innenstadt.

Am Ende des Theaterplatzes stößt man auf die **Koblenzerstraße**, die die Querachse zum Theaterplatz und zur Alten Bahnhofstraße bildet. Sie ist neben den beiden anderen eine der wichtigsten Einkaufsstraßen. Bei ausreichendem Zeitangebot kann an dieser Stelle der Weg nach links gewählt werden, der über die Schultheißgasse hinaus bis zur Einmündung der **Arkadia-Passage** führt. Beim Durchlaufen dieser Passage wird stellvertretend deutlich, daß diese Art von kleineren Passagen, die in Godesberg aus der Bauzeit derFußgängerzone stammen, aufgrund ihrer Größe und Belichtung kaum mehr den Ansprüchen der Gegenwart entsprechen und daher Nutzungsprobleme für Einzelhandel und Gastronomie unübersehbar sind. Überhaupt wirkt die ganze Fußgängerzone, die 1975 als fortschrittliche Innenstadtgestaltung gelobt wurde, heute etwas lieblos und angestaubt. Eine attraktivere Gestaltung der gesamten Fußgängerzone erscheint überfällig. Am Ende der Arkadia-Passage kann man durch die Schultheißgasse wieder zurück zur Koblenzer Straße und Einmündung der Alten Bahnhofstraße gelangen, die dann in Richtung Moltkestraße durchlaufen wird.

An der **Moltkestraße** angekommen, kann zur Linken der Neubau des größten Kinocenters in der Region Bonn, das Kinopolis Bad Godesberg, beobachtet werden. Das Haus soll rund ein Dutzend Kinosäle mit ca. 2.700 Sitzplätzen umfassen. Mit diesem architektonisch anspruchsvollen Neubau verbindet sich die Erwartung, daß er neben dem Einzelhandel als wichtiger Magnet der Godesberger Innenstadt dienen wird. Nach Querung der Moltkestraße, die die äußere Begrenzung der Innenstadt bildet, verläuft die weitere Exkursionsroute durch die Unterführung unter der Bahnlinie hindurch in die Rheinallee hinein.

2.3 Villenviertel

Die Bahnlinie bildet die Trennlinie zwischen der Innenstadt und dem Villenviertel. Dieses wird entlang der baumgesäumten **Rheinallee** durchlaufen, die bis zum Rheinufer führt. Das Viertel rechts und links der Rheinallee verdankt seine Entstehung der Bautätigkeit wohlhabender Bürger, die dort ihren Wohnsitz nahmen, nachdem die exponierten Lagen am Rheinufer, um die Redoute und im Hangbereich durch reiche Familien aus Adel und Industrie besiedelt waren. Kennzeichnend für die Bebauuung dieses Stadtteils sind seine zahlreichen Villen, die überwiegend aus der Gründerzeit stammen, doch finden sich auch repräsentative Einfamilienhäuser aus der Vor- und Nachkriegszeit. Auffallend sind die gestalterischen Elemente aus der Zeit des Historismus und des Jugendstils sowie die starke Durchgrünung des Viertels.

Aufgrund der oft repräsentativen Gestaltung und des großzügigen Gebäudezuschnitts sowie der hohen Wohnqualität in diesem Stadtteil dienen viele Gebäude heute als Botschaften, Residenzen oder werden als Wohn- und Praxisstätte von dienstleistenden Berufen wie Ärzten, Anwälten, Steuer- und Unternehmensberatern genutzt. Auch die Humboldt-Stiftung hat hier ihren Sitz. Dennoch dominiert bis heute die Wohnfunktion. Im Zuge der Umsetzung des Berlin-Beschlusses wird es aufgrund des Fortzuges von Botschaften besonders im Villenviertel zu größeren Nutzungsänderungen kommen.

2.4 Rheinufer

Die Rheinallee endet nahe der Anlegestelle der Fähre nach Königswinter-Niederdollendorf. Rheinabwärts in Richtung Bonn liegt in einem verwilderten Park etwas verborgen die Villa Kahn, eines der ehemals prächtigsten Beispiele großbürgerlicher Villen am Rhein. Der Schaumburger Hof, eine der seit der Rheinromantik berühmtesten Traditionsgaststätten in Bad Godesberg und das noch weiter nach Bonn gelegene ehemals großbürgerliche Haus Carstanjen, das heute Sitz mehrerer neu nach Bonn gekommenen UNO-Organisationen ist, schließen sich an, sind jedoch aus Zeitgründen für einen Fußgänger etwas weit entfernt.

Ist das Zeitbudget geringer bemessen, wendet man sich am Rheinufer angekommen an der Bastei, wo sich die Dampferanlegestelle befindet, nach rechts flußaufwärts und läuft bis zum **Rheinhotel Dreesen**, das in vierter Generation von der Familie Dreesen betrieben wird. In der wärmeren Jahreszeit lohnt sich ein zwangloser Besuch im hoteleigenen riesigen Wintergarten mit seinen großen alten Kastanienbäumen für eine Erholungspause und den lohnenden Ausblick auf den Strom und das gegenüberliegende Siebengebirge.

2.5 Rüngsdorf

Vom Hotel Dreesen führt der weitere Weg dann wieder stadteinwärts in den Ortsteil Rüngsdorf. Vorbei an der französischen Botschaft gelangt man bis zur mitten auf der Straße liegenden historischen Marienkapelle und von dort in die **Rheinstraße**. Rüngsdorf war ursprüng-

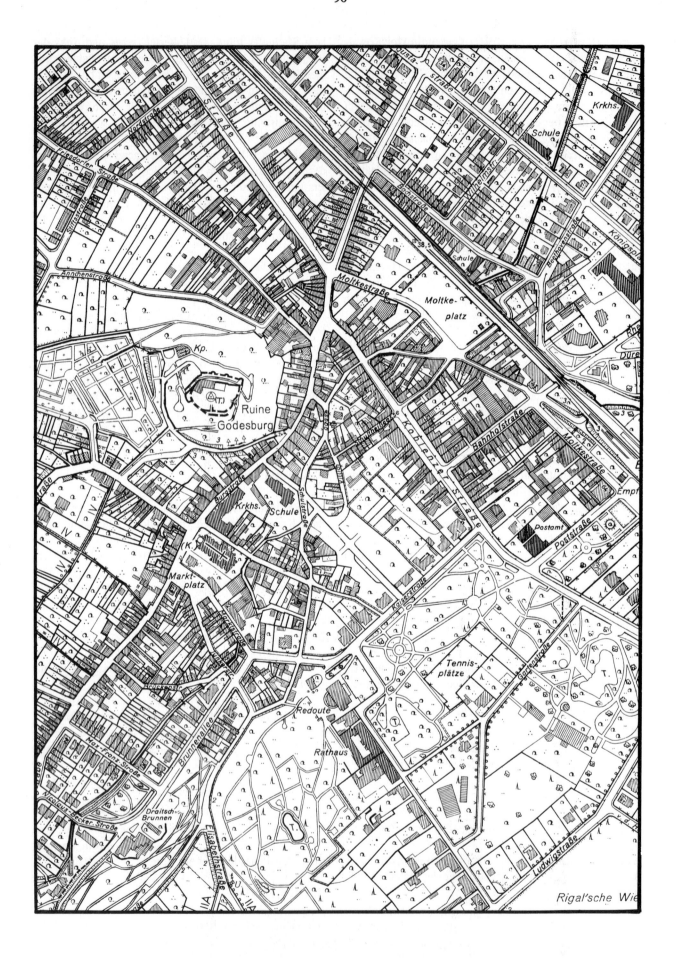

Karte 5: Bad Godesberg: DGK 1:5.000, Stand 1951/57, (Quelle: STADT BONN (Hrsg.) und gh-gruppe hardtberg, Bonn, Denkmalpflegeplan Bad Godesberg, Bonn, 1990)

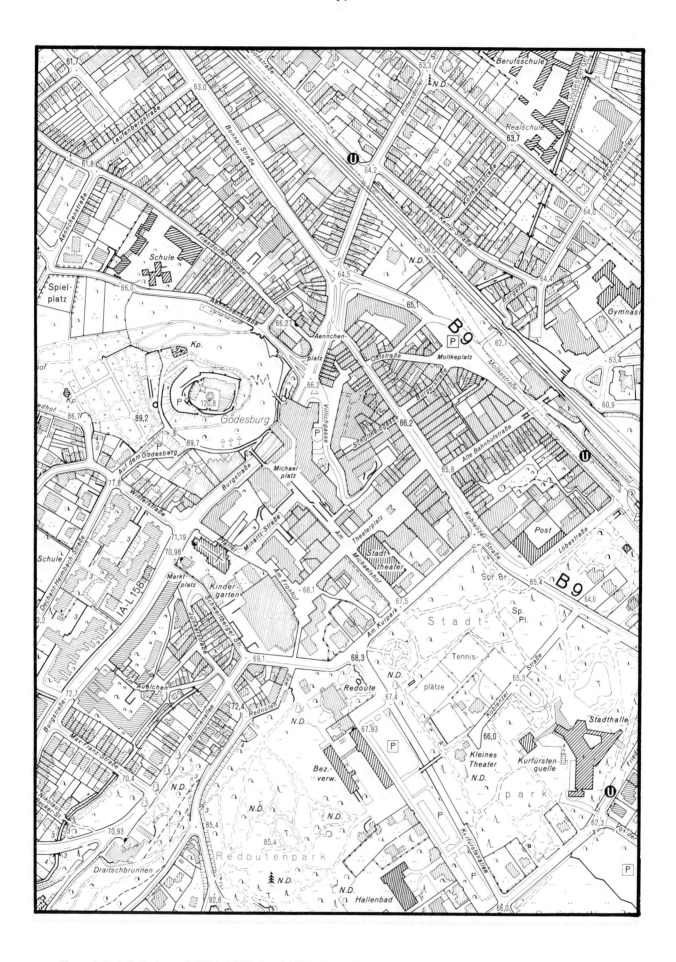

Karte 6: Bad Godesberg: DGK 1:5.000, Stand 1986. (Quelle: STADT BONN (Hrsg.) und gh-gruppe hardtberg, Bonn, Denkmalpflegeplan Bad Godesberg, Bonn, 1990

lich eines der eigenständigen Dörfer im Umland von Godesberg. Der recht steile Aufstieg vom Rheinufer aus zeigt, daß sich Rüngsdorf bereits auf der hochwasserfreien Niederterrasse befindet. Der Ort wird erstmals 804 urkundlich genannt, als das Bonner Cassius Stift dort einen Hof erwirbt. Chor und Turm der 1131 erstmals erwähnten Andreaskirche blieben erhalten und sind heute Teil der neuzeitlichen Pfarrkirche. 1671 hatte Rüngsdorf ca. 80 Einwohner. Die wichtigsten Erwerbsquellen waren Landwirtschaft, Weinbau und das Treidelwesen. Der alte Ortskern befand sich im Bereich von Bastei-, Kapellen- und Rheinstraße. Die dortigen Fachwerkhäuser bezeugen noch heute die dörfliche Vergangenheit. Anders als das nach dem preussischen Baurecht geplante Villenviertel mit seinen klaren Fluchtlinien ist der Straßenverlauf im Rüngsdorfer Kern sehr unregelmäßig.

Im späten 19. Jahrhundert endet in Rüngsdorf mit der dann einsetzenden lebhaften Bautätigkeit die landwirtschaftlich geprägte Zeit. 1899 wird es von dem damals schnell wachsenden Godesberg eingemeindet. Zwischen 1894-1900 wird das Rheinhotel Dreesen gebaut und stadteinwärts werden zwischen 1890 bis in dieNachkriegszeit hinein Freiflächen und Baulücken durch eine anspruchsvolle Wohnbebauung aufgefüllt. Das Villenviertel erhält damit seine städtebauliche Ergän-zung nach Süden. Der Rückweg durch die Rüngsdorfer Straße bis zur Bahnlinie veranschaulicht diese Entwick-lung.

Hier an der Bahnlinie angekommen, endet die Exkursion. Für eine Rückkehr nach Bonn mit öffentlichen Verkehrsmitteln bieten sich in erster Linie die U-Bahn (Station am Bahnhof) oder auch die Deutsche Bahn mit Verbindung zum Hauptbahnhof an.

Literatur

* = Basisliteratur

BEYER, R. und WALDHAUSEN-APFELBAUM, J.: Die Bonner Geschäftszentren Brüser Berg und Mehlem. In: Bonner Beiträge zur Geographie, Heft 1, Bonn, 1994

*BRÜSE, F.: Bonn-Bad Godesberg. Hamm, 1993

ENNEN, E. und HÖROLDT, D.: Vom Römerkastell zur Bundeshauptstadt - Kleine Geschichte der Stadt Bonn. Bonn, 1976

GEOGRAPHISCHES INSTITUT DER RHEINISCHEN FRIEDRICH-WILHELMS-UNIVERSITÄT BONN, Projektgruppe Prof. Dr. R. GROTZ: Einzelhandelsstruktur und Einkaufsverhalten im Stadtbezirkszentrum Bad Godesberg. Bonn, 1992

HÖROLDT, D.: Bonn - ehemals, gestern, heute. Stuttgart, 1983

KREMER, B. P.: Naturführer Bonn und Umgebung. Bonn, 1993

*STADT BONN (Hrsg.) und gh-gruppe hardtberg, Bonn: Denkmalpflegeplan Bad Godesberg. Bonn, 1990

*STADT BONN u. P. ZLONICKY & PARTNER: Rahmenplanung Bonn-Bad Godesberg/Mitte. Dortmund/Bonn 1984

STRACK, H.: Zur baulichen Entwicklung Godesbergs von 1870 bis zum Ersten Weltkrieg. in: Godesberger Heimatblätter, Heft 20, Bonn, 1982

Anschrift des Autors
Rolf Beyer, An der Zittelburg 20, D-53604 Bad Honnef

Das Vorgebirge

Suburbanisierung einer Gartenbaulandschaft

Hans Böhm und Astrid Mehmel

Thematik:	**Entwicklung des Erwerbsgartenbaus - Vermarktung von Frischgemüse - Auswirkungen wachsender Baulandnachfrage**
durchzuführen als:	**Fußexkursion, auch Fahrrad möglich**
ungefähre Dauer:	**Gesamtroute (Standorte 1 - 10) ca. 14 km, Rundwege ca. 5 km**
Anfahrt:	**Vorgebirgsbahn (Linie 18), Haltestelle "Roisdorf-West" bzw. "Alfter" (Rückweg); die Parkplätze im Bereich des Exkursionsgebietes können mit Ausnahme des Parkplatzes "Heimatblick" nur mit Pkw erreicht werden.**
Empfohlene Karten:	**Topographische Karte 1:25 000 Blätter 5207 (Bornheim) und 5208 (Bonn)**

Allgemeine Einführung

Der zentrale Teil der Niederrheinischen Bucht wird in seiner Längsrichtung von einem ca. 52 km langen Höhenzug durchzogen, der von 173 m im Süden auf 95 m im Norden abdacht. Dieser Höhenzug wird Ville genannt. Er setzt auf der linken Rheinseite oberhalb der Stadt Bonn ein und trennt die Köln-Bonner Bucht von den linksrheinischen Bördenlandschaften. In der naturräumlichen Gliederung der Niederrheinischen Bucht nach TROLL und PAFFEN (Abb. 2) ist deren östlicher Teil das Vorgebirge. Die Bezeichnung "Vorgebirge" ist urkundlich erstmals durch eine Kölner Marktordnung aus der zweiten Hälfte des 15. Jahrhunderts belegt, in der der Verkauf von Obst und Früchten "vs dem Vurberge" geregelt wird. Aus Kölner Sicht waren es die Vorberge auf dem Weg nach Aachen oder Trier. Weiterhin bezeugt eine Urkunde von 1549 über Schürfrechte auf der Höhe über Brühl, daß die Bezeichnung "Vurberge" nur den Osthang der Ville meinte (ZERLETT 1959, 96f). Wie in diesem Fall hat die in den letzten Jahren des zweiten Weltkrieges konzipierte und später weitergeführte naturräumliche Gliederung zur Bezeichnung naturräumlicher Einheiten vielfach auf lokale Landschaftsnamen zurückgegriffen. Bei dieser Praxis unterstellte man - selten hinterfragt - dem alltagsweltlichen Denken ein in der Umgangssprache manifestiertes Erkennen bzw. Wahrnehmen natürlicher Einheiten bzw. eine über Generationen gewonnene und tradierte Alltagserfahrung der vorindustriellen Gesellschaft bei der Suche nach günstigen Standorten für die landwirtschaftliche Produktion. Daher war für HERZOG und TROLL (1968, 9) auch nur der mit einem "mächtigen Lößpolster überzogene und außerordentlich fruchtbare" Osthang der Ville, der "dicht besiedelt und intensiv als Gartenland für Gemüse-, Obst- und Blumenkultur genutzt" wird, mit der Bezeichnung "Vorgebirge" zu belegen. Die Übernahme lokaler Bezeichnungen in den naturwissenschaftlichen Kontext führt aber, nicht zuletzt durch die kartographische Fixierung, zu einer Interpretation, die historische Bezüge nicht mehr erkennen läßt.

Im Gegensatz zu den Konstrukten der naturräumlichen Gliederung sind die Kulturlandschaften selbst nicht eindeutig abgegrenzt. Durch die Kartierung einzelner Elemente materieller Kultur lassen sich lediglich Verbreitungsgebiete dokumentieren. Kulturlandschaften werden durch menschliche Tätigkeiten und deren spezifische Reichweiten im Kontext bestimmter sozialer und räumlicher Bedingungen geschaffen, geprägt und bewertet. In der unmittelbaren Nachkriegszeit war das Vorgebirge die "Speckseite" der Köln-Bonner Bucht.

Für den Bereich zwischen der Rheinebene im Osten und der Börde im Westen soll auf der Exkursion die Veränderung der sozialen und räumlichen Bedingungen menschlichen Handelns seit Beginn des 19. Jahrhunderts aufgezeigt werden.

Natürliche Standortbedingungen

Natürliche Standortbedingungen waren eine wichtige, wenn auch nicht entscheidende Voraussetzung für die Entwicklung des Erwerbsgartenbaus im Vorgebirge. Sie beruhen auf der guten Bodengare der Lößböden am Osthang der Ville und auf einem klimatischen Vorzug gegenüber anderen Anbaugebieten. Für die Ausbreitung des Obst- und Gemüsebaus sind das zeitig einsetzende Frühjahr, die mit 17°C - 18°C mäßig hohen Julimittel der Temperatur sowie die geringe Früh- und Spätfrostgefährdung bedeutsam. Weniger gewichtig ist das Jahresmittel der Temperatur von ca. 10°C. An den überwiegend ost- bzw. südostexponierten Hängen sind nicht nur frühere Erntetermine, die den Produzenten am Markt hohe Primärpreise garantieren, sondern je nach Anbaufolge auch zusätzliche Ernten möglich. Die Niederschlagsmengen sind mit jährlich 600-650 mm bei einer günstigen Verteilung über die für die Vegetationsentwicklung entscheidenden Monate Februar bis Juli gerade ausreichend. Nachteilig wirken sich allerdings im Mai und Juni oft mit Starkregen verbundene Gewitter aus, die einen übermäßigen Abfluß und dadurch größere Ernteschäden verursachen können.

Die im Vergleich mit anderen Gebieten günstigen natürlichen Standortbedingungen bedeuten aber keineswegs einen absoluten Standortvorteil. Einige Vorteile, die noch in der zweiten Hälfte des 19. Jahrhunderts bestanden, wur-

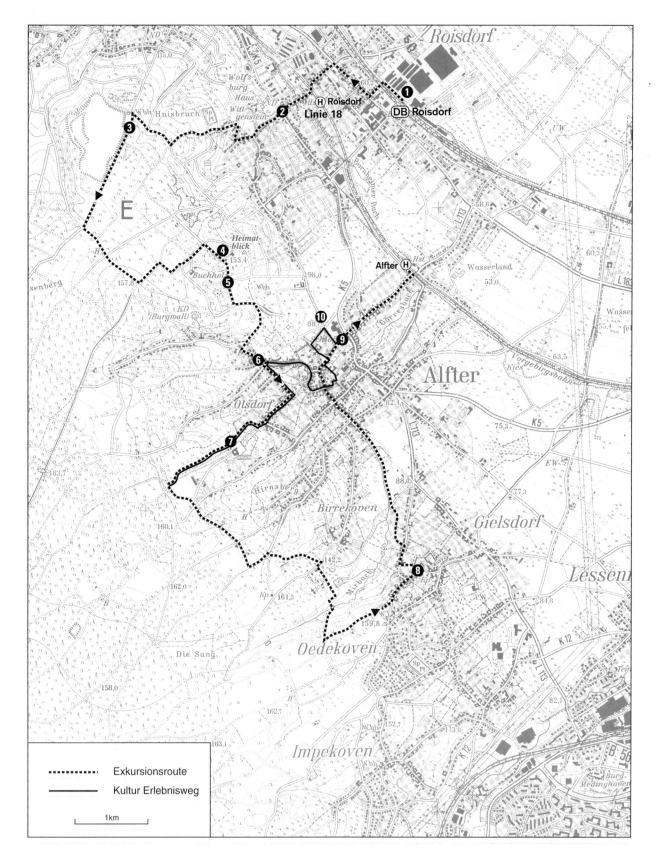

Abb. 1: Exkursionsroute

den durch die Fortschritte in der Agrartechnik unwirksam oder gar ins Gegenteil verkehrt. In den 20er Jahren unseres Jahrhunderts verloren die klimatisch begünstigten Hanglagen wegen der äußerst schlechten inneren Erschließung und starken Parzellierung der Flur in dem Maße an Wert, in dem menschliche Arbeitskraft durch Maschinen ersetzt und keine Flurbereinigung durchgeführt wurde. Gleichzeitig gewannen die sandigen Böden am Fuß des Vorgebirges einen höheren landwirtschaftlichen Produktionswert, weil sie vor allem im Frühjahr schneller ab-

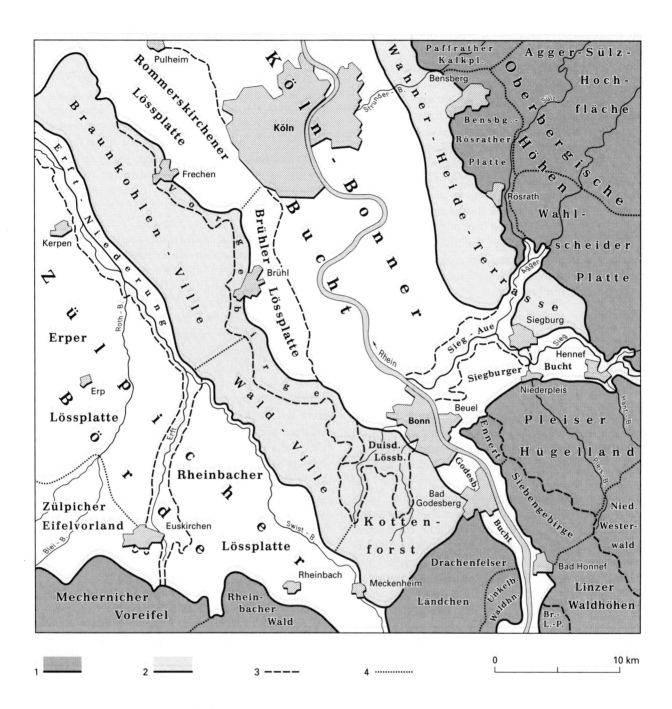

Abb. 2: Naturräumliche Gliederung der südlichen Niederrheinischen Bucht

trocknen und deshalb eine maschinelle Bearbeitung früher im Jahr zuließen als die schwereren Lößlehmböden am Hang. 1850 kostete Gartenland bester Qualität 7.200-8.400 M/ha, bei sandigen Böden konnten nur Preise von 1.800-2.400 M/ha erzielt werden. Gegen Ende des 19. Jahrhunderts kosteten die besten Böden 12.000-20.000 M/ha und die sandigen bereits 9.600-12.000 M/ha. Leichtere Böden sind heute für Gemüsearten, deren Anbau kulturtechnisch schwierig ist, besonders begehrt. Beispielsweise erfordern die Qualitätsansprüche des Marktes bei Porree lange weiße Schäfte. Eine entsprechende Qualität läßt sich aber durch das traditionelle Anhäufeln der Erde, das auch bei schwereren Böden praktiziert wurde, nicht mehr erreichen. Qualitätsporree kann nur noch bei einer Tiefpflanzung in vorgebohrten Löchern erzeugt wer-

den. Hierfür eignen sich die sandigeren Böden eher als die Lößlehmböden. Wenn heute Saaten oder Pflanzungen auf den sandigeren Böden mit Folien oder Vlies abgedeckt werden, ergeben sich frühe Erntetermine und bei einer zeitlich gut abgestimmten Pflanzung kann eine Marktbelieferung mit annähernd gleich großen Kontingenten während eines längeren Zeitraumes erzielt werden. In den Sommermonaten bzw. unmittelbar nach den Pflanzungen müssen diese Böden allerdings vor Austrocknung geschützt und u.U. künstlich beregnet werden. Allerdings beeinflußten die sich verändernden Verbrauchergewohnheiten und die Einbindung des Standortes in das internationale Verkehrsnetz die gartenbauliche Entwicklung nachhaltiger als die natürlichen Voraussetzungen.

Standort 1: Centralmarkt Bonn-Roisdorf

Die Standortentwicklung im Bereich des Vorgebirges läßt sich nur bis zur Jahrhundertwende in Anlehnung an das Thünensche Modell erklären. Seit Mitte des vorigen Jahrhunderts entwickelte sich in den Gemarkungen der Umgebung der Städte Köln und Bonn ein stadtnaher Gartenbauring, dessen Ausdehnung besonders von der Menge städtischer Fäkalien abhing, die über die Fläche der Nachbargemarkungen gleichmäßig verteilt wurden. Der noch um die Jahrhundertwende für Bonn-Poppelsdorf charakteristische Weißkohlanbau ("Kappes"), ist hierfür ein gutes Beispiel. Eine vergleichbare Entwicklung gab es im 19. Jahrhundert übrigens bei fast allen größeren Städten. Daher ist die Verteilung des Freilandgemüseanbaus in Deutschland noch bis in die Zwischenkriegszeit, von einigen Ausnahmen abgesehen, durch die Lage der mittleren und größeren Städte bestimmt.

Wegen der geringen Transportfähigkeit der Produkte konnte die Versorgung von Köln und Bonn mit Frischgemüse bis Anfang des 20. Jahrhunderts nur durch einen stadtnahen Anbau gesichert werden. Der Gemüsebau der Kleinbetriebe, die über keine Zugtiere verfügten, erstreckte sich auf einen Umkreis von 8-10 km um den jeweiligen Vermarktungsort, da bis in die 1850er Jahre Selbstvermarktung üblich war. Mit der Ausdehnung der städtisch bebauten Fläche insbesondere nach 1870 und der verstärkten Übernahme des Gemüseanbaus durch größere Betriebe (ab 6 ha) verschob sich dieser Ring in das Umland auf Standorte mit komparativen Anbauvorteilen. Eine Übernahme des Gemüseanbaus in den weiter als 8 km von den Marktzentren entfernt gelegenen Gemeinden begünstigten seit etwa 1850 Obst- und Gemüsehändler, die mit Pferdefuhrwerken aus dem Raum Wuppertal, Remscheid und Solingen kamen, und im Vorgebirge Gartenbauprodukte gegen vergleichsweise sehr gute Bezahlung aufkauften. Eine wesentliche Erweiterung des Absatzgebietes trat durch die Eröffnung der Eisenbahnlinien Köln-Aachen (1841) und Köln-Bonn (1844) ein. Nach Inbetriebnahme der Vorgebirgsbahn im Jahr 1896 war das Verkehrsnetz so dicht, daß keine Ortschaft weiter als 5 km von der nächsten Bahnstation entfernt war.

Die verbesserte Verkehrslage hatte für das linksrheinische Anbaugebiet zwischen Köln und Bonn nicht nur eine erhebliche Vergrößerung des Absatzgebietes zur Folge. Sie setzte dieses Gebiet auch der Konkurrenz entfernter Gartenbaustandorte aus. Dadurch wurde die "Monopolstellung" der in der Umgebung von Köln und Bonn marktnah produzierenden Betriebe gebrochen. Langfristig mußten sich diese auf Produkte umstellen, die sie im Vergleich zu anderen Erzeugergebieten kostengünstiger produzieren konnten. Nach dem zweiten Weltkrieg ermöglichte die rasche Entwicklung der Kühltechnik und die damit verbundene Erhöhung der Transportfähigkeit von Gartenbauerzeugnissen eine weitere Umstellung der Anbauprogramme und eine Spezialisierung der Betriebe auf Erzeugnisse, die von anderen Gebieten nicht mit wesentlich günstigeren Faktorpreisen auf den überregionalen Markt gebracht werden konnten. Für den lokalen bzw. regiona-

"Aber die eigentliche Bestimmung des Marktplatzes war doch der an jedem Vormittag der Wochentage stattfindende Gemüse- und Obst-Markt. Da war, namentlich an den zwei Hauptmarkttagen der Woche, der ganze Platz, z.T. sogar die damals schmäleren Bürgersteige, bis auf einen zur Not freigehaltenen Fahrweg, gedrängt voll von Bauersfrauen mit ihren Körben, in denen die ganze unglaubliche Fülle der Bodenerzeugnisse dieses gesegneten und intensiv kultivierten Gaues, soweit sie für den Hausbedarf in Betracht kamen, dazu auch Butter, Eier, Fleisch u.a., feilgeboten wurden, und zwar zu billigen Preisen, denn die einzelnen Verkäuferinnen unterboten sich und suchten die langsam vorüberwandelnden Hausfrauen durch schmeichelnde Zurufe wie "junge Frau" für ein altes Matrönchen an sich zu locken. Die weissen Kopftücher der Bauersfrauen und ihre oft bunten Kleider, die blauen Blusen der Bauern, welche die Körbe auf Handwagen herbei- und wieder abfuhren, in der Zwischenzeit die Karren in benachbarten Strassen aufstellten und vom nächsten Wirtshaus aus bewachten; das Durcheinander der Bewegungen und das Stimmengewirr boten ein einzigartiges belebtes Bild, wie ich es sonst nur in italienischen Städten gesehen habe. Im Winter bei Kälte war natürlich der Betrieb geringer, die Marktfrauen hatten kleine Blechöfen mit glühenden Kohlen, an denen sie sich wärmten und die sie zuweilen unter ihre Röcke stellten. [...] Schade, dass dieses ganze Markttreiben, der direkte Verkauf vom Produzenten an den Konsumenten, der modernen Organisation des Gemüse- und Obst-Grosshandels, der Einschaltung eines Grossmarktes mit Markthalle auch in Bonn selbst, erlegen ist, der freie Wettbewerb den obrigkeitlich vorgeschriebenen Preisen; heutzutage sind auf dem Markt nur noch einige Stände von Händlern, nicht mehr von Produzenten, zu sehen, und jene müssen ihre Ware erst von den Grosshändlern kaufen. Wieder hat der Amtsschimmel und die staatliche Bevormundung einen blühenden und fröhlichen, seit Jahrhunderten spontan sprossenden Zweig rheinischen Volkslebens zu Boden getrampelt. Auch sind unterdes in allen Stadtteilen kleine Gemüse- und Obstläden entstanden und Gemüsehändler ziehen mit Pferde- oder Handwagen von Strasse zu Strasse, sodass die Hausfrauen nicht mehr auf den Markt zu gehen brauchen; freilich so billig und in solcher Auswahl und Frische wie früher kaufen sie nicht mehr ein, und der lustige Markthumor ist auch verklungen!" PHILIPPSON (1996, 102) über das Bonner Marktleben um 1870 und in den 20er Jahren.

len Markt wurden diejenigen Erzeugnisse produziert, deren Transport- und/oder Frachttragfähigkeit sich nicht wesentlich verändert hatte. Dies führte zu einer vertikalen und zum Teil auch horizontalen Spezialisierung der Betriebe, die in den durch das Marktgeschehen bedingten Grenzen teilweise sehr individuell verlief. Die verschiedenen Anbaugebiete behielten jedoch ihre Diversifikation und

Tab. 1: Gemüseumsatz an der Kreis-Obst- und Gemüseversteigerung bzw. ab 1979 am Centralmarkt Roisdorf nach Gewicht in dt

Gemüse	1955	1960	1969	1980	1995
Weißkohl	3.000	3.500	10.500	81.046	82.094
Chinakohl	.	.	.	13.855	56.403
Wirsing	6.000	13.000	26.000	75.249	48.568
Sellerie	11.500	10.500	21.000	41.564	32.580
Rhabarber	2.000	4.000	6.500	40.492	26.432
Rotkohl	2.000	4.000	9.500	38.315	25.050
Möhren	2.000	2.000	18.000	45.664	21.342
Porree	1.500	3.000	15.500	2.120	20.843
Broccoli	.	.	.	623	14.995
Chicoree	.	.	.	5	9.277
Spizkohl	6.500	4.000	6.500	5.824	9.006
Rosenkohl	16.000	13.500	15.000	14.452	3.967
Spinat	42.000	19.000	4.500	5.913	3.944
Stangenbohnen	35.000	49.000	56.000	15.506	3.708
Dicke Bohnen	29.500	26.000	23.000	11.176	2.744
Tomaten	69.000	21.000	18.000	6.547	2.560
Grünkohl	434	1.500	8.000	6.782	1.574
Feldsalat	1.000	1.000	1.500	1.255	1.344
Buschbohnen	4.000	2.500	6.000	16.730	1.323
Erbsen	4.500	4.000	7.500	2.473	1.235
Zwiebeln	7.000	3.000	2.000	10.653	313

Quellen: JANSEN (1970), Centralmarkt-Mitteilungen (1982 u. 1996).

Tab. 2: Gemüseumsatz an der Kreis-Obst- und Gemüseversteigerung bzw. ab 1979 am Centralmarkt Roisdorf nach Stück bzw. Gebund

Gemüse	1955	1960	1969	1980	1995
Kopfsalat u. Varietäten	11.025.265	14.270.096	22.890.287	23.320.800	26.936.692
Kohlrabi	1.490.164	4.249.932	7.022.038	10.026.836	10.925.487
Blumenkohl	178.724	465.327	1.187.946	6.487.200	7.930.786
Eissalat	.	.	.	247.300	4.995.103
Porree	.	.	.	18.971.900	3.440.508
Hausgurken	12.117	26.077	200.249	1.135.500	1.311.092
Sellerie	.	.	.	840.000	1.177.441
Rettich	79.640	732.750	2.856.570	2.868.300	1.062.635
Endivien	1.034.145	866.747	1.114.381	14.681.200	795.864
Zuckermais	.	.	.	2.640	148.048
Schnittlauch (Gebund)	863.840	1.828.336	4.117.779	5.156.300	5.476.210
Petersilie (Gebund)	1.157.455	3.371.950	3.670.255	6.608.700	3.459.730

Quellen: JANSEN (1970), Centralmarkt-Mitteilungen (1982 u. 1996).

konnten ihre Attraktivität sogar noch für Einkäufer durch Erweiterung des Angebots steigern. Daher verfügen die beiden wichtigsten Vermarktungsorte des Rheinlandes, Straelen und Bonn-Roisdorf, gegenwärtig mit mehr als 50 fast ständig angebotenen Gemüsearten über eine bemerkenswert vielfältige Produktpalette (Tab. 1-3).

Organisatorische und technische Verbesserungen im Bereich des Handels haben insbesondere nach dem Ersten Weltkrieg den Absatz der rheinischen Obst- und Gemüseerzeugnisse verbessert. 1914 wurde in Straelen am Niederrhein die erste Obst- und Gemüseversteigerung nach holländischem Vorbild gegründet. Danach kam es 1916 in

Tab. 3: Obstumsatz an der Kreis-Obst- und Gemüseversteigerung bzw. ab 1979 am Centralmarkt Roisdorf nach Gewicht in dt

Obst	1955	1960	1969	1980	1995
Äpfel	16.500	12.500	21.000	214.696	216.770
Erdbeeren	6.000	6.000	12.500	15.019	33.752
Schattenmorellen	6.500	5.000	7.000	53.090	27.136
Birnen	13.000	12.500	11.000	11.082	13.115
Pflaumen u. Zwetschen	24.500	13.500	11.000	6.527	11.202
Süßkirschen u. halbsauer	5.000	2.429	1.137	66	5.095
Johannisbeeren	9.561	7.688	2.993	3.542	4.205
Brombeeren	249	61	68	467	493
Stachelbeeren	4.000	3.000	1.000	1.827	398
Pfirsiche	15.000	8.500	5.000	1.644	.

Quellen: JANSEN (1970), Centralmarkt-Mitteilungen (1982 u. 1996).

Opladen, 1920 in Roisdorf, 1921 in Krefeld, 1928 in Fischenich, 1929 in Wesel, 1931 in Bliesheim und Rheydt, 1934 in Düsseldorf sowie 1935 in Bonn und Köln zur Eröffnung ähnlicher Versteigerungen bzw. Großmärkte (JÄGER 1969, 17f).

1920 gründeten 70 Landwirte in Alfter die Absatz- und Bezugsgenossenschaft "Vorgebirge" e.G.m.b.H. Roisdorf mit dem Ziel, den Absatz von land- und gartenbaulichen Produkten überregional zu organisieren und Betriebsmittel preisgünstig einzukaufen. Die französische Besetzung des Rheinlandes und der dadurch auf dem Schienenweg nur eingeschränkt mögliche Transport erschwerten allerdings eine Umsetzung dieser Ziele. Deshalb errichtete die Genossenschaft zunächst in Essen einen Verkaufsstand, der mehrmals in der Woche beliefert wurde. Erst 1926 ging man zu dem noch heute gebräuchlichen Versteigerungssystem "nach der Uhr" über. Bei diesem Auktionsverfahren läuft die Versteigerungsuhr für jeden Posten solange von einem überhöhten zu niedrigeren Preisen zurück bis ein Händler die Uhr per Knopfdruck stoppt. Gelangen mehrere Posten gleicher Ware und Qualität zur Versteigerung, dann können sich bei diesem Verfahren durchaus unterschiedliche Produktpreise ergeben.

Auf diese Weise wurden eine bessere Übersicht über das Angebot des Erzeugergebietes und eine einheitliche Preisbildung erreicht. Als Standort wählte man die an den Güterbahnhof in Roisdorf grenzenden Grundstücke. Vor dem Roisdorfer Bahnhof hatte sich bereits nach dem Ersten Weltkrieg unabhängig von der Genossenschaft ein kleiner Markt entwickelt, auf dem Erzeuger, die nicht nach Bonn oder Köln fahren wollten oder konnten, ihre Landprodukte anboten.[1] Diese Verkaufsform wurde nicht ohne Widerstand des ortsansässigen Handels und einiger Landwirte nach Konsolidierung des genossenschaftlichen Absatzes Ende der 20er Jahre aufgegeben. 1931 konnte die

Roisdorfer Genossenschaft bereits 25.000 dt Gemüse und Obst mit einem Wert von 1,2 Mio. RM und 1936 313.000 dt im Wert von 6 Mio. RM umsetzen.[2] Nach dem Zweiten Weltkrieg stieg der Umsatz in Roisdorf von 144.000 dt bzw. 10,6 Mio. DM im Jahr 1948 auf 465.000 dt bzw. 27,5 Mio. DM im Jahr 1969.

Als Folge unterschiedlicher Spezialisierung in den rheinischen Obst- und Gemüsebaugebieten bildeten sich Mitte der 50er Jahre bei den Erzeugermärkten deutliche Umsatz- und Saisonschwerpunkte heraus. Gleichzeitig änderten sich auch die Nachfragebedingungen. Die Einkäufer suchten größere Mengen eines Produktes zu ersteigern und interessierten sich für ein über das Jahr gleichmäßig verteiltes Angebot. Daher war es nur konsequent, die kleineren Erzeugermärkte Bliesheim, Fischenich und Bonn zu schließen und deren Angebot ab 1979 nur noch im Centralmarkt Bonn-Roisdorf zu versteigern.[3] In größerer Entfernung von Roisdorf kam es daraufhin zu einer weiteren Spezialisierung (z.B. Buschbohnen), um größere Kontingente anliefern zu können. Als Alternative bot sich für diese Betriebe der Vertragsanbau mit Konservenfabriken.[4] Beide Varianten bedeuten jedoch, daß langsamer als bei einem breiteren Anbauprogramm auf kurzfristige Veränderungen der Marktlage reagiert werden kann. Größere Handlungsspielräume und damit auch die Beibehaltung des traditionellen spekulativen Elements sind nur noch in

---

[1] Vor 1926 wurden aus dem Anbaugebiet des Vorgebirges ca. 60% der Gartenbauerzeugnisse durch Eigenvermarktung in Köln oder Bonn umgesetzt, ca. 30% übernahm der ortsansässige Handel und ca. 15% kauften Großhändler auf dem kleinen Markt an der Rampe des Roisdorfer Bahnhofs (JÄGER 1969, 19).

[2] 1936 verordnete der "Reichsnährstand" für alle Erzeuger eine Anlieferungspflicht am nächstgelegenen Großmarkt. Eigenvermarktung lebte nur kurzfristig in den ersten Nachkriegsjahren wieder auf.
[3] Viele Landwirte bedauerten die Schließung, da sie großen Wert auf eine Selbstanlieferung ihrer Gartenbauerzeugnisse legten. Die Fahrt zur Versteigerung bedeutete ein "gesellschaftliches Ereignis", man traf sich mit Freunden und Bekannten, tauschte Erfahrungen und Nachrichten aus. Ähnliche Argumente tauchten auch schon nach 1920 auf, als die Eigenvermarktung auf dem Kölner Markt durch die Versteigerungen in Roisdorf etc. abgelöst wurde. Für die Frauen der Betriebsinhaber war der Gang oder die Fahrt zum Kölner Markt eine liebgewonnene Abwechslung im Einerlei der täglichen Arbeit.
[4] Vertragsanbauflächen im Rheinland 1995: Rot- u. Weißkohl 900 ha, Gurken 500 ha, Buschbohnen 1200 ha, Dicke Bohnen 400 ha, Erbsen 650 ha, Spinat 620 ha, Rote Bete 230 ha, Sonstiges 200 ha (Marktvereinigung Rheinland für Obst und Gemüse, Bonn).

Tab. 4: Käufer am Centralmarkt Roisdorf 1995
nach Umsatzgrößenklassen

Umsatzklasse (in Mio DM)	Anzahl	% vom Gesamtumsatz
unter 0,5	65	12,3
0,5 - 1	16	11,3
1 - 3	11	18,9
3 - 7	4	19,7
7 und mehr	3	37,8
Gesamt	99	100,0

Quelle: Centralmarkt-Mitteilungen (1996)

der näheren Umgebung der Erzeugerversteigerung möglich.

Durch die Fusion der Genossenschaften wurden 1979 die juristischen und materiellen Voraussetzungen geschaffen, um mit vergleichbaren Einrichtungen des europäischen Auslandes konkurrieren zu können. Das für Anlieferer wie Einkäufer gleichermaßen zeitaufwendige Betriebssystem mit Warenkontrolle, Durchfahrt- und Musterversteigerung wurde aufgegeben und eine moderne EDV-gesteuerte Betriebsorganisation aufgebaut. Gleichzeitig wurde das Betriebsgelände auf 22,3 ha erweitert, Umschlaghallen für Erzeuger und Handel sowie Kühlräume und Sortieranlagen errichtet. Durch Gründung von Tochtergesellschaften (z.B. Blumengroßmarkt Bonn), die Angliederung von Dienstleistungsbereichen, insbesondere des deutschen und europäischen Mehrwegkistenpools (blaue Eurostiegen) konnte die Attraktivität des Centralmarktes nach 1993 noch gesteigert werden. Die Zahl der Mitglieder der Genossenschaft und sonstiger Anlieferer beträgt z.Zt. 2800. Darunter befinden sich 450 Haupterwerbsbetriebe, deren Erzeugnisse über 70% des Centralmarktumsatzes (1995: 101 Mio. DM) ausmachen (65% Gemüse und 35% Obst). Hauptabnehmer ist immer noch der Fachgroßhandel, wenn auch in den vergangenen Jahren der Sortimentshandel an Bedeutung gewonnen hat (vgl. auch Tab. 4). Im Sinne der Erzeuger und Händler wurde das althergebrachte Versteigerungssystem in den vergangenen Jahren dahingehend verändert, daß eine sog. Vorversteigerung eingeführt wurde. Hierbei melden die Erzeuger vor Beginn der Versteigerung über Faxgeräte Art, Menge und Qualität des Angebots. Aufgrund dieser Meldungen werden vom Centralmarkt Verkaufspositionen zusammengestellt und versteigert. Die Versteigerungsergebnisse werden anschließend an die Erzeuger weitergeleitet, die daraufhin die verkaufte Ware am nächsten Tag anliefern. So wird sichergestellt, daß den Händlern frische Ware geliefert wird und die Produzenten keine unverkaufte Ware zurücknehmen bzw. in Kühlhäusern einlagern müssen. Außerdem entfallen die langen Wartezeiten bei der herkömmlichen Durchfahrt. Je nach Jahreszeit erbringt dies für alle an der Versteigerung Beteiligten eine Zeitersparnis von bis zu 3 Stunden täglich.

Standort 2: Haus Wittgenstein

Vom Centralmarkt Roisdorf (ca. 58 m) führt der Weg aus der Ebene der Niederterrasse über einen steilen Hang zur Hauptterrasse oberhalb von Bornheim-Botzdorf (ca. 164 m). Unmittelbar über dem durch frühholozäne Seitenerosion des Rheins unterschnittenen Mittelterrassenrand liegt oberhalb der alten Chaussee von Alfter nach Bornheim Haus Wittgenstein. Es wurde 1845 vom Kölner Dombaumeister Ernst Friedrich Zwirner für den Kölner Stadtrat Heinrich von Wittgenstein (1797-1869) erbaut und diente der Bankiersfamilie über Generationen als Sommersitz.[5] Es ist ein frühes Beispiel für das großbürgerliche Landhaus wie es seit Mitte des 19. Jahrhunderts im Auftrag Kölner Bürger häufig in der Umgebung der Stadt errichtet wurde. Der dreigeschossige klassizistische Putzbau wird von zwei zweigeschossigen Seitentrakten flankiert.[6] Er liegt in einer großzügig angelegten Parkanlage mit alten Linden, Buchen, Gingkos und Zedern. Der Park selbst gliedert sich in zwei Ebenen mit einem Niveauunterschied von ca. 3 m, der durch eine barocke Treppenanlage mit Brunnennischen und Zwischenpodesten aus Trachyt überbrückt wird. Ein wesentliches Strukturelement der Parkanlage waren Brunnen und kleinere Teiche. Da dieses Grundstück Wasserrecht an den weiter oberhalb am Hang auf anderen Grundstücken gelegenen Quellen besaß, war die Wasserversorgung sichergestellt.

Während der NS-Zeit diente das Gebäude dem "Bund deutscher Mädel" und später dem Arbeitsdienst. Nach dem Zweiten Weltkrieg waren hier eine Nervenheilanstalt und Privatklinik untergebracht. Aus dieser Zeit stammen Umbauten der ehemaligen Wirtschaftsgebäude und der Arztbungalow, der in den 50er Jahren auf dem Gelände ohne Baugenehmigung errichtet wurde. 1985 erwarben *die Grünen* das denkmalgeschützte Anwesen mit dem ver-wilderten Hanggrundstück für 1.4 Mio. DM, um dort ihre Parteizentrale zu errichten. Langfristig hatte der damalige Parteivorstand geplant hier eine "Grüne Zukunfts-Akademie" zu errichten. Bis zur Inbetriebnahme der Parteizentrale im Jahr 1988 wurden in die Gebäude 3,6 Mio. DM investiert. 1996 verkaufte der Bundesvorstand von *Bündnis 90/die Grünen* den Gesamtkomplex für 4,3 Mio. DM an den Verein "Internationales Centrum für Weltmission". Die vorher in Bonn-Duisdorf ansässige baptistisch-mennonitische Vereinigung unterstützt vor allem Gemeinden im Bereich der ehemaligen Sowjetunion und beteiligt sich an Entwicklungsprojekten, die Hilfe zur Selbsthilfe intendieren.[7]

Standort 3: Hauptterrasse oberhalb Bornheim-Botzdorf

An diesem Standort springt die Hauptterrasse des Rheins weit nach Osten vor, so daß man einen Überblick über die gesamte Rheinebene nördlich von Bonn sowie über den

---

[5] Die folgenden Ausführungen beruhen auf Auskünften des Stadtarchivs Bornheim sowie auf: SAUERMILCH, W. (1988): Bericht der Bauleitung für das Projekt Haus Wittgenstein zur BHA-Sitzung am 20.11.1988. Archiv Grünes Gedächtnis, Bestand B I.1, Akte Haus Wittgenstein (15.11.88).

[6] Nach ähnlichen architektonischen Prinzipien hat Zwirner auch das ehemalige Direktionsgebäude der Landwirtschaftlichen Hochschule in Bonn erbaut (heute Institutsgebäude der Landwirtschaftlichen Fakultät, Meckenheimer Allee 174).

[7] "Verein für Weltmission Kauft 'Haus Wittgenstein'"; Generalanzeiger Bonn, 22.8.1996.

nach Westen zurückweichenden, abgeflachten Osthang der Ville hat. Die maximal 10 km breite Ville hat eine asymmetrische Gestalt. Die Ostseite ist durch die rückschreitende Erosion kaltzeitlicher und rezenter Bäche stark aufgelöst und zerlappt; die Westseite wird dagegen von der kaum zerschnittenen Bruchstufe zum Swistbach bestimmt. Die Ursache dieser Asymmetrie liegt in der unterschiedlichen Höhenlage der jeweiligen lokalen Erosionsbasen. Auf der Ostseite beträgt der Höhenunterschied zum Rhein als Vorfluter 100-120 m. Auf der Westseite besteht zwischen Ville und dem Swistbach aber nur eine Höhendifferenz von ca. 30 m. Die Erosionsfähigkeit der nach Osten entwässernden Bäche und Rinnsale ist und war daher um ein Mehrfaches größer als die der nach Westen gerichteten.

Die Ville gehört zu dem für den Bonner Raum charakteristischen Horst- und Grabensystem, das vermutlich an der Wende Oligozän/Miozän (ca. 22,5 Mio. Jahre vor heute) angelegt wurde.[8] Die vorübergehend unterbrochenen Senkungsbewegungen im Bereich der Niederrheinischen Bucht hielten in der folgenden Pliozänzeit (10-2 Mio. Jahre vor heute) an. Das Niederrheingebiet bot bis Ende des Pliozäns das Bild einer Schwemmlandebene, in deren Seebecken Tone und Torfe abgelagert wurden. Deshalb wechseln hier Kiese, Sande und Tone, in denen Braunkohleschichten eingeschlossen sind regional sehr stark. An der Wende zum Altpleistozän (vor ca. 2 Mio. Jahren) änderte sich die petrographische Zusammensetzung der Flußsedimente. Der zu dieser Zeit in seiner Größe mit dem heutigen Rhein vergleichbare Strom schüttete große Mengen Quarzsand und -kies (die sog. Kieseloolithe) in das Senkungsgebiet und bewirkte somit nahezu einen Niveauausgleich.

Während dieser Zeit war das Rheinische Schiefergebirge einem beständigen, wenn auch in der Intensität schwankenden Hebungsprozeß ausgesetzt (PHILIPPSON 1899, BIBUS 1980). Die Grenze zwischen Hebung und Senkung befand sich im Pliozän und Altpleistozän bei Bonn und hat sich bis in die Gegenwart nach Norden in den Raum Nimwegen verlagert. Als Folge dieser nach Norden ausgreifenden Hebung entstand auch im Bereich der Niederrheinischen Bucht eine Treppe von Haupt-, Mittel- und Niederterrassen, die sich allerdings nach Norden überschneiden. Die genannte Terrassenabfolge läßt sich aber nicht nur durch tektonische Vorgänge erklären. Im Altpleistozän trat eine nachhaltige Klimaverschlechterung ein, die in einer Wechselfolge von Kalt- und Warmzeiten während des gesamten Eiszeitalters (Pleistozän) anhielt. Dieser zyklische Klimawechsel bestimmte über 2 Mio. Jahre den Sedimenttransport des Rheins und seiner Nebenflüsse mit Aufschüttungen während der Kaltzeiten und Einschneidungen am Ende der jeweiligen Kaltzeit. Ursache der kaltzeitlichen Aufschotterung war einerseits die verbreitete Frostschuttbildung in den Gebirgen des Rheineinzugsgebietes, andererseits die reduzierte Wasserführung der Flüs-

se, da ein Teil des Niederschlags durch Schnee gebunden war. Das durch Solifluktion und Abspülung von den damals waldfreien Hängen abgetragene Material wurde überwiegend in den Sommermonaten von den Bächen und Flüssen weitertransportiert. Durch die großen Schuttmengen überlastet, wurden die Flüsse immer wieder zur Aufschotterung gezwungen. Gegen Ende einer Kaltzeit nahm die Materialzufuhr ab, und die Flüsse begannen, sich in ihre eigenen Aufschüttungen einzuschneiden. Dabei bildeten sie seitliche Erosionskanten, deren Ausbildung TROLL (1954, 1957) für den Bereich der Niederrheinischen Bucht analog der von ihm im Alpenvorland beobachteten Regelhaftigkeit beschrieben hat. Demnach kann im NW von Bonn eine Serie von drei Talrandbögen unterschieden werden, die von Bonn über Duisdorf und Alfter nach Bornheim, von Bornheim bis Hermühlheim und von dort über Frechen nach Königsdorf verlaufen (vgl. Abb. 3). TROLL nimmt an, daß diese Bögen in der vorletzten, also in der Rißeiszeit entstanden sind. Die Untersuchungen von FRÄNZLE (1969) legen jedoch nahe, daß diese charakteristische Großformung des Osthanges der Ville bereits in der vorausgegangenen, d.h. der Mindeleiszeit erfolgt sein muß. Schmiegen sich doch die Erosionsreste der mindelzeitlichen oberen Mittelterrasse den erwähnten Bögen an. Außerdem legt das weite Vorspringen der Ville bei Gielsdorf nahe, daß zumindest der südliche Bogen eine aus zwei Mäanderprallhängen unterschiedlichen Alters zusammengesetzte Form ist.

Die eiszeitlichen Talböden wurden also jeweils zu einer nicht mehr überflossenen Terrasse mit einer im Gelände mehr oder weniger deutlich ausgeprägten Terrassenkante. Durch Staubanwehungen vorwiegend westlicher Winde erhielten die älteren Terrasen in der oder den nachfolgenden Kaltzeiten eine Lößbedeckung, die im Bereich der Mittelterrassen des Vorgebirges Mächtigkeiten von mehreren Metern erreicht. In den Warmzeiten entwickelten sich auf dem verwitternden Löß Böden, die im Bereich des Vorgebirges meist als Parabraunerden ausgebildet sind. Daher tragen die Schotterkörper der älteren Rheinterrassen eine Deckschichtenfolge von Lössen und zwischengeschalteten älteren Böden, aus deren Zahl sich Anhalte zur Bestimmung des ungefähren Alters der Terrassen ergeben. Lediglich bei der jüngsten, der würmzeitlichen Niederterrasse fehlt die Lößauflage. An ihre Stelle tritt der Hochflutlehm, der z.T. aus abgespültem, fluviatil transportiertem und wieder sedimentiertem Lößmaterial hervorgegangen ist.

Flußabwärts von Bonn ist die Niederterrasse nur noch stratigraphisch und nicht mehr morphologisch wie im Mittelrheintal als ältere und jüngere Niederterrasse ausgeprägt. Die Trennung der beiden Stufen ermöglicht der allerödzeitliche Bimstuff des Laacher Vulkanausbruchs (11.800-11.400 Jahre vor heute), der die ältere Niederterrasse im Mittelrheintal überdeckt und in den jüngeren Niederterrassensedimenten in Form von Tuffgeröllen enthalten ist. Dieser Tatbestand belegt auch, daß der ältere Schotterkörper eine klassische kaltzeitliche Bildung darstellt, der jüngere dagegen erst Ende der Würmzeit, nach

[8] Vgl. hierzu und zu den folgenden Ausführungen die detaillierteren Darstellungen bei FRÄNZLE (1969) und GRUNERT (1988) sowie die dort zitierte Literatur.

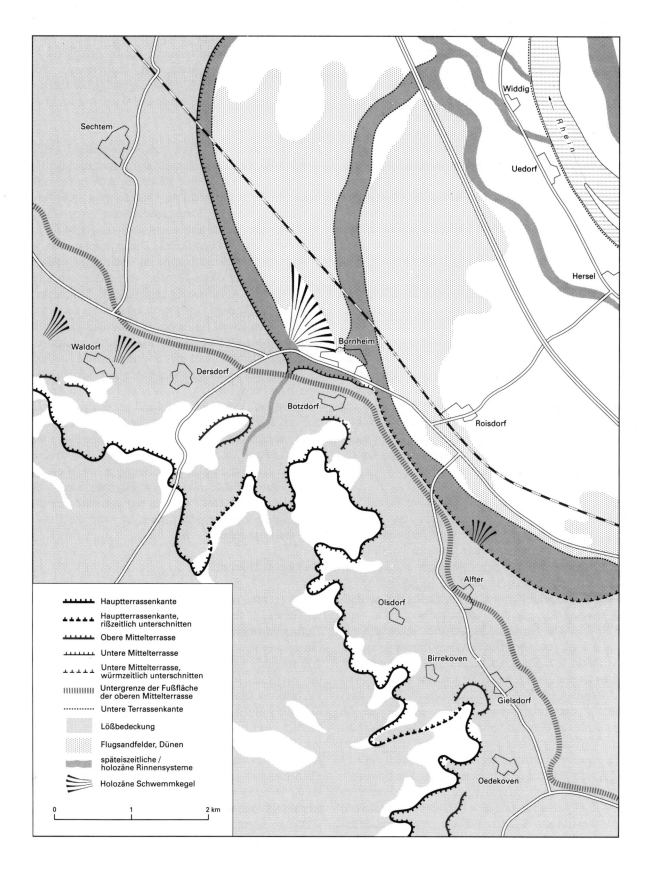

Abb. 3: Geomorphologische Skizze

der kurzen Erwärmung im Alleröd, entstanden ist. Im Stadtgebiet von Bonn kreuzen sich beide Terrassen, d.h. die jüngeren überlagern die älteren Schotterkörper mit einer flußabwärts zunehmenden Mächtigkeit (zwischen Bonn und Wesseling 2-5 m). Beide Terrassen werden von Hochflutlehmen und/oder Flugsandfeldern bzw. Dünen überdeckt.

Im Landschaftsbild treten die Niederterrasse sowie die untere Mittelterrasse besonders prägend hervor (Lessenich-

Alfter bzw. Bornheim-Sechtem; vgl. Abb. 3). Die Mittelterrasse ist von der Niederterrasse durch eine markante Terrassenkante, die durch Prallhangerosion würmzeitlicher Rheinarme (Gumme) geschaffen wurde, deutlich abgesetzt. Die obere Mittelterrasse ist nur im Ortsbereich von Gielsdorf ($\pm$ 130 m) sowie in einem schmalen Absatz (Bereich Sportplatz) auf dem Weg vom Centralmarkt zum jetzigen Standort und am gegenüberliegenden Hang bei Brenig ($\pm$ 120 m) als Terrasse erhalten. Die von FRÄNZLE (1969) näher beschriebenen flächenhaften Abtragungsprozesse während der vorletzten Eiszeit haben in weiten Teilen des südlichen Vorgebirges alle Terrassenreste unkenntlich gemacht. Außerdem haben die würmzeitlichen Lößüberlagerungen möglicherweise noch vorhandene Konturen verdeckt. Erst die jüngere Hauptterrasse ist wieder ausgeprägter und landschaftsbestimmender. Sie überdeckt die tonigen Pliozänsedimente auch im Bereich des Standortes am "Huisbruch", Aufschlüsse im Bereich der ehemaligen Quarz- und Tongruben lassen dies z.T. noch erkennen. Der kiesig-sandige Schotterkörper der jüngeren Hauptterrasse ist sehr durchlässig, so daß das Niederschlagswasser rasch in die Tiefe geleitet wird. Die Terrasse ist daher durch einen fehlenden Oberflächenabfluß und durch einen Quellhorizont im Bereich der vom Hang angeschnittenen Pliozän/Pleistozängrenze gekennzeichnet. In der Umgebung des Standortes auf dem "Huisbruch" wird Quellwasser in mehreren Wasserbehältern für die Wasserversorgung gesammelt.

Die nur teilweise rekultivierten Gruben im Bereich des Standortes "Huisbruch" bzw. am Hang des Breniger Baches bezeugen unterschiedliche wirtschaftliche Interessen. Hier treten die nur von einer geringmächtigen Deckschicht überlagerten Pliozänablagerungen an die Oberfläche. Die bergbauliche Tätigkeit im 16. Jahrhundert [9], die jedem Grundeigentümer ohne obrigkeitliche Genehmigung gestattet war, galt den Toneisensteinen, die in Form von Nestern oder Nieren in den tertiären Sedimenten eingelagert sind, und oberflächennahen Braunkohleflözen. Sofern nicht vom Hang aus kleinere Stollen vorgetrieben werden konnten, wurde mit Hilfe von Schachtbauten bzw. im "Kuhlen- und Tummelbau" abgebaut. [10] Wegen ihres hohen Wassergehaltes von z.T. über 60% wurde die Braunkohle zunächst fast nur für den Hausgebrauch abgebaut. Wirtschaftlich interessanter wurde sie erst, nachdem 1833 ein neues Verfahren bekannt wurde, durch das sich der Wassergehalt auf 35% reduzieren ließ. Die Braunkohle wurde zerkleinert, gereinigt und dann mit Wasser zu einem Brei vermengt und durchgeknetet. Anschließend wurde diese Masse in hölzerne Eimer gepreßt und umgestülpt. Die luftgetrockneten sog. "Klütten" verkaufte man an Ziegeleien und Brauereien. [11] Da die ortsansässige Bevölkerung überwiegend landwirtschaftlich orientiert war, wurde die Arbeit im Bergbau nur soweit geleistet, als die

ländlichen Betriebe diese Nebenarbeit gestatteten. Nachdem 1877 das Brikettierverfahren für die Braunkohle erfunden wurde und der Absatz von Toneisensteinen nicht mehr lohnte, wurde der Bergbau eingestellt: Die kalkfreien fetten Tone sowie Quarzsande und -kiese wurden in der folgenden Zeit wichtiger.

Der Quarzsandabbau ist gegenwärtig Gegenstand vielfältiger juristischer Auseinandersetzungen. Aufgrund der Genehmigung der Bergbehörde hat der Eigentümer bzw. Betreiber der Grube das Recht zur "Ausquarzung". Der bergrechtlich zugelassene Rahmenbetriebsplan vom 23.12. 1977 beinhaltet jedoch nicht automatisch das Recht auf Erschließung des Grubengeländes. Dieses glaubte man jedoch auf dem Umweg über die im Gebietsentwicklungsplan von 1986 für diesen Standort vorgesehene Abfallbehandlungs- und Abfallbeseitigungsanlage für Siedlungsabfälle (Deponie Brenig) erwirken zu können. Da der Standort für diesen Zweck im neuen Gebietsentwicklungsplan nicht mehr ausgewiesen ist, [12] fehlt dazu inzwischen die Grundlage. Darüberhinaus gibt es einen weiteren Konflikt: Im Bereich des Grubengeländes haben sich Sekundärbiotope mit seltenen bzw. vom Aussterben bedrohten Amphibien gebildet. Der Naturschutzbund setzte sich daher in den vergangenen Jahren massiv dafür ein, die Biotope im Grubenbereich unter Schutz zu stellen und eine Planierung des Geländes zu unterbinden. [13] Der im Juni 1996 in Kraft getretene "Landschaftsplan Nr. 2 Bornheim" weist das gesamte Grubengelände als Naturschutzgebiet aus. [14] Ob damit der Konflikt zwischen zwischen ökonomischen und ökologischen Interessen entschieden ist, wird die Umsetzung des Plans zeigen.

Standort 4: Heimatblick

Der Weg zum Ausflugslokal "Heimatblick" führt durch ein Gebiet, in dem das Amt für Agrarordnung 1996 ein Flurbereinigungsverfahren abgeschlossen hat. Teile dieser Gemarkung werden jetzt durch den "Landschaftsplan Nr. 2 Bornheim" "wegen der hohen Struktur- und Artenvielfalt mit Rote-Liste-Pflanzenarten und besonderem Wert für Insekten und Vögel" als Naturschutzgebiet "An der Roisdorfer Hufebahn" ausgewiesen. Erläuternd führt der Landschaftsplan auf: "Mosaik aus Obstbrachen, Obstwiesen, Eichenwäldchen, Brachwiesen und Weiden" (S. 31). Auf dem weiteren Exkursionsweg kann man die aktuelle Flächennutzung auf der Hauptterrasse sowie Indikatoren für die Nutzung während der vergangenen 80 Jahre beobachten (vgl. Abb. 4, Beilage): Der erst nach dem Zweiten Weltkrieg eingeführte Brombeeranbau, der seit 1953 eine rasche Ausbreitung erfahren hat, grenzt unmittelbar an Sauerkirsch- oder Pfirsichbestände in sehr schlechtem Pflegezustand; dazwischen liegen Ponyweiden oder ver-

---

[9] Braunkohlevorkommen werden bereits in einer Urkunde von 1549 für die kurkölnischen Ämter Poppelsdorf und Brühl erwähnt.
[10] Vgl. DOLATA (1935, 20).
[11] Die "Klütten" waren ein zweitklassiges Brennmaterial. In der Mundart werden noch heute minderwertige Gegenstände als "Klütten" bezeichnet.

[12] Nach mündlicher Mitteilung der Stadtverwaltung Bornheim.
[13] FEIGE, H. u. CLAREN, J. (1996): Amphibientod in der Quarzgrube Bornheim Brenig. In: Naturschutzbund Deutschland, Kreisgruppe Bonn e.V., Mitteilungen 1996, 22-23.
[14] Rhein-Sieg-Kreis, Amt für Natur- und Landschaftsschutz (1996): Rhein-Sieg-Kreis, Landschaftsplan Nr. 2 Bornheim. Textliche Darstellungen und Festsetzungen mit Erläuterungsbericht.

wilderte Johannisbeerparzellen neben schmalen Flurstücken, auf denen vor 10 oder 15 Jahren Fichten oder Weißtannen gepflanzt wurden; manchmal trifft man auch noch auf von Unkraut überwachsene Rhabarber- oder Erdbeerfelder.

Die Gemarkungen der einzelnen Ortschaften erstrecken sich im Bereich des Exkursionsgebietes von der Niederterrasse über die Fußfläche und den Hang der Mittelterrassen bis auf die Hauptterrasse. Die Tranchot-Karte (1804) und die Uraufnahme der preußischen Meßtischblätter (1823) dokumentieren noch für das beginnende 19. Jahrhundert Acker- und Grünlandflächen in der Ebene, Wein-, Obst- und Hausgärten am Hang sowie Waldungen auf der Hochfläche. In vorindustrieller Zeit hatte jeder landwirtschaftliche Betrieb Anteil an diesen "Nutzungszonen". Dies belegt u.a. eine Verordnung, nach der beim Verkauf eines Hofes die zugehörigen Waldflächen nicht separiert werden durften.[15] Da diese aus kurfürstlicher Zeit stammende Regelung noch bis in die Zeit nach dem Ersten Weltkrieg beachtet wurde, verfügten fast alle Betriebe über kleinere Holzungen auf der Ville. An deren Ostrand sowie beiderseits des Rheins zwischen Godesberg und Köln stimmen die Obst- und Gemüsebauareale aus der Zeit vor dem Ersten Weltkrieg weitgehend mit den Weinbauarealen des Jahres 1820 überein. Dies ist aber noch kein Beweis dafür, daß der Gartenbau auch auf einzelbetrieblicher Basis den Weinbau abgelöst hat.[16]

Um 1820 war der Weinbau an den Hängen des Vorgebirges [17] noch weitgehend intakt. Ein wesentlich über den Anbau in Hausgärten hinausreichender Gemüsebau läßt sich mit Ausnahme von Bonn, Poppelsdorf, Endenich und Köln in dieser Zeit nirgends nachweisen. Nach den Erläuterungen zur Historischen Wirtschaftskarte der Rheinlande

um 1820 wurde Gemüsebau mit überörtlicher Bedeutung lediglich in der Umgebung von Düsseldorf, Neuß und Wesel betrieben (KRINGS 1973).

Wegbereiter einer Umwandlung von Weingärten in Gemüse- bzw. Obstgärten und in weniger steilen Lagen sogar in Ackerland waren offenbar adelige Großgrundbesitzer und Landwirte mit Wirtschaftsflächen von über 10 ha. Bereits vor 1800 unterstützte Graf Salm-Reifferscheidt seine Pächter in Alfter durch Vergabe von Pachtland aktiv bei allen Bestrebungen, den Getreidebau durch den Anbau von Nichthalmfrüchten zu ersetzen.[18] Er reagierte daher auch sofort auf die detaillierte Kostenanalyse seines Kellermeisters, die 1793 mit dem Vorschlag abschloß, den 3 ha großen Herrenwingert zu parzellieren und als Gemüseland zu verpachten. In der Tranchot-Karte von 1804 wird die fragliche Fläche bereits als Ackerland ausgewiesen. Der Fortfall von Frondiensten trug dazu bei, daß der Weinbau zuerst auf dem herrschaftlichen Grundbesitz aufgegeben wurde. Kleinbauern hielten dagegen länger an dieser Sonderkultur fest. Aufgrund der Polizeiverordnung von 1893 über die "polizeiliche Beschränkung des Verkehrs mit Blindreben" wurde für den Weinbaubezirk Bonn in Gielsdorf noch 1895 eine Rebschule (Schnittweingarten) angelegt, die bis 1912 bestanden hat (THOMAS 1978, 163). Dies war jedoch nur eine Verwaltungsmaßnahme zur Umsetzung einer gesetzlichen Schädlingsbekämpfungsregelung, denn zur gleichen Zeit wurden die meisten Weinberge in den Nachbargemeinden gerodet. Daher schlug auch der Bürgermeister von Oedekoven dem Landrat 1910 vor, die Kreisrebschule im "wirtschaftlichen Interesse des Vorgebirges" in eine Musterobstbaumschule umzuwandeln (THOMAS 1978, 163).

Eine im Jahr 1845 in den Gemeinden des Landkreises Bonn durchgeführte Enquête belegt den Gartenbau für die an die Stadt Bonn angrenzenden Gemeinden, nicht hingegen für die weiter nördlich gelegenen Gemeinden der Bürgermeisterei Sechtem. Gartenbau wurde nach dieser Quelle nicht nur auf den kleinen ehemaligen Weinbergparzellen, sondern auch auf Ackerland betrieben. Angebaut wurden "Früchte, die sehr früh reifen und somit auf dem nahegelegenen Markte vorteilhaft zu verkaufen sind".[19] Zwischen 1850 und 1880 nahm die Zahl der Obst- und Gartenbaubetriebe im Bereich des Vorgebirges nur geringfügig zu. Eine merkliche Ausbreitung dieser Betriebsform fiel erst in den Zeitraum 1880 bis 1920. Vor allem vollzogen kleinbäuerliche Betriebe diese Umstellung. Die mittel- und großbäuerlichen Betriebe spezialisierten sich gleichzeitig auf den Zuckerrübenanbau und die Abmelkwirtschaft.

Nach 1900 bildete sich im Bereich des Gartenbaus eine deutliche regionale Spezialisierung aus, die in ihren Grundzügen bis in die 40er Jahre Bestand hatte: Anbau

---

[15] Hierzu gehört auch das Gewohnheitsrecht der sog. "Battung", nach dem Weinberge und dazugehöriger Busch nur als Einheit verkauft oder verpachtet werden durften (ZERLETT 1959,136).

[16] Unterstützt wird diese Annahme u.a. durch die Tatsache, daß sich nach der kurkölnischen Landesdeskription von 1669/70 über 70% der Weinbaufläche in der Hand von "Hausleuten" mit nur geringen Eigentumsflächen befand (in Alfter z.B. durchschnittliche Betriebsgröße 2 ha). Die Kopplung des Weinbaus an die kleinen Betriebe dürfte auch noch im 19. Jahrhundert bestanden haben (BREMM 1995).

[17] Den "röthlichen Wein" des Vorgebirges, "Bleichert genannt", den findige Kaufleute auch als Burgunder verkauften, erwähnt schon BÜSCHING in seiner Erdbeschreibung (1790, 592).

[17] Nach mündlicher Mitteilung der Stadtverwaltung Bornheim.

[17] FEIGE, H. u. CLAREN, J. (1996): Amphibientod in der Quarzgrube Bornheim Brenig. In: Naturschutzbund Deutschland, Kreisgruppe Bonn e.V., Mitteilungen 1996, 22-23.

[17] Rhein-Sieg-Kreis, Amt für Natur- und Landschaftsschutz (1996): Rhein-Sieg-Kreis, Landschaftsplan Nr. 2 Bornheim. Textliche Darstellungen und Festsetzungen mit Erläuterungsbericht.

[17] Hierzu gehört auch das Gewohnheitsrecht der sog. "Battung", nach dem Weinberge und dazugehöriger Busch nur als Einheit verkauft oder verpachtet werden durften (ZERLETT 1959,136).

[17] Unterstützt wird diese Annahme u.a. durch die Tatsache, daß sich nach der kurkölnischen Landesdeskription von 1669/70 über 70% der Weinbaufläche in der Hand von "Hausleuten" mit nur geringen Eigentumsflächen befand (in Alfter z.B. durchschnittliche Betriebsgröße 2 ha). Die Kopplung des Weinbaus an die kleinen Betriebe dürfte auch noch im 19. Jahrhundert bestanden haben (BREMM 1995).

[18] Dieses Verhalten war durchaus eine "antiklerikale" Haltung, da das Bonner Cassiusstift in Alfter die Abgaben, die aus dem großen Zehnten von den Halmfrüchten und vom Wein resultierten, einziehen durfte (vgl. DIETZ u. ZERLETT 1967).

[19] Hauptstaatsarchiv Düsseldorf, Akten Landkreis Bonn Nr. 331.

von Winterkohl und Buschbohnen in den Gemeinden Poppelsdorf, Endenich und Kessenich; Tomaten-, Gurken-, Spargel- und Blumenanbau in den Gemeinden Oedekoven, Gielsdorf und Alfter; Anbau von Stangenbohnen, Erbsen, Spinat und Erdbeeren in den Gemeinden Roisdorf und Bornheim. Für die ortsnahen Teile der Gemarkungen wurde die vertikale Mischkultur mit Gemüse, Beerensträuchern und Hochstammobst auf einer Parzelle charakteristisch (MÜLLER-MINY 1940). Die Spezialisierung auf den Anbau von Stangenbohnen und Erbsen war vor allem dadurch begünstigt, daß fast alle Betriebe kleinere Holzungen auf der Hauptterrasse besaßen. 1926 benötigte man allein in der Gemeinde Waldorf im nördlichen Vorgebirge 40.000 Bohnenstangen, die aus dem Bauernwald entnommen wurden (ELLSCHEID 1928). In den 20er Jahren führte nicht nur die sorglose Bewirtschaftung des Waldes in Verbindung mit dem Gartenbau, sondern auch der hohe Preis für Grubenholz zu einer Waldvernichtung auf der Hauptterrasse. Auf den Rodungsflächen wurden in den Gemarkungen Alfter und Bornheim ausgedehnte Erdbeerkulturen angelegt, die bis Ende der 30er Jahre gute und hohe Erträge einbrachten (ZERLETT 1959). Da die Erträge auf diesen Flächen seit 1940 zurückgingen, wurde der Erdbeeranbau hier nach und nach eingestellt und durch Pfirsich- bzw. Sauerkirschplantagen ersetzt.

Die Familie Kempf, die auf dem "Heimatblick" zunächst einen kleinen Kiosk, 1961 ein Restaurant eröffnete, führte 1953 auf der Hauptterrasse der Brombeeranbau ein. Heute werden von Ende Juni bis Mitte September ca. 300 Zentner Brombeeren geerntet. Davon werden ca. 30% über den Centralmarkt verkauft (vgl. Tab. 3) und 10% für den Eigenbedarf im Restaurant "Heimatblick" benötigt. Den größten Teil der Ernte (ca. 60%) verarbeitet die Kelterei Maucher (heute Schwadorf) zu Brombeerwein (Rebellenblut). Daneben dominieren auf der Hauptterrasse der Ville seit den 60er Jahren aber Extensivierungserscheinungen. Sie sind auf die für den Obst- und Gemüsebau zu geringe Bodenqualität und auf den Wechsel vieler Grundeigentümer in nichtlandwirtschaftliche Berufe zurückzuführen. Der Berufswechsel bewirkte in einigen Fällen eine letztmalige Kapitalinvestition durch Anpflanzung von Fichten oder Weißtannen in der Hoffnung, daß die heranwachsenden Bäume nach einigen Jahren in der Weihnachtszeit gewinnbringend zu verkaufen seien. Die brach gefallenen Flächen sind heute z.T. eingezäunt und werden als Pferde- bzw. Ponyweiden von den Eigentümern selbst genutzt oder verpachtet. Die Flächennutzung der Hauptterrasse wird in wachsendem Maße durch Freizeitgestaltung und Naherholung geprägt. Hierzu gehört die Ausweisung von Parkplätzen und Rundwanderwegen ebenso wie der Ausbau der Gastronomie. Ende der 70er Jahre baute der neue Eigentümer das alte Waldgasthaus Buchholz um, erweiterte es durch Anbauten um Gesellschaftsräume und gab dem neuen Anwesen den klangvollen und werbewirksamen Namen "Herrenhaus Buchholz".

Standort 5: Jüdischer Friedhof

Der jüdische Friedhof am Hang oberhalb Alfters wird erstmals 1719 mit der Ortsbezeichnung in der "Busch-

komm" urkundlich erwähnt. Wahrscheinlich wurde er bereits rund 100 Jahre vorher angelegt. Grabsteine gibt es erst aus der Zeit nach 1847, ähnlich wie auf den übrigen Friedhöfen im Bereich der Ville.[20] Auf dem Alfterer Friedhof sind noch 20 Grabsteine erhalten, deren Epitaphe fast alle hebräisch abgefaßt sind (vgl. SCHULTE 1972, 273f). Die letzte Beisetzung fand 1938 statt. Eigentümer des Friedhofs ist der Landesverband der jüdischen Gemeinden Nordrhein; die religiöse Aufsicht liegt bei den Synagogengemeinden. Seit 1949 hat die zivile Gemeinde Alfter die Verpflichtung der allgemeinen Pflege und Unterhaltung und überprüft gemeinsam mit dem Landesverband jüdischer Gemeinden Nordrhein regelmäßig den Zustand des Friedhofes (LINN 1984, 365). Für die Pflege gibt die Gemeinde zur Zeit 5000,- DM im Jahr aus und erhält vom Land einen Zuschuß in Höhe von 800,- DM. Über den Heckenschnitt und die Pflege des Rasens hinaus dürfen an diesem 1987 unter Denkmalschutz gestellten geschlossenen jüdischen Friedhof keine Instandsetzungen vorgenommen werden. 1991 stellte die Gemeinde Alfter einen Gedenkstein auf.

Aus den Schutzgesetzen der Karolinger (687-987) entwickelte sich im Laufe des Mittelalters das "Judenregal". Abgeleitet aus dem Fremdenrecht, war es ein königlich-kaiserliches Schutzrecht. Die mit diesem verbundenen Einkünfte waren eine wichtige Einnahmequelle für König- und Kaisertum. Bei starker Zentralgewalt gewährte das Regal den Juden relative Sicherheit vor Pogromen. Mit dem Zerfall der Zentralgewalt im Hochmittelalter entwickelte sich das Judenregal durch Verleihung oder Verpfändung, wie andere Regalien auch, zu einem Handelsobjekt. Dies, und besonders die Pogrome zu Beginn der Kreuzzüge sowie die Zuschreibung der Verantwortung für die Pest bewirkten vielerorts Verelendung und Vertreibung der Juden. Die damit einhergehenden Abwanderung der meisten Juden aus den Städten im 15. Jahrhundert hatte zur Folge, daß das Regal an Bedeutung verlor. Für die Gemeinden im Bereich der Ville lag das Judenregal beim Kurfürsten von Köln. Im Kurfürstentum Köln durften Juden zu dieser Zeit weder Kaufleute sein, noch ein Handwerk, bis auf das des Glasers, ausüben.[21]

Gerade kleine Territorialherren nahmen Juden gerne auf, weil diese eine willkommene Steuerquelle bildeten. Als die kurkölnischen Landstände im 16. Jahrhundert eine Ausweisung der Juden verlangten, erließ der Kurfürst 1599 eine Judenordnung, die besagte daß Juden, die schon seit langem im Erzstift geduldet wurden auch weiterhin dort leben konnten. Allerdings mußte in einem persönlichen "Geleitbrief" festgelegt werden, in welchem Ort sich die betreffende Person niederlassen durfte und welche Rechte und Pflichten sie hatte. Bei der Vergabe des

---

[20] Im Rhein-Sieg Kreis gibt es 14 jüdische Friedhöfe. Auf der linken Rheinseite findet man in Bornheim, Hersel, Walberberg, Alfter, Heimerzheim, Rheinbach, Meckenheim, Wormersdorf jüdische Friedhöfe, die mit Ausnahme des Friedhofes in Heimerzheim, der seit 1896 Eigentum der heutigen Kommune Swistal ist, dem Landesverband jüdischer Gemeinden Nordrhein gehören.
[21] Genauere Angaben zur Entwicklung der rechtlichen Situation vom Mittelalter bis zur Neuzeit finden sich bei LINN (1984, 74f).

"Geleits" waren ebenfalls fiskalische Interessen bestimmend.[22]

In der ständischen Gesellschaft des Heiligen Römischen Reiches unterstanden Juden bis ins 18. Jahrhundert rechtlich als "Schutzjuden" direkt dem Landesherrn. Durch das zu zahlende Schutzgeld und Sonderabgaben waren sie für die oft verschuldeten Landesherren eine zuverlässige Einnahmequelle und belebten die Wirtschaft durch Kapital- und Handelskontakte. Die Landesherren versuchten daher kapitalkräftige Juden aufzunehmen, während mittellose oft ausgewiesen wurden und von Gemeinde zu Gemeinde ziehen mußten. Gesetzlich waren sie auf Handelsberufe beschränkt und konnten weder zünftige Handwerker werden noch Grundbesitz erwerben. Auch die Zahl ihrer Kinder begrenzte der Landesherr in der Regel auf ein - oder bei entsprechender Zahlung - auf zwei.

Mit dem allgemeinen Emanzipationsprozeß nach der französischen Revolution von 1789 verstärkte sich auch die Judenemanzipation. In Frankreich hatten die Juden 1791 das allgemeine Bürgerrecht erhalten. Ab 1797 galt dies auch in dem von den Fanzosen besetzten Rheinland. Angebliche Grundstücksspekulationen und zweifelhafte Kreditgeschäfte im Elsaß sowie Klagen gegen Juden wegen Wucher aus den ländlichen Gebieten um Köln und in der Eifel führten dazu, daß Napoleon am 17. März 1808 - zunächst auf zehn Jahre begrenzt - ein Edikt erließ, das als "décret infâme" ("Schändliches Dekret") in die Geschichte der Judenemanzipation einging. Mit dem "décret infâme" wurden erneut strenge Restriktionen verfügt, die die Berufsfreiheit einschränkten sowie "erzieherische Maßnahmen" einschlossen. Die Freizügigkeit wurde bis auf die Fälle aufgehoben, in denen Juden Landbesitz erwerben und Ackerbau treiben wollten. Die ländliche jüdische Bevölkerung lebte zu Beginn des 19. Jahrhunderts in eher armen Verhältnissen, die sich in der Zeit der französischen Besetzung entwickelt hatten.

Als das Rheinland 1815 zu Preußen kam galten linksrheinisch weiterhin die französischen Gesetze mit dem "infamen Dekret" und nicht das in der Hardenbergschen Reformgesetzgebung verankerte liberale preußische Edikt von 1812 "betreffend die bürgerlichen Verhältnisse der Juden in dem Preußischen Staate", durch das Juden zu "Einländern und preußischen Staatsbürgern" mit allen Rechten und Pflichten erklärt wurden. 1837 empfahl der rheinische Landtag die Beibehaltung der Einschränkungen. Das preußische Gesetz von 1847 "über die Verhältnisse der Juden" hob nur die Beschränkungen im Erwerbsleben auf, schloß aber weiterhin Juden von allen staatlichen Ämtern aus und versagte ihnen das Wahlrecht zu den Landständen. Die rechtliche Gleichstellung wurde erst im Norddeutschen Bund durch das Gesetz vom 3.7. 1869 vollendet, das "alle noch bestehenden, aus der Verschiedenheit des religiösen Bekenntnisses hergeleiteten Beschränkungen der bürgerlichen und staatsbürgerlichen Rechte" aufhob (SCHULTE 1972, 13). Diese Regelung wurde 1870/71 für das Deutsche Reich übernommen. Danach hat die Gesetzgebung das Leben der Juden mehr als 60 Jahre nicht eingeschränkt. Jedoch setzte nach 1870 eine soziale Diskriminierung, der sog. moderne Antisemitismus ein. Nach der Machtübertragung an die Nationalsozialisten wurden seit 1933 alle Rechte sukzessive wieder aufgehoben.

Bis ins 20. Jahrhundert verharrten die meisten Juden auf dem Lande in den gleichen Berufsgruppen, die spezifische Wirtschaftsfunktionen in der Agrarökonomie erfüllten: Vermarktung der Agrarprodukte auf regionalen und überregionalen Märkten; Import von Fertigwaren und Industrieprodukten sowie Beschaffung von Krediten. Schlüsselberufe in den ländlichen Regionen Deutschlands waren der Viehhandel, Viehschlachtung und Fleischverkauf. Daneben gab es jüdische Dienstboten, Gehilfen, Knechte und Mägde, die vor allem in jüdischen Haushalten beschäftigt waren.

Für die Stadt Köln ist eine jüdische Gemeinde bereits 321 urkundlich bezeugt. Mit dem Untergang des Römischen Reiches versiegen die Quellen zur Geschichte der Juden in Deutschland. Im engeren Bereich des Rhein-Sieg-Kreises werden Juden erst wieder in der zweiten Hälfte des 11. Jahrhunderts genannt. Im 12. und 13. Jahrhundert siedelten sich Juden in Brühl und Heimerzheim an. Der Deutsche Ritterorden, dem die Burg Heimerzheim bis 1350 gehörte, gestattete Juden, sich dort niederzulassen, so daß hier die älteste jüdische Gemeinde im Bereich der Ville entstand. 1424 erfolgte die Vertreibung und Ausweisung der Juden aus der Reichsstadt Köln. Von diesen wanderten viele in die kleinen Landgemeinden ab.

Für Alfter weist ein Hebebuch des Alfterer Grafen nach, daß 1450 ein Weingarten der Alfterer Grafen "op der Drencken, bey den Joeden" am Nordausgang von Hersel lag. Erst 1615 wird ein Jude, der drei Reichstaler pro Jahr zahlen und andere festgelegte Sonderabgaben leisten mußte, für Alfter direkt erwähnt (SCHULTE 1972, 16). Zu Beginn des 18. Jahrhunderts lebten hier nachweislich vier jüdische Familien. Aus dieser Zeit stammt die eingangs erwähnte erste urkundliche Erwähnung des jüdischen Friedhofes. 1719 erhielt der damalige Graf Salm-Reifferscheidt die Nachricht, daß bestimmte Personen versucht hätten, den jüdischen Friedhof zu verkleinern und begonnen hätten, diesen umzugraben sowie Gebeine freizulegen. Da dieses Vorgehen in der jüdischen Religion ein Sakrileg ist, ordnete der Graf an, alle Veränderungen rückgängig zu machen (LINN 1984, 337).

1759 lebten noch zwei Juden in Alfter und Ende des 18. Jahrhunderts gab es nur noch den jüdischen Schlachter. Von ihnen leiten sich einige noch 1941 in Alfter (Tonnenpütz) und Roisdorf lebende Familien ab. Wie ihre Vorfah-

---

[22] Der Begriff leitet sich aus dem Geleitschutzes reisender Kaufleute ab. Aus diesem ist der Leibzoll entstanden, der seit dem 12. Jahrhundert zunehmend von den Gemeinden später meist von der betroffenen Person selbst bei Übergang in ein anderes Territorium zu entrichten war. Der Leibzoll war insofern demütigend, weil er die Juden selbst als zollpflichtige Sache ansah. In den deutschen Ländern wurde das Geleit erst mit der Emazipation aufgehoben.

ren lebten sie von Viehhandel, Schlachterei und vom Kleinhandel. Die Alfterer Juden gehörten zur Synagogengemeinde Bornheim. Hier gab es seit 1850 eine jüdische Schule mit Thoralehrer. 1866 wurde die neue Synagoge in Bornheim erbaut. Der sehenswerte Bau war mit Buntglasfenstern und Wandmalereien eines Kölner Meisters ausgestattet.

Terror und die systematische Entrechtung im Nationalsozialismus führten 1939 auch Alfterer Juden in die Emigration. Die vier verbliebenen Familien wurden im Juli 1941 mit 15 Angehörigen von der Gestapo im alten Spritzenhaus inhaftiert und Anfang August in dem beschlagnahmten Kloster in Bonn-Endenich interniert und seit Oktober 1941 über Köln in die Konzentrations- und Vernichtungslager deportiert (vgl. Liste in SCHULTE 1984, 323).

Standort 6: Olsdorf - Görreshof

Die stark parzellierte Flur und die kleinbetriebliche Struktur der Gemeinden des Köln-Bonner Raumes wird in der Literatur auf die ländliche Erbsitte der Realerbteilung zurückgeführt. Mit dieser Erklärung werden jedoch wesentliche Merkmale der Grundbesitzstruktur und der Entwicklung des landwirtschaftlichen Bodenmarktes der vergangenen 100-200 Jahre ignoriert, bzw. nur verkürzt angesprochen.

Für den südlichen Teil der Köln-Bonner Bucht belegt die bereits erwähnte kurkölnische Landesdeskription des ausgehenden 17. Jahrhunderts einen Eigentümeranteil der ländlichen Bevölkerung (Hausleute und Bauern) von lediglich maximal 33% (BÜSCHING 1790, BREMM 1995). Zweidrittel der gesamten land- und forstwirtschaftlichen Nutzfläche befanden sich in der Hand von Adelsfamilien, Kirchen oder Klöstern. Durch Kauf oder Schenkungen erweiterte sich das kirchliche Obereigentum sogar noch bis Ende des 18. Jahrhunderts. Der Adel war als zweitgrößte, in den südlichen Ämtern sogar als größte Grundeigentümergruppe ebenfalls bestrebt, weiteren land- und forstwirtschaftlichen Grundbesitz durch Kauf in seiner Hand zu konzentrieren. Die ländliche Erbsitte der Realteilung und die damit verbundene Besitzzersplitterung wurde daher zunächst nur auf einem kleineren Teil der Gemarkungen wirksam.

Dies änderte sich erst nach der Säkularisation, durch die der Besitz der rheinischen Klöster und Kirchen aufgrund des Konsularbeschlusses von 1802 an die französische und nach 1815 an die preußische Regierung überging. Sowohl die französische, als auch die preußische Regierung waren aus fiskalischen Überlegungen nicht an einem Besitz des ihnen durch die Säkularisation zugefallenen Grund und Bodens interessiert. Daher wurde ein erheblicher Teil dieser Flächen zu Beginn des 19. Jahrhunderts öffentlich versteigert. Versteigerungsort für die Rheinprovinz war Koblenz. Die französische und auch die preußische Regierung drängten auf eine unverzügliche Zahlung der Steigpreise. Aber weder die landwirtschaftlichen Tagelöhner noch die Pächter landwirtschaftlicher Betriebe verfügten

über das für einen Grunderwerb notwendige Kapital und konnten auch nicht die Zeit aufbringen, um an den Versteigerungsterminen in Koblenz anwesend zu sein. Den landwirtschaftlichen Grund und Boden erwarben somit überwiegend Adelige, Makler und Kaufleute. Der von diesen ersteigerte Grundbesitz wurde in der Regel parzelliert und anschließend in kleinen Teilstücken verkauft, um Steigpreise termingerecht zahlen bzw. rasch die Parzellierungsgewinne realisieren zu können. Durch diese spekulative Tätigkeit wurde ein Teil des ehemaligen Grundbesitzes der "Toten Hand" mobilisiert, den kleinen Landwirtschaften ein Zugang zum Bodenmarkt eröffnet, und auch im ländlichen Raum erwirtschaftetes Kapital in die Städte transferiert. Investitionen im agrarischen Bereich konnten deshalb erst mit erheblicher Zeitverzögerung vorgenommen werden.

An den Versteigerungen in Koblenz beteiligten sich auch Vertreter der Kölner Armenstiftung bzw. des späteren Hauptwohltätigkeitsvereins (nach 1818) [23]. Dies geschah nicht aus kommunalwirtschaftlichen oder sozialpolitischen Überlegungen, sondern mit dem Ziel, flüssiges Kapital nutzbar anzulegen, da in der damaligen Zeit vergleichbar sichere Anlagemöglichkeiten für freies Kapital fehlten. Das Grundvermögen der weltlichen Armenpflege wuchs im weiteren Umkreis der Stadt Köln bis 1913 auf 4.861 ha an. Davon gehörten 2.766 ha zu 38 geschlossenen Hofgütern und 1.984 ha waren als Einzelparzellen verpachtet. Die Hofgüter wurden auf 9 Jahre gegen eine Sicherheitshypothek unter folgenden Auflagen verpachtet: Der Anbau von Knollengewächsen (Kartoffel, Zuckerrübe) durfte 20% der Ackerfläche nicht übersteigen; der Verkauf von Stroh, Futtergewächsen und Dünger war nur mit Genehmigung der Armenverwaltung gestattet. Dies Beispiel zeigt, daß aufgrund des Eigentumswechsels auch die Art der Landbewirtschaftung und Bodennutzung bis in die ersten Jahrzehnte des 20. Jahrhunderts von städtischen Kapitalverwertungsinteressen bestimmt wurde.

Ein weiteres Beispiel ist das "Küchengut" der Kurfürsten von Köln, der sog. Statthalterhof in der Ortsmitte von Gielsdorf. Dieser Hof war Ende des 18. Jahrhunderts mit einem z.T. verpachteten Grundbesitz von ca. 38 ha verbunden. 1813 erwarb der Bonner Kaufmann Moses Seligmann 33,63 ha der ehemals kurfürstlichen Wirtschaftsfläche von der französischen Domänenverwaltung. Der Hof und die verbliebenen restlichen Flächen (darunter 3,15 ha Weingärten) konnten erst 1814 von der preußischen Domänenverwaltung versteigert und an den Bonner Juristen Professor H. Brewer verkauft werden. 1840 wurde der Besitz dann unter den drei verheirateten Töchtern Brewers aufgeteilt (vgl. hierzu THOMAS 1978, 69 f).

Adel und städtisches Bürgertum zeigten bis zum 1. Weltkrieg ein großes Interesse am Erwerb landwirtschaftlichen Grund und Bodens und zwar nicht nur im Hinblick auf

---

[23] Vgl. Stadt Cöln (Hg.): Die Stadt Cöln im ersten Jahrhundert unter Preußischer Herrschaft. 1815 bis 1915. II. Band: Die Verwaltung der Stadt Cöln seit der Reichsgründung in Einzeldarstellungen. Cöln 1915, 463ff.

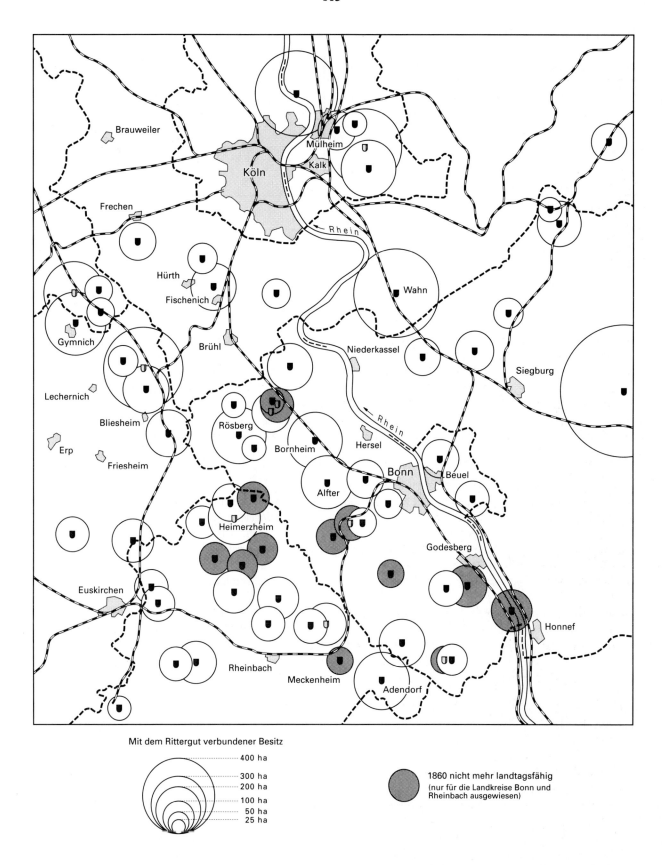

Mit dem Rittergut verbundener Besitz

400 ha
300 ha
200 ha
100 ha
50 ha
25 ha

1860 nicht mehr landtagsfähig
(nur für die Landkreise Bonn und
Rheinbach ausgewiesen)

Abb. 5: Die landtagsfähigen Rittergüter in der südlichen Niederrheinischen Bucht 1860

spekulative Gewinne oder langfristige Kapitalanlagen, sondern auch, weil im Dreiklassenwahlrecht mit dem Grundbesitz ein politisches Mandat verbunden war. Um die Mitte des 19. Jahrhunderts war der adelige Grundbesitz mit Flächen zwischen 60 ha und 800 ha (Abb. 5)

noch zu einem großen Teil fideikommissarisch gebunden, d.h. unveräußerliches und unteilbares Eigentum einer Familie. Die Möglichkeit, den rechtlichen Anspruch auf einen Sitz im Landtag wahrzunehmen, hatte das preußische Recht u.a. an die Bedingung geknüpft, daß der

Tab. 5: Betriebs-Lebenszyklus

Phasen	Ereignis	Eigentumsfläche	Betrieb - Wirtschaftsfläche
Initialphase	Kauf kleiner Parzellen (Protokollhandel)	0,5 - 1 ha	Tagelöhner bzw. Arbeit im elterlichen Betrieb
Wachstumsphase I	Erbteilung - Erweiterung der Wirtschaftsfläche durch Pacht	2 - 3 ha	Unselbständiger Landwirt 4 - 5 ha
Wachstumsphase II	Heirat - Erbteil des Partners - Kauf kleiner Parzellen (Protokollhandel)	7 - 10 ha	Selbständiger Landwirt
Konsolidierungsphase	Erweiterung der Wirtschaftsfläche durch Pacht		8 - 15 ha
Schrumpfungsphase	Erbteilung	= = > 3-5 Teile (Lose)	

Gutsbetrieb mit seinen Flächen geschlossen bewirtschaftet wurde. Erkannte die Regierung die Landtagsfähigkeit nicht an, ließen bürgerliche oder auch adelige Eigentümer die Wirtschaftsflächen parzellieren und boten die kleinen Teilstücke zum Verkauf oder zur Pacht an.[24] Der nach der Säkularisierung beginnende Mobilisierungsprozeß landwirtschaftlichen Grund und Bodens wurde weitergeführt, eine starke Bodenzersplitterung eingeleitet und das Angebot des Pachtlandes, das vielen Landwirten erst eine wirtschaftlich sichere Existenz ermöglichte, erheblich vergrößert.

Unter diesen Bedingungen konnten im Bereich des Vorgebirges bis in die 20er Jahre unseres Jahrhunderts trotz Realteilung zahlreiche neue Betriebseinheiten entstehen. In diesem Zusammenhang ist auch die Zunahme der landwirtschaftlichen Betriebe von 22% in den 17 Jahren zwischen 1837 und 1854 im ehemaligen Landkreis Bonn zu sehen. Voraussetzung war der in der ländlichen Rechtsordnung des Rheinlandes verankerte "Protokollhandel". Dieser regelte bis in die 1890er Jahre, in denen auch im Rheinland das Grundbuchsystem eingeführt wurde, den Eigentumswechsel von Grund und Boden rechtsverbindlich. Im Erbfall und bei sonstigen Eigentumswechseln, übergab man zum Verkauf stehende Grundstücke oder Gebäude einem Protokollhändler, der auf dem Wege einer öffentlichen Versteigerung den Verkehrswert ermittelte und den Steigpreis gegen einen "Rabatt" von 7-10% direkt an den bzw. die Veräußerer auszahlte. Der Erwerber brauchte nur über ein geringes Eigenkapital zu verfügen und sich verpflichten, seine Schulden über 8-10 Jahre verteilt in regelmäßigen Raten zu tilgen. Auf diese Weise entstand ein juristisch einwandfreier Eigentumsnachweis (Versteigerungsprotokoll). Außerdem ermöglichte diese Praxis auch Tagelöhnern und Arbeitern einen Grunderwerb, allerdings mit der Folge einer relativ hohen Verschuldung. Der Protokollhandel befand sich vorwiegend

in Händen von Landesproduktenhändlern oder städtischen Geldgebern.

Auf dieser Grundlage hatte sich in der Agrarordnung ein "Betriebs-Lebenszyklus" (Tab. 5) entwickelt, der bis in die 20er Jahre immer wieder lebensfähige Betriebe entstehen ließ. Die Initialphase eines solchen Zyklus begann mit einer abhängigen Tätigkeit des späteren Betriebsleiters im elterlichen Betrieb und/oder als Tagelöhner in benachbarten größeren landwirtschaftlichen Betrieben. In dieser Phase ermöglichte die Institution des "Protokollhandels" den Kindern selbst mit kleinen Ersparnissen, Grundbesitz bereits zu Lebzeiten der Eltern zu erwerben. Eine erste Wachstumsphase wurde mit der Erbteilung des elterlichen Betriebes eingeleitet. Um eine gerechte Aufteilung vornehmen zu können, stellte man in diesem Fall aus den Flurstücken des Betriebes gleichwertige Lose zusammen. Bei Parzellen, die weiter vom Ort entfernt lagen, gab es nur geringfügige Wertunterschiede, so daß die Zuweisung zu den Losen meist unproblematisch war. In Ortsnähe ließ sich die Gleichwertigkeit dagegen oft nur durch eine reale Teilung erreichen. Deshalb ist die Zahl der Teilungsparzellen in siedlungsnahen Bereichen wesentlich größer als in den randlichen Gemarkungsfluren (Abb. 6). Mit Übernahme des Erbteils begann eine neue selbständige Existenz. Die Grundlage bildete in der Regel eine Eigentumsfläche von 4-5 ha, die häufig durch das reichlich vorhandene Angebot an Pachtland erweitert wurde. Die zweite Wachstumsphase resultierte aus dem Erbteil, das der Ehe-

---

[24] 1859/60 verkaufte Freiherr Gerhard v. Carnap u.a. das in Bornheim gelegene ehemals landtagsfähige Rittergut mit parzellierten Flächen von insgesamt ca. 490 ha. Die Masse der Teilstücke befand sich in der Dersdorfer Flur. Zu dem Streubesitz gehörten aber auch Flächen in Bornheim, Brenig und Roisdorf (ZERLETT 1959, 153).

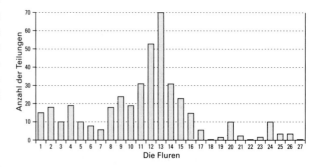

Abb. 6: Parzellenteilungen in den Fluren der Gemarkung Rösberg 1893/94 bis 1918

partner bei einer Heirat in den landwirtschaftlichen Betrieb einbrachte. In der anschließenden Konsolidierungsphase erreichten die selbständigen landwirtschaftlichen Betriebe durch Zukauf und/oder Pacht meistens Wirtschaftsflächen von 8-12 ha, die dann bei Hofübergabe an den Nachfolger bzw. bei der Erbteilung, je nach Kinderzahl, wieder in 3 bis 5 Teile zerfiel.

Dieser schematisierte "Betriebs-Lebenszyklus" stabilisierte die Betriebsgrößenstruktur solange, wie keine alternativen Erwerbsmöglichkeiten zur landwirschaftlichen Tätigkeit gegeben waren. In den Vorgebirgsorten und deren näherer Umgebung ergaben sich diese erst nach 1870 in einem nennenswerten Umfang. Die hohe Bodenmobilität und das große Pachtlandangebot ermöglichten auch Tagelöhnern, einen selbständigen landwirtschaftlichen Betrieb zu gründen. Der soziale Aufstieg von Tagelöhnern bzw. kleinen Obst- und Gemüsebauern läßt sich in den Vorgebirgsdörfern nicht selten an einer Veränderung der Bausubstanz ablesen. Im Auf- und Grundriß der Dörfer lassen sich zwei Grundtypen unterscheiden, für die sich im Ortsteil Olsdorf zahlreiche Beispiele finden lassen: Das giebelständige ehemalige Tagelöhnerwohnhaus ("Kötterhaus") mit angegliederten kleinen Wirtschaftsgebäuden und der Vierseithof mit Torbau und größeren Wirtschaftsgebäuden sowie traufständigem Wohnhaus der mittel- bzw. großbäuerlichen Betriebe. Viele Tagelöhner dokumentierten ihren sozialen Aufstieg durch einen Um- bzw. Neubau des Wohnhauses mit jetzt traufständiger Orientierung (Abb. 7). Erbteilungen und/oder der Wechsel in einen außeragrarischen Beruf führten in den 20er und 30er Jahren zu weiteren Umbauten, in der Regel in ein Zweifamilienhaus. Bei den mittelbäuerlichen Betrieben lassen sich vergleichbare Veränderungen der Bausubstanz aufzeigen. Diese betrafen zunächst weniger das Wohnhaus. Wichtiger waren hier der Umbau und die Erweiterung der Wirtschaftsgebäude. Da noch bis in die 40er Jahre Großviehhaltung in diesen Betrieben üblich war, wurden vor allem Stallungen modernisiert oder neu gebaut. Nach dem Zweiten Weltkrieg wurden die Wirtschaftsgebäude aufgrund der rasch fortschreitenden Mechanisierung und Spezialisierung der Betriebe weitgehend entbehrlich. Sie dienten vielfach noch als Schuppen oder als Unterstellplatz für Traktoren, Maschinen und Autos bzw. mußten dem Neubau eines Wohn- oder Geschäftshauses weichen (Abb. 7).

Standort 7: Johannishof

Dieser in topographischen Karten und Kataster Johanneshof bezeichnete Gutshof wurde 1067 erstmals urkundlich erwähnt. Später befand er sich im Besitz des Johanniterordens und wurde während der Säkularisation von der französischen Verwaltung des Rheinlandes zusammen mit einer kleinen Wirtschaftsfläche verkauft. In den preußischen Katasterunterlagen wird 1892 ein "unselbständiger Landwirt" mit einem Grundbesitz von 2,4 ha als Eigentümer vermerkt.[25] 1907 erwarb ein Kölner Kaufmann das

Anwesen mit einer zugehörigen Wirtschaftsfläche von 10,7 ha, erweiterte 1925 das Wohnhaus und fügte Wirtschaftsgebäude für die Milchviehhaltung hinzu. 1928 wurde das kleine, 1906 errichtete Treibhaus abgerissen und durch ein größeres Kalt- und Warmhaus ersetzt. 1933 kaufte ein Kölner Fabrikant das Gebäude mit dem zugehörigen Grund und Boden. Er renovierte 1935/36 das Wohngebäude und erweiterte es um ein Stockwerk. Seit 1973 befindet sich das Anwesen im Besitz der in freier Trägerschaft betriebenen Alanus Hochschule Alfter. Die Alanus Hochschule hat ein eigenständiges Konzept, das Studenten aus dem In- und Ausland anzieht. Die Ausbildung ist interdisziplinär und findet auf der Grundlage des ganzheitlichen Menschenbildes der Anthroposophie statt; sie folgt dem Bildungskonzept Rudolf Steiners. Hier werden z.Zt. 250 Studenten in sechs Fachrichtungen ausgebildet: Architektur und Design, Bildhauerei, Malerei, Musik, Eurythmie, Sprache und Schaupiel. Der ausgebaute Gutshof, das Schloß Alfter und einige in der Umgebung verstreute Werkstätten und Ateliers gehören zu den Unterrichtsräumen der Hochschule.

Der kurze Weg von Olsdorf zum jetzigen Standort führte durch einen Gemarkungsteil, der aufgrund seiner Parzellierung und gegenwärtigen Nutzung durchaus kein Sonderfall im Bereich des Vorgebirges ist. Auf kleinstem Raum findet man hier Flurstücke, deren derzeitige Vegetationszusammensetzung erkennen läßt, daß die Parzellen seit unterschiedlichen Zeiten nicht mehr genutzt wurden. Die Skala reicht von den gering verunkrauteten, erst vor 1-2 Jahren brach gefallenen bis zu den stark verbuschten oder mit wilden Brombeeren überwucherten Flächen, die vor 15-20 Jahren letztmalig gartenbaulich genutzt wurden. Dazwischen befinden sich gepflegte Brombeerzeilen und kleine Feldstücke, auf denen Küchenkräuter, Kohlsorten, Pfingstrosen oder Rhabarber gedeihen. Auffallend sind auch die zahlreichen Parzellen, die mit Fichten, Weißtannen und anderen Nadelhölzer bestanden sind: Weihnachtsbaumkulturen, an deren Zusammensetzung und Alter sich die Veränderung der Nachfrage nach Weihnachtsbäumen während der vergangenen 30-40 Jahre ablesen läßt.

In krassem Widerspruch zur Fruchtbarkeit des lößüberzogenen Mittelterrassenhangs stehen die Verbrachungserscheinungen, die nicht nur auf die kleinteilige Parzellierung zurückzuführen sind. Hinzu kommen die schlechte innere und äußere Erschließung - viele Grundstücke sind nur über Nachbargrundstücke zu erreichen - und die Hanglage, die eine Bewirtschaftung der Flächen erheblich erschwert. Entscheidend sind aber wohl Veränderungen im sozioökonomischen Bereich. Die Mehrzahl der Grundeigentümer dieses Gemarkungsteils geht seit etwa 20 Jah-

---

[25] Die Angaben sind folgenden Akten des ehemaligen Katasteramtes für den Landkreis Bonn entnommen: "Beschreibung der zu der nachbezeichneten Besitzung gehörigen Gebäude, Hofräume und

Hausgärten der Gemeinde Alfter Bonn-Land, 1892 ff"; "Verzeichnis der Gebäudebesitzungen und der dazu gehörigen Gebäude, Bonn-Land, Gemeindebezirk Alfter 1892, 1908"; "Gebäude(steuerrolle)-buch des Gemeindebezirks Alfter (Nr. 1-928) 1910 ff". Ob diese Akten bei Auflösung des Landkreises Bonn 1969 an das Hauptstaatsarchiv in Düsseldorf abgegeben wurden, ist nicht bekannt.

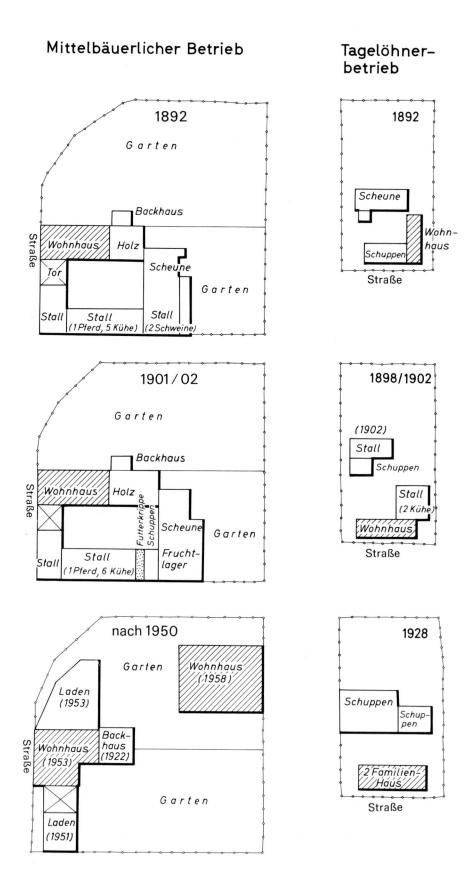

Abb. 7: Um- und Neubauten von Tagelöhner- und mittelbäuerlichen Hofstellen 1892 bis 1958

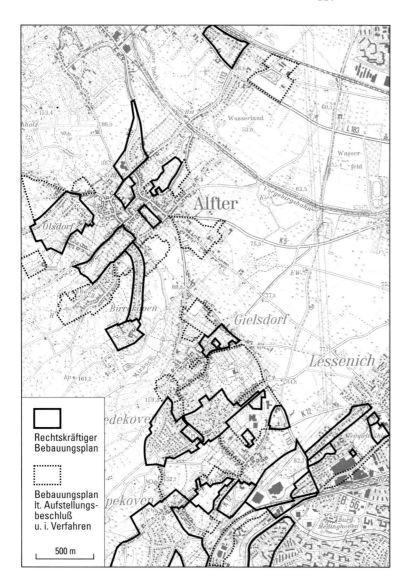

Abb. 8: Bebauungspläne der Gemeinde Alfter in den Gemeindeteilen Alfter und Gielsdorf (Stand 1996)

ren keiner landwirtschaftlichen Haupt- oder Nebenerwerbstätigkeit mehr nach. Wegen der starken Zersplitterung des Besitzes sowie den betriebswirtschaftlich ungünstigen Lagebedingungen finden sich für die Flächen auch keine Pächter. Dies sind nicht die einzigen Gründe, die die ehemals hohe Bodenmobilität heute einschränken. Wesentlicher ist die Tatsache, daß die Gemeinde Alfter in den vergangenen Jahren für die Hangbereiche mehrere rechtskräftige Bebauungspläne verabschiedet hat (vgl. Abb. 8) [26], um den von Bonn ausgehenden Siedlungsdruck aufzufangen. Dadurch wurden Obst-, Gemüse- und Gartenland hier und in anderen Teilen der Flur zu Bauerwartungs- bzw. Bauland. Der Umsetzung der Bebauungspläne stehen nun aber vielfach zwei Hindernisse entgegen: Es fehlt eine Erschließung der potentiellen Baugebiete und es müßte zuerst eine Neuordnung der kleinteiligen Flur im Rahmen eines Umlegungsverfahrens durchgeführt werden (Abb. 9). Die Gemeinde Alfter will jedoch im Gegensatz etwa zur Gemeinde Bornheim ein derartiges Verfahren selber nicht einleiten. Man hofft, daß die Eigentümer selber die Initia-

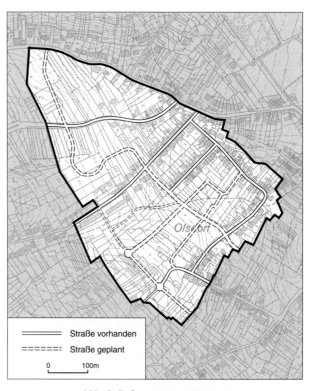

Straße vorhanden
Straße geplant

0   100m

Abb. 9: Bebauungsplan "Olsdorf"

---

[26] Für Informationen und die Überlassung einzelner Planungsunterlagen danken wir der Planungsabteilung der Gemeinde Alfter, insbesondere Frau Boje und Frau Gerhardi sowie für Informationen über den jüdischen Friedhof, Herrn Berbuer recht herzlich.

tive ergreifen oder ein privater Investor Umlegung samt
Erschließung durchführen wird. In diesem, wie in anderen
Bereichen rechtskräftiger Bebauungspläne, divergieren je-
doch die Interessen der Grundeigentümer so sehr, daß sich
eine einvernehmliche Regelung bislang nicht abzeichnet.
Ein Desinteresse an jeglicher Veränderung bekunden die
Eigentümer, die mit dem gegenwärtigen Zustand leben
können und von einer Umlegung keinen Gewinn, sondern
eher zusätzliche Belastungen erwarten. Andere, im alten
Ortsbereich von Alfter wohnhafte Eigentümer, lehnen eine
Umlegung ab, weil sie nach der Erschließung des Plange-
bietes in den ohnehin schon überlasteten engen Ortsstraßen
einen weiteren Anstieg des Verkehrsaufkommens befürch-
ten. Daher sind offenbar derzeitig diejenigen, die bauen
oder ihren Grundbesitz verkaufen möchten in der Minder-
heit.

Standort 8: Gielsdorf

Der Name der bis 1969 selbständigen Gemeinde Gielsdorf
taucht erstmals in Urkunden, die in die Zeit 801 bis 814
datiert werden, als "Gilestorp" auf. Ein Bestattungsplatz,
auf dem später eine Kirche erbaut wurde, deutet auf ein
fränkisches Königsgut hin, das möglicherweise den Siedlungskern des kleinen Dorfes auf dem Sporn der oberen
Mittelterrasse bildete. Der heute zur Gemeinde Alfter gehörende Ortsteil dokumentiert mit seiner differenzierten
und z.T. gut erhaltenen alten Bausubstanz typische Merkmale der Siedlungsentwicklung der Vorgebirgsdörfer seit
Anfang des 19. Jahrhunderts. Die Hofstellen des alten
Dorfbereiches befinden sich vornehmlich an der Kante der
Oberen Mittelterrasse bzw. an den Wegen, die von dort
auf die Hauptterrasse (hier "Heide" genannt) oder hinunter
zur unteren Mittelterrassenebene führen. Die in Abbildung
10a wiedergegebenen Eigentumsgrößen belegen noch für
das Jahr 1882 das in Dokumenten der ersten Jahrhundert-
hälfte auch für andere Dörfer des Vorgebirges immer wieder hervorgehobene Nebeneinander von kleinen Tage-
löhnerbesitzungen ("Spatenbauern"), mittelbäuerlichen
("Halbspänner"), großbäuerlichen ("Vollbauer") und Betrieben adeliger Großgrundbesitzer.[27] Die Höfe der "Vollbauern", die z.T. aus den Zehnthöfen bzw. dem Statthalterhof hervorgegangen sind, liegen in der Nähe der
Kirche.

Gegenüber der Kirche ließ die Familie des ehemaligen
kurkölnischen Erbmarschalls Freiherr von Geyr zu
Schweppenburg 1843 neben dem 1707 in Fachwerkbau-
weise errichteten Wohnhaus des früheren freiadeligen
Zehnthofs ein freistehendes, spätklassizistisches Landhaus
errichten. Architekt war vermutlich der Kölner Dombaumeister E. F. Zwirner. Über einem niedrigen Souterrain
mit den Wirtschaftsräumen erhebt sich der zweigeschossige Mittelteil des Wohnhauses, dem symmetrisch einge-
schossige Anbauten angefügt sind (THOMAS 1978, 125ff).
Die Bewirtschaftung des zugehörigen Gutsbetriebes (ehe-

---

[27] Maß für die Einteilung in die Gruppen der "Spatenbauern",
"Halbspänner" und "Vollbauern" war die Verfügbarkeit über tieri-
sche Zugkraft.

Eigentumsgrößenklassen 1892
△ unter 1 ha   ▽ 5 - 10 ha   ■ Zunahme
○ 1 - 3 ha   ◇ 10 - 25 ha   ▦ Gleichbleibend
□ 3 - 5 ha   ▽ ca. 190 ha   □ Abnahme

Abb. 10a: Eigentumsgrößen und Veränderungen der
Eigentumsfläche in Alfter-Gielsdorf 1892-1907

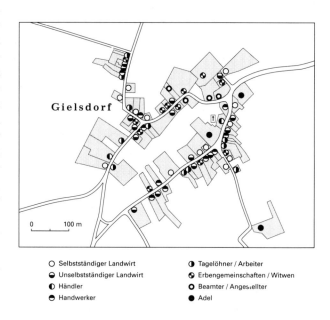

○ Selbstständiger Landwirt   ◑ Tagelöhner / Arbeiter
◔ Unselbstständiger Landwirt   ◕ Erbengemeinschaften / Witwen
◑ Händler   ◓ Beamter / Angestellter
◔ Handwerker   ● Adel

Abb. 10b: Sozialstruktur der Gebäudeeigentümer
in Alfter-Gielsdorf 1892

maliger Zehnthof) mit einer Betriebsfläche von über 190
ha hatte 1882 ein Pächter übernommen.

In Abb. 10a sind schematisch durch Zusatzsignaturen alle
Eigentumsveränderungen für den 15jährigen Zeitraum bis
1907 dargestellt. Vor allem auch in Verbindung mit der
Sozialstruktur der Grund- und Gebäudeeigentümer (Abb.
10b) zeigt sich, daß der bereits früher erläuterte Betriebs-
Lebenszyklus (Tab. 5) zu Beginn des 20. Jahrhunderts
noch bestanden hat. Die ersten Ansätze zu einer Siedlungserweiterung sind in Verbindung mit der Aufgabe des
Weinbaus und der Übernahme des Obst- und Gemüsebaus zu sehen. Um 1882 waren die unmittelbar an die
Hoflagen angrenzenden Grundstücke meist noch Weinbau-
land oder wurden zumindest als solches bewertet. Diese

Flächen schieden für den Bau modernerer Wirtschaftsgebäude oder neuer Hofstellen aus und die Neubautätigkeit konzentrierte sich auf den Bereich der Mittelterrassenfußfläche an der Verbindungsstraße zwischen Oedekoven und Alfter (Abb. 11 u. 12). Die geringen Hangneigungen gestatteten hier zudem die Errichtung kleinerer Gewächshäuser, auf die die Gemüsebauer zur Pflanzenanzucht angewiesen waren. Eine zweite Ausbauphase, die ebenfalls noch von den Bedürfnissen der landwirtschaftlichen Bevölkerung geprägt war folgte zwischen 1921 und 1940. Im alten Ortsbereich wurden vorwiegend Wirtschaftsgebäude sowie ehemalige Tagelöhnerhäuser um- und neugebaut, die Siedlungserweiterung erfolgte jedoch am Hangfuß entlang der Alfterer Straße. Die beiden letzten Ausbauphasen weisen schließlich alle Merkmale einer städtischen Wohnvorortbildung auf mit einer Siedlungserweiterung zunächst auf der Hochfläche und anschließender Verdichtung in den erschlossenen Hanglagen mit "unverbaubarem Fernblick" (Abb. 12).

Standort 9: Alfter

Im Raum Alfter belegen vorgeschichtliche und römerzeitliche Funde eine frühe Siedlungstätigkeit. Alfter wird möglicherweise 1067 erstmals in einer Urkunde erwähnt, in der der Kölner Erzbischof Anno II. dem St. Georgs Stift (Görres) in Köln Weinberge zu "Aluetra" und Waldparzellen übertrug. Im 12. Jahrhundert war Alfter mit den Orten Roisdorf, Birrekoven, Olsdorf, Metternich und Teilen von Endenich eine kurkölnische Unterherrschaft mit eigener Gerichtsbarkeit. Die Ritter von Alfter hatten eines der höchsten Ehrenämter der mittelalterlichen Verwaltungshierarchie inne, das Erbmarschallamt des Kölner Erzbistums. Sie hatten ihren Sitz auf der "Alten Burg", deren Ringwallanlage südlich von Haus Buchholz erhalten ist. Wann diese "Alte Burg" aufgegeben und eine neue neben der Kirche gebaut wurde ist unklar. 1445 fiel die Herrlichkeit Alfter durch Heirat an die Grafen und späteren Fürsten von Salm-Reifferscheid, deren Erben (Metternich) das 1721 umgebaute Schloß noch heute besitzen.

Nach dem Gesetz zur Kommunalen Neugliederung des Raumes Bonn bilden die früher zum Amt Duisdorf gehörenden Gemeinden Alfter, Gielsdorf, Impekoven, Oedekoven und Witterschlick seit 1969 die Gemeinde Alfter mit dem Verwaltungssitz in Oedekoven. Das Gemeindegebiet umfaßt 3.473 ha, davon sind 1.796 ha landwirtschaftlich und 765 ha forstwirtschaftlich genutzt (vgl. Tab. 6).

Tab. 6: Bevölkerungsentwicklung der Gemeinde Alfter

	1816	1970	1980	1992	1996
Alfter	861	5.235	6.175	6.690	7.119
Gielsdorf	238	974	1.374	1.420	1.461
Impekoven	214	1.159	1.730	1.785	1.878
Oedekoven	462	2.724	3.343	4.156	4.283
Witterschlick	506	4.419	4.870	5.215	5.772
Gesamt	2.281	14.511	17.492	19.266	20.513

In Zusammenarbeit mit der Alanus-Hochschule wurde in Alfter ein "Kultur-Erlebnisweg" eingerichtet. Der Weg (vgl. Abb. 1) beginnt am Schloß Alfter. Die zweigeschossige Anlage stammt in den Grundmauern noch aus dem 12. Jahrhundert, als hier die Erbmarschälle des Kölner Erzstifts ihren Sitz hatten. Die mittelalterliche Anlage wurde nach mehreren Zerstörungen in den Jahren 1468, 1507 und 1583 nur notdürftig repariert und 1721 durch einen barocken Neu- und Umbau ersetzt. Sehenswert sind in der Galerie im Schloß die 1991 restaurierten Temperabilder europäischer Phantasielandschaften des barocken Wandermalers Renier Roidkin.[28] Unterhalb des Schlosses befindet sich die im März 1996 eingeweihte evangelische Kirche. Sie ist ein bemerkenswertes Beispiel moderner sakraler Architektur mit einer organisch-funktionalen Konzeption des Architekten F.-R. Hildebrandt. Der Weg führt weiter an sakralen und profanen Bauten und Skulpturen der ländlichen Renaissance, des Barock, der Romantik und des 20. Jahrhunderts vorbei und schließt die Betrachtung eines Kriegerdenkmals, zeitgenössischer Volkskunst, moderner Kunst sowie aktuelle Kunstausstellungen mit ein. Der Weg wurde so angelegt, daß Möglichkeit besteht, Plätze temporärer Volksfeste zu besuchen oder in Restaurants und Cafes zu verweilen. Er verdeutlicht den Charakter einer historisch gewachsenen Dorfgestalt und die damit verbundenen aktuellen Zusammenhänge kulturellen Lebens und der täglichen Arbeitswelt und endet am Johannishof unmittelbar am Rand des Naherholungsgebietes Kottenforst mit Anschluß an den Römerkanal-Wanderweg.

Standort 10: Alfter - Schloßweg

Die Flur unterhalb des Schloßweges ("Unter dem Klorenrech" und "Auf der untersten Kumm") zeigt das für das Vorgebirge typische Bild: Intensive gartenbauliche Nutzung und kleinteilige Parzellierung. Die Parzellierung ist jedoch nicht das Ergebnis der durch die bäuerliche Erbsitte bedingten Besitzzersplitterung, sondern Beispiel für eine große zusammenhängende Fläche des adeligen Großgrundbesitzes (Salm-Reifferscheidt), die seit über 100 Jahren aufgeteilt verpachtet wird. Ein Vergleich der gegenwärtigen Flächennutzung zwischen Kronen- und Bahnhofstraße mit dem Zustand von 1984 zeigt, daß früher gar-

---

[28] Besuche in Schloß Alfter und in den Ateliers der Alanus-Hochschule sind nach Absprache möglich: Atelier für organische Architektur, Schloß Alfter, 53347 Alfter (Tel. 02222/60357).

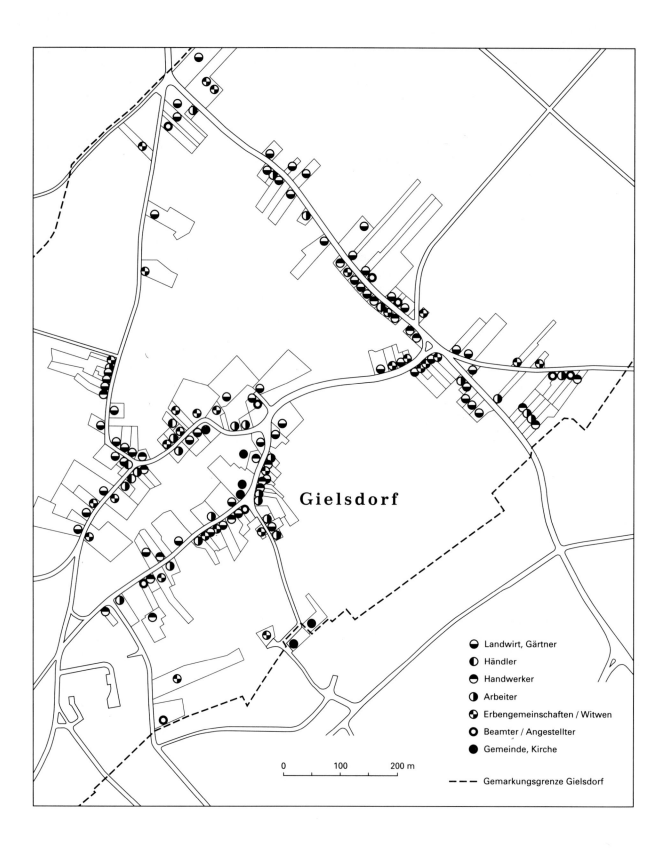

Gielsdorf

◐ Landwirt, Gärtner
◐ Händler
◐ Handwerker
◐ Arbeiter
◉ Erbengemeinschaften / Witwen
○ Beamter / Angestellter
● Gemeinde, Kirche

0   100   200 m

– – – Gemarkungsgrenze Gielsdorf

Abb. 11: Sozialstruktur der Gebäudeeigentümer in Alfter-Gielsdorf 1957

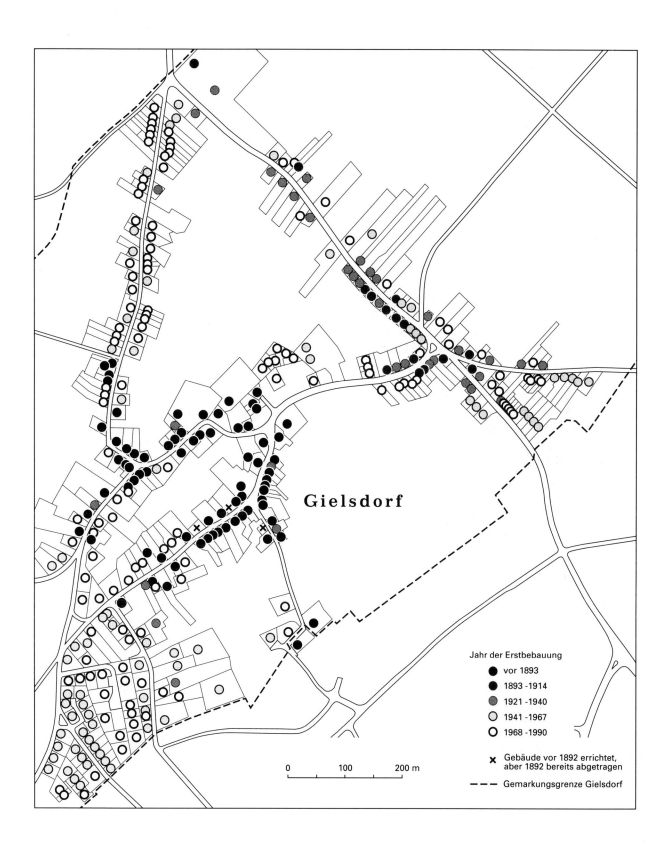

Gielsdorf

Jahr der Erstbebauung

● vor 1893
● 1893 -1914
● 1921 -1940
○ 1941 -1967
○ 1968 -1990

✕ Gebäude vor 1892 errichtet, aber 1892 bereits abgetragen

– – – Gemarkungsgrenze Gielsdorf

0   100   200 m

Abb. 12: Bauentwicklung im Gemeindeteil Alfter-Gielsdorf 1892-1990

tenbaulich genutzte Teile heute mit Ein- und Zweifamilienhäusern bebaut sind (Abb. 13, Beilage). Da der gesamte Grundbesitz in einer Hand war, konnte der rechtskräftige Bebauungsplan unmittelbar umgesetzt werden.

Auch in den nach wie vor gartenbaulich genutzten Pachtländereien lassen sich im Vergleich zu 1984 Nutzungsunterschiede feststellen, die sich nicht nur durch einen turnusmäßigen Fruchtwechsel erklären lassen, sondern auf Strukturveränderungen im Bereich des Gartenbaus hinweisen. Indikatoren sind der Blumen- bzw. Zierpflanzenanbau. Die Darstellung der gegenwärtigen Struktur von Gartenbau und Landwirtschaft des Exkursionsgebietes bereitet insofern Schwierigkeiten, als die amtliche Statistik nach der kommunalen Neugliederung des Raumes Köln-Bonn nur Daten für Großgemeinden bereitstellt. Diese umfassen wie beispielsweise in Bornheim sowohl ausgesprochene Gartenbaudörfer als auch überwiegend landwirtschaftlich geprägte Ortsteile. Die für den "Gemeindehof" ausgewiesenen Statistiken verwischen die regionalen Unterschiede. Seit 1970 ist die Zahl der rein landwirtschaftlich orientierten Betriebe vor allem in den Betriebsgrößenklassen zwischen 5 ha und 20 ha zugunsten größerer Einheiten zurückgegangen. Die noch in dieser Größenklasse verbliebenen Betriebe wandten sich verstärkt dem Obst- bzw. Feldgemüsebau (Blumenkohl, Rosenkohl, Buschbohnen) zu. Dagegen wirtschaften Gartenbaubetriebe des Vorgebirges überwiegend auf Betriebsflächen von 2,5 ha bis 7 ha. Flächenärmere Betriebe können heute nur noch bei einer Spezialisierung auf Unterglaskulturen bestehen. Während der vergangenen 20 Jahre wurde die Entwicklung im Bereich des Gartenbaus durch eine regional unterschiedlich verlaufene horizontale Spezialisierung bestimmt. In den Stadtkreisen Köln und Bonn und von dort in die Nachbargemeinden übergehend spezialisierten sich viele Betriebe auf den Zierpflanzenanbau bzw. auf gartenbauliche Handels- und Dienstleistungszweige. Diese Betriebe haben sich überwiegend auf den lokalen Bedarf eingestellt, müssen aber, wenn sie den Weg des Direktabsatzes an den Endverbraucher eingeschlagen haben, vielfach Rohware hinzukaufen, um den Ansprüchen der Kundschaft genügen zu können. Andere Formen der Spezialisierung zeigen kleinere Betriebe, die heute nur noch als Nebenerwerbs- oder Feierabendbetriebe in den Vorgebirgsorten weitergeführt werden. Es werden Pfingstrosen- oder Rhabarberkulturen angelegt, da beide Zusatzeinkommen bei minimalem Arbeits- und Kapitalaufwand versprechen. Außerdem findet man monokulturartig einen Anbau von Küchenkräutern, insbesondere Schnittlauch und Petersilie.

In den vergangenen Jahrzehnten hat der Anbau von Gemüse in Gewächs- bzw. Folienhäusern deutlich zugenommen. Obwohl die für den Gemüsebau nutzbare Fläche unter dem Druck der Baulandnachfrage zurückgegangen ist, stellen die Vorgebirgsorte immer noch rund 25 % der Freilandgemüsebaufläche im Bereich der Landwirtschaftskammer Rheinland. In den vergangenen Jahren hat die Verwendung von Folien und Vlies nicht nur zu einer früheren Ernte, sondern auch zu einer erheblichen Steigerung der Hektarerträge beigetragen. Gleichzeitig ergab sich eine

regionale Spezialisierung auf bestimmte Gemüsearten (vgl. Tab. 7) und zwar im südlichen Vorgebirge auf: Salatvarietäten, Chicoree, Spitzkohl, Chinakohl, Zwiebeln, Gurken, Zucchini, Kohlrabi, Lauch und Spargel.

Bei vorwiegender Selbstvermarktung und einem niedrigen verkehrstechnischen Entwicklungsstand war der Anbau von Produkten minimaler Transport- und Frachttragfähigkeit im Bereich des Vorgebirges auf die Verbrauchernähe angewiesen. Die Ausweitung des Eisenbahnnetzes bis zum 1. Weltkrieg brachte die *erste Maßstabsvergrößerung*, die darin bestand, daß auch Frischgemüse über größere Distanzen transportfähig wurde. Die lokale Nachfrage trat hinter der der großstädtischen Agglomerationen zurück. Es kam zu einer Spezialisierung und Konzentration des Gartenbaus an Standorten relativer Vorzüglichkeit und zu einer Lage an der Peripherie des überregionalen Absatzmarktes. Auf den lokalen Absatzmarkt bezogen und damit auf den inneren Ring - im Sinne des Thünenschen Modells - war von der Jahrhundertwende bis zu Beginn der 30er Jahre die Milchviehhaltung in Form der Abmelkwirtschaft. Deren Rückgang in Stadtnähe ist im Raum Köln-Bonn in Verbindung mit der Zunahme des Zuckerrüben-

Tab. 7: Anteile der Gemüsearten an der Freilandanbaufläche in den Regierungsbezirken Düsseldorf und Köln 1981 und 1995 sowie im Landesteil Nordrhein der Landwirtschaftskammer Rheinland 1986

Gemüseart	Anteile an der Gesamtfläche in %		
	1981	1986	1995
Weißkohl	12,6	12,8	9,2
Rotkohl	7,4	6,4	6,1
Wirsing	9,9	8,7	4,1
Blumenkohl	10,6	10,2	10,0
Chinakohl	1,0	2,1	2,5
Grünkohl	1,4	0,8	1,4
Rosenkohl	2,2	1,6	0,7
Kohlrabi	4,8	5,5	6,5
Kopfsalat	9,5	8,1	6,5
Spinat	4,1	6,4	4,4
Möhren	6,1	5,7	6,5
Porree	6,2	5,8	3,6
Rote Bete	2,1	2,4	1,6
Sellerie	4,0	4,4	3,4
Spargel	1,4	2,3	4,1
Pflückbohnen	8,5	8,2	9,1
Dicke Bohnen	4,8	6,3	4,4
Erbsen	1,6	0,7	3,2
Gurken	0,4	0,5	6,6
Rettich	0,8	0,5	1,0
Zwiebeln	0,7	0,8	5,2
Gemüsefläche gesamt in ha	7.741	8.567	11.187

Quellen: Statistisches Jahrbuch von Nordrhein-Westfalen 1996; Strukturerhebung Gartenbau, Landwirtschaftskammer Rheinland 1986

anbaus und der Entwicklung der Molkereiwirtschaft zu sehen. Die Standortentwicklung im Bereich des Vorgebirges wurde durch eine *zweite Maßstabsvergrößerung* beeinflußt, die sich aus dem Aufbau einer leistungsfähigen Erzeugerabsatzorganisation in Verbindung mit den Versteigerungen in Roisdorf, Fischenich u.a. Orten ergab. Für die Erzeuger bedeutete das eine Verringerung des Marktkontaktes, eine wachsende Abhängigkeit von oft unbekannten Marktpartnern und eine verstärkte Konkurrenzsituation mit alternativen Anbaugebieten. Es folgte eine weitere Spezialisierung der Betriebe auf eine begrenzte Zahl von Gartenbauprodukten. Die *dritte entscheidende Maßstabsvergrößerung* ergab sich mit dem Aufbau des europäischen Agrarmarktes und der Innovation neuer Techniken im Bereich der Konservenindustrie nach 1950. Durch die Integration der Agrarmärkte im Rahmen der EG kam es zu einem Verfall der Primärpreise, woraufhin der Frühanbau im Freiland und unter Glas insbesondere bei den weniger transportempfindlichen Gartenbauerzeugnissen (z.B. Kirschen, Pfirsichen, Tomaten) erheblich zurückgedrängt wurde. Die Einführung der Gefriertechnik und der rasch wachsende Marktanteil der Tiefkühlkost veränderten die Nachfrage nach Frischgemüse stark, so z.B. für Spinat und Rosenkohl. In den letzten Jahren hat das wachsende Interesse an BIO-Produkten ein neues Marktsegment eröffnet, das vielen Kleinbetrieben wieder eine Zukunftsperspektive gibt.

Durch die Eingliederung in die EG wurde der Gemüsebau im Vorgebirge aus seiner Lage am Rande des Absatzmarktes erneut in eine Binnenlage versetzt und der Konkurrenz kostengünstiger produzierender peripherer Standorte ausgesetzt. Auf dem Binnenmarkt ergab sich durch die Ausweitung des Feldgemüseanbaus eine wachsende Konkurrenz zu den auf höhere Flächenproduktivität drängenden Landwirtschaftsbetrieben. Dies hatte eine horizontale Spezialisierung der Einzelbetriebe auf die verschiedenen Sparten des Gartenbaus im Vorgebirge zur Folge. Nun stellten sich allerdings innergebietliche Standortdifferenzierungen ein: Betriebe in den stadtnahen Gemarkungen spezialisierten sich auf Schnittblumen-, Topf- und Zierpflanzenerzeugung in Verbindung mit gartenbaulichen Dienstleistungen, d.h. auf die lokale Nachfrage der Endverbraucher. Die stadtfernen Betriebe hingegen stellten ihren Produktionsumfang auf die am Centralmarkt Bonn-Roisdorf konzentrierte Nachfrage des Zwischenhandels ein. Sie beliefern damit eine Absatzorganisation, aber kein Marktgebiet im klassischen Sinn. Deshalb ist die wirtschaftliche Entwicklung der Einzelbetriebe eng mit dem Erfolg des Centralmarktes verknüpft.

Basisliteratur

BÖHM, H. (1988): Gartenbau und Landwirtschaft in der Umgebung von Bonn. In: MAYER, E., FEHN, K. u. HÖLLERMANN, P.-W.: Bonn - Stadt und Umland. Arbeiten zur Rheinischen Landeskunde, H. 58, Bonn, 225-245.

Centralmarkt Bonn-Roisdorf (Hg.) (1982): Centralmarkt-Mitteilungen. Berichte, Meinungen, Statistik, Wissenswertes. Nr. 1.

Centralmarkt Bonn-Roisdorf (Hg.) (1995): 75 Jahre - 1920-1995 - Centralmarkt Roisdorf. Bonn.

Centralmarkt Bonn-Roisdorf (Hg.) (1996): Centralmarkt-Mitteilungen. Berichte, Meinungen, Statistik, Wissenswertes. Nr. 15.

DIETZ, J. u. ZERLETT, N. (1967): 900 Jahre Alfter 1067-1967. Spich.

FRÄNZLE, O. (1969): Geomorphologie der Umgebung von Bonn. Erläuterungen zum Blatt NW der geomorphologischen Detailkarte 1 : 25000. Arbeiten zur Rheinischen Landeskunde 29, Bonn.

LINN, H. (1984): Juden an Rhein und Sieg. Siegburg (2. Auflage).

MÜLLER-MINY, H. (1940): Die linksrheinischen Gartenbaufluren der südlichen Kölner Bucht. Berichte zur Raumforschung und Raumordnung 5, Leipzig.

THOMAS, R. (1978): Gielsdorf. Geschichte eines Vorgebirgsortes. Alfter.

ZERLETT, N. (1959): Das Vorgebirge, der rheinische Gemüsegarten. In: Landkreis Bonn (Hg.): Heimatbuch des Landkreises Bonn, Bd. 2, 96-183.

Weiterführende Literatur

BIBUS, E. (1980): Zur Relief-, Boden- und Sedimententwicklung an unteren Mittelrhein. Frankfurter Geowissenschaftliche Arbeiten Serie D, 1.

BÖGER, E. (1959): Vor den Toren Bonns. In: Landkreis Bonn (Hg.): Heimatbuch des Landkreises Bonn, Bd. 2, 184-206.

BÖHM, H. (1971): Die Veränderung des Eigentumsgefüges und die Bodenmobilität im rheinischen Realteilungsgebiet am Beispiel der Gemeinde Züllighoven (Rhein-Sieg-Kreis) 1898-1953. In: KULS, W. (Hg.): Untersuchungen zur Struktur und Entwicklung rheinischer Gemeinden. Arbeiten zur Rheinischen Landeskunde 32, Bonn, 35-56.

BÖHM, H. (1981): Das Vorgebirge: Entwicklung und Struktur einer Gartenbaulandschaft am Rande des Verdichtungsraumes Rhein-Ruhr. In: Erdkunde 35, 182-193.

BREMM, A. (1995): Grundbesitzverteilung und Bodennutzung im Erzstift Köln Ende des 17. Jahrhunderts. Schriftliche Hausarbeit im Rahmen der ersten Staatsprüfung für das Lehramt für die Sekundarstufe II. Bonn (Maschinenschrift).

BÜSCHING, A. FR. (1790): Erdbeschreibung - Sechster Theil, der den westphälischen und chur-rheinischen Kreis enthält. Siebente rechtmäßige und stark verbesserte und vermehrte Ausgabe. Hamburg.

DOLATA, E. (1935): Das rheinische Vorgebirge als Industriegebiet. Würzburg.

ELLSCHEID, C. (1928): Das Vorgebirge. In: Verhandlungen des Naturhistorischen Vereins der preußischen Rheinlande 85, 195-305.

HEID, L.; SCHOEPS, J. H. u. SASSENBERG, M. (Hg.) (1992): Wegweiser durch das jüdische Rheinland. Berlin.

HERZOG, W. u. TROLL, C. (1968): Die Landnutzungskarte Nordrhein 1 : 100000. Blatt 1: Köln-Bonn. Arbeiten zur Rheinischen Landeskunde 28, Bonn.

JAEGER, G. (1969): Die Vermarktung von Obst und Gemüse an nordrheinischen Erzeugerversteigerungen und Möglichkeiten der Verbesserung. Forschung und Beratung, Reihe B, H. 17. Hiltrup b. Münster.

JANSEN, A. (1970): 50 Jahre Kreis-Obst- und Gemüseversteigerung "Vorgebirge" e.G.m.b.H. Roisdorf 1920-1970. Roisdorf.

KALKUM, E. G. (Hg.) (1989): Beiträge zur Geschichte von Alfter. Alfter.

PHILIPPSON, A. (1899): Über die Entwicklungsgeschichte des Rheinischen Schiefergebirges, insbesondere seiner Oberflächenformen. (Fest-Sitzung zu Ehren der Teilnehmer der Rheinischen Exkursionen des VII. Internationalen Geographen-Kongresses) In: Sitzungsberichte der niederrheinischen Gesellschaft für Natur- und Heilkunde zu Bonn 1899, 48-50.

PHILIPPSON, A. (1996): Wie ich zum Geographen wurde. Aufgezeichnet im Konzentrationslager Theresienstadt zwischen 1942 und 1945. Herausgegeben von H. BÖHM u. A. MEHMEL. Bonn.

SCHULTE, K. H. S. (1972): Dokumentation zur Geschichte der Juden am linken Niederrhein seit dem 17. Jahrhundert. Veröffentlichung des Historischen Vereins für den Niederrhein, insbesondere des alten Erzbistums Köln 12. Düsseldorf.

TROLL, C. (1954): Über Alter und Bildung von Talmäandern. In: Erdkunde 8, 286-302.

TROLL, C. (1957): Tiefenerosion, Seitenerosion und Akkumulation der Flüsse im fluvioglazialen und periglazialen Bereich. In: Petermanns Mitteilungen, Ergänzungsheft 262, 213-226.

WINTER, K.-P. (1968): Die untere Mittelterrasse im Südteil der Niederrheinischen Bucht. Sonderveröffentlichungen des Geologischen Instituts der Universität Köln 15. Köln.

Anschriften der Autoren:

Prof. Dr. Hans Böhm, Institut für Wirtschaftsgeographie der Rheinischen Friedrich-Wilhelms-Universität
Meckenheimer Allee 166, D-53115 Bonn

Dipl.-Geogr. Astrid Mehmel, Geographisches Institut der Rheinischen Friedrich-Wilhelms-Universität
Meckenheimer Allee 166, D-53115 Bonn

Das Siegmündungsgebiet

Naturschutz und Naherholung im Konflikt

Günter Mitlacher

Thematik:	Landschaftsökologie, Naturschutz, Schutzgebiete, Arten- und Biotopschutz, Landschaftsplanung, Erholungsnutzung, Konfliktfälle
durchzuführen als:	Fußexkursion, witterungsabhängig auch als Fahrrad-Exkursion
ungefähre Dauer:	als Fußexkursion ca. 3 - 4 Stunden, ca. 10 km, erweiterbar als Tagesexkursion
Anfahrt:	per ÖPNV - Adenauerplatz BN-Beuel, Parkplatz für PKW unter der Kennedybrücke
Besonderheiten:	Wegegebote im Naturschutzgebiet unbedingt beachten
Besonderheiten der Ausrüstung:	festes Schuhwerk, ggf. Gummistiefel
Empfohlene Karten:	Topographische Karte 1:25.000, Blatt 5208 Bonn

1. Einleitung

Die Exkursion "Siegmündungsgebiet" soll sich sowohl an den landschaftsökologischen Experten als auch an den interessierten Laien richten. Es wäre jedoch vermessen zu glauben, mit nur einer erläuternden Routenbeschreibung beiden Interessen gerecht werden zu können. Dem landschaftsökologisch und naturschutzfachlich interessierten Laien sei als Ergänzung zu dieser Exkursionsbeschreibung der Naturführer von Bonn und Umgebung (KREMER 1993) zur Anschaffung empfohlen.

1.1. Lage des Exkursionsgebietes

Zur Orientierung im Exkursionsgebiet und zur räumlichen Einordnung in die nähere und weitere Umgebung wird die Verwendung der Topographischen Karte 1:25.000, Blatt 5208 Bonn empfohlen.

Als "Siegmündungsgebiet" ist ein Teil der rezenten, regelmäßig überfluteten Talaue der Sieg zu bezeichnen, die im S vom Damm der BAB 565 Bonn-Siegburg und im N von den auf der Niederterrasse gelegenen Ortschaften Mondorf und Bergheim begrenzt wird. Die durch die Mündung in den Rhein verursachte Flußdynamik der Sieg ist - je nach Hochwassersituation - bis etwa 5 km flußaufwärts zu beobachten (Höhe der Ortschaft Meindorf).

Die landschaftsökologischen Charakteristika des Naturraums sind der Einleitung zu diesem Exkursionsführer zu entnehmen (vgl. Beitrag A). Detailliertere Erläuterungen werden an den Routenpunkten in Kap. 3 gegeben.

Der nördlich der Sieg gelegene Teil des Mündungsgebietes gehört verwaltungsmäßig zum Rhein-Sieg-Kreis, der südlich gelegene Abschnitt bis Meindorf zur Stadt Bonn.

1.2. Dauer und Ausrüstung

Die nachfolgend beschriebene Exkursionsroute bezieht sich lediglich auf den südlich der Sieg gelegenen Teilbereich auf Bonner Stadtgebiet. Es handelt sich um eine Fußexkursion von ca. 3-4 stündiger Dauer; die Route kann in trockenen Witterungsperioden auch mit dem Fahrrad genommen werden. Beginn und Ende der Exkursion ist das Rheinufer unterhalb der Kenndybrücke im Stadtteil Bonn-Beuel. Dorthin bestehen sowohl Verbindungen mit dem Öffentlichen Nahverkehr (Haltestelle Adenauerplatz der S-Bahn) als auch mit dem Fahrrad oder PKW mit Parkmöglichkeiten unterhalb der Kennedybrücke.

Zur Erkundung des nördlichen Siegmündungsgebietes kann jederzeit die Siegbrücke (L 269), im Sommer auch die Siegfähre, direkt unterhalb der Straßenbrücke gelegen, benutzt werden. Leicht kann somit eine Ganztagesexkursion - mittägliche Rast im Gasthof "Zur Siegfähre" wird empfohlen - erreicht werden. Auf alle Fälle ist festes Schuhwerk angebracht; nach Regenfällen bieten sich Gummistiefel an, wenngleich viele der in die Route einbezogenen Wege asphaltiert oder mit wassergebundener Decke versehen sind.

Von den Routenpunkte kann zum näheren Studium der örtlichen ökologischen Verhältnisse ausgeschwärmt werden. Jedoch ist darauf zu achten, daß in den Naturschutzgebieten (NSG) die Wege nicht verlassen werden dürfen. Die Hinweisschilder fordern zu weiterem naturschutzgerechtem Verhalten auf.

2. Bedeutung für den Naturschutz und die Naherholung

2.1. Bedeutung für den Naturschutz

Der gesamte Talraum der Sieg wurde in den letzten 200 Jahren entscheidend vom Menschen umgestaltet. Die Intensivierung der Landwirtschaft, der Hochwasserschutz, verbunden mit Deichbaumaßnahmen und Gewässerregulierung, die forstwirtschaftliche Nutzung und die Trinkwassergewinnung veränderten die ökologischen Syteme gravierend. Dem Straßenbau der 70er Jahre folgten räumliche Zerschneidungswirkungen; die Nutzung als militärisches Hubschrauberübungsgelände und als intensiv frequentiertes Naherholungsgebiet führten zu Störungen des Naturraums und seiner Lebensgemeinschaften.

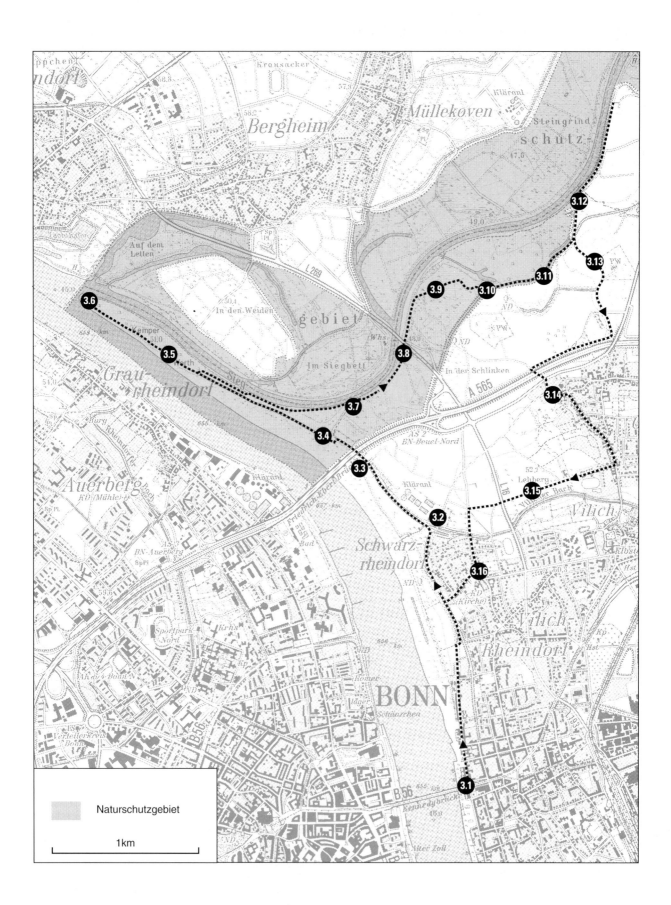

Abb. 1 Exkursionsroute

Trotz dieser weitreichenden anthropogenen Überformung hat sich in den Bereichen zwischen der Sieg und ihren Deichen ein halbnatürlicher Charakter der Auenlandschaft mit naturnahen Relikten bewahrt. Mitte der 70er Jahre stellte man fest, daß die Siegmündung - neben dem Mündungsgebiet der Ahr - noch der einzige Mündungsbereich eines Rheinnebenflusses in einem mehr oder weniger naturnahen Zustand und somit von nationaler Bedeutung für den Naturschutz war.

Die von der Hochwasserdynamik geprägte abiotische Standortvielfalt und die unterschiedliche Art und Intensität der menschlichen Beeinflussung führten zu einem breiten Spektrum von Biotoptypen, einer charakteristischen räumlichen Abfolge von Biotopkomplexen und verschiedenartigen Habitatstrukturen der Auenlandschaft. Vielen im Bestand gefährdeten wildlebenden Tier- und Pflanzenarten der Gewässer und Feuchtgebiete boten diese Bedingungen noch relativ günstige Überlebenschancen, während im näheren und weiteren Umkreis immer mehr Feuchtgebiete trockengelegt und zerstört wurden.

Die ornithologische Bedeutung der Siegniederung ist am besten belegt. Ende der 70er Jahre wies das Gebiet vergleichsweise die größte Zahl gefährdeter Vogelarten im Bonner Raum auf: dazu gehörten u.a. Steinkauz, Kleinspecht, Schwarzkehlchen, Braunkehlchen und Pirol. Auch heute kommen noch ca. 50-60 regelmäßig brütende Vogelarten vor, wenngleich typische Feuchtwiesenbewohner wie Schwarz- und Braunkehlchen in den letzten 10 Jahren verschwunden sind. Die Siegniederung ist außerdem für zahlreiche Durchzügler ein wichtiger Trittstein. Insgesamt beobachtete man bislang 240 Vogelarten im gesamten Niederungsgebiet.

Anfang der 80er Jahre folgte mit der Landschaftsplanung "Siegmündung" der Stadt Bonn und des Rhein-Sieg-Kreises die großflächige Ausweisung der innerhalb der Deiche gelegenen Talaue als Naturschutzgebiete (NSG) und die Festsetzung von Pflege- und Entwicklungsmaßnahmen (s. Stadt Bonn 1985).

Eine Reihe von Nutzungskonflikten wurde durch die Festlegung naturschutzgerechterer Bewirtschaftungsmaßnahmen für die land-, forst-, fischerei- und wasserwirtschaftliche Nutzung entschärft. Auch wurden ökologische Optimierungsmaßnahmen (z.B. Anpflanzung standortgerechter Bäume der potentiell natürlichen Vegtation, Kopfweidenpflege) festgelegt.

In der Umsetzung des Landschaftsplans "Siegmündung" der Stadt Bonn bestehen seit der Verabschiedung im Jahre 1984 jedoch erhebliche Defizite. Erst gut 50% der im Landschaftsplan festgesetzten Maßnahmen wurden realisiert. Die nähere Erläuterung landschaftsplanerischer Ziele und Festsetzungen erfolgt an den Routenpunkten.

2.2. Bedeutung für die Naherholung der Bonner Bevölkerung

Die Lage des Siegmündungsgebietes am Rande der Stadt Bonn hat zur Folge, daß eine große Zahl von Erholungsuchenden den Raum aufsucht. In erster Linie spielen die wassergebundene Erholung (Rudern, Paddeln, Angeln) und das Spaziergehen, Radfahren und Reiten eine Rolle. Die fremdenverkehrliche Nutzung mit Übernachtungen sowie infrastrukturbezogene Freizeitaktivitäten (z.B. Tennis, Golf) sind nicht gegebenen.

Die Naturnähe, die Stadtrandlage und die Funktion als Feierabend- und Wochenenderholungsgebiet führen zu einer saisonal unterschiedlich hohen Besucherfrequentierung. Unter der Woche wird das Gebiet ganzjährig überwiegend von einzelnen Spaziergängern mit Hunden, Joggern, Fahrradfahrern, Reitern oder Anglern genutzt. An Wochenenden - insbesondere in den Sommermonaten - sind witterungsabhängig bis zu mehrere Tausend Erholungsuchende, vor allem Radfahrer und Spaziergänger, zeitweilig im Siegmündungsgebiet unterwegs. "Eingangstore" sind der von Bonn-Beuel ausgehende Rheindeich in nördlicher Richtung, der Parkplatz an der BAB-Ausfahrt Bonn-Nord und der von Siegburg kommende siegabwärts führende Uferweg. Aufgrund der Wegeführung und -beschaffenheit konzentrieren sich die Besucher auf den Deichen und auf den Zuwegen zur südlichen Anlegestelle der Siegfähre.

2.3. Das Konfliktfeld Naturschutz - Erholungsnutzung

Die Zielsetzung des Naturschutzes, die Siegmündung mit ihrem naturnahen Charakter zu sichern und eine möglichst ungestörte Entwicklung der Natur zu gewährleisten, und die Zielsetzung, diesen Bereich auch künftig der Erholung für die städtische Bevölkerung zu widmen, stehen im Konflikt zueinander.

Vielfältige Störungen durch die Erholungsnutzung empfindlicher Bereiche (Spaziergänger mit freilaufenden Hunden, Reiter, Sportangler, wildes Zelten) konnten durch gezielte besucherlenkende Maßnahmen (Wegeführung, Wegebeschaffenheit, Parkplatzlage) oder durch ordnungsbehördliche Restriktionen im Zuge der Landschaftsplanung schrittweise reduziert werden.

Dennoch stellen die Summe und die Intensität der Einzelstörungen nach wie vor eine unterschiedlich große Belastung für empfindliche Lebensgemeinschaften der Auenlandschaft dar, auf die an den Routenpunkten näher einzugehen sein wird.

3. Routenbeschreibung

3.1. Rheinufer unterhalb der Kennedybrücke/Bonn-Beuel

Von der Kennedybrücke folgt man der Rheinaustraße in nördlicher Richtung, vorbei am Bahnhof einer ehemaligen Kleinbahn (heute Gaststätte) bis zur Bebauungsgrenze und schwenkt dann nach rechts auf den Rheindeich. Man hat damit das Landschaftsschutzgebiet (LSG) erreicht, das sich in nördlicher Richtung bis zur Autobahnbrücke zwischen der Deichkrone und dem Rhein erstreckt. Ziel des LSG ist die Erhaltung der Grünlandnutzung und der im Rheinvorland vorhandenen Einzelbäume sowie der Pappelallee, die langfristig allerdings in Bestände der potentiell natürlichen

Vegetation (Eichen-Ulmen-Wald der Hartholzaue) umgewandelt werden soll. Am Rheinufer wird eine Ausbreitung des Weidenwaldes angestrebt. Das LSG legt außerdem fest, die Wege im Rheinvorland nicht zu befestigen. Die Talaue bleibt vorrangig der landwirtschaftlichen Nutzung vorbehalten und dient im wesentlichen der Feierabenderholung (Spazierengehen, Hunde ausführen).

Dem Weg auf der Deichkrone folgend erkennt man rechter Hand den Stadtteil Schwarz-Rheindorf, auf einem Niederterrassensporn gelegen. Die Bebauung ist in der Vergangenheit weiter verdichtet worden und in die eingedeichte Aue vorgerückt. Bei extremem Hochwasser ist mit an die Oberfläche tretendem Grundwasser zu rechnen, da der siedlungsseitig gelegene Teil in einer ehemaligen Seitenrinne des Rheins liegt.

3.2. Kläranlage

Auf der Höhe der Kläranlage überquert man den Vilicher Bach, dessen Abschnitt bis zur Mündung in den Rhein zur Ableitung der Klärwässer dient. Der Bach ist naturfern ausgebaut; die im Landschaftsplan vorgesehene Bepflanzung des Baches im Rheinvorland steht noch aus. In Blickrichtung nördlich der Kläranlage ist ein Wäldchen erkennbar. Auf einer ehemaligen Abgrabungsfläche, die mit Bauschutt verfüllt wurde, ist auf dem stark reliefierten Gelände durch natürliche Sukzession ein Weidenwäldchen unterschiedlicher Altersstruktur entstanden, das einen naturnahen Sekundärlebensraum für wildlebende Arten bietet.

Im Verlauf des Weges auf der Deichkrone ist rechter Hand ein natürliches Holunder-Weißdorn-Gebüsch zu sehen, das in einen Pappelbestand auf dem Judenfriedhof übergeht. Die vielerorts in der Aue einzelstehenden Hybrid-Pappeln sind angepflanzt und haben als landschaftsgliedernde Elemente vor allem eine ästhetische Funktion. Die Schwarz-Pappel als ursprüngliche Art mitteleuropäischer Flußauen ist weitgehend verschwunden.

3.3. Unter der Autobahnbrücke

An dieser Stelle wird auf den Unterschied zwischen der eingedeichten ehemaligen Aue (Blickrichtung Osten) und der nicht eingedeichten Aue (Blickrichtung Rhein) aufmerksam gemacht. Durch die vor 200 Jahren begonnene Siegbegradigung und Eindeichung der Aue sind die gepolderten Flächen ackerfähig gemacht geworden, während die regelmäßig überschwemmte Aue des Rheins und der Sieg weiterhin als Grünland genutzt wird. Das Hochwasserregime und die Sedimentationsdynamik von Rhein und Sieg bedingen die landwirtschaftlichen Nutzungspotentiale: hohe Bodenwertzahlen in der eingedeichten Aue zu niedrigen Bodenwertzahlen in der überfluteten Aue. Der Einfluß des Rheins wirkt noch bis in die eingedeichten Gebiete hinein. Bei Extremhochwasser tritt Qualmwasser auf den relativ grundwassernahen Acker-flächen östlich im Anschluß an den Judenfriedhof aus.

Die Autobahnbrücke, der Autobahndamm und in der Fortsetzung der Siegdamm bilden die südliche Grenze des NSG "Siegmündung". Für das gesamte NSG gelten einheitliche Gebots- und Verbotskataloge (siehe auch NSG-Hinweisschild): z.B. einmalige Mahd der Deiche, keine Kahlschläge, Anpflanzung von Weiden entlang der Mittelwasserlinie, Pflege der Kopfbäume bzw. kein Verlassen der Wege, kein Lagern und Zelten, keine Fischereiveranstaltungen, keine Pestizidanwendung auf Grünland u.a.m. Das NSG ist in 5 Teilgebiete unterteilt, um gebietsspezifische Zielsetzungen und Schutzmaßnahmen verwirklichen zu können.

3.4. Sommerdeich des Rheins

Verläßt man die Unterführung in nördlicher Richtung, gelangt man auf den niedriger gelegenen Sommerdeich des Rheins. Dieser Routenpunkt liegt im Verzahnungsbereich von Rhein- und Sieghochwasser in einer Rinne, die vor 1850 durch wasserbauliche Bettverlagerung künstlich geschaffen wurde. Die Sieg floß damals in rechtem Winkel in den Rhein, was jedoch zu Problemen mit der Schifffahrt führte. Auch war das gegenüberliegende Rheinufer dadurch stärker erosionsgefährdet, so daß man die Rinne schloß und die Siegmündung wieder nach Norden verlegte. Bei den letzten winterlichen Hochwasserereignissen 1993/94 wurde die Rinne wieder aktiviert und der Sommerdeich an der besagten Stelle erodiert.

Das von hier zu überblickende NSG "Auf dem Schänzchen/Kemper Werth" hat vor allem ornithologische Bedeutung. Die östlich gelegenen Viehweiden und Mähwiesen sind mit Kopfweiden bestanden, die vereinzelt dem Steinkauz als Bruthöhle dienen. Ziel ist die langfristige Erhaltung der Kopfbäume und die Neuanpflanzung von Weiden, um abgängige Kopfweiden langfristig zu ersetzen.

Das zum Rhein hin gelegene Grünland wird nach und nach landwirtschaftlich extensiviert. Vegetationskundlich handelt es sich um stark eutrophierte Glatthafer-Wiesen. Auf einigen Flächen vor dem Pappelwald auf dem Kemper Werth wurde die landwirtschaftliche Nutzung gänzlich eingestellt und die natürliche Sukzession griff um sich. Am unmittelbaren Ufersaum des Rheins ist die sich seit 15-20 Jahren entwickelnde Weichholzaue aus Schmalblattweiden (Mandelweiden-Gebüsch) deutlich zu erkennen.

3.5. Pappelwald auf dem Kemper Werth

Im Anschluß an das regelmäßig überschwemmte Grünland gelangt man in den heute etwa 1 m höher gelegenen Pappelwald auf der Halbinsel Kemper Werth, die ursprünglich eine frei im Rhein liegende Insel war. Die Morphologie wurde im Zuge der Verlegung der Siegmündung 1850 künstlich verändert, unterliegt aber seitdem wieder den natürlichen Akkumulations- und Erosionsbedingungen.

Der Wald aus Hybridpappeln entstand nach dem 2. Weltkrieg, nachdem man zu Kriegszeiten aus Holzmangel den gesamten Auenwald abgeholzt hatte. Das Umtriebsalter vieler Pappeln ist teilweise schon überschritten und einige von ihnen sind abgängig. Nach Vorgabe des Landschaftsplans soll der Pappelbestand nach und nach wieder in einen Hartholzauenwald umgebaut werden, der vor ca. 200 Jahren noch im gesamten Hochflutbett der Sieg vorhanden war. Im Unterwuchs des Pappelbestandes sind z.B. mit Holunder, Schneeball und dem Knolligen Kälberkopf typische Arten der Hartholzaue anzutreffen. Der Pappelwald ist u.a. aus ornithologischer Sicht interessant, da er seit längerem Brutgebiet des in NRW im Bestand gefährdeten Pirols ist.

Durchquert man den Pappelwald weiter in Richtung Norden auf dem vorgegebenen Weg, schreitet man teilweise über sandiges oder kiesiges Substrat, das vom Rhein bei Hochwasser sedimentiert wurde. Unter den rheinuferfernen Pappeln ist deutlich die Entwicklung des Weidengebüschs (überwiegend Mandelweide, Korbweide) mit dazwischenliegenden Abschnitten aus Rohrglanzgras-Röhricht und Flutrasen festzustellen.

3.6. Spitze des Kemper Werthes

Von der Spitze des Kemper Werthes öffnet sich der Blick auf die Mündung der Sieg in den Rhein. Bei Niedrigwasser kann eine Kiesbank betreten und auf die gegenüberliegende Siegseite zum ehemaligen Sieg-Altarm "Diescholl" geblickt werden (Brücke). Bei sommerlichem Rhein-Hochwasser wird das Siegwasser flußaufwärts gedrückt. Die Fließgeschwindigkeit nimmt stark ab und die untere Sieg nimmt den Charakter eines fast stehenden Gewässers ein. Das siegseitige Ufer des Kemper Werthes wird ebenfalls von einem schmalen Weidengebüsch mit kleineren Beständen von Glanzgras-Röhricht gesäumt.

Die Halbinselspitze ist ein beliebter Angel-, Aussichts- und Lagerplatz, so daß es unwillkürlich zu Störungen der Vogelwelt (vor allem durch freilaufende Hunde) und Trittschäden an der Ufervegetation kommt. Obwohl der gesamte Halbinselabschnitt aus forst- und wasserwirtschaftlichen Gründen kaum betreten wird und zusehends "verwildert", ist die Besucherfrequentierung so beständig, daß dadurch der Weg offengehalten wird. Mangelnde Kontrollmöglichkeiten seitens der unteren Landschaftsbehörde behindern zudem eine weitergehende Beruhigung des Gebietes, die aus Gründen des Naturschutzes geboten ist.

Für den Rückweg nimmt man die gleiche Route. Der botanisch Interessierte wird bei Stromkilometer 658,9 die seltene Osterluzei antreffen. Nach Verlassen des Pappelwaldes orientiert man sich entlang des Siegufers.

3.7. Siegufer

An der nicht natürlichen, sondern mit Steinen befestigten Uferböschung setzt sich entlang der Mittelwasserlinie der Weidensaum fort. Kleine Schilfbestände konnten sich in den letzten Jahren entwickeln. An einigen Uferstellen sind wiederum von Anglern verursachte Trittschäden zu sehen. Die an den Uferweg angrenzenden Viehweiden sind von einzelnen Weiden, Pappeln und Eichen überstellt, so daß ein parkartiger Charakter der Auenlandschaft entsteht.

Die Hochwasserdynamik der Sieg erzeugt auf diesen Viehweiden ein Mikrorelief, das jedoch nur geringe standörtliche Unterschiede hervorbringt. Dies liegt vor allem an der hohen Nährstofffracht des Wassers. Die Nährstoffbedingungen sind als hypertroph zu bezeichnen, was sich vor allem in dichten Brennesselbeständen zeigt, die auch die Viehweiden teilweise einnehmen. Obwohl die Anwendung von Pestiziden in allen NSG generell untersagt ist, dürfen die Brennesselbestände horstweise alle 3 Jahre chemisch dezimiert werden.

3.8. Südanleger Siegfähre

Die in den Sommermonaten manuell betriebene Siegfähre stellt ein attraktives Ziel für die Besucher des Siegmündungsgebietes dar. Die Erholungsuchenden konzentrieren sich hier und verbinden mit der Überfahrt die Einkehr in die Gaststätte "Zur Siegfähre", was auch dem Teilnehmer der hier beschriebenen Exkursion nahegelegt wird. Zum einen kann damit ein Eindruck von der Wasserführung der Sieg und ihrer Wasserqualität gewonnen werden. Zum anderen verdeutlicht der Blick siegab- und siegaufwärts die galerieartige Ausprägung der Weichholzaue mit dem Weidenwald unterschiedlichen Alters.

Konnte man früher z.B. mit dem Paddel- oder Ruderboot bis zur Mündung in den Rhein durchfahren, so ist heute zur Beruhigung der naturnahen Zone dieser Siegabschnitt gesperrt. Den Vögeln kommt diese Regelung sehr entgegen; wer Glück hat, kann so während der Überfahrt den ein oder anderen Graureiher am Wasser stehen oder gelegentlich auch einen Eisvogel eintauchen sehen.

Die nördliche Siegaue steht ebenfalls großflächig bis zur Kante der Niederterrasse unter Naturschutz; darauf weist eine Informationstafel am nördlichen Sieganleger hin. Die ornithologische Bedeutung dieses Gebietes besteht beispielsweise darin, daß der an den Weidensaum anschließende weitläufige Pappelbestand im Winter ein regional wichtiger Sammelplatz für Tausende osteuropäischer Saatkrähen ist.

Wer sich von den Hochwässern der Sieg beeindrucken lassen möchte, studiere die am Gebäude der Gaststätte markierten Hochwasserstände der letzten 100 Jahre. Man kann feststellen, daß die extremen Hochwasserereignisse Anfang der 90er Jahre, die immer durch ein gemeinsames Winter-Hochwasser von Rhein und Sieg auftreten, in historischer Zeit keine Ausnahmen waren. Auch zu Beginn dieses Jahrhunderts war die Aue mehrere Meter hoch überflutet. Durch die Reduzierung des Überflutungsbereiches hat sie jedoch ihre wichtige Funktion als Retentionsraum weiter eingebüßt.

Sollte die Siegfähre nicht in Betrieb oder wegen Hochwasser nicht benutzbar sein, sollte der Abstecher über die Straßenbrücke gemacht werden (Hin- und Rückweg ca. 1 Stunde). Wieder am Südanleger der Siegfähre angekommen, wird die Exkursion auf dem siegparallelen Weg siegaufwärts fortgesetzt.

3.9. NSG "Am Kesselpfuhl"

Der weitere Exkursionsverlauf führt durch das NSG "Am Kesselpfuhl". Der Streifen zwischen dem Weg und der Sieg wird abschnittsweise von einem Reinbestand der Brennessel oder dem Drüsigen Springkraut eingenommen. Der Neophyt breitet sich beständig auf Kosten einheimischer Stauden aus, da er ihnen aufgrund seiner Verbreitungsstrategie mit Samen und Ausläufern überlegen ist. Ein Zurückdrängen der Neophytenhochstaudenflur durch mehrmalige Mahd ist zwar aus Sicht des Naturschutzes wünschenswert, war allerdings bislang nicht von Erfolg gekrönt. Durch die optimale Anpassung an die hypertrophen Nährstoffverhältnisse und die Konkurrenzkraft gegenüber einheimischen Arten ist das Springkraut eine nicht mehr zu verdrängende Art des rezenten Auenökosystems geworden. Die einheimische Brennessel als unmittelbarer Konkurrent dürfte allerdings auf absehbare Zeit ihren Standort nicht völlig preisgeben.

Der Weg gabelt sich sodann: der ufernahe Weg darf aus Naturschutzgründen nicht weiter begangen werden. Bislang wurde vergeblich versucht, diesen meist von Anglern genutzten Trampelpfad zu sperren. Der landwirtschaftliche Weg verläßt den Uferbereich und führt durch einen Abschnitt der Siegaue mit stark bewegtem Mikrorelief: verlandete Mäanderbögen mit Prall- und Gleithängen sowie Kolke und Rinnen lösen Kuppen und Rücken ab (die morphologische Strukturvielfalt ist besonders gut vom Siegdeich aus zu sehen).

Das NSG ist als Grünland genutzt und darf nach Vorgaben des Landschaftsplans nicht in Ackerland umgewandelt werden; auf den Viehweiden stehen Pappeln und Eichen, die als Reste der Hartholzauenvegetation anzusehen sind und auch diesem NSG einen parkartigen Charakter verleihen. Das Gebiet ist vor allem ein Brutrevier für Singvögel: Amsel, Mönchsgrasmücke, Heckenbraunelle, Wacholderdrossel, Zaunkönig u.a.m.

3.10. Siegaltarm "Die Gyssel"

Am Fuß des Siegdeiches angekommen, kann linker Hand ein guter Blick auf den Altarm "Die Gyssel" und den Waldbestand "Die Schlangenerlen" geworfen werden. Hierbei handelt es sich um den letzten naturnahen Ökotopkomplex größerer Ausdehnung im Siegmündungsgebiet (ca. 18 ha). In diesem NSG sind fast alle naturnahen Elemente der Siegauenlandschaft in charakteristischer räumlicher Abfolge noch vorhanden. Für den Naturschutz besonders wertvoll ist das größere Auenwaldfragment am Ufer des Altarms und die Übergänge zum Bruchwald mit Schwarz-Erlen und Eschen. Das Altwasser ist zwar stark verlandet, die sumpfigen Abschnitte und die lange offen bleibenden Wasserflächen bieten aber immer noch Lebensraum für einige typische Arten eutropher Gewässer (z.B. Gelbe Teichrose, Wasserschwaden sowie verschiedene Amphibienarten). Auch zahlreiche Libellenarten (z.B. Prachtlibellen) wurden festgestellt.

Problematisch aus der Sicht des Naturschutzes ist die ungenügende Durchspülung des Altarms mit Wasser der Sieg. Bei Hochwasser läuft der Altarm von der Sieg her voll und wird bei rückläufigem Hochwasser zu einem stehenden Gewässer, da der siegnahe Altarmabschnitt schmal und schon stark verlandet ist. Im nähr- und schadstoffhaltigen Sediment, das mit Getreibsel und Müll aller Art versetzt ist, kommt es zur Sauerstoffzehrung und zu Faulschlamm, der über die Barriere zur Sieg hin nicht ausgespült wird. In trockenen Jahren schrumpft so die offene Wasserfläche im Altarm bis auf kleine Flecken zusammen. Ursprünglich war im Landschaftsplan vorgesehen, den Altarm zu sanieren und den nähr- und schadstoffhaltigen Schlamm auszuheben. Aufgrund wasserwirtschaftlicher Bedenken (Gefahr des Schadstoffeintrags in das als Trinkwasser genutzte Uferfiltrat) konnte diese Maßnahme jedoch bislang nicht realisiert werden.

Das sommerliche Trockenfallen weiter Teile des Altarms erleichtert auch das unbefugte Betreten durch Angler. Spaziergänger und Radfahrer halten sich demgegenüber an die vorgegebenen Wege in der Aue bzw. auf dem Siegdeich. Im Sommer hält im übrigen die dichte Springkraut- und Brennesselflur viele Neugierige vom Betreten des schlammigen Ufers ab.

Folgt man nun dem Siegdeich flußaufwärts, kann man einen Blick auf den Pappelbestand werfen, der nach und nach in einen Hartholzauenwald umgebaut werden soll. Teile der bislang nicht bewaldeten Flächen zur Sieg hin sind langfristig ebenfalls mit Baumarten der Hartholzaue aufzuforsten, um einen geschlossenen Waldkomplex herzustellen.

3.11. Auf dem Siegdeich

Der jetzt betretene Siegdeich wurde Anfang der 90er Jahre erneuert und erhöht. Das gänzlich auenuntypische Substrat (Lavaschotter), die Süd- Exposition der Deichflanken und die mehrmalige Mahd im Jahr machten den Deich zum Standort einer thermophilen Lebensgemeinschaft. Der botanisch interessierte Besucher wird je nach Jahreszeit verweilen und die ein oder andere seltenere Art thermophiler Wiesen bestimmen.

3.12. Am Marienhof

Zum in der Aue gelegenen Bauernhof hin grenzt an den Pappelwald eine Wiese mit alten Obstbäumen, die ebenfalls unter Naturschutz gestellt wurde. Ziel ist die Erhaltung und Ergänzung der Obstbaumbestände. Vielleicht wird der verschwundene Wendehals dadurch wieder in die Siegmündung zurückkehren. Am Deichfuß fällt der Blick auf eine Rinne, die sich vegetationskundlich deutlich von der umgebenden Glatthafer-Wiese absetzt. Die Rinne führt periodisch Wasser und blieb somit Standort einer auentypischen Flutrasen-Gesellschaft.

Die Grenze des NSG läuft mit der Deichlinie in spitzem Winkel auf das Siegufer zu. Der von hier siegabwärts führende Weg wurde aus Gründen der Beruhigung des NSG "Die Gyssel" aufgehoben, ist aber dennoch von ortskundigen Anglern in Gebrauch.

Die naherholungsuchenden Spaziergänger oder Radfahrer benutzen jedoch den weiter siegaufwärts führenden asphaltierten Weg; östlich liegt Meindorf, etwa 5-6 m über dem Niveau der Aue auf der Niederterrasse. Noch wenige hundert Meter siegaufwärts gehend wird der landschaftsökologische Unterschied zum bisher beschriebenen Siegmündungsgebiet deutlich. Die Auenlandschaft wird weiter und offener, der Weidensaum an beiden Seiten der Uferböschung sehr lückenhaft. Bei sommerlichem Niedrigwasser zeigt die Sieg ihre Kiesbänke, die von Annuellenfluren besiedelt werden.

Die Erholungsuchenden nutzen an heißen Sommerwochenenden die seltene Gelegenheit, auf einer natürlichen Schotterbank im Fluß zu liegen oder mit dem Schlauchboot von Kiesinsel zu Kiesinsel zu treiben. Sie verjagen dann den in Deutschland seltenen Flußuferläufer aus seinem potentiellen Rast- und Brutrevier in ruhigere Zonen am oberhalb gelegenen Sieglarer See (renaturiertes, ehemaliges Auskiesungsgewässer für den Autobahnbau).

Wieder zurück am Marienhof angekommen sollte ein abschließender Blick auf die Topographische Karte und das bislang begangenen Gebiet der rezenten Siegaue erfolgen. Indem man vor 200 Jahren begann, die heute in Form von Altarmen noch vorhandenen Siegschlingen zu kappen, um den Abfluß zu beschleunigen und die Wegstrecke für Lastkähne nach Siegburg zu verkürzen, haben nach und nach immer mehr auentypische Sonderstandorte an Fläche eingebüßt. Die Bändigung der intensiven Dynamik des Gewässers und die überhöhte Nähr- und Schadstofffracht sind die Hauptursachen für den beständigen Rückgang der Arten- und Biotopvielfalt seit dieser Zeit. Viele Spezialisten unter den Arten mitteleuropäischer Flußgebiete (z.B. Flußuferläufer, Uferschwalbe) gingen zugunsten der Allerweltsarten (z.B. Stockente, Bläßralle) zurück.

3.13. Eingepolderte Siegaue

Als Beurteilungsgrundlage für das zukünftige landschaftsökologische Potential und einen anzustrebenden Naturzustand wird vielfach die potentiell natürliche Vegetation herangezogen, die entstehen würde, wenn der menschliche Einfluß gänzlich unterbliebe und die Landschaft sich ungestört entwickeln könnte. Würde man davon ausgehen können, daß sich in der eingedeichten rezenten Siegaue ein Weichholzauenwald (Weidenwald und Mandelweidengebüsch) und ein Hartholzauenwald (Eichen-Ulmenwald) bilden würde, ist die Prognose für die gepolderte Aue sehr viel schwieriger. TRAUTMANN (1973) gibt für weite Teile der gepolderten Aue einen Eichen-Ulmenwald und für die Niederterrasse den Maiglöckchen-Perlgras-Buchenwald der Niederrheinischen Bucht an. Aufgrund der zunehmenden Trockenheit der gepolderten Auenbereiche dürfte der Buchenwald - bis auf einige feucht-nasse Senken - letztendlich eine größere Entstehungswahrscheinlichkeit besitzen. Erst wenn man die Deiche schleifen oder weiter zurückverlegen würde, hätte der Hartholzauenwald sicher wieder eine größere Verbreitungschance.

Südlich geht es weiter - den Siegdeich überquerend - in die besagte eingepolderte ehemalige Siegaue. Die Grün-

landnutzung ist aufgrund der guten Böden der großflächigen intensiven Ackernutzung gewichen; auf kleineren Flächen sind alte Obstkulturen, teilweise schon brach gefallen, eingestreut. Das Gebiet ist von Hecken und Feldgehölzen stark ausgeräumt. Nur an Kanten ehemaliger Hochflutrinnen sind noch Relikte typischer Heckenstrukturen zu sehen. Mit Hilfe des Landschaftsplans sollte diese als LSG ausgewiesene Feldflur wieder mit Landschaftselementen angereichert werden, was jedoch bislang weitgehend unterblieb.

Man kommt an einem eingezäunten Fichtenbestand vorbei, hinter dem sich ein Pumpwerk verbirgt, das Uferfiltrat zur Trinkwassergewinnung fördert. Ein Stück weiter siegabwärts befindet sich ein zweiter geschlossener Fichtenbestand mit einem weiteren Pumpwerk. Die über Jahrzehnte erfolgte Grundwasserförderung im gesamten Niederungsgebiet trug mit zur Trockenlegung der Siegniederung bei. Der Weg folgt dem nördlichen Böschungsfuß des Autobahndammes bis zu einer Unterführung, durch die der Ortsrand von Geislar erreicht wird.

3.14. Ortsrand von Geislar

In südlicher Verlängerung schließt sich an die Ortsrandbebauuung eine vielfältige Nutzungsstruktur an: Gärten mit alten Obstbäumen, Streuobstwiesen, Grabeland, Pferdekoppeln, Wiesen, Brachflächen und kleinere Äcker und Hecken. Des öfteren versucht der Naturschutz, solche Reststrukturen einer als traditionell bezeichneten bäuerlichen Kulturlandschaft zu bewahren. Solche "Biotop-Vernetzungsstrukturen" können dem starken Siedlungsdruck eines am Rande der Großstadt Bonn gelegenen Ortsteils kaum Widerstand leisten.

Die Straße in den Ortskern von Geislar steigt langsam den Niederterrassenhang an und führt nach Süden hangparallel und wieder leicht abfallend in Richtung Ortsende. Auf Höhe des Sportplatzes nimmt man den landwirtschaftlichen Weg nach Westen.

3.15. Lehberg

Das geomorphologisch geschulte Auge erkennt in nördlicher Richtung einen flachen Geländerücken (Lehberg), der der 52-m-Isohypse bis zur Landstraße folgt. Es handelt sich um einen ehemaligen Umlaufberg der Rhein/ Siegniederung, der sich zwischen einer östlich von Geislar kommenden Rinne und einer südlich des Vilicher Baches gelegenen Rinne erhalten hat. Überquert man die Landstraße, sieht man, wie die Straßenführung den westlichen Ausläufer gekappt hat.

3.16. Schwarz-Rheindorf

Der Weg nach Schwarz-Rheindorf überquert den Vilicher Bach, der am Fuß des Niederterrassenhangs verläuft, und erklimmt die Niederterrasse. Nach einem nicht zu versäumenden Abstecher in die kulturgeschichtlich interessante Doppelkirche von Schwarz-Rheindorf nimmt man die Arnoldstraße Richtung Rhein. Bis man auf den Rheindeich gelangt, durchquert man die bereits zu Anfang der Exkursion erwähnte ehemalige Rheinnebenrinne Punkt 3.1.), die teilweise noch bebauungsfrei ist.

In südlicher Richtung kommt man zum Ausgangspunkt der Exkursion zurück und sollte die Gelegenheit nicht versäumen, sich gemeinsam mit den vielen Bonner Erholungsuchenden in einer Gaststätte am Rheinufer zu stärken und auszuruhen.

4. Literatur

KREMER, B.P. [Hrsg.](1993): Naturführer Bonn und Umgebung. Landschaft, Naturschutz und Ökologie.- Bouvier Verlag Bonn 247 S.

Landesvermessungsamt Nordrhein-Westfalen (1990): Topographische Karte 1:25.000 Blatt 5208 Bonn

Stadt Bonn (1985): Landschaftsplan 1: Siegmündung.- Erläuterungsbericht, textliche Darstellungen und Festsetzungen, hrsg. von Stadtplanungsamt Bonn (vergriffen)

TRAUTMANN, W. (1973): Vegetationskarte der Bundesrepublik Deutschland 1:200.000 - Potentiell natürliche Vegetation - Blatt CC 5502 Köln.- Schriftenreihe für Vegetationskunde H. 6, 172 S., Bonn-Bad Godesberg

Anschrift des Autors

Günter Mitlacher, Kleine Heeg 2, D-53359 Rheinbach

Rodderberg und Siebengebirge

Vulkanismus und Naturschutz

Gerhard Bartels

mit Beiträgen von

Petra Sauerborn

Thematik:	**Tertiärer und quartärer Vulkanismus, Pflanzen und Tierwelt, Landschaftspflege und Naturschutz, Landschaftsgenese**
durchzuführen als:	**Fußexkursion**
ungefähre Dauer:	**Rodderberg ca 4-5 Std., etwa 8 km; Siebengebirge ca. 5 Std., etwa 12 km**
Anfahrt:	**mit Pkw oder Bus, Rodderberg: auch ÖPNV**
Empfohlene Karten:	**Topographische Karten 1:25.000 Blätter 5308 Bonn-Bad Godesberg und 5309 Königswinter**

A. Der Rodderberg und seine Umgebung

Das Exkursionsgebiet (Abb. 1) hat Anteil an dem relativ waldarmen "Drachenfelser Ländchen" und dem waldreicheren Winkel zwischen Rheintal und unterer Ahr. Vier Erscheinungen machen die Umgebung des Rodderberges attraktiv für den geowissenschaftlich interessierten Wanderer: 1. der känozoische Vulkanismus, 2. die vom Rhein geformte Terrassenlandschaft, 3. intensive Verwitterungserscheinungen auf den Hochflächen oberhalb der jüngeren Hauptterrasse und 4. artenreiche Halbtrockenrasen auf den basaltischen Tuffen des Rodderbergvulkans. Die drei erstgenannten Erscheinungen geben dem Betrachter zudem recht gute Möglichkeiten, die naturgeographische Landschaftsentwicklung an der Grenze zwischen Rheinischem Schiefergebirge und tektonisch abgesunkener Köln-Bonner-Bucht zu verfolgen.

Die vorgeschlagene Exkursionsroute ist zweigeteilt (Abb. 4 u. Abschn. A10): Eine Wanderung führt über den Rodderbergvulkan. Sie gibt Gelegenheit, die 'Kraterform', die Auswürflinge und eine basaltische Intrusion zu beobachten und eine grobe zeitliche Einordnung der Eruption mit Hilfe quartärer Terrassen und Lösse durchzuführen. Außerdem kann man die Kraut- und Strauchflora auf den geschützten Flächen kennenlernen. Der Fußweg, der Höhenunterschiede von ungefähr 80 m überwindet, erstreckt sich über ca. 8 km. Die Tongrube östlich von Ödingen kann separat angefahren werden. In diesem Falle empfiehlt es sich, das Fahrzeug in Ödingen zu parken und den Weg zur Tongrube (gut 1 km) zu Fuß zurückzulegen.

Der Rodderberg ist mit dem PKW von Niederbachem aus zu erreichen. Von der Hauptstraße des Ortes, der Konrad-Adenauer-Str., biegt man nach Osten ab (Wegweiser zum Broichhof) und gelangt in die Vulkanstraße. Hinter der Kapelle auf dem Paß liegt rechter Hand der 'Kapellenparkplatz'. Mehlem ist mit dem öf-

fentlichen Personennahverkehr erreichbar. Von der Ortsmitte aus geht man ca. 1/2 Stunde bis zur nördlichen Tuffgrube mit der basaltischen Intrusion **(Standort 2)**.

Zur Orientierung wird das Blatt Königswinter (5309) der topographischen Karte 1:25.000 empfohlen, auf dem die beiden Teilrouten verlaufen. Nur der Anmarsch von Ödingen zur Tongrube führt über den östlichen Rand des westlichen Nachbarblattes 5308. Hilfreich sind die beiden Blätter 5308 Bonn-Bad Godesberg und 5309 Königswinter der Geologischen Karte von Nordrhein-Westfalen 1:25.000, ersteres in einer 1980 ergänzten Version, letzteres als unveränderter Nachdruck der Ausgabe von 1938. Die geologischen Karten können über das Geologische Landesamt in Krefeld bezogen werden.

1. Der Rodderbergvulkan

Alle anderen vulkanischen Formen der Umgebung unterlagen aufgrund ihres höheren Alters einer starken Abtragung. Sie besitzen nur noch ruinenhafte Züge. Die vulkanische Natur des Rodderberges kann man dagegen auch ohne Aufschlüsse erkennen **(Standort 5)**. 'Rodderberg' wird in der topographischen Karte der mit 195,3 m höchste Punkt des Walles genannt, der eine knapp 800 m breite Hohlform umschließt. Hier ist mit Rodderberg die gesamte Form gemeint. Die flache 'Schüssel' hat mit 147,2 m ihren tiefsten Punkt auf dem Gelände des Broichhofes. Die relative Höhe des Walles nimmt von 38,1 m im SE (Rodderberg *s. str.*) nach NW hin auf ca. 10 m ab.

Der Wall besteht zu wesentlichen Teilen aus basaltischen Auswürflingen, die anfangs der 70er Jahre von mehreren Gruben aufgeschlossen waren. Heute sind die Aufschlußwände mit einer Ausnahme so stark verfallen, daß generell nur die obersten, helleren und weniger groben Lagen zu Tage treten. Nach der von

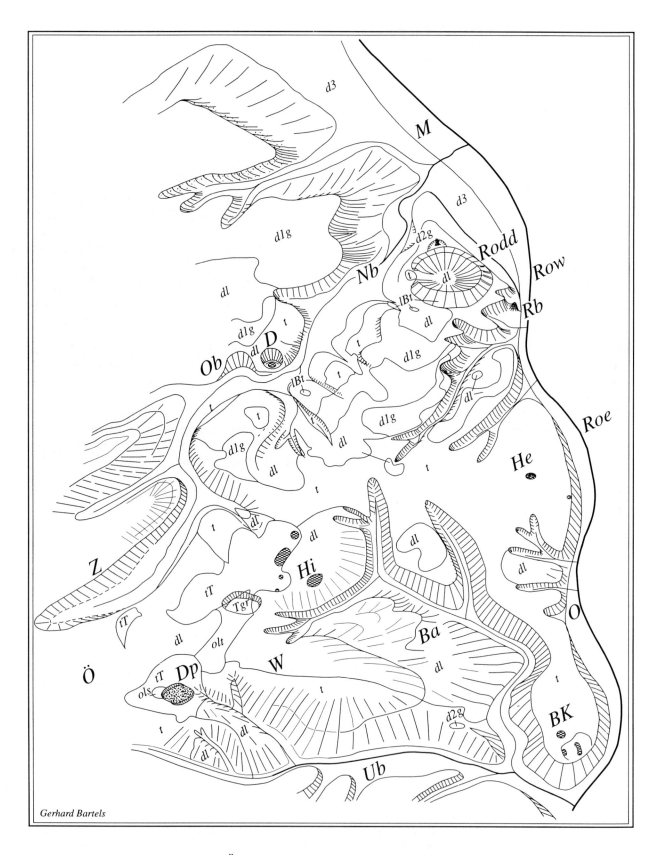

Gerhard Bartels

Abb. 1: Geologisch-geomorphologische Übersicht über das Rodderberggebiet. *Lokalitäten*: Ba = Badorf; BK = Birgeler Kopf; D = Dächelsberg; Dp = Deponie; He = Heldenköpfchen; Hi = Himbrich; M = Mehlem; Nb = Niederbachem; O = Oberwinter; Ob = Oberbachem; Ö = Ödingen; Rb = Rolandsbogen; Rodd = Rodderbergvulkan; Roe = Rolandseck; Row = Rolandswerth; Tgr = Tongrube; Ub = Unkelbach; W = Wingertsberg; Z = Züllighoven. *Geologie*: dl = Löß und Lößlehm; d3 = Ablagerungen der Niederterrasse; d2g = Ablagerungen der Mittelterrassen; d1g = Ablagerungen der jüngeren Hauptterrasse; lBt = lockerer Basalttuff; tT = Trachyttuff; ols = heller Quarzsand und Kies des Oligozäns, teilweise mit Einschaltungen von Quarzit; olt = heller Ton des Oligozäns; t = Ton-, Schluff- und Sandsteine des Unterdevons (Siegenstufe); dunkelschraffiert = Basalte des Tertiärs.

FRECHEN (1976, S. 11f.) für die 'Nordgrube' wiedergegebenen Beschreibung beginnen sie mit einer [sehr feinkörnigen, erg. BARTELS] 25 cm dicken, stark verfestigten Lage. Dann folgen geschichtete schwarze bis rötliche grobe Schlacken sowie ein Horizont mit größeren Auswürflingen aus dem Untergrund (devonische Sedimente, tertiärer Ton, Gerölle aus den Schottern der jüngeren Hauptterrasse, zum Teil mit Glasrinde, Lößbrocken). Den Abschluß bilden geschichtete Lapilli und Aschen. Die vulkanischen Lockermassen können im Bereich der Nordgrube bis zu 15 m mächtig sein.

Ein einigermaßen vollständiges Profil mit einer Gesamtmächtigkeit von ca. 4 m ist gegenwärtig in einer Grube zu beobachten, die unmittelbar südwestlich des Walles liegt (**Standort 9,** R 2584160, H 5612300). In die schwarzen Lapilli und Schlacken sind einige Bomben mit bis zu 1/2 m Durchmesser eingebettet. Außerdem ist der liegende Löß aufgeschlossen, der ursprünglich auch in der oben erwähnten Nordgrube zu Tage trat, dort allerdings teilweise im Kontakt mit den Pyroklastika gefrittet war. Mit Hilfe von Bohrungen läßt sich ermitteln, daß die Pyroklastika von einer Schicht aus meist umgelagertem und im unteren Teil mit Basaltlapilli vermengtem Löß überdeckt werden, deren Mächtigkeit vom Grubenrand zur Mitte des Tälchens auf knapp 5 m ansteigt.

Die Kammlinie des Walles wird über eine kurze Strecke auch von unterdevonischen Schiefern aufgebaut: So läßt sich 60 m südlich des 'Kapellenparkplatzes' Schieferschutt an der Oberfläche beobachten. Offensichtlich wurden die Lavapartikel nicht genau vertikal emporgeschleudert, sondern vor allem nach SW und S und nach Norden, so daß der westliche Rand teilweise freiblieb. In der Nordgrube (**Standort 2**) waren die Schlackenbomben mit bis zu 1/2 m Durchmesser besonders groß. Aus diesem Grunde vermutet MEYER (1986, S. 437) das Ausbruchszentrum nicht in der Mitte der Hohlform, sondern an ihrem Nordrand. Über die Existenz von Bomben und deren Durchmesser im südlichen Wall ist nichts bekannt, denn hier fehlen Aufschlüsse. Daher ist nicht auszuschließen, daß der Horizont mit den großen Bomben auch dort vertreten ist, zumal die Tuffe auf dem Südwall ebenfalls eine Mächtigkeit von ca. 15 m haben.

Eine Besonderheit ist ein steilstehender Lavagang, von verschweißten Schlacken flankiert, der inmitten der Nordgrube durch den Schlackenabbau freigelegt wurde (Abb.2). Er stammt von einem schwachen randlichen Ausbruch aus der Spätphase der Aktivität. FRECHEN (1976, S. 12) hat das Gestein als Leuzit-Nephelinit charakterisiert.

Der 'Krater' des Rodderberges erscheint heute flacher, als er kurz nach der vulkanischen Tätigkeit gewesen sein muß. In seiner Mitte wurde Löß in einer Mächtigkeit von 19,5 m erbohrt. Die 'Schüssel' ist jedoch nur zum Teil durch den explosiven Vulkanismus ent

Abb. 2: Basaltischer Gang, dessen Lava in die vorher ausgeschleuderten Schlacken und Lapilli hineindrang. Durch den Schlackenabbau liegt der Gang heute in der 'Nordgrube' frei (Zustand Oktober 1996).

standen, denn in den Auswürflingen spielen Nebengesteinsbrocken im Gegensatz zu den Tuffen der Maare eine relativ untergeordnete Rolle (MEYER 1986, S. 437). Aus diesem Grunde wird angenommen, daß die Form in der Hauptsache durch Einsturz eines leergeschossenen Hohlraumes entstanden ist. Diese Deutung setzt allerdings voraus, daß mehr magmatisches Material ausgeworfen wurde, als sich gegenwärtig in der unmittelbaren Umgebung des Rodderberges rekonstruieren läßt.

Die zeitliche Einordnung der Eruption ist nicht unumstritten. Während REMY (1960) die Aktivität an das Ende des Mittelwürms datierte, kamen BARTELS & HARD (1973) zu dem Ergebnis, daß der Rodderbergvulkanismus jüngstenfalls für das frühe Rißglazial belegbar ist. Ihre Beweisführung stützt sich auf die Überlagerung des Rodderbergtuffes durch Löß, der mindestens einen interglazialen Boden enthält. Die Aufschlüsse sind leider nicht mehr zugänglich. Neue Argumente haben sich bislang nicht ergeben. Daher wird auf die Literatur verwiesen.

2. Die Rheinterrassen

Mit Hilfe der Rheinterrassen (**Standorte 1, 6, 7 und 8**) ist auch für den heutigen Beobachter eine grobe zeitliche Einordnung nachvollziehbar: Die Gesamtform des Vulkans scheint der jüngeren Hauptterrasse des Rheines, der TR 5 im Sinne von BIBUS (1980) aufzusitzen. Eine ca. 1 km breite Flachform erstreckt sich vom Rodderberg nach S bis über den Hermann-Wilhelm-Hof (früher Lindenhof) hinaus und steigt von 175 m (Im Kreuzbusch) auf 195 m (Waldrand südlich des Hermann-Wilhelm-Hofes) an. Auf diesem breiten Riedel verzeichnet die geologische Karte 1:25.000 Schotter der jüngeren Hauptterrasse, die im mittleren Teil von Löß überdeckt werden. Die Schotter sind entlang der Exkursionsroute an mehreren Punkten ohne Schurf zu beobachten oder leicht aufzuschürfen: 1. am Weg vom Rodderberg zum Rolandsbogen in 180 bis knapp 170 m Höhe, 2. in einem Garten südöstlich der Straße zum Rodderberghof bei 180 m, 3. in der Nähe des Waldrandes östlich von Holzvolder- und Hermann-Wilhelm-Hof und 4. auf der Westseite des Riedels in einer Obstplantage auf dem Steinreichsberg in 175 m Höhe. Schätzt man die Mächtigkeit aufgrund der Terrassenoberfläche am Rodderberghof und der Grenze Schotter/Devon im Hohlweg zum Rolandsbogen und berücksichtigt, daß diese Grenze durch Solifluktion abwärts verschoben wurde, so dürfte die Kiesmächtigkeit 10-12 m nicht wesentlich überschreiten.

Zu diskutieren sind Schotter, die in der geologischen Karte in knapp 160 bis 150 m Höhe auf dem westlichen Wall des Rodderberges und in der Umgebung der Nordgrube als Sedimente der älteren Mittelterrasse verzeichnet sind (**Standort 1**).

Diese Einstufung stimmt mit den Erläuterungen BURRES zum Blatt Königswinter (1939) nicht überein, denn die Ablagerungen der älteren Mittelterrasse sollen danach nur in 90 - 110 m Höhe vorkommen. Sie waren in den 30er Jahren in Mehlem südlich der Hagenstraße in dieser Höhe zu finden. Wahrscheinlich beruht die Einstufung der Schotter am Rodderberg als Mittelterrasse auf einem Fehler bei der Drucklegung.

Nach der Auffassung von RICHTER (1942) könnte es sich bei den in 160 bis 150 m Höhe gelegenen Schottern um tektonisch abgesenkte Sedimente der jüngeren Hauptterrasse handeln. BIBUS (1980, S. 126 ff.) hält Ablagerungen, die im Rechtsrheinischen einige Meter in die Oberfläche der jüngeren Hauptterrasse (TR5) eingesenkt sind, für eine Unterstufe der Hauptterrasse und nennt diese Stufe TR6, die nach einer kurzen Erosionsphase akkumuliert wurde.

Die fraglichen Schotter lassen sich zwischen dem ‚Kapellenparkplatz' und der Nordgrube in 157 m Höhe aufschürfen. Aufgrund ihres hohen Gehaltes an Quarzen und Quarziten und der roten Farbe der sandigen Matrix bestehen unsererseits keine Zweifel, daß es sich

bei ihnen um Ablagerungen der jüngeren Hauptterrasse handelt. Sie treten allerdings in einer ungewöhnlich niedrigen Lage auf. Zwar dacht sich die Terrassenoberfläche von gut 190 m am Hermann-Wilhelm-Hof auf knapp 180 m beim Rodderberghof ab, aber die Schotter auf dem nordwestlichen Wall liegen unterhalb der nordwärtigen Fortsetzung dieser Abdachungsebene. Möglicherweise wurden sie beim Einsturz des Rodderbergvulkans geringfügig disloziert. Westlich des Mehlemer Baches findet man ihre Unterkante bei 160 m und die Oberkante wieder bei knapp 180 m.

Zweifelsfrei ist jedoch, daß die Auswürflinge des Rodderberges jünger sind als die jüngere Hauptterrasse, deren Aufschotterung spätestens mit dem Ende der Günzkaltzeit beendet war. Außerdem bedecken die Tuffe auch Hänge, die bis unter die mutmaßliche Akkumulationsoberfläche der Terrasse abwärts reichen. Beispielsweise wurden sie auf dem Blatt Königswinter (5309) am Nordhang des Steinreichsberges in 140 m Höhe kartiert. Sie können dort in einem Wald mit Kopfbuchen freigeschürft werden. Der Tuff des Rodderberges erreicht also nahezu das Niveau, das BURRE (1939) für die Muffendorfer Terrasse angibt, die häufig zu den Mittelterrassen gestellt wird. Vor dem Ausbruch des Rodderbergvulkans dürfte sich der Rhein folglich um mindestens 20-30 m in die jüngere Hauptterrasse eingeschnitten haben. Ein geringeres Alter der Rodderbergeruption als das der Günzkaltzeit ist demnach nicht zu bezweifeln.

Als weitere Flußterrassen des Rheins treten im Exkursionsgebiet auf (Abb. 1): 1. Ein winziger Rest der zu den Mittelterrassen gezählten 'Muffendorfer Terrasse' nordöstlich Unkelbach in 140 m Höhe, 2. die oben erwähnte ältere Mittelterrasse südöstlich der Hagenstraße in Mehlem in 90-110 m Höhe, 3. die jüngere Mittelterrasse (gewöhnlich: untere Mittelterrasse) zwischen Mehlem und Rolandswerth in ca. 70 m Höhe und 4. die obere Niederterrasse in knapp 60 m Höhe in Mehlem, rheinwärts begrenzt durch einen ca. 5 m hohen Abfall zur unteren Niederterrasse.

3. Känozoische Tektonik

Der Verlauf des Mehlemer Baches ist durch eine Störungslinie vorgezeichnet (**Standorte 1 und 8**). Sie ist zwar nicht aufgeschlossen, läßt sich aber aus der unterschiedlichen Höhenlage der Tertiärbasis ableiten (vgl. SCHÜNEMANN 1958). Nordwestlich des Tales liegt die Tertiärbasis in 135 m Höhe, springt aber am Wall des Rodderberges in der Nähe der Kapelle auf >155 m und erreicht am Rodderberghof bereits >170 m. Die Störung im Bereich des Mehlemer Baches dürfte jedoch seit Ablagerung der jüngeren Hauptterrasse kaum noch aktiv gewesen sein, denn deren Oberkante setzt sich nordwestlich und westlich des Tales in gut 190 bis knapp 180 m Höhe fort. Sie dacht sich zwischen Gimmersdorf und Muffendorf - wie schon südöstlich des Mehlemer Baches - nach NNE ab. KUREISCHIE &

STETS (1979) gehen aufgrund ihrer Untersuchung des Dächelsberges ebenfalls davon aus, daß unter dem Mehlemer Bach eine Störungszone verläuft.

4. Relikte des tertiären Vulkanismus

Zu den tertiärzeitlichen und heute bis auf ihren Unterbau abgetragenen Vulkanen gehört der Dächelsberg, dessen Lava am südexponierten Hang zwischen Nieder- und Oberbachem aufgedrungen ist (Standort 8). Der Steinbruchbetrieb liegt seit über zehn Jahren still. Das Gelände gehört heute zu einem kleinen Naturschutzgebiet.

Von der Straße nach Oberbachem aus kann man wenigstens einen Teil der von FRECHEN (1976) und von KUREISCHIE & STETS (1979) beschriebenen Phänomene erkennen: Die 'Meilerstellung' der Basaltsäulen beispielsweise, die einen sich zur Tiefe hin trichterförmig verengenden Schlot nachzeichnen. Die Säulen bildeten sich während der Erkaltung der Lava durch leichte Schrumpfung. Sie richten sich in der Regel senkrecht zur Erkaltungsfläche aus. Diese ist häufig die Unterlage oder die Grenze zum Nebengestein der Lava. Das ehemals abgebaute Gestein wurde von FRECHEN (1976, S. 13) als foidführender Latitbasalt klassifiziert. Sein radiometrisches Alter beträgt nach TODT & LIPPOLD (1980) 25,1 ± 1,3 Mio Jahre.

Obwohl die Wände inzwischen stark verstürzt sind, läßt sich teilweise die Grenze zwischen Basalt und Trachyttuffen, in die die Basaltlava hineingedrungen ist, erkennen. Die Trachyttuffe reichen unter die Sohle des Mehlemer Baches hinab. Sie füllen den Schlot, durch den sie gefördert wurden.

Die basaltische Eruption dürfte jedoch nicht ausschließlich intrusiver Natur sein, sondern lokal die Oberfläche erreicht haben, denn schon das Blatt Königswinter der geologischen Karte verzeichnet nordwestlich des Steinbruches Basalttuff. Teilweise wird die Basaltlava auch von tertiärem Ton sowie von stark verwitterten Tonschiefern und Sandsteinen des unteren Devons flankiert. FRECHEN (1976) beobachtete in dem Basalt neben anderen Einschlüssen solche von Trachytlava vom Typ des Drachenfelstrachyts. Der Dächelsberg spiegelt folglich in groben Zügen eine ähnliche Abfolge wider, wie sie im Siebengebirge auftritt (Teil B). Auch dort beginnt die Aktivität mit der Förderung trachytischer Tuffe. Dann dringen trachytische Laven auf. Latite findet man nur im Rechtsrheinischen. Basalte beenden hier wie dort den Vulkanismus.

Die Trachyttuffe besitzen nordwestlich des Mehlemer Baches größere Verbreitung. Ihre Oberkante liegt oberhalb von Niederbachem bei 170 - 160 m. Überdeckt werden sie von den Schottern der jüngeren Hauptterrasse. Der Dächelsberg dürfte das Flußbett des hauptterrassenzeitlichen Rheines nicht wesentlich überragt haben, denn Basalt und Basalttuff erreichen gerade 170 m Höhe.

Außer dem Dächelsberg kommen weitere tertiärzeitliche basaltische Schlotfüllungen in der Umgebung des Rodderberges vor: Auf einer steht der 'Rolandsbogen', ein Rest der Burg Rolandseck. Die Basaltoberfläche liegt in ca. 150 m Höhe (Standort 6). Ihr fehlen also bis zum Niveau der jüngeren Hauptterrasse über 20 m. Der Basaltschlot wurde im Zusammenhang mit der Eintiefung des Rheintales durch die denudativen Prozesse als Härtling aus dem Hang des Rheintales herauspräpariert. Die Basaltlava, sie ließ sich früher bis zur Talsohle des Rheintales abwärts verfolgen, wird von Basalttuffen ummantelt. Vereinzelte trachytische Bruchstücke in den Tuffen belegen auch für diesen Bereich die 'präbasaltische' Existenz von Trachyten. Der Basalttuff ist westlich des zu dem Gasthaus Rolandsbogen gehörenden Parkplatzes aufgeschlossen.

Die basaltische Schlotfüllung des 175 m hohen Heldenköpfchens wurde ebenfalls noch von der jüngeren Hauptterrasse gekappt, ebenso die Basaltschlote auf der Ostseite des Birgeler Kopfes. Überragt wird die Hauptterrasse dagegen von den Basaltstöcken des 235,2 m hohen Himbrich und der Höhe 242,4 m. Letztere erheben sich jedoch nur unwesentlich über das hier in unterdevonischen Schiefern angelegte, zwischen 190 bis 230 m auf- und abschwingende jungtertiäre Flachrelief.

5. Die Tongrube von Ödingen

Besonderes Interesse verdient die in 225 m Höhe gelegene Tongrube zwischen Ödingen und Oberwinter, die ehemals zur Kaolingewinnung ausgebeutet wurde. Sie erschließt einerseits die obersten 15-20 m von tiefgründig zersetzten Tonschiefern und Schluffsteinen des unteren Devons und liefert andererseits Hinweise, ab wann diese Verwitterung an Intensität verlor.

Die Gesteinsstruktur des zersetzten Unterdevons ist häufig noch gut zu erkennen, obwohl die Schieferplatten sich mit der Hand zerbrechen und zerreiben lassen. Eine derartige Zersatzzone wird heute als Saprolit bezeichnet. Schiefer und Schluffsteine wurden durch die Verwitterung weitgehend kaolinitisiert und durch Oxidation der organischen Komponente weißgefärbt. An der West- und Nordseite der Grube wird der nicht verlagerte Schiefer-Saprolit von Tonen überdeckt, die ein anderes, plattiges Gefüge bekommen haben. Sie enthalten Bruchstücke von Quarzgängen, die an ihrer Oberfläche Lösungskavernen aufweisen. Die Tone entstanden dadurch, daß Teile des Zersatzes an anderer Stelle abgetragen und hier wieder abgelagert wurden. Aufgrund ihres Inhaltes an pflanzlichen Resten wurden sie in das Oberoligozän eingeordnet [*].

Südlich der Tongrube anstehende oligozäne Sande und Kiese sind heute nicht mehr zugänglich, da sie von

[*] Die wichtigsten Beiträge zur Altersstellung der tertiären Sedimente wurden von W. MEYER (1986, S. 245 f. und 253 ff.) zusammengestellt.

einer Mülldeponie überdeckt werden. Daher kann man nicht überprüfen, ob eine relativ dichte Streu von kantigem und kantengerundetem Quarz auf den Äckern südlich des Oberwinterer Weges mit diesen Sanden und Kiesen korrespondiert.

Südlich der Grube treten die Tone an die Oberfläche. Im Bereich des Aufschlusses werden sie jedoch von einem Trachyttuff überlagert, dessen Ausbruchszentren nach RAUFF & KEGEL (1923) östlich des Züllighovener Ortsteiles Schießgraben gelegen haben, wo früher 'Tertiärquarzite' abgebaut wurden. Der Trachyttuff ist zwar ebenfalls deutlich verwittert, aber er erreicht nicht annähernd die Intensität der chemischen Zersetzung wie die Tonschiefer und Siltsteine des Unterdevons. Man muß daher annehmen, daß die klimatischen Bedingungen am Nordrand der Eifel nach der Förderung des Trachyttuffes nicht mehr ausgereicht haben, um eine weitgehende Kaolinitisierung der frisch abgelagerter Gesteine zu gewährleisten. Der trachytische Vulkanismus des Siebengebirges und des Drachenfelser Ländchens hatte seinen Höhepunkt an der Wende vom Oligozän zum Miozän. Demnach ist ein allmählicher Übergang von tropischen zu eher subtropischen Temperaturen innerhalb des Miozäns sehr wahrscheinlich.

Für das Verständnis der Morphogenese erscheint interessant, daß der Schiefer-Saprolit von Ödingen im Niveau eines Flachreliefs aufgeschlossen ist, das hier wenige Dekameter über der höchsten quartären Terrasse liegt. Wichtige Voraussetzung für die Bildung dieser Rumpffläche war die tiefgründige Zersetzung der devonischen Gesteine, gebunden an warm-feuchtes Klima, und eine weitgehende tektonische Ruhe. Beide Voraussetzungen verloren sich allmählich seit dem Oligozän: Die tektonische Aktivität stieg kurz vor Beginn des Siebengebirgsvulkanismus, d.h. im mittleren Oligozän, und die Temperaturen sanken während des Miozäns.

6. Zusammenfassender Überblick über die repräsentierte Landschaftsgeschichte

1. Das Exkursionsgebiet vermittelt einen Eindruck, wie sich im Tertiär (Eozän und frühen Oligozän) zunächst eine Flachlandschaft herausbildete, in deren flachen Senken Tone, teilweise auch Sande und Kiese, abgelagert wurden (Tongrube von Ödingen). 2. Vom mittleren Oligozän an wurde dieses Flachrelief einer stärkeren tektonischen Verformung unterworfen, gekennzeichnet vor allem durch die Einsenkung der Köln-Bonner-Bucht (Störung im Mehlemer Tal). 3. Zwar erhielt die Landschaft an der Wende vom Oligozän zum Miozän durch den trachytischen und den basaltischen Vulkanismus gewisse Akzente, aber westlich des Rheines wurden die Vulkanschlote mit wenigen Ausnahmen (Himbrich) eingeebnet und erst während des Quartärs herauspräpariert (Dächelsberg, Rolandsbogen, Heldenköpfchen). Im Raum Ödingen blieben jedoch Reste der Trachyttuffdecke erhalten.

4. Von den altpleistozänen Reliefgenerationen ist die relativ breite jüngere Hauptterrasse vertreten. Der Rhein floß zu diesem Zeitpunkt noch 120-130 m über seinem heutigen Bett. 5. Nach der 'Hauptterrassenzeit' tiefte der Rhein sein Tal in mehreren Phasen ein. Die Eintiefung wurde durch Akkumulation der Mittelterrassen unterbrochen. 6. Der Rodderbergvulkan war vermutlich während der Ausbildung der Mittelterrassen, d.h. in Mindel- oder der Rißkaltzeit, kurze Zeit aktiv. Danach führte der Wechsel von Tiefenerosion und Akkumulation zur Ausbildung der würmzeitlichen Niederterrassen.

7. Vegetation (Petra Sauerborn)

In der Umgebung des Rodderberges bieten die Acker- und Grünlandfluren sowie zahlreiche Obstplantagen ein reizvolles Landschaftsbild. So befinden sich oberhalb von Niederbachem gut erhaltene Streuobstwiesen, aber auch neue Niederstamm-Intensivkulturen (Standort 1). Das Dorf Züllighoven besitzt einen nahezu vollständigen Gürtel sehr gut gepflegter Streuobstwiesen, wie er früher für die kleinen Ortschaften der unteren Mittelgebirgslagen typisch war (KREMER 1993). Die Straße zwischen Dächelsberg und Oberbachem erlaubt einen Blick auf die Kulturlandschaft des Drachenfelser Ländchens und die Auengehölze des Mehlemer Baches. Vom Wachtberg aus erkennt man den Übergang von den gehölzarmen landwirtschaftlichen Fluren des 'Ländchens' zum waldbedeckten Kottenforstplateau.

Wegen ihrer vegetationsgeographischen Ausstattung waren der Rodderberg und seine Umgebung häufig Objekte wissenschaftlicher Untersuchungen. Die erste umfassende vegetationskundliche Aufnahme stammt von KÜMMEL (1938). Neuere Darstellungen u.a. von FRANKENBERG (1988), GEISEN (1990), KORNECK (1977), KREMER (1978, 1981, 1993), MEYER et al. (1992) und SCHMIDT-LOSKE (1993) belegen die vegetationskundliche Bedeutung des Gebietes. Der Vergleich älterer und neuerer Vegetationsaufnahmen belegt eine deutliche Abnahme der Artenvielfalt. KREMER (1981) führt aus, daß die Pflanzengesellschaften der Ost- und Südosthänge der Kraterumwallung bei der Formulierung der Naturschutzziele von Bedeutung waren. Den Vegetationseinheiten am Rodderberg gehören meist recht seltene und daher besonders schützenswerte Arten an: Viele von ihnen können dem submediterranen Verbreitungstyp zugeordnet werden. Sie finden hier ihre nördlichste Verbreitung in Europa (KREMER 1978). Diese Pflanzen betonen die Besonderheit der Standortbedingungen. Sie gehören überwiegend der "Roten Liste" der gefährdeten Farn- und Blütenpflanzen an (KREMER 1981).

Die Verteilung der naturnahen Pflanzengesellschaften nach FRANKENBERG (1988, verändert) zeigt Abb. 3.

Der Bereich des Rodderbergvulkans ist überwiegend von wärmeliebender Vegetation bestanden (KÜMMEL

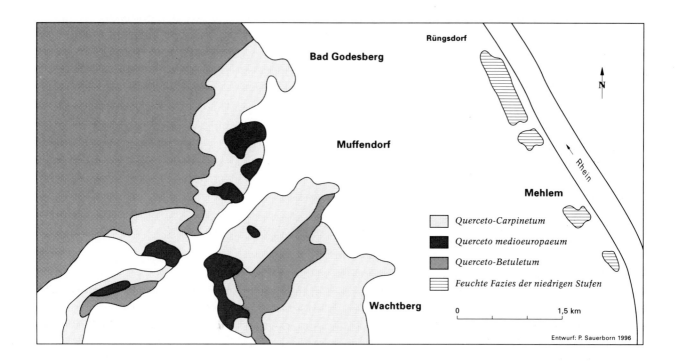

Abb. 3: Naturnahe Vegetationstypen - der Rodderberg und seine Umgebung (verändert nach FRANKENBERG 1988).

1938). Ein spärlicher Bewuchs im Bereich des Kraterrandes läßt u.a. auf die Wasserdurchlässigkeit des Bodens sowie eine gefällsbedingte Instabilität des Untergrundes schließen (Standort 4). Hier herrschen Halbtrockenrasen vor, in denen der Nelkenhafer aspektbildend ist. Auf Blößen finden sich u.a. folgende Therophyten: Hasenklee *(Trifolium arvense)*, Klebriges Hornkraut *(Cerastium glutinosum)*, Klebrige Miere *(Minuartia viscosa)*, Quendel-Sandkraut *(Arenaria serpyllifolia)* und Triften-Knäuelkraut *(Scleranthus polycarpus)* (vgl. MEYER et al. 1992). FRANKENBERG (1988) verweist darauf, daß sich am Rand des Ringwalls Reste eines *Xerobrometums* mit der Aufrechten Trespe *(Bromus erectus)*, Feld-Mannstreu *(Eryngium campestre)*, Gewöhnlicher Küchenschelle *(Pulsatilla vulgaris)* und Trift-Hafer *(Avena pratensis)* erhalten haben. Als südliche, wärmeliebende Elemente nennt er Arznei-Thymian *(Thymus chamaedris)*, Sonnenröschen *(Helianthemum nummularium)*, Zypressen-Wolfsmilch *(Euphorbia cyparissias)*, Karthäuser-Nelke *(Dianthus carthusianorum)* und Futterwicke *(Vicia sativa)*.

Auf extrem sonnenexponierten Schlackenhängen mit instabiler Oberfläche wachsen Kleines Leinkraut *(Chaenorrhinum minus)*, verschiedene Habichtskräuter *(Hieracium)*, Schmalblättriger Hohlzahn *(Galeopsis angustifolius)*, Mauerpfeffer-*(Sedum-)*Arten und Lanzettblättriges Weidenröschen *(Epilobium lanceolatum)*. In jüngster Zeit wird diese Hohlzahn-Schlackenhalden-Vegetation durch das Schmalblättrige Greiskraut *(Senecio inaquidens)* verdrängt (KRAUSE 1978, MEYER et al. 1992).

Auf den tiefgründigeren Standorten des Rodderberges findet man stark vergrasten, bunten Flügelginster-

Trockenrasen (KORNECK 1977). Vergesellschaftungen mit Feld-Mannstreu, Frühlings-Fingerkraut *(Potentilla tabernaemontani)*, Karthäuser-Nelke, Wiesen-Flockenblume *(Centaurea jaceau)* und Wundklee *(Anthyllis vulneraria)* sind nur partiell anzutreffen. Auf den Magerrasenflächen breiten sich Sträucher wie Hunds-Rose *(Rosa canina)*, Schlehe *(Prunus spinosa)* und Wein-Rose *(Rosa rubiginosa)* aus. Während KÜMMEL (1938) noch eine erhebliche Vermehrung von Feld-Mannstreu und Küchenschelle feststellen konnte und darauf hinwies, daß der Flügelginster *(Genista sagittalis)*, das Sonnenröschen und die Zypressen-Wolfsmilch verbreitet vorkamen, konnten 1989 nur noch Einzelexemplare aufgenommen werden. Nach intensiver Pflege des Magerrasens war 1992 jedoch wieder eine erhebliche Vermehrung festzustellen (MEYER et al. 1992).

8. Fauna (Petra Sauerborn)

Als Wärmeinsel bietet das Gebiet einer Vielzahl von gefährdeten Tieren, insbesondere Insekten, einen wichtigen Lebensraum (MEYER et al. 1992). Die Flügelginster-Trockenrasen und die Schlackenhalden sind Lebensstätten vieler thermophiler Arten (Standort 4).

Zahlreiche Studien über die Fauna im Rodderberg-Gebiet setzen sich mit der Verbreitung von Nematoden, Apterygoten, Käfern, Schmetterlingen und Saltatorien auseinander. An dieser Stelle sollen nur einige besonders bemerkenswerte Arten genannt werden:

- Käfer: Dost-Spitzmaulrüßler *(Apion origani)*, Hasenklee-Blütenrüßler *(Tychius pusillus)*, Natternkopf-Kleinrüßler *(Zacladus exigus)*, Wolfsmilch-Höckerstirn-Erdfloh *(Aphtona euphorbiae);*

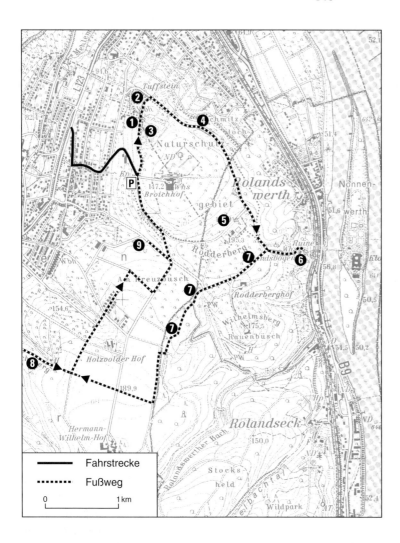

Abb. 4: Routenskizze für den ersten Teil der Rodderbergexkursion:
1 = Schotter der jüngeren Hauptterrasse; 2 = Nordgrube mit Tuffen und basaltischer Intrusion; 3 = geschützte Vegetation der Windkuppe; 4 = Heinrichsblick (Siebengebirgspanorama); 5 = Blick über die Gesamtform; 6 = Schotter der jüngeren Hauptterrasse, basaltischer Tuff und Basaltschlot am Rolandsbogen; 7 = Weg am Rand der Hauptterrasse entlang; 8 = tiefliegender lockerer Basalttuff und Blick auf den Dächelsberg; 9 = Tongrube mit hangendem und liegendem Löß

- Schmetterlinge: Blutströpfchen *(Zygaena ssp.)*, Schafgarbenspanner *(Euchloria smaragdaria)*, Wolfsmilchschwärmer *(Celerio euphorbiae)* (vgl. MEYER et al. 1992).

Die offenen Schlackenhalden dienen ferner zahlreichen Schreckenarten (z.B. *Tettigoniidae*) zur Eiablage. Über der tiefliegenden Abbausohle des aufgelassenen Steinbruchs am Dächelsberg hat sich Wasser gestaut und das Gelände in ein wertvolles Feuchtbiotop umgewandelt. Hier leben zahlreiche Amphibienarten, z.B. Grünfrösche (MEYER 1993). Die buschreiche Umgebung und die steilen Abbauwände bieten den zahlreichen Singvögeln einen Brutplatz.

9. Pflege und Naturschutz (Petra Sauerborn)

Der Rodderberg wurde bereits 1937 unter Schutz gestellt. Dieses Naturschutzgebiet "besitzt aufgrund der geomorphologischen und floristischen Besonderheiten nationale Bedeutung" (MEYER et al. 1992). Im Südwesten und im Norden wurden ehemals Schlackentuffe abgebaut. Die Folgeschäden dieses Abbaus sollen die Unterschutzstellung ausgelöst haben. Nach Angaben von MEYER et al. (1992) werden heute drei Viertel des Naturschutzgebietes gartenbaulich oder landwirtschaftlich genutzt. Um auch die weitere Umgebung vor Zersiedelung zu bewahren, wurde in den 50er Jahren

durch Beschluß des Kreistages eine Landschaftsschutzverordnung erlassen.

Der starke Naherholungsverkehr beeinträchtigt das ökologische Gleichgewicht am Rodderberg (**Standort 4**). Das Vulkangebiet zieht wegen seiner einzigartigen Landschaft zahlreiche Besucher an; zudem genießen viele von ihnen den Ausblick auf Rheintal und Siebengebirge. Freizeitaktivitäten wurden in der Vergangenheit durch die Errichtung von Sitzgruppen, Grillplätzen und Schutzhütten seitens der Forstbehörde gefördert (MEYER et al. 1992). Seit 1989 werden die Besucher durch ‚Rundholzbegrenzungen' gelenkt, so daß die ökologisch bedeutsamen Magergrasfluren weitgehend verschont bleiben (Abb. 5).

Der Reitsport stellt ein zusätzliches Problem für das Naturschutzgebiet dar. Die Zahl der Reiterhöfe hat sich im Rodderberggebiet stark erhöht. Die geschützten Magerrasen wurden von nicht genehmigten Reittrassen zerschnitten. Hindernisse für die Vielseitigkeitsreiterei (Military) widersprechen ebenfalls dem Naturschutz. Reitveranstaltungen belasten das Gebiet durch die große Zahl ihrer Besucher. MEYER et al. (1992) bezeichnen den rheinland-pfälzischen Teil des Naturschutzgebietes als verkommen. Sie monieren mangelnde Pflege und geringen Schutz.

10. Vorgeschlagene Exkursionsroute

1. Teil, beginnend und endend am Kapellenparkplatz (Abb. 4): **1.** Schotter der jüngere Hauptterrasse in 160-150 m Höhe, **2.** Nordgrube (Auswürflinge und basaltische Intrusion), **3.** Trockenrasengesellschaften der ‚Windkuppe'/Naturschutzproblematik. **4.** Blick von Windkuppe und ‚Heinrichsblick' auf Siebengebirge und Rheintal (Abb. 5 und 6), **5.** Überblick vom Rodderberg *s. str.* über die Gesamtform des Vulkans, **6.** Schotter der jüngeren Hauptterrasse auf devonischen Schiefern am Weg zum Rolandsbogen, Basaltstock des Rolandsbogens und Basalttuff am Parkplatz, **7.** Weg am Ostrand der jüngeren Hauptterrasse entlang bis zur Höhe des Hermann-Wilhelm-Hofes, **8.** Weg zum Steinreichsberg (Schotter der jüngeren Hauptterrasse, Rodderbergtuff in 140 m Höhe, Blick auf Dächelsberg), **9.** Tuffgrube mit hangendem und liegendem Löß (R 25.84160, H 56.12300).

2. Teil, beginnend und endend in Ödingen/Oberwinterer Weg: **10.** Quarzschutt- und Geröllstreu südlich des Oberwinterer Weges, **11.** Tongrube (Trachyttuff über sedimentiertem Ton oder tonigem Zersatz, im Ostteil der Grube Quarzgang).

B. Das Siebengebirge

Zu vielfältig ist das Siebengebirge, als daß man ihm auf begrenzten Seiten nur annähernd gerecht werden könnte. Wir haben den Geofaktoren Geologie, Relief, Böden und Pflanzenkleid wieder die größere Priorität beigemessen, die nicht minder interessante Kulturlandschaftsgeschichte fast ganz übergehen müssen. Der Name geht vermutlich auf die 'Siefen', d.h. feuchte Tälchen, zurück und ist eine Verbalhornung.

1. Überblick vom westlichen Rheinufer.

Als erster optischer Kontakt ist der 'Heinrichsblick' oberhalb des westlichen Rheinufers zu empfehlen, der bereits in der Rodderberg-Exkursionsroute erwähnt wurde (**dort: Standort 4**). Mit Hilfe der Skizze, die nach CLOOS (1949) umgezeichnet wurde, kann man die wichtigsten geologischen Grundlagen erkennen (Abb. 6): Die gefalteten Ton-, Schluff- und Sandsteine des Unterdevons (Siegenstufe) bilden die Unterlage tertärer Sedimente und der weitflächig verbreiteten Trachyttuffe. Der Rhein hat sich bis in die unterdevonischen Gesteine eingeschnitten und eine steile Böschung geformt. Ihre Oberkante ist leicht nach N geneigt. Südöstlich des Drachenfels finden wir sie in 170-180 m Höhe, am Kuckstein (nördlich der Drachenburg) in ca. 160 m Höhe und weiter nordwärts in Oberdollendorf beim Jugendhof Rheinland in 140 - 150 m Höhe. Aufgeschlossen sind die unterdevonischen Gesteine u.a. in einem Hohlweg am Nordrand des Kucksteins. Nach Süden und Osten steigt ihre Oberfläche an. Auf der vor der Löwenburg gelegenen Fritscheshardt erreicht sie mit 318,3 m lokal ihren höchsten Punkt.

In dieser Oberfläche verbergen sich Relikte eines ehemals ziemlich ausdruckslosen Reliefs, einer Rumpffläche, die sich unter warm-feuchten Klimabedingungen während des Tertiärs gebildet hat. QUITZOW (1978) hat ihre Entwicklung im südwestlich benachbarten Teil der Niederrheinischen Bucht beschrieben. Eine wichtige Voraussetzung für diese Einebnung war die intensive chemische Verwitterung (s. Abschnitte A. 5 und 6), eine andere die Höhenlage nicht weit über dem Meeresniveau. Erst nach Beginn einer kräftigen Hebung des Rheinischen Schiefergebirges im jüngeren Tertiär und im Quartär und nach entscheidenden Klimaänderungen wurde die Rumpffläche zertalt. Die Reste dieser Rumpffläche sind allerdings durch tektonische Schollenbewegungen in unterschiedliche Höhe geraten (s.u.).

Über den gefalteten Schiefern hat CLOOS weitgehend eben lagernde Schichten eingezeichnet: Zum geringeren Teil sind das helle Tone, Quarzsande und -kiese des Oligozäns, die auch als Liegendschichten bezeichnet werden, denn sie stellen das Liegende der vulkanischen Gesteine dar. Zum größeren Teil werden die gefalteten Schluff- und Tonsteine von Trachyttuffen überdeckt, mit deren Förderung der Vulkanismus des Siebengebirges vor ca. 25 Mio Jahren einsetzte.

Über 12 km^2 bedecken die Trachyttuffe noch heute. Ihr nördlichstes Vorkommen liegt auf dem Seidenberg bei Siegburg. Ihre größte Mächtigkeit erreichen sie im Siebengebirge mit ca. 200 m (BURGHARDT 1979, Abb. 12). Der südlichste Abtragungsrest hat sich im Schutz eines Latitstocks, des Broderkonsberges, erhalten. Die Tuffe westlich des Rheintales wurden bereits erwähnt. Nicht nur die große Verbreitung der Trachyttuffe spricht für die Förderung aus mehreren Schloten. Diese lassen sich auch durch Beobachtungen nachweisen (s. A 4 und B 6.2).

Devonische Ton-, Schluff- und Sandsteine, oligozäne Sedimente und Trachyttuffe wurden zunächst von trachytischen Laven durchstoßen, die heute den Drachenfels und mehrere Erhebungen im östlichen Siebengebirge aufbauen. Von diesen kann man den 435 m hohen Lohrberg anhand seiner flachen Oberfläche identifizieren. An der Rheinfront wird der Trachyt, flankiert von unterdevonischen Ton- und Schluffsteinen, auch am tieferen Hang des Drachenfels sichtbar, außerdem nördlich der Drachenburg. Folgt man dem bereits erwähnten Hohlweg nördlich des Kucksteins und biegt in der ersten Linkskurve nach Süden ab, dann stößt man auf einen verfallenen Steinbruch, in dem Trachyt abgebaut wurde. Beide Bereiche, der Westhang an der Drachenburg und der Westhang des Drachenfels, verdeutlichen, daß die trachytische Lava im wesentlichen in geringen Tiefen der Erdkruste steckengeblieben, nicht aber oberflächlich ausgeflossen ist.

Unmittelbar hinter der Drachenburg liegt der nur 255,9 m hohe Hirschberg. Er ist ebenfalls vulkani-

Abb. 5: Blick von der Windkuppe auf das Siebengebirge. Von links: Petersberg mit Gästehaus der Bundesregierung, unterhalb davor der Kuckstein; Nonnenstromberg, davor die Drachenburg; Drachenfels mit Burgruine und Restaurant, Großer Ölberg; Lohrberg, davor Ölender. Im Vordergrund geschützte Rasenfläche.

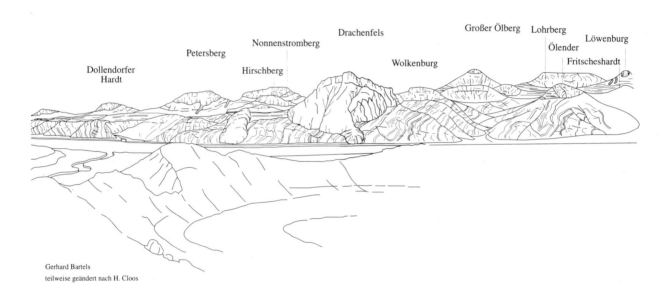

Abb. 6: Panorama des Siebengebirges, vom Rodderberg aus gesehen. Sockel des Siebengebirges aus gefalteten Schiefern des Unterdevons; dieser wird überdeckt von tertiären Sedimenten und Trachyttuff. Vulkane von links (Norden) nach rechts: Dollendorfer Hardt, Petersberg und Nonnenstromberg (Basalt); Hirschberg (Latit); Drachenfels, dazu die Intrusion vor dem Nonnenstromberg (Trachyt); Wolkenburg (Latit); Großer Ölberg (Basalt); Lohrberg (Trachyt); Ölender (Latit); Löwenburg (Latit und Basalt), Fritscheshardt (Unterdevon). Gezeichnet in Anlehnung an CLOOS (1949).

schen Ursprungs und besteht aus Latit. Da der Latit die trachytischen Tuffe und Laven durchdrungen hat, muß er einer jüngeren Phase angehören. Aus dem gleichen Gestein bestehen die Wolkenburg, die sich hinter dem Drachenfels verbirgt, der Ölender, rechts (südöstlich) vom Drachenfels, sowie Himmerich und Broderkonsberg.

Die Löwenburg, die das Panorama im Süden abschließt, wird mit der Rosenau, der Merkenshöhe und dem Zinnhöckchen einer nächst jüngeren Phase zugeordnet, die durch Alkalitrachyte und sanidinreiche Latite gekennzeichnet ist.

Vom 'Heinrichsblick' aus erkennt man den Petersberg anhand des Hotels auf dem relativ breiten Gipfel. Die-

ser stellt einen Basaltschlot dar, der aus der letzten Phase des Siebengebirgsvulkanismus stammt. Zur gleichen Generation gehören der Große Ölberg, dessen recht spitze Kuppe zwischen Drachenfels und Ölender die höchste Kulisse bildet, die Dollendorfer Hardt und der Weilberg, der vom Heinrichsblick nicht zu erkennen ist.

Die Förderung von zunächst 'sauren' (SiO_2-reichen) Pyroklastika und Schmelzen (Trachyten), der Übergang zu intermediären Vulkaniten (Latiten) und die abschließende Förderung basischer (SiO_2-armer) Laven und Tuffe läßt sich folgendermaßen deuten: Als die in eine Magmenkammer aufgedrungene Schmelze abkühlte, kam es durch eine Kristallisationsdifferentiation zur Trennung von schwereren basischen und leichteren

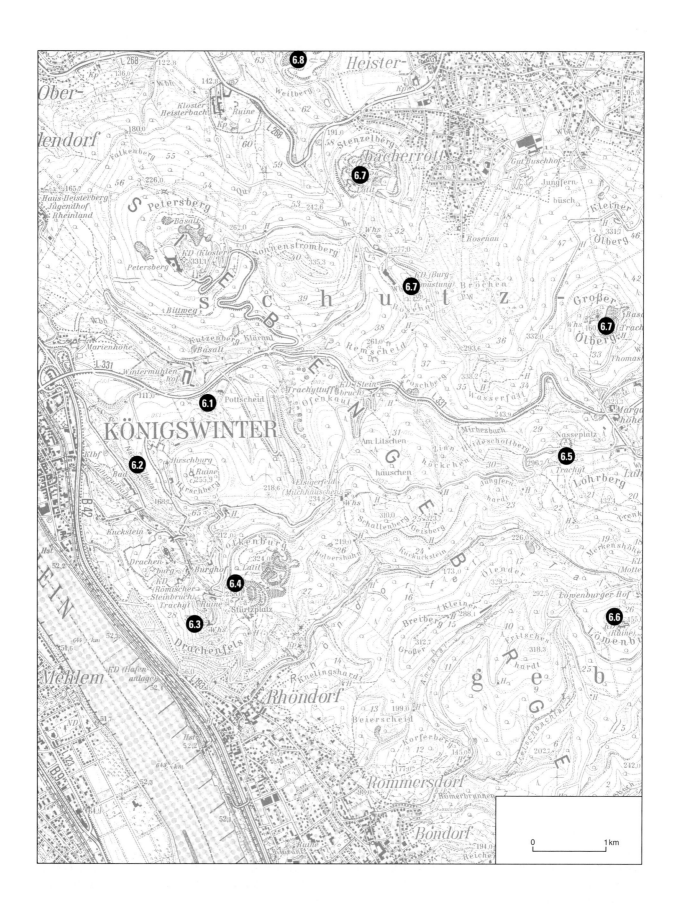

Abb. 7: Exkursionsstandorte Siebengebirge

sauren Komponenten der Schmelze. Während die schwereren basischen Komponenten auf den Boden der Magmenkammer sanken, füllten die leichteren sauren Bestandteile deren oberen Teil. Die vulkanische Aktivität führte dann zu einer Entleerung der Magmenkammer von oben nach unten.

Hinsichtlich der geförderten Volumina dürften die Trachyte klar überwiegen, denn trachytischen Laven und Tuffe nehmen heute 61% der Fläche ein, auf der Vulkanite anstehen. Nur 4,35% entfallen auf Latite und Latittuffe, 34,6% auf Basalte und basaltische Tuffe (BURGHARDT 1979, Tab. 1).

Schon das Panorama der Rheinfront mit seinen tief herunter aufgeschlossenen Trachytintrusionen veranschaulicht, daß die Vulkanbauten von den abtragenden Prozessen stark umgestaltet wurden, mithin der Vulkanismus über ein beträchtliches Alter verfügen muß. Die radiometrischen Daten, meist K-Ar-Daten, streuen über einen Zeitraum zwischen 25,5 und 18 Millionen Jahren (FRECHEN 1976, S. 9). Der Vulkanismus begann demnach im Oberoligozän und endete im höheren Miozän.

2. Känozoische Tektonik

Über einen großen Teil der Verwerfungen der niederrheinischen Bucht gibt die von FRECHEN (1976) veröffentlichte Karte Auskunft. Dieses Bild kann man durch MEYER (1986, Abb. 118) und BURGHARDT (1979, Abb. 12) sowie durch die Blätter Siegburg und Königswinter der geologischen Karte 1:25.000 ergänzen. Viele Störungen beeinflussen kaum die Geländeformen. Sie lassen sich jedoch aus der unterschiedlichen Höhenlage der Tertiärbasis erschließen.

Im Siebengebirgsgraben, der sich von Oberpleis aus über Stieldorf nach Norden erstreckt, finden wir die Auflagerungsfläche tertiärer Sedimente um 50 - 100 m tiefer als in der östlichen und westlichen Nachbarschaft. Sie senkt sich von ca. 100 m im Süden auf Werte um NN in der Nähe der Sieg. Östlich Oberdollendorf treten beim Kloster Heisterbach Tone und Sande des Oligozäns in 140 m Höhe an die Oberfläche. Im mittleren und nördlichen Teil des Siebengebirgsgrabens werden die Trachyttuffe von den 'Hangendschichten' überdeckt, die in das Miozän gestellt werden. An vielen Punkten wurden die darin eingebetteten Braunkohlen abgebaut. BURGHARDT (1979, S. 23) nennt 125 Abbaustellen und hebt die Blätterkohlen von Rott und Uthweiler wegen ihres Inhaltes an pflanzlichen Großresten hervor. Auf Halden mit kleinen Kohlebröckchen stößt man u.a. zwischen Bonn-Beuel und Bonn-Roleber. Der östlichen Randstörung des Siebengebirgsgrabens folgt der Pleisbach. Ihr westliches Pendant verläuft, weniger deutlich, von dem Nordostfuß der Dollendorfer Hardt nach NW.

In der Nähe des Rheins liegt die Tertiärbasis bei Oberdollendorf in ca. 150 bis 160 m Höhe. Westlich des Rheins stellt der Kreuzberghorst eine Hochscholle dar. Der Rhein fließt dagegen nach der Darstellung FRECHENs in einem tektonischen Graben. Auch im Siebengebirge gibt es starke Höhenunterschiede der Tertiärbasis. Am Kuckstein, der aus untervonischen Schiefern besteht, liegt sie über 160 m hoch. Nur 500 m weiter nördlich und etwas zum Inneren des Siebengebirges verschoben, am Wintermühlenhof (**Standort 6.1 der Siebengebirgsexkursion**), treten dagegen tertiäre Sedimente in 100-120 m Höhe auf.

In der Umgebung des Siebengebirges kann man die größte Höhe der Tertiärbasis an der Fritscheshardt erschließen, denn diese besteht aussschließlich aus unterdevonischen Gesteinen. Das Unterdevon stellt gewöhnlich die Unterlage der tertiären Sedimente dar und erreicht dort eine Höhe von 318,3 m. Dadurch wird eine recht starke lokale Heraushebung deutlich (vgl. auch MEYER 1986, Abb. 128).

Der Siebengebirgsvulkanismus ist in enger Beziehung zur Tektonik zu sehen, denn die Lava ist vielfach in Klüfte und Spalten eingedrungen und in Gestalt von Gängen erstarrt: Vor allem Latite und Basalte treten heute als gangförmige Intrusionen in Erscheinung, deren Verlauf einer Regelhaftigkeit unterliegt: Gänge der 4. Phase, der Alkalitrachyte und sanidinreichen Latite, verlaufen beispielsweise vor allem in SSE-NNW-Richtung. Auch die später emporgedrungenen Basaltgänge bevorzugen diese Richtung. Von BURGHARDT (1979, S. 19) werden auch einige Reihen von Basaltschloten als 'Basaltlinien' gedeutet. Zu einer dieser Linien gehören Finkenberg (östl. Bonn-Beuel), Rabenley, Petersberg, Leyberg, Meerberg (Düstemich) und Minderberg. Im Gelände hervortretende langgestreckte Intrusionen findet man u.a. südlich des Weilberges (Alkalibasalt), an der Rosenau (Latit), in der Ofenkaul (Basalt) und an der Löwenburg (u.a. dunkler Nephelin-Latit).

3. Vegetation (Petra Sauerborn)

Das Siebengebirge ist von seinen naturräumlichen Gegebenheiten her reich ausgestattet. Seine naturnahen Vegetationstypen veranschaulicht Abb. 8. Die Grenzen zwischen einzelnen Einheiten spiegeln mehrfach einen Wechsel des Untergrundes wider.

Infolge der forstlichen Nutzung des Siebengebirges sind an die Stelle der natürlichen Laubmischwälder mit Buchen und Eichen anthropogen beeinflußte Waldtypen getreten, z.B. Nieder- und Mittelwälder aus verschiedenen Laubgehölzen, Koniferenforste unterschiedlichen Alters, Robinienbestände etc. Nachstehend wird die naturnahe Vegetation ausgewählter Gebiete nach der ausführlichen Darstellung FRANKENBERGS (1988) sowie nach KÜMMEL (1956) und KRAUSE (1978) erläutert.

Im Bereich des Stenzelberges (**Standort 6.7**) ist die natürliche Vegetation, Eichen-Hainbuchen- bzw. Eichen-

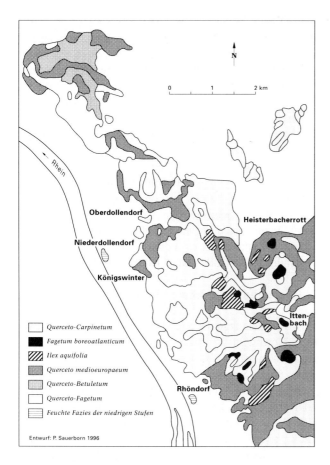

Querceto-Carpinetum

Fagetum boreoatlanticum

Ilex aquifolia

Querceto medioeuropaeum

Querceto-Betuletum

Querceto-Fagetum

Feuchte Fazies der niedrigen Stufen

Entwurf: P. Sauerborn 1996

Abb. 8: Naturnahe Vegetationstypen - das Siebengebirge und seine Umgebung. (verändert nach FRANKENBERG 1988)

Birkenwald, infolge der Steinbruchtätigkeit kaum noch nachzuweisen. Zwar dominieren Eichen, aber Besenginster und Heidekraut belegen eine Verheidung. Als Besonderheit ist das Vorkommen von Bergarnika *(Arnica montana)* zu nennen. Buche, Birke, Edelkastanie, Hainbuche und Kiefer beherrschen die östliche Abdachung. Brombeere, Hartriegel, Rose und Vogelkirsche bilden die Strauchschicht; zudem findet man Hainsimse und Heidelbeere als Säurezeiger. Der Südwesthang ist von Halbtrockenrasen mit Stechpalme, Hainbuche und Weißdorn bestanden, in denen Zypressen-Wolfsmilch und Pfirsichblättrige Glockenblume auftreten. Auf den Abraumhalden stillgelegter Steinbrüche findet man Birke, Kiefer und Robinie sowie Besenginster, Brombeere, Rose und Brennessel. Die Krautschicht wird vom Glatthafer *(Arrhenaterum elatius)* bestimmt.

Auf der Kuppe des Ölberges **(Standort 6.7)** erreichen die Eichen wegen der ausgeprägten Windexposition und der Flachgründigkeit der Böden nur geringe Wuchshöhen. Auf der westlichen Abdachung wird ein offener Buchen-Eichen-Hochwald von Stechpalmen-Unterwuchs *(Ilex aquifolium)* begleitet. Hingegen finden sich auf dem Nordhang kaum Eichen. Hier dominiert in der Regel der Buchen-Hochwald, in dessen üppiger Krautschicht Hain-Rispengras *(Poa nemoralis)*, Hainsimse *(Luzula nemorosa)* und Maiglöckchen *(Convallaria majalis)* hervortreten. Wegen der ebenfalls vorkommenden Heidelbeere *(Vaccinium myrtillus)* wird er dem *Quercetum medioeuropaeum* nahegestellt. Feuchte Standorte werden durch Bergahorn *(Acer pseudoplatanus)* angezeigt. Auf den hangaufwärts gelegenen Standorten des Basaltes herrschen die Arten des Eichen-Hainbuchenwaldes vor. Vereinzelt tritt der Seidelbast *(Daphne spec.)* auf. Im Bereich des aufgelassenen Steinbruchs findet man Birke, Hartriegel *(Cornus spec.)*, Holunder, Rose und Roten Fingerhut *(Digitalis purpurea)*.

Die Basaltkuppe des Nonnenstromberges **(Standort 6.7)** ist von einem Eichen-Hainbuchenwald bestanden. Auf den aus Trachyttuff aufgebauten Unterhängen wächst dagegen ein Buchen-Hochwald. Am Südhang des Nonnenstromberges kommt Elsbeerenwald vor, wobei die typische Zusammensetzung mit Pfirsichblättriger Glockenblume, Rainweide *(Ligustrum vulgare)*, Roter Heckenkirsche *(Lonicera xylosteum)* und Waldbergminze *(Calamintha officinalis)* nur am Oberhang zu finden ist. Die Feldschicht wird, mit der topographischen Höhe wechselnd, von Perl- oder Hain-Rispengras gebildet.

Im Gipfelbereich der Löwenburg **(Standort 6.6)** finden sich in lichtem Buchen-Hochwald Esche *(Fraxinus spec.)* und Ulme *(Ulmus spec.)*. Die Nordabdachung weist *Fagetum boreoatlanticum* (Waldschwingelreicher Buchenwald) auf. Hier zeigt sich erneut der untergrundbedingte Wechsel der Vegetation: Während die Tuffe mit Berg-Ehrenpreis *(Veronica montana)* bestanden sind, wächst auf dem Basalt das Ausdauernde Bingelkraut *(Mercurialis perennis)*. Die Feldschicht des Westhanges wird von Waldschwingel *(Festuca silvatica)* dominiert. In lichtem Buchenhochwald setzt sich Hain-Rispengras *(Poa nemoralis)* durch. Der Südhang ist von einem naturnahen Eichen-Hainbuchenwald bestanden, in dessen Krautschicht mit zunehmender topographischer Höhe Flattergras *(Milium effusum)* hervortritt. Auf ebenen Partien gilt dies dagegen für Einblütiges Perlgras *(Melica uniflora)* und Zwiebeltragende Zahnwurz *(Dentaria bulbifera)*.

Auf dem Nordhang des Lohrberges **(Standort 6.5)** dominiert Buchen-Hochwald. Die Feldschicht wird von Ausdauerndem Bingelkraut *(Mercurialis perennis)* und Waldsauerklee *(Oxalis acetosella)* geprägt, aber auch Waldmeister *(Galium odoratum)* und Waldschwingel *(Festuca silvatica)* treten darin auf. Im Westen fallen Stechpalmen *(Ilex aquifolium)* und Birken *(Betula spec.)* auf. In östlicher Richtung und hangaufwärts wächst ein *Fagetum boreoatlanticum*. Der Westhang des Lohrberges ist von einem Eichen-Hainbuchenwald mit Einblütigem Perlgras *(Melica uniflora)* bestanden, in dem auf flacheren Partien Flattergras *(Milium effusum)* auftritt. Am Südhang herrscht Eichen-Hainbuchenwald in der Hain-Rispengras-Fazies vor. In östlicher Richtung setzt sich die Hainsimse *(Luzula nemorosa)* durch, in westlicher sind Waldmeister *(Galium* odoratum), Einblütiges Perlgras *(Melica uniflora)* und Ausdauerndes Bingelkraut *(Mercurialis perennis)* anzutreffen.

Auf der Südseite der Wolkenburg **(Standort 6.4)** läßt sich wie am Stenzelberg eine starke Beeinträchtigung der Vegetation durch den Steinbruchbetrieb beobachten. Stellenweise findet man Elsbeerenwald mit Feldbeifuß *(Artemisia campestris)*, Felsenbirne *(Amelanchier ovalis)*, Felsenfetthenne *(Sedum rupestre)*, Gänsekresse *(Arabis auriculata)*, Hartriegel *(Cornus spec.)*, Heckenkirsche *(Lonicera xylosteum)*, Liguster *(Ligustrum vulgare)*, Schlehe *(Prunus spinosa)*, Weißdorn *(Crataegus monogyna/Crataegus laevigata)* und Zypressen-Wolfsmilch *(Euphorbia cyparissias)*. Die Nordabdachung ist weniger gestört. Dort wächst ein Buchen-Hochwald mit Hainsimse *(Luzula nemorosa)*, der mit zunehmender Höhe von Birken durchsetzt wird. Auf dem Osthang kommt Eichen-Hainbuchenwald in Einblütiger Perlgras-Fazies vor. Wo der devonische Untergrund an die Oberfläche tritt, wird sie von der Hainsimsen-Fazies abgelöst. Auf Trachyttuff gedeiht ein Buch-Eichenwald mit Hainsimse und Berg-Segge *(Carex montana)*.

Der Drachenfels **(Standort 6.3)** ist an seiner Südabdachung bis hin zum Gipfel mit Eichen-Hainbuchenwald (Elsbeeren-Fazies) bestanden. Neben der Elsbeere *(Sorbus torminalis)* finden sich in unterschiedlicher Vergesellschaftung Edelkastanie *(Castanea sativa)*, Felsenkirsche *(Prunus mahaleb)*, Linde *(Tilia spec.)*, Nesselblättrige Glockenblume *(Campanula trachelium)*, Liguster *(Ligustrum vulgare)*, Rosen, Rote Heckenkirsche *(Lonicera xylosteum)* und Schlüsselblume *(Primula vulgaris)*.

Waldfeindliche Standorte sind die großen Felswände und -vorsprünge, z.B. am Drachenfels. Hier wachsen Felsenbirnen- und Schlehen-Liguster-Gebüsche sowie Robinien. An besonders steilen Abbrüchen findet man weitgehend gehölzfreie Felsgrus- und Felsschuttfluren sowie Felsband- und Felsspaltengesellschaften. An frisch angeschnittenen steinigen Wegböschungen stellt sich in der Regel eine Hohlzahn-Schuttflur *(Epilobio-Galeopsietum segetum)* ein (KRAUSE 1978). Stellenweise sind kleinflächige Halbtrockenrasen sowie wärmeliebende Saumgesellschaften anzutreffen.

Die Nordabdachung des Drachenfels weist Buchen-Eichen-Eschenwald mit Farn und Hainsimse auf. Der Osthang zeigt in Gipfelnähe einen Eschen-Schluchtwald, der hangabwärts durch einen submontanen Eichen-Linden-Mischwald abgelöst wird. Zur Wolkenburg hin finden sich auf Trachyttuff Stechpalmenbestände unter Buchen-Hochwald. Auf Felsschutt gedeiht eine Schildampferflur *(Rumicetum scutati)* (KRAUSE 1978).

4. Fauna (Petra Sauerborn)

Das Siebengebirge stellt als Waldgebiet in einem dichtbesiedelten Raum ein wichtiges Rückzugsareal für viele Tierarten dar. ZEPP (1982) stellt allerdings fest, daß die Tierwelt des Siebengebirges kaum untersucht wurde. PAX & PAUL (1959) erforschten die Höhlenfauna. HÄSSLEIN (1961) bearbeitete die Mollusken, STREBEL & ALTNER (1961) die Apterygoten. Zoologisch bemerkenswert ist der Fund der Süßwasserqualle *Craspedacusta sowerbii* in einem Steinbruchsee an der Rabenley nördlich des Siebengebirges (KRAMER 1961).

Wärmeliebende Insekten haben die Hänge besiedelt. An felsigen Partien der Rabenley nisten Turmfalken. Die Zippammer kommt als typischer Weinbergvogel im südlichen Siebengebirge vor. Dort werden auch Schlingnatter und Mauereidechse angetroffen. Die Rotwildpopulation ist so individuenreich, daß sie einer beständigen Kontrolle bedarf (SCHULTZ 1996).

5. Pflege und Naturschutz (Petra Sauerborn)

Das Naturschutzgebiet des Siebengebirges ist das größte in Nordrhein-Westfalen und das älteste in Deutschland **(Standort 6.3)**. Der Drachenfels wurde bereits 1836 unter Schutz gestellt. Über die verschiedenen Versionen des Schutzes berichten BURGHARDT (1979), HEINEN (1990), HÖHERE FORSTBEHÖRDE RHEINLAND (1985), PAX (1959) und SCHIERBAUM (1983). Der 1958 geschaffene, 43 km^2 große Naturpark umfaßt außer dem Siebengebirge auch das Naturschutzgebiet des Ennert.

Die Siebengebirgslandschaft war zunächst vor allem durch den Abbau von Bodenschätzen gefährdet, später hauptsächlich durch den Naherholungsverkehr und die aus der Agglomeration Bonn/Bad Godesberg/Beuel ‚ausstrahlende' Bautätigkeit. Die ersten Steinbrüche sind schon für die Römische Kaiserzeit belegt (PAX 1959, HÖHERE FORSTBEHÖRDE RHEINLAND 1985). Der Erzbergbau geht sogar bis in die keltische Zeit zurück. Obwohl der Bergbau seit geraumer Zeit eingestellt ist, zeigen sich die Folgen der ‚Devastierung' des 19. Jahrhunderts im Pflanzenkleid der Vulkankuppen Weilberg, Stenzelberg und Wolkenburg und des Tuffabbaugebietes der Ofenkaul noch heute deutlich (s.o.). Am Drachenfels sind die zur Sicherung der Felswände angebrachten Maueranker unübersehbar (s. Abschnitt 6.3). Die Zielrichtung des Naturschutzes hat sich seit der Mitte des vorigen Jahrhunderts geändert: Galten zunächst die geologisch interessanten Vulkanschlote und der Landschaftscharakter als schützenswert, so spielen heute eine vorausschauende Landschaftsplanung und der Artenschutz die größere Rolle. Immerhin stehen von den 400 Pflanzenarten des Siebengebirges rund 50 auf der "Roten Liste" der in Nordrhein-Westfalen gefährdeten Pflanzen. Für den Staatsforst, der ca. 40% der Fläche einnimmt, wurde ein entsprechendes Konzept entwickelt (HÖHERE FORSTBEHÖRDE RHEINLAND 1985). Obwohl der anthropogene Einfluß auf das Pflanzenkleid des Siebengebirges unübersehbar ist, findet man dort zusammenhängende Waldungen mit stellenweise naturnahem Erscheinungsbild.

Dem Siebengebirge wurde 1996 vom Europarat erneut das bis zum Jahr 2001 geltende ‚Europa-Diplom' verliehen. Die Region ist demnach für Europa unter dem Aspekt des ‚Naturerbes' von herausragender Bedeutung und soll besonders geschützt werden (SCHULTZ 1996). Bereits bei der Verleihung des Diploms wurden Bedenken gegen die geplante ICE-Strecke geäußert. Außerdem wurde gefordert, im Naturschutzgebiet nur minimale Eingriffe vorzunehmen. Des Weiteren sieht der Europarat vor, die Zerstörungen durch den Straßenverkehr deutlich zu reduzieren. Das Gästehaus der Bundesregierung auf dem Petersberg soll baulich nicht erweitert, dafür aber der Hubschrauberlandeplatz verlegt werden.

6. Empfohlene Exkursionsroute

Während sich der Rodderberg auch heute noch aufgrund seiner relativ frischen Form als Vulkan ansprechen läßt, gibt das Siebengebirge im wesentlichen Einblicke in den Unterbau eines vulkanischen Gebiets. Quellkuppen, Schlotfüllungen, gangförmige und andere Intrusionen sowie Tuffdecken sind angeschnitten.

Zu empfehlen ist eine Wanderroute, die in Königswinter beginnt und in Oberdollendorf endet. Sie erstreckt sich über ca. 12 km und überwindet Höhenunterschiede von 390 m. Der Rückweg zum Fahrzeug in Königswinter kann mit öffentlichen Verkehrsmitteln erfolgen. Weilberg und Stenzelberg lassen sich jedoch auch separat mit dem PKW anfahren. Parkplätze liegen auf der Höhe des Weilberges zu beiden Seiten der Straße von Oberdollendorf nach Heisterbacherrott. Großer Ölberg, Lohrberg und Löwenburg sind auf kürzerem Wege auch von den Parkplätzen bei der Margarethenhöhe (Straße Königswinter/Ittenbach) erreichbar. Der Aufstieg zum Drachenfels via Nachtigallental kann durch eine Fahrt mit der Zahnradbahn ersetzt werden, die Königswinter mit dem Gipfel verbindet. Ein Hinweis auf den bedeutenden, aber zeitweilig lästigen Naherholungs- und Wochenendtourismus erscheint uns angebracht. Immerhin wird der Drachenfels von mehr als drei Millionen Menschen pro Jahr aufgesucht.

6.1 Liegendschichten am Wintermühlenhof

Vom Abfahrtsort der B 42 in Königswinter aus benutzt man die nördlichste Autobahnunterführung und folgt dem Weg zum Wintermühlenhof. Auf der Südseite der Straße Königswinter-Ittenbach sind in einer Böschung verkieselte Sande und Kiese angeschnitten, die früher als Süßwasserquarzit, von BURRE (1939) aber als Halbopal bezeichnet wurden. Blöcke dieses sehr harten Gesteins wurden im Bereich des Blattes Königswinter auch auf devonischer Unterlage gefunden, beispielsweise östlich von Bad Honnef im Waldbezirk Ellenbruch, und als Abtragungsrelikt tertiärer Sedimente gedeutet.

6.2 Nachtigallental

Vom Wintermühlenhof kehrt man wieder nach Königswinter zurück, zweigt aber 100 m vor der Schnellstraße nach links ins Nachtigallental ab. Dieses Kerbtal

hat sich während des Holozäns in den relativ ‚weichen' Trachyttuff eingeschnitten. Die Form ist jedoch im wesentlichen als Hohlweg zu deuten. UHLIG (1914, S. 25) konnte hier einen von unterdevonischen Gesteinen flankierten Tufftrichter abgrenzen, in dem wohl ein Ausbruchszentrum zu sehen ist.

6.3 Drachenfels

Der Weg setzt sich weiter zum Burghof fort. Hier sollte man die Drachenfelsbahn queren und den Weg wählen, der den Drachenfelsgipfel im Westen umgeht. Dort hat man die Möglichkeit, den aus römischer Zeit stammenden Steinbruch zu besichtigen, gute Ausblicke auf das Rheintal und den Rodderbergvulkan zu gewinnen und die Felssicherungsmaßnahmen auf der Westseite des Drachenfels zu beobachten. Verfügt man über einen Kompaß, dann kann man die Sanidin-Täfelchen, in dem bald am Weg aufgeschlossenen Trachyt einmessen. Diese meist einige cm großen Feldspat-Einsprenglinge in der dichten Grundmasse des Drachenfelstrachyts weisen eine deutliche Orientierung auf, die sich jedoch entlang des Weges ändert. Mit ihrer Hilfe läßt sich die Deutung von CLOOS (u.a. 1930/31) nachvollziehen. CLOOS konnte durch Einmessung der Sanidintäfelchen einen Lavakörper rekonstruieren, der infolge seiner hohen Viskosität in den vorher ausgeschleuderten Tuffen steckenblieb. 'Quellkuppen' werden solche Gebilde genannt. Sowohl der Tuffmantel als auch ein großer Teil des Lavakörpers wurden seit der Erstarrung abgetragen. Die Steinbrüche, in denen u.a. Baumaterial für den Kölner Dom gebrochen wurde, haben zusätzlich am Gipfel genagt und ihn destabilisiert. Herabgestürzte Blöcke und die auf einer Tafel erläuterten Felssicherungsmaßnahmen veranschaulichen dies.

Leider ist infolge der Steinbrucharbeiten auch die Ruine der Burg Drachenfels teilweise verlorengegangen. Die Burg wurde von dem Kölner Erzbischof Arnold 1147 begonnen und 1149 fertiggestellt. Sie soll stattlich gewesen sein und war der Sitz eines Burggrafen von Drachenfels. Sie wurde 1634 geschleift.

6.4 Wolkenburg

Für die Wolkenburg hat CLOOS nicht ausgeschlossen, daß die in '500 m breiter Front' senkrecht aufdringende Lava die damalige Erdoberfläche gerade erreichte. In diesem Falle könnte man die Wolkenburg als Staukuppe bezeichnen. In den verlassenen, mit einiger Mühe zugänglichen Steinbrüchen auf der Südseite ist das Gestein in Pfeilern erstarrt, die durch vertikale Klüfte getrennt werden. FRECHEN (1976, S. 22) hat das Gestein als Quarz-Latit bezeichnet. Infolge eines etwas höheren Sanidin-Gehaltes gibt es eine gewisse Ähnlichkeit mit dem Trachyt. Makroskopisch erkennbar sind Hornblendekristalle.

6.5 Nasseplatz/Lohrberg

Der aufgelassene Steinbruch, in dessen Bereich heute der Nasseplatz liegt, wurde bereits von CLOOS (1930/

31) beschrieben und abgebildet. In der Nordwand des Steinbruches waren Trachyttuffe aufgeschlossen, die an den Lohrberg-Trachyt grenzten. Die Tuffe waren leicht geschichtet, so daß sich eine Aufbiegung erkennen ließ. Leider sind die Wände dieses Aufschlusses verstürzt und überwachsen.

6.6 Löwenburg

Der Weg führt weiter in Richtung Margarethenhöhe. An der ersten Gabelung sollte man jedoch zunächst den rechten Weg wählen und dann scharf rechts nach Westen abbiegen, um auf ein höheres Niveau zu gelangen und den Lohrberg im Westen und Süden zu umgehen. Hier ergibt sich von einer an der Südwestecke des Lohrberges gelegenen Schutzhütte ein schöner Ausblick auf den gesamten Vulkanzug, der sich vom Drachenfels über die Wolkenburg bis hin zur Jungfernhardt erstreckt. Diese Berge werden mit Ausnahme der Wolkenburg von Trachyt aufgebaut. Weiter südlich liegt der Ölender, eine latitische Intrusion.

Der Weg setzt sich mit einer S-Kurve bis zum Löwenburger Hof fort. Er schneidet einen breiten latitischen Gang an, der auch am oberhalb ansteigenden Hang durch Felsen in Erscheinung tritt.

Die Löwenburg wird von einem Bündel von annähernd W-E-verlaufenden Gängen aufgebaut, die in basaltische und trachytische Tuffe eingedrungen sind. Diese Gänge werden von dem Weg angeschnitten, der vom Löwenburger Hof aus zunächst am Osthang des Berges verläuft und dann über den Südhang und den Westhang zum Gipfel ansteigt.

Die Gänge, die sich am Weg südlich des Löwenburger Hofes anhand von Blockansammlungen erschließen lassen, hat FRECHEN als Hauyn-Nephelin-Trachyt bestimmt. Am Südhang tritt ein Gang von dunklem Nephelin-Trachyt auf. Bei den Gängen des Löwenburggipfels, dem 'grauen Hauptgestein' der Löwenburg, handelt es sich nach FRECHEN um Nephelin-Latit. Einer der beiden Gänge, der südliche, wird vom Burggraben aufgeschlossen. Er tritt morphologisch stärker hervor. Auf dem geologischen Blatt Königswinter werden die obersten Gänge als Basalte gedeutet.

Die Ruine der Löwenburg, die um 1200 als Grenzburg der Grafschaft Sayn gegen das Erzstift Köln errichtet und im Dreißigjährigen Krieg zerstört wurde, gibt aufgrund der 1979 erfolgten Restaurierung die Gelegenheit, gewisse Vorstellungen über wenigstens einen der mittelalterlichen Adelssitze des Siebengebirges zu gewinnen. Außerdem überblickt man von dort fast das gesamte Siebengebirge: Nördlich angrenzend liegt der Lohrberg, über dem, etwas nach Osten versetzt, der Gipfel des Ölberges sichtbar wird. Der Petersberg erscheint hinter dem Trachytzug von Lohrberg, Jungfernhardt und Drachenfels. Nach Süden reicht der Blick über die drei Latitstöcke Himberg, Mittelberg

und Broderkonsberg bis zu dem von Basalten aufgebauten Minderberg.

6.7 Großer Ölberg/Rosenau/Stenzelberg

Vom Löwenburger Hof aus wandert man nordostwärts vorbei an einer kleinen früh-geschichtlichen Befestigung, einer Motte, läßt den Lohrberg links liegen und passiert unterhalb des Trenkeberges ein System von recht tief eingeschnittenen Hohlwegen, wiederum ausgebildet in Trachyttuffen. Der Weg umgeht den Lohrberg im Osten und führt über die Margarethenhöhe auf den Südhang des Großen Ölberges. Dort kann man rechts abzweigen, an einem verfallenen Steinbruch den aufgeschlossenen Alkalibasalt in Augenschein nehmen und vom 460 m hohen Gipfel nach Osten auf den Südzipfel des Pleiser Ländchens und den noch aktiven Basaltbruch des Hühnerberges blicken. Wem dieser Aufstieg zu beschwerlich erscheint, der wähle gleich den linken Weg zur Rosenau. Auf diesem erreicht man unmittelbar nach Passieren des Punktes 293,6 den Latitgang der Rosenau. Ein kleiner Steinbruch ist verfallen. Der Gang durchsetzt größtenteils Trachyttuffe, teilweise aber auch mehr oder weniger festen Trachyt. Trotzdem ist der Latit infolge seiner größeren Resistenz gegen Verwitterung und Abtragung zu einem langgestreckten Rücken herauspräpariert. Dieser erstreckt sich knapp 2 km in NNW-Richtung zum Stenzelberg. Letzterer stellt einen Latitstock dar, der seine Umgebung vor Beginn des Steinbruchbetriebs wesentlich weniger überragte als Gr. Ölberg, Lohrberg und Löwenburg.

6.8 Weilberg

Als besondere geologische Kostbarkeit kann man den Weilberg bezeichnen, denn in seinem Aufschluß sind mehrere Phasen des Siebengebirgsvulkanismus repräsentiert. Basaltische Laven wurden in zwei Schritten in die trachytischen Tuffe intrudiert. Von der oberen 'Terrasse' aus (rechter Weg) kann man mit Hilfe einer aufgestellten Demonstrationstafel Tuff und Basalt recht gut identifizieren. Bei der Tafel handelt es sich um eine Kopie der von CLOOS (1948) veröffentlichten klassischen Abbildung. Ruht der Trachyttuff heute auch auf dem Basalt, so ist der Basalt dennoch jünger als der Tuff. Die heiße Basaltlava ließ das Eisen des Tuffs in der Kontaktzone oxidieren. An der Rotfärbung kann man diese 'Frittung' erkennen. Die Lava muß folglich in den Trachyttuff eingedrungen sein, mithin ein geringeres Alter besitzen als die deckenden Pyroklastika. Bei dieser Intrusion wurde der Tuff in Schollen zerbrochen. Vereinzelt sind die Schichtgrenzen im Tuff, Störungen der Tuffschichten und die rötliche Frittungszone auch aus der Distanz zu erkennen.

Der Kontakt zwischen Basalt und Trachyttuff ist am Eingang zur unteren 'Terrasse' angeschnitten. Die vor Jahrzehnten gut aufgeschlossene Frittungszone unterhalb des Basaltes, die man über eine in die Tiefe führende Rampe erreichen konnte, ist zur Zeit leider überwachsen.

In der gegenüberliegenden Wand ist der Basalt säulig abgesondert. Im Querschnitt sechskantige und fünfkantige Formen überwiegen. Die Säulen orientieren sich gewöhnlich senkrecht zur Abkühlungsfläche, denn sie bildeten sich durch eine leichte Kontraktion bei der allmählichen Erstarrung. Als Abkühlungsfläche wirkte hier die Kontaktfläche zum Trachyttuff. Im unmittelbaren Kontaktbereich erfolgte die Abkühlung allerdings wohl zu rasch, als daß sich Säulen bilden konnten.

In einer letzten vulkanischen Eruption wurde noch einmal in einem engen Kanal Basaltlava gefördert, drang bis zur heutigen Oberfläche empor und breitete sich in ihrer Nähe tulpenförmig aus.

Am Weilberg wird noch einmal die tektonische Beeinflussung des Vulkanismus deutlich: Ein Basaltgang, der von einem kleinen, jetzt verfallenden Steinbruch angeschnitten wurde, erstreckt sich nach SSE und nimmt die Richtung wieder auf, die schon der Latitgang der Rosenau aufwies.

6.9 Weg nach Oberdollendorf und Hinweis auf weitere Sehenswürdigkeiten

Vom Weilberg aus kann man über einen Waldweg zur Abtei Heisterbach gelangen. Diese wurde von Zisterziensermönchen des Klosters Himmerod in der Eifel gegründet, die sich zunächst auf dem Petersberg niedergelassen hatten, 1192 aber nach Heisterbach übersiedelten. Vor 1237 wurde die spätromanische Klosterkirche errichtet, von der nur noch Reste des Chores stehen. Die Ruine besteht vorwiegend aus dem Latit des Stenzelberges, der den Heisterbacher Mönchen gehörte. Das Kloster wurde 1803 säkularisiert, die Kirche auf Abbruch verkauft. Einige Bauelemente findet man im Siebengebirgsmuseum in Königswinter. An dem Torbau von 1750 hängt ein Wappen mit einer jungen Buche, einer 'Heister', und einem Bach. Seit 1918 ist das Gelände im Besitz der Augustiner Zellitinnen.

Nach Oberdollendorf kann man von Heisterbach aus über die Straße L 268 gelangen, aber auch einen Weg benutzen, der neben dem Torbau von der Straße abzweigt und zunächst an der Grenze des Klostergeländes entlangführt. Der Weg ist ausgeschildert.

Informationen über die Kulturlandschaftsgeschichte des Siebengebirges erfährt der Besucher des Siebengebirgsmuseums (So 11-12) in Königswinter, das vom Heimatverein Siebengebirge e.V. betreut wird. Ausgestellt sind Urkunden, Stiche, Bilder, Karten zur Geschichte der Siebengebirgslandschaft, außerdem Steinmetzarbeiten und Gesteine. Schriften können eingesehen werden.

Literatur

* = Basisliteratur

BARTELS, G. & HARD, G. mit Beiträgen v. J. FRECHEN u. S. STEPHAN (1973): Rodderbergtuff im Rheinischen Quartärprofil, zur zeitlichen Stellung des Rodderberg-Vulkanismus. - Catena, 1:31-546; Gießen.

BIBUS, E. (1980): Zur Relief-, Boden- und Sedimententwicklung am unteren Mittelrhein. - Frankfurter geow. Arb., D, Bd. 1, 296 S.; Frankfurt/M.

BURRE, O. (1939): Erläuterungen zum Blatt Honnef-Königswinter. - Geol. Kt. v. Preußen u. benachb. dt. Länder, 84 S.; Berlin.

*BURGHARDT, O. (1979): Siebengebirge, Landschaft im Wandel. - 62 S., Krefeld

*CLOOS, H. (1930/31): Das Siebengebirge. - Nachr.-Bl. rhein. Heimatpflege, 2: 55-59; Düsseldorf.

CLOOS, H. (1948): Der Basaltstock des Weilberges im Siebengebirge. - Geol. Rdsch., 35: 33-35; Stuttgart.

FELIX-HENNINGSEN, P. (1990): Die mesozoisch-tertiäre Verwitterungsdecke (MTV) im Rheinischen Schiefergebirge. Aufbau, Genese und quartäre Überprägung. - Relief, Klima, Boden Bd. 6, 192 S.; Berlin, Stuttgart.

FRANKENBERG, P. (1988): Vegetationsgeographische Aspekte des Bonner Raumes.- Arb. z. Rhein. Landeskde. 57: 195-224.

FRECHEN, J. (1976): Siebengebirge am Rhein, Laacher Vulkangebiet und Maargebiet der Westeifel. - Sammlg. geol. Führer, 56, 3. Aufl.; Stuttgart.

GEISEN, B. (1990): Düstere Aussichten für "Knöllchen Steinbrech". Grenzen des Naturschutzes.- Neues Rheinland 33: 48-50.

GLAVAC, V., KRAUSE, A. & WOLFF - STRAUB, R. (1970): Über die Verteilung der Hainsimse (Luzula luzuloides) im Stammabflußbereich der Buche im Siebengebirge.- Schriftenr. f. Veg.-kde 5: 187-192.

HÄSSLEIN, L. (1961): Die Molluskenfauna des Siebengebirges und seiner Umgebung.- Decheniana, Beihefte 9/III: 1-28.

HEINEN, E. (1990): Naturschutzgebiet Siebengebirge gestern - heute - morgen.- Rhein. Heimatpfl. 2, N.F. 27: 111-124.

HÖHERE FORSTBEHÖRDE RHEINLAND (Hrsg.) (1985): Naturschutz und Landschaftspflege im Siebengebirge.- 48 S.; Bonn.

KORNECK, D. (1977): Botanische Bestandsaufnahme und Überprüfung von Naturschutzgebieten in Rheinland-Pfalz im Hinblick auf Erhaltungszustand und Schutzwürdigkeit.- 120 S.; Bonn.

KÜMMEL, K. (1938): Floristisch-soziologische Streifzüge durch die Umgebung von Bonn. 1. Über die Pflanzenwelt vulkanischer Böden.- Decheniana 97, 189-218.

KÜMMEL, K. (1956): Das Siebengebirge. Landschaft, Vegetation, Stellung im europäischen Raum.- Decheniana 108, H. 2, 247-298.

KÜMMEL, K. & HAHNE, A. (1953): Die Vegetation

des Siebengebirges in ausgewählten Einzeldarstellungen.- 120 S.; Bonn.

KRAMER, H. (1961): Weitere Beobachtungen über die Qualle des Siebengebirges.- Decheniana, Beihefte 9/III: 77-78.

KRAUSE, A. (1978): Pflanzengesellschaften im Bonner Raum. eine Aufzählung.- Decheniana 131: 2-60.

KREMER, B. P. (1978): Biographisches zur rheinischen Flora.- Rhein. Heimatpfl. N. F. 15: 277- 282.

KREMER, B. P. (1981): Der Rodderberg. Bedeutung und Erhaltung eines rheinischen Naturschutzgebietes.- Rhein. Heimatpfl. N. F. 18: 32-38.

KREMER, B.P. (1993): Naturführer Bonn und Umgebung. Landschaft, Naturschutz und Ökologie.- 247 S.; Bonn

KUREISCHIE, A. & STETS, J. (1979): Der Dächelsberg bei Bonn - Form, Inhalt und Genese einer Trichterkuppe bei Bonn. Z. dt. geol. Ges., 130: 231-261; Hannover.

*MEYER, W. (1986): Geologie der Eifel. - 614 S.; Stuttgart.

MEYER, W. et al. (1992): Übersicht der Naturschutzgebiete im Bereich des Rheinischen Vereins für Denkmalpflege und Landschaftsschutz.- Rhein. V. f. Denkmalpfl. u. Landschaftsch., Jb. 1989 - 1991: 157-376.

PAX, F. (1959): Siebengebirge und Rodderberg. Beiträge zur Biologie eines rheinischen Naturschutzgebietes.- Decheniana, Beihefte 7/I: 1-4.

PAX, F. & PAUL, H. (1961): Die Stollenfauna des Siebengebirges. a.) Der Stollen in der Nähe des Servatiusweges und seine Tierbevölkerung.- Decheniana, Beihefte 9/III: 69-76.

QUITZOW, H. W. (1978): Der Abfall der Eifel zur Niederrheinischen Bucht im Gebiet der unteren Ahr. Fortschr. Geol. Rheinl. u. Westf., 28: 9-50; Krefeld.

REMY, H. (1960): Die zeitliche Stellung der Rodderbergtuffe im rheinischen Löß.- Decheniana, 112: 271-278; Bonn.

RICHTER, M. (1942): Geologie des Rodderberges südlich von Bonn. - Decheniana, 101 AB:1-24; Bonn.

ROTH, H. J. (1994): Das Siebengebirge. Rheinische Landschaften 13, 35 S. Köln.

SCHMIDT-LOSKE, K. (1993): Lepidopterologisch-floristische Untersuchungen in einem ballungsnahen Naturschutzgebiet, dem Rodderberg-Vulkan bei Bonn.- Verh. Westdt. Entom. Tag 1992: 237-242.

SCHEIRBAUM, B. (1983): Forstwirtschaft, Naturschutz und Erholung im Naturpark "Naturschutzgebiet Siebengebirge". Eine Anlayse der gegewärtigen Situation im Hinblick auf mögliche Konflikte, dargestellt an einem ausgewählten Beispielraum.- unveröff. Dipl.-Arb., 121 S.; Bonn

SCHÜNEMANN, H. W. (1958): Zur Stratigraphie und Tektonik des Tertiärs und Altpleistozäns am Südrand der Niederrheinischen Bucht. - Fortschr. Geol. Rheinld. Westf., 2: 457-472; Krefeld.

SCHULTZ, C. (1996): Naturpark Siebengebirge: Europa - Diplom verlängert.- Bonner Rundsch., 15. Aug. 1996: 7.

STREBEL, O. & ALTNER, H. (1961): Weitere Beiträge zur Apterygotenfauna des Siebengebirges und des Rodderberges.- Decheniana, Beihefte 9/III: 79-106.

TEICHMÜLLER, R. & ASHAUER, W. (1968): Exkursion D: Tonlagerstätten am Südrand der Niederrheinischen Bucht. - Z. dt. geol. Ges., 118: 8-13; Hannover.

TODT, W. & LIPPOLT, H. J. (1980): K-Ar-Determinations on Tertiary Volcanic Rocks: V. Siebengebirge, Siebengebirge-Graben. - J. Geophys., 48: 18-27; Heidelberg.

UHLIG, J. (1914): Die Entstehung des Siebengebirges. In: Die Rheinlande in naturwissenschaftlichen und geographischen Einzeldastellungen, Nr. 10, 78 S; Braunschweig und Berlin.

*VIETEN, K., HAMM, H.-M., GRIMMEISEN, W. & MEYER, W. (1988): Tertiärer Vulkanismus des Siebengebirges. - Fortschr. Mineralogie 66, Beih. 2: 1-42.

ZEPP, H. (1982): Naturpark Siebengebirge. Inhalte vorliegender natur- und landeskundlicher Grundlagen.- Landschaftsverband Rheinland, 45 S.; Köln.

Anschriften der Autoren:

Prof. Dr. Gerhard Bartels, Seminar für Geographie und ihre Didaktik der Universität
Gronewaldstr. 2, D-50931 Köln

Dr. Petra Sauerborn, Seminar für Geographie und ihre Didaktik der Universität
Gronewaldstr. 2, D-50931 Köln

Der suburbane Raum im Südwesten von Bonn

Michael Bossmann mit Beiträgen von

Klaus-Dieter Kleefeld (Kottenforst) und

Jörg Grunert (Boden und Wasser im Kottenforst)

Thematik:	**Entwicklungen im suburbanen Raum südwestlich Bonns als Folge der Funktion Bonns als Bundeshauptstadt (Bevölkerung, Siedlung, Landwirtschaft) mit einem historisch-geographischen Exkurs in den Kottenforst.**
durchzuführen als:	**Fahrrad-Exkursion (über weite Strecken Fahrradwege vorhanden); alternativ: PKW/Bus und zu Fuß; wenig geeignet für öffentliche Verkehrsmittel.**
ungefähre Dauer:	**ca 5-6 Stunden (ohne Abstecher in den Kottenforst) mit ca. 3-4 km Fußweg**
Anfahrt:	**A 565 bis Abfahrt Hardtberg, Ausschilderung bis Röttgen folgen; dort Beginn der Exkursion; von Bonn-Innenstadt über Poppelsdorf und Ippendorf oder über Endenich und Lengsdorf nach Röttgen**
Empfohlene Karten:	**Topographische Karten 1:25.000 Blätter 5308 Bonn-Bad Godesberg und 5307 Rheinbach; Stadtpläne von Meckenheim und Rheinbach**

Bei dem nachfolgend beschriebenen Raum handelt es sich um ein Gebiet, das in den Jahren nach dem Zweiten Weltkrieg im Gefolge der Entwicklung Bonns zur vorläufigen Bundeshauptstadt wesentlichen Veränderungen unterworfen wurde. Der ursprünglich weitgehend agrarisch geprägte Raum entwickelte sich immer mehr zu einem bevorzugten Wohnstandort der in Bonn arbeitenden Angestellten und Beamten, während der landwirtschaftliche Bereich gleichzeitig an Bedeutung verlor. Dadurch wurden besonders die beiden Städte Meckenheim und Rheinbach beeinflußt, deren Entwicklung jedoch sehr unterschiedlich verlief. Während Rheinbach als ehemalige Kreisstadt schon zu Beginn dieser Entwicklung über zentralörtliche Funktionen verfügte und bereits 1950 mehr als 11.000 Einwohner hatte, setzte der Aufschwung Meckenheims (1950 hatte die Gemeinde lediglich 4.350 Einwohner) erst in den 60er Jahren mit der Erschließung der Neuen Stadt Meckenheim - Merl ein. Ziel der Exkursion ist es, diese Entwicklungen aufzuzeigen sowie die charakteristischen Besonderheiten des suburbanen Raums im Südwesten von Bonn herauszustellen. Einbezogen in die vorgeschlagene Route - da auf dem Wege liegend - ist ein Abstecher in den Kottenforst, der einer kurzen - vornehmlich historisch-geographischen - Betrachtung unterzogen wird (vgl. Abb. 1 und 2).

Bonn - Röttgen

Verläßt man Bonn in südwestlicher Richtung über die parallel zur Autobahn A 565 verlaufende Reichsstraße (L 261), durchquert man als letzten Ortsteil Röttgen, der durch die o. a. Entwicklung besonders beeinflußt wurde. So erhöhte sich die Einwohnerzahl dieses Ortsteils seit 1939 um das Zehnfache. Aus dem ehemals bäuerlich geprägten Ort, dessen Eingemeindung nach Bonn bereits 1969 erfolgte, wurde ein bevorzugter

Wohnstandort, dessen Qualitäten besonders von Universitätsprofessoren, Ärzten der nahe gelegenen Universitätskliniken oder Ministerialbeamten geschätzt werden. So findet man hier vor allen Dingen in den Außenbereichen weitgehend Einfamilienhausbebauung. Die guten Verkehrsverbindungen zur City, die - besonders an heißen Sommertagen - im Vergleich zur Bonner Innenstadt ungleich besseren klimatischen Bedingungen in einer relativen Höhenlage wie auch der hohe Freizeit- und Erholungswert durch den unmittelbar angrenzenden Kottenforst sind die wesentlichen Gründe für die Entwicklung Röttgens zum bevorzugten Wohnstandort.

Allerdings kann - trotz der guten Anbindung durch öffentliche Verkehrsmittel an das Bonner Zentrum - in den letzten Jahren eine zunehmende Orientierung der Bevölkerung Röttgens in Richtung Meckenheim/Rheinbach beobachtet werden. Dabei dürften die kurze Entfernung und bequeme Verkehrsanbindung mit dem PKW, eine ausreichende Zahl an Parkplätzen und ein zunehmend verbessertes Einkaufsangebot in beiden Städten diese Entwicklung wesentlich gefördert haben, zumal in Röttgen selbst fast nur Geschäfte für den täglichen Bedarf existieren.

Im gleichen Umfang, in dem sich die Wertschätzung des Ortsteils als bevorzugter Wohnstandort erhöhte, ging die Bedeutung der Landwirtschaft zurück. Sie spielt heute praktisch keine Rolle mehr. Die einzige Verbindung zur Landwirtschaft ist lediglich durch die Landjugendakademie gegeben, eine Fortbildungseinrichtung des Deutschen Bauernverbandes, die seit 1984 in Röttgen ihren Sitz hat.

Im Straßenbild Röttgens auftretende Namen wie Herzogsfreudenweg, Schloß- oder Kurfürstenplatz erinnern

152

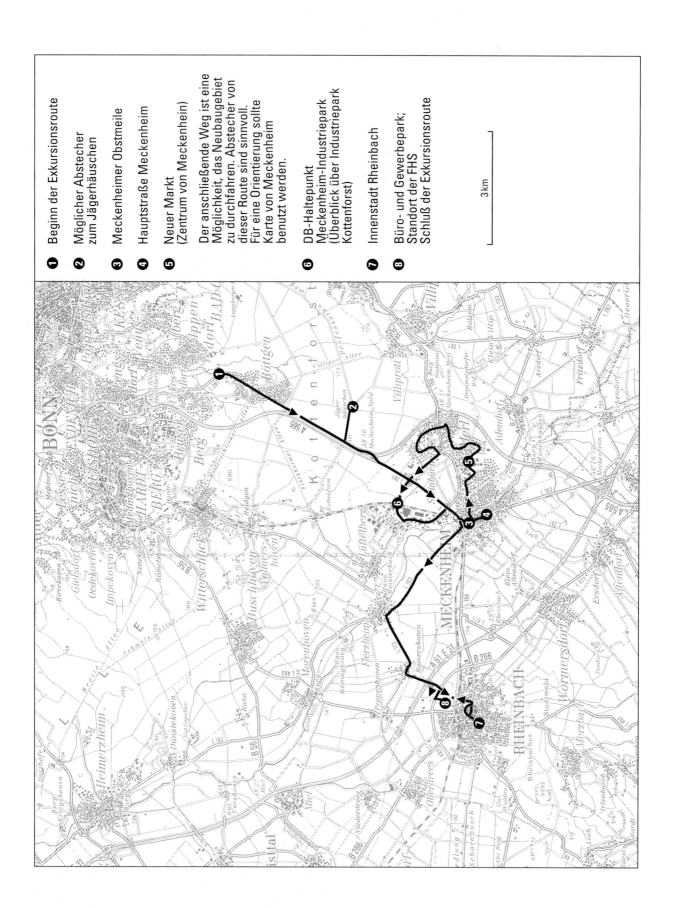

① Beginn der Exkursionsroute

② Möglicher Abstecher zum Jägerhäuschen

③ Meckenheimer Obstmeile

④ Hauptstraße Meckenheim

⑤ Neuer Markt (Zentrum von Meckenheim)

Der anschließende Weg ist eine Möglichkeit, das Neubaugebiet zu durchfahren. Abstecher von dieser Route sind sinnvoll. Für eine Orientierung sollte Karte von Meckenheim benutzt werden.

⑥ DB-Haltepunkt Meckenheim-Industriepark (Überblick über Industriepark Kottenforst)

⑦ Innenstadt Rheinbach

⑧ Büro- und Gewerbepark; Standort der FHS Schluß der Exkursionsroute

3 km

Abb. 1: Exkursionsroute

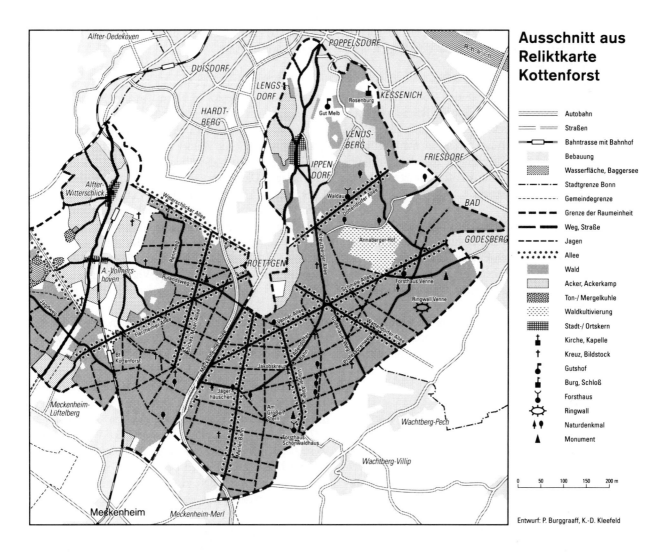

Ausschnitt aus Reliktkarte Kottenforst

·············	Autobahn
═══════	Straßen
▭▭	Bahntrasse mit Bahnhof
	Bebauung
	Wasserfläche, Baggersee
—·—·—	Stadtgrenze Bonn
———————	Gemeindegrenze
▬ ▬ ▬	Grenze der Raumeinheit
▮▮▮▮	Weg, Straße
— — — —	Jagen
··········	Allee
	Wald
	Acker, Ackerkamp
	Ton-/ Mergelkuhle
	Waldkultivierung
	Stadt-/ Ortskern
✝	Kirche, Kapelle
†	Kreuz, Bildstock
♦	Gutshof
♣	Burg, Schloß
☖	Forsthaus
✹	Ringwall
▲♀	Naturdenkmal
▲	Monument

0   50   100   150   200 m

Entwurf: P. Burggraaff, K.-D. Kleefeld

Abb. 2: Reliktkarte Kottenforst, Ausschnitt. (Entwurf: P. BURGGRAAFF, K.-D. KLEEFELD)

an die Geschichte Röttgens. Herzogsfreude war der Name des ehemaligen kurfürstlichen Jagdschlosses, eines fast hundert Räume umfassenden Gebäudes, das sich im Bereich der heutigen Reichsstraße befand. Bauherr war der Kölner Kurfürst Clemens August, der den angrenzenden Kottenforst zu seinem bevorzugten Jagdrevier erwählt hatte. Auch heute spielt der Kottenforst, durch den die Straße nach Verlassen es Bonner Stadtgebietes bei der Weiterfahrt in Richtung Meckenheim führt, für die Bonner Bevölkerung als Naherholungsraum eine wichtige Rolle.

Kottenforst (Klaus-Dieter Kleefeld)

Der Kottenforst (vgl. Abb. 1) ist ein ebenes 170-180 m über NN hohes Plateau in unmittelbarem südlichen Anschluß an die Waldville. Naturräumlich ist der Kottenforst ein Teil des Höhenrückens der Ville und somit der Hauptterrasse zugehörig. Die sehr unterschiedlich dicke Lößlehmdecke über der pleistozänen Schotterauflage bildet z. T. stark verdichtete, zu Staunässe neigende Pseudogleyböden.

Der Kottenforst gehört zum forstlichen Wuchsgebiet Niederrheinische Bucht. In einigen Bereichen dieses anthro-

pogen stark überformten, geschlossenen Waldgebietes finden sich Naturwaldzellen mit annähernd natürlichen Waldbeständen. Diese Naturwaldzellen werden forstwirtschaftlich nicht genutzt. Die natürliche Flora des Kottenforstes ist als Maiglöckchen-Stieleichen-Hainbuchenwald zu erkennen. Ein Beispiel für eine solche Naturwaldzelle ist eine ca. 19 ha umfassende Waldparzelle - Oberm Jägerkreuz - zwischen Bahnhof Kottenforst und Röttgen. Hier befinden sich einige 95 - 175-jährige Eichen, Hainbuchen, Winterlinden und Buchen sowie einige über 200-jährige Buchen und Stieleichen. Der Kottenforst zeichnet sich insgesamt als ein Waldgebiet mit einer sehr großen Anzahl alter Bäume aus. Beispiele dafür sind die Kaisereiche, Dicke Eiche, Zweibeinige Eiche und die Starke Fichte.

Durch den feuchten Untergrund sind stehende Gewässer sehr zahlreich. Es sind dies kleine Teiche, die zum Teil anthropogen überformt und dadurch relativ geometrisch sind, sogenannte Maare. Diese Maare erfreuen sich besonders bei Familien mit Kindern größter Beliebtheit, da sich hier eine reichhaltige Fauna sehr gut beobachten läßt. Beispiele dafür sind die Teiche am Jägerhäuschen, der Kurfürsten- und der Hirschweiher, der Rehsprungmaar, der Königs- und der Metzgermaar.

Auch die Tongruben um Witterschlick seien an dieser Stelle erwähnt. Sie sind sehr umfangreich, gut zugänglich und stellen einen Hinweis auf das in der Region verbreitete Töpferhandwerk dar.

Der Kottenforst ist nördlich mit der Höhenrücken-Einschnürung durch das Tal des Dransdorfer Baches zwischen Flerzheim und Witterschlick begrenzt, bildet jedoch am südwestlichen Hang eine Ausbuchtung in nordwestlicher Richtung, wodurch eine Verzahnung mit der Waldville entsteht. Nach Südwesten wird der Kottenforst durch das Drachenfelser Ländchen begrenzt.

Der Kottenforst als Raumeinheit ist der südliche Teil der Hauptterrassenfläche der Ville. Naturräumlich beginnt er nördlich der Höhenrücken-Einschnürung im Tal des Dransdorfer Baches zwischen Flerzheim und Witterschlick. Neben großen Staatsforsten zwischen Alfter und Heimerzheim wird das Erscheinungsbild der Waldflächen noch in Resten durch historische bäuerliche Wirtschafts- und Besitzverhältnisse bestimmt; so existieren noch kleine Buschwald- und Mittelwaldstücke in Verbindung mit Rodungsflächen des 19. Jahrhunderts, die die Ortschaften am Osthang angelegt haben.

Ein historischer Überblick läßt eine durchaus wechselvolle Geschichte des Kottenforsts erkennen. Das Wort "Kotten" leitet sich möglicherweise von dem altkeltischen Begriff für Wald = coat her. Zur Bekräftigung des königlich fränkischen Rechtsanspruchs wurde der Begriff Forst hinzugefügt (HEXGES 1984, S. 23).

Inwieweit das Areal des Kottenforstes in römischer Zeit gerodet war und sich später wiederbewaldete, kann nur vermutet werden. Es finden sich Reste mehrerer Übungslager der in Bonn stationierten I. Legion, die es wahrscheinlich erscheinen lassen, daß es sich um römischen Staatsbesitz handelte, da diese nicht auf landwirtschaftlich genutzten Flächen angelegt wurden. Auch spricht der für Landwirtschaft wenig geeignete Untergrund gegen eine landwirtschaftliche Nutzung. Auf die heute zum Teil im Gelände noch gut erkennbaren Areale der Übungslager wird im folgenden noch eingegangen werden.

In fränkischer Zeit wurden der Kottenforst wie auch der Villewald Königsgut und waren damit zunächst der Rodung, Waldweide und Holzung entzogen. Ein wesentlicher Hinweis dafür ist das Vorhandensein eines Rennweges. Rennwege waren möglicherweise durch fränkisches Forstpersonal gekennzeichnete Grenzen. Die fränkische Landnahme fand seit spätrömischer Zeit in einem nach germanischen Volksrechten und Besiedlungsformen zum römischen abweichenden Prozeß statt. Allerdings wurden einige römische Rechtsvorstellungen beibehalten, da die fränkischen Teilkönige als Föderaten in römischen Diensten standen und gewisse Elemente beibehielten und tradierten. So ist auffällig, daß römischer Staatsbesitz, militärische Liegenschaften und Bereiche mit Nutzungsbeschränkungen wie im Vorfeld der Limesbefestigungen in Königsbesitz fielen. Dies gilt auch für Verwaltungsbauten

wie das Prätorium in Köln, aber auch für Grenzen, z.B. bei den späteren Diözesen, die sich an alten römischen Grenzen orientierten.

Im Jahre 973 vollzog sich der Übergang des Kottenforstes aus königlichem Besitz zu einem anderen Rechtsinhaber; ein Vorgang der bei vielen Forsten zu beobachten ist. Für den Kottenforst handelt es sich um die Jagdbannbestätigung Ottos II. für die Kölner Kirche. Bis zur Übernahme der Forstrechte durch die Abtei Siegburg 1075 fehlen weitere Belege. Die Abtei behielt die Verfügungsrechte bis 1549 (HEXGES 1984, S. 29). Diese Zeit war für den Kottenforst durch "waldzersetzende Okkupation" und durch den Übergang von ungeregelter (freier) zu geregelter Waldnutzung geprägt. Die Nutzungsformen waren: Holznutzung, Waldmast und Waldweide. Teilweise führte zu intensive Nutzung des Waldes zur Verwüstung weiter Bereiche.

Im 16. Jahrhundert ging der Kottenforst in den Besitz der Erzbischöfe und Kurfürsten von Köln über. Da das Waldgebiet eine wichtige Einnahmequelle war, wurde ihm entsprechende Aufmerksamkeit gewidmet. Einen Höhepunkt fand diese Beachtung unter Clemens August aufgrund der Tatsache, daß der Kottenforst eines der Lieblingsreviere dieses leidenschaftlichen Jägers gewesen ist (KREUER 1974, S. 52 ff). Das heutige Wegenetz des Waldes ist im wesentlichen durch die besondere Neigung für die Parforcejagd des Landesfürsten begründet. Die Parforcejagd war eine zeitaufwendige Hetzjagd zu Pferde, die ein schnelles Vorankommen und damit ein gut ausgebautes Wegenetz erforderte, was vor allem in dem feuchten und unwegsamen Kottenforst umfangreiche Maßnahmen erforderte. In diesem Zusammenhang stand auch die Errichtung des Jagdschlosses Herzogsfreude, das in Röttgen lag und das Zentrum des Wegenetzes für den Kottenforst bildete. Das Schloß wurde allerdings bereits im 19. Jahrhundert abgetragen.

Nach dem französischen Zwischenspiel (1794 - 1814) begann unter Preußen die Zeit der staatlich geführten Forstwirtschaft mit für den Kottenforst heute charakteristischen Merkmalen.

Im folgenden werden einige besonders wichtige historisch kulturlandschaftliche Elemente beschrieben. Sie liegen - bis auf das Jägerhäuschen - deutlich abseits der Exkursionsroute, so daß auf eine genaue Wegbeschreibung verzichtet wird. Für interessierte Besucher lassen sich die Objekte aufgrund der Angaben im Text jedoch relativ leicht auffinden. Das Jägerhäuschen selbst ist vom südlich der L 261 gelegenen Parkplatz, der unmittelbar vor der Überquerung der Autobahn erreicht wird, in einem ca. 1 km langen Fußweg zu erreichen.

Das **Jägerhäuschen** an der Merler Bahn muß im Zusammenhang mit der Parforcejagd gesehen werden. Es diente als Relaisstation zum Pferdewechsel für diese Jagdform. Das Jägerhäuschen ist ein sehr markantes Gebäude im Wald und kann gleichzeitig als Orientierungspunkt dienen.

Physisch-geographischer Exkurs (Jörg Grunert)

Als Folge der starken Verlehmung der das Plateau des Kottenforstes nahezu lückenlos überziehenden und teilweise mehrere Meter mächtigen Lößlehmdecken treten in weiten Bereichen ausgedehnte Versumpfungen mit nachteiligen Folgen für den Waldbau ein, denen man schon vor etwa 200 Jahren auf kurfürstliche Weisung hin durch die Anlage tiefer Drainagegräben zu begegnen suchte. Sie sollten den Oberflächenabfluß auf dem gefällsarmen Plateau beschleunigen. Einen Eindruck vom ursprünglichen Zustand erhält man aber noch am Jägerhäuschen, wo sich, mitten im Wald, ein - vermutlich naturnaher - Teich befindet. Das umliegende, ebene Gelände ist schwach versumpft oder zuminmdest stark feucht. Beim Aufgraben mit dem Spaten an beliebiger Stelle stößt man schon nach 30-50 cm auf Grundwasser. Das gebleichte Bodenprofil weist auffällige Reduktionsmerkmale auf und kann daher als Gley (Stagnogley) angesprochen werden. Aus forstlicher Sicht handelt es sich um einen schlechten, zusätzlich durch fortschreitende Versauerung gefährdeten Standort.

Wer sich näher mit der Bodenwasser-Problematik beschäftigen möchte, dem sei eine kleine, ca. 3 km lange Wanderung vom Jägerhäuschen über das Jakobskreuz zum **Kurfürstenweiher** empfohlen. Auf dem Weg zum **Jakobskreuz** fallen die schon erwähnten Drainagegräben in besonderer Weise auf. Am Jakobskreuz hat der Oberlauf des Katzenlochbach seinen Ursprung, welcher - allerdings ohne einen festen Weg - durch einen Fichtenbestand in Richtung Kurfürstenweiher zu verfolgen ist. Es handelt sich um ein muldenförmiges Trockentälchen, dessen Bett zwar nur schwach eingetieft, aber abschnittsweise reichlich mit Kiesen bedeckt ist. Diese stammen aus dem Anschnitt des Sedimentkörpers der jüngeren Hauptterrasse, der hier offenbar nur eine dünne Lößlehmbedeckung aufweist. Nach starken Regenfällen, besonders bei noch vorhandener Bodengefrornis im Fühjahr, könnte es hier kurzzeitig zu Wasserabfluß kommen. Derartige Situationen sind gegenwärtig jedoch äußerst selten.

Der **Kurfürstenweiher** wurde künstlich aufgestaut und sammelt das unmittelbar südlich davon zutage tretende Wasser eines breiten Quellhorizonts , der sich an der Basis einer etwa 2,5 m mächtigen Lößlehmschicht über Sanden und Kiesen der Hauptterrasse befindet. Letztere sind stark wasserführend und speisen zahlreiche Quellen, die am Fuß der steilen Lößlehmstufe austreten und zur Versumpfung des vorgelagerten, kiesbedeckten Geländes geführt haben. Im Sommer gedeihen hier teilweise dichte Bestände von Sauergräsern und Riesenschachtelhalmen. Der Quellhorizont entspricht dem oberen Grundwasserhorizont des Kottenforstes, der an den 6-10 m mächtigen, nach Norden abgedachten Sedimentkörper der jüngeren Hauptterrasse des Rheins gebunden ist und, neben dem Katzenlochbach auch den Hardtbach und den viel kleineren Engelbach (Melbtal) speist. Örtliche Quellaustritte an den Hängen der genannten Täler haben in der Vergangenheit zu Rutschungen geführt. Der Lößlehm ist dagegen völlig trocken und läßt sich an der Stufe mit dem Spaten leicht abgraben. Freigelegt wird dabei das Profil einer Parabraunerde, das keinerlei Grundwassereinfluß, wohl aber eine durch geringen Stauwassereinfluß bedingte Rostfleckigkeit (Pseudovergleyung) erkennen läßt. Die während des Holozäns gebildete Parabraunerde stellt einen guten, tiefgründigen Waldboden dar, der von Natur aus einen Maiglöckchen-Stieleichen-Hainbuchenwald tragen würde. Nur Reste des hochstämmigen Waldes sind noch vorhanden. Daneben gibt es Mischwald sowie standortfremde Fichtenbestände, die die ohnehin schon weit fortgeschrittene Bodenversauerung noch begünstigen.

Ausgewählte kulturlandschaftliche Elemente.

Das **Fosthaus Schönwaldhaus in Villiprott** besteht aus Haupthaus und Nebengebäuden und wurde 1730/31 auf Veranlassung von Clemens August errichtet. Es steht somit im Zusammenhang mit dem Wegenetz und den anderen Relikten, die auf die historische Funktion des Kottenforstes als Jagdrevier verweisen. An der Eingangsmauer findet sich eine Sammlung alter Grenzsteine aus dem Kottenforst. Das Gebäude ist somit ein wichtiges Objekt der Forst- und Territoriengeschichte und ein überaus attraktiver Zielpunkt.

Der Kottenforst zeichnet sich durch eine sehr große Anzahl von **Kleinelementen** aus. Dies sind in erster Linie Wegekreuze, die teilweise als Orientierungspunkte für die Jagd dienten oder aber auch eine Gedenkfunktion innehaben. Als Beispiele seien hier die Kreuze Jakobskreuz, Veritaskreuz, Heidekreuz und Plattenkreuz genannt. Daneben finden sich mehrere Gedenksteine wie zum Beispiel an den Eichen (Kaisereiche) im Vorfeld des Jägerhäuschens, die an die hochgestellten Persönlichkeiten erinnern sollen, welche die entsprechenden Eichen gepflanzt haben. Die ehemals sehr häufigen Grenzsteine sind mittlerweile von der Forstverwaltung sichergestellt und nach Schönwaldhaus gebracht worden.

Eines der bekanntesten und der beliebtesten Ausflugziele des Kottenforstes ist der vermutlich durch den Altgrafen Werner von Salm-Reifferscheidt (1545 - 1629) als Grenzmarkierung der Alfter - Heimerzheimer Grenze um 1625 gesetzte **Eiserne Mann**. Der Eiserne Mann ist in jeder Karte deutlich ausgewiesen und befindet sich ca. 1 km südlich des Großen Cent in der Mitte eines großen Wegesterns. Er ist eine rostbraune ca. 1,20 m aus dem Boden ragende Eisensäule. Am Pfingstmontag wird er von Bewohnern aus den umliegenden Siedlungen erwandert. Neben seiner Bedeutung als Ausflugsziel stellt der Eiserne Mann auch einen Hinweis auf den Eisenerzbergbau bei Waldorf und die Eisenverhüttung wenige Kilometer entfernt dar.

Gut erreichbar vom Parkplatz Buschhoven aus befindet sich ein freigelegtes Stück der **römischen Wasserleitung** nach Köln, das durch eine Kartentafel erläutert ist. Die römische Wasserleitung - Eifelwasserleitung - zählt zu den großen Ingenieurleistungen der Antike. Sie erforderte mehrere Jahre Bauzeit und versorgte Köln bis in die zweite

Hälfte des dritten Jahrhunderts mit Frischwasser aus der Eifel. Ihre Gesamtlänge betrug 98,7 km, die meisten Teile waren unterirdisch angelegt.

Im oberen Marienforster Tal befindet sich eine **mittelalterliche Wallbefestigung** (R 2579100, H 5615580). Aufgrund von Keramikfunden wurde der Wall in das 12. Jahrhundert datiert. Er gehört zu der Gruppe von Befestigungen, die vom 10. bis 12. Jahrhundert auf beiden Seiten des Rheintales errichtet wurden und den Einwohnern der umgebenden Siedlungen als Zufluchtsort dienten. Der Wall war ursprünglich 4 m hoch und hatte einen 6 m breiten vorgelagerten Graben. Entdeckt wurde der Wall 1968 im Zuge einer archäologischen Landesaufnahme von M. Groß.

Um den Kottenforst für die bereits erwähnte Parforcejagd zu erschließen, mußte ein umfangreiches **Wegenetz** geschaffen werden. Da der Untergrund des Waldgebietes aber sehr feucht war (s.o.), war es notwendig, die Wege zu erhöhen, um eine ganzjährige Nutzung zu ermöglichen. Gleichzeitig wurden die Wegesterne mit markierenden Kreuzen zur Standortbestimmung versehen und ein heute noch gut erkennbares und genutztes umfangreiches Netz von **Entwässerungsgräben** angelegt. Die Wege sind gekennzeichnet durch ihren extrem geraden Verlauf. Sie gliedern den Kottenforst gleichmäßig in Einzelbereiche, sogenannte Jagen. Der Ursprung der Idee, den Wald sternförmig zu gliedern, ist in der italienischen Renaissance zu suchen. Das Wegenetz veranschaulicht somit ein in seiner Entstehungszeit weit verbreitetes Ordnungssystem. Ein guter Standort zur Beobachtung dieses Systems ist der **Große Stern**, eine Kreuzung von fünf Wegen, unweit des Jägerhäuschens. Die ursprüngliche Funktion des Wegenetzes läßt sich heute noch sehr gut ablesen und erwandern.

An den westlichen Villehang lehnt sich im wesentlichen die Verteidigungsstellung **Erftriegel**. Sie war als letzte Verteidigungslinie vor dem Rhein im hinteren Stellungssystem des Westwalles während des Zweiten Weltkriegs gedacht. Es handelt sich um einen vielerorts gut erkennbaren im Zickzack verlaufenden Graben mit vorgelagerten Stellungslöchern und vor- und rückgelagerten Unterständen, die jeweils durch einen Durchbruch an den Schützengraben angeschlossen sind. Sehr gut erkennbar ist diese Stellung im Bereich des **Forsthauses Buschhoven**. Sie ist hier noch zusammenhängend mit einem stark ausgebauten Unterstand erhalten, allerdings durch das Wegesystem unterbrochen. Der Erftriegel ist als Element der historisch gewachsenen Kulturlandschaft durchaus von Bedeutung, auch wenn er nicht so alt ist wie beispielsweise die im Kottenforst liegenden und im folgenden näher erläuterten Übungslager der römischen Legion bei Pech.

Westlich von Pech befinden sich die Reste von vier **römischen Übungslagern**. Die Übungslager stehen offenbar in Zusammenhang mit den Aktivitäten der in Bonn stationierten Legion I Minervia. Grabungen oder Funde, die nähere Auskunft über Datierung und Funktion geben würden, stehen noch aus. Eine ähnliche Konzentration von Übungslagern findet sich auf dem Übungsgelände der Xantener Legionsfestung.

Das erste Lager liegt im Bereich der Kreuzung **Professorenweg/Langeweg** (Jagen 79/80) und verfügt über einen ca. 0,3 m hohen Wall mit den Maßen 65 m x 72 m. Wie der Wall ist auch der Graben stark verflacht. Drei der vier mit nach innen gezogenem Wall angelegten Tore - N, O und S - sind noch erhalten. Das Lager ist vom Weg aus erkennbar. - Das zweite Lager liegt 500 m weiter östlich im Jagen 68 zwischen **Riesenweg** und **Pecher Viehtrift**. Der Ostteil des ursprünglich 105 m x 85 m großen Areals ist einplaniert. Der Wall ist wie bei dem ersten Lager nur noch 0,3 m hoch, und es sind ebenfalls nur noch drei Tore erhalten (O, S und W). Vom Weg aus war das Lager bei einer Ortsbesichtigung nicht erkennbar. - Ein weiteres 135 m x 80 m großes Lager wird von der **Wattendorfer Allee** im Jagen 65/66 durchschnitten. Der Wall dieses Lagers ist mit einer Höhe von bis zu 0,5 m noch gut erkennbar. Die Tore im Süden und Westen sind ebenfalls gut zu sehen. Ein Graben ist nicht vorhanden. Zur Zeit finden in dem Bereich dieses Lagers umfangreiche Waldarbeiten statt, die möglicherweise die Existenz des Lagers gefährden. - 600 m weiter nordöstlich befindet sich das vierte Lager, das mit einer Wallhöhe von bis zu 0,6 m ebenfalls gut erkennbar ist. Es wird durch die Bellerbusch-Allee im Bereich von Jagen 48 beeinträchtigt und hat eine Ausdehnung von 62 m x 86 m. Schließlich findet man noch ein weiteres Lager im Bereich Duisdorf in der **Flur "Oben der Keyermaar"**. Die Anlage hat eine Ausdehnung von 160 m x 72 m und eine Wallhöhe von 0,7 m. Der Wall ist 6 m breit. Im Norden und Westen sind ca. 0,35 m tiefe Grabenreste zu finden. Alle vier Tore mit nach innen gezogenen Wallenden sind erhalten geblieben.

Insgsamt kann also im Bereich des Kottenforstes gut gezeigt werden, daß die Kulturlandschaftsgeschichte aus Phasen der Entwicklung und Stagnation mit wahrnehmbaren Überresten in der heutigen Landschaft besteht und daß ein scheinbar natürliches Wandergebiet eine große Dichte von anthropogenen Überformungen aufweist.

Meckenheim

Nachdem man auf der L 261 die Autobahn A 565 überquert hat, ist zunächst auf der linken Seite das auffällige Gebäude des Bundeskriminalamtes erkennbar, dessen Bonner Abteilungen mit ca. 1.000 Beschäftigten seit 1981 hier untergebracht sind. Unmittelbar anschließend wird - im Bereich der Abzweigung zum Bundeskriminalamt bzw. zum Industriepark Kottenforst - der Sängerhof passiert. Heute befindet sich hier der Hauptsitz der Firma Ley, einer der ältesten Baumschul- und Plantagenbetriebe im Meckenheimer Raum. Bei der Weiterfahrt in Richtung Meckenheim sieht man zu beiden Seiten der Straße große Areale der Baumschulen und Obstplantagen.

Daß Meckenheim auch heute noch eine Stadt der Baumschulen, vor allem aber der Edelobstplantagen ist, wird spätestens bei Erreichen des Meckenheimer Stadtgebietes deutlich. Die sogenannte „**Meckenheimer Obstmeile**" an der Bonner Straße bildet heute das Zentrum für den direkten Verkauf der Obstprodukte. Dabei kann die Stadt Meckenheim auf eine lange Tradition von Baumschulbetrieben zurückblicken. Der älteste Baumschulbetrieb, die heute nicht mehr bestehende Firma Fey, geht auf das Jahr 1848 zurück. Ihr folgten mit zeitlichem Abstand weitere Betriebe wie die bereits erwähnte Firma Ley oder die Firmen Herr, Spilles, Ruland oder Wolber. Sie versorgten und versorgen nicht nur die heimische Region, sondern vertreiben ihre Produkte bundesweit, z. T. sogar auch im benachbarten Ausland.

Ein weiterer über die Region hinaus bekannter und zugleich auf eine lange Tradition zurückblickender Betrieb ist die **Grafschafter Krautfabrik**, im Westen der Stadt an der Wormersdorfer Straße gelegen. Sie gehört sicherlich zu den führenden Betrieben ihrer Branche, und der „Grafschafter Goldsaft" hat sich zu einem eigenständigen Qualitätsbegriff entwickelt.

Darüber hinaus gibt es - abgesehen von den im Industriepark Kottenforst angesiedelten Firmen - kaum Industriebetriebe. Meckenheim ist eine Stadt, deren Einwohnerschaft mit einem fast 75 %-igen Anteil von Beamten und Angestellten ganz entscheidend durch die nahe gelegene ehemalige Bundeshauptstadt Bonn geprägt ist.

853 erstmals urkundlich erwähnt, wurde Meckenheim 1636 durch Kurfürst Ferdinand von Köln zur Stadt erhoben. Über Jahrhunderte hinweg hatte es den Charakter einer Ackerbürgerstadt, in dem die Landwirtschaft dominierte, wobei ab der Mitte des 19. Jahrhunderts eine Schwerpunktentwicklung im Bereich der Baumschulen und Obstplantagen einsetzte und Meckenheim auf diesem Sektor eine bis heute andauernde führende Stellung von überregionaler Bedeutung brachte. Einen entscheidenden Wachstumsschub erhielt die Stadt jedoch in den 60er Jahren mit der Entwicklung der Neuen Stadt Meckenheim - Merl.

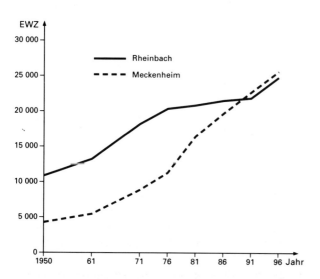

Abb. 3: Entwicklung der Einwohnerzahlen von Rheinbach und Meckenheim. (Quelle: LDV - NW)

Wie Abb. 3 zeigt, erlebte Meckenheim vor allen Dingen in den 70er Jahren einen starken Anstieg seiner Bevölkerung, die sich von ca. 8.000 Einwohnern (1970) auf 17.700 Einwohner (1980) mehr als verdoppelte, wobei dieser Zuwachs in erster Linie auf die Neue Stadt zurückzuführen ist. Heute hat Meckenheim knapp 26.000 Einwohner, die sich allerdings - im Gegensatz zur Nachbarstadt Rheinbach - auf nur wenige Ortsteile verteilen, so daß die Einwohnerdichte bei 690 Einw./qkm (1993) liegt. In Rheinbach ist die entsprechende Dichte nur halb so hoch (345 Einw./qkm (1993).

Wie stark die Einwohnerschaft Meckenheims nach Bonn hin orientiert ist, zeigt die Graphik der Auspendler aus Meckenheim (Abb. 4).

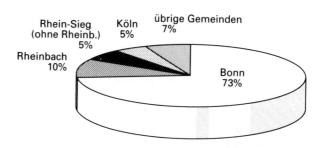

Abb. 4: Auspendler aus Meckenheim (nach VZ 1987); Gesamtzahl = 7.317 Personen. (Quelle: LDV - NW)

Nach den Angaben der VZ 1987 (jüngere Angaben liegen leider nicht vor, doch dürften die Grundaussagen nach wie vor gültig sein) war für 73 % der insgesamt 7.317 Auspendler Bonn der Zielort. Selbst bei Berücksichtigung der Tatsache, daß sich unter diesen Auspendlern etwa 800 Ausbildungspendler (Universitätsstadt Bonn) befinden, sind es doch mehr als 4.500 Personen, die als Berufspendler nach Bonn fahren. - Die zwar deutlich geringere, aber doch vergleichsweise hohe Zahl von Auspendlern in die Nachbarstadt Rheinbach mag zunächst überraschen, erklärt sich aber durch einen fast 60 %igen Anteil von Ausbildungspendlern an diesen 700 Personen, die das besondere Angebot der „Schulstadt" Rheinbach (u. a. drei - davon zwei private - Gymnasien, Glasfachschule) nutzen.

Das Zentrum von Alt-Meckenheim liegt in der **Hauptstraße**, die seit 1974 Teil eines Ringstraßensystems (Klosterstraße - Hauptstraße) ist. Im Zweiten Weltkrieg in weiten Bereichen zerstört, wurde sie anschließend wieder aufgebaut, wobei allerdings kein so harmonisches Stadtbild wie im benachbarten Rheinbach entstand. Eine wesentliche Verbesserung erfolgte jedoch im Rahmen einer umfassenden Sanierungsmaßnahme, die Ende der 70er/Anfang der 80er Jahre durchgeführt wurde. Ziel war es dabei, den „Ortskern Meckenheim einer umfassenden städtebaulichen Angleichung" zuzuführen, „um den künftigen Bedürfnissen im Rahmen einer Gesamtstadt gerecht werden zu können" (GERLACH 1983, S. 111). So erfolgten eine wesentliche Verkehrsentlastung durch die Umgestaltung in eine Einbahnstraße, die Integration in den oben erwähnten Einbahnring und den Umbau in eine verkehrsberuhigte Einbahnstraße mit breiten Bürgersteigen und kleineren Plätzen sowie einer umfassenden Begrünung. Gleichzeitig wurden ausreichend Parkplätze und rückwärtige Anlieferungsmöglichkeiten für die Geschäfte geschaffen, wesentlich störende Betriebe ausgelagert und einzelne Objekte saniert oder modernisiert. Ein Gang durch die Hauptstraße (von der „Meckenheimer Obstmeile" an der Bonner Straße zweigt die Hauptstraße nach links ab) zeigt, daß die Sanierungsmaßnahmen insgesamt gelungen sind. Man findet im wesentlichen Geschäfte für den kurz- und mittelfristigen Bedarf. Die Hauptstraße ist heute ein wichtiges Versorgungszentrum für die gesamte Stadt Meckenheim.

Neue Stadt Meckenheim - Merl

Bereits mehrfach erwähnt wurde die immense Bedeutung der Neuen Stadt Meckenheim - Merl für die Gesamtentwicklung der Stadt Meckenheim. Mit der aufstrebenden Entwicklung Bonns als Sitz der Bundesregierung nahm der Siedlungsdruck in den 60er Jahren nicht nur in Bonn, sondern auch in den angrenzenden Regionen deutlich zu. Dabei verfolgte der ehemalige Landkreis Bonn ein Planungskonzept, „das die Siedlungstätigkeit innerhalb des Landkreises auf wenige Schwerpunkte konzentrieren sollte" (GERLACH 1983, S. 1). Einen solchen Schwerpunkt mit Entwicklungsfunktion bildet das Gebiet zwischen den bis 1969 jeweils selbständigen Gemeinden Meckenheim und Merl, das aus mehreren Gründen als besonders günstig angesehen wurde. „Der das Gebiet von Norden bis Süd-Osten umschließende Naturpark Kottenforst - Ville bietet eine ideale stadtnahe Erholungssituation. Das für Obstplantagen und Baumschulen hervorragende Klima begünstigt auch das Wohnen und unterscheidet sich grundlegend vom Inversionsklima des Rheintales. Die nach Westen und Süd-Westen zum Swistbach leicht abfallenden Hanglagen sind für eine Bebauung besonders gut geeignet. Etwa 5 km südlich von Meckenheim - Merl beginnt die Voreifel, das Ahrtal ist 15 km entfernt. Meckenheim - Merl liegt günstig im regionalen und überregionalen Verkehrsnetz (gute Erreichbarkeit von Bonn - Mitte und Bonn - Bad Godesberg mit dem PKW; Verbindungen über die linksrheinische A 61 in die Räume Köln, Aachen, Koblenz, Mainz; randliche Lage zur Bundesbahnlinie Bonn - Euskirchen). In der Hauptstraße von Alt-Meckenheim ist ein leistungsfähiger Versorgungsbereich vorhanden, der zur Versorgung der ersten Teilbaugebiete ausreicht. Außerdem begünstigt das Vorhandensein eines historischen Stadtkerns erfahrungsgemäß das Entstehen eines gesunden sozialen Gefüges" (GERLACH 1983, S. 1).

So wurde 1962 zur Durchführung der Entwicklungsmaßnahme die „Entwicklungsgesellschaft Meckenheim - Merl mbH" gegründet, wobei die folgenden Aufgaben für die Neue Stadt Meckenheim - Merl festgelegt

wurden. Meckenheim - Merl soll „im Mittelpunkt eines intensiv landwirtschaftlich genutzten Bereichs zu einem zentralen Ort werden, der weitgehend aus eigener Kraft lebensfähig ist (Ausbauziel ca. 25.000 Einwohner), Wohnfunktionen für den gesamten Bonner Raum übernehmen, in Ergänzung seiner zentralen Funktion als Gewerbestandort zum Ausgleich des einseitig auf Dienstleistungen ausgerichteten Bonner Raumes beitragen, die Wirtschaftskraft der ehemaligen Gemeinden Meckenheim und Merl durch eine umfangreiche gezielte Gewerbeansiedlung heben (Ziel 4 - 5.000 Arbeitsplätze), die Landwirtschaft vor einer Schädigung sichern, die jede ungeordnete Entwicklung mit sich bringt („Obst- und Baumschulstadt") und den Alt- und Neubürgern ... eine möglichst hohe kulturelle und materielle Versorgung (Schulwesen, Freizeiteinrichtungen usw.) sichern" (GERLACH 1983, S. 3). Außerdem wurden die oben bereits erläuterte Sanierung und der Ausbau der alten Ortslage Meckenheim als wesentliches Ziel der Entwicklung in der Planung festgeschrieben.

Als erste Bauabschnitte wurden die Bereiche Meckenheim - Ruhrfeld und Merl - Lehmwiese in Angriff genommen (vgl. Abb. 5).

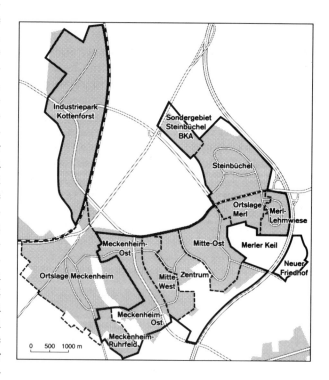

Abb. 5: Übersichtsplan des Projektgebietes mit Abgrenzung der Baugebiete. (Quelle: GERLACH 1983, S.41)

Beides sind Gebiete, die an die bestehenden Ortslagen Alt-Meckenheim bzw. Merl angrenzen, wodurch sowohl eine Versorgung der zuziehenden Bevölkerung wie auch eine Stärkung der vorhandenen Versorgungseinrichtungen erreicht wurden. Im Stadtteil Ruhrfeld überwiegen dabei Mehrfamilienhäuser, während in Anpassung an den dörflichen Charakter Merls im Bereich Lehmwiese ausschließlich ein- und zweigeschossige Einfamilienhäuser als Gartenhof- und Reihenhäuser errichtet wurden. War man aufgrund allgemeiner Erfahrungen ursprünglich davon ausgegangen, daß etwa 70 % der zu bauenden Wohnungen in Mehrfamilienhäusern und 30 % in Einfamilienhäusern bereitzustellen waren, so erwies sich diese Annahme relativ bald als Fehleinschätzung, so daß man die Verhältniszahlen genau umdrehen mußte. Offenbar wirkten sich hier die für den Bonner Raum typischen Einkommens- und Sozialstrukturen in besonderer Weise aus.

Heute ist das Einfamilienhaus die deutlich dominierende Wohnform in Meckenheim - Merl, und die unterschiedlichsten Gestaltungsmöglichkeiten dieser Wohnform haben dort ihren Niederschlag gefunden. Dabei herrschen die freistehenden Einfamilienhäuser besonders in den Außenbereichen der Gesamtstadt vor. Daneben findet man unterschiedliche Gruppierungen von Einfamilienhäusern, wobei insbesondere die Form des Gartenhofhauses häufig vertreten ist. Beispiele hierfür finden sich am **Jungholzhof**, im **Cäcilienbusch** oder in Merl - Lehmwiese im **Eichen-** und **Erlenhof**.

Die Verkehrserschließung erfolgt durch ein weit differenziertes Wege- und Straßennetz. Den alleenartig ausgebauten Hauptstraßen stehen sogenannte Wohnsammelstraßen gegenüber, deren Verkehrsführung so gewählt ist, daß der Durchgangsverkehr aus den Wohnbereichen ferngehalten wird. Ergänzt wird das Netz durch Stichstraßen sowie reine Fußgänger- und Fahrradwege. Die Erschließung mit öffentlichen Verkehrsmitteln erfolgt durch mehrere Buslinien, die auch eine Verbindung zur Bundesbahnlinie Bonn - Euskirchen herstellen. Diese Bahnlinie liegt allerdings relativ peripher zum Siedlungsgebiet, jedoch ist die Erreichbarkeit 1996 mit dem Bau des neuen Haltepunktes „Meckenheim - Industriepark" (als zweiter Haltepunkt nach „Meckenheim - Bahnhof") etwas verbessert worden. Beide Bahnhöfe verfügen über relativ umfangreiche P+R - Parkplätze.

Parallel zur Errichtung der Wohngebäude fand schließlich die Erschließung eines Schulzentrums mit Haupt-, Realschule und Gymnasium statt. Hinzu kommen Sportanlagen und ein Hallenbad, so daß hier ein neuer Mittelpunkt für die Gesamtstadt Meckenheim geschaffen wurde. In unmittelbarer Nachbarschaft dazu liegt der Bereich des Neuen Marktes, der inzwischen zu einem wichtigen Einkaufszentrum geworden ist. 1977 begann die Erschließung mit dem Bau eines Möbelhauses, 1980 kam ein mehr als 3.000 qm großer Supermarkt hinzu, und inzwischen ist eine Vielzahl von Einzelhandelsgeschäften, Banken, Arztpraxen und Lokalen gefolgt, so daß hier - neben der Hauptstraße in Alt-Meckenheim - ein zweites Versorgungszentrum mit z. T. überörtlichem Einzugbereich entstanden ist. Ergänzt und vervollständigt wird das insgesamt gute Ver-sorgungsangebot durch zwei kleinere Einkaufsbereiche in Meckenheim - Steinbüchel und in Alt-Merl.

Industriepark Kottenforst

Im Zusammenhang mit der Entwicklung der Neuen Stadt Meckenheim - Merl begann auch die Erschließung des 120 ha umfassenden Industrieparks Kottenforst, dem zwei wesentliche Funktionen zugeschrieben wurden: Zum einen sollte durch die Ansiedlung von Gewerbebetrieben „ein ausgewogenes Verhältnis zwischen der Anzahl der Wohnungen und der Anzahl der Arbeitsplätze am Ort erreicht werden" (GERLACH 1983, S. 120), zum anderen die Gemeinde in die Lage versetzt werden, durch Gewerbesteuer zusätzliche Einnahmen zu erzielen.

Die Gudenauer Allee (L 158) ebenso wie die Paul-Dickopf-Straße mit ihrer Fortsetzung Am Pannacker führen vom Wohngebiet der Neuen Stadt unmittelbar in den Industriepark Kottenforst, der sich im Bereich westlich der Bahnlinie Bonn - Euskirchen befindet. Die Überführung der Straße Am Pannacker über die Bahnlinie in unmittelbarer Nähe des jüngst eröffneten DB - Haltepunktes „Meckenheim - Industriepark" gibt die Möglichkeit, von einem leicht erhöhten Standpunkt den Industriepark zu überblicken. Die im wesentlichen in den Jahren von 1975 bis 1989 angesiedelten Betriebe weisen insgesamt eine gemischte Branchenstruktur auf, dabei konzentrieren sich die Großbetriebe vorzugsweise im östlichen Bereich (z. T. mit Bahnanschluß), während Kleinbetriebe eher im Nordteil zu finden sind. In relativer Nähe zu den Wohngebieten gibt es außerdem im Südwest-Bereich KFZ-Betriebe, eine Tankstelle und ein Sportzentrum.

Bei den besonders wichtigen Großbetrieben dominieren die Bereiche Nahrungs- und Genußmittel, Holzverarbeitung und Handel. Insgesamt ergibt sich aber „das Bild eines traditionellen Gewerbegebietes, in welchem eine bunte Branchendurchmischung anzutreffen ist und moderne bzw. wachstumsintensive Branchen (z. B. Elektronik) die Ausnahme bilden" (GEOGRAPHISCHES INSTITUT DER UNIVERSITÄT BONN 1989, S. 19).

Bei den Betrieben, die sich im Industriepark Kottenforst ansiedelten, überwogen zu über 70 % Betriebe, die aus dem Raum Bonn oder dem linksrheinischen Teil des Rhein-Sieg-Kreises gekommen sind. Dies zeigt „die relativ kleinräumige Anziehungskraft des Industrieparks Kottenforst für Betriebe mit Verlagerungsabsichten, steht aber im Einklang mit Untersuchungen über Firmenverlagerungen in anderen Wirtschaftsräumen und liegt in erster Linie am Bestreben der Betriebe, ihre bisherigen Aktionsräume nicht zu verlassen" (GEOGRAPHISCHES INSTITUT DER UNIVERSITÄT BONN 1989, S. 36).

Tab. 1: Strukturdaten zur Landwirtschaft im Raum Meckenheim - Rheinbach. Quelle: LANDWIRTSCHAFTSKAMMER RHEINLAND (Hrsg.): Landwirtschaftlicher Fachbeitrag zum Landschaftsplan Meckenheim - Rheinbach - Swisttal; Bonn 1994

	Rheinbach-Höhengebiet	Rheinbach-Niederung	Mecken-heim	Gesamt
Betriebsgrößen (ha):				
5 - 9	4	4	9	17
10 - 19	11	16	18	45
20 - 29	4	14	13	31
30 - 49	11	23	16	50
50 - 99	3	12	1	16
100 u.mehr	0	0	2	2
Betriebstypen:				
Haupterwerb	55	22	54	131
Nebenerwerb	14	11	5	30
Betriebssysteme:				
Marktfrucht	6	48	7	61
Futterbau	25	6	-	31
Veredlung	-	1	-	1
Gartenbau	1	6	41	48
Gartenbau m. Landwirtschaft	1	8	11	20
Bodennutzung (ha):				
Getreide	195	1.426	395	2.016
Zuckerrüben	10	476	132	618
Sonst.	6	30	1	37
Feldfutter	52	61	6	119
Ackerland gesamt	263	1.993	534	2.790
Grünland	658	218	86	962
Sonderkultur	19	107	941	1.067
LF	940	2.318	1.516	4.774

War man bei der Planung des Parks davon ausgegangen, daß die Möglichkeit des Gleisanschlusses an die DB-Strecke Bonn - Euskirchen ein wesentlicher Standortfaktor sein würde, so ist dies heute praktisch ohne Bedeutung. Dagegen ist für die weit überwiegende Zahl der Betriebe die günstige Erreichbarkeit der Autobahnen (A 61, A 565) der mit Abstand wichtigste Standortfaktor. Dies gilt in ganz besonderem Maß für Großhandels- und Transportunternehmen wie Edeka/Rasting oder Rungis-Express. Sie sind zudem an den Ausfallstraßen angesiedelt, wodurch die Erreichbarkeit der Autobahnen noch verbessert, gleichzeitig aber auch die Verkehrsbelastung innerhalb des Industrieparks verringert wird. Als weiterer wichtiger Standortfaktor erwiesen sich zudem sowohl die Quantität als auch die Qualität des Grundstücks- und Gewerbeflächenangebots.

Inzwischen sind die Ausdehnungsmöglichkeiten innerhalb des Parks weitgehend erschöpft, wenn auch einzelne Betriebe noch über verschiedene Reserveflächen verfügen mögen. Die Zahl der Arbeitsplätze liegt zwischen 3.000 und 3.500. Durch die Ansiedlung umweltfreundlicher Betriebe und die relativ starke Durchgrünung des Gebietes mit Hilfe von breiten Grünstreifen beiderseits der Erschließungsstraßen ist

eine sinnvolle Anpassung an den Landschaftsraum erreicht worden. Die Stadt Meckenheim hat überdies neben dem dominierenden Gartenbau ein weiteres wirtschaftliches Standbein er-halten. Der angestrebte Ausgleich für den einseitig auf Dienstleistungen ausgerichteten Bonner Raum dürfte dagegen nur in bescheidenen Ansätzen erreicht worden sein.

Landwirtschaft im Raum Meckenheim - Rheinbach

Folgt man der von Meckenheim nach Flerzheim führenden L 163 (diese Straße biegt von der mehrfach erwähnten Bonner Straße („Meckenheimer Obstmeile") nach Norden ab), so durchfährt man auf dem Weg nach Flerzheim und weiter nach Rheinbach Areale, die weitgehend durch den für den Großraum Meckenheim typischen Gartenbau gekennzeichnet sind (vgl. Tab. 1 und 2).

Das Gebiet der Städte Meckenheim und Rheinbach wird durch den Übergang von Eifel und Ville zur Köln-Aachener-Bucht bestimmt und gehört „naturräumlich zu den Großeinheiten Osteifel, Mittelrheingebiet und Niederrheinische Bucht, klimatisch zum maritim beeinflußten nordwestdeutschen Klimabereich" (LANDWIRTSCHAFTSKAMMER RHEINLAND 1994, S. 2). Es liegt am Südrand des großen Sedimentationsbeckens der Niederrheinischen Bucht. Günstige klimatische Verhältnisse auf der Ostseite der Eifel und das Vorhandensein fruchtbarer Böden haben vor allen Dingen im Bereich der Niederungen zu einer intensiven landwirtschaftlichen Nutzung geführt. Aus den tiefgründigen, ursprünglich kalkhaltigen Lössen haben sich durch Verwitterungsprozesse im Laufe der Jahrtausende Böden entwickelt, die in den Bereich der Parabraunerden oder Pseudogley-Parabraunerden gehören. Die Ertragsfähigkeit dieser Böden ist äußerst unterschiedlich. In den Gemarkungen Hilberath, Todenfeld, Neukirchen und Queckenberg, die zum Rheinbacher Höhengebiet und damit zum Randbereich der Osteifel zählen, wird eine durchschnittliche Ertragsmeßzahl von 40 kaum überschritten. Dem stehen weite Bereiche mit guten bis sehr guten Ertragsvoraussetzungen gegenüber, wobei die durchschnittliche Ertragsmeßzahl zwischen 60 und 77 schwankt.

Der größte Teil des Gebiets gehört zu der sanft nach Norden abfallenden Ebene der Zülpicher Börde als Teil der Köln-Aachener-Bucht, wobei „das Landschaftsbild

Tab. 2: Strukturdaten zum Gartenbau in Meckenheim und Rheinbach. Quelle: LANDWIRTSCHAFTSKAMMER RHEINLAND (Hrsg.): Landwirtschaftlicher Fachbeitrag zum Landschaftsplan Meckenheim - Rheinbach - Swisttal; Bonn 1994

	Rheinbach	Meckenheim	Gesamt
Obstbaubetriebe:			
Betriebsgrößen (ha):			
< 10	19	36	55
10 - 20	6	22	28
> 20	1	9	10
durchschnittl. Größe	6,9	12,2	10,7
Bodennutzung (ha):			
Kernobst	122	652	774
Steinobst	30	129	159
Erdbeeren	28	36	64
Baumschulbetriebe:			
Anzahl der Betriebe	2	5	7
Fläche (ha)	8	380	388
Zierpflanzenbaubetriebe:			
Anzahl der Betriebe	4	7	11
Freiland (ha)	2,2	2,8	5,0
Unterglas (qm):	2.380	13.850	16.230

- abgesehen von den scharfen Abgrenzungen zu den höher gelegenen bewaldeten Flächen - von Süden nach Norden durch einen allmählichen Übergang von abwechslungsreichen unterschiedlichen Bodennutzungen mit Ackerbau und Sonderkulturen bis hin zur freien typischen Bördenlandschaft der Zülpicher Börde mit ausschließlich großflächigem Ackerbau geprägt wird" (LANDWIRTSCHAFTSKAMMER RHEINLAND 1994, S. 10). In der relativ großen Anzahl von Betrieben (vgl. Tab. 1) zeigt sich eine landwirtschaftlich geprägte Gebietsstruktur, die jedoch durch die starke Ausdehnung der Wohnbebauung der letzten Jahre deutlich beeinflußt wird. Tab. 1 zeigt eine klare Vorherrschaft der Haupterwerbsbetriebe. Bei den Betriebssystemen dominieren die Marktfruchtbetriebe. Die Futterbaubetriebe konzentrieren sich vor allem im Rheinbacher Höhengebiet, während die Gartenbaubetriebe den Raum Meckenheim beherrschen. Entsprechend den Betriebstypen variiert der Besatz mit Arbeitskräften. In den Ackerbaugebieten ist er mit ca. 4 AK pro 100 ha (AK = Arbeitskrafteinheit; 1 AK entspricht einer voll leistungsfähigen männlichen oder weiblichen Person, die während des ganzen Jahres im landwirtschaftlichen Betrieb tätig ist) deutlich unter dem Wert der Obstbau- und Baumschulbetriebe mit ca. 19 AK pro 100 ha. Dabei weisen die letztgenannten Betriebe einen besonders hohen Anteil von ständigen (nicht familienangehörigen) Fremdarbeitskräften auf. Die Viehhaltung spielt in Meckenheim nur eine untergeordnete Rolle und hat ihren Schwerpunkt im Rheinbacher Höhengebiet, wobei die Milchproduktion die Mastbullenzucht deutlich übertrifft.

Wie bereits mehrfach erwähnt, ist die charakteristische Besonderheit des Gesamtraumes der Gartenbau, der

eine hohe wirtschaftliche Bedeutung hat. Der Obstbau kann in Meckenheim auf eine über hundertjährige Tradition zurückblicken, und die Region gehört heute zu einem der wichtigsten geschlossenen Obstanbaugebiete Deutschlands. Inzwischen beschränkt sich der Obstbau nicht mehr ausschließlich auf Meckenheim, sondern hat sich auch auf die Nachbargemeinden Wachtberg und Rheinbach bis hin zum nördlich angrenzenden Swisttal ausgedehnt. Dabei hat in den letzten Jahren die Anlage von Kernobstkulturen (insbesondere von Apfelbäumen) stark zugenommen, während Steinobstkulturen infolge der Billigimporte von Schattenmorellen deutlich zurückgegangen sind. Beim Steinobst wird allerdings zukünftig wieder eine leichte Zunahme im Bereich von Pflaumen oder Zwetschen erwartet. „Eine enorme Ausdehnung hat in den letzten 15 Jahren aber der Erdbeeranbau erfahren. Das stark zunehmende Nachfragepotential durch den zunehmenden Wohlstand der Konsumenten in Verbindung mit neuen Kultur-techniken ließ die Anbaufläche über das 10-fache anwachsen" (LANDWIRTSCHAFTSKAMMER RHEINLAND 1994, S. 24).

Mehr als drei Viertel der Obstproduktion wird über den Zentralmarkt in Roisdorf abgesetzt und dient vor allem zur Belieferung der nordrhein-westfälischen Ballungsgebiete (vgl. hierzu auch die Exkursion B2a). Aber auch der Direktverkauf ist von überregionaler Bedeutung und erfolgt schwerpunktmäßig im Bereich der bereits angesprochenen „Meckenheimer Obstmeile". Insgesamt wird der Produktionswert des Obstanbaus auf 30 - 35 Millionen DM geschätzt, während die Wirtschaftskraft der Baumschulbetriebe 40 - 45 Millionen DM pro Jahr beträgt. Das Gebiet ist heute die drittgrößte Baumschulregion in Deutschland, wobei die Produktion durch relativ wenige Betriebe unterschiedlicher Größenordnung erfolgt. Die meisten dieser Betriebe beliefern andere Baumschulen oder Gartencenter, einige setzen ihre Produkte aber auch durch Direktverkauf ab.

Von eher untergeordneter Bedeutung sind die Zierpflanzenbaubetriebe und vor allem die Gemüsebaubetriebe. Dabei muß jedoch zukünftig mit einer Ausdehnung des Feldgemüseanbaus gerechnet werden, „da viele Kleinbetriebe in der Gemeinde Bornheim die Produktion aufgeben, andererseits aber durch den Zentralmarkt in Roisdorf eine wachsende Nachfrage besteht" (LANDWIRTSCHAFTSKAMMER RHEINLAND 1994, S. 27).

Rheinbach

Wenn - wie Tab 1 zeigt - die Landwirtschaft in Rheinbach auch heute noch eine wichtige Rolle spielt, was vor allen Dingen für die 1969 nach Rheinbach eingemeindeten umliegenden Ortsteile gilt, so erfüllt die Stadt doch in erster Linie die Funktion eines Mittelzentrums mit verschiedenen zentralen Einrichtungen.

Insgesamt kann Rheinbach auf eine lange Geschichte zurückblicken, deren markante Zeugnisse u. a. die Relikte einer **römischen Wasserleitung** (sie führte von der Eifel nach Köln), die Reste der mittelalterlichen Stadtmauer und einige (inzwischen restaurierte) Türme wie der **Wasemer Turm** mit dem Neutor und der **Hexenturm** im Bereich der Rheinbacher Burg sind. 762 erstmals als „Reginbach" in einer Königsurkunde erwähnt, verlief die jüngere Geschichte der Stadt wechselvoll. Brachte der Anschluß an die Bahnlinie Bonn - Euskirchen am Ende des 19. Jahrhunderts einen Entwicklungsschub, so bedeutete die Auflösung des Landkreises Rheinbach und die Zuteilung zum Landkreis Bonn (und später zum Rhein-Sieg-Kreis) eine deutliche Verschlechterung. Auch unter den Zerstörungen des Zweiten Weltkriegs hat die Stadt beträchtlich gelitten. Mit der Wahl Bonns zur Bundeshauptstadt und dem damit verbundenen Ausbau der Region Bonn begann auch für Rheinbach ein neuer Aufstieg. Abb.3 zeigt deutlich den Anstieg der Bevölkerungszahl besonders von 1961 bis 1976 und in den letzten Jahren. Heute liegt die Einwohnerzahl bei ca. 25.000 Einwohnern, wovon etwa 55 % in der Kernstadt leben.

Wie weit auch Rheinbach durch das Zentrum Bonn beeinflußt wird, zeigt Abb. 6.

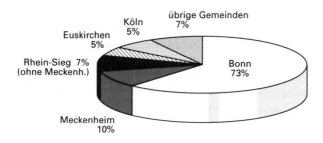

Abb. 6: Auspendler aus Rheinbach (nach VZ 1987); Gesamtzahl = 5.615 Personen. (Quelle: LDV - NW)

Zwar ist der Anteil der Auspendler mit 5.615 Personen (VZ 1987) geringer als in Meckenheim, aber davon entfällt mit 62 % wiederum der Großteil auf die Stadt Bonn. Beachtet man ferner, daß von den Bonn-Pendlern etwa ein Zehntel Ausbildungspendler sind, so verbleiben mehr als 3.000 Berufspendler. An diesen auf der Volkszählung 1987 beruhenden Daten dürften sich zwischenzeitlich keine wesentlichen Veränderungen ergeben haben. Der Anteil der Beamten und Angestellten an den Erwerbspersonen beträgt in Rheinbach etwa

60 % und ist damit weniger dominant als im benachbarten Meckenheim.

Als nach dem Zweiten Weltkrieg die sudetendeutschen Glasbetriebe enteignet wurden, mußten viele Facharbeiter und Angestellte eine neue Heimat suchen. Eine Reihe von ihnen, vor allem aus dem Zentrum der Glasveredlung im böhmischen Steinschönau, ließ sich in Rheinbach nieder und begründete so den Ruf Rheinbachs als eine „Stadt des Glases". Entsprechende Betriebe und Geschäfte findet man an verschiedenen Stellen im Stadtgebiet. Durch die Errichtung des **Glasmuseums** mit Kulturzentrum im **Himmeroder Hof** und den in jüngster Zeit erfolgten großzügigen Ausbau der 1948 gegründeten Glasfachschule erhielt der Ruf Rheinbachs als bedeutendes überregionales Zentrum der Glasindustrie weiteren Auftrieb.

Die bereits erwähnte Funktion Rheinbachs als Mittelzentrum äußert sich in verschiedenen zentralen Einrichtungen, von denen neben der Glasfachschule besonders das Amtsgericht, die Justizvollzuganstalt und ein in den letzten Jahren erweitertes Krankenhaus zu erwähnen sind. Mit drei Gymnasien genießt Rheinbach zudem den Ruf einer Schulstadt.

Zentrum der Stadt ist die **Altstadt**, deren mittelalterlicher Ursprung im Straßennetz noch deutlich zu erkennen ist. Infolge der in den 80er Jahren durchgeführten Sanierung hat die Stadt deutlich an Attraktivität gewonnen. Im Bereich der **Hauptstraße** finden sich einzelne geschlossene Komplexe historischer Bausubstanz, so daß sich ein sehr homogenes Stadtbild ergibt. Auch die Struktur des mittelalterlichen Rundlings in seiner Geschlossenheit blieb weitgehend erhalten. Die Entlastung vom Verkehr (Umbau der Hauptstraße zu einer Einbahnstraße mit breiten Fußgängerwegen) trug zu einer weiteren Attraktivitätssteigerung bei. Der Bau der Umgehungstraße B 266 führte schließlich zu einer Befreiung der Innenstadt vom Durchgangsverkehr. Ein dezentrales Parkleitsystem mit verschiedenen Parkflächen in Innenstadtnähe (z. B. **Prümer Wall**) und einer Tiefgarage am **Deinzer Platz** verbesserte die Situation zusätzlich und sorgt außerdem dafür, daß die Kernstadt auch für die Bewohner der anderen Ortsteile gut erreichbar ist und ein wichtiges Zentrum für die Gesamtstadt bildet.

Büro- und Gewerbepark Rheinbach mit Fachhochschule (vgl. Abb. 7)

Unmittelbar nördlich der Innenstadt und des Bahnhofs liegt in dem Bereich bis hin zur Umgehungstraße B 266 ein Gelände, das als zukünftiger Standort für die Abteilung Rheinbach der **Fachhochschule Rhein-Sieg** vorgesehen ist. Die Errichtung dieser Fachhochschule gehört zu den im Rahmen des Hauptstadtbeschlusses vom Juni 1991 der Region Bonn zugesagten Ausgleichsmaßnahmen. Man erreicht dieses Planungsge-

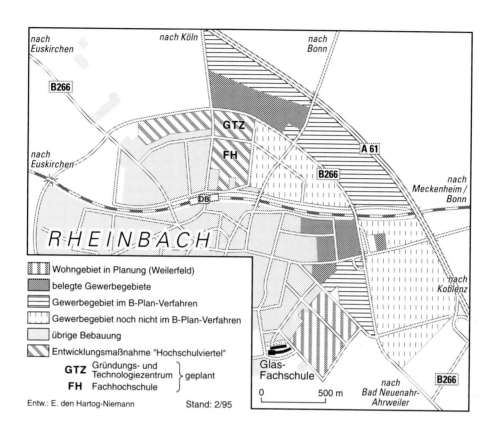

Abb. 7: Büro- und Gewerbepark Rheinbach (Entwurf: E. DEN HARTOG-NIEMANN)

biet von der Innenstadt Rheinbach aus über die Gymnasiumstraße nach Überquerung der Bahnlinie Bonn - Euskirchen. Mit dem Aufbau der Fachhochschule, deren Fachbereiche Chemieingenieurwesen und Werkstofftechnik einen Schwerpunkt im Bereich „Glas, Keramik und mineralische Rohstoffe" erhalten sollen, wird die Entwicklung eines neuen Stadtteils erwartet, in dem neben kleineren Wohnbereichen vor allem neue, zukunftsträchtige Gewerbebetriebe entstehen sollen. Geplant ist eine enge Kooperation zwischen der Fachhochschule, der Glasfachschule und den Gewerbebetrieben.

Mit der Errichtung eines Gründer- und Technologiezentrums wird die Entwicklung durch die Stadt maßgeblich gefördert. Für die Stadt Rheinbach besteht insofern ein Nachholbedarf, als die Entwicklung im gewerblichen Bereich in der Vergangenheit eher schleppend verlief. Dies könnte u. a. auf die Konkurrenz in Gelsdorf und Meckenheim (Industrieperk Kottenforst) zurückzuführen sein. Da die dort zu Verfügung stehenden Flachen aber auslaufen, könnten sich für Rheinbach neue Möglichkeiten ergeben.

Insgesamt wird dem geplanten Büro- und Gewerbepark Rheinbach Nord „von den Gutachtern nicht nur in Bezug auf Größe und Verfügbarkeit, sondern auch in Bezug auf die Lagegunst an der A 61 und die komplette Infrastrukturausstattung des Mittelzentrums Rheinbach eine hohe Standortqualität zugebilligt" (STADT RHEIN-

BACH 1995, S. 12). Da das geplante Gewerbegebiet an einigen der Hauptzugangswege zur Stadt liegt, wird ihm eine besondere Bedeutung für das Image der Stadt Rheinbach zugemessen. „Die städtebauliche und ökologische Qualität des Gebietes ist daher für das Erscheinungsbild der Stadt Rheinbach ... auch langfristig von entscheidender Bedeutung. Zu den bestimmenden Ansiedlungskriterien für Betriebe mit überwiegend qualifizierter - und damit auch anspruchsvoller - Belegschaft gehören inzwischen die sogenannten „weichen" Standortfaktoren. Hierzu zählen neben Wohnqualität, Infrastrukturausstattung sowie Kultur- und Freizeitangebot des Standortes immer stärker auch das unmittelbare Umfeld des Gewerbegebietes und seine innere Struktur" (STADT RHEINBACH 1995, S. 9).

Unter dem Begriff TIP-Rheinbach: „Technologie im Park" soll durch einen hohen Anteil öffentlicher und privater Grünflächen und renaturierter Bachläufe der parkähnliche Charakter des Gebiets Wirklichkeit werden, wobei zusätzlich Wert auf eine anspruchsvolle Fassadengestaltung (Glas, Edelstahl, Keramik) der Industrie- und Gewerbebauten gelegt wird. Ziele der Ansiedlungspolitik sind „ein möglichst ausgewogenes Branchenmix von Betrieben aus den Bereichen Produktion, Distribution und Dienstleistungen zu schaffen, innerhalb dessen die Leitbranchen Glas und Keramik einen erkennbaren und imageprägenden Stellenwert haben, (aussiedlungswilligen) Rheinbacher Betrieben ... vorrangig eine Chance zum Standorterhalt zu bieten, eine der Stadt Rheinbach entsprechende Struktur klein- und mittelständischer Betriebe zu stärken, von der Arbeitsplatzdichte her den Zielwert von 30 - 40 Arbeitsplätzen pro Hektar (mit einem Übergewicht von Facharbeitern und qualifizierten Angestellten) zu erreichen und eine Stärkung der Gewerbesteuerkraft der Stadt Rheinbach zu erzielen" (STADT RHEINBACH 1995, S. 14). Wegen der durch den Regierungsumzug nach Berlin zu erwartenden Probleme im Bereich der sogenannten „Büroberufe" soll zudem darauf geachtet werden, daß ein hoher Anteil an Büroarbeitsplätzen geschaffen wird.

Einzelhandels- und Handwerksbetriebe mit Verkaufsflächen für Endverbraucher sollen in dem Gewerbegebiet nur in Ausnahmefällen angesiedelt werden. Hierfür sind die bereits bestehenden Gewerbegebiete Meckenheimer Straße und Eulenbach (am östlichen Eingangsbereich der Stadt aus Richtung Meckenheim gelegen) vorgesehen. Dort befinden sich flächenintensive Betriebe wie Autohäuser oder Groß- und Supermärkte. Zur Zeit erlebt das Gebiet einen weiteren massiven Ausbau. Der Südwestbereich der Stadt mit Wellenbad und Freizeitpark bleibt dagegen weiterhin der Naherholung vorbehalten.

Abgesehen von einigen kleineren Gewerbebetrieben zwischen der B 266 und der A 61 steht das im August 1996 eröffnete **Gründer- und Technologiezentrum** im zukünftigen Gewerbegebiet Rheinbach Nord noch relativ einsam an der Marie-Curie-Straße, der späteren Hauptachse des Entwicklungsgebiets. Die nächsten Jahre werden zeigen, ob die angestrebten Entwicklungen in der gewünschten Weise realisiert werden können und die Position Rheinbachs als hervorragend ausgestattetes Mittelzentrum weiter gestärkt werden kann.

Nicht nur der Stadt Rheinbach sondern dem gesamten suburbanen Raum im Südwesten Bonns, der - wie die Ausführungen gezeigt haben - in den Jahren seit dem Zweiten Weltkrieg durch die Funktion Bonns als Bundeshauptstadt massiv geprägt wurde, stehen vermutlich erneut nachhaltige Veränderungen bevor, wenn zur Jahrtausendwende Bundestag und Teile der Regierung nach Berlin umziehen.

Literatur

BRUNOTTE, E. u.a.: Die Naturlandschaft und ihre Umgestaltung durch den Menschen. Erläuterungen zur Hochschulexkursionskarte Köln und Umgebung; Köln 1994 (= Kölner Geographische Arbeiten 63)

Büro f. Stadtplanung u. Stadtforschung (Hrsg.): Städtebaulicher Rahmenplan für das Rheinbacher Hochschulviertel; Dortmund 1996

DIETZ, J.: Altes und neues vom Eisernen Mann; Köln 1952 = Vom Rhein zur Ahr Nr. 5

FRÄNZLE, O.: Geomorphologie in der Umgebung von Bonn; Bonn 1969 (= Arbeiten zur Rheinischen Landeskunde 29)

GEOGRAPHISCHES INSTITUT DER UNIVERSITÄT BONN (Hrsg.): Industriepark Kottenforst - Stadt Meckenheim. Ergebnisse eines Praktikums im Sommersemester 1989; Bonn/Meckenheim 1989

GERLACH, J.: Meckenheim - Merl. Planung für eine Neue Stadt, Bericht 1962 - 1982; Meckenheim 1983

HEXGES, A.: Der Kottenforst: Ein Beitrag zur Forstgeschichte Kurkölns unter besonderer Berücksichtigung der Entwicklung des Waldeigentums, des Forstrechts, der Forstorganisation und der Waldnutzung; in: Bonner Geschichtsblätter 35, 1984, S. 21 - 98

HOCKER, R.: Der Kottenforst; in: Mitteilungen der Landesstelle für Naturschutz und Landschaftspflege in Nordrhein-Westfalen 5. Jg., H. 6/7; Düsseldorf 1967

HOCKER, R. U. DINTER, H.: Naturpark Kottenforst. Bestandsaufnahme und Maßnahmenplan; Bonn 1968

KREMER, P.K. U. CASPERS, N.: Der Naturpark Kottenforst - Ville; Neuss 1976 (= Rheinische Landschaften 10)

KREUER, W.: Der Kottenforst im Naturpark Kottenforst - Ville; Recklinghausen 1974 (= Schriftenreihe der Landesstelle für Naturschutz und Landschaftspflege in Nordrhein - Westfalen Bd. 8);

LANDWIRTSCHAFTSKAMMER RHEINLAND: Landwirtschaftlicher Fachbeitrag zum Landschaftsplan (Hrsg.) Meckenheim - Rheinbach - Swisttal; Bonn 1994

NIESSEN, L.: Vom Weidwerk am Hofe des Kurfürsten Clemens August; Brühl 1924 (= Brühler Heimatblätter 2 u. 3)

SEEHAUS, P.: Der Kottenforst; Bonn 1925

STADT MECKENHEIM (Hrsg.): Die Stadt Meckenheim. Ihre rheinische Geschichte und ihr deutsches Schicksal; Meckenheim 1954

STADT RHEINBACH (Hrsg.): Grundsätze zur Wirtschaftsförderung; Rheinbach 1995

STADT RHEINBACH (Hrsg.): Neuaufstellung des Flächennutzungplans - Kurzerläuterungen zum Entwurf; Rheinbach 1996

Anschriften der Autoren:

Michael Bossmann, Von-Halberg-Str. 21, D-53125 Bonn

Dr. Klaus-Dieter Kleefeld, Büro für historische Stadt- und Landschaftsforschung Kaufmannstr. 81, D-53115 Bonn

Prof. Dr. Jörg Grunert, Geographisches Institut der Universität Saarstr. 21, D-55099 Mainz

Das Naturschutzgebiet Wahner Heide

Dirk Ferber

Thematik:	Lebensräume im Naturschutzgebiet Wahner Heide: Heiden, Moore, Weiher, naturnahe Flußläufe etc.
durchzuführen als:	Fußexkursion, Länge ca. 11 km
ungefähre Dauer:	4-5 Stunden
Anfahrt:	Ausgangspunkt der Exkursion: Troisdorfer Bahnhof. Anreise dahin: ab Köln mit S-Bahnlinie 12 oder Stadtexpreß Richtung Siegen; ab Bonn mit Stadtexpreß; ab Bhf. Bonn-Beuel in Richtung Köln
Besonderheiten:	Exkursionsgebiet wird als Truppenübungsplatz genutzt! Dadurch nur an Wochenenden und an gesetzlichen Feiertagen zugänglich.
Besonderheiten der Ausrüstung:	Rucksackverpflegung erforderlich
Empfohlene Karten:	Topographische Karte 1:25 000, Blätter 5108 Köln-Porz und 5109 Lohmar

I. Einführung

Die Wahner Heide liegt südöstlich von Köln am Köln-Bonner Flughafen. Naturräumlich gehört das Gebiet zur Bergischen Heideterrasse, die sich von Siegburg im Süden bis nach Duisburg im Norden erstreckt. Der Naturraum liegt am Übergangsbereich zweier Großräume, nämlich der Niederrheinischen Bucht im Westen und dem Bergischen Land im Osten. Geologisch wird die Westgrenze der Bergischen Heideterrasse von Mittelterrassenschottern gebildet. Nach Osten schließen sich Kiese, Sande und Tone aus dem Tertiär an. Die Ostgrenze wird von devonischer Grauwacke gebildet. Über weite Strecken finden sich Decksande und Dünenareale, die im Holozän aus dem Rheintal ausgeweht und hier abgelagert worden sind.

Die Wahner Heide hat eine Größe von rund 4700 ha. Davon werden 3700 ha als Truppenübungsplatz genutzt, und 1000 ha gehören zum Gelände des Flughafens. Das Naturschutzgebiet Wahner Heide hat eine Größe von 2670 ha, wobei sich die Fläche des NSG auch auf das südliche Flughafengelände erstreckt. Es ist, nach dem Siebengebirge, das zweitgrößte Naturschutzgebiet in Nordrhein-Westfalen.

Im Gebiet kommen rund 680 Tier- und Pflanzenarten vor, die auf den Roten Listen der vom Aussterben bedrohten Arten verzeichnet sind. Dabei sind wichtige Gruppen der Fauna wie z. B. Wanzen (Hemiptera) oder Fliegen (Diptera) noch nicht untersucht worden.

Über die scheinbaren Widersprüche zwischen dem Status des Gebietes als Naturschutzgebiet auf der einen Seite und Nutzungen als Truppenübungsplatz und Flugplatz auf der anderen Seite wird die beschriebene Exkursion Aufklärung bringen.

Die Exkursionsroute (vgl. Abb. 1) bietet einen Querschnitt durch die verschiedenen Landschaftsräume der Wahner Heide und führt bewußt durch die Randgebiete. Die empfindlichen Lebensräume im Zentrum sollten nur unter sach- und ortskundiger Führung besucht werden. Hierzu können Exkursionen mit dem Autor durchgeführt oder die regelmäßig stattfindenden Exkursionen der ADAF[1] genutzt werden.

II. Exkursion

1. Standort: Troisdorfer Heide/Waldpark

Wenn man sich das Gebiet „Waldpark" heute betrachtet, so kann man kaum glauben, daß sich hier vor 100 Jahren ein großflächiges Heidegebiet, die Troisdorfer Heide, ausdehnte (Abb. 2).

Die Heideflächen auf der Bergischen Heideterrasse entstanden durch gemeinschaftliche Bewirtschaftung von Teilräumen durch die Anliegergemeinden. Dazu wurden zu Beginn der Frankenzeit, ca. 600 v. Chr., auf der damals noch bewaldeten Heideterrasse sogenannte Gemarke abgegrenzt, die durch Berechtigte der einzelnen Markgenossenschaften bewirtschaftet wurden. Neben der Troisdorfer Heide gab es auf der südlichen Bergischen Heideterrasse noch die Wahner, Linder, Spicher und Altenrather Heide sowie die Elsdorfer Gemeinde und die Urbacher Gemark. Ferner gab es hier mit dem Altenforst und dem Königsforst zwei große gemeinschaftlich genutzte Waldgebiete. Die Verteilung der einzelnen Nutzungsrechte und der damit verbundenen Pflichten wurde in sogenannten Weistümern festgeschrieben. Die konkrete Nutzung pro Anteil[2] wurde dann auf jährlichen Versammlungen[3] festgesetzt.

Was auf den ersten Blick den Eindruck einer geordneten und geregelten Nutzung macht, war in der Realität ein chaotisches Durcheinander. Die einzelnen Nutzungsrechte waren infolge von Verpachtungen und Un-

---

[1] ADAF = Aktionsgemeinschaft Der Ausbaugegner des Flughafens Köln-Bonn, siehe hierzu Teil III Schlußbemerkungen.
[2] Die Anteile wurden als „Gewalten" bezeichnet.
[3] Waldgeding oder Waldgericht.

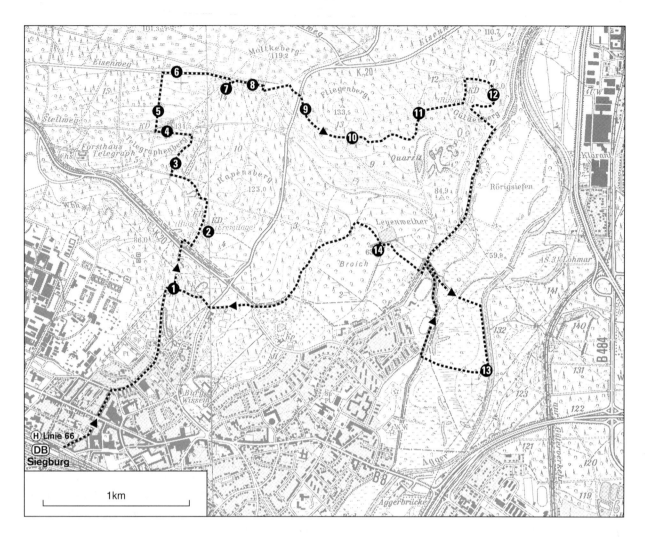

Abb. 1: Exkursionsroute

terverpachtungen im Laufe der Zeit unübersichtlich geworden. Zudem versuchten die Adelshäuser und der Klerus, die zumeist die Schirmherrschaft für die Nutzungsverteilung innehatten, ihren Anteil an der Nutzung durch politische Manöver zu vergrößern. Ferner wurden Verpflichtungen, die mit der Nutzung einhergingen, zumeist nicht eingehalten. So sollten z. B. im Altenforst für jede gefällte Eiche fünf bis zehn neue Bäume gepflanzt und bis zu einem Alter von fünf bis zehn Jahren ge-pflegt werden.

Die Adelshäuser und der Klerus wollten möglichst viel Profit aus den Gemarkenflächen erwirtschaften. Die Bauern waren vor allem daran interessiert, daß ihre Tiere genug zu Fressen hatten, da ihnen andernfalls der Verlust der Freiheit oder gar der Hungertod drohten. Den Gedanken einer nachhaltigen Landwirtschaft gab es in der Viehwirtschaft bis in das letzte Jahrhundert nicht.

Diese Verhältnisse führten zu einer allmählichen Übernutzung der Landschaft. Die ehemals geschlossenen Wälder lichteten sich mehr und mehr auf. Anstatt guter Futtergräser breiteten sich immer mehr Zwergsträucher wie Besenheide (*Calluna vulgaris*), Englischer Ginster (*Genista anglica*), Besenginster (*Sarothamnus scopa-*

rius) oder Magergräser wie Draht-Schmiele (*Avenella flexuosa*) oder Pfeifengras (*Molinia caerulea*) auf den zunehmend ausgehagerten Böden aus.

Die Landschaft der Heide entstand also durch einen jahrhundertelangen Raubbau, was wenig Gemeinsamkeiten mit unseren von der Romantik geprägten Vorstellungen von einem Heide-Idyll hat. Die übernutzten Gebiete waren schlußendlich nur noch zur Beweidung mit Schafen, Magerrindern oder Ziegen geeignet. Daher sucht man heute in der Troisdorfer Heide und in vielen anderen ehemaligen Heidegebieten solche durch extensive[4] Nutzungsformen geprägte Landschaften vergebens.

Die ehemalige Troisdorfer Heide wird heute als Waldpark bezeichnet. Das Gebiet ist durch Fichten-, Kiefern-, Roteichen- und Buchenforste, durch Tennisplätze, Rhododendronhaine, Ententeiche und Villen geprägt. Die heutige Situation stellt das vorläufige Ende einer Politik dar, die 1815 mit der Übernahme des Rheinlandes durch die Preußen begann. Als Folge der

---

[4] Der Begriff „extensiv" bezieht sich auf den Arbeitsaufwand des Landwirtes und nicht auf die Intensität der Nutzung, bezogen auf den Raum.

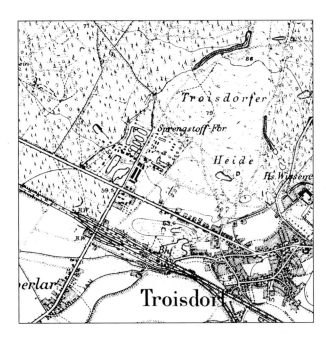 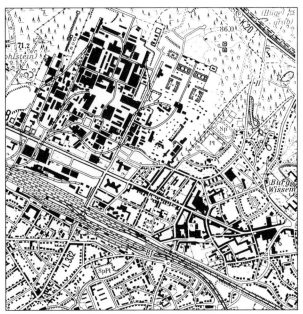

Abb. 2: Karten vom Standort Troisdorfer Heide; links von 1895, rechts von 1992
(Quelle: Landesvermessungsamt NRW, Karte TK 25, Blatt Köln-Porz).

napoleonischen Kriege zu Beginn des 19. Jh. wurde Europa auf dem Wiener Kongreß territorial und politisch neu gegliedert. Das gesamte Rheinland, das bis zu diesem Zeitpunkt von kleinen Fürstentümern und Erzbistümern regiert wurde, wurde unter preußische Verwaltung gestellt. Die Preußen führten zunächst ihre Verwaltungsstrukturen mit Bürgermeisterämtern, Regierungspräsidenten und Landtagsämtern ein. Mit diesen überregionalen Verwaltungsstrukturen war es möglich, die als Un- oder Ödland bezeichneten Heide- und Moorgebiete in wirtschaftliche Flächen umzuwandeln. Zu diesem Zweck wurden von Anfang bis Ende des 19 Jh. Prozesse zur Ablösung der Nachbarschaftsrechte geführt, in deren Verlauf die Gemarkenflächen unter den Nutzungsberechtigten aufgeteilt wurden. Der preußische Staat sah sich dabei in Rechtsnachfolge der ehemaligen Fürstentümer. So wurde z. B. das größte Waldgebiet der Heideterrasse, der Königsforst bei Köln, in einen Staatsforst umgewandelt.

Fast das gesamte Gebiet der Bergischen Heideterrasse wurde in den folgenden Jahrzehnten mit Nadelhölzern aufgeforstet. Man begann, Industrieanlagen anzusiedeln, Wohngebiete zu erschließen und Verkehrswege aus- und neuzubauen. Den größten Verlust erfuhr die Troisdorfer Heide durch den Ausbau der Dynamitfabrik in den 20er Jahren. Lediglich die Wahner Heide und einige andere kleine Heide- und Heidemoorareale blieben von dieser Entwicklung lange Zeit verschont. Welche Gründe dafür ausschlaggebend waren, wird an den folgenden Standorten erörtert.

2. Standort: Natur- und Kulturdenkmal Ringelstein am Ravensberg

Geologisch gehört das Gebiet am Ravensberg zu den rechtsrheinischen tertiären Randhöhen der Kölner Bucht. Die Sedimente am Ravensberg bestehen, wie überall im Tertiär der Wahner Heide, aus einem Wechsel von Tonen, Sanden und Kiesen. Zeitlich gehören sie zur Wende Oligozän-Miozän, vor ca. 20 Mio. Jahren. Zur dieser Zeit reichte die Nordsee bis in die Kölner Bucht. Die Sedimente wurden durch Flüsse herantransportiert und dann unter lagunenähnlichen Bedingungen abgelagert.

Diese Sedimente gehören zu den Kölner Schichten, in denen sich auf der linken Rheinseite mächtige Braunkohleflöze befinden. Folglich finden sich auch in den tertiären Tonen der Wahner Heide Braunkohleflöze, die aber nur geringe Mächtigkeiten erreichen.

Durch das feuchte subtropische Klima im mittleren Tertiär wurde Kieselsäure aus den Sedimenten herausgelöst und nestartig in tieferen Schichten wieder abgelagert. Solche Bildungen bezeichnet man als sedimentären Sekundär-Quarzit. Diese Ablagerungen erreichten in der Wahner Heide Mächtigkeiten von einigen Metern. Da Quarzit ein wichtiger industrieller Rohstoff ist, wurde er z. B. in der Quarzitgrube am Fliegenberg abgebaut.

Die gelöste Kieselsäure hat sich an einigen Stellen in Form großer zusammenhängender Steine abgelagert. Durch die Hebungs- und Erosionsvorgänge in den nachfolgenden Perioden wurden einige dieser Steine an die Oberfläche befördert. Eine der mächtigsten Quarzitplatten ist der Ringelstein am Ravensberg.

Der Ravensberg und seine Umgebung ist unter mehreren Aspekten ein bemerkenswerter Ort. Hier wird deutlich, daß das Naturschutzgebiet Wahner Heide nicht nur wegen seiner seltenen Tier- und Pflanzenwelt, sondern auch wegen seiner vielen ur- und frühgeschichtlichen Fundstätten bedeutsam ist. So finden sich z. B. am Ravensberg Quarzitabschläge aus der Mittelsteinzeit, Spuren einer jungsteinzeitlichen Siedlung und hallstattzeitliche Hügelgräber.

Auch der Ringelstein wurde schon seit Urzeiten von Menschen zu kultischen Zwecken genutzt. Auf der Oberfläche des Steins fand man künstlich angelegte Vertiefungen[5], deren zeitliche Einordnung umstritten ist, wahrscheinlich aber in die Jungsteinzeit (Neolithikum) fallen. Im Jahre 1670 errichteten Franziskanermönche am Ravensberg eine Eremitenklause, die sogenannte Eremitage. Der Ringelstein wurde dabei als Fundament für die kleine Kapelle genutzt. Das Eremitenkloster hatte jedoch nur 138 Jahre Bestand und wurde im Jahre 1838 wieder abgerissen. Als Spuren aus der Zeit des Eremitenklosters findet sich um den Ringelstein die alte Wallanlage mit den geisterhaft wirkenden, rund 200 Jahre alten Hainbuchen. An ihnen erkennt man noch die Spuren der ehemaligen Niederwaldnutzung. Bei dieser Waldwirtschaftsweise werden die Bäume dicht über dem Erdboden abgeschlagen. In den folgenden 5 bis 15 Jahren treiben dann aus der Basis wieder neue Äste aus, die dann erneut genutzt werden. Auf diese Weise gewann man in früheren Jahrhunderten Brennholz von Hainbuchen, Gerberlohe von Eichen und Viehfutter von Eschen. Die alte Esche am Ringelstein hingegen trägt Spuren der sogenannten Kopfbaumwirtschaft, die am Standort Güldenberg genauer erläutert werden.

Bemühungen seitens der Denkmalschützer, Teile der Wahner Heide als besonderes Kulturgut unter Schutz zu stellen, sind bislang am politischen Widerstand gescheitert.

3. Standort: Roteichen-Schonung am Telegraphenberg

Auf dem Weg zum Telegraphenberg kommt man an einer jungen Roteichen-Schonung vorbei. Die aus Nordamerika stammende Rot-Eiche (*Quercus rubra*) ist wegen der schönen Herbstfärbung des Laubes und ihrer Schnellwüchsigkeit ein beliebter Forstbaum. Ökologisch bedeutet die Anpflanzung von Roteichen eine ähnliche Katastrophe wie das Pflanzen von Fichten-Monokulturen. Das liegt vor allem an der großen Menge schwer zersetzbaren Laubes, die im Herbst jeden Jahres anfällt. Unter der großen Masse wird jegliche Bodenvegetation erstickt. Zudem sind nur wenige Insektenarten an diese fremdländische Baumart angepaßt. Bringen es unsere heimischen Eichenarten Stiel-Eiche (*Quercus robur*) und Trauben-Eiche (*Quercus petraea*) auf bis zu 650 speziell angepaßte Arten, nutzen die Rot-Eiche nur ca. 40 Arten. Damit ist die ökologische Wertigkeit dieser Baumart sogar noch viel geringer als die der Fichte (*Picea abies*).

---

[5] Diese Vertiefungen sind heute durch Erde verdeckt. Die Spuren, die man noch heute auf dem Stein erkennen kann, sind jüngeren Datums.

4. Standort: Telegraphenberg

Der Name Telegraphenberg rührt von der Telegraphenstation her, die die preußische Militärverwaltung im letzten Jahrhundert auf dieser Anhöhe betrieben hat. Heute sind nur noch die alten Fundamente unterhalb des Luftfahrtfeuers erkennbar. Der Telegraphenberg ist mit 134 Metern die höchste Erhebung in der Wahner Heide.

Wenn man von hier in nördliche Richtung blickt, gewinnt man einen Überblick über das gesamte Gebiet der Wahner Heide. Im Osten erkennt man die westlichen Randhöhen des Bergischen Landes. Westlich anschließend folgen die tertiären Randhöhen, zu denen neben dem Ravensberg auch der Telegraphenberg gehört. Weiter nach Westen folgen die tertiäre Leidenhausener Senke und die rechtsrheinische Mittelterrasse. Das Gebiet ist heutzutage weitgehend bewaldet. Das war jedoch nicht immer so. Die Leidenhausener Senke war noch bis in die 40er Jahre dieses Jahrhunderts ein großflächig offenes Heideareal mit nur wenigen Baum- und Buschgruppen (Abb. 3). Die Entstehung und Zurückdrängung der Heidegebiete auf der Bergischen Heideterrasse wurde am 1. Standort „Troisdorfer Heide/Waldpark" erläutert. Im folgenden soll auf die Besonderheiten der Wahner Heide im weiteren Verlauf der Geschichte eingegangen werden. 1817 wurde um die Scheuerteiche bei der Ortschaft Wahnheide die Keimzelle für den Truppenübungsplatz Wahner Heide gelegt. Dieser zunächst nur 100 ha große Exerzierplatz wurde im Verlaufe des letzten Jahrhunderts auf ca. 2300 ha erweitert. Der Grund für die Vergrößerung war dessen Nutzung als Artillerieschießplatz. Eine Bedingung für eine solche Nutzung ist eine weitgehende Hindernisfreiheit im Schußfeld der Granaten. Um diese Hindernisfreiheit zu gewährleisten, ließ die Schießplatzverwaltung die extensive Beweidung weiterhin zu. Bis zur Mitte des letzten Jahrhunderts waren noch Rinder die Hauptviehart. Wegen deren zunehmender Stallhaltung wurde im Verlauf des letzten Jahrhunderts der Anteil an Schafen immer größer, zumal die Schafhaltung vom preußischen Staat subventioniert wurde. Zu Zeiten des Versuchgutes Turmhof in den 30er Jahren dieses Jahrhunderts weideten bis zu 3000 Schafe in der Wahner Heide. Das änderte sich mit dem Ende des zweiten Weltkrieges. Die alliierten Truppen, zunächst die Engländer, ab den 50er Jahren die Belgier, nutzten das Gebiet zunehmend nur noch zu Fahrübungen mit Panzern. Somit war auch keine Offenhaltung der Freiflächen und damit auch keine Beweidung mit Schafen mehr nötig. Lediglich die großen Panzerpisten wurden noch durch die Fahrübungen von Baumwuchs freigehalten, während der Rest mit Birken verbuschte. Heute sind diese Büsche zu 20 Meter hohen Wäldern emporgewachsen. Es bleibt jedoch festzuhalten, daß es der militärischen Nutzung zu verdanken ist, daß es die Wahner Heide mit ihren zahlreichen vom Aussterben bedrohten Tier- und Pflanzenarten überhaupt noch gibt. Vergleicht man nämlich heute die

Abb. 3: Blick vom Telegraphenberg in nördliche Richtung (Photo: Dr. Iven 1941)

Landschaft der Wahner Heide mit zur Zeit der Gemarkennutzung ähnlich ausgeprägten Räumen, so wird man sofort die Unterschiede feststellen. Als Beispiel sei hier nur der Königsforst bei Köln genannt. Dieses nördlich der Wahner Heide gelegene Gebiet war noch zu Anfang des letzten Jahrhunderts durch extensiv genutzte Eichen- und Buchenwälder geprägt, mit einen starken Unterwuchs aus Wacholder (*Juniperus communis*). Ferner gab es Heiden, Bruchwälder, Feuchtheiden und Moore. Heute sind die Feuchtheiden und Moore vollständig entwässert[6], die Heidegebiete wurden aufgeforstet, die Eichen- und Buchenwälder wurden weitgehend durch Kiefern und Fichten ersetzt, und der Wacholder ist mittlerweile ausgestorben. Lediglich die bachbegleitenden Erlen- und Eschenwälder blieben von den Veränderungen unbeeinflußt. Im Gebiet der Wahner Heide waren solche Entwicklungen auf die Randgebiete beschränkt, während das Zentrum wegen der militärischen Nutzung vor Aufforstungen verschont blieb. Lediglich die Moore hatten unter den militärischen Nutzern zu leiden. Erste Versuche der Entwässerung erfolgten zur Mitte des letzten Jahrhunderts. Bis zum Ende des letzten Jahrhunderts waren dann die meisten größeren Entwässerungsgräben fertiggestellt. Zwischen den Bau- und Ausbaumaßnahmen lagen jedoch immer auch Zeiten, in denen die Pflege und Räumung der Gräben vernachlässigt wurde. So konnte Dr. ALBERT SCHUMACHER im Jahre 1930 noch intakte Moorareale untersuchen[7]. Erst die Entwässe-

rung im Zuge des Baus des Köln-Bonner Flughafens in den 50er und 60er Jahren richtete größere Schäden an.

5. Standort: Nordhang des Telegraphenberges

Am Hang des Telegraphenberges befindet sich ein größeres Heide- und Sandmagerrasengebiet. An Pflanzenarten finden sich hier u. a. Besenheide (*Calluna vulgaris*), Englischer Ginster (*Genista anglica*), Hunds-Veilchen (*Viola canina*), Frühe Haferschmiele (*Aira praecox*), Nelken-Haferschmiele (*Aira caryophyllea*), Kleines Filzkraut (*Filago minima*), Mäuseschwanzgras (*Vulpia myuros*) und Draht-Schmiele (*Avenella flexuosa*). An diesem Gebiet kann man die heutige Problematik der Heidegebiete der Wahner Heide verdeutlichen.

Noch im Januar 1997 konnte man, wenn man nach Nordosten hangabwärts blickte, noch zahlreiche Pflanzenarten erkennen, die in intakten Heidegebieten nichts zu suchen haben, so u. a. Brombeere (*Rubus fruticosus agg.*), Adlerfarn (*Pteridium aqui-linum*), Land-Reitgras (*Calamagrostis epigejos*) und Sand-Birken (*Betula pendula*). Der Hauptgrund hierfür war die Aufgabe der Bewirtschaftung. In den 50 Jahren seit dem Ende der Bewirtschaftung konnten sich die Böden von dem fortwährenden Nährstoffentzug wieder erholen. Zudem verstärkte sich der Nährstoffeintrag über die Luft. ELLENBERG (1996) beziffert diesen Eintrag, in der Nähe von Ballungsgebieten, mit bis zu 100 kg Stickstoff pro ha und Jahr. Beides führt dazu, daß die an nährstoffarme Verhältnisse angepaßte Vegetation zunehmend verdrängt wurde. An ihre Stelle traten die oben

---

[6] Das letzte Moor wurde erst 1983 entwässert.
[7] SCHUMACHER (1931): Die Sphagnum-Moore der Wahner Heide.- Decheniana 85: 1-35, Bonn.

genannten Pflanzenarten, die eine Entwicklung hin zum Birken-Eichenwald (Betulo-Quercetum) einleitet. Um dieser Entwicklung entgegenzuwirken, wurde vom Ökologischen Arbeitskreis Wahner Heide 1985 ein erster Biotop-Pflegeplan mit Notmaßnahmen zur Erhaltung der wichtigsten Heide- und Moorgebiete erstellt. Dieser Plan sah im wesentlichen Entbuschungsmaßnahmen vor. Er wurde bis zu Anfang der 90er Jahre umgesetzt. Es folgte die Erstellung eines Gesamtpflegekonzeptes in einem Biotopmanagementplan, der vom Planungsbüro AGÖL[8] im Auftrag der LÖBF[9] erstellt wurde. Als eine der vordringlichsten Aufgaben wurde darin die Aufstellung einer Schafherde zur Pflege der Heiden und Sandmagerrasen angesehen. Seit 1994 wird das Gebiet der südlichen Wahner Heide durch eine Heidschnucken-Ziegenherde beweidet. Erste Erfolge in Form des Verbisses sind an den Pflanzen schon zu erkennen.

Im Februar 1997 wurde der Hang des Telegraphenberges als Vorbereitung für die Beweidung komplett entbuscht und gemäht. Die Entwicklung der nächsten Jahre wird zeigen, ob sich die unerwünschte Vegetation zurückdrängen läßt und die Heiden und Sandrasen hier wieder einen größeren Raum einnehmen werden. Neben der schon genannten Zunahme der Nährstoffe in den Böden wird der immer stärker anwachsende Druck durch die Naherholung zum Problem. Schon kurz nach der Mahd wurde die Fläche zum Ausführen von Hunden genutzt. Im Frühjahr und Sommer wird hier, nach Erfahrungen aus anderen Teilräumen der Wahner Heide, noch die Nutzung als Liegewiese und Campingplatz hinzukommen.

6. Standort: Pioniervegetation zwischen Sallbachhügel und Moltkeberg

Durch das permanente Befahren des Gebietes zwischen Sallbachhügel und Moltkeberg verbleibt die Vegetation im Bereich der Fahrspuren in einem Pionierstadium. Hier können sich konkurrenzschwache Pflanzenarten ansiedeln, die heutzutage sehr selten geworden sind. Gerade solche offenen Sandwege wie am Sallbachhügel sind aus unserer intensiv genutzten Landschaft fast vollständig verschwunden. Hier findet u. a. die niedrigwachsende Quirlige Knorpelmiere (*Illecebrum verticillatum*) noch ihren angestammten Lebensraum. Außerhalb von Truppenübungsplätzen kommt diese Art praktisch nicht mehr vor. Begleitet wird sie von weiteren kleinwüchsigen Pionierarten der Zwergbinsengesellschaften (Litorelleta) wie Pillenfarn (*Pilularia globulifera*)[10], Sand-Binse (*Juncus tenageia*), Österreichische Sumpfsimse (*Eleocharis austriaca*) und Knöterich-Laichkraut (*Potamogeton polygonifolius*). Hier finden sich auch Arten der Feuchtheiden (Ericetum tetralicis) wie der Halbschmarotzer Wald-

Läusekraut (*Pedicularis sylvatica*) und der Rundblättrige Sonnentau (*Drosera rotundifolia*). In den trockeneren Bereichen finden sich im übrigen noch Pionierarten der Sandmagerrasen (Sedo-Scleranthetea) wie z.B. Frühe Haferschmiele (*Aira praecox*), Nelken-Haferschmiele (*Aira caryophyllea*), Kleines Filzkraut (*Filago minima*), Frühlings-Spark (*Spergularia morisonii*) und Silbergras (*Corynephorus canescens*). Alle genannten Sippen stehen auf der Roten Liste der vom Aussterben bedrohten Pflanzenarten. Mit diesen seltenen Arten der Flora hängen auch viele seltene Arten der Fauna zusammen. Von diesem Zusammenhang wird noch am Standort „Fliegenberg" die Rede sein. Wegen der Vielzahl der seltenen Arten muß jedoch schon an dieser Stelle auf die weiterführende Literatur verwiesen werden.

7. Standort: Podsolprofil am Fuß des Telegraphenberges

An der südöstlichen Ecke des Schafstalls, am Fuße des Telegraphenberges, befindet sich ein aufgegrabenes Bodenprofil. Das Profil wurde 1992 im Rahmen der forstbodenkundlichen Standortkartierung im Auftrag des Bundesforstamtes Wahner Heide vom Geologischen Landesamt NRW angelegt. Es wurde bis heute erhalten, da es einen lehrbuchhaften Podsol zeigt [11]. Der Podsol ist der typische Boden der Heidegebiete. Das Wort Podsol kommt aus dem Russischen und bedeutet Ascheboden. Der Name bezieht sich auf die Färbung des Oberbodens (A-Horizont), der durch Auswaschung von Eisen und anderen Metallen sowie von Humus eine aschgraue Färbung aufweist. Diese Materialien werden im Unterboden (B-Horizont) in entsprechenden Schichten wieder abgelagert. An diesem Bodenprofil sind ein deutlich schwarz gefärbter und daher stark humoser Bh-Horizont, und ein von Eisen rostrot gefärbter Bs-Horizont zu erkennen. Diese Horizonte werden wegen ihrer Festigkeit als Orterde bezeichnet und sind ein weiteres typisches Merkmal für einen Podsol. In anderen Podsolen können diese Verfestigungen bis zur Bildung von Ortstein gehen.

Entlang von Kiefernwurzeln gehen diese Unterbodenhorizonte jeweils etwas tiefer in das Ausgangssubstrat hinein. Man nennt dieses Merkmal „Zapfen". An der Basis des Profils erkennt man bandförmige Ablagerungen, die aus einem Wechsel von unverändertem Ausgangssubstrat mit dünnen eisenreicheren Bändern bestehen. Der Podsol ist wegen der genannten Verlagerungsprozesse ein nährstoffarmer und sehr saurer Boden, der sich ohne vorherige Bearbeitung nicht für die Erzeugung landwirtschaftlicher Produkte eignet.

8. Standort: Sperrgebiet Moltkeberg

Bereits am Beispiel der Moore wurde erläutert, daß die militärische Nutzung neben positiven auch negative

---

[8] ArbeitsGemeinschaft Ökologische Landschaftsplanung
[9] Landesanstalt für Ökologie, Bodenforschung und Forstwissenschaften
[10] Seit 1992 nicht mehr nachgewiesen.

[11] Das ideale Profil veranlaßte das bodenkundliche Institut der Universität Bonn dazu, einen Lackabdruck von dem Podsol anzufertigen, der im Institut besichtigt werden kann.

Effekte für die Landschaft der Wahner Heide hat. Am Moltkeberg wird noch ein anderes Problem dieser Nutzung deutlich, nämlich die Belastung der Umwelt durch Schadstoffe. Das Gebiet wurde 1993 zur Sperrzone erklärt. Der Grund hierfür besteht in dem Fund einer Giftgasgranate aus dem zweiten Weltkrieg. Untersuchungen des Kampfmittelräumdienstes haben mittlerweile ergeben, daß sich im Boden rund um diese Anhöhe noch weitere Munition, u. a. auch scharfe Granaten, befindet. Die Naherholungssuchenden scheint das jedoch wenig zu kümmern. Der Moltkeberg wird nach wie vor zum Spazierengehen genutzt. Die Umgebung des Sperrgebietes soll im Verlauf des Jahres 1997 von der alten Munition geräumt werden.

9. Standort: Fliegenberg

Die Fliegenbergheide gehört ebenso wie der Telegraphenberg zum Beweidungskorridor Südheide. Hier läßt sich nun eine Besonderheit aus der Zoologie beschreiben. Im Sand der Fliegenbergdüne legt die Ameisenjungfer (*Myrmeleon formicarius*) ihre Eier ab. Die Larve dieser Netzflüglerart legt dann unter regengeschützten Überhängen einen Trichter an. Die Trichter dienen dem Fang von Insekten, insbesondere von Ameisen. Daher wird die Larve auch als Ameisenlöwe bezeichnet. Verirrt sich ein Insekt in einen solchen Trichter, bemerkt dies die im Trichterboden vergrabene Larve an den herabfallenden Sandkörnern. Bei den Bemühungen des Insekts, den Trichter wieder zu verlassen, wird das Beutetier von der Larve mit Sand beworfen. Durch diese Attacke verliert das Beutetier zumeist das Gleichgewicht und rutscht auf den Grund des Trichters, wo es von der hungrigen Larve erwartet wird.

Weitere faunistische Besonderheiten gibt es u. a. auch in der Vogelwelt. So kommen in den Heidegebieten die seltenen Arten Heidelerche (*Lullula arborea*), Schwarzkehlchen (*Saxicola torquata*), Neuntöter (*Lanius collurio*), Dorngrasmücke (*Sylvia communis*), Wiesenpieper (*Anthus pratensis*), Wespenbussard (*Pernis apivorus*), Wendehals (*Jynx torquilla*) und Baumfalke (*Falco subbuteo*) vor.

10. Standort: Fliegenbergmoor

Das Fliegenbergmoor entstand durch Versumpfung einer Ausblasungswanne in der Fliegenbergdüne. Solche geomorphologischen Formen werden als „Schlatt" bezeichnet. Zunächst erfolgt durch starke Winde die Bildung einer abflußlosen Senke. Durch Niederschlagswasser kommt es zur Bildung eines Teiches. Die Verlandung dieses Teiches erfolgt dann vorwiegend durch Torfmoose.

Torfmoose haben besondere Eigenschaften, die es ihnen ermöglichen, ihren Lebensraum sehr stark zu verändern. Zum einen besitzen sie die Fähigkeit, an der Spitze weiter zu wachsen, während andererseits die Basis abstirbt. Die abgestorbenen basalen Teile der

Moospflanzen geraten dann unter Sauerstoffabschluß durch das obenliegende Material immer mehr unter Druck, so daß sich Torf bilden kann. Die zweite wichtige Eigenschaft der Torfmoospflanzen besteht darin, daß sie das Vierfache ihres Eigengewichtes an Wasser speichern können. Die gesamte Oberfläche des Torfmoospflänzchens ist mit Poren durchsetzt, so daß es wie ein Schwamm Wasser aufnehmen kann. Die Torfmoose sind somit, neben den Waldbäumen, die einzigen Pflanzen in Mitteleuropa, die sich ihre bevorzugten Umweltbedingungen selber schaffen können.

Wegen der großflächigen Entwässerungsmaßnahmen, die seit dem Beginn des letzten Jahrhunderts durchgeführt wurden, sind Moorgebiete heute selten geworden und mit ihnen auch die Tier- und Pflanzenarten, die an Moore angepaßt sind. So stehen fast alle Moosarten, die im Fliegenbergmoor vorkommen, auf der Roten Liste der vom Aussterben bedrohten Pflanzenarten. Gleiches gilt für viele Gefäßpflanzenarten. Als Besonderheiten lassen sich Papillen-Torfmoos (*Sphagnum papillosum*), Gedrehtes Torfmoos (*Sphagnum contortum*), Vielstengelige Sumpfsimse (*Eleocharis multicaulis*), Moosbeere (*Oxycoccus palustris*), Schmalblättriges Wollgras (*Eriophorum angustifolium*) und die fleischfressenden Pflanzen Kleiner Wasserschlauch (*Utricularia minor*) und Südlicher Wasserschlauch (*Utricularia australis*), Mittlerer Sonnentau (*Drosera intermedia*), Rundblättriger Sonnentau (*Drosera rotundifolia*), nennen.

11. Standort: Krohnenweiher

Die Entstehung des Krohnenweihers ist noch nicht endgültig geklärt. Geologisch befindet er sich im Tertiär. Seine fast kreisrunde Form ließe fast den Schluß zu, daß es sich bei dem Krohnenweiher um den Einschlagskessel eines kleineren Meteoriten handelt. Nachforschungen in diese Richtung haben aber bisher zu keinem Ergebnis geführt.

Fest steht jedenfalls, daß der Krohenweiher ursprünglich vollständig verlandet gewesen ist. Durch die nachfolgende Nutzung als Torfstich entstand sekundär wieder ein offener Weiher. Dieser Weiher befindet sich nun wieder in der Phase der allmählichen Verlandung. Anders als beim Fliegenbergmoor erfolgt die Verlandung jedoch in Form von geordneten Gürteln. Am Ufer findet sich, mit Ausnahme der südlichen Uferpartien, zunächst der Seggen-Binsen-Gürtel mit Arten wie Steif-Segge (*Carex elata*), Schnabel-Segge (*Carex rostrata*), Flatter-Binse (*Juncus effusus*) und Knäul-Binse (*Juncus conglomeratus*). Es folgen Schwingrasen, die zumeist aus Sparrigem Torfmoos (*Sphagnum squarrosum*), Sumpf-Torfmoos (*Sphagnum palustre*), Zentralem Torfmoos (*Sphagnum centrale*) und Spitzem Torfmoos (*Sphagnum cuspidatum*) bestehen. Ein wichtiger Begleiter ist hier der seltene Sumpffarn (*Thelypteris palustris*). An einigen Stellen ist der Rasen so dicht, daß sogar einige Weiden wie z. B. Korb-Weide

(*Salix viminalis*) und Ohr-Weide (*Salix aurita*) auf ihm wachsen können [12]. Den Übergangsbereich zur Schwimmblattzone markieren Teichbinse (*Schoenoplectus lacustris*), Breitblättriger Rohrkolben (*Typha latifolia*) und Fieberklee (*Menyanthes trifoliata*). Die Schwimmblattzone selbst wird durch die Weiße Seerose (*Nymphaea alba*) geprägt. Als Begleiter treten noch Südlicher Wasserschlauch (*Utricularia australis*), Kleiner Wasserschlauch (*Utricularia minor*) und das Flutende Sternlebermoos (*Riccia fluitans*) auf. Insgesamt gesehen weisen die Pflanzenarten im Krohnenweiher im Vergleich mit dem Fliegenbergmoor auf etwas nährstoffreichere Verhältnisse hin.

12. Standort: Güldenberg

Am Güldenberg kann man, ähnlich wie am Ravensberg, die historische Bedeutung der Wahner Heide im Zusammenhang mit der Bedeutung als Natur-schutzgebiet darstellen. Die historische Bedeutung liegt u. a. in der alten germanischen Fliehburg begründet, von der man heute nur noch die Erdwälle erkennen kann. Wie Ausgrabungen in den 30er Jahren ergeben hatten, thronten auf den Wällen früher noch mächtige Palisadenzäune. Der Ringwall am Güldenberg wurde von den Sugambern im Zuge des Römereinfalls angelegt, aber wahrscheinlich nie über längere Zeit genutzt. Jedenfalls fanden sich bei den Ausgrabungen kaum Zeugnisse, die für eine längere Nutzung sprechen würden. Ebenfalls aus historischer Sicht, aber auch aus Sicht des Naturschutzes, ist der Buchenwald am Güldenberg von Bedeutung. Sieht man sich die Bäume etwas genauer an, so wird man feststellen, daß sie für Buchen eine eigenartige Form aufweisen. Von der Wurzel geht ein bis zu zwei Meter hoher, aber sehr breiter Stamm aus. Darüber sind die Bäume zumeist sehr stark verzweigt. Dies deutet auf die alte Nutzungsform der Kopfbaumwirtschaft hin, für die im Mittelgebirgsraum häufig Buchen verwendet wurden. Bei dieser Nutzungsform wird der Baum nicht wie bei der Niederwaldwirtschaft dicht über dem Boden, sondern in rund ein bis zwei Metern Höhe abgeschlagen. Der verbliebene Stumpf treibt anschließend wieder neue Äste aus, die nach 20 bis 30 Jahre wieder genutzt werden können. Ziel dieser Wirtschaftsweise war die Gewinnung von Brennholz. Der Grund für diese Vorgehensweise liegt bei Rotbuchen darin, daß sie nicht so ausschlagsfreudig sind wie andere Baumarten, beispielsweise Hainbuchen oder Eichen.

Die Kopfbaumwirtschaft wurde am Güldenberg vor ca. 100 Jahren eingestellt. Dieser Sachverhalt wird für die Bäume zunehmend zum Problem. Durch die starke Verzweigung hat sich auch die Statik der Bäume verändert. Werden die vielen Einzeläste nun im Laufe der

weiteren Entwicklung immer dicker und schwerer, kann der kleine Stamm sie irgendwann nicht mehr halten. Entweder brechen dann einzelne der Äste ab, oder der ganze Baum fällt um. Nach jedem etwas stärkeren Sturm ist daher der Waldboden mit abgebrochenen Ästen übersät.

Von dem vielen vorhandenen Totholz profitieren aber auch zahlreiche seltene Insektenarten, die auf solche Biotope spezialisiert sind. Auch die Vogelwelt nutzt die schwächer werdenden Rotbuchen. So leben am Güldenberg z. B. mehrere Paare der seltenen Spechtarten Schwarzspecht (*Dryocopus martius*) und Mittelspecht (*Picoides medius*), die auf solche Altwälder angewiesen sind. Außerhalb des Truppenübungsplatzes macht die intensive Forstwirtschaft solche totholzreichen Waldareale, aus Angst vor dem Borkenkäfer, leider immer noch fast unmöglich. Doch sollte sich auch langsam in der Forstwirtschaft die Erkenntnis durchgesetzt haben, daß der Borkenkäfer nur in großflächigen Nadelholz-Monokulturen größeren Schaden anrichten kann.

Bis auf wenige Naturwaldzellen werden Rotbuchenwälder nach rund 120 bis 130 Jahren Wachstumszeit genutzt. Die Buchen am Güldenberg haben ein mittleres Alter von 180 Jahren. Einzelne Bäume sind sogar über 200 Jahre alt.

Der Weg zur Aggeraue führt am Güldenbergsiefen vorbei. Siefen sind sehr kurze Mittelgebirgsbäche, die mit einem sehr steilwandigen Quelltopf unvermittelt aus dem Berg austreten, um schon nach wenigen Metern oder Kilometern in einen Fluß zu münden. Das Güldenbergsiefen hat eine Länge von 500 Metern und mündet in der Aggeraue in den Goldenweiher, einen Altarm der Agger.

13. Standort: Aggeraue

Im Winter 1993/1994 riß ein Hochwasser die Uferverbauung der Agger im Bereich der Wahner Heide auf einer Länge von ca. 300 Metern fort. Dieses Ereignis war der Anlaß, die Agger zumindest im Bereich des Truppenübungsplatzes wieder ihrem natürlichen Verlauf zu überlassen[13]. Nun kann man am Ufer der Agger wieder die natürliche Dynamik eines Mittelgebirgsflusses vor Ort studieren, was im übrigen in Mitteleuropa nur noch an wenigen Stellen möglich ist. Unter anderem lassen sich am Prallhang die gegenläufigen Wasserbewegungen und Verwirbelungen beobachten, die von Zeit zu Zeit für Uferabbrüche sorgen. Auch der Gleithang auf der gegenüberliegenden Seite bildet sich allmählich wieder aus. Am interessantesten ist die Kiesbank in der Mitte des Flusses, die nach jedem größeren Hochwasser ihre Position stark verändert. Zu Beginn des Jahres 1996 war die Kiesbank vom Prall-

---

[12] Es muß jedoch **dringend** vor dem Betreten des Schwingrasens abgeraten werden, da dieser nicht überall standfest ist und der Weiher an diesen Stellen schon eine sehr große Tiefe von rund zwei Metern hat. Ferner würde man dem Schwingrasen beim Betreten großen Schaden zufügen!

[13] Auch wenn das Staatliche Amt für Abfall- und Wasserwirtschaft (StAWa) von dieser Idee nicht begeistert ist.

hangufer aus noch trockenen Fußes zu erreichen, während sie nun, zu Beginn 1997, mitten im Fluß liegt. Im Verlaufe der letzten drei Jahre hat die Kiesbank einmal das Ufer gewechselt. Sie könnte ein wertvolles Brutbiotop für den selten gewordenen Flußregenpfeifer (*Charadrius dubius*) bieten, wenn nicht die Naherholungsproblematik bestünde. An warmen Sommertagen wird die Kiesbank als Badeplatz genutzt. Während der übrigen Monate nutzen vor allem Angler die Kiesbank als Ansitz, so daß der Flußregenpfeifer keine Chance zum Brüten bekommt.

In der Aggeraue wird innerhalb der Woche sehr massiv gegen die Sperrung des Truppenübungsplatzes verstoßen. Unter anderem ist die Aggeraue ein sehr beliebter Hundeausführplatz. Hier werden auch bissige Hunde von der Leine gelassen. Solange die Militärpolizei dem Treiben tatenlos zuschaut, wird sich die Situation auf Dauer jedoch eher noch verschlimmern.

14. Standort: Leyenweiher und Broich

Ebenso wie Fliegenbergmoor und Krohnenweiher ist der Leyenweiher aus einem ehemaligen Torfstich hervorgegangen. Nach dieser Nutzung regulierte man den Wasserspiegel und nutzte den Weiher als Fischteich. Nördlich des Leyenweihers regenerierte sich der Torfstich wieder. Hier finden sich heute Birkenbruchwälder (Betuletum pubescentis), Walzenseggen-Erlenbruchwälder (Carici elongatae-Alnetum) und ein kleines Gebiet mit Uferseggen-Ried (Caricetum ripariae). Westlich des Leyenweihers befindet sich das Gebiet „Im Broich". Am Beispiel dieses großflächigen Feuchtgebietes läßt sich gut die verfehlte Forstpolitik der Vergangenheit dokumentieren. Im Broich wurde vor ca. 20 Jahren ein dichtes Netz von Entwässerungsgräben angelegt, mit dem Ziel, schnellwachsende Wirtschaftsbäume anzupflanzen. Der standortgerechte Erlenbruchwald wurde weitgehend durch standortfremde Forstbäume wie Eschen (*Fraxinus excelsior*), Roteichen (*Quercus rubra*), Japan-Lärchen (*Larix japonica*), Fichten (*Picea abies*) und Buchen (*Fagus sylvatica*) ersetzt. Da aber der Wasserspiegel an diesem Standort von Grundwasser gespeist wird, ist damit zu rechnen, daß ein Großteil der Baumarten vorzeitig an Wurzelfäule und anderen Krankheiten zu Grunde gehen wird. Man sieht den Pflanzen heute schon die schwierigen Wuchsverhältnisse an. Für die Zukunft ist hier das Ziel, die Drainagegräben nach und nach wieder zu schließen und das Gebiet seiner natürlichen Entwicklung zu überlassen.

III. Schlußbemerkungen

Zu den verschiedenen angesprochenen Themenkomplexen ließe sich noch vieles anmerken. Im Zusammenhang mit der Exkursionsroute konnten viele der Themen nur angerissen werden. Andere, wie die Problematik im Zusammenhang mit dem Bau und Ausbau des Flughafens Köln-Bonn, sind überhaupt nicht zur Sprache gekommen.

Literatur

BARBON, M. (1996): Die Libellenfauna der Wahner Heide. Unveröff. Diplomarb. am Zool. Inst. der Univ. Bonn, 92 S., Bonn.

FERBER, D. (1995): Die Moore der südlichen Wahner Heide.– Historische Betrachtungen, pflanzensoziologische Bestandsaufnahme und Vorschläge für Wiedervernässungsmaßnahmen. Unveröff. Diplomarbeit am Geogr. Inst. der Univ. Bonn, 121 S., Bonn.

INTERKOMMUNALER ARBEITSKREIS WAHNER HEIDE (Hrsg.) (1989): Die Wahner Heide. Eine rheinische Landschaft im Spannungsfeld der Interessen. Rheinland-Verlag, 307 S., Köln.

KURULAY, S. (1989): Die Moosflora der Wahner Heide. Unveröff. Diplomarbeit am Bot. Inst. der Univ. Köln, 164 S., Köln.

Die genannten faunistischen und floristischen Arbeiten können bei den zuständigen Behörden eingesehen werden:

- Untere Landschaftsbehörde Köln, Kontaktperson Frau Moertter, Tel.: 0221/ 221-4686
- Untere Landschaftsbehörde Rhein-Berg, Kontaktperson Herr Hinz, Tel.: 02202/ 13 28 84
- Untere Landschaftsbehörde Rhein-Sieg, Kontaktperson Herr Schut, Tel.: 02241/ 13 26 67
- Bundesforstamt Wahner Heide, Tel.: 02246/ 4472

Des weiteren besteht die Möglichkeit das Gebiet unter sachkundiger Führung auf anderen Exkursionsrouten kennenzulernen. Hierzu veranstaltet die ADAF regelmäßige Führungen in die Wahner Heide:

- Jeden ersten Sonntag im Monat um 14 h. Treffpunkt: Informationszentrum der ADAF in Altenrath an der Flughafenstraße. Zu erreichen ist Altenrath mit der Buslinie 506, Abfahrt vom Bahnhof Troisdorf in Fahrtrichtung Donrath. Haltestelle: Altenrath Mitte.
Jeden dritten Sonntag im Monat um 11 h. Treffpunkt: Bahnhof Troisdorf.

Anschrift des Autors

Dirk Ferber, Ökologisches Planungsbüro Prosera
Bensberger Str. 187a, D-51503 Rösrath

Das Mittelrheintal

Jörg Grunert

Thematik:	Talentwicklung des Mittelrheins vom Tertiär bis zur Gegenwart
durchzuführen als:	Busexkursion. Achtung: z.T. sehr enge Straßen! Zwei Fußwanderungen a) 3-5 km (ca. 2 Stunden), b) 2 km (45 Minuten)
ungefähre Dauer:	ca. 11 Stunden
Empfohlene Karten:	Gängige Straßenkarte, z.B. Deutsche Generalkarte 1:200.000: Sonderblattschnitt "Der Rhein von Bingen bis Koblenz", Hrg. LVA Rheinl.-Pfalz 1993. Weitere Spezialkarten siehe unten.

Thematik der Exkursion

Ziel der Exkursion ist es, anhand ausgewählter Standorte die Talentwicklung des Mittelrheines vom Tertiär bis zur Gegenwart darzustellen. Dabei sollen insbesondere der Gegensatz zwischen breitem Hochtal und tief eingeschnittenem Engtal herausgearbeitet sowie der Zusammenhang zwischen Terrassenstufen und ihren Korrelatensedimenten aufgezeigt werden.

Exkursionsroute

Bonn – Meckenheim – A 61 – Bad Neuenahr – Laacher See – Dieblich/Winningen (Moseltalbrücke) – A 61, Abfahrt Pfalzfeld – Utzenhain – Urbar – Oberwesel – St. Goar – Boppard – Koblenz – Kärlich – Andernach – Sinzig – Remagen – Bad Godesberg - Bonn

Spezialkarten

Außer den o.g. Karten werden folgende größermaßstäbige und Spezialkarten empfohlen:
- *Topographische Karten* 1:50.000: Bonn (L 5308), Bad Neuenahr-Ahrweiler (L 5508), Neuwied (L 5510), Koblenz (L 5710), Kastellaun (L 5910) und Kaub (L 5912);
- Als *Geologische Übersichtsblätter* (1:200.000) bieten sich an: Köln (123), Cochem (137) und Koblenz (138), sowie die Beilage aus MEYER & STETS (1996).

Grundzüge der Geomorphologie des Mittelrheintals

Eine naturräumliche Gliederung der Mittelrheinlande wurde beispielhaft von PAFFEN (1953) durchgeführt; mit der Darstellung des Mittelrheintales selbst befaßte sich wenig später MÜLLER MINY (1959) in einer damals ebenso modernen wie grundlegenden Arbeit. Trotz aller Kritik an der naturräumlichen Gliederung besitzt das Vorgehen auch heute noch Gültigkeit, wenn es um die sog. ganzheitliche Beschreibung einer Landschaft geht. Für eine Übersicht über das Exkursionsgebiet mag es jedoch genügen, die wesentlichen Grundzüge aufzuzeigen (vgl. Abb. 2 und 3).

Das Durchbruchstal des Mittelrheines durch das Schiefergebirge zwischen Bingen und Bonn ist 127 km lang; davon entfallen 56 km auf das obere und 41 km auf das untere Mittelrheintal sowie 30 km auf das Neuwieder Becken. Der Talboden liegt bei Bingen in 80 m, bei Koblenz in 60 m und bei Bonn in 50 m ü.NN. Daraus ergibt sich ein unterschiedliches Gefälle der beiden Talstrecken. Zwischen Bingen und Koblenz beträgt es ca. 0,4‰, von da ab bis Bonn nur noch 0,2‰. Dem stärkeren Gefälle entspricht auch die schroffere Form des **Oberen Mittelrheintales**, die in Verbindung mit den Burgen und Rebhängen den Begriff der Rheinromantik begründet hat. Der Rhein hat hier im Verlauf von etwa 1 Mio. Jahren einen 150 – 220 m tiefen, vielfach gewundenen Canyon in die quer dazu streichenden harten, devonischen Quarzite des Hunsrück und Taunus geschnitten, die der Erosion besonders im gefällereichsten Abschnitt zwischen Bingen und St. Goar großen Widerstand leisteten und als Felsriffe das Flußbett queren. Da sie die Schiffahrt erheblich behinderten, wurden sie entlang der Fahrrinne künstlich beseitigt. Im ufernahen Bereich, etwa bei Bingen und St. Goar, sind sie dagegen bei Niedrigwasser gut sichtbar und werden im Volksmund als Hungersteine bezeichnet. Auch die Pfalz bei Kaub wurde auf einem solchen Felsriff erbaut. Ein weiteres großes Erosionshindernis für den Fluß stellen die widerständigen mit Grauwackensandsteine unterhalb von St. Goar im Bereich der Loreley dar. Der Fluß, sonst 400 – 500 m breit, verengt sich hier auf 200 m und erreicht mit 20 m im Bereich einer Auskolkung zugleich seine größte Tiefe.

Zwischen den stark verengten Talabschnitten liegen solche, in denen sich das Tal weitet. Hier wurden weichere Ton- und Bänderschiefer, die zur Formation der Hunsrückschiefer und Unterkoblenzschichten gehören, ausgeräumt und kleinere Mäander angelegt. Eine Ausnahme bildet die große Bopparder Schlinge. Ähnlich wie die berühmten Mosel-Mäander weist sie einen charakteristischen Gegensatz zwischen steilem, felsigen Prallhang und flachem, terrassierten Gleithang auf. Der nach Süden exponierte Prallhang, bekannt als Bopparder Hamm, stellt zugleich eine bekannte Weinlage dar. Flußterrassen als Ausdruck kaltzeitlicher Klimaabschnitte während der Erosion des Engtales im Quartär kommen jedoch nur in Resten vor. Dies gilt in erster Linie für die Mittelterrassen, die nur als Hangleisten ausgebildet sind, während die Niederterrasse zumindest

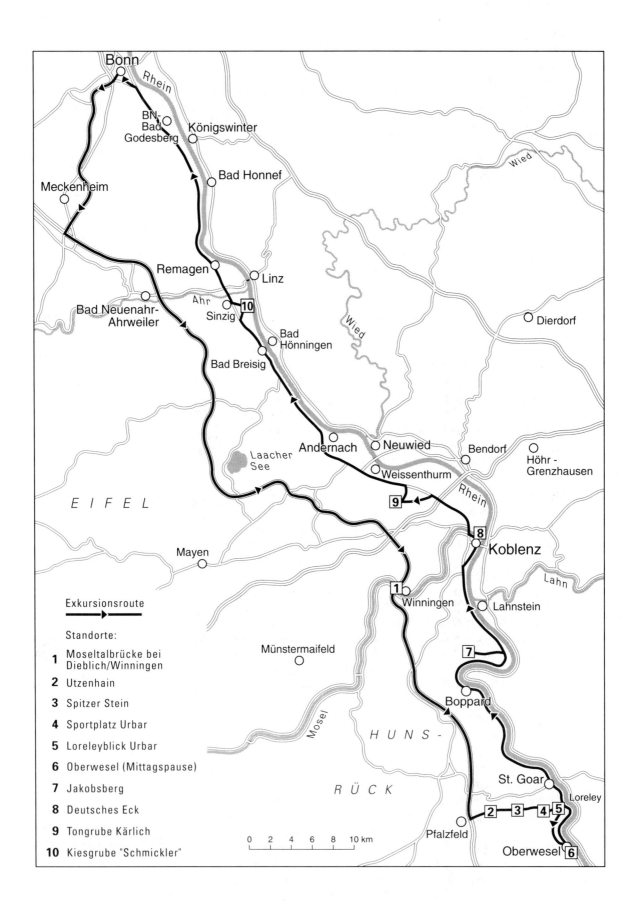

Abb. 1: Exkursionsroute

Abb. 2: Karte der naturräumlichen Einheiten im Mittelrheintal und in seiner Umgebung (aus: MEYER & STETS 1996).

Die Basis wird deshalb angegeben, weil infolge der Überlagerung durch eiszeitlichen Löß und Fließerden die Niveaus als solche kaum erkennbar sind. Ihr Schotter- und Schwermineralspektrum grenzt sie deutlich gegen das ca. 300 m hoch liegende Kieseloolith-Niveau ab, mit dem, von unten nach oben aufsteigend, der tertiäre Teil des Hochtales beginnt. Kennzeichnend für die Kieseloolith-Terrasse, die am unteren Mittelrhein nach BIBUS (1980) in drei Niveaus vorkommen kann, sind der fast reine Quarzanteil der Schotter und das stabile Schwermineralspektrum der Terrassensande.

Das Hochtal als älterer Teil des Mittelrheintales ist zwischen Oberwesel und Boppard, trotz seiner Breite von bis zu 4,5 km, deutlich erkennbar. Ein auffälliges Merkmal ist das fehlende Gefälle seiner Niveaus (Höhenkonstanz), das flußab zu einer wachsenden Divergenz zu den mit Normalgefälle versehenen Mittel- und Niederterrassen sowie dem heutigen Rheinlauf führt. Erst nördlich von Andernach, bzw. noch deutlicher unterhalb der Ahrmündung, weisen auch sie Normalgefälle auf. Die Diskussion über die Höhenkonstanz, die mit stärkerer Hebung im zentralen Schiefergebirge erklärt wird, nimmt in der Literatur breiten Raum ein, soll hier aber nicht weiter vertieft werden (BIBUS 1980, SEMMEL 1983, MEYER & STETS 1996 u.a.).

Das **Hochtal**, dessen obere Grenze bei ca. 350 m ü.NN liegt, ist, wie erwähnt, Teil des noch größeren Rheinischen Troges, dessen weit auseinanderliegende Ränder in ca. 400 m ü.NN allmählich zu den Rumpfflächen des Schiefergebirges überleiten (STICKEL 1927). Die komplexe Talentwicklung erfolgte im Wechsel von tektonischen Hebungsphasen unterschiedlicher Intensität und Klimaperioden unterschiedlicher Qualität. Auf das mehr oder weniger gleichförmige, warmfeuchte Tertiärklima folgte das von großen Schwankungen gekennzeichnete Quartärklima. Im Wechsel von Kalt- und Warmzeiten, verbunden mit einer beschleunigten Hebung des Gebirges seit etwa 500.000 Jahren, entstand die Terrassentreppe des Plateau- und Engtales.

Für die Entwicklung der hochgelegenen Tertiärterrassen entwarf BIRKENHAUER (1973) ein eigenwilliges Modell. Nach ihm erfolgten im Mittel- und Oberoligozän, außerdem im Pliozän vorübergehend tektonische Absenkungen, die zu Talverschüttungen mit ausgeprägter Lateralerosion führten. Dadurch wurden breite Flächenstreifen in das anstehende Gestein geschnitten, die heute als Niveaus in 400 m, 360 m und 300 m ü.NN erhalten sind. Die beiden höheren stellen Trogflächen, die untere stellt die Kieseloolithterrasse dar. Eine anschauliche Darstellung des im Einzelnen recht komplizierten Ablaufs findet sich bei HÜSER (1973, S. 64).

Zusammenfassend ergibt sich daher folgender Befund: Unabhängig von gegensätzlichen Deutungen sowie von engeren oder weiteren Talabschnitten und von geradem oder mäandrierendem Lauf besitzt das obere Mittelrheintal eine **typische Zweigliederung** in ein weites,

beiderseits der Lahnmündung als Schotterkörper auftritt und dort einen etwas breiteren Talboden geschaffen hat. Nach Norden weitet er sich zum Neuwieder Becken (vgl. Abb. 4 und 5).

Die mehrgliedrige Hauptterrasse dagegen liegt oberhalb des Engtales in Höhen von 200 - 230 m. GURLITT (1949) hat hier ein älteres und jüngeres Niveau unterschieden, das im Zuge der Neubearbeitung des **oberen Mittelrheintales** durch SEMMEL (1983) in tR4 und tR5 umbenannt wurde. Ein noch tieferes tR6-Niveau in 180 m ü.NN gehört bereits zum Engtal und ist schwer von der oberen Mitteterrasse (tR7) abzugrenzen. Landschaftsbestimmend ist die untere Hauptterrasse, die in der Regel einen mehrere Meter mächtigen Schotterkörper besitzt, weil sie einerseits eine 2 – 4 km breite Verebnung darstellt, andererseits völlig unvermittelt und mit scharfem Rand gegen das Engtal abbricht. Der Name **Plateautal** für das obere Stockwerk des Mittelrheintales geht im wesentlichen auf sie zurück. Zusammen mit den noch höher liegenden altquartären und jungtertiären Terrassenresten bildet es das sog. **Hochtal**, das wiederum seit PHILIPPSON (1903) und MORDZIOL (1910) als unterer Teil des noch ausgedehnteren Rheinischen Troges angesehen wird. Über der älteren Hauptterrasse (tR4) liegen nach SEMMEL (1983) noch drei weitere quartäre Niveaus, deren Basis in ca. 240 m (tR3), 260 m (tR2) und ca. 280 m ü.NN (tR1) liegt.

178

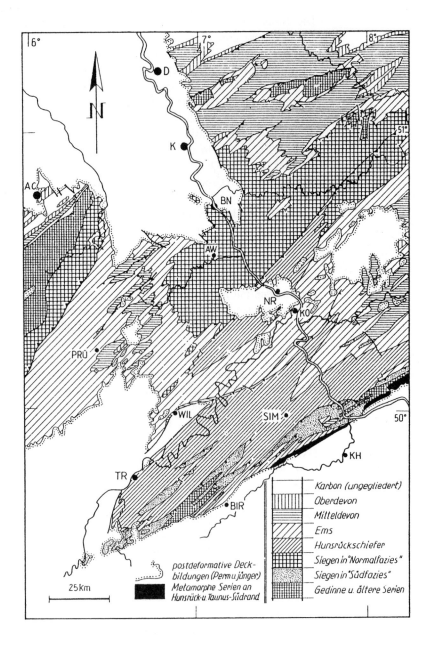

Übereinstimmung ergibt sich dagegen bei der Zahl der Hauptterrassen (tR1 – tR6), Mittelterrassen (tR7 – tR9) und Niederterrassen (tR10 + tR11).

In einer neueren Untersuchung wird indes die große Zahl der Hauptterrassen angezweifelt. HOSELMANN (1994) unterscheidet nach gründlichen sedimentpetrographischen Analysen von Sanden rechtsrheinischer Hauptterrassenaufschlüsse zwischen Andernach und dem südlichen Siebengebirge nur noch zwei Terrassenkörper und kommt damit der ursprünglichen Gliederung in ältere und jüngere Hauptterrasse wieder nahe.

Eine weitere Abweichung betrifft die Gestaltung der oberen Hochtalränder, die beim unteren Mittelrheintal von Vulkanen besetzt sind. Linksrheinisch sind dies die Brohltalvulkane, die mit dem jungquartären Laacher-See-Vulkanismus der Osteifel im Zusammenhang stehen, rechtsrheinisch die Linzer Vulkanhöhen und das nordwärts anschließende Siebengebirge, die beide zur Gruppe der tertiären (miozänen) Westerwald-Vulkane gehören. Für die Gliederung der Flußterrassen des Rheines sind die quartären Vulkane von großer Bedeutung, da ihre Förderprodukte mit fluvialen Sedimenten verzahnt sind und mit Hilfe radiometrischer Methoden (K/Ar) datiert werden können. Es gelang dadurch, die relative Gliederung der Rheinterrassen für das

Abb. 3: Geologische Übersichtskarte des zentralen und westlichen Rheinischen Schiefergebirges (aus: MEYER & STETS 1996).

im oberen Teil tertiäres, im tieferen Teil altquartäres **Hochtal** und ein darin eingeschnittenes, steilwandiges **Engtal** mittel- bis jungquartären Alters.

Das vorgestellte Bauprinzip gilt, mit Abweichungen, auch für das **untere Mittelrheintal** (BIBUS 1980). Als Abweichungen wären zu nennen: der gestreckte, nordwestorientierte und bis auf den Abschnitt bei Oberwinter mäanderlose Lauf, ein relative breiter, von den Aufschotterungen der Niederterrassen (tR10 und tR 11) eingenommener Talboden und ein stark verbreitetes Hochtal, dessen Ränder im Niveau der oberen Kieseloolithterrasse (330 m ü.NN) bis zu 12 km auseinander liegen (vgl. Abb. 6). Abweichend vom oberen Mittelrheintal unterscheidet BIBUS (1980) drei Kieseloolithterrassen in 330 m, 320 m und 300 m ü.NN;

Quartär zu einer recht gut abgesicherten, absoluten Altersgliederung auszubauen, so daß ohne Übertreibung behauptet werden kann, der Werdegang des Mittelrheintales ist gegenwärtig besser und vollständiger aufgeschlüsselt als der aller vergleichbaren mitteleuropäischen Stromsysteme. Ein großes Verdienst hierbei haben sich vor allem BRUNNACKER (et al. 1969), BIBUS (1980), BOENIGK (1982) und SEMMEL (1983) erworben. Eine gute Zusammenstellung neuesten Datums und Interpretation aus geologischer Sicht findet sich bei MEYER & STETS (1996).

Eine Unterbrechung erfährt das mittelrheinische Talsystem durch das **Neuwieder Becken**. Der Rhein erreicht es umittelbar nördlich der Lahnmündung bzw. der von Kühkopf (382 m) und Licherkopf (319 m) ge-

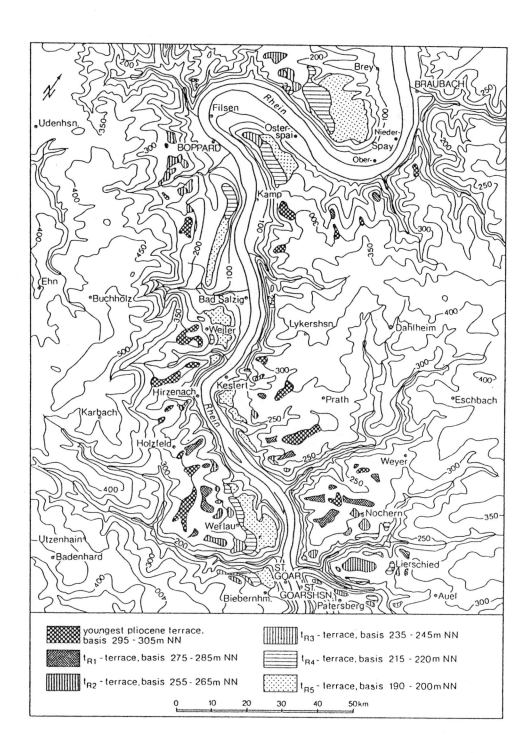

Abb. 4: Die altpleistzozänen Terrassen des Rheines zwischen St. Goar und Boppard (aus: SEMMEL 1983).

bildeten Enge und verläßt es durch die Andernacher Pforte im Nordwesten des Beckens. Die widerständigen Gesteine des sog. Brohl-Hammerstein Riegels stellten für den Rhein während des Quartärs ein großes Erosionshindernis dar, das trotz der nach dem Zusammenfluß mit der Mosel erheblich angestiegenen Wassermenge nur in einem schroffen Engtal durchbrochen werden konnte. Im Osten durch einen Bruchrand scharf begrenzt, öffnet sich das Becken nach Westen zum vulkanbesetzten Bruchfeld der Pellenz und nach Süden zu dem bis auf 300 m ansteigenden Maifeld. Hier, am Karmelenberg, hat BIBUS (1980) Kieseloolithe nach-

weisen können. Am südlichen Rand des Maifeldes hat sich die Mosel tief eingeschnitten.

Das Becken hat sich am Schnittpunkt von Rheinischem Trog und variskisch streichendem Moseltrog entwickelt und seit dem Alttertiär um etwa 350 m abgesenkt (MEYER & STETS 1996). Mit abgesenkt wurden auch die oligozänen Schotter von **Vallendar**, die als Zeugen eines ältesten, allerdings südwest-nordost gerichteten Talsystems angesehen werden. Ihr grobklastischer Charakter steht im Widerspruch zur Annahme eines warmfeuchten Tertiärklimas, das den Gesteins-

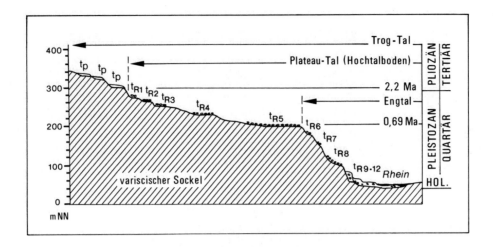

Abb. 5: Schema der Terrassengliederung im Mittelrheintal (aus: MEYER & STETS 1996).

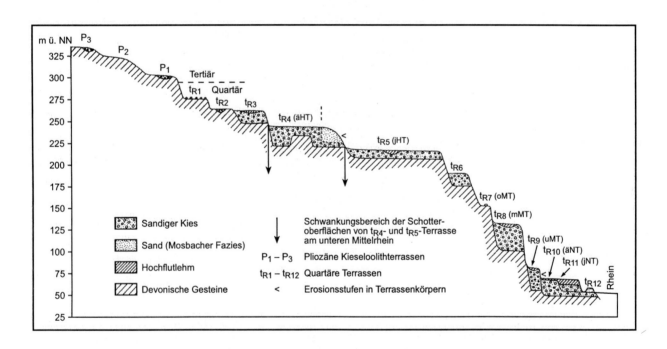

Abb. 6: Schema der Terrassengliederung am unteren Mittelrhein (aus: BIBUS 1980).

zersatz begünstigte. Angesichts der Dürftigkeit der Funde ist eine befriedigende Deutung bis heute nicht möglich.

Ebenfalls abgesenkt, jedoch mit dem Tertiärklima im Einklang stehend, sind dunkle, bituminöse Tone, die linksrheinisch auf dem Kärlicher Berg abgebaut werden (ca. 160 m ü.NN) und ein oligozänes Alter besitzen. Der Ton wird von Trachyttuff – nach MEYER & STETS (1996) handelt es sich um Siebengebirgstuff – sowie von Sanden und Kiesen der Hauptterrassen überlagert. Darüber steht eine mächtige Lößfolge an.

Mittel- und Niederterrassen bilden im Neuwieder Becken zwar eine normale Terrassentreppe aus; infolge der Überdeckung durch Löß und Laacher Bimstuff sind die Niveaus jedoch schwer zu erkennen.

Der in die mittlere Allerödzeit (nach neuen Angaben ca. 13.000 BP) eingeordnete Bimstuff dient aber sowohl hier als auch im angrenzenden unteren Mittelrheintal zur Unterscheidung von älterer (tR10) und jüngerer (tR11) Niederterrasse. Letztere enthält als Kennzeichen eine Schicht aus verschwemmtem Bimstuff.

Grundzüge des Klimas des Mittelrheintales (vgl. hierzu Tab. 1)

Der tiefe Einschnitt des Tales in das devonische Gebirge, seine geringe Meereshöhe von nur 60 – 80 m und sein Verlauf von Südost nach Nordwest bewirken eine besondere Klimagunst, die in der Gegenüberstellung der Klimatabellen von Bad Ems (77 m) und dem Rothaargebirge (Kahler Asten, 835 m) zum Ausdruck

178 Station Bad Ems

Lage 50°20'N/7°43'E   Höhe ü.NN   77 m   Klimatyp: Köppen Cfb   Troll III,3

		J	F	M	A	M	J	J	A	S	O	N	D	Jahr	Z
Mittl. Temperatur	in °C	0,9	1,6	5,2	9,2	13,6	16,8	18,4	17,7	14,6	9,5	5,6	2,2	9,6	30
Absol. Max.d. Temperatur in °C		18,4	17,1	25,8	31,1	32,4	38,3	38,2	35,5	33,5	23,8	20,6	15,9	38,3	23
Absol. Min. d. Temperatur in °C		-19,6	-24,0	-12,7	-5,7	-1,7	1,0	3,8	5,2	1,0	-3,5	-9,8	-16,7	24,0	18
Mittl. relative Feuchte	in %	86	82	79	76	74	76	77	80	82	87	86	88	81	10
Mittl. Niederschlag	in mm	56	49	42	50	58	73	74	77	55	54	56	53	697	30
Tage mit Niederschlag	> 0,1 mm	16	15	13	15	14	13	15	15	13	14	15	15	173	30
Sonnenscheindauer	in h	46	70	142	192	234	214	219	197	163	99	40	27	1643	10
Potentielle Verdunstung	in mm	5	9	26	50	90	109	123	109	75	42	18	8	664	

172 Station Kahler Asten

Lage 51°118'N/8°29'E   Höhe ü.NN   835 m   Klimatyp: Köppen Cfb   Troll III,3

		J	F	M	A	M	J	J	A	S	O	N	D	Jahr	Z
Mittl. Temperatur	in °C	-3,1	-2,8	0,4	4,0	8,6	11,6	13,2	13,0	10,3	5,5	1,1	-1,8	5,0	30
Absol. Max.d. Temperatur in °C		13,2	14,1	17,2	24,5	27,8	29,6	31,3	29,2	28,3	21,2	17,6	12,8	31,3	41
Absol. Min. d. Temperatur in °C		-23,3	-26,0	-13,5	-10,3	-7,4	-1,4	2,6	2,9	-2,3	-7,8	-10,6	-20,9	-26,0	41
Mittl. relative Feuchte	in %	94	91	84	79	77	80	84	85	86	89	94	95	87	10
Mittl. Niederschlag	in mm	148	128	94	112	90	111	131	135	108	128	132	137	1454	30
Tage mit Niederschlag	> 0,1 mm	23	21	20	20	20	17	20	21	19	22	21	23	247	16
Sonnenscheindauer	in h	46	75	122	160	205	191	181	159	147	105	46	34	1471	10
Potentielle Verdunstung	in mm	0	0	3	31	68	90	103	94	64	33	5	0	489	30

Tab. 1: Klimatabellen von Bad Ems (Koblenz) und vom Kahlen Asten (Rothaargebirge) zum Vergleich (aus: MÜLLER 1980).

gebracht werden soll. Beide Stationen zeigen auf anschauliche Weise, wie stark der Kontrast ist zwischen den Hochflächen und Bergländern des Rheinischen Schiefergebirges und den tief eingesenkten Talfurchen. Betrachtet werden der Temperatur- und Niederschlagsgang sowie die potentielle Verdunstung (RICHTER).

In **Bad Ems** liegen alle Monatsmittel über 0° C (Januar 0,9°), was für den Winter milde Temperaturen und Schneearmut bedeutet. Der Sommer ist lang und warm (Mai – September über 13° C) und erreicht im heißen Juli 18,4° C. Die Jahresmitteltemperatur beträgt 9,6° C, was zu den höchsten Werten in Mitteleuropa zählt. Nur die Werte im Mainzer Becken (Geisenheim 9,9° C) und der Kölner Bucht (Köln 9,8° C) liegen etwas höher. Die Periode absoluter Frostfreiheit umfaßt die Monate Juni bis September; unter Einschluß des Mai, in dem seltene Spätfröste auftreten können, umfaßt sie 5 Monate, was die Länge der Vegetationsperiode von wärmeliebenden Pflanzen, wie etwa der Weinrebe, wiederspiegelt (vgl. Tab. 1).

Im Unterschied dazu besitzt der **Kahle Asten** ein Jahresmittel von nur 5,0° C und drei Monate (Dezember – Februar) mit einem Mittel unter 0° C. Daraus läßt sich ein winterliches Schneeklima ableiten, was für die erheblich niedrigeren, im Mittelrheintal unmittelbar benachbarten Bergländer des Westerwaldes und der Eifel aber nur abgeschwächt zutrifft. Gleiches gilt für die rheinnahen Teile von Taunus und Hunsrück. Der Sommer ist kühl (Juli 13,2° C, August 13.0° C) und währt nur 3 Monate (Juli – September). Kurz ist auch die Vegetationsperiode; als absolut frostfrei gelten nur die

Monate Juli und August. Wenn die niedrigen Temperaturen in erster Linie von Luftmassen und der Höhenlage über NN bestimmt werden, so muß auch der häufigen Bewölkung ein vor allem die Sommermonate betreffender, die Temperatur zusätzlich erniedrigender Effekt zugeschrieben werden. Als Indikator dient die Sonnenscheindauer, die im Juli (181 Stunden) eine auffällige Depression zeigt, die das Phänomen des sog. Sommermonsuns erklären könnte. In den vergleichbaren Talstationen kommt dies zwar ebenfalls, doch abgeschwächt zum Ausdruck (leider fehlen die Werte für Bad Ems, so daß auf die Station Geisenheim im Rheingau ausgewichen werden muß). Unterschiede in den Herbstmonaten (Oktober, November) mit häufigen Nebelwetterlagen in den Tälern lassen sich aus den Angaben über die Sonnenscheindauer jedoch nicht herleiten.

Hinsichtlich der jährlichen Niederschlagsmenge zeigen sich große Unterschiede zwischen Berg- und Talstationen. Für den Kahlen Asten werden 1.454 mm, für Bad Ems nur 697 mm angegeben, was auch ungefähr dem Wert von Bonn am Ausgang des unteren Mittelrheintales entspricht. Erheblich trockener ist es dagegen im Gebiet von Bingen (Geisenheim 536 mm) am Eintritt des Rheines in das Rheinische Schiefergebirge, was mit einem ausgeprägten Lee-Effekt des Gebirges gegenüber den feuchten West- und Nordwestwinden zu erklären ist. Im Mittelrheintal selbst, das sich infolge seiner Orientierung nach Nordwesten den regenbringenden Winden öffnet, kommt der ebenfalls durchgängig vorhandene Lee-Effekt nur abgeschwächt zur Wirkung. Er zeigt sich besonders deutlich in den Herbst- und Wintermonaten (Oktober – Februar), die bei Bad

Ems trockener als die Sommermonate (Juni – August) ausfallen, beim Kahlen Asten jedoch erheblich feuchter als diese sind. Die Erklärung liegt im unterschiedlichen Charakter der Niederschläge (ERIKSEN 1967). Für die Niederschläge in den höheren Mittelgebirgen sind zyklonale Westlagen mit einer großen Zahl von Niederschlagstagen bestimmend (Herbst- und Winterregen bzw. -schnee); für die Niederschläge in den Tallagen, die an erheblich weniger Tagen fallen, sind dagegen vorwiegend konvektive Wettersituationen verantwortlich. Solche treten infolge lokaler Überhitzung in den Sommermonaten (Juni – August) häufig auf und begünstigen Gewitterbildung mit ergiebigem Regen. Insbesondere deshalb spricht man beim Lokalklima des Mittelrheintales von kontinentaler Tönung, während schon das Klima der umgebenden Hochflächen, vor allem aber der noch höheren Randgebirge Eifel und Hunsrück linksrheinisch sowie Rothaargebirge, Westerwald und Taunus rechtsrheinisch eindeutig ozeanische Züge trägt.

Besonders auffällig wird der Gegensatz, wenn man die potentielle Verdunstung mit einbezieht. Auf dem Kahlen Asten liegt sie während des ganzen Jahres, auch in den Sommermonaten, weit unter den Niederschlagswerten; das Klima kann deshalb als perhumid mit hoher Abflußrate bezeichnet werden. Bad Ems dagegen weist in den Sommermonaten (Mai – September) eine defizitäre Wasserbilanz auf, die sich im Bereich der meist felsigen Steillagen des Rheintales noch erheblich verschärfen dürfte. So können an den stark besonnten Südhängen durchaus aride Verhältnisse auftreten, was phänologisch in submediterranen Pflanzenarten (Elsbeere, Orchideen, Weinrebe) gut zum Ausdruck kommt.

Die Exkursionsroute (vgl. Abb. 1)

Die gewählte Exkursionsroute folgt von Bonn aus der linksrheinischen Autobahn (A 61) nach Süden bis zur Abfahrt Pfalzfeld, führt dann über eine Nebenstraße hinunter in das Rheintal bei Oberwesel und von dort auf der linken Rheinseite flußab über Koblenz, Andernach und Remagen nach Bonn zurück. Insgesamt sind 6 längere oder kürzere Haltepunkte vorgesehen, die nachfolgend beschrieben werden. Außerdem werden die verbindenden Fahrstrecken kurz erläutert.

Von Bonn aus geht die Fahrt auf der A 565 über das Kottenforstplateau (j.H.t. bzw. tR5) nach Süden, vorbei an Meckenheim, das am Westabfall des Plateaus liegt, zur A 61. Diese quert die offene Lößbörde und führt nach Südwesten zum Ahrtal, das von einer hohen Brücke überspannt wird. Auf der rechten Seite erkennt man die Ringener Tongruben; auf der linken erhebt sich unmittelbar am Rande des Ahrtales der Tertiärvulkan Landskrone (272 m). Im Tal selbst liegt die Stadt Bad Neuenahr. Südlich des Ahrtales steigt die Autobahn an und führt kurz nach der Querung des Vinxtbachtales durch einen Einschnitt, der in den Ba-

saltstrom des sich rechts der Autobahn erhebenden tertiären Bausenberg-Vulkans gesprengt wurde. An der Steilböschung stehen die dunklen, massigen Basaltsäulen an. Unmittelbar nach der Abfahrt Niederzissen folgt eine hohe Brücke über das Brohltal. Im Westen reicht der Blick über die von einer Burgruine gekrönte Phonolithgruppe der Olbrück bis zur Hocheifel; im Osten brohltalabwärts bis zu den jenseits des Rheines gelegenen Linzer Vulkanhöhen. Wenig später öffnet sich rechts die weite Caldera des Wehrer Kessels, die vom Gänsehals (577 m) überragt wird; links erheben sich die bewaldeten Vulkanhöhen (Laacher Kopf 445 m, Thelenberg 400 m) der Umrahmung des Laacher Sees, der von der Autobahn in weitem Bogen umfahren wird. Auf der Strecke hinunter in das Neuwieder Becken fallen an mehreren Stellen die Anschnitte im Laacher Bimsstuff auf, die vom früheren Abbau des begehrten Rohstoffs künden. Bei Kruft befinden sich große Hallen und ausgedehnte Lagerflächen der Bimssteinindustrie. Diese bezieht den Rohstoff heute vorwiegend aus einer riesigen Grube am Südhang des Krufter Ofens (462 m), die den unter Naturschutz stehenden Berg schon erheblich geschädigt hat. Von anderer Art sind die Abbauprodukte an dem zwischen Kruft und dem Nettetal gelegenen Plaidter Hummerich sowie den etwas entfernter liegenden Wannen- und Eiterköpfen. Hier geht es vorwiegend um vulkanische Schlacken, die, gemahlen, etwa bei der Anlage von Tennisplätzen Verwendung finden. Infolge der Umgestaltung durch jahrzehntelangen Abbau hat sich das Landschaftsbild der Pellenz beträchtlich verändert. Jenseits der Nette steigt das Gelände zum Maifeld wieder deutlich an; die Autobahn verläuft jedoch fast niveaugleich über das Koblenzer Kreuz bis zum Rand des Moseltales bei Winningen. An der Raststätte, von der ein kurzer Fußweg zur Hangkante führt, liegt der erste **Haltepunkt** (1) (vgl. Abb. 7).

Vom Standort in etwa 200 m ü.NN, der sich oberhalb des sehr steilen, teilweise rebenbewachsenen Südhanges befindet, bietet sich ein großartiger Blick auf das canyonartige Engtal der Mosel, dessen Sohle nahezu 150 m tiefer liegt. Trotz der Enge zeichnet sich der Unterschied zwischen südexponiertem, felsigen Steilhang mit hervortretenden unterdevonischen Gesteinsserien und nordexponiertem, sanfter ansteigenden und bewaldeten Gleithang deutlich ab. Selbst eine Niederterrassensohle (Ortslage von Dieblich) ist hier entwickelt, während Mittelterrassenreste gänzlich fehlen. In scharfem Kontrast dazu steht die breite Verebnung 200 – 215 m ü.NN jenseits des Moseltales (Ortslage Dieblich-Berg). Es handelt sich um die jüngere Hauptterrasse der Mosel (tM5), die flußaufwärts verbreitet auftritt und, ähnlich wie beim Rhein, die Basis des sog. Plateautales bildet. Es ist Teil des größeren, pliopleistozänen Hochtales, dessen Flanke südlich der Autobahnausfahrt Dieblich in einem steilen Anstieg auf 380 m ü.NN überwunden werden muß. Eine gute Darstellung, die Engtal und Hochtal vereint, stammt von BIBUS (1983). Das zusammengesetzte Talprofil ist mit

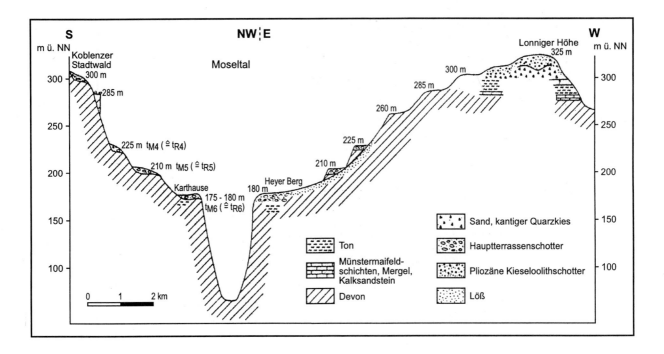

Abb. 7: Geknicktes Querprofil des unteren Moseltales nahe der Autobahnbrücke der A 61 bei Dieblich (aus: BIBUS 1983).

Blickrichtung moselaufwärts zu betrachten. Die linke Seite beschreibt den südlichen Hang vom Koblenzer Stadtwald ungefähr bis Winningen, die rechte den westlichen Hang von Dieblich/Kobern bis Lonnig. Eindeutige Terrassenniveaus liegen in 180 m (tM6), 210 m (tM5), 225 m (tM4) und in 300 m ü.NN (Kieseloolith), während die Stellung von Zwischenniveaus in 260 und 285 m ü.NN unsicher ist. Mosel- und Rheinterrassen sind vergleichbar.

Bis zur Abfahrt Pfalzfeld verläuft die Autobahn auf einer welligen, überwiegend bewaldeten Hochfläche, die nach Süden allmählich bis auf fast 500 m ü.NN ansteigt. Westlich von Boppard nähert sie sich dem Rhein bis auf 4 km und bietet an einigen Stellen sogar kurze Ausblicke auf den Strom. Die Hochfläche, die im Sinne von STICKEL (1927) als R1-Fläche gedeutet werden kann, besitzt ein altes Tertiärrelief mit einer durch Bohrungen belegten, tiefen Zersatzzone (Weißverwitterung) auf anstehenden Devonschiefern (FELIX-HENNINGSEN 1990).

Ein kurzer **Halt (2a)** westlich von Utzenhain an der Straße nach St. Goar soll vor allem den landschaftlichen Unterschied zwischen Rumpffläche und östlich anschließendem Rheinischen Hochtal mit eingeschnittenem Engtal deutlich machen. Die verbreitete Grünlandnutzung kann als Hinweis auf tonreiche, staunasse Böden in Verbindung mit einem durch die Höhenlage bedingten, kühl-feuchten Klima gedeutet werden. Auch der Waldreichtum paßt in dieses Bild (Abb. 8, 9, 10).

Nach etwa 4 km zweigt eine schmale Nebenstraße ab, die am Spitzen Stein (412 m) vorbei hinunter nach Urbar führt. Die Bergkuppe **(Halt 2b)** bildet eine gute Sicht auf das Hochtal des Rheines und die jenseits davon im Osten ansteigenden Höhen des Hintertaunus. Mit etwas Vorstellungsvermögen läßt sich der Rheinische Trog ahnen, dessen obere Grenze sich etwa im Niveau des Standortes befindet. Die Bergkuppe stellt jedoch einen Härtling aus quarzitischem Devongestein dar.

Der nächste **Haltepunkt (2c)** liegt am Sportplatz von Urbar in 300 m ü.NN, d.h. im Niveau der pliozänen Kieseloolithterrasse (SEMMEL 1983). Da ein Aufschluß fehlt, bleibt es dem Zufall überlassen, Quarzkiese zu finden. Der Ort eignet sich jedoch als Ausgangspunkt für eine kurze Wanderung über den in undeutlichen Terrassenstufen abfallenden Hang bis zur Steilkante des Engtales gegenüber dem Loreley-Felsen **(Haltepunkt 2d)**. Der Blick in den engen Canyon, hinunter auf den hier nur 200 m breiten Strom, ist beeindruckend und läßt sich mit demjenigen von der Moseltalbrücke bei Winningen **(Halt 1)** vergleichen. Nach SEMMEL (1983), dessen Kartiergebiet unmittelbar nördlich von Urbar beginnt und sich rheinabwärts bis Braubach erstreckt, liegt das Plateau des Loreley-Felsens (194 m) im Niveau der Basis der jüngeren Hauptterrasse (tR5), der eigene Standort dagegen (220 m) im Niveau der Basis der älteren Hauptterrasse (tR4). Die Entfernung zwischen beiden Punkten beträgt nur etwa 500 m. Breit entwickelt sind beide Niveaus 2 km nordwestlich bei Biebernheim und nordwestlich von St. Goar. Besonders die tR5 erreicht hier eine Breite von 1 km und bildet dadurch einen scharfen Kontrast zu den schroff abfallenden Hängen des Engtales. Die Basis der ältestpleistozänen Terrassenniveaus tR3 – tR1 liegt nach SEMMEL (1983) in ca. 240 m, 260m und 280 m ü.NN. Innerhalb des Engtales sind Mittelterrassen und selbst Niederterrassen nicht ausgebildet. Gut zu erkennen sind dagegen die Lagerungsverhältnisse des harten,

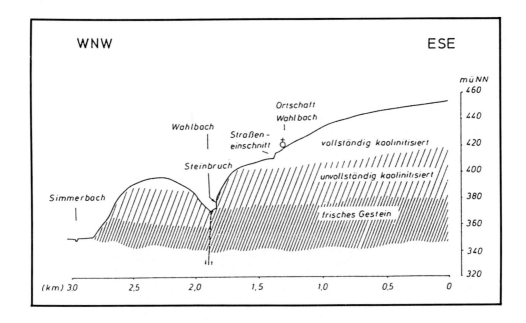

Abb. 8: Querprofil des Wahlbachtales bei Wahlbach im Ost-Hunsrück: tertiäre Rumpfflächenlandschaft
(aus: FELIX-HENNINGSEN 1990).

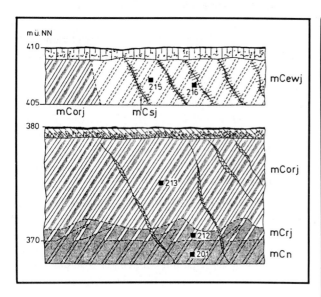

Abb. 9: Aufschlüsse Straßeneinschnitt (oben) und Steinbruch
(unten) bei Wahlbach: Zonierung des Saproliths
(aus: FELIX-HENNINGSEN 1990).

schräg einfallenden Grauwackensandsteins an den Tal-
wänden.

Die Weiterfahrt von Urbar erfolgt auf serpentinenrei-
cher Straße in das Engtal hinunter nach Oberwesel, das
im Süden von der auf einem Bergsporn erbauten
Schönburg überragt wird. Von einem Parkplatz am
Rand des Engtales (Haltepunkt 2e) bietet sich ein guter Überblick auf das Städtchen und rheinaufwärts bis
zur Pfalz bei Kaub, die auf einem Quarzitriff im Strom
erbaut wurde. Der gerade, südost-nordwestorientierte
Talverlauf läßt eine tektonische Anlage vermuten

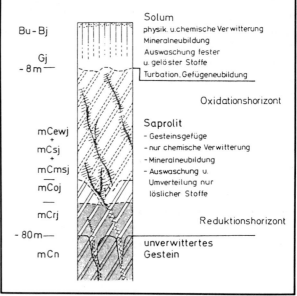

Abb. 10: Schema der tertiären Verwitterungsdecke im
Rheinischen Schiefergebirge: genetische Einheiten und
Horizontgliederung (aus: FELIX-HENNINGSEN 1990).

(MEYER & STETS 1996). Dies gilt auch für das in gleicher Richtung streichende Hochtal, das hier nur wenige Kilometer breit ist. Kurze, gefällereiche Kerbtäl-
chen haben die steilen Hänge des Engtales tief zer-
furcht. Weinberge bezeugen die Klimagunst der süd-
westexponierten Hänge.

Von Oberwesel verläuft die Exkursionsroute auf der
linksrheinischen Uferstraße rheinabwärts über St.
Goar, Bad Salzig und Boppard bis Spay und von dort

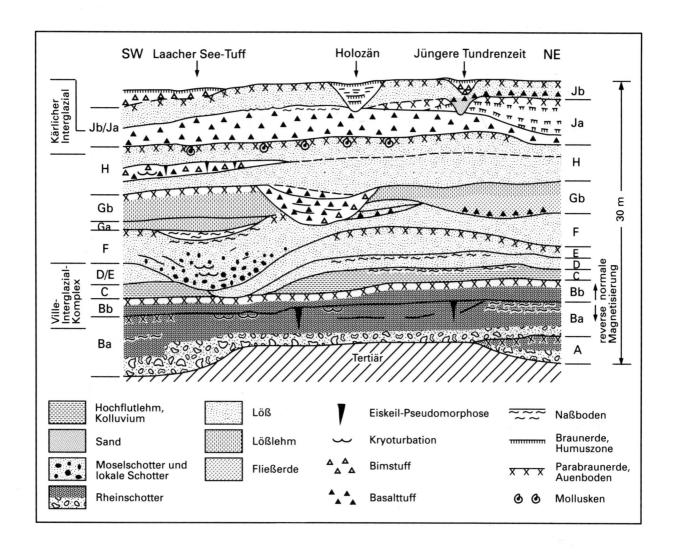

Abb. 11: Schematisches Quartärprofil der Kärlicher Tongrube (verändert nach: BRUNNACKER 1968).

auf den 4 km westlich gelegenen Jakobsberg (252 m). Die steilen Talhänge behalten bis Boppard ihre Merkmale im wesentlichen bei. Erst hier tritt eine auffällige Änderung ein. Infolge des weit ausholenden Doppel-Mäanderbogens zwischen Boppard und Braubach hat sich bei der quartären Tiefenerosion eine Abfolge von steilen Prall- und relativ flachen Gleithängen entwickelt, wie sie für das Mittelrheintal sonst untypisch ist. Als gute Weinlage bekannt ist der südexponierte Steilhang des Bopparder Hamm; Terrassenreste konnten sich hier nicht halten. Auf dem jenseitigen Gleithang bei Filsen dagegen bilden sowohl die Niederterrasse (tR10), als auch die untere und mittlere Mittelterrasse (tR9, tR8) deutliche Niveaus, die Obsthaine tragen. Der Anstieg zum Hauptterrassenplateau in 210 – 247 m ü.NN (tR5 – tR3) ist dagegen steil und bewaldet.

Der beste Überblick bietet sich von dem fast niveaugleichen, nördlich des Rheines gelegenen Rücken des Jakobsberges (**Haltepunkt 3**), auf dessen sanft abfallender Ostflanke die tR3 in Resten, die tR4 und besonders die tR5 aber in ausgedehnten Niveaus erhalten geblieben sind. Lohnend ist auch der Blick nach Norden in Richtung Lahnstein und Koblenz, wo sich das Rheintal zum Neuwieder Becken öffnet. Als Eintrittspforte gilt der ca. 3 km breite Talabschnitt zwischen Kühkopf (382 m) und Licher Kopf (319 m), die beide aus hartem Emsqzarzit bestehen und somit als Härtlinge anzusprechen sind.

Die Weiterfahrt geht über Rhens nach Koblenz bis zum Deutschen Eck (**Haltepunkt 4**), wo die Mosel in den Rhein mündet. Neben der Hochwasserproblematik sollen auch die Grundzüge der Siedlungs- und Wirtschaftsentwicklung behandelt werden.

Als nächster **Haltepunkt** (5), der erheblich mehr Zeit in Anspruch nimmt, ist die Tongrube bei Mülheim-Kärlich vorgesehen. Der Ort ist als Typlokalität für den Sedimentkörper der jüngeren Hauptterrassen und die durch kaltzeitliche Lösse und warmzeitliche Böden gekennzeichnete, seither abgelaufene Klimageschichte von großer Bedeutung. Terrassensedimente, Lösse und Böden bilden zusammen ein Paket von 30 m Mächtigkeit über dem liegenden, tertiären Blauton, das durch wechselnde Abbauverhältnisse im Laufe der Jahre in unterschiedlicher Höhe aufgeschlossen war. Eine

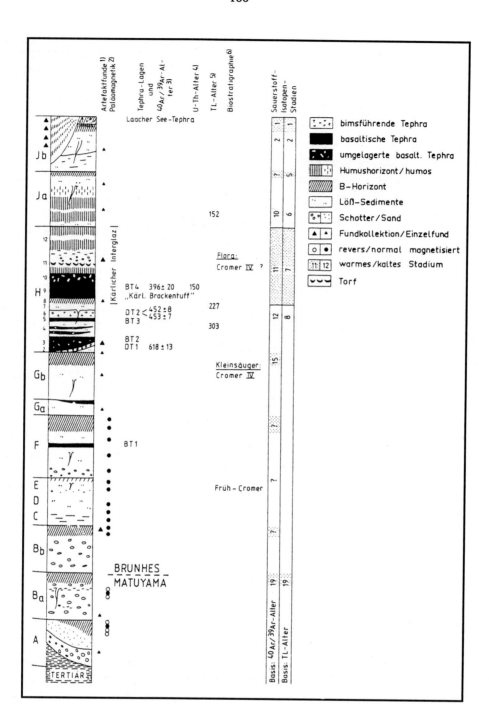

Abb. 12 : Verbessertes Quartärprofil der Kärlicher Tongrube mit Angaben zur Stratigraphie (aus: SCHIRMER 1990).

grundlegende Bearbeitung erfolgte u.a. durch BRUNNACKER (et al. 1969); sie wurde später durch BIBUS (1980) ergänzt. Den neuesten Forschungsstand beschreiben SCHIRMER (1990) sowie MEYER & STETS (1996) (vgl. Abb. 11 und 12).

Infolge des zurückgehenden Tonabbaues (Fa. Mannheim & Co.) in den letzten Jahren und der Rekultivierung von großen Teilen der Grube sind die Aufschlußverhältnisse nicht mehr so gut wie in früheren Jahren. Vor allem die mächtige und sehr differenzierte Lößfolge, der das Forschungsinteresse in erster Linie galt, die aber, zusammen mit den liegenden Terrassenkiesen für den Tonabbaubetrieb nur wertlosen Abraum darstellt,

präsentiert sich dem ungeübten Besucher als schwer zu deutende, häufig mehrstufige Abbauwand. Ein Besuch lohnt sich dennoch, vor allem wenn es darum geht, eine Verbindung zu dem vorwiegend durch Erosion entstandenen Mittelrheintal herzustellen. Die Hauptterrassenkiese von Kärlich, dort leider die einzigen fluvialen Ablagerungen, stellen korrelate Sedimente dar, die im Senkungsgebiet des Neuwieder Beckens akkumuliert wurden. Der Aufschluß besitzt demnach eine Gliederung in drei Teile: Den basalen Teil bildet der oligozäne Kärlicher Blauton, der, insgesamt 70 m mächtig, nur im obersten Teil abgebaut wird. Über der 6 m hohen Abbauwand liegen ein 2 m mächtiges, grünlichgelbes Trachyttuffband und eine ebenso gefärbte, toni-

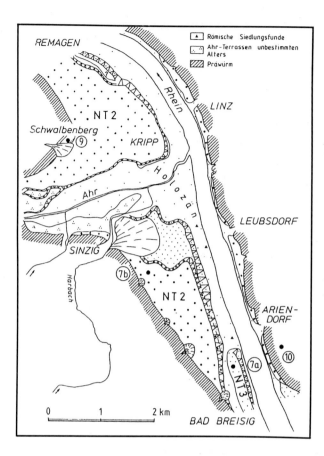

Abb. 13: Geomorphologische Skizze der Niederterrassen im Bereich der Goldenen Meile und der Ahr-Schwemmfächers (aus: SCHIRMER 1990).

ge Schicht, die als Knubb bezeichnet wird. Aufgrund paläontologischer Befunde wird sie in das Untermiozän gestellt; sie wird von Quartärsedimenten diskordant überlagert. Diese bestehen im unteren Teil aus fluvialen Kiesen und Sanden, im wesentlich mächtigeren oberen Teil aus Lössen und eingeschalteten Tephralagen. BRUNNACKER et al. (1969) untergliederten den unteren Teil in drei (A, Ba, Bb), den oberen Teil in neun Abschnitte (C, D, E, F, Ga, Gb, H, Ja, Jb).

Die Abschnitte A, Ba und Bb bestehen aus folgenden Schichten: An der Basis liegen die Rinnenschotter (A), darüber graue, sandige Hauptterrassenkiese des Rheines (Ba), die wegen der Periglazialspuren als älteste, eindeutig kaltzeitliche Ablagerungen im Mittelrheingebiet gelten und schließlich, wegen ihrer Buntsandsteinbeimengung rötliche, sandige Terrassenkiese der Mosel (Bb), die von einem Hochflutlehm abgeschlossen werden. Die Abschnitte A und Ba sind revers, der Abschnitt Bb ist dagegen normal magnetisiert, was bedeutet, daß die sog. Matuyama/Brunhes-Grenze etwa an der Basis der Moselschotter liegt. Nach neuesten Angaben wird sie auf 780.000 Jahre datiert (MEYER & STETS 1996). Da die Hauptterrassenkiese im wesentlichen der tR4 und tR5 des Mittelrheintales entsprechen, läßt sich der Erosionsbeginn des Engtales auf ungefähr 700.000 Jahre bestimmen.

Die Abschnitte C – J sind wie folgt aufgebaut: Bei C handelt es sich um einen Hochflutlehm, bei den Abschnitten D, E, F und G um Lösse mit abschließendem Boden, die in das frühe Cromer bis Cromer IV eingeordnet werden. F und G enthalten basaltische Tephralagen.

Im Unterschied zur relativ homogenen Lößfolge D – G ist der Abschnitt H stark gegliedert. Der mittlere Teil bis zum Kärlicher Brockentuff wurde von BRUNNACKER et al. (1969) als Kärlicher Interglazial bezeichnet. Nach neueren Untersuchungen (SCHIRMER 1990) müssen auch die hangenden Lösse noch dem Interglazial zugerechnet werden, was bedeutet, daß die Grenze des Abschnitts H nach oben rückt. Der tiefere Teil des Abschnitts H besteht überwiegend aus umgelagerten Lössen und Basaltsanden, deren tiefste Lage auf 618.000 Jahre (K/Ar) datiert wurde. Das Alter des Kärlicher Brockentuffs beträgt 396.000 Jahre (K/Ar). Das Kärlicher Interglazial läßt sich vermutlich in das Cromer IV einstufen. Im Mittelrheintal müßten den Abschnitten D – G die älteren Mittelterrassen (tR7 und tR8) entsprechen.

Erheblich jünger und möglicherweise durch eine Schichtlücke von H getrennt sind die Abschnitte Ja und Jb, die den Abschluß des Profils bilden. Ja besteht aus Lössen und Bodenhorizonten der vorletzten Kaltzeit (Riss) mit einem TL-Alter von 152.000 Jahren. Im Mittelrheintal entspräche dies der meist lößbedeckten unteren Mittelterrasse (tR9). Jb besteht im wesentlichen aus dem typischen Würmlöß mit interstadialen Böden und wird vom allerödzeitlichen Laacher See-Bims abgeschlossen. Ihr Äquivalent stellt die hocheiszeitliche ältere Niederterrasse des Rheines dar.

Die Weiterfahrt von Kärlich erfolgt über Andernach, wo der Rhein durch eine enge Pforte das Neuwieder Becken verläßt und das untere Mittelrheintal beginnt, nach Sinzig. Bis Brohl, an der Einmündung des gleichnamigen Baches gelegen, bleibt das Tal eng mit schroffen Hängen. Der beste Überblick bietet sich vom Härtlingsfelsen der Ruine Hammerstein auf der gegenüberliegenden Rheinseite. Unterhalb von Bad Breisig verbreitert sich die Talsohle, die hier im Niveau der Niederterrasse liegt, auf fast 2 km. Verursacht wurde dies durch die Ahr, die bei Sinzig in den Rhein mündet. In der letzten Eiszeit und noch im Spätglazial schüttete sie einen breiten Schwämmfächer, der den viel größeren Rhein nach Osten abdrängte und gleichzeitig flußauf zur Sedimentation zwang (HEINE 1982). Auf diese Weise entstand die Niederterrasse, die von einem Hochflutlehm bedeckt und wegen dessen Fruchtbarkeit als goldene Meile bezeichnet wird. Die Terrassensedimente sind gut aufgeschlossen in der Kiesgrube der Fa. Schmickler. Sie wurden u.a. näher untersucht von BIBUS (1980), dem außerdem die gründliche Bearbeitung der gesamten Terrassenfolge des unteren Mittelrheintales zu verdanken ist, und SCHIRMER (1990), der anläßlich der DEUQUA-Exkursion "Rheinland" eine

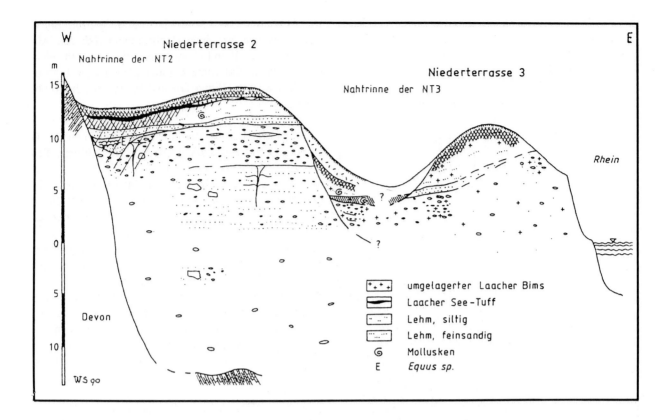

Abb. 14: Querprofil durch die Niederterrassen der südlichen Goldenen Meile bei Bad Breisig (aus: SCHIRMER 1990).

Neubearbeitung der Niederterrassen vorgenommen hatte. Es gelang ihm erstmals, drei Terrassenkörper zu unterscheiden. Der älteste, von ihm als NT1 bezeichnet, kommt bei Neuwied vor. Die beiden jüngeren (NT2 und NT3) stellen die herkömmliche ältere und jüngere NT dar, die BIBUS (1980) als tR10 und tR11 benannt hat. Sie sind auf der goldenen Meile vorhanden und in der Kiesgrube neben- bzw. übereinander aufgeschlossen und lassen sich mit Hilfe des bis zu 50 cm mächtigen Laacher-Bimstuffbandes gut trennen. Der Tuff überzieht die NT2 (= tR10), fehlt jedoch auf der NT3 (= tR11), die demnach jünger sein muß. Sie entstand in der jüngeren Dryerszeit, während der letztmalig kaltzeitliche Klimaverhältnisse in Mitteleuropa herrschten (vgl. Abb. 13 und 14).

Die Rückfahrt nach Bonn führt am Schwalbenberg nördlich Sinzig vorbei. Über mittelterrassenzeitlichen Kiesen (tR9) ist hier eine vollständige Lößfolge der Würmkaltzeit aufgeschlossen, die u.a. von BIBUS (1980) und SCHIRMER (1990) beschrieben wurde. Da sie jedoch Teil einer anderen Exkursion ist, soll sie hier nicht behandelt werden.

Auf der gegenüberliegenden Rheinseite erhebt sich das wuchtige Basaltmassiv der Erpeler Ley, dessen Flanke durch den abgedrängten Strom unterschnitten und zu einem steilen Felshang umgestaltet wurde. Zwischen Remagen und Oberwinter liegt das letzte, kurze Teilstück des Mittelrhein-Engtales, das sich unmittelbar nördlich der Pforte, die von Rolandsbogen und Dra-

chenfels gebildet wird, zur Godesberger Bucht erweitert und danach in die Bonn-Kölner Tieflandsbucht übergeht.

Literatur

* = Basisliteratur

*BIBUS, E.: Zur Relief-, Boden- und Sedimententwicklung am unteren Mittelrhein. – Frankfurter geowiss. Arb.: Serie D, 1 : 296 S., 50 Abb., 8 Tab.; Frankfurt a.M., 1980.

BIBUS, E.: Distribution and Dimension of Young Tectonics in the Neuwied Basin and the Lower Middle Rhine. – In: K. FUCHS et al.: Plateau Uplift: 55-61, 3 Abb.; Berlin-Heidelberg (Springer), 1983.

BIBUS, E.: Philippsons Bedeutung für die Erforschung des Rheinischen Schiefergebirges aus heutiger Sicht. – Coll. Geographicum, 20: 85-95; Bonn, 1990.

BIBUS, E. & A. SEMMEL: Über die Auswirkung quartärer Tektonik auf die altpleistozänen Mittelrhein-Terrassen. – Catena, 4 (4): 385-408, 4 Abb.; Giessen, 1977.

BIRKENHAUER, J.: Die Entwicklung des Talsystems und des Stockwerkbaus im zentralen Rheinischen Schiefergebirge zwischen Mitteltertiär und dem Altpleistozän. – Arb. z. Rhein. Landeskde., 34: 217 S., 4 Abb., 2 Bild., 2 Beil.; Bonn, 1973.

BOENIGK, W.: Der Einfluß des Rheingraben-Systems auf die Flußgeschichte des Rheins. – Z. f. Geomorph., N.F., Suppl.-Bd., 42: 167-175; Berlin-Stuttgart, 1982.

BRUNNACKER, K.:Das Quartärprofil von Kärlich/ Neuwieder Becken. - Geol. en Mijnb., 47: 206-208. 1 Abb.; Leiden

BRUNNACKER, K., R. STREIT & W. SCHIRMER: Der Aufbau des Quartär-Profils von Kärlich/Neuwieder Becken (Mittelrhein). - Mainzer naturwiss. Arch., 8: 102-133; Mainz, 1969.

FELIX-HENNINGSEN, P.: Die mesozoisch-tertiäre Verwitterungsdecke (MTV) im Rheinischen Schiefergebirge - Aufbau, Genese und quartäre Überprägung. - Relief, Boden, Paläoklima, 6: 192 S.; Berlin, 1990.

GURLITT, D.: Das Mittelrheintal, Formen und Gestalt. - Forsch. z. dt. Landeskd., 46: 159 S.; Stuttgart (Hirzel), 1949.

HEINE, K.: Das Mündungsgebiet der Ahr im Spät-Würm und Holozän. - Erdkunde, 36: 1-12; Bonn, 1982.

HOSELMANN, Chr.: Stratigraphie des Hauptterrassenbereichs am Unteren Mittelrhein. - Sonderveröff. d. Geol. Inst. Univ. Köln, No.96: 236 S.;Köln,1994.

KAISER, K.: Gliederung und Formenschatz des Pliozäns und Quartärs am Mittel- und Niederrhein sowie in den angrenzenden Niederlanden unter besonderer Berücksichtigung der Rheinterrassen. - Festschr. z. 33. Dt. Geographentag in Köln: 236-278; Wiesbaden, 1961.

*MEYNEN, E.: Die Mittelrheinlande. - Festschr. z. 36. Dt. Geographentag in Bad Godesberg; Wiesbaden, 1967.

MEYER, W. & J. STETS: Das Rheinprofil zwischen Bonn und Bingen. - Z. d. dt. geol. Ges., 126: 15-29; Hannover, 1975.

*MEYER, W. & J. STETS: Das Rheintal zwischen Bingen und Bonn. - Sammlung Geolog. Führer, 89: 386 S.; Berlin, 1996.

MORDZIOL, C.: Ein Beweis für die Antezedenz des Rheindurchbruchstales nebst Beiträgen zur Entwicklungsgeschichte des Rheinischen Schiefergebirges. - Z. d. Ges. f. Erdkde. Berlin, 46: 77-92; Berlin, 1910.

MÜLLER-MINY, H.: Mittelrheinische Landschaft. - Ber. z. dt. Landeskde., 17: 167 S.; 1956.

PAFFEN, K.H.: Die natürliche Landschaft und ihre räumliche Gliederung. Eine naturkundliche Untersuchung am Beispiel der Mittel- und Niederrheinlande. - Forsch. z. dt. Landeskde., 68. Remagen, 1953.

PANZER, W.: Einige Grundfragen der Formenentwicklung im Rheinischen Schiefergebirge. - Die Mittelrheinlande. - Festschr. z. 36. Dt. Geographentag in Bad Godesberg; Wiesbaden, 1967.

PHILIPPSON, A.: Zur Morphologie des Rheinischen Schiefergebirges. - Verh. XIV. dtsch. Geogr.-Tg. Cöln: 193-205, 1 Taf.; Berlin (Reimar), 1903.

QUITZOW, H.W.: Das Rheintal und seine Entstehung - Bestandsaufnahme und Versuch einer Synthese. - Centenaire Soc. Géol. Belgique: L' Evolution Quaternaire des Bassins Fluviaux, 53-104; Liège, 1974.

SCHIRMER, W. (Hrsg.): Rheingeschichte zwischen Mosel und Maas. - deuqua-Führer, 1: 295 S.; Hannover, 1990.

SEMMEL, A.: The Early Pleistocene Terraces of Upper Middle-Rhine and its Southern Foreland. - Questions Concerning their Tectonic Interpretation. - In: K. FUCHS et al.: Plateau Uplift: 405-411, 3 Abb.; Berlin-Heidelberg (Springer), 1983.

*SEMMEL, A.: Geomorphologie der Bundesrepublik Deutschland. Grundzüge, Forschungsstand, aktuelle Fragen - erörtert an ausgewählten Landschaften. - Geogr. Z., Beitr. erdkdl. Wissen, 30, 4. überarb. Aufl.L 192 S., 57 Abb.; Stuttgart, 1984.

STICKEL, R.: Zur Morphologie der Hochflächen des linksrheinischen Schiefergebirges und angrenzenden Gebieten. - Beitr. z. Landeskde. d. Rheinlde., 5: 104 S.; Leizig, 1927.

Anschrift des Autors

Prof. Dr. Jörg Grunert, Geographisches Institut der Universität
Saarstraße 21, D-55099 Mainz

Das Oberbergische Industriegebiet

Ein historisch-geographisches Profil

Frank Remmel

Thematik:	**Industrialisierung und Wandlungsprozesse eines ländlichen Raumes**
durchzuführen als:	**Bus- oder Kfz-Exkursion oder mit ÖPNV. Routen und Fahrplanvorschlag im laufenden Text.**
ungefähre Dauer:	**1 Tag, ca. 250 km**
Empfohlene Karten:	**Kreiskarte Oberbergischer Kreis 1:50 000, LVA NRW, 1994 oder: Freizeitkarte 1:25.000: Oberbergisches Talsperrenland, LVA NRW, 1995**

1. Die Industrialisierung eines ländlichen Raumes als historisch-geographischer Prozeß

Das Oberbergische bildet den südöstlichen und höchstgelegenen Teil des Bergischen Landes. Dieses wiederum ist Teil des Rheinischen Schiefergebirges und wird grob abgegrenzt durch den Rhein im Westen, die Ruhr im Norden, die Sieg im Süden und die rheinischwestfälische Grenze im Osten.

Das Bergische Land bildet weder historisch noch geographisch einen einheitlichen Landschaftsraum. Naturräumliche Verhältnisse und Territorialgeschichte haben eine große Zahl sehr unterschiedlicher Kulturlandschaften entstehen lassen. Die Abdachung des Gebirges nach Westen und Norden führt bei vorherrschenden Winden aus denselben Richtungen zu nach Osten kontinuierlich zunehmenden Jahresniederschlägen bis über 1200 mm. Folglich bildete sich im Laufe der Zeit ein ausgesprochen dichtes, im wesentlichen der variskischen Streichrichtung von Nordost nach Südwest folgendes Gewässernetz heraus.

Als schlecht zugängliches Waldgebirge mit kargen, geringmächtigen Böden und versumpften Tälern wurde der südöstliche Teil dieses Mittelgebirges, das heutige Oberbergische Land, erst spät (etwa seit dem 8. Jahrhundert) gerodet, besiedelt und kultiviert.

Im Raum Engelskirchen aufgefundene Bodendenkmale weisen darauf hin, daß hier bereits im Mittelalter Eisen- und Buntmetallerze gefördert und weiterverarbeitet wurden. Zusammen mit dem Holzreichtum der Wälder und der Wasserkraft der Flüsse stellen diese die ursprünglichen Standortfaktoren eines frühen Montangewerbes dar.

Vor allem vom 16. bis 18. Jahrhundert etablierten Adel und bäuerliche Bevölkerungskreise eine große Zahl von Bergwerken, Hütten und Hammerwerken. Gleichzeitig wurde das Gebiet in den ost-westlichen und den von Süden (Siegerland, Dillgebiet) nach Norden (Niederberg/Mark) verlaufenden Fernverkehr eingebunden.

Eine tiefgreifende Strukturkrise ergriff das Montangewerbe um die Wende zum 19. Jahrhundert. Diese hatte mehrere Ursachen. Zum einen wurden allmählich die Rohstoffe knapp: Trotz bereits seit dem 15. Jahrhundert erlassener Holz- und Waldordnungen waren die Waldflächen so weit dezimiert, daß sich inzwischen weite Heideflächen ausbreiteten und die Holzkohle zur Verhüttung der Erze sowie zur Verarbeitung des Eisens in den Hämmern aus anderen Gebieten importiert werden mußte. Zum anderen waren die mit den hergebrachten Methoden zugänglichen Erze fast erschöpft. Zu den erforderlichen Investitionen für den Tiefbau in senkrechten Schächten waren die meisten Kleinunternehmer nicht in der Lage.

Die Impulse zu neuen Ansätzen mußten nunmehr von außen kommen.

Kurz nach der Jahrhundertwende etablierte sich in Bergneustadt ein zunächst noch im Verlagswesen organisiertes Textilgewerbe. In den 1830er Jahren entstanden in Derschlag und Engelskirchen, von Unternehmern aus dem Gebiet der heutigen Stadt Wuppertal gegründet, die ersten oberbergischen Fabriken: Baumwollspinnereien, die die bereits für Hütten, Hämmer und Mühlen ausgebauten Wasserkraftanlagen erwarben und zum Antrieb neuer Spinnereien nutzten. Über Jahrzehnte sollte nunmehr die Umwandlung ehemaliger Standorte des Eisengewerbes in Spinnereien zu einem typischen Prozeß werden, der seinen Höhepunkt etwa in den 1870er Jahren erreichte.

Nur im Westen des Oberbergischen wurde an einigen wenigen Standorten das Eisengewerbe weitergeführt und konnte sich, zu spezialisierten Stahlwerken und Achsenfabriken ausgebaut, bis in die heutige Zeit halten.

Neue Impulse für die oberbergische Industrie brachte die - wenn auch späte - Erschließung durch die Eisenbahn. 1884 erreichte die Aggertalbahn aus Richtung Siegburg den Ort Ründeroth, bis 1893 Bergneustadt. Im gleichen Jahr stellte nach Norden über Gummersbach eine Linie die Verbindung nach Wuppertal her. In den folgenden Jahrzehnten avancierte Dieringhausen zum oberbergischen Eisenbahnknotenpunkt mit entsprechender Infrastruktur (Bahnbetriebswerk) und in fünf Richtungen führenden Linien (Köln, Wuppertal, Hagen, Olpe-Siegen, Waldbröl-Wissen/Sieg).

Die Unternehmen der Textilbranche traten seit den 1890er Jahren als Pioniere der Elektrifizierung der Region auf und bauten ihre Wasserkraftanlagen zu Kraftwerken mit Turbinen und Generatoren aus. Noch für Jahrzehnte leisteten die firmeneigenen Kraftanlagen auch nach dem Bau eines Kreiselektrizitätswerkes auf Kohlebasis und der Schaffung eines Verbundnetzes im Jahr 1906 in Dieringhausen einen bedeutenden Teil der oberbergischen Stromerzeugung. Die Unternehmer traten für den Bau der Ende der 1920er Jahre realisierten Aggertalsperre ein, die fortan für eine Verstetigung des Wasserangebotes im Aggertal sorgte, wo die meisten Betriebe lagen (vgl. auch Abb. 1).

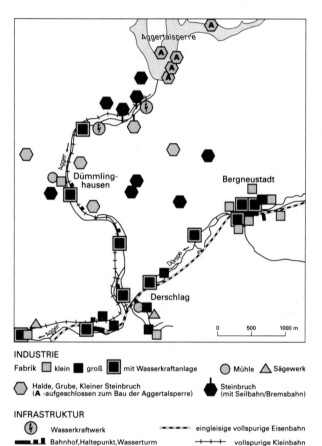

INDUSTRIE

Fabrik ▫ klein ■ groß ▣ mit Wasserkraftanlage ◯ Mühle △ Sägewerk

⬡ Halde, Grube, Kleiner Steinbruch
(A -aufgeschlossen zum Bau der Aggertalsperre)   ⬣ Steinbruch
(mit Seilbahn/Bremsbahn)

INFRASTRUKTUR

⚡ Wasserkraftwerk   ▬▬▬ eingleisige vollspurige Eisenbahn

▬▬◩ Bahnhof, Haltepunkt, Wasserturm   +++ vollspurige Kleinbahn

Abb. 1: Industrie und Infrastruktur im oberen Aggertal um 1935 (eigener Entwurf)

Inzwischen hatten sich neue Branchen etabliert. Die Lederindustrie war ursprünglich am Bedarf der Spinnereien nach Treibriemen ausgerichtet. Nach der Aufnahme der Stromerzeugung siedelten sich elektrotechnische und die durch letztere initiierte Kunststoffindustrie an. Bereits seit Jahrhunderten im Süden des Oberbergischen ansässige Papiermühlen belieferten inzwischen neue Betriebe wie Geschäftsbücher- und Papierfabriken in Gummersbach und Ründeroth. Im Leppetal nördlich Engelskirchen, im Seßmartal östlich Gummersbach sowie im oberen Aggertal nördlich Dümm-

linghausen führte der Bau mehrerer Kleinbahnlinien zur Aufschließung vieler Steinbrüche, die, oft bereits seit Jahrzehnten im Nebenerwerb von Bauern betrieben, die Umstellung von der Pflasterstein- zur Schotterproduktion und damit zum industriellen Abbau des Grauwackesandsteins vollziehen konnten.

Innerhalb von weniger als einem Jahrhundert entwickelten sich das Aggertal sowie einige Seitentäler von einem trotz des jahrhundertealten Montangewerbes doch weitgehend von der Landwirtschaft geprägten Gebiet zu einem in sich geschlossenen industriellen Kern- und Aktivraum im Süden des Bergischen Landes.

Allerdings bewirkte nicht nur der Bau weiträumiger Industriebauten und Verkehrswege einen tiefgreifenden Wandel der Kulturlandschaft des zentralen Oberbergischen Landes. Die bisher isoliert am Rande der Täler gelegenen Industriekerne einerseits sowie die Industriestandorte an den Flüssen andererseits erhielten durch den Bau von Arbeiterquartieren Verbindung miteinander. Diese waren häufig am Verlauf der ebenfalls im 19. Jahrhundert noch vor dem Bau der Eisenbahn angelegten Chausseen ausgerichtet. Die relativ schmalen Täler wurden so innerhalb weniger Jahrzehnte dicht bebaut und entwickelten sich zwischen Bergneustadt und Ründeroth zu einem geschlossenen Industrie- und Siedlungsband von über 20 km Länge. Die kleinen Seitentäler sowie die Höhengebiete unmittelbar südlich und nördlich des Aggertals blieben dagegen äußerlich von dieser Entwicklung unberührt.

Die Untersuchung einschlägiger Akten und Adreßbücher vermag jedoch den tiefgreifenden Wandel der Sozialstruktur auch in diesen Gebieten zu belegen: Während die Ortschaften äußerlich - teilweise bis heute - einen von der Landwirtschaft geprägten Eindruck hinterlassen, waren deren Bewohner bereits kurz nach der Jahrhundertwende ganz überwiegend in der Industrie beschäftigt.

Die Tendenz zum flächenintensiven Ausbau der Siedlungen sowie der Industrieareale und der Verkehrswege setzte sich in der Nachkriegszeit verstärkt fort. Allmählich ergriff dieser Prozeß auch die Höhengebiete nördlich und südlich des Aggerraumes. Die Bevölkerung der Weiler in den kleinen Siefentälern und auf den Höhen nahm stark zu, nicht zuletzt durch die Ansiedlung vieler Flüchtlings- und Vertriebenenfamilien. In den 1970er Jahren begannen die Städte Gummersbach und Bergneustadt mit dem Bau regelrechter Trabantensiedlungen für mehrere tausend Einwohner. Zur gleichen Zeit begann die Ausweisung neuer Gewerbe- und Industriegebiete „auf der grünen Wiese", inzwischen nicht mehr an der Wasserkraft und der Eisenbahn orientiert, sondern am geplanten Bau der Autobahn, die im Oberbergischen unmittelbar südlich des Aggertals in Höhenlage geführt wurde (A 4 Köln-Olpe als Verbindung zwischen Kölner Ring und der Sauerlandlinie A 45 Dortmund-Siegen-Gießen).

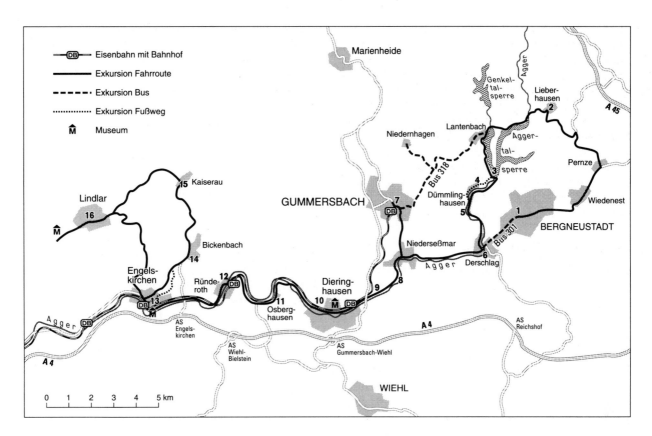

Abb. 2: Exkursionsroute

In den Tälern kam es ebenfalls zu einem tiefgreifenden Wandel. Nach und nach wurden seit den 1950er Jahren die alten Spinnereien geschlossen. 1988 stellte das letzte Unternehmen seinen Betrieb ein. Die meisten der alten Industriebauten blieben erhalten und zeugen wie die vielen Arbeitersiedlungen von eineinhalb Jahrhunderten industrieller Entwicklung in diesem Gebiet. In den Mauern der früheren Fabriken haben sich die unterschiedlichsten Nutzungen etabliert: Sie fungieren als Gewerbehöfe, in denen sich kleinere Industrie- oder Handwerksbetriebe angesiedelt haben (Derschlag, Friedrichsthal, Osberghausen), wurden von anderen Branchen besetzt (Derschlag, Rebbelroth, Dümmlinghausen) oder multifunktional genutztes Ensemble mit Modellcharakter und Vorbildwirkung für weitere ähnliche Projekte (Engelskirchen, Bergneustadt geplant). Lagen die Betriebe ortsnah, zogen auch Kaufhausketten ein (Bergneustadt, Dieringhausen, Ründeroth). Meist mußten in diesem Fall die alten Industriebauten allerdings Neubauten weichen (Niederseßmar, Dieringhausen).

2. Durchführung der Exkursion (vgl. Abb. 2)

Anfahrt über die A 4:

Nach der Anschlußstelle Overath verläuft die Straße unmittelbar südlich des Aggertals und bietet durch die Höhenlage mehrfach weite Ausblicke über die oberbergische Landschaft, die sich in diesem Teil auf den ersten Blick als dünn besiedeltes Waldland zeigt. Aber bereits von den Brücken, auf denen die von Süden zur Agger führenden Täler überquert werden, bieten sich Ausblicke zum Talgrund des Aggertals, das vor allem ab Engelskirchen dicht bebaut ist. Das gleiche gilt auch für die Aussicht von der Wiehltalbrücke Richtung Süden und die Zufahrtsstraße nach Bergneustadt.

Anfahrt mit dem ÖPNV:

Wenn auch die Anfahrt zum Exkursionsgebiet mit öffentlichen Verkehrsmitteln relativ viel Zeit in Anspruch nimmt, so ist dennoch die - etwas modifizierte - Durchführung auf diese Weise möglich und bietet bereits auf der Hinfahrt erste aufschlußreiche Einblicke in die Siedlungs- und Wirtschaftsgeschichte.

Die Fahrtroute müßte dann folgenden Verlauf nehmen: Bonn - Köln - Gummersbach - Bergneustadt - Pernze - Lieberhausen - Gummersbach - Aggertal - Engelskirchen - Köln - Bonn. Die Anfahrt ins obere Aggertal um Dümmlinghausen sowie nach Lindlar ist hierbei aus fahrplantechnischen Gründen leider nicht möglich bzw. müßte mittels individueller Fahrplangestaltung organisiert werden. Generell gestaltet sich die Durchführung an Wochenenden wegen des ausgedünnten Fahrplans einiger Buslinien als problematisch.

Auf allen Strecken gilt der Verbundtarif des Verkehrsverbundes Rhein-Sieg. Über die günstigsten Fahrpreise sowie von dem folgenden Fahrplanvorschlag abweichende Fahrzeiten können Sie sich bei den Büros des Verkehrsverbundes informieren (in Bonn bei den Kundenzentren am Busbahnhof und in der Maximilianpassage unter dem Hauptbahnhof, Tel. 711 48 22).

Abschließend noch ein Fahrplanvorschlag (gültig 1997/8 montags bis freitags; Bus-Liniennummern in Klammern):

Bonn Hbf ab 8.10 (oder 8.25 IR-Zug mit Zuschlag)
Köln Hbf an 8.38 (8.45 mit IR-Zug) / ab 9.05
Gummersbach an 10.12 / ab 10.22 (301)
Bergneustadt Zentrum an10.43 / ab 12.14 (301)
B-Pernze an 12.25 / ab 12.30 (318)
Gummersbach an 13.01 / ab 14.00 (310)
Dieringhausen RWE an 14.15 / ab 15.16 (310)
Engelskirchen Bf an 15.37 / ab 17.03 (Zug)
Köln Hbf an 17.49 / ab 18.13 (oder 18.10 IR-Zug mit Zuschlag)
Bonn Hbf an 18.38 (18.28 IR-Zug).

Für eine frühere Beendigung der Exkursion bieten sich die Bahnhöfe in Dieringhausen und Ründeroth an.

3. Empfohlene Exkursionspunkte

1 - Bergneustadt:

1301 als Grenzfeste in strategisch günstiger Spornlage von den Grafen von der Mark über dem Dörspetal angelegt, war (Berg-) Neustadt bis ins 19. Jahrhundert die einzige Stadt im Oberbergischen Land.

Die Stadt hat heute zwei Gesichter: In der Talaue präsentiert sie sich als Industriestadt mit kleinem zentralen Geschäftszentrum und weitläufigen ehemaligen Arbeitersiedlungen um die großen Industriebetriebe. Bei dem Gebäude, in dem sich die Kaufhalle befindet, handelt es sich ebenso um eine ehemalige Spinnerei wie bei dem Komplex jenseits des kürzlich modernisierten Sparkassengebäudes aus den 1970er Jahren. Am besten ist der Komplex von Süden einsehbar. Momentan dehnt sich hier noch das inzwischen funktionslose Bahnhofsgelände aus. Die Stadt plant, hier ein neues Stadtzentrum zu entwickeln und die Gebäude der früheren Spinnerei Krawinkel nach Engelskirchener Vorbild multifunktional, u.a. als Rathaus, umzunutzen. Südlich des Bahngeländes dehnen sich die weitläufigen Gebäude eines metallverarbeitenden Betriebes aus, der inzwischen zu einem Konzern gehört und wie viele andere Unternehmen dieser Region auch als Zulieferer der Automobilbranche fungiert.

Ein ganz konträres Bild bietet die hochgelegene, als städtebauliches Ensemble geschützte Altstadt mit Kirche und geschlossener Fachwerkbebauung auf planmäßigem Grundriß. Umstritten ist die neue Bebauung an der talwärtigen Seite des Kirchplatzes an der Stelle, wo bis vor etwa 200 Jahren die Burg stand.

Bei der Weiterfahrt nach Pernze ist zu erkennen, daß in der Nachkriegszeit weitläufige Wohngebiete östlich der Stadt entlang der B 55 sowie vor allem in den nördlichen Seitentälern entstanden sind.

Unweit der Grenze zu Westfalen endet das verdichtete, durchgängig bebaute Gebiet; wir verlassen die B 55 und kommen über Niederrengse, wo wir links abbiegen müssen, nach

2 - Lieberhausen:

Bis zur Gebietsreform war Lieberhausen eigenständige Gemeinde, gehört inzwischen aber zur Kreisstadt Gummersbach.

Bereits nach Verlassen der Bundesstraße ändert sich das Landschaftsbild, Industrie und Wohnsiedlungen der Nachkriegszeit werden zurückgelassen und wir gelangen in ein ländlich wirkendes Weilergebiet.

Mittelpunkt von Lieberhausen ist die sogenannte „Bonte Kerke", ein romanisch-gotischer Kirchenbau mit Wehrturm und komplett erhaltener Ausmalung mit Fresken des Hochmittelalters. Eine Besonderheit ist, daß die Malereien nach dem Übertritt der Pfarrei zum protestantischen Glauben nicht übermalt, sondern lediglich durch erklärende Bibelzitate zum „richtigen" Verständnis ergänzt wurden. Die Kirche ist umgeben von einer Reihe teilweise verschieferter Fachwerkhäuser. An der Hauptstraße steht am Ortsende rechts das verschieferte ehemalige Rathaus.

Der Ort vertritt den Typus der Kirchdörfer, die in diesem Gebiet über Jahrhunderte Zentren nicht nur des kirchlichen Lebens, sondern auch von Handel, Handwerk, Verkehr und Verwaltung waren.

Nach wenigen Kilometern erreichen wir die

3 - Aggertalsperre,

der wir nun über Lantenbach bis zur Staumauer folgen. Auf Karten ist zu erkennen, wie der Stausee am Zusammenfluß dreier Bäche angelegt wurde, deren wassergefüllte Täler heute dessen drei „Arme" bilden.

Die Sperrmauer ist als eine der ersten sogenannten „Schwergewichtsmauern" heute denkmalgeschützt. Sie dient dem Hochwasserschutz und auch nach Stillegung aller firmeneigenen Wasserkraftwerke noch immer zur Regulierung des Wasserstandes der Agger, denn das RWE betreibt weiterhin die in den 1930er bis 1950er Jahren erbauten Kraftwerke entlang des Flusses. Eine Besichtigung der Staumauer sowie des nahebei gelegenen Hochdruckkraftwerkes, das unmittelbar aus dem Stausee gespeist wird, kann für Gruppen mit dem RWE vereinbart werden (Tel.02261/97600). Es bietet sich dann an, zu Fuß an der Luftseite der Mauer ins Tal zu gehen und sich bei dem Wendeplatz unterhalb des

4 - Steinbruches

an der alten Aggertalstraße abholen zu lassen. Beiderseits liegen an den Talhängen in diesem Bereich aufgelassene Steinbrüche. Der zuletzt betriebene dient inzwischen als Deponie für Erde und Bauschutt. Halden und Abbausohlen der übrigen sind in den Sommermonaten kaum auszumachen, da die Vegetation den größten Teil bedeckt. Unmittelbar anschließend der Stauteich und das kleine Gebäude eines weiteren Kraftwerkes.

5 - Dümmlinghausen

bietet heute das Bild einer Straßensiedlung, obwohl weiter talabwärts noch der alte Ortskern an unregelmäßig in der Talaue verstreuten Fachwerkhäusern zu erkennen ist. Die lange Nord-Süd-Ausdehnung ist ein Ergebnis der letzten 100 Jahre. Gleich drei ehemalige Hammerwerke, die seit den 1870er Jahren in Spinnereien umgewandelt und ausgebaut wurden, waren die Vorläufer der großen Industriebetriebe dieser Ortschaft. Im Süden des Ortes ist ein einzigartiges Ensemble aus ehemaligen Arbeiterheimen, Kantine, Siedlung, Gastwirtschaft und Konsumgebäude erhalten. Die meisten dieser Gebäude stehen unter Denkmalschutz.

Die geschlossene Bebauung setzt sich, nur unterbrochen durch den inzwischen zum Naturschutzgebiet ausgewiesenen ehemaligen Stauteich einer Spinnerei, bis

6 - Derschlag

fort. Leider wurden die geschützten Flächen durch die kürzlich neuerbaute Zufahrt zu einem noch heute produzierenden Steinbruch zerschnitten und dezimiert.

Derschlag hat als alter Brückenort an einer Fernroute heute fast eine städtische, auf den tertiären Sektor hin orientierte Struktur mit teilweise geschlossener Bebauung entlang der Bundesstraße. Nachdem wir nach rechts auf die Bundesstraße abgebogen sind, erkennnen wir in der Kurve allerdings linkerhand auch hier wieder den alten Ortskern mit einigen erhaltenen Fachwerkhäusern. Ein Stück weiter das ehemalige Bahnhofsgelände und jenseits davon eine Tapetenfabrik, die in den Gebäuden einer früheren Spinnere produziert. Der Name des sich anschließenden Gewerbegebietes ("Stauweiher") erinnert an das hier bis in die 1970er Jahre gelegene Wasserreservoir eines Kraftwerkes. Entlang der B 55 führt unser Weg über Rebbelroth nach Niederseßmar, wo wir nach rechts einen Abstecher von vier Kilometern hin und zurück nach Gummersbach einschlagen.

Die ungeregelte Bebauung entlang der Straßen ist auf diesem Streckenabschnitt besonders ausgeprägt: wir erkennen immer wieder die alten Otrskerne in Talrand- oder Auenlage, dazwischen einzelne alte Fabriken (fast in jedem Fall eine frühere Spinnerei) und eine Vielzahl jüngerer und jüngst erst erbauter Gewerbebetriebe, Autohändler, Bau-, Garten- und Getränkemärkte - die Manifestierung einer Struktur, die eine geregelte Stadtplanung praktisch unmöglich macht und schwerwiegende Verkehrsprobleme nach sich zieht.

7 - Gummersbach

Erst 1857 zur Stadt erhoben, trat Gummersbach auch vorher schon als Konkurrent Bergneustadts in den Bereichen Verwaltung und Gewerbe auf.

Als Sitz einer Vogtei sowie mit Jahrmärkten und als Gewerbeplatz war der Ort bereits seit dem 17. Jahrhundert allmählich gewachsen. Aus dieser Zeit ist nur noch das kleine Viertel um die große evangelische Pfarrkirche geblieben, das in den letzten Jahren unter denkmalpflegerischen Gesichtspunkten saniert wurde. Von hier aus hat sich entlang von Kaiser- und Hindenburgstraße seit dem Bau der Eisenbahn (1893) das Geschäftszentrum entwickelt, das jüngst zur Fußgängerzone umgewidmet wurde.

Ein Blick auf die Karte zeigt, daß ein großer Teil des inneren Stadtgebietes durch einen Industriebetrieb in Anspruch genommen wird. Es handelt sich um das jenseits des Bahndammes gelegene Werk Steinmüller, als Papierfabrik gegründet, später zur Dampfkesselfabrik umgewandelt und heute ein Betrieb, der sich vor allem der Kraftwerkstechnik verschrieben hat.

Durch das Neubaugebiet Berstig (Wegweiser Krankenhaus) und uns dann links haltend kommen wir wieder nach Niederseßmar und setzen unseren Weg aggerabwärts auf der B 55 fort. Die Straße steigt ein Stück weit leicht an und wir passieren

8 - Friedrichsthal

Wieder handelt es sich um eine ehemalige Spinnerei am Standort eines früheren Eisenhammers. Auf der leichten Anhöhe über dem Tal treffen wir wieder ein Ensemble an, das Sozialgeschichte erzählt.

Der Fabrikherr errichtete am Hang oberhalb des Betriebes nicht nur eine ausgedehnte Arbeitersiedlung, sondern er ließ sich in Sichtweise in einer erhöht gelegenen Villa auch selbst nieder. Zudem ließ er ein Schulhaus (links der Straße) und eine Kapelle (an der Stelle der heutigen Kirche) bauen. Unten im Tal, unmittelbar gegenüber dem Fabrikportal steht schließlich das als erstes errichtete Mädchenwohnheim nebst Bethaus. Dahinter, etwas versteckt in der Talaue gelegen, die ehemaligen sogenannten „Fremdarbeiterbaracken" aus den 1930er Jahren. In

9 - Vollmerhausen,

dem nächsten Ort, wieder eine ehemalige Spinnerei, eine ausgedehnte Arbeitersiedlung (Rospetal-, Ohler und Bahnstraße) sowie der alte Ortskern mit Fachwerkhäusern.

Nachdem wir die Brücke des Autobahnzubringers von Gummersbach zur A 4 unterfahren haben, kommt rechterhand das repräsentative Bahnhofsgebäude von

10 - Dieringhausen

ins Blickfeld, in seiner Monumentalität Ausdruck der früheren Bedeutung als Verkehrsknotenpunkt der Region.

Wer mit dem Zug anreist, wird feststellen, daß es sich hier nur noch um einen Torso handelt: Die Gleise an einem der beiden Bahnsteige fehlen, die ausgedehnten Gleisanlagen wurden zurückgebaut und/oder unterbrochen und sind von Gras überwuchert.

Ein ähnliches Bild bietet sich ein Stück weiter an der B 55, wo früher das Bahnbetriebswerk lag. Die Gebäude der Güterabfertigung sind erhalten, werden aber nur noch von der Straße aus angefahren. Das Bruchsteingebäude des alten Bahnhofes dient inzwischen als Kirche. Die Gleisanlagen und der große Ringlokschuppen mit Drehscheibe werden heute von einem Eisenbahnmuseum genutzt (nur an Wochenenden geöffnet; Führungen für Gruppen auch wochentags nach Voranmeldung, Tel.79222).

Weiter auf der B 55, sehen wir nach der Ampel linkerhand eine weitere Filiale der Kaufhalle in den verbliebenen Gebäuden des Kreiselektrizitätswerkes, auf der rechten Seite ist von der ehemaligen Mühlenthaler Spinnerei nur die erhöht gelegene Fabrikantenvilla übrig geblieben, auf dem Fabrikgelände selbst steht heute ein Supermarkt.

Nachdem wir wiederum einen alten Siedlungskern in Höhe der Aggerbrücke passiert haben, kommt erneut ein denkmalgeschütztes früheres Spinnereigebäude ins Blickfeld.
Wir können erkennen, wie die Bebauung der kleinen Weiler an den südlichen Talhängen allmählich miteinander verschmilzt.

Vor und hinter

11 - Osberghausen,

dem nächsten Industrieort, passieren wir erneut zwei Stauweiher, die zu den Wasserkraftwerken des RWE gehören. Die ausgedehnten Flächen dieser Anlagen haben sich im Laufe der Jahrzehnte zu wichtigen Brut- und Rastplätzen für Wasservögel entwickelt. Sie stehen andererseits aber der im Unterlauf des Flusses erfolgreichen Wiedereinbürgerung von Lachsen im Wege, die durch den Bau mehrerer Kläranlagen und die Schließung der Spinnereien (Färbereiabwässer) möglich war.

Der Ort selbst bietet das inzwischen vertraute Bild: eine denkmalgeschützte Fabrik, als Gewerbehof genutzt, linienhafte Bebauung entlang der Hauptstraße (Arbeiterunterkünfte) sowie die Fachwerkhäuser des alten Siedlungskerns. Das früher ausgedehnte Bahngelände - hier zweigt(e) die Wiehltalbahn in den Kreissüden und weiter zur Sieg ab - wird nach und nach von Pflanzen (Ginster, Birken) zurückerobert.
Bevor wir ins Ortszentrum von

12 - Ründeroth

gelangen, liegt an der engsten Stelle des Aggertals ein Edelstahlwerk.

Der alte Kern des früheren Luftkurortes (!) mit seinen Fachwerkhäusern um die alte evangelische und die jüngere katholische Kirche steht als Ensemble unter Denkmalschutz. Daß sich in für dieses Gebiet untypischer Tallage schon früh ein Kirchspielort entwickelte liegt in dem Erzreichtum der Umgebung begründet. Im sogenannten Kaltenbacher Revier wurde bis kurz nach der Jahrhundertwende Eisenerz abgebaut. Der Bergbau konnte hier so lange überleben, weil einige Gruben um die Ortschaft Forst (nahe der Anschußstelle Bielstein der A 4) von Krupp gekauft, modernisiert und zusammengelegt worden waren.

Auf der Weiterfahrt Richtung Engelskirchen erreichen wir nach etwa drei Kilometern den ersten unbebauten Abschnitt des Aggertals nach ca. 25 Kilometern. Vor

13 - Engelskirchen

beginnt allerdings wieder ein Gebiet ungeregelter, linienhafter Bebauung. Von hier aus erkennen wir gut die Trasse der in Hanglage geführten A 4.

Engelskirchen ist der einzige Ort der Region, der im Zweiten Weltkrieg durch zwei Luftangriffe fast komplett zerstört wurde. Daher blieben hier nur wenige Fachwerkhäuser erhalten. Der nach Plänen des Kölner Architekten Riphan in den 1950er Jahren wiederaufgebaute Ort wirkt nach der kürzlich erfolgten Sanierung hell und freundlich.

Am Ortseingang liegt links das weitläufige Gelände der ehemaligen Baumwollspinnerei Ermen & Engels. Zum Abbruch vorgesehen, interessierte sich Anfang der 1980er Jahre der Denkmalschutz für das alte Fabrikensemble mit Gebäuden aus verschiedenen Bauepochen, flankiert von Fabrikantenvilla einerseits sowie (evangelischer) Kirche nebst Pfarrhaus und Schule andererseits. Die von einem Kölner Architektenteam entwickelten Umbaupläne wurden im Laufe der 1980er Jahre schrittweise umgesetzt und beherbergen eine ganze Reihe unterschiedlichster Nutzungen, über die ein auf dem ehemaligen Fabrikhof (heute Engelsplatz) aufgestelltes Modell informiert.

In den Gebäuden residiert auch eine Dependance des Rheinischen Industriemuseums, wo neben Sonderausstellungen die Erzeugung von Strom aus Wasserkraft, die Elektrifizierung einer ländlichen Region, die Firmengeschichte sowie verschiedene Themen zur Baumwollproduktion und Elektrizität angesprochen werden (dienstags bis sonntags geöffnet; Führungen für Gruppen auf Voranmeldung, Tel.02263/20114).

Die in der Ortsmitte nach abzweigende Leppetalstraße sowie ein ortskundlicher und industriehistorischer Wanderweg durch die Ortschaft Engelskirchen sowie entlang einer ehemaligen Kleinbahntrasse führt bis zum jüngst restaurierten

14 - Oelchenshammer,

einem der früher hier zahlreich anzutreffenden Wasserhämmer. Führungen können im Industriemuseum auf

Voranmeldung vereinbart werden. Dort ist auch die Broschüre „Engelskirchen in drei Gängen" erhältlich.

Gegenüber zweigt die Zufahrt zur Zentraldeponie Leppe des Bergischen Abfallwirtschaftsverbandes (Tel. 02263/8050) ab, die in einem durch einen Damm abgeriegelten Bachtal angelegt wurde.

Wir folgen zunächst aber nicht dem Wegweiser nach Lindlar, sondern fah-ren noch ein längeres Stück durchs Leppetal, vorbei an Bickenbach mit einem weiteren ehemaligen Spinnerei-standort (linkerhand) und Papiermühle mit Arbeiter-wohnhäusern und der Flanschenfabrik Zapp. In Neu-remscheid biegen wir links ab.

Bereits kurz danach weisen uns die Fundamente und die Verladerampe einer früheren Brecheranlage (rechts) darauf hin, daß dieser Abschnitt des Leppetales nicht ohne Grund Felsental heißt. Bei genauem Hinsehen fallen auf den nächsten Kilometern allerorten Halden und aufgelassene Steinbrüche in den oberen Hangbereichen auf. Hier lag ein weiteres Zentrum der oberbergischen Grauwackeindustrie. Bemerkenswert sind daneben auch eine Reihe aufgelassener und von der Natur zurückeroberter Hammerstandorte in der Talaue, die an Dämmen und Feuchtwiesen noch heute erkennbar sind, obwohl keinerlei Gebäudereste erhalten blieben. In

15 - Kaiserau,

wo wir links abbiegen, treffen wir auf mehrere Unternehmen der Stahlindustrie, die die Tradition der Eisenverarbeitung bis heute fortführen. Ein Stück weiter nochmals links abzweigend, kommen wir über die Höhe mit weitem Rundblick und dem in den letzten Jahren erschlossenen Gewerbegebiet Klause nach

16 - Lindlar.

Der alte Kirchspiel- und Steinhauerort ist seit der Fertigstellung der A 4 beliebt als Wohnstandort „im Grünen" für Menschen, die im Kölner Raum beschäftigt sind. Seit 1994 öffnet hier an Wochenenden das Bergische Freilichtmuseum für Ökologie und bäuerlich-handwerkliche Kultur seine Pforten (für Gruppen auf Voranmeldung auch an Wochentagen, Tel.02266/ 3314). Das Museumskonzept verfolgt einen stark kulturlandschaftlich orientierten Ansatz, indem frühere Wirtschaftsweisen den Prozeß der Gestaltung der Landschaft durch den Menschen deutlich machen sollen. Teile des ausgedehnten Museumsgeländes werden deshalb nach und nach in einen aufgrund von Befunden rekonstruierten Landschaftszustand versetzt und in zeittypischen Formen bewirtschaftet.

Das Massiv des nordöstlich des Ortes gelegenen Brungerst ist seit Jahrhunderten Zentrum des Sandsteinabbaus. Die Geschichte des hiesigen Steinhauergewerbes beleuchtet das begleitende Faltblatt zum Steinhauer-

lehrpfad, das beim Verkehrsamt erhältlich ist (Tel. 02266/96407).

Über Eichholz gelangen wir zurück nach Engelskirchen und entweder auf der B 55 talabwärts zur Anschlußstelle Overath oder aber zurück durch den Ort zur Anschlußstelle Engelskirchen.

Literatur

* = Basisliteratur

*BRINKMANN, MIEKE; MÜLLER-MINY, HEINRICH u.a. (1965): Der Oberbergische Kreis - Bonn (Die Landkreise in NRW, Reihe A: Nordrhein, Bd.6)

GALUNDER, R. u.Mitarb. v. E.PATZKE, R.U.NEUMANN u. H.NICKE (1990): Flora des Oberbergischen Kreises. Gummersbach

KARTHAUS, G. (1988): Oberbergische Lebensräume. Die Pflanzen- und Tierwelt der wertvollsten Biotope im Oberbergischen Kreis. Gummersbach

Landschaftsverband Rheinland/Bergisches Freilichtmuseum für Ökologie und bäuerlich-handwerkliche Kultur (Hg.)(1992): Der erste Strom. Geschichtslehrer erforschen die Anfänge der Elektrizitätsversorgung im Oberbergischen - Köln

Landschaftsverband Rheinland/Rheinisches Industriemuseum, Außenstelle Engelskirchen (Hg.)(1996): Unter Spannung. Bei Ermen & Engels dem Strom auf der Spur (Katalog zur Dauerausstellung) - Köln

Landschaftsverband Rheinland/Rheinisches Industriemuseum, Außenstelle Engelskirchen (Hg.)(1996): Engelskirchen in drei Gängen. Erkundungstouren ins Industriezeitalter - Köln

*Landschaftsverband Rheinland/Rheinisches Industriemuseum, Außenstelle Engelskirchen (Hg.)(1992): Sheds & Schlote. Industriebauten im Aggertal (Ausstellungskatalog) - Köln

*LUCKEY, ERICH (Hg.)(1996): Technik- und Industriegeschichte aus dem Oberbergischen Land. Menschen und Maschinen im Wandel der Zeiten - Wuppertal

Naturpark Bergisches Land (Hg.)(1997): Radwandern und Wandern zwischen Köln und Gummersbach. Elf Routen durch die Kulturlandschaften an Sülz und Agger - Köln

Naturpark Bergisches Land (Hg.)(1992): Wandern und Radwandern im Aggertal. Vor Ort 4 - Köln

NICKE, HERBERT (1996): Bergisches Fachwerk. Ein Streifzug durch Architektur und Geschichte des rechtsrheinischen Fachwerkbaus - Wiehl

*SCHLEPER, THOMAS (1991): Mit Engels ins Industriezeitalter - Köln (Landschaftsverband Rheinland/ Rheinisches Industriemuseum, Außenstelle Engelskirchen (Hg.): Beiträge zur Industrie- und Sozialgeschichte 3

WIETHEGE, DIETER (1987): Talsperren im Sauerland und Bergischen Land - Meinerzhagen

Anschrift des Autors

Frank Remmel, M.A., Dorfstraße 2, D-51647 Gummersbach

Laacher Vulkangebiet und Laacher See

Winfried Golte mit einem Beitrag von

Rainer Graafen zu Bimsabbau und Bimsbaustoffbetrieben südöstlich des Laacher Sees

Thematik:	**Geomorphologie und Landschaftsökologie des Laacher-See-Gebietes**
durchzuführen als:	**Fußexkursion, zur Anfahrt Pkw bzw. Bus erforderlich**
ungefähre Dauer:	**1 Tag, etwa 9 km zu wandern**
Anfahrt:	**ab Bonn ca. 50 km**
Empfohlene Karten:	**Topographische Karte 1:25 000 Blätter 5509 Burgbrohl und 5609 Mayen; für den Laacher See: Wanderkarte 1:15 000, Hrg. LVA Rheinland-Pfalz**

Einführung

Die Landschaft des Laacher-See-Gebietes ist entscheidend durch den quartären Vulkanismus geprägt worden, von dem in einem Umkreis von 10-15 km um den See mehr als 100 Ausbruchspunkte nachgewiesen werden konnten (WINDHEUSER et alii 1982). Den Untergrund bilden die gefalteten Tonschiefer, Schluff- und Sandsteine der Siegener Stufe des Unterdevons, die - wie das Rheinische Schiefergebirge insgesamt - der variskischen Gebirgsbildung angehören.

Der Vulkanismus begann vor vielleicht 700.000 Jahren im Altpleistozän, noch vor Ablagerung der älteren Hauptterrasse (vgl. FRECHEN & LIPPOLT 1965; FRECHEN 1971; WINDHEUSER et alii 1982), offenbar in Zusammenhang mit der um jene Zeit verstärkt einsetzenden Hebung der Rheinischen Masse (BIBUS 1980; MEYER 1986). In der ersten Phase kam es ganz im Westen des Osteifeler Vulkanfeldes, im Raum Kempenich - Weibern - Rieden, zur Förderung vorwiegend phonolithischer Tuffe und Laven (Selbergit). Vor etwa 450 - 350.000 Jahren muß die Förderung im „Riedener Vulkankomplex" (VIERECK 1984; SCHMINCKE 1988; BOGAARD & SCHMINCKE 1990) ein beträchtliches Ausmaß erreicht haben. Dabei entstand als wahrscheinlich vulkano-tektonische Form (Caldera) der Riedener Kessel (MEYER 1986).

Nach dem Abklingen der Förderung im Riedener Komplex verlagerte sich die vulkanische Aktivität weiter nach Osten, in Richtung auf den Rhein und bis in den nordwestlichen Randbereich des Neuwieder Beckens. Mit weit größerem Anteil als vorher in der durch die Selbergite geprägten Phase gelangten nun basaltische Magmen an die Oberfläche und ließen zahlreiche Lapilli- und Schlackenkegel entstehen. Bei einer Reihe von ihnen kam es auch zur Lavaeffusion mit Bildung von Lavaströmen. Beispiele sind etwa Rothenberg, Bausenberg, Herchenberg, Lummerfeldvulkan, Leilenkopf, Kunksköpfe, Veitskopf, Laacher Kopf.

Der größte Teil der Basaltvulkane ist offenbar im mittleren Pleistozän (ca. 500.000 - 128.000 a B.P.) entstanden bzw. aktiv gewesen; nur von wenigen (z.B. dem Alte-Burg-Vulkan auf der Ostseite des Laacher Sees) kann angenommen werden, daß sie noch während der letzten Eiszeit ausgebrochen sind. Der mehr oder weniger begrenzten Basaltförderung in den zahlreichen Schlacken- und Lapilli-Kegeln stehen die gewaltigen ausgeworfenen Massen zweier phonolitischer Bimsvulkane gegenüber, die weite Gebiete mit Lagen von Aschen und Bims verhüllten. Bei dem älteren der beiden handelt es sich um den sog. Wehr(er) Vulkan, dessen Förderung mehrere Generationen von Bimstuffen (Wehrer Tuff; Gleeser Tuff; Hüttenberg-Tuff) zugeschrieben werden (MEYER 1986, 1994; SCHMINCKE 1988; BOGAARD & SCHMINCKE 1990). Der Hüttenberg-Tuff, von dessen weit nach Osten reichenden Lagen Reste unter jüngeren Schlackenkegeln (z.B. dem Bausenberg) bis nahe an den Rhein nachweisbar sind, konnte von BOGAARD et alii (1989) recht genau auf 215.000 $\pm$ 4.000 Jahre datiert werden. Der mit 150.000 a B.P. etwas jüngere Gleeser Tuff findet sich in zusammenhängender Verbreitung nördlich von Wehr und Glees bis zum Brohltal. Mit der Förderung der gewaltigen Massen von Bims wird die Entstehung des kreisrunden Wehrer Kessels, in dessen Randbereich die Schlote vermutet werden, als Caldera in Zusammenhang gebracht. Schon AHRENS (1930a) hatte für die Entstehung dieses Kessels, der kleiner als der Laacher Kessel ist, vulkanotektonische Einbrüche angenommen.

Bei dem jüngeren der beiden Bimsvulkane handelt es sich um den Laacher-See-Vulkan, von dem in einem gewaltigen Paroxysmus vor rund 11.000 ^{14}C-Jahren ($\sim$ ca. 12.300 Kalenderjahren) im Alleröd 16 km³ phonolithischer Bims (das entspricht etwa 5 km³ Magma) gefördert wurden (BOGAARD & SCHMINCKE 1984). Dieser sog. Laacher Bims bildet(e), bedingt offenbar durch einen leicht östlich geneigten Förderschlot, aber wohl auch durch die vorherrschend westlichen Winde im gesamten Neuwieder Becken eine mehrere Meter mächtige Decke, fehlt aber westlich des Laacher Sees weitgehend (s. Abb. 1 v. R.GRAAFEN). Die Eruption des Laacher-See-Vulkans gilt als klassisches Beispiel für eine komplexe plinianische Eruption (BOGAARD & SCHMINCKE 1984; SCHMINCKE 1988).

Plinianisch wird diese Eruption genannt, weil sie im Typ auf frappierende Weise der von Plinius dem Jüngeren beschriebenen Vesuv-Eruption des Jahres 79 n.Chr., die Pompeji verschüttete, entspricht. Bei derartigen Eruptionen werden durch den unter enormem Druck herausschießenden Gasstrom Bimslapilli und feine Aschen in einer gewaltigen Säule mehrere Kilometer bis zu im Extrem etwa 40 km hoch geschleudert (BOGAARD & SCHMINCKE 1985). Die feinen Aschen wurden von unterschiedlichen Winden über Hunderte von Kilometern in nordöstlicher Richtung bis Vorpommern und Südschweden, aber auch nach Süden bis in den Schwarzwald und die Schweiz (MEYER 1986), sowie nach Südwesten bis zum Zentralmassiv und dem Pariser Raum (JUVIGNÉ 1977) verweht, wo sie als millimeterdünne Lagen in Mooren oder durch aus ihnen stammende Schwerminerale in Böden nachweisbar sind. Aufgrund ihrer Einschaltung in die Moortorfe und die in denselben „archivierte" Vegetationsgeschichte (Pollenprofile) konnte die Laacher-See-Tephra frühzeitig relativ und absolut datiert werden und bildet durch ihre weite Verbreitung eine Zeitmarke erster Ordnung (FIRBAS 1953).

Unter den Laacher Bimstuffen findet sich, wie vielerorts auf abgebauten Flächen im Neuwieder Becken, aber auch unmittelbar am See (Aufschluß Alte Burg, s.u.) zu sehen ist, der jüngste (d.h. vom Höhepunkt der letzten Eiszeit, vor ca. 18.000 Jahren, stammende) Löß, der - wie auch andere Substrate - unter den teilweise bereits recht warmen Bedingungen des Spätglazials bis zum Zeitpunkt des Ausbruchs bereits von einer Bodenbildung überprägt worden war (vgl. HEINE 1993). Die Bimsdecke ist in der Regel gut geschichtet (vgl. FRECHEN 1953), wobei schon auf den ersten Blick eine grobe Gliederung in die unteren weißen und die oberen hellgrauen Tuffe zu erkennen ist. In diese Folge weißer bzw. grauer Bimsschichten sind zwei auffallende Lagen feiner Aschen eingeschaltet, die als Britzbänke bezeichnet werden. Die obere- und dünnere - Britzbank markiert die Grenze zwischen den weißen und den grauen Bimstuffen, während die untere - und dickere - in die Schichtenfolge der weißen Bimstuffe eingelagert erscheint. Bei den Britzbänken handelt es sich nicht, wie man früher annahm, um die jeweils im Gefolge einer Lage Bimslapilli herabgerieselten feinen Aschenbestandteile, sondern um Absätze von Glutwolken, d.h. heißen Gasen, die, feine Aschenpartikel mit sich hochreißend, aus basalen Glutlawinen aufgestiegen sind (vgl. SCHMINCKE 1986; 1988). Die zugehörigen, bis zu 60 m mächtigen, massigen (= ungeschichteten) Ablagerungen der eigentlichen Glutlawinen beschränken sich auf die Täler („Traß" im Brohltal und seinen südlichen Nebentälern, sowie im Nettetal, s.u.).

Bis heute besteht Uneinigkeit darüber, ob die gesamte allerödzeitliche Laacher Bimsdecke aus einem einzigen Eruptionszentrum - eben dem Laacher-See-Krater - gefördert wurde, oder ob an ihrer Ablagerung auch weitere, außerhalb des Laacher Kessels gelegene Schlote beteiligt waren. Der von BRAUNS (1910) begründeten Theorie folgend plädieren FRECHEN (1981) und MEYER (1986) für die Annahme von sechs zusätzlichen (hauptsächlich um Mendig gelegenen) Bimsschloten außerhalb des Laacher Kessels, wobei vor allem damit argumentiert wird, daß die Mächtigkeit mehrerer Tufflagen im unteren Teil der Folge gegen den See hin deutlich abnehme, und diese obendrein Fragmente von Gesteinen enthielten, die im Laacher Kessel nicht anstehen. Dagegen vertreten BOGAARD & SCHMINCKE (1984) - wie vor ihnen AHRENS (1930a) - die These, daß die Förderung sämtlicher Lagen der Bimsdecke im Laacher-See-Becken erfolgt sei. Sie begründen dies in der Hauptsache damit, daß alle Schichteinheiten der Bimsdecke ihr Mächtigkeitsmaximum im Tuffring am Rande des Beckens erreichen, wobei drei Tufflagen sekundäre Maxima 12-16 km vom Laacher-See-Vulkan entfernt aufweisen. Eine Ausnahme in dieser Hinsicht machen nur die aus Glutlawinen hervorgegangenen - und damit anderen Gesetzmäßigkeiten gehorchenden - Traßablagerungen mit ihren bis zu 6 km vom See entfernt in den genannten Tälern erreichten Mächtigkeitsmaxima. Auf den Schlot im Laacher Kessel als einziges Eruptionszentrum weise nach BOGAARD & SCHMINCKE zudem die Tatsache hin, daß dort die Achsen sämtlicher Ablagerungsfächer der Bimsdecke zusammenlaufen. Schließlich lassen den genannten Autoren zufolge auch die Einschlagsdellen ballistischer Blöcke (Ø bis zu 4 m!) auf „Abschußpunkte" im Laacher Kessel schließen.

Zum Schluß dieser kurzen Einführung sei noch auf die Kernfrage eingegangen, die sich jeder Besucher des Osteifeler Vulkanfeldes schließlich stellen wird: warum ist es gerade hier zum Vulkanismus gekommen? Ohne Zweifel muß eine entsprechende Zerrüttung der Kruste mit der Bildung tiefreichender Spalten vorliegen, damit die Magmen zur Erdoberfläche aufsteigen konnten. Da sich das Gebiet im Bereich des Neuwieder Beckens, genauer: an dessen nordwestlichem Rand, befindet, liegt es nahe, an einen Zusammenhang mit dessen junger Tektonik zu denken. Ein solcher Zusammenhang ist frühzeitig (z.B. von AHRENS 1930a und b; FRECHEN 1962) vermutet, bis in die jüngste Zeit aber auch (so von WINDHEUSER et alii 1982; MEYER 1986) in Frage gestellt worden. Von den letztgenannten Autoren wird u.a. die zeitliche Diskrepanz ins Feld geführt, derzufolge das Becken seine Form und einen Teil seiner Tiefe bereits im Tertiär (Oligozän), also viele Millionen Jahre vor dem Auftreten des quartären Vulkanismus erhalten habe. Stattdessen wird als mögliche Begründung auf ein Element der variskischen Tektonik verwiesen, nämlich die etwa auf der Linie Rheinbach-Rech-Hatzenport, d.h. NW-SE verlaufende große Osteifeler Kulmination der Achsen des variskischen Faltenbaus, der eine uralte Schollengrenze zugrunde liegen könnte. Ein solcher ursächlicher Zu-

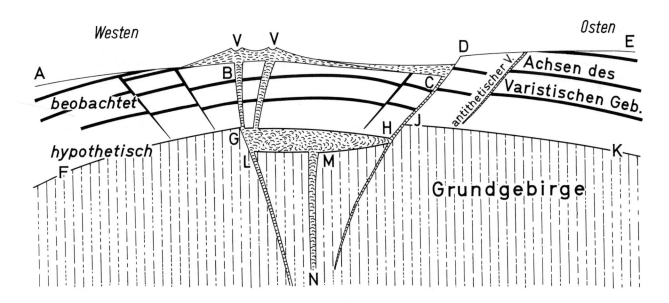

Abb. 1: Schematischer Querschnitt durch das Neuwieder Becken (umgezeichnet nach CLOOS 1939). Oben (dicke Linien) beobachtet, darunter (dünne Linien) hypothetisch. F G J K: Altes Axialgewölbe des Devons auf kristalliner Unterlage durch antithetische Querabschiebungen verlegt. L M H N: symmetrischer Graben im Gneisgebirge. B G H C: asymmetrischer Graben im Oberbau, links abgebrochen, rechts versenkt. Der Vulkanismus V benützte die Abbruchspalten, sein hypothetischer Zwischenherd G L H den Zwickel zwischen dem Ober- und Untergraben.

sammenhang wird auch deshalb für wahrscheinlich gehalten, weil gerade die ältesten quartären Vulkane dieses Gebietes, diejenigen des Riedener Komplexes, sich auf jener Linie befinden. So erwägenswert diese alternative Argumentation auch erscheinen mag, so gerät sie ihrerseits erst recht in die Schwierigkeit, einen zeitlichen Bezug zum vulkanischen Geschehen herzustellen. Auch von den genannten Autoren wird eingeräumt, daß ein zeitlicher Zusammenhang des quartären Vulkanismus mit der jungen Hebungstektonik der Rheinischen Masse vorliegen könnte, setzt diese doch, wie oben erwähnt, etwa zu jenem Zeitpunkt ein, als mit der Ablagerung der älteren Hauptterrasse eine der hauptsächlichen Hebungsphasen des alten Blockes beginnt, während der der Rhein schließlich sein Engtal bis zur heutigen Talaue einschneiden konnte (BIBUS 1980). Das schon im Tertiär entstandene Neuwieder Becken blieb während dieser bis ins Jungquartär andauernden Hebungsvorgänge weiter zurück bzw. sank weiter ab.

Ein bemerkenswerter Versuch, einen kausalen Zusammenhang zwischen dem Osteifeler Vulkanismus und der Tektonik des Neuwieder Beckens nicht nur zu vermuten, sondern auch plausibel zu machen, ist frühzeitig von CLOOS (1939) in seiner Arbeit „Hebung - Spaltung - Vulkanismus" unternommen worden (Abb. 1). Nach CLOOS befinden wir uns im Neuwieder Becken in einer der Grabenzonen seines sog. Rheinischen Schildes, einer schildförmigen Aufwölbung der Kruste im Bereich des Rheins und seiner Nebenflüsse. Auch die neuere Forschung nimmt - wie es das Modell von CLOOS unterstellt - für den Bereich des linksrheinischen Schildes eine SW-NE orientierte Dehnung der Kruste an, die mit senkrecht dazu (also NW-SE) verlaufender Spaltenbildung verbunden ist (BAUMANN & ILLIES 1983; SCHMINCKE 1986; KASIG 1997). Ausgehend von der Vorstellung, daß das Neuwieder Becken als Teil des rheinischen Grabensystems auf einem Dehnungsvorgang beruht, sieht CLOOS hier einen Fall von „geologischer Stellvertretung": „Dehnung der Kruste stellt eine mechanische Aufgabe. Diese wird an der einen Stelle tektonisch gelöst, durch Materialzufuhr von oben (Einbruch), an der anderen vulkanisch durch Materialzufuhr von unten [...]" (CLOOS 1939, S.469). Gemäß dieser Vorstellung ist die entscheidende Voraussetzung für das Aufsteigen von Magma durch die asymmetrische Einkippung der etwa 20 km breiten Scholle des Neuwieder Beckens, die nur an ihrer Ostseite gegen die Rumpfflächen des Westerwaldes um bis zu 400 m abgesunken ist, gegeben: „Die Einkippung einer immerhin 20 km breiten Scholle um einige 400 m setzt zwei Begleitvorgänge voraus: Eine tiefgehende Lockerung bis zur Spaltenbildung im Gebiet des Scharniers, also im W und NW, und eine Materialwanderung im Untergrund in der Richtung von O gegen W. Das Magma, aus größeren Tiefen auf einer etwa dem Rheinlauf folgenden Hauptspalte emporsteigend, wäre dadurch etwa bei Erreichen der variscischen Untergrenze nach Westen abgedrängt und in einem exzentrisch gelegenen Herd angesiedelt worden. Von hier aus fand es allmählich, im Laufe einer längeren Eigenentwicklung durch eine stark gelockerte Oberkruste den Weg nach Außen" (CLOOS, a.a.O.). Vieles spricht dafür, daß erst die im Quartär fortschreitenden Hebungsvorgänge die bereits im Tertiär angelegte Bruch- und Spaltenbildung soweit verstärkt haben, daß die Magmen aus ihrem an der variskischen Untergrenze (in ca. 3 - 5 km Tiefe) entstandenen Herd bis zur Oberfläche aufsteigen konnten.

Exkursionsziel 1: Stollen ehemaligen Traßabbaus beim Jägerheim im unteren Brohltal.

Der Traß ist ein hellbraunes bis ockerfarbenes, ungeschichtetes, in seinen tieferen Lagen verfestigtes, nach oben zunehmend lockeres Material, das in der Hauptsache aus fein zerspratztem vulkanischem Glas, vereinzelt eingemischten Bimssteinen und Bruchstücken des durchschlagenen Untergrundes (Schiefer, Basalte) besteht. Vereinzelt finden sich im Traß auch Reste verkohlter Stämme und Äste, die auf Temperaturen bei der Ablagerung von mindestens 350 - 400°C schließen lassen.

In der sehr feinkörnigen Basislage des Trasses fanden sich zahlreiche Reste (vor allem Blattabdrücke) der allerödzeitlichen Vegetation des Brohltales, eines kontinental-borealen Birken - Kiefernwaldes (*Pinus sylvestris - Betula pubescens*) mit Traubenkirsche (*Prunus padus*) und Zitterpappel (*Populus tremula*) (SCHWEITZER 1958). In wechselnden Mächtigkeiten war ursprünglich das ganze untere Brohltal (abwärts Burgbrohl) mit seinen Nebentälern (Tönnissteiner Tal, Gleeser Tal, Pönterbachtal) mit Traßablagerungen erfüllt, die heute aber großenteils dem Abbau zum Opfer gefallen sind.

Der größte Teil des Brohltaltrasses wurde nach der Förderung des initialen weißen Laacher-See-Tuffes , mit dem er in seiner Zusammensetzung ursprünglich übereinstimmte, angehäuft (FRECHEN 1953). Die frühere Annahme, daß der massige Charakter des Trasses auf seine Ablagerung durch einen Schlammstrom zurückzuführen sei, hat schon früh VÖLZING (1907) widerlegen können, der im Anschluß an den berühmten Ausbruch der Montagne Pelée auf Martinique (1902) seine Entstehung auf „absteigende Eruptionswolken", die sich aus dem Laacher Kessel heraus in die Täler ergossen, zurückführte. Heute bezeichnet man derartige vulkanische Vorgänge als Glutlawinen oder Ascheströme und verwendet den Begriff Glutwolken für die aus ihnen aufsteigenden feinen Gemische aus Aschenteilchen und Gas (SCHMINCKE 1986; 1988). Glutlawinen sind Gemenge aus magmatischen Gasen und Magmafetzen, deren Gesamtdichte über derjenigen der Atmosphäre liegt und die sich aufgrund ihrer geringen inneren Reibung mit hohen Geschwindigkeiten (> 100 km/h) abwärts in die Umgebung ausbreiten. Sie können durch Kollabieren bims- oder aschenreicher Eruptionssäulen entstehen, indem sich durch Abnahme des Gasanteils oder Zunahme des Schlotdurchmessers die Geschwindigkeit des gebündelten Gemisches rasch verringert. Mindestens 35 mal entquollen derartige Glutlawinen dem Laacher Schlot, ergossen sich durch Gleeser Tal, Tönnissteiner Tal und Pönterbachtal, um sich im Brohltal zu vereinigen. Dem Stau der Glutlawinen am Ausgang des Tönnissteiner Tals im Brohltal ist

es zu verdanken, daß hier - etwa beim Jägerheim - der Traß mit 60 m seine größte Mächtigkeit erreichte. Der zunächst durch diese Vorgänge aufgestaute Brohlbach hat anschließend die ursprünglichen Lagerungsverhältnisse des Trasses teilweise durch Erosion, Umlagerung und Vermischung mit Schottern verändert.

Es waren die Römer, die als erste die Eignung des Trasses als Mörtel erkannten und ihn als Baustein für Gebäude, Altäre und Votivsteine verwendeten (DIETZ 1978). Zahlreiche Funde lassen darauf schließen, daß sich hier, wo der Traß seine größte Mächtigkeit erreicht, auch das Zentrum des römischen Traßabbaus im Brohltal befand (MEYER 1994). Dazu gehört auch das 1862 hier gefundene, dem Jupiter und Hercules Saxanus geweihte Altarrelief, welches heute in der Eingangshalle des Rheinischen Landesmuseums in Bonn aufgestellt ist. Später geriet der Traß in Vergessenheit und erst gegen Ende des 17. Jahrhunderts scheint man seine hydraulischen Eigenschaften neu entdeckt zu haben. Ein Holländer baute 1682 in Brohl die erste Traßmühle (DIETZ 1978). Man hatte herausgefunden, daß dieses Material sich besonders gut für Unterwasserbauten eignet, weil es in Verbindung mit Kalk unter Wasser zu Stein erhärtet und dann salz- und säurebeständiger ist als Zement. Auch als Baustein fand der Traß vorübergehend wieder Verwendung. Der letzte große Traßbau wurde die Apollinaris-Kirche in Remagen (1843). Der Abbau für die Mörtelherstellung jedoch nahm um die Mitte des 19. Jahrhunderts einen neuen Aufschwung. Zwischen Brohl und Burgbrohl entstanden in dieser Zeit eine Reihe neuer Traßmühlen. Erst seit dem 2. Weltkrieg wird im Brohltal kein Traß mehr abgebaut.

Die vorzügliche hydraulische Eigenschaft des Trasses beruht, wie schon der Bonner Mineraloge BRAUNS (1920) herausfand, darauf, daß er - im Gegensatz zum Laacher Bims, mit dem er ursprünglich hinsichtlich seiner Zusammensetzung weitgehend übereinstimmte - freie Kieselsäure (SiO_2) enthält. Mit einem Anteil von 67,5% SiO_2 enthält er fast 20% mehr, als zur Bindung seiner 8,2% Alkalien nötig wären. Im Vergleich zum Bims, der mehr als 10% Natron enthält, liegt sein Natrongehalt unter 5%. Der Traß hat also Alkalien verloren, an deren Stelle eine äquivalente Menge (7%) Hydratwasser getreten ist. Wie das Wasser an die Stelle der Alkalien getreten ist, kann es durch Kalk wieder ersetzt werden. Indem die freie Kieselsäure sich mit Kalk verbindet, erhärtet die Masse - eine Reaktion, die durch die schaumige Beschaffenheit des Trasses mit seiner großen inneren Oberfläche beschleunigt wird.

Der Verlust an Alkalien, auf dem die ausgezeichnete Wirkung des Trasses als hydraulisches Bindemittel beruht, ist offenbar darauf zurückzuführen, daß er seit seiner Ablagerung im Brohltal großenteils unter Grundwassereinfluß gestanden hat. Nur wo dies der Fall ist oder war, hat er nach BRAUNS (1920) jene Eigenschaft angenommen. Angesichts der großen Zahl von Säuerlingen und CO_2-Exhalationen, die ja u.a. im Brohltal und im Tönnissteiner Sprudel auch technisch ausgebeutet werden, ist anzunehmen, daß die Durchtränkung des Wassers mit Kohlensäure nicht wenig zur Lösung der Alkalien im Traß beigetragen hat.

Exkursionsziel 2: Der Bausenberg

Mit seinem weitgehend erhaltenen Ringwall gilt der am Brohltal unmittelbar nördlich von Niederzissen gelegene Bausenberg als schönster Vulkan des Laacher Gebietes. Eine Wanderung von 1 ½ Stunden dürfte ausreichen, um sich einen ersten Einblick in Form und Aufbau dieses Vulkans zu verschaffen. Diese kann etwa am Bahnhof Niederzissen (Parkmöglichkeit) beginnen, von wo aus man zunächst der nach Walldorf (und zur Autobahn) führenden Straße folgt, um nach etwa 250 m links in die „Kraterstraße" einzubiegen, die an der Südseite des Vulkans hinaufführt. Dieselbe führt nach wenigen hundert Metern in den Bereich hinein, in dem - in etwa 250 m über NN - die Vulkanite der alten Landoberfläche, hier dem mit 15-20° geneigten nördlichen Hang des Brohltales aufliegen. An der Wegböschung rechts sind hier und dort die tiefgründig verwitterten Sandsteine der Siegener Schichten zu erkennen. Nur wenige Meter weiter wird rechts die dunkle Aufschlußwand einer ehemaligen Schlackengrube sichtbar.

Diese gibt, obwohl leider die untersten Partien durch die während der letzten Jahrzehnte entstandene Böschung verdeckt sind, einen guten Einblick in den Aufbau des Ringwalles. Nicht mehr zu sehen ist die aus einem feinen gelbbraunen, verfestigten Staubtuff bestehende Basisschicht des Vulkans. Diese nur wenige Zentimeter dicke Schicht, ein Gemenge aus vulkanischen Komponenten und solchen des durchschlagenen (teilweise verwitterten) Devons enthielt eine große Zahl von Blattabdrücken, dazu auch Hohlräume aus Zweigen mit wenigen Millimetern Durchmesser. Aus diesen ergab sich das Bild eines Laubwaldes, in dem Ulmen, Hainbuchen, Linden, Pappeln und im Unterwuchs Maiglöckchen gediehen (vgl. NOLL 1975). Der Vulkan muß also in einer Interglazialzeit entstanden sein.

Über vorgenannter Basisschicht des Vulkans liegt eine etwa 1,5 m mächtige Folge von Lapillituffen, von der heute noch die obere Hälfte sichtbar, d.h. nicht von der inzwischen entstandenen Böschung verdeckt ist. Die Lapillituffe sind gut geschichtet und zeigen einen auffallenden Wechsel von grau-schwarzen und rötlichen Lagen.

Diese und die weiteren Förderprodukte des Bausenberg-Vulkans entstammen einem alkalibasaltischen Magma, das von FRECHEN (1962) als Nephelinleucitbasanit bezeichnet wird. Die siliziumarmen Basanite sind typisch für Schlacken-Kegel und Lavaströme des Laacher Vulkangebietes. Der regelmäßige Farbwechsel bei den Lapillituffen deutet auf rhythmische Schwankungen in der Intensität der Eruption hin. Die Lapillituffe besitzen keine frischen Glashäute, sondern zeigen starken Abrieb. Das stark abrasiv und - im Falle der rötlichen Lapillilagen - auch oxydativ beanspruchte Material läßt nach NOLL (1975) darauf schließen, daß ein Großteil der Förderprodukte in dieser Phase der Eruption wiederholt in die Schlotöffnung zurückprasselte. Ein jeweils stärkerer Gasstrahl, der anschließend auch nicht oxydierte Lapilli förderte, warf das Material gelegentlich über den Kraterrand hinaus.

Unvermittelt, jedoch in konkordantem Verband, setzt über den rhythmisch geschichteten Lapillituffen eine über 20 m mächtige Förderfolge von Lapilli, Wurfschlacken, mehr oder weniger rundlichen, im noch plastischen Zustand ausgeschleuderten Lavafetzen (Bomben) und fladenartig ausgebreiteten Schweißschlacken ein, deren Schichtung weniger gut erkennbar ist. Eine solche wird aber, vor allem in den oberen Partien der Aufschlußwand, durch die Einregelung der Lavafladen zumindest angedeutet. In dem abrupten Wechsel von den gut geschichteten Lapilli zu diesem schlackenreichen Abschnitt des Profils schlägt sich eine dramatische Zunahme der Intensität des Ausbruches nieder. Das im Schlot aufsteigende Magma muß plötzlich das Niveau des Kraters erreicht haben. NOLL (1975, S. 29) hat diese beginnende Hauptphase des Ausbruches treffend beschrieben: „In rhythmischen Eruptionen, die in Abständen aufeinander folgten, jagte rotglühende Lava in der Form einer Fontäne empor, zerlegt in Klumpen und Fetzen und begleitet von Wolken schneller erstarrender Lapilli und Schlacken."

Der am unteren Rand des bewaldeten Bausenberghanges in nordwestlicher Richtung führenden Kraterstraße folgen wir noch etwa 300 m, um sie sodann über einen schmalen, rechts steil durch den Wald hangaufwärts führenden Pfad zu verlassen und nach wenigen weiteren Schritten den nach rechts sanfter ansteigend auf den Kraterrand führenden Weg zu erreichen. Der obere Rand des Kraters ist, wie besonders im NE immer wieder zu sehen, durch steil, entsprechend der Neigung des Kegels gelagerte Schweißschlackenbänke verfestigt. Wie sehr diese durch ihre erhöhte Widerstandsfähigkeit die lockeren Fördermassen vor der Abtragung geschützt und so zur Erhaltung des Ringwalles beigetragen haben, ist dort zu sehen, wo sie - ihrer ursprünglichen Unterlage teilweise beraubt - ein Stück frei herausragen. Dies ist besonders schön an und in der Nähe der Stelle zu sehen, wo der obere Rand des Kraters seinen höchsten Punkt (339,8m) erreicht. Aber auch die Durchlässigkeit der lockeren Förderprodukte dürfte die Erhaltung des Ringwalles begünstigt haben.

Der Ringwall hat einen ovalen Grundriß (am Kraterrand ca. 400 x 250 m), wobei seine Längsachse NW-SE ausgerichtet ist. Durch die von einem Lavastrom im N gerissene Bresche erhält er die Form eines Hufeisens.

Der obere Rand des Ringwalles liegt etwa 35 m über dem Kraterboden. Doch muß der Krater, wie NOLL (1975) schätzt, ursprünglich doppelt so tief gewesen sein. Ein großer Teil der Füllung entfällt auf den eingewehten Löß, für den der Krater eine ausgezeichnete Falle darstellte. Auf dem günstigen Boden hat sich ein Gehöft (Eulenkessel) angesiedelt.

Vom höchsten Punkt des Vulkans kann man auf steilem Weg in den Kessel hinabsteigen und diesen durch die vom Lavastrom geschaffene Bresche verlassen.

Der Lavastrom ist durch ein altes Nebentälchen in nordöstlicher Richtung dem Vinxtbachtal zugeflossen, wo er bei Gönnersdorf in 160 m über NN, rund 40 m über der heutigen Talsohle endigt (vgl. AHRENS 1936; NOLL 1975). In seinem oberen Drittel ist der Strom relativ breit (350-200 m), besonders im obersten, der Bresche im Ringwall nahen Abschnitt. Hier zieht sich entlang seiner Mittelachse zungenförmig eine schmale, mit Löß bedeckte Mulde hin, während an den beiderseitigen Flanken im Wald Lava- bzw. Schlackenfelsen höher aufragen. Schon AHRENS (1930 a) hat die Mulde in der Mitte des Stromes so gedeutet, daß die Schmelze dort - bei größerer Mächtigkeit - länger flüssig blieb, während sie oben und an den Rändern schon erstarrt war. So konnte in der Mitte des Stromes ein Hohlraum entstehen, der später einstürzte und eine Mulde zurückließ.

Etwa 1 km nordöstlich des Schlackenkegels ist der Lavastrom durch den Bau der Autobahn A 61 an der Anschlußstelle Niederzissen in voller Breite von hier etwa 250 m aufgeschlossen worden. Man kann, dem Weg entlang dem nördlichen Rand des Stromes folgend, bis an den Zaun der westlichen Autobahnböschung gelangen und sich diese Stelle ansehen. Über die Straße Walldorf-Niederzissen (L 82), die man dabei queren muß, führt der Weg uns rasch wieder zurück nach Niederzissen.

Die o.e. Abdrücke einer fossilen Laubwaldflora an der Basis der Förderprodukte des Bausenberg-Vulkans deuten bereits darauf hin, daß dieser während einer Warmzeit (Interglazial) ausgebrochen sein muß. Aufgrund weiterer stratigraphischer Beobachtungen und absoluter Altersbestimmungen kann heute mit hoher Wahrscheinlichkeit angenommen werden, daß es sich dabei um das der vorletzten Eiszeit (Saale bzw. Riß) vorausgehende Holstein-Interglazial handelt. Bereits FRECHEN & LIPPOLT (1965) sowie FRECHEN (1971) hatten darauf hingewiesen, daß der Lavastrom im Vinxtbachtal auf einer Verebnung endigt, die der mittleren Mittelterrasse des Rheins entspricht - eine Feststellung, die später von BIBUS (1980) aufgrund von Beobachtungen beim Autobahnbau mit der Aussage bestätigt werden konnte, daß die Eruption nach Ausbildung der oberen Mittelterrasse (Elster- bzw. Mindel-Glazial) und deutlich vor Ablagerung der unteren Mittelterrasse (Saale- bzw. Riß-Glazial) stattgefunden haben müsse. Gemessen

daran muß freilich das von FRECHEN & LIPPOLT (1965) radiometrisch (K/Ar) bestimmte absolute Alter der Bausenberg-Lava von 150.000 bzw. 140.000 Jahren als zu gering erscheinen. Für die Richtigkeit dieser Vermutung wiederum sprechen weitere Befunde bzw. Datierungen. NOLL (1975) hatte als erster auf Ablagerungen eines von dem trachytischen Bimsvulkan des Wehrer Kessels stammenden Aschestroms unmittelbar im Liegenden der Bausenberg-Vulkanite aufmerksam gemacht. Bei dem Aschestrom handelt es sich um ein Äquivalent des o. e. weitverbreiteten Hüttenberg-Tuffes (AHRENS 1936), der von BOGAARD et alii (1989) präzise auf 215.000 ± 4.000 Jahre datiert werden konnte. Der Hüttenberg-Tuff kann aufgrund seiner an mehreren Orten zu beobachtenden Position zwischen Löß und Paläoboden an einen Übergang Glazial / Interglazial gestellt werden. Innerhalb des Interglazials, und zwar vermutlich noch in dessen Anfangsphase, ist dann die Eruption des Bausenberg-Vulkans erfolgt. Auf die Anfangsphase des Interglazials als Zeit des Ausbruches deutet die von BIBUS (1980) beim Bau der Autobahn im Liegenden des Lavastroms festgestellte, nur schwach ausgebildete fossile Humuszone, die ein Äquivalent zu der am Südhang des Bausenbergs beobachteten, an Resten eines Laubwaldes reichen Aschenlage ist.

Exkursionsziel 3: Laacher Kessel

Im Laacher Kessel soll unsere Aufmerksamkeit in erster Linie dessen Form und Genese, darüber hinaus aber auch dem See mit seinem - seit langem durch künstliche Eingriffe veränderten - Wasserhaushalt gelten. Die auf der Karte (Abb. 2) eingetragenen Punkte 1 - 10 können bei einer oder mehreren Wanderungen um den See aufgesucht werden, als deren Ausgangspunkte sich die Parkplätze beim Kloster Maria Laach oder beim Hotel Waldfrieden (am nördlichen Rand des Kessels) anbieten. Die meisten angegebenen, schon durch AHRENS` (1930a) „Wanderbuch" bekanntgewordenen Punkte sind im übrigen auch Bestandteile des jüngst eingerichteten „Vulkanparks" und finden sich erläutert nicht nur auf den dort aufgestellten Schautafeln, sondern auch in dem zugehörigen geologischen Führer von MEYER (1994).

1. Hier am Parkplatz, nahe der Einmündung der von Glees kommenden Straße im nordwestlichen Teil des Kessels ist ein vom Schlackenkegel des Veitskopf (427,8 m) stammender basaltischer **Lavastrom** angeschnitten, der sich jenseits der Straße noch weiter bis wenige Meter über dem heutigen Seespiegel fortsetzt. Er befindet sich auf der nordöstlichen Flanke des kleinen, hier von NW her auf den See hin auslaufenden Tälchens. Die starke Porosität des Gesteins deutet auf eine gasreiche Schmelze hin.

2. Hier sind an der Böschung seitlich des vom Parkplatz am Hotel Waldfrieden herabführenden Weges **graue Laacher Tuffe** zu sehen, reichlich durchsetzt

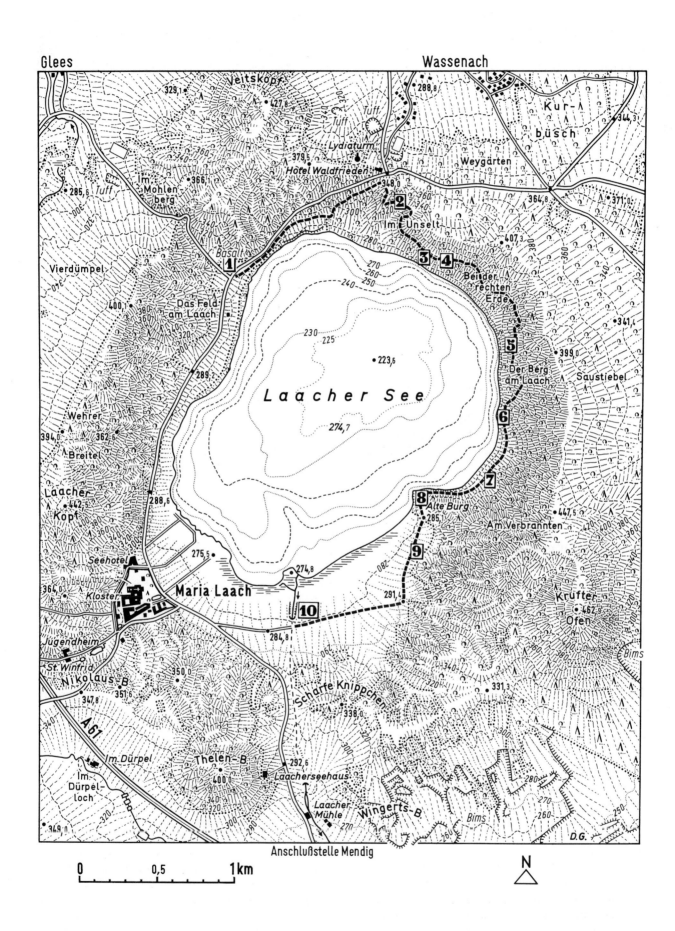

Abb. 2: Der Laacher Kessel. Exkursionsroute mit Routenpunkten 1 - 10

mit größeren und kleineren Fragmenten von Nebengestein (Basalte, Devon).

3. Entlang dem oberen Uferweg treten an dieser Stelle Sand- und Schluffschiefer der Siegener Stufe des **Unterdevons** zutage.

4. „**Zur Bleichen Erde**": hier sind am oberen Rundweg weißliche bis rötliche Tone und Sande aus dem Tertiär aufgeschlossen. Wiederholt ist es an dieser Stelle, am steilen nordöstlichen Innenhang des Kessels zu kleinen Erdrutschen gekommen, da sich die Tone bei starker Durchfeuchtung besonders instabil verhalten. Bei den Tonen und Sanden handelt es sich um Bildungen des älteren Tertiärs (sog. „Weißverwitterung" im Schiefergebirge), die einst in einem ausgedehnten flachen Seebecken abgelagert wurden, das im Eozän / Unteroligozän (vor ca. 42-34 Mill. a) im Bereich des Neuwieder Beckens bestand (vgl. MEYER 1986; 1994).

5. Wie bei dem vorgenannten Punkt 3 tritt hier der **devonische Sockel** zutage.

6. Der als Klippe leicht in den See vorspringende **Lorenzfelsen** ist das Ende eines älteren Lavastromes, der - ähnlich wie der unter 1. angeführte Lavastrom des Veitskopfes - ein Beleg dafür ist, daß sich auch hier, auf der Ostseite im Bereich des heutigen Sees vor den allerödzeitlichen Bimsausbrüchen ein Tälchen befunden haben muß (über dessen Verlauf wir allerdings nichts Sicheres sagen können). Die Basaltlava des Lorenzfelsens ist - etwa im Vergleich mit der Veitskopflava - auffallend dicht und deutet auf eine sehr gasarme Schmelze hin. Beiderseits des Lorenzfelsens, besonders aber unmittelbar nördlich desselben, sind im flachen Uferbereich zahlreiche sprudelnde Kohlendioxydaustritte zu beobachten, am besten dann, wenn das Wasser nur wenig vom Wind bewegt wird. Besonders eindrucksvoll sind die CO_2-Austritte in kalten Wintern, wenn bei sich bildender Eisdecke auf dem See die stärkeren Sprudel kreisrunde Löcher offenhalten. Die CO_2-Blasen sind ein unübersehbarer Hinweis darauf, daß sich in relativ geringer Tiefe ein - vermutlich basaltischer - Magmaherd befinden muß.

7. Wenige hundert Meter südlich des Lorenzfelsens findet sich in geringer Höhe über dem Seespiegel im Wald ein Vorkommen von verfestigtem, geschichtetem **Basalttuff**, das von SCHMINCKE (1977; 1988) als Beleg dafür gewertet wird (s.u.), daß sich vor den Bimseruptionen des Alleröd zumindest im südlichen Teil des Laacher Kessels ein älteres Maar befunden haben muß.

8. Durch einen ehemaligen Steinbruch gut aufgeschlossen ist der **Schlackenvulkan Alte Burg**. Der Name dieses Basaltvulkans bezieht sich darauf, daß hier einst die Burg des Pfalzgrafen Heinrich II. bei Rhein, der 1093 die Abtei stiftete, gestanden hat. Im Aufbau zeigt der Vulkan eine Wechsellagerung rot oxydierter

Schlacken mit grauen, bandartig verschweißten flachen Lavafetzen. Die Schlacken fallen mit ca. 40° nach SE ein. Da an dem halbinselartigen Vorsprung in den See die gleichen Verhältnisse festzustellen sind, muß angenommen werden, daß die Alte Burg nur den Rest eines Schlackenkegels bildet, dessen größerer (westlicher bzw. nordwestlicher) Teil sich einst im Bereich des heutigen Sees befand. Vermutlich ist dieser größere Teil während der allerödzeitlichen Eruptionen entweder weggesprengt worden oder bei der Bildung einer Caldera versunken. Das relative Alter des Alte-Burg-Vulkans ergibt sich daraus, daß seine Schlacken, wie in dem Aufschluß rechts oben zu sehen, vom jüngsten Löß und weißem Bims überlagert werden.

9. In dieser ehemaligen **Bimsgrube** sind weiße Bimstuffe aufgeschlossen, wie sie in der ersten Phase der allerödzeitlichen Eruptionen gefördert wurden und weite Landstriche östlich und südlich des Laacher Kessels bedeckten. Der Bims ist durch den Gasreichtum der Schmelze schaumig aufgebläht. Neben glasklaren Feldspat-Kriställchen finden sich auch die auffallend blauen Körner des Hauyns in die Grundmasse eingebettet. Im übrigen enthält der Bims auch hier reichlich Bruchstücke des durchschlagenen Untergrundes (Basalt und Schiefer).

10. Etwa 300 m vom südlichen Ende des Sees entfernt befindet sich das **Mundloch des** 1844 gebauten **Abflußstollens**, dessen Ausflußöffnung sich genau 1060 m weiter südlich, wenig oberhalb der Laacher Mühle, östlich der nach Mendig führenden Straße befindet. Wie bereits erwähnt, verdankt der Laacher See seine heutige, nur noch um max. 0,50 m schwankende Spiegelhöhe (274,7 m) künstlichen Absenkungen. Da der (heute) 3,3 km² große See in einem allseits geschlossenen Einzugsgebiet (11,6 km²) ohne natürlichen Abfluß liegt, wies sein Spiegel ursprünglich beträchtliche Schwankungen auf (HENNING 1965; 1967). So dürften die Mönche des Anfang des 12. Jahrhunderts auf dem kleinen Schwemmfächer des Beller Baches - des einzigen zumindest teilweise oberirdischen Seezuflusses - gegründeten Klosters bald die Erfahrung gemacht haben, daß der See sogar die Gebäude mit der Krypta (Fußbodenoberkante bei 289,0 m) und Münsterkirche (292,0 m) unter Wasser setzen konnte (GREWE 1979). Umgekehrt konnten sie bei niedrigen Wasserständen beobachten, daß sich in unmittelbarer Nähe des Klosters ausgedehnte Flächen fruchtbaren Bodens befinden. Beide Erfahrungen müssen dazu geführt haben, daß man sich frühzeitig entschloß, durch Anlegung eines künstlichen Abflusses den Seespiegel auf einem relativ niedrigen Niveau zu stabilisieren. So wurde in der Amtszeit Fulberts (1152-1177), des zweiten Abtes des Klosters, ein 880 m langer Stollen durch die aus grauen Tuffen bestehende südliche Umwallung getrieben. GREWE (1979) hat die technischen Einzelheiten dieser bewundernswürdigen „Ingenieurleistung des hohen Mittelalters" erkundet und beschrieben. Beim Bau des 880 m langen, im

Durchschnitt 1,50 m breiten und 3,50 m hohen „Fulbert-Stollens" fielen 5.000 m³ Aushub an. Sein Mundloch lag etwa 100 m südlich des heutigen und ist oberflächlich nicht mehr sichtbar. Der Wasserspiegel des Sees, der vorher oftmals Höhen von über 290 m ü. NN erreicht haben dürfte, war durch den Fulbert-Stollen auf 279,7 m begrenzt. Nachdem Anfang des 19. Jahrhunderts der mittelalterliche Stollen durch Einbrüche unbrauchbar geworden war, wurde 1842-44 etwa 5 m unter ihm ein neuer Abflußstollen gebaut. Dieser ist - im Jahr 1916 durch eine Pegelreinigung noch geringfügig vertieft - noch heute in Funktion und legt den Seespiegel bei 274,7 m fest (vgl. HENNING 1965). Zeugen der früheren Seespiegelstände sind die alten Uferterrassen, die besonders auf der Nord- und Ostseite des Sees (Windrichtung!) ausgeprägt sind. In ihnen findet man, stellenweise gehäuft, auch die Schalen einer kleinen, im Wasser lebenden Schnecke (*Bithynia tentaculata*). Besonders reich an den zerkleinerten Schalenresten ist der in landwirtschaftliches Nutzland umgewandelte ehemalige Seeboden im südlichen Teil des Kessels.

HENNING (1965; 1967) hat für das 11,6 km² große Einzugsgebiet des Sees einen mittleren Gebietsniederschlag von 610 mm/Jahr festgestellt, die dem See teils direkt, indem sie auf die Wasserfläche fallen, teils indirekt über das Grundwasser der umgebenden Landflächen Wasser liefern. Gut Dreiviertel der gesamten, durch den Niederschlag einkommenden Wassermenge gehen allerdings durch Verdunstung (Seefläche 527 mm, Gebietsverdunstung ca. 415 mm pro Jahr) auf direktem Wege wieder in die Atmosphäre zurück, und nur ein knappes Viertel (22 %) fließt über den Stollen ab. Der mittlere Abfluß durch den Stollen beträgt 50 l/sec.

Der Laacher Kessel ist deutlich in SW-NE-Richtung gestreckt und weist hier einen Durchmesser von etwa 3 km auf, während in der SE-NW-Richtung nur 2 km erreicht werden. An der eindrucksvollen Hohlform ist sowohl die Eintiefung in den devonischen Sockel, als auch die Aufschüttung eines Ringwalles durch die Bimseruptionen beteiligt. Formprägend für diesen Ringwall sind vor allem die jüngeren grauen Bimstuffe, die in größerer Mächtigkeit nur wenig über den eigentlichen Kessel hinausgelangt sind. Der Ringwall bildet im größten Teil der Umrandung die Wasserscheide; nur im Bereich des o.g. Beller Wiesentälchens greift das Einzugsgebiet des Sees darüber hinaus.

Bezieht man auch die Tiefenlinien des Sees mit der etwas exzentrisch im nordöstlichen Teil gelegenen Maximaltiefe von 51,1 m in die Betrachtung ein, dann verstärkt sich der Eindruck des Kessels als eines großen Kraters. Verschiedene Indizien deuten darauf hin, daß sich das Förderzentrum innerhalb desselben während der allerödzeitlichen Eruptionen mehrfach erweiterte und zugleich von SW nach NE verlagerte (vgl. SCHMINCKE 1988). Die wichtigste Verlagerung des Hauptschlotes fällt offenbar in die Endphase der För-

derung der weißen Bimstuffe, als es in Zusammenhang mit mehrfachem Einbrechen der instabil gewordenen Wände zur Förderung von mit Schieferbruchstückchen angereicherten Bimslagen und schließlich zu den Glutlawinen kam.

Wenn auch die Bimseruptionen den Hauptanteil an der Entstehung des heutigen Kessels haben, so deutet doch alles darauf hin, daß seine Hohlform teilweise im prä-allerödzeitlichen Relief vorgeprägt worden sein muß. Die innerhalb des Kessels in geringer Höhe endigenden Lavaströme (im NW vom Veitskopf, im E der Lorenzfelsen), die u. a. nahe dem SE-Ufer liegenden geschichteten Basalttuffe und nicht zuletzt der mit seiner Basis bis mindestens auf den heutigen Seespiegel herabreichende Vulkanrest Alte Burg lassen nur den Schluß zu, daß dieser Bereich schon vor den Bimseruptionen relativ stark in die Umgebung eingetieft gewesen sein muß bzw. daß hier ein oder mehrere Tälchen existierten. Für die Westseite des Sees hatte bereits AHRENS (1930a) u. a. aufgrund des Veitskopf-Lavastromes auf die Existenz einer nach Süden gerichteten Talung geschlossen. Auch die Tatsache, daß der südliche Ringwall überwiegend aus den (grauen) Bimstuffen besteht, zumindest bis in das Niveau des 1842-44 gebauten Abflußstollens (also bis fast 270 m ü. NN), deutet auf eine solche, vermutlich nach SE zur Nette hin entwässernde Talung. MEYER (1986) nimmt für den späteren Ostrand des Kessels ein zweites Tälchen an, das sich mit dem vorgenannten im Süden vereinigt haben könnte. In dieses Tälchen ergoß sich die Lava des Lorenzfelsens, in ihm lagerten sich südlich davon die Basalttuffe ab, und auf seinem Boden entstand der Alte-Burg-Vulkan.

Gegen die frühere Annahme (FRECHEN 1962; MEYER et alii 1974), daß das Laacher Seebecken vor den allerödzeitlichen Bimseruptionen infolge eines durch die Lavaförderung in den umgebenden Basaltschlackenkegeln (Krufter Ofen, Wingertsberg, Thelenberg, Laacher Kopf, Veitskopf) hervorgerufenen Massendefizits eingebrochen sein könnte, haben BOGAARD & SCHMINCKE (1984) mit Recht eingewendet, daß diese Kegel eine verschiedene Zusammensetzung und sehr wahrscheinlich auch ganz verschiedenes Alter haben.

Hingegen deutet SCHMINCKE (1977; 1988) die am Ostufer anstehenden und auch stellenweise entlang dem nordöstlichen Beckenrand vorkommenden geschichteten Basalttuffe als phreatomagmatisch, d. h. durch vom Kontakt des aufsteigenden Magmas mit Grundwasser ausgelösten Wasserdampfexplosionen gefördert. Demnach würde es sich bei jenen Basalttuffen, wie bereits bei Punkt 7 erwähnt, um Zeugen eines vor den allerödzeitlichen Bimseruptionen im Bereich des Laacher Kessels vorhandenen Explosionskraters handeln, eines echten Maares also, wie sie in „klassischer" Form in der Westeifel zu finden sind. Zu diesem als Vorläufer des heutigen Laacher Kessels postulierten älteren Maar wiederum würde auch die Annahme eines noch älteren Tales (oder mehrerer Täler) im heutigen Kesselbereich

„passen", liegen doch die Maare der Westeifel stets in tektonisch vorgezeichneten Tälern, in denen genügend Grundwasser absinken und in Kontakt mit dem aufsteigenden Magma geraten konnte. Freilich reichen die bisherigen Befunde im Laacher Kessel nicht zu einer eindeutigen Klärung dieser möglichen Zusammenhänge aus, so daß die gern erörterte Frage, ob der Laacher Kessel (nur) ein echter Krater oder (auch) ein Maar sei, nicht beantwortet werden kann.

Im Anschluß an diese Exkursion rund um den Laacher See bietet es sich an, einen kurzen Abstecher in das Bimsabbaugebiet südöstlich des Laacher Sees zu machen, um einen Einblick in die wirtschaftliche Nutzung der Bimsdecken im Mittelrheinischen Becken und ihre Auswirkungen auf das Landschaftsbild zu bekommen.

Literatur: siehe folgenden Beitrag GRAAFEN

Anschrift des Autors

Priv.-Doz. Dr. Winfried Golte, Geographisches Institut der Rheinischen Friedrich-Wilhelms-Universität Meckenheimer Allee 166, D 53115 Bonn

Bimsabbau und Bimsbaustoffbetriebe südöstlich des Laacher Sees

Rainer Graafen

Thematik:	Bimsabbau, Bimsbaustoffbetriebe, Rekultivierung
durchzuführen als:	Pkw, Fuß; Anfahrt vom Laacher See aus ca. 5 km
ungefähre Dauer:	Pkw: 1,5-2 Std.; Fuß: 1 Std. (ca. 3 km)
Empfohlene Karten:	Topographische Karte 1:25.000, Blätter 5509, 5510, 5609, 5610

1. Einleitende Aspekte zum Bimsabbau und zur Rekultivierung

Durch die Vulkane im Laacher-See-Gebiet wurden vor ca. 10.500 Jahren etwa 16 km^3 Bims ausgeworfen, der sich hauptsächlich im südöstlich des Sees gelegenen Mittelrheinischen Becken abgelagert hat (MEYER 1994). Das Mittelrheinische Becken ist das einzige Gebiet in Mitteleuropa, in dem eine Bimsschicht von einer solchen Mächtigkeit vorkommt (2 und mehr Meter; vgl. Abb. 2), so daß diese unter volkswirtschaftlichen Gesichtspunkten abbauwürdig ist. Zum einen erzielen die Privatpersonen und Gemeinden, die mit Bims bedeckte Grundstücke besitzen, durch den Verkauf des Bimses bzw. durch die Verpachtung ihrer Grundstücke an Abbauunternehmer beträchtliche Gewinne. Darüber hinaus erhalten die Städte und Gemeinden hohe steuerliche Einnahmen von den Bimsbaustoffbetrieben (GRAAFEN 1973). Während der letzten fünf Jahre wurden jährlich immerhin ca. 3 Mio. t abgebaut und zu Baustoffen verarbeitet. Zwar ist heute die Zahl der direkt mit dem Abbau und der Steinherstellung befaßten Arbeitnehmer wegen des hohen Maßes an Automatisierung nicht mehr allzu hoch; sie betrug 1995 ca. 500. Es waren aber noch weitere etwa

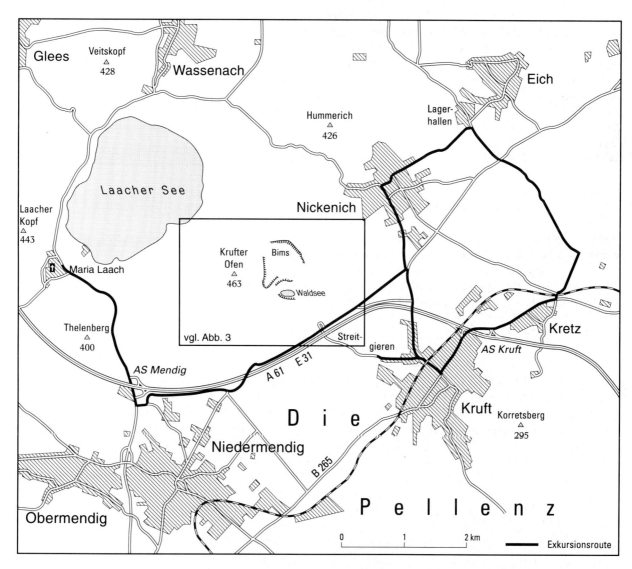

Abb. 1: Exkursionsroute

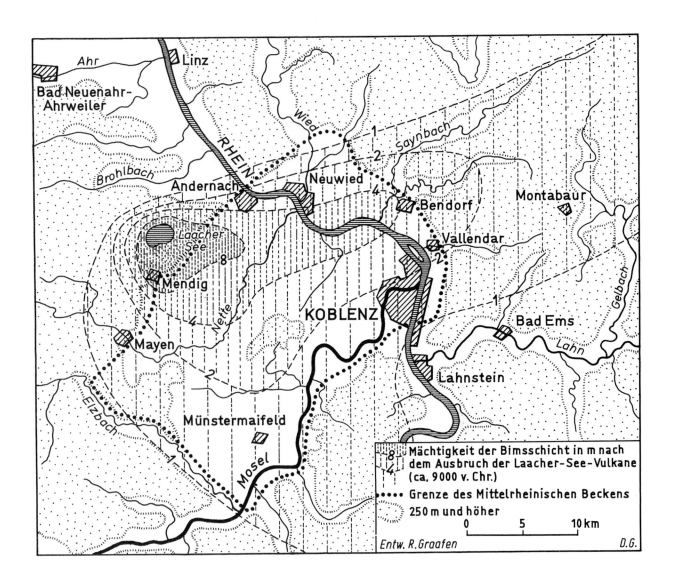

Abb. 2: Bimsablagerungen nach dem Ausbruch der Laacher-See-Vulkane (Entwurf: RAINER GRAAFEN)

2.000 in Zulieferer- und Transportbetrieben angestellt, die direkt mit der Bimsbaustoffindustrie zusammenhängen.

Anders als beispielsweise bei der Gewinnung von Braunkohle muß der Bims nicht zusammenhängend, auf größeren Flächen von mehreren Quadratkilometern abgebaut werden. Eine abzubauende Fläche braucht nach dem „Landesgesetz über den Abbau und die Verwertung von Bimsvorkommen" vielmehr eine Mindestgröße von nur 1 ha haben. Das Gesetz erlaubt aber auch die Ausbeute auf noch kleineren Grundstücken, sofern diese unmittelbar an eine bereits abgebaute Fläche angrenzen. Dementsprechend erfolgt die Bimsgewinnung an sehr vielen verschiedenen Stellen des Mittelrheinischen Beckens (Realerbteilungsgebiet) gleichzeitig und unabhängig voneinander.

Nachdem die Mutterbodenschicht durch Raupenfahrzeuge beiseite geschoben worden ist, graben Bagger den lockeren Bims ab und verladen ihn zum Abtransport auf LKWs in die Bimsbaustoffbetriebe. Dort werden die Bimssteine (auch Schwemmsteine genannt) in der Weise hergestellt, daß man die losen Bimslapilli mit Wasser und Zement (als Bindemittel) vermischt, die Masse in quaderartige Formen

stampft und die noch feuchten Steine in sog. Arken zum Trocknen übereinanderstapelt.

Die Durchführungsverordnung zum Landesbimsgesetz sieht als Ausgleichsmaßnahme für die mit dem Bimsabbau verbundenen Eingriffe in die Landschaft die "Wiedereinplanierung" vor. In diesem Zusammenhang ist nur erforderlich, daß nach der Ausbeute einer Parzelle die zuvor beiseite geräumte Mutterbodenschicht durchmischt und auf die nunmehr um einige Meter tiefer liegende Fläche geschoben und eingeebnet wird (GRAAFEN 1993). Anschließend werden die Grundstücke meist wieder zu landwirtschaftlichen Zwecken genutzt. Durch die Bimsgewinnung entstehen entlang vieler Grundstücksgrenzen das Landschaftsbild beeinträchtigende Geländestufen von oft 2-4 m Höhe. Spezielle Rekultivierungspläne sind nur für den Abbau solcher Flächen erforderlich, die an ein Naturschutzgebiet angrenzen.

2. Standorte des Bimsabbaus

Weil, wie in Kap. 1 erwähnt, der Abbau des Bimses vorwiegend auf kleineren Grundstücken erfolgt und der Ab-

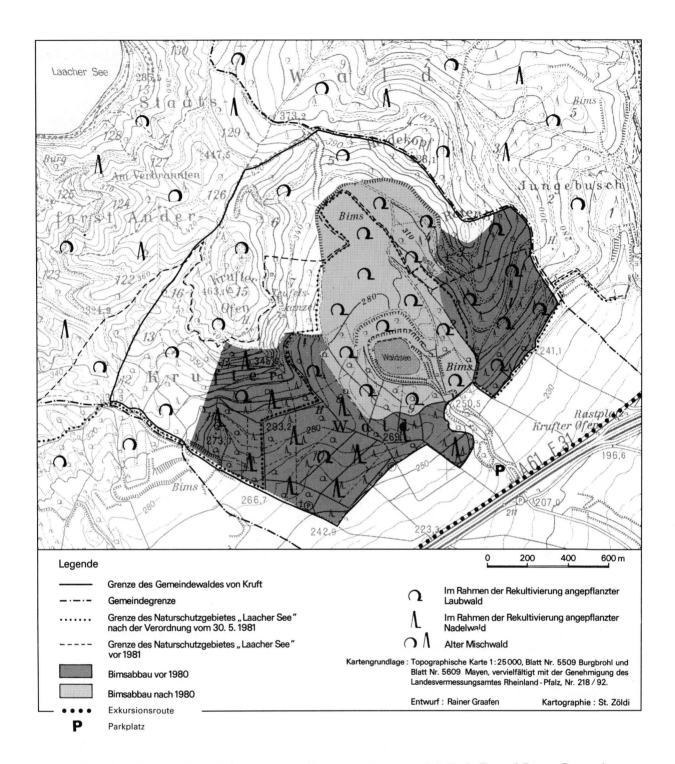

Abb. 3: Rekultivierungsflächen in ehemaligen Bimsabbaugebieten in der Gemeinde Kruft. (Entwurf: RAINER GRAAFEN)

bau einschließlich der Wiedereinplanierung normalerweise höchstens 2 Jahre dauert, ist es nicht sinnvoll, die zur Zeit der Abfassung dieses Beitrages vorhandenen Abbauplätze zu nennen. Hinzuweisen ist aber darauf, daß besonders in den Gebieten der Gemeinden **Nickenich** und **Kruft** eine größere Anzahl an Grundstücken noch nicht ausgebeutet ist. Daher wird man entlang der Exkursionsroute, die auf der Übersichtskarte eingezeichnet ist, auch noch während der nächsten Jahrzehnte immer einige Parzellen vorfinden, auf denen Bims gerade abgebaut wird. Sofern die Abbauflächen etwas abseits der Straße liegen, kann man sie oft auf Grund der im Gelände stehenden, weithin sichtbaren Bagger ausfindig machen.

Standorte von Bimsbaustoffbetrieben

Bimsbaustoffbetriebe gibt es in allen süd-östlich des Laacher Sees gelegenen Gemeinden. Da es sich hierbei jedoch um Privatbesitz handelt, dürfen sie üblicherweise ohne Zustimmung des jeweiligen Eigentümers nicht betreten werden. Am nord-westlichen Ortsrand von **Kruft** (Alliger Weg) grenzen mehrere Bimsbaustoffbetriebe direkt an die Exkursionsroute an. Dort kann man gut in die Betriebsflächen einsehen und die verschiedenen Abschnitte der Bimssteinherstellung nachvollziehen, ohne Privatgelände betreten zu müssen. Zu erkennen sind unter anderem kleine Halden aus Rohbims, Fabrikationshallen, „Abtragegeräte", die die noch feuchten Steine aus den Hallen nach draußen transportieren und bis zu 3 m hohe Arken, auf denen die etwa 2-3 Wochen alten Steine zum endgültigen Trocknen übereinandergestapelt sind.

Mehrere große Bimsbaustoffbetriebe befinden sich des weiteren an der Exkursionsroute zwischen **Kruft** und **Kretz** sowie an den Ortsrändern von **Eich** und **Nickenich**. In engem Zusammenhang mit der Bimsbaustoffindustrie steht auch der große, am nord-östlichen Ortsausgang von Kruft gelegene Betrieb „TUBAG", wo der für die Bimssteinproduktion notwendige Zement hergestellt wird.

4. Standorte von wieder einplanierten bzw. rekultivierten Flächen

Flächen, die nach dem Abbau wieder einplaniert worden sind (vgl. zum Begriff „Wiedereinplanierung" Kap. 1), finden sich in großer Zahl beiderseits der Exkursionsroute. Man erkennt sie unter anderem daran, daß sie ca. 2-4 m tiefer als die noch nicht ausgebeuteten Grundstücke liegen. Entlang der Grenzen zu den Parzellen, auf denen der Bims noch nicht abgebaut ist, befinden sich oft fast senkrecht abfallende Geländestufen von 2-4 m.

In der Gemeinde **Kruft** gibt es einen der seltenen Fälle, wo nach durchgeführtem Bimsabbau die ausgebeutete Fläche auf Grund eines speziellen Rekultivierungsplanes im Sinne des rheinland-pfälzischen Landespflegegesetzes neu gestaltet wurde. Nördlich der A 61 fand hier in den 70er und 80er Jahren unseres Jahrhunderts ausnahmsweise eine großflächige Bimsausbeute statt, weil sich dieses Gelände im Alleineigentum der Gemeinde Kruft (Gemeindewald) befand. Da die Fläche im Norden außerdem an das Naturschutzgebiet „Laacher See" angrenzt, mußte sich die Gemeinde vor dem Abbau verpflichten, in besonderer Weise für die Rekultivierung Rechnung zu tragen.

Als Ausgangspunkt für eine Fußexkursion empfiehlt sich der an der Exkursionsroute gelegene Parkplatz. (vgl. Abb. 1 und Abb. 2, Beitrag GOLTE). Von dort führt ein Fußweg in Richtung „Waldsee". Etwa 100 m vor dem See sollte man auf den Weg abbiegen, der nordöstlich des Waldsees den Berg hinaufführt. Von hier aus hat man einen sehr guten Überblick über die rekultivierte Fläche.

Die Gemeinde Kruft hat im Rahmen der Rekultivierungsmaßnahmen besonders viel Geld für die Anpflanzung von hochwertigem Laubwald bereitgestellt. Immerhin gab es im Krufter Gemeindewald vor dem Abbau noch ca. 63 ha Niederwald, der kaum mehr genutzt werden konnte. Im Rahmen der Rekultivierung hat die Gemeinde auch demAspekt der Naherholung durch Anlegung des bereits er-wähnten „Waldsees" Rechnung zu tragen versucht. Diese Maßnahme erscheint jedoch wegen der ziemlich steil ab-fallenden Uferwände als nicht als ganz gelungen.

Literatur (zu den Beiträgen GOLTE und GRAAFEN)

AHRENS, W.: Geologische Karte von Preußen und benachbarten deutschen Ländern, 1:25 000 [:] Burgbrohl. Berlin 1936.

AHRENS, W.: Geologisches Wanderbuch durch das Vulkangebiet des Laacher Sees in der Eifel. Stuttgart 1930.[1930 a]

AHRENS, W.: Geologische Skizzen des Vulkangebietes des Laacher Sees. Jahrb. d. Preuß. Geol. Landesanst. Für 1930, Bd 51, 1930, S. 130-140.[1930 b]

BAUMANN, H. & H. ILLIES: Stress field and strain release in the Rhenish Massif. In: Fuchs, K., Gehlen, K. von, Mälzer, H., Murawski, H. & A. Semmel (ed.): Plateau Uplift. Berlin, Heidelberg, New York 1983, S. 177-186.

BIBUS, E.: Zur Relief-, Boden- und Sedimententwicklung am unteren Mittelrhein. Frankfurter Geowiss. Arb.,D, Bd 1, Frankfurt 1980.

BOGAARD, P. VAN DEN, HALL, C. M. & H.-U. SCHMINCKE: Precise single-grain ^{40}Ar/^{39}Ar dating of a cold to warm climate transition in Central Europe. Nature, vol. 342, 30 Nov. 1989, S. 523-525.

BOGAARD, P. VAN DEN & H.-U. SCHMINCKE: The eruptive center of the Late Quaternary Laacher See tephra. Geol. Rundschau, 73, 1984, S. 933-980.

BOGAARD, P. VAN DEN & H.-U. SCHMINCKE: Vulkanologische Karte der Osteifel. 1: 50 000. Koblenz 1990.

BRAUNS, R.: Der rheinische Trass und andere Tuffsteine aus dem Laacher-See-Gebiet mit besonderer Berücksichtigung ihrer mineralischen und chemischen Zusammensetzung und ihrer Verwendung. Der Bauingenieur, Jg 1, 1920, H. 12 u. 13, S. 1-24.

BRAUNS, R.: Die Bedeutung des Laacher Sees in mineralogischer und geologischer Hinsicht. In: Zepp, P. (Hrsg.): Die Laacher Landschaft, Bonn 1926, S. 15-41.

CLOOS, H.: Hebung, Spaltung, Vulkanismus. Geol. Rundschau, 30, 1939, S. 401-527.

DIETZ, W.: Das Brohltal. Handel, Industrialisierung und verkehrstechnische Erschließung. Bad Neuenahr-Ahrweiler 1978.

FISCHER, H.: Rheinland-Pfalz und Saarland. Wissenschaftliche Länderkunden Bd. 8/IV). Darmstadt 1989

FIRBAS, F.: Das absolute Alter der jüngsten vulkanischen Eruptionen im Bereich des Laacher Sees. Naturwissenschaften, 40, 1953, S.54-55.

FRÄNZLE, O.: Geologischer Bau und Oberflächenformen des Mittelrheinischen Beckens. Ber. z. dt. Landeskunde, 38, 1967, S. 305-312.

FRECHEN, J.: Der rheinische Bimsstein. Mit e. geol. Einl. von C. Mordziol. Wittlich 1953.

FRECHEN, J.: Führer zu vulkanologisch petrographischen Exkursionen im Siebengebirge am Rhein, Laacher Vulkangebiet und Maargebiet der Westeifel. Stuttgart 1962.

FRECHEN, J.: Siebengebirge am Rhein - Laacher Vulkangebiet - Maargebiet der Westeifel. Vulkanologisch-petrographische Exkursionen. 2.Aufl. Samml. Geol. Führer, 56. Berlin, Stuttgart 1971

FRECHEN, J.: Herkunft der allerödzeitlichen Bimstuffe des Laacher Vulkangebietes. Geol. Rundschau, 70, 1981, S.1119-1151.

FRECHEN, J. & H.J. LIPPOLT: Kalium-Argon-Daten zum Alter des Laacher Vulkanismus, der Rheinterrassen und der Eiszeiten. Eiszeitalter u. Gegenwart, Bd 16, 1965, S. 5-30.

GRAAFEN, R.: Die wirtschafts- und sozialpolitische Bedeutung der Industrie "Steine und Erden" in der Pellenz. In: Gesteinsabbau im Mittelrheinischen Becken. Schriftenreihe des deutschen Rates für Landespflege, Heft 21). Bonn 1973, S. 21-22

GRAAFEN, R.: Bimsabbau im Mittelrheinischen Becken. Geogr. Rundschau, 45, 1993, S. 166-172.

GREWE, K.: Der Fulbert-Stollen am Laacher See. Eine Ingenieurleistung des hohen Mittelalters. Zeitschrift f. Archäologie d. Mittelalters, Jg 7, 1979, S. 3-38.

HANLE, A. (Hrsg.): Meyers Naturführer, Eifel. Hsrg. Vom Geogr.-Kartogr. Inst. Meyer unter Leitung von Dr. A. Hanle. Mannheim, Leipzig, Wien, Zürich 1990.

HEINE, K.: Warmzeitliche Bodenbildung im Bölling/Alleröd im Mittelrheingebiet. Decheniana, 146, 1993, S. 315-324.

HENNING, I.: Das Laacher-See-Gebiet. Eine Studie zur Hydrologie und Klimatologie. Arb. z. Rhein. Landeskunde, H.22, Bonn 1965.

HENNING, I.: Periodische und aperiodische Wasserstandsschwankungen des Laacher Sees. Erdkunde, Bd 21, 1967, S. 203-212.

HOFMANN, W. & H. LOUIS (Hrsg.): Vulkanlandschaft mit Maar, Laacher See, westlich Koblenz (=Landschaftsformen im Kartenbild, Topogr. - Geomorph. Kartenproben 1: 25 000, Gruppe IV: Mittelgebirge, An Vulkanismus gebundene Formen, Kartenprobe 1), Braunschweig [etc.] 1969.

HOPMANN, M.: Der Laacher See und sein Vulkangebiet: Das Bemerkenswerteste aus der Stein-, Pflanzen- und Tierwelt. Wittlich o.J.

HOPMANN, M.: Vulkane des Laacher-See-Gebietes. In: Frechen, J., Hopmann,M. & G. Knetsch: Die vulkanische Eifel. Bonn o.J., S. 17-56

JUVIGNE, E.: La zone de dispersion des poussières émises par une des dernières éruptions du volcan du Laachersee (Eifel). Zeitschr. f Geomorph., N. F., 21(3), 1977, S. 323-342.

KASIG, W.: Der Vulkanismus in der Eifel - erdgeschichtliche Vergangenheit, Gegenwart und Zukunft. Eifel-Jahrbuch 1997, Düren, S. 91-99.

LANGER, C. & K. BRUNNACKER: Schotterpetrographie des Tertiärs und Quartärs im Neuwieder Becken und am unteren Mittelrhein. Decheniana, 136, 1983, S. 100-107.

MEYER, W.: Das Vulkangebiet des Laacher Sees. Rhein. Landschaften, H.9. Köln 1976.

MEYER, W.: Geologie der Eifel. Stuttgart 1986 [3. Aufl. 1994].

MEYER, W.: Vulkanpark Brohltal / Laacher See. Ein geolog. Führer. Koblenz 1994.

MEYER, W., J. STETS & P. WURSTER: Gefüge und Entstehung der Ringdünen in den grauen Tuffen des Laacher Vulkans. Geol. Rundschau, 63, 1974, S. 1113-1132.

NOLL, H.: Die Geologie des Bausenberg-Vulkans (Laacher Vulkangebiet). In: Thiele, H.U. & J. Becker: Der Bausenberg. Naturgeschichte e. Eifelvulkans, Oppenheim 1975, S. 15-32.

PHILIPPSON, A.:Der Laacher See. In: Zepp, P.(Hrsg.): Die Laacher Landschaft, Bonn 1926, S. 1-14.

SCHMINCKE, H.-U.: Phreatomagmatische Phasen in quartären Vulkanen der Osteifel. Geol. Jahrb., A 39, 1977, S. 3-45.

SCHMINCKE, H.-U.: Die Bimsablagerungen des Laacher-See-Vulkans. In: Neunast, A. & J. Theiner (Hrsg.): Bims, Bauen mit Bimsbaustoffen. Köln-Braunsfeld 1981, S. 19-31.

SCHMINCKE, H.-U.: Vulkanismus. Darmstadt 1986.

SCHMINCKE, H.-U.: Vulkane im Laacher See-Gebiet. Ihre Entstehung u. heutige Bedeutung. Haltern 1988.

SCHWEITZER, H.-J.: Entstehung und Flora des Trasses im nördlichen Laachersee-Gebiet. Eiszeitalter u. Gegenwart, 9, 1958, S. 28-48.

SPERLING, W.: Bimsstadt Weißenthurm. In: Sperling, W. & E. Strunk (Hrsg.): Luftbildatlas Rheinland-Pfalz. Neumünster 1970, S. 132-133.

THIELE, H.U. & J. BECKER (Hrsg.): Der Bausenberg. Naturgeschichte eines Eifelvulkans. Beitr.z.Landespflege in Rheinland-Pfalz, Beiheft 4, Oppenheim 1975.

VIERECK, L.: Geologische und petrologische Entwicklung des pleistozänen Vulkankomplexes Rieden, Osteifel. Bochumer geol.u.geotechn.Arb.,17, 1984.

VIETEN, K.: Vulkanismus im Tertiär und Quartär. In: Koenigswald, W. von & W. Meyer (Hrsg.): Erdgeschichte im Rheinland, München 1994, S. 137-148.

VÖLZING, K.: Der Traß des Brohltales. Jahrb. d. Königl. Preuß. Geol. Landesanst. Bd 28 (1), 1907, S. 1-56.

WINDHEUSER, H., MEYER, W. & K. BRUNNACKER: Verbreitung, Zeitstellung und Ursachen des quartären Vulkanismus in der Osteifel. Zeitschr. f. Geomorphol. N. F., Suppl.-Bd 42, 1982, S. 177-194.

Anschrift des Autors

Prof. Dr. Rainer Graafen, Geographisches Universität der Universität Rheinau 1, D-56075 Koblenz

Die Vulkaneifel

Der Raum Daun / Manderscheid

Eckart Stiehl

mit Beiträgen von

Bernd Schumacher zur Vegetation

Thematik der Exkursion:	**Quartärer Vulkanismus in der Westeifel; Versuch der Ableitung von Prozessen und Datierungen durch eigene Geländebeobachtungen**
Durchzuführen als:	**Fußexkursion, zur Anfahrt und zum Transport ist ein Bus oder Pkw mit unabhängigem Fahrer erforderlich**
Ungefähre Dauer:	**Bei Durchführung des Gesamtprogramms 1 Tag**
Anfahrt:	**ca. 100 km**
Besonderheiten:	**siehe einleitenden Text**
Empfohlene Karten:	**Topographische Karten 1: 25.000, Blätter 5806 (Daun), 5807 (Gillenfeld), 5906 (Manderscheid), Wanderkarte des Eifelvereins Nr. 20, 1:25.000 "Daun - Rund um die Kraterseen".**

Vorbemerkung

Die nachfolgend beschriebene Exkursion ist in erster Linie für Studierendengruppen im Grundstudium und für an der Naturlandschaft - ihrer Schönheit und ihrer Erhaltungswürdigkeit - interessierte Laien gedacht. Erklärtes Anliegen ist es, vor allem durch selbständige - und häufig einfache - Beobachtungen im Gelände, Hinweise auf die Vorgänge des quartären Vulkanismus zu erlangen und dabei auch eigenständig zu ersten zeitlichen Datierungen der vulkanischen Erscheinungen zu kommen. Die auf diese Weise erzielten genetischen und zeitlichen Vorstellungen werden ergänzt und - wo nötig - auch korrigiert und präzisiert durch die Ergebnisse fachspezifischer Forschung.

Das Konzept dieser Tages-Exkursion beruht darauf, daß sie in zwei Teilen durchgeführt wird: vormittags Anfahrt in den Raum Daun und Begehung der Dauner Maare als Beispiel für einen "Hohlformen-Vulkanismus" und nach einer Mittagspause nachmittags Anfahrt in den Raum Manderscheid, konkreter: zur Mosenberggruppe bei Bettenfeld, um dort ein Beispiel für den quartären "Vollformen-Vulkanismus" zu studieren und zu erwandern (vgl. Abb. 1).

Damit stößt die Durchführung der beschriebenen Exkursion auf ein organisatorisches - transporttechnisches - Problem: Ausgangs- und Endpunkt der jeweiligen Halbtagesexkursionen sind nicht identisch. So befindet sich der letzte Standort zum Komplex "Dauner Maare" an der Landstraße oberhalb des Schalkenmehrener Doppelmaares; der Rückweg zum Ausgangspunkt "Gasthaus zu den Maaren" (südlich Daun) beträgt ca. 2,5 km. Der letzte Standort zum Komplex "Mosenberg" befindet sich an der Einmündung des Horngrabens in die Kleine Kyll, 500 m westlich der Landstraße

L 46; ohne Kraftfahrzeug müßte die gesamte Nachmittagsroute zurückgelaufen werden (ca. 3,5 km mit ca. 220 m Höhendifferenz, fast ununterbrochen bergauf).

Es ist daher erforderlich, daß an den jeweilig letzten Standorten eine Fahrgelegenheit zur Verfügung steht, um ohne Zeitverzögerung wieder zum Ausgangspunkt zu gelangen. Kein Problem, wenn die Exkursion mit einem Bus oder einem Kleinbus mit unabhängigem Fahrer durchgeführt wird. Bedauerlicherweise gibt es keine Möglichkeit, öffentliche Verkehrseinrichtungen zu nutzen. Dies ist um so unverständlicher, als gerade in der beschriebenen Region ein erheblicher Werbeaufwand getrieben wird, um den Fremdenverkehr zu beleben, wobei das Argument "Natur erleben" pointiert herausgestellt wird.

Und noch ein Hinweis scheint geboten: Insgesamt handelt es sich bei dieser Exkursion um eine Fußexkursion von ca. 6 Stunden Dauer mit etwa 8 km, wobei zum Teil erhebliche Höhenunterschiede - im Bereich der Wolfsschlucht zudem auf teils steinigen, unwegsamen und je nach Witterung rutschigen Wegen - zu überwinden sind.

Exkursionsbeschreibung

a. Anfahrt

Die Anfahrt von Bonn nach Daun beträgt ca. 100 km und ist mit Pkw in ca. 1 Stunde, mit Bus in ca. 1,5 Stunden zu bewältigen. Es wird vorgeschlagen, die landschaftlich reizvolle und abwechslungsreiche Route durch die Eifel über Altenahr (Ahrtal !), Nürburgring und Kelberg zu wählen. Am östlichen Ortsrand von Daun angekommen, richtet man sich der hier im Liesertal verlaufenden L 46 nach Süden folgend nach den

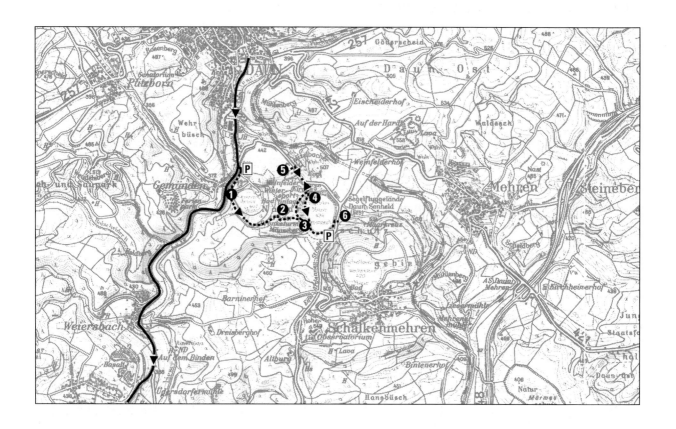

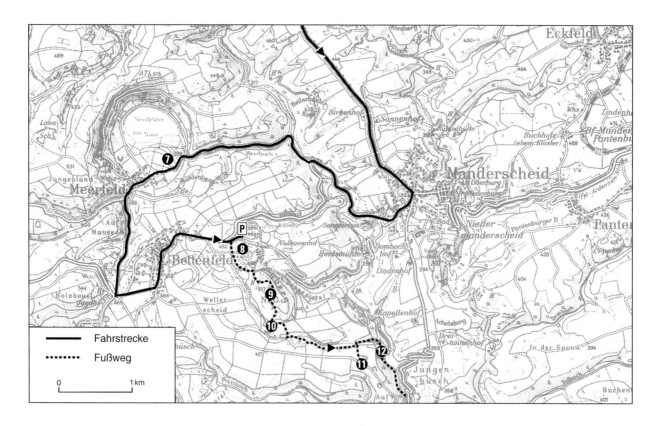

Abb. 1: Exkursionsroute

Ausschilderungen "Maare". Unweit des Ortsausganges von Daun befindet sich links der Straße - unmittelbar nach der scharf von links abbiegenden L 64 (Eifel-Ardennen-Straße) - das Restaurant "Zu den Maaren". An der Rückseite dieses Restaurants befindet sich an einer kleinen Straße ein Parkplatz. Hier kann das Fahrzeug, insbesondere der Bus, abgestellt und die Wanderung begonnen werden. Wer mit Pkw oder Kleinbus anreist, sollte diese Straße am Osthang des Liesertales noch wenige hundert Meter weiter bergauf fahren und das Fahrzeug auf dem Parkplatz beim Restaurant "Wald-Café" parken.

Hier befindet sich **Standort 1**.

b. Die Exkursion

An diesem Standort befinden wir uns am steilen Osthang des Liesertals etwa 40 m über der Sohle und blicken auf eine fast kreisrunde, wassergefüllte Hohlform, das Gemündener Maar. Sein Wasserspiegel liegt 406,5 m über NN, die Tiefe beträgt ca. 38 m, seine wassergefüllte Fläche ca. 72.000 m^2 bei einer Länge von 325 und einer Breite von 300 m (Zahlen nach HALBFASS, 1896). Die vor allem nach W, S, und E steil ansteigenden Hänge sind mit Buchenwald (Rotbuchen) bestanden; nach NW ist der Maarrand abgeflacht; ein schmaler Grad grenzt das Maar gegen das Liesertal ab. Dem Standort gegenüber ist der Mäuseberg (561,2 m) zu erkennen.

An dieser Stelle läßt sich noch recht wenig zur Erklärung dieser in den steilen Lieserhang eingebetteten markanten Hohlform sagen. Es bietet sich jedoch an, sich zunächst einen allgemeinen Überblick über die Lage des Exkursionsgebietes im naturräumlichen Gefüge des linksrheinischen Schiefergebirges zu verschaffen. Hierfür eignet sich recht gut die "Übersichtskarte der natürlichen Landschaftsgliederung der Mittel- und Niederrheinlande" von PAFFEN (1953).

Danach ist das Exkursionsgebiet Teil der "südlichen Vulkaneifel", die ihrerseits Bestandteil der "Moseleifel" ist (vgl. Abb. 2). Generell weist die genannte Karte einige - vor allem geologisch-geomorphologisch bedingte - Strukturmerkmale auf, die nachstehend kurz charakterisiert werden sollen, da sie für die Fragestellung der Exkursion nicht ganz unwichtig sind. In den Block des Rheinischen Schiefergebirges greifen von NW die Niederrheinische Bucht und von SW die Trier-Luxemburger-Bucht ein und schnüren den Mittelgebirgsraum zwischen der "Mechernicher Voreifel" im Norden und der "Kyllburger Waldeifel" im Süden regelrecht ein. Dieser "Einschnürungsbereich" wird von den Geologen als "Eifel-Nord-Süd-Zone" - eine paläozoische Achsendepression - bezeichnet, und genau in dieser Zone befinden sich von Norden nach Süden aufeinanderfolgend die mitteldevonischen "Eifelkalkmulden", deren Längsachsen erzgebirgisch (variskisch), d.h. von SW nach NE streichen.

Diese erzgebirgische Streichrichtung erweist sich bei einem Blick auf die genannte Karte als ein sehr charakteristisches geomorphologisches Strukturelement des Rheinischen Schiefergebirges. Sie tritt u.a. in Erscheinung im Verlauf des Hunsrück-Hauptkammes, im Tal der Mosel, der Wittlicher Senke (Rotliegend-Trog), um nur einige Landschaftsbereiche zu nennen. Die geologische Struktur ist wesentlich komplizierter; in der Sattel- und Muldenstruktur des "Eifelsynklinoriums" (MEYER 1994) stellt diese Streichrichtung jedoch ein ganz wesentliches Element dar.

Ebenso ist die N-S-(=Rheinische-) Richtung auffallend deutlich vertreten. Genannt seien hier die schon erwähnte "Eifel-Nord-Süd-Zone", wesentliche Abschnitte des Ruwer-Tals, des Kyll-Tals und - leicht abweichend, SSE-NNW-verlaufend - das Mittelrheintal.

Und noch eine markante Streichrichtung weist unsere Karte aus: die von SE nach NW verlaufende sog. hercynische Richtung. Am auffallendsten tritt sie - quasi als Querverbindung - zwischen der Wittlicher Senke und der Eifel-Nord-Süd-Zone in Erscheinung. Es ist das Gebiet der nördlichen und südlichen Vulkaneifel in der Terminologie von PAFFEN; ein Teil davon ist unser Exkursionsgebiet.

Wir haben es in der Eifel demnach mit einer markanten Vergitterung von geomorphologisch sichtbaren Strukturen, geologischen Mulden und Satteln und Störungszonen zu tun; eine dieser "Zonen" ist durch das Auftreten des quartären Vulkanismus in der Westeifel gekennzeichnet. Wir halten dies zunächst einmal fest, wenngleich hier offen bleiben muß, ob die geologischen Strukturen ausschließlich auf Vorgänge in der Kruste oder - zumindest teilweise - auf solche im oberen Mantel der Erde zurückzuführen sind. Näheres hierzu findet sich u.a. in MEYER (1994).

Nach dieser kurzen Einführung verlassen wir diesen Standort und setzen unsere Wanderung fort. Der Exkursionsweg führt zwischen dem Wald-Café und einem kleinen Gedenkstein vorbei und stößt danach sofort links auf den Eifelhauptwanderweg Nr. 13, der hier als kleiner Waldweg ausgebildet ist. Wir folgen der Ausschilderung "Dronke-Turm", "Schalkenmehren", "Gillenfeld" leicht bergauf und haben immer wieder die Möglichkeit, durch den lichten Baumbestand einen Blick auf unsere tief eingebettete Hohlform zu werfen. Der Weg führt durch einen Buchenbestand, der sich bei genauerem Hinsehen als Waldmeister-Buchenwald (*Galio-Fagetum*) in kleinräumigem Wechsel mit Hainsimsen-Buchenwald (*Luzulo-Fagetum*) identifizieren läßt. Die Rotbuchenwälder stellen für den größten Teil der Eifel die potentielle natürliche Vegetation dar.

Für das Gebiet der Vulkaneifel sind saure bis basenreiche, montane Buchenwälder, Hainsimsen-Buchenwald (*Luzulo-Fagetum*) und Waldmeister-Buchenwald (*Galio-Fagetum*) kennzeichnend. Sie stellen die zonale

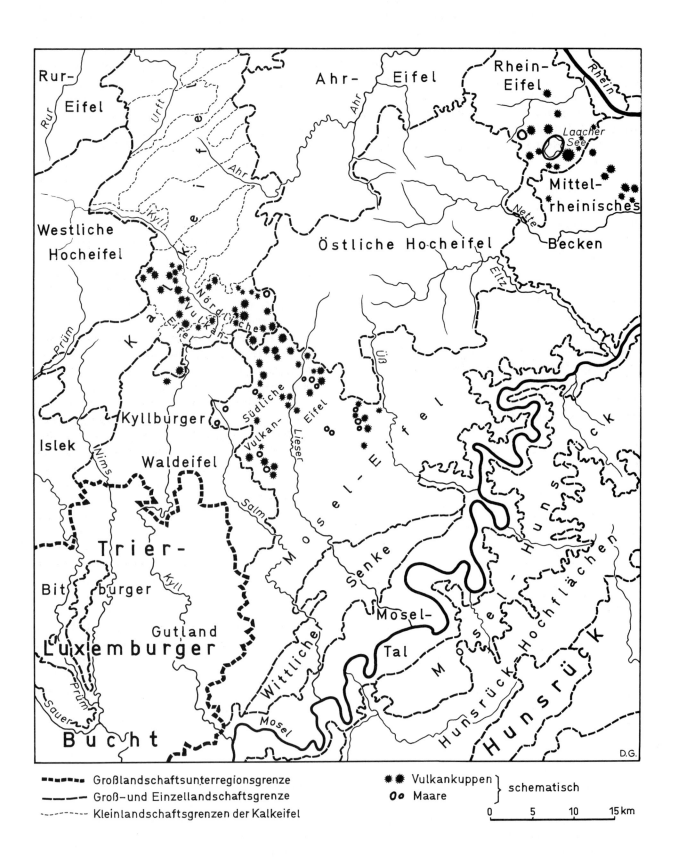

Abb. 2: Gliederung des Naturraums der zentralen Eifel. (Stark vereinfacht nach K.H. Paffen, 1953)

Vegetation dar und sind im Bereich des Gemündener Maares mosaikartig miteinander verzahnt. Anteilmäßig überwiegt hier der Waldmeisterbuchenwald mit Kennarten wie Waldmeister (*Galium odoratum*), Einblütiges Perlgras (*Melica uniflora*), Buschwindröschen (*Anemone nemorosa*), Reichenbachs Veilchen (*Viola reichenbachiana*), Wald-Bingelkraut (*Mercurialis perennis*), Wald-Labkraut (*Galium sylvaticum*), Efeu (*Herera helix*), Wald-Habichtskraut (*Hieracium sylvaticum*), Wald-Hainsimse (*Luzula sylvatica*), Vierblättriges Einblatt (*Paris quadrifolia*), Sauerklee (*Oxalis acetosella*), Brombeere (*Rubus fruticosus agg.*), Rotbuche (*Fagus sylvatica*), Hainbuche (*Carpinus betulus*).

Der Waldmeisterbuchenwald ist vor allem auf basenreichen, kalkfreien Silikatgesteinen und auf schwach sauren Braun- und Parabraunerden (hier auch auf mittelgründigen Rankern) zu finden.

Der auf dem Exkursionsweg ebenfalls anzutreffende - artenärmere - Hainsimsen-Buchenwald stockt in der Regel auf basen- und nährstoffarmen Silikatböden unterschiedlicher Entwicklungstiefe mit guter Drainage, oft fehlen allerdings die Differentialarten. Kennarten sind: Wald-Flattergras (*Milium effusum*), Drahtschmiele (*Avenella flexuosa*), Wald-Hainsimse (*Carex sylvatica*), Weiße Hainsimse (*Luzula luzuloides*), Heidelbeere (*Vaccinium myrtillus*), Vielblütige Weißwurz (*Polygonatum multiflorum*), Mauerlattich (*Mycelis muralis*), Sauerklee (*Oxalis acetosella*), Rotbuche (*Fagus sylvatica*), Frauenhaarmoos (*Polytrichum formosum*).

Die auf unserem Weg anzutreffende mosaikartige Durchmischung von Pflanzen- und Baumbeständen mit unterschiedlichen Standortansprüchen wirft schon hier die Frage nach dem geologischen Substrat, in welches das Gemündener Maar eingetieft ist, auf. Stellt es doch unter Einwirkung der klimatischen Verhältnisse die Grundlage für die Bodenbildung dar und gibt es Hinweise und erste Erklärungsmöglichkeiten für die Entstehung des Maares, unsere eigentliche Fragestellung.

Entlang des in den Hang eingeschnittenen Weges läßt sich immer wieder ein Blick in das "Geschichtsbuch der Erde", anstehendes Gestein, werfen. Wer von der Annahme ausgegangen ist, es handele sich bei der Hohlform um einen Kratersee, wird sich schnell enttäuscht sehen: das anstehende Gestein erweist sich als geschichtetes, teils geschiefertes grau bis braunes Substrat, welches beachtliche und unterschiedliche Schrägstellung aufweist; mit der Lupe läßt sich die sedimentologische Herkunft erkennen. Vulkanisches Festgestein ist nirgendwo zu beobachten. In der Tat befinden wir uns im Bereich des für die Eifel charakteristischen paläozoischen (unterdevonischen) Grundgebirges mit devonischen Sandsteinen, Grauwacken und Tonschiefern. Lagerungsverhältnisse und das Vorkommen von Tonschiefern (Metamorphite) lassen erkennen, daß das hier anstehende Gestein gewaltigen tektonischen Beanspruchungen unterlegen war: gebirgsbildenden Prozessen!

Für diese kommt nur die sog. variskische Faltung (Erdalterum: Devon/Karbon) in Betracht; der Mittelgebirgsraum ist danach von keiner reinen Gebirgsbildung mehr betroffen worden; die Heraushebung der Alpen z.B. (alpidische Gebirgsbildung des Tertiärs) hat sich in den zu dieser Zeit schon fest konsolidierten Mittelgebirgen "lediglich" durch Verstellung, Hebung und Senkung von Schollen, Horsten, Gräben und Becken (z.B. Oberrheingraben, Niederrheinische Bucht, Neuwieder Becken) ausgewirkt. Wir sprechen hier - durchaus etwas verwirrend, was die Begriffswahl betrifft - von der saxonischen oder germanotypen "Faltung", die eben keine solche war, sondern als Bruchschollentektonik zu bezeichnen ist.

Wir können demnach ausschließen, daß wir es bei dieser Hohlform mit einen klassischen Kratersee zu tun haben. Gleichzeitig ist festzuhalten, daß es sich angesichts der Steilheit der Hänge und des Fehlens deutlicher Abtragungsvorgänge um ein geologisch sehr junges morphologisches Element handelt.

Was die bereits angesprochene mosaikartige Verflechtung der einerseits basenreiche und andererseits basenarme Böden bevorzugenden Vegetation betrifft, bedarf es des genaueren Hinsehens, wozu sich besonders der engere Wurzelbereich um vereinzelt umgestürzte Bäume eignet: das anstehende (unterdevonische) Gestein wird stellenweise überdeckt von je nach Verwitterungsgrad und Feuchtigkeit dunkelgrauem bis schwarzem Lockermaterial mit einer porenreichen Struktur. Dies ist vor allem dann genauer zu sehen, wenn das oberflächlich verwitterte Material (Durchmesser wenige Millimeter bis zu einigen Zentimetern) mit dem Hammer aufgeschlagen wird. Mit der Lupe lassen sich zahlreiche kleine Einsprenglinge erkennen. Es handelt sich um basaltische, also vulkanische Aschentuffe und Lapilli, deren Basenreichtum an der dunklen Färbung zu erkennen ist.

Umlagerungen des Ausgangssubtrats und der geringmächtigen Böden an den steilen Hängen haben zu einer Vermischung und Differenzierung der Vegetationsstandorte geführt.

Je weiter der Exkursionsweg nach oben führt, um so höher wird der Anteil des vulkanischen Lockermaterials. Am Dronketurm auf dem Mäuseberg (561,2 m NN) erreichen wir

Standort 2.

Der Dronketurm wurde - wie einer kleinen, stark verwitterten Inschrift zu entnehmen ist - zu Ehren des Begründers und langjährigen Vorsitzenden des Eifel-Vereins, Dr. Adolf Dronke, 1912 errichtet. Er bietet eine hervorragende Aussicht über die Landschaft der Eifel mit ihren charakteristischen weitgespannten Flächen, tief eingeschnittenen Tälern und den den Rumpfflächen aufgesetzten vulkanischen Vollformen.

Der Mäuseberg selbst stellt eine auffallend deutliche Verebnung dar, die - wie ein Blick vom Mäuseturm wie auch vom westlichen Rand des nur wenige hundert Meter weiter östlich gelegenen Weinfelder Maars (**Standort 3**) erkennen läßt - ihre Fortsetzung im gesamten Dauner Umfeld hat. Nach STICKEL (1927) handelt es sich dabei um einen Teil der R1-Fläche (um 500 m NN), einer tertiären Rumpffläche, die im zentralen Teil der Eifel von einer um 600 m NN gelegenen zweiten Rumpffläche (R2) überlagert wird. Tiefer gelegen sieht STICKEL im Bereich der großen Flüsse Rhein und Mosel noch jeweils zwei sog. Trogflächen T2 (ca. 400 m NN) und T1 (ca. 320 m NN).

Wenn auch die für die Eifel entwickelte Rumpfflächen-Systematik STICKELs von den meisten Fachkollegen als im Prinzip sinnvoll angesehen wird, gehen in den Einzelheiten, vor allem hinsichtlich der zeitlichen Einstufung der jeweiligen Flächenbildung die Meinungen auseinander. Besonders kontrovers ist die Diskussion über die genannten Trogflächen. Da diese Diskussion nicht Bestandteil der hier zu beschreibenden Exkursion sein kann, soll es bei diesen kurzen Hinweisen bleiben. Fachlich Interessierte seien auf die Arbeiten von u.a. BIRKENHAUER (1973), MEYER (1994), QUITZOW (1974), und SEMMEL (1984) sowie auf die Exkursionsbeschreibung von GRUNERT (B3a) in diesem Band verwiesen.

Relevant für unsere Fragestellung ist die Beobachtung, daß der steile Osthang des Liesertals, in den die fast gleichmäßig runde und kaum exogene Überprägungen aufweisende Hohlform des Gemündener Maares eingebettet ist, durch eine über weite Teile des linksrheinischen Schiefergebirges hinweggreifende Einrumpfung, die ihrerseits - wie auch die Hänge - durch vulkanische Lockerprodukte überdeckt ist, abgeschlossen wird.

Nimmt man das Alter der R1-Fläche mit mittlerem Tertiär an, kann geschlossen werden, daß das Gemündener Maar auf jeden Fall jünger sein muß. Es kann weiter angenommen werden, daß die Talbildung der Lieser schon so weit fortgeschritten war, daß die Talsohle zumindest unterhalb der Maarumrandung lag. Dies aber bedeutet, daß unsere Hohlform erst im späten Quartär (Würm) entstanden ist, da die Talbildung im Wesentlichen mit dem Ausklingen des Eiszeitalters (Pleistozän) in unseren Mittelgebirgen abgeschlossen war.

Durch einfache Beobachtungen und einem gewissen fachlichen Hintergrundwissen ist damit zunächst eine grobe zeitliche Einordnung der Entstehung des Gemündener Maares möglich geworden. Es bleibt als Fragestellung für die weitere Exkursion, Hinweise für die Vorgänge zu finden, die diese Hohlform geschaffen haben.

Dazu wechseln wir den Standort und wandern einige wenige hundert Meter weiter nach Osten bis zum Rand des Mäuseberges. Auf dem Weg dorthin fällt der starke Ginsterbewuchs ("Eifelgold") auf.

Der Besenginster (*Cytisus scoparius*) ist ein Relikt historischer Wirtschaftsweisen; seine Verbreitung wurde durch die weitgehend auf die Eifel beschränkte sog. Schiffelwirtschaft gefördert. Im Frühjahr trennte man, nachdem man bereits vorher alles Gestrüpp entfernt hatte, mit der "Schälhau" die Rasendecke vom Boden. Die dann während des Sommers getrockneten Soden wurden zwischen Heu- und Getreideernte ähnlich wie Kohlenmeiler aufgeschichtet und mit dem Gestrüpp verbrannt. Die Asche wurde auf dem abgeplaggten Mineralboden ausgebracht, der mit einem primitiven Holzpflug aufgerissen und mit Roggen eingesät wurde.

In den langen Ruhezeiten, die laut PAFFEN (1940) zwischen 3 und 60 Jahren, im Durchschnitt aber 15-25 Jahre betragen haben dürften, diente das Schiffelland als extensive Schafweide für die großen Gemeindeschafherden.

Landbewirtschaftung und Waldnutzung haben im Laufe der letzten Jahrtausende die Einwanderung zahlreicher Pflanzenarten und die Entstehung neuer Pflanzengesellschaften ermöglicht. Darüber hinaus haben sie häufig auch die Ausbreitung vieler Gesellschaften gefördert, die in den potentiellen natürlichen Waldgesellschaften nur eine untergeordnete Rolle spielen würden, wie STRAKA (1953) durch verschiedene palynologische Untersuchungen einzelner Maare nachweisen konnte. So gesehen hat der Mensch also durch seine Besiedlung und Wirtschaftsweisen in der Vulkaneifel durchaus auch zu einer Bereicherung der Pflanzenwelt beigetragen.

Standort 3

Wir stehen am westlichen Rand eines weiteren, in die Landoberfläche eingebetteten kleinen runden Sees, des Weinfelder Maares, im Volksmund auch "Totenmaar" genannt. Und je nach Jahreszeit und Dichte und Höhe des Vegationsbewuchses läßt der Blick nach SE erkennen, daß es in unmittelbarer Nähe ein weiteres Maar gibt: das Schalkenmehrener (Doppel-) Maar.

Bleiben wir zunächst beim Weinfelder Maar. Vielleicht noch auffallender als der das Maar umgebende, von dichter Buschvegetation und Niederwald bewachsene Wall ist am gegenüber liegenden Ufer eine kleine weißgetünchte Friedhofs-Kapelle zu erkennen, die Weinfelder Kirche. Die Suche nach dem dazu gehörenden Ort in der Landschaft wie auch auf der topographischen Karte bleibt allerdings ergebnislos. Den Ort Weinfelden gibt es nicht (mehr)! In nordöstlicher Richtung existiert in ca. 1000 m Entfernung (Luftlinie) lediglich ein Hof: der Weinfelder Hof. Es handelt sich offenbar um eine sog. partielle Ortswüstung nach der Terminologie von K. SCHARLAU.

Ehe wir uns diesem kulturlandschaftlichen Phänomen zuwenden (**Standort 4**) sollen uns einige Zahlenangaben über die räumlichen Dimensionen dieses Maares informieren: der Wasserspiegel liegt in 484,0 m über NN und bedeckt eine Fläche von 525 x 375 m, die Wassertiefe beträgt 51 m. Nordöstlich und östlich des Maares befinden sich neben einem kleinen Segelfluggelände freie landwirtschaftlich genutzte Flächen; und nördlich der kleinen Kirche nimmt ein kleines Tal seinen Anfang, welches nach NW gerichtet ist und in das Liesertal einmündet. Das Maar selbst hat weder Zufluß noch Abfluß. Über die Zusammensetzung des das Maar umgebenden Walles läßt sich von diesem Standort nichts erkennen. Überhaupt läßt die dichte Vegetation (s.o.) wenig Einzelheiten, die uns in unserer Fragestellung weiterbringen könnten, ausmachen.

Dies war nicht immer so! DRONKE (in CÜPPERS, o. J.) beschreibt die Umgebung des Weinfelder Maares wie folgt:

"...zu Füßen der Berghöhe (Mäuseberg, d. Verf.) aber liegt ein neuer Kratersee in tiefernstem Schweigen: das Weinfelder Maar. Dürres Heideland oder wenig fruchtbare Äcker bilden seine Umgebung; die einschließenden Ränder steigen, abgesehen von dem Mäuseberg im Westen, nur wenig über den 484 m hoch gelegenen Spiegel empor und sind an keiner Stelle von Wald oder Busch bedeckt. Nur auf dem der Westseite vorüberführenden Gemeindeweg von Daun nach Schalkenmehren fristen moosbedeckte Vogelbeerbäume ein kümmerliches Dasein. Auf dem Nordrande steht ein ärmliches Kirchlein (506 m) inmitten eines Friedhofes. Es ist der letzte Rest des Dorfes Weinfelden, das nach Urkunden noch im 16. Jahrh. hier in ungünstigster Gegend stand, wo rauhe Stürme fast beständig brausen und die geringe Fruchtbarkeit des Bodens die schwere Arbeit des Landmannes nicht lohnt. ... Das ganze Bild in seiner Starrheit und Leblosigkeit stimmt den Beschauer ernst und erweckt Gedanken des Todes; ein Eindruck, der noch erhöht wird, wenn von dem Friedhofe herüber zufällig der Gesang des Leichenbegängnisses ertönt."

Der von DRONKE so beschriebene Landschaftseindruck findet seine etwas weniger prosaische Bestätigung in einer alten Fotografie von PHILIPPSON aus dem Jahre 1932, die offensichtlich von unserem Standort aus aufgenommen wurde (vgl. Abb. 3).

Immerhin, solche Beschreibungen wie auch die lokalen Sagen, auf deren Widergabe aus Platzgründen hier verzichtet wird, erlauben Einblicke in die Gedanken und die Geisteswelt früherer Generationen, die einst in diesem Raum lebten und ihn auch belebten. Und historische Fotografien sind gerade heute von unschätzbarem Wert für die Erforschung des Landschaftswandels.

Wir setzen unsere Exkursion fort und folgen dazu dem kleinen, abschüssigen Weg, der nach N und dann nach NE herunter zum Maar führt. Schon beim Gehen bekommt man einen Eindruck vom anstehenden Substrat: im Gegensatz zu dem wesentlich festeren und damit trittsichereren Waldweg beim Anstieg zum Mäuseberg

Abb. 3: Blick auf das Weinfelder Maar mit Weinfelder Kirche und Friedhof vom Mäuseberg aus. (Aufnahme: A. PHILIPPSON, 1932)

ist dieser Weg bedeckt mit grauem bis dunklem porenreichem Lockermaterial, was schon erahnen läßt, daß der feste unterdevonische Sockel hier wohl fehlt. Nach wenigen Minuten erreichen wir den freien Nordrand mit freiem Blick auf die schon erwähnte kleine Kirche und mit eingeschränktem Blick auf das Maar. Eine Hinweistafel macht den Besucher darauf aufmerksam, daß er sich in einem Naturschutzgebiet befindet.

Standort 4

Noch immer stehen wir erhöht über dem Wasserspiegel des unter uns liegenden Maares. Es läßt sich deutlich erkennen, daß wir uns auf dem Wall befinden, der das Maar nach allen Seiten umgibt, an dieser Stelle aber niedriger ist. Nach Norden (Blick in Richtung Daun) fällt er - wie zum See - ab. Wie schon von **Standort 3** aus teilweise zu erahnen, scheint er aus aus- bzw. aufgeworfenem Lockermaterial zu bestehen.

Wir belassen es zunächst bei dieser Feststellung bzw. Beobachtung und versuchen, näheren Aufschluß über die schon angesprochene partielle Ortswüstung Weinfeld zu erlangen. Dazu wenden wir uns hier der schon erwähnten Kirche und dem dazu gehörenden kleinen Friedhof zu.

Ein kurzer Gang über den gepflegten Friedhof und ein Blick in die kleine Kirche lassen schnell erkennen, daß beide noch in vollem Umfang genutzt werden. Dies scheint auf den ersten Blick verwunderlich, existiert - wie wir bereits wissen - doch kein Dorf "Weinfelden" mehr. Näheren Aufschluß erhalten wir am östlichen Friedhofseingang durch eine in Stein gehauene (jüngere) Inschrift "Weinfeld. Friedhof der Gemeinde Schalkenmehren am Toten Maar".

In der Tat verfügt die nur ca. 2,5 km entfernte Gemeinde Schalkenmehren über keinen Friedhof in Ortslage, wohl aber über eine Kirche. Die Toten werden auf dem Weinfelder Friedhof begraben.

Der ehemalige Ort Weinfeld, östlich der heutigen Kirche in Richtung Mehren gelegen, geht vermutlich auf eine römische Siedlung zurück, wurde aber schon früh christianisiert, spätestens wohl zur Zeit des hl. Bonifatius. Urkundlich belegt ist die Pfarrei Weinfeld durch eine Urkunde aus dem Jahr 1700, der zufolge seitens der Pfarrei schon 600 Jahre lang Wallfahrten zum Kloster Springiersbach zusammen mit Daun und Mehren erfolgten. Zur Pfarrei gehörten Weinfeld, Schalkenmehren mit der Altburg, Saxler, Udler und drei Häuser von Gemünden. Die Altburg gehörte nach dieser Urkunde seit 731 zur Pfarrei.

Das Dorf Weinfelden soll 1512 noch existiert haben, 1562 jedoch war es verlassen; der Pfarrer von Weinfeld siedelte nach Schalkenmehren über, wenngleich die Kirche weiterhin Pfarrkirche blieb, und das Ewige Licht erst 1726 gelöscht wurde. Als Grund für den Niedergang des Ortes wird die Einschleppung der Pest durch Truppen des Deutschen Kaisers genannt, mit der sich diese 1522 in Rom infiziert haben sollen. Die Überlebenden wanderten aus oder zogen nach Schalkenmehren. Weinfeld blieb jedoch bis 1803 Pfarrei; die Pastoren nannten sich "Pfarrer von Weinfeld". Der Friedhof wurde nie aufgegeben

In den Folgejahren verfiel die Kirche zunehmend und sollte nach einer polizeilichen Verordnung abgerissen werden; sie konnte aber durch eine Initiative des Pastors Johann Konter, der durch Dauner Familien unterstützt wurde, gerettet werden und wurde am 27.9.1887 wieder eingeweiht.

Dieser kurze Abriß der Geschichte von Weinfelden, seiner Kirche und seinem Friedhof, die auf einer Tafel in der Kirche genauer nachzulesen ist, möge genügen, um eine Vorstellung von der Dynamik kulturlandschaftlicher Prozesse und ihrer daraus resultierenden Veränderungen zu vermitteln. Zu allen Zeiten hat es Phasen der Siedlungserweiterung und des Siedlungsrückganges gegeben. Die Gründe hierfür sind vielschichtig und lassen sich nicht vordergründig auf einzelne Ereignisse wie Pest oder Kriege reduzieren. Es steht außer Frage, daß z.B. die Ausbreitung der Pest gerade auch in der Eifel zu verheerenden Bevölkerungsverlusten und Siedlungsaufgaben geführt hat; dennoch bleibt es unerläßlich, im Einzelfall die Ursachen für das jeweilige Phänomen unter historischen, sozialen, demographischen, wirtschaftlichen, sicherheitsbedingten, staatslenkenden und auch regionalen Aspekten - um nur einige wenige zu nennen - zu ergründen.

Nach diesem Exkurs wenden wir uns wieder unser eigentlichen Problematik, der Maarentstehung und ihrer zeitlichen Einordnung zu. Bisher haben wir uns darauf beschränkt, geologische Schlußfolgerungen im wesentlichen aus den an der Oberfläche aufgefundenen Gesteinen zu ziehen. Die Beobachtung eines das Weinfelder Maar deutlich umgebenden Walles von **Standort 3** aus sollte unsere Neugier geweckt haben, einmal einen Einblick in den Aufbau dieses Walles zu gewinnen, um daraus weitere Erkenntnisse ziehen zu können. Schließlich war es durch die steilen Hangver-

hältnisse und die besondere topographische Situation am Gemündener Maar nicht möglich gewesen, eine Umwallung der Hohlform überhaupt eindeutig wahrzunehmen.

Dazu begeben wir uns über den kleinen Feldweg nördlich des Maares und die L 64 einige hundert Meter nach N in Richtung Daun und biegen nach Passieren eines kleinen von links kommenden Seitenweges bei der nächsten Gelegenheit nach links in die durch eine rostige Schranke gesicherte und nicht mehr genutzte "Grube Mertens" ein und stoßen geraden Weges auf einen Aufschluß.

Standort 5

Es hat den Anschein, daß sich die Aufschlußlage in dieser Grube von Jahr zu Jahr verschlechtert. Mittlerweile wird sogar Bauschutt im Süden abgekippt, so daß nur noch an wenigen Stellen die Möglichkeit besteht, die Ablagerungsverhältnisse zu beobachten und genauer zu analysieren. Man kann diese Situation nur kopfschüttelnd zur Kenntnis nehmen und bedauern, daß die für diese Entwicklung Verantwortlichen offenbar nicht erkennen, daß sie dabei sind, ein wichtiges "Naturdenkmal" zu zerstören und es damit nicht nur dem Fachkundigen und der Forschung, sondern auch dem engagierten Laien, der sich für naturkundliche Zusammenhänge interessiert, zu entziehen.

Der Blick in die z.Zt. noch zugängliche Wand (vgl. Abb. 4), läßt tiefere Rückschlüsse auf das erdgeschichtliche Geschehen in unserem Exkursionsgebiet zu. Es handelt sich um eine bankige Aufschichtung von dunkelgrauen bis schwarzen Lockermaterialien unterschiedlicher Korngröße; um vulkanische Tuffe, in denen wir unschwer die Materialien wiedererkennen können, die uns schon beim Aufstieg vom Gemündener Maar aufgefallen sind. Zum Teil sind sie parallelgeschichtet, zum Teil sind sie flachwellig begrenzt und zeigen auch hin und wieder Verdickungen und Verdünnungen. In der Regel herrscht konkordante (parallele) Lagerung vor; es lassen sich aber durchaus auch Diskordanzen beobachten. Die Tuffe haben eine blasige, poröse Struktur, sind aber doch schwerer, als man angesichts ihrer Struktur vermuten mag. In die Schichten (Bänke) eingelagert sind z.T. mächtige kantige - einige wenige allerdings auch zugerundete (Abb. 5) - Gesteinsbrocken, die sich unschwer als das Grundgebirgsmaterial (devonische Sandsteine, Grauwacken und Tonschiefer) identifizieren lassen, aus dem z.B. der Mäuseberg größtenteils aufgebaut ist.

Interessanterweise - und darauf hat MEYER (1985, S. 153) besonders hingewiesen - haben diese schweren devonischen Gesteinsbrocken in vielen Fällen keine Einschlagsmarken innerhalb der Tuffschichtung hervorgerufen.

J. FRECHEN, der maßgebliche vulkanologische Arbeiten vorgelegt hat (u.a. 1971), war es noch möglich ge-

Abb. 4: Tufflagerung in der Grube Mertens, ostexponierte Wand. (Aufnahme: E. STIEHL, 1997)

wesen, in der Grube Mertens vier unterschiedliche Schichtserien der Tuffe zu unterscheiden und sie auch tephrochronologisch zu differenzieren. Nicht zu erkennen ist, aber von FRECHEN (1971, S. 161) beschrieben, daß die Basis der untersten Tuffe dem devonischen Grundgestein unmittelbar aufliegt, ohne daß an der Grenzfläche Anzeichen einer Bodenbildung oder von Verwitterungsmaterial festzustellen sind. Nach seinen Beobachtungen sind die untersten Tuffschichten mit dem unterdevonischen Sockel sogar etwas verbacken (1971, S. 161).

Angesichts der Lagerungsverhältnisse und den dort vorzufindenden unterschiedlichen Gesteinsarten dürfte es dem Betrachter nicht schwer fallen, unter Einbeziehung aller bisherigen Beobachtungen zu dem Schluß zu kommen, daß die Maare durch teils gewaltige Explosionen entstanden und dadurch in die Landoberfläche eingesprengt worden sind. Da - wie wir bisher feststellen konnten - keine Lava ausgeflossen ist, muß es sich um Gaseruptionen handeln, die das anstehende Gestein durchschlagen und Teile des Gesteinskörpers mit herausgesprengt und in den Sedimentationskörper der vulkanischen Lockermaterialien eingelagert haben. Die schon angesprochene Beobachtung, daß die z.T. sehr schweren Gesteinsbrocken häufig keine Einschlagmarken in den sedimentierten Schichten (Lockermaterial !) hinterlassen haben, führt MEYER (s.o.) darauf zurück, daß sie "nicht in ballistischen Kurven, sondern durch horizontale Eruptionsstöße ... transportiert" wurden.

Aus der Tatsache, daß die korngrößenmäßige Zusammensetzung der einzelnen Bänke immer wieder wechselt, also keine von unten nach oben kontinuierliche Abnahme der Durchmesser der einzelnen Tuffbestandteile festzustellen ist, läßt sich schließen, daß die

Abb. 5: Unterdevonische Grundgebirgsbombe in den Tuffen der Grube Mertens.(Aufnahme: E. STIEHL, 1997)

Entstehung eines Maares sicherlich nicht auf nur auf cine Gaseruption zuruckzuführen ist, sondern daß sie in mehreren Phasen erfolgte.

Damit steht nun aber auch die Frage nach den Vorgängen an, die diese Gaseruptionen zur Folge hatten bzw. bewirkten. Die bisherigen Einzelbeobachtungen während unserer Exkursion lassen hierzu leider keine Schlüsse zu, so daß hier kurz referiert werden soll:

Etwa seit Beginn der siebziger Jahre setzt sich

- gestützt durch Beobachtungen im zirkumpazifischen Raum - immer mehr die Vorstellung durch, daß die Entstehung der Maare auf phreato-magmatische Vorgänge zurückzuführen ist, also auf den Kontakt von aufdringenden Schmelzen und heißen Gasen mit Oberflächenwasser (u.a. LORENZ (1973), LORENZ und BÜCHEL (1980)). Hatte es zunächst oberflächlich den Anschein, daß die Maare der Eifel sämtlich in Talungen gelegen seien, deren Bäche und Flüsse diesen Kontakt ermöglichten, ließ sich schnell feststellen, daß diese Regelmäßigkeit in dieser lagemäßigen Eindeutigkeit eben doch nicht überall gegeben ist. Ferner läßt sich konstatieren, daß - kartiert man einmal alle vulkanischen Erscheinungen z.B. der Westeifel, wie es MEYER (1985, S.145) getan hat -, mit wenigen Ausnahmen die lavafördernden Vulkane im Zentrum liegen und umgeben sind von Tuffvulkanen und Maaren, wobei sich diese vor allem im NW der Vulkankette und im SE (Raum Daun, Gillenfeld) häufen.

Die Maare liegen also eher randlich, stellen eine Randfazies dar. Demnach reicht das Vorhandensein von Oberflächenwasser allein nicht aus, um ein Maar entstehen zu lassen; entscheidend sind vielmehr die Vorgänge im Magmenreservoir (MEYER 1985, S. 146) in Kombination mit der Menge des zur Verfügung stehenden Wassers (Oberflächenwasser oder sogar kräftige Gewittergüsse). Es sind danach Spalten und Tuffschlote erforderlich, in die das Wasser rasch eindringen kann, ohne auf dem Weg nach unten zu verdunsten. Aufsteigende Lava würde einen solchen Kontakt wegen des starken Aufheizens des Nebengesteins und des damit verbundenen Verdampfens des eindringenden Wassers verhindern.

Von der Lage der Magmenherde in der Tiefe und der Menge des eindringenden Wassers hängt es nach MEYER (u.a. 1985, 1994) ab, welche Begleiterscheinungen bei den Explosionen auftreten und damit auch wie groß die Explosionstrichter (Maare) werden. Für die Maare mit nur wenigen hundert Metern Durchmesser und geringerem Wasserzulauf (kleinere Bäche etc.) geht er von Explositionen nahe der Oberfläche im Bereich von ca. 30 - 100 m Tiefe aus. Diese Situation nimmt er z.B. für die beiden von uns bisher "erlaufenen" Maare an.

Bei größerer Wasserzufuhr werden auch tiefer gelegene Magmaherde (300 bis 500 m unter der Erdoberfläche) erreicht. Durch die größere Menge an Wasser sind die Explosionen heftiger; häufig kann der darüber liegende Gesteinsverband nicht durchschlagen werden; das in der Explosionskammer zertrümmerte Nebengestein wird durch den Überdruck durch schmale Kanäle nach oben gepreßt und in Tuffbahnen um die Hohlform (das Maar) abgelagert. Die Deckschichten brechen in großen Schollen in den entstandenen Hohlraum ein. Da sich der Explosionsdruck auch in das tiefer gelegene Gestein fortsetzt, können sogar ultrabasische Gesteine aus dem Erdmantel durch die entstehenden Sogkräfte

nach oben geschleudert und sedimentiert werden. Diese Verhältnisse nimmt MEYER u.a. für das westliche Schalkenmehrener Maar (**vgl. Standort 6**) und das Meerfelder Maar (**vgl. Standort 7**) an.

Über die zeitliche Einordnung dieser Vorgänge wollen wir an diesem Standort noch nicht sprechen, sondern noch zwei weitere Maare der Dauner Gruppe aufsuchen (**Standort 6**).

Dazu gehen wir wieder zu Standort 5 zurück, benutzen den von dort abführenden kleinen Weg zum Ufer des Maares und umwandern es westlich über den schmalen Uferweg. Etwa unserem Ausgangspunkt gegenüber wenden wir uns nach Süden und folgen dem Weg auf die Maarumwallung. Nach Überqueren der Landstraße haben wir einen Blick auf das Schalkenmehrener (Doppel-) Maar,

Standort 6.

Im Prinzip erinnert die geomorphologische Situation an das bisher Gesehene: ein fast kreisrunder See (das westliche Schalkenmehrener Maar), die Umwallung. Und doch sind deutliche Unterschiede zu den beiden anderen Maaren zu erkennen: die Böschungswinkel des Walles sind flacher, der See ist tiefer gelegen, die Vegetations- und Nutzungszonierung weist eine auffallende Differenzierung auf: der nordöstliche, nördliche und nordwestliche Hang ist bis auf den ufernahen Bereich stark verbuscht, ein Indikator für Sozialbrache, die in der Eifel übrigens nicht in dem Maße anzutreffen ist wie in vielen ländlichen Bereichen anderer Mittelgebirge. Der südliche Bereich wird landwirtschaftlich genutzt, und der östliche Teil des Maarsees zeigt Verlandungen, während der etwas höher gelegene Ostteil des Maares in Gänze verlandet und vermoort ist.

Am markantesten jedoch ist, daß der Gesamtkomplex des Maares fast die Form einer Acht hat. Bei genauerem Hinsehen läßt sich erkennen, daß es sich hier um die Ineinanderverschachtelung von zwei Maaren handelt, einem östlichen (verlandeten) und einem westlichen (mit Wasser gefüllten). Am Südufer des Sees liegt der Ort Schalkenmehren, der dem (Doppel-) Maar seinen Namen gegeben hat.

Das westliche Schalkenmehrener Maar hat (nach HALBFASS, 1896) eine Tiefe von 21 m, die Höhe des Wasserspiegels liegt in 420,5 m NN, die Wasserfläche beträgt bei einer Länge von 575 m und einer Breite von 500 m des Maares 216 000 m^2. Es ist damit das größte der Dauner Maare.

Es erübrigt sich, an dieser Stelle erneut generell über Fragen der Genese Betrachtungen anzustellen. Bereits am Standort 5 wurde ausgeführt, daß dieses Maar nach der Auffassung von MEYER ein Beispiel für eine Maarentstehung mit stärkerer Wasserzufuhr ist, die zu Gaseruptionen in größerer Tiefe mit dem Effekt des Einstürzens der Decke und Verdrehung und Schiefstellung von Schollen geführt hat. Wenngleich für dieses Maar kein größerer Bach nachweisbar ist, geht MEYER davon aus, daß der von STRAKA (1952) durch Pollenanalysen nachgewiesene See des (älteren) östlichen Maares möglicherweise ausgelaufen ist und sich in einen neu gebildeten Schlot ergossen hat.

Nachdem nun die Besonderheiten der einzelnen Maare, ihre Einbindung in die Landschaft und ihre Lage zueinander bekannt sind, bietet es sich an, auf Grund der während der Exkursion gesammelten Beobachtungen Überlegungen zu einer relativen Datierung der Maarentstehung einerseits und der Altersabfolge der vier Maare andererseits anzustellen (vgl. Abb. 6).

Bereits an Standort 2 waren wir zu dem Ergebnis gekommen, daß die von uns betrachtete Hohlform des Gemündener Maares deutlich jünger als tertiären Alters sein müsse und daß auf Grund der Lagebeziehung des Maares zum bereits weit eingetieften Tal der Lieser viel dafür sprach, als Entstehungszeit das späte Pleistozän anzunehmen. Diese Vermutung wurde im weiteren Verlauf der Exkursion dadurch gestützt, daß die aus Lockermassen bestehenden Wälle um die Maare noch erhalten sind. Vergegenwärtigt man sich die periglazialen Abtragungsbedingungen während des Eiszeitalters (Pleistozän), die u.a. durch solifluidale Prozesse gekennzeichnet waren und neben einer intensiven Zertalung schon bei geringstem Gefälle zu Materialverlagerungen und damit zum Ausgleich von Reliefunterschieden geführt haben, kann kaum angenommen werden, daß der von uns vorgefundene relativ "frische" Formenschatz diese morphodynamischen Prozesse überstanden hätte.

In der Tat gibt FRECHEN (u.a.1971) für die Dauner Maargruppe auf der Basis von pollenanalytischen Untersuchungen STRAKAs und C^{14}-Datierungen ein Alter von ca. 10.500 Jahren vor heute an. Ob es bei dieser zeitlichen Einordnung bliebt, werden weitere Forschungen zeigen; immerhin haben Untersuchungen von NEGENDANK et al. (1990, zitiert in MEYER 1994, S. 309) u.a. an den Dauner Maaren ergeben, daß sich 10-12 m unter den heutigen Seespiegeln subaquatische Terrassen befinden, für die eine extremere Trockenphase verantwortlich gemacht wird. Dies könnte bedeuten, daß das Alter der Maare weiter in das letzte Glazial (Würm) einzustufen wäre. Immerhin bleibt festzuhalten, daß es sich bei den Dauner Maaren um einen spätpleistozänen Vulkanismus handelt.

Was die Altersstellung der vier Maare untereinander betrifft, kann neben unseren Beobachtungen während der Exkursion Abb. 6 behilflich sein. Nach dem Erhaltungszustand der vier Maare können wir von alt zu jung folgende Abfolge vermuten: östliches Schalkenmehrener Maar, westliches Schalkenmehrener Maar, Weinfelder (Toten-) Maar, Gemündener Maar. Diese - einfache - Sichtweise berücksichtigt allerdings die

morphologische Einbindung der Hohlformen in das Gesamtrelief nicht! Die Steilheit der Hänge des Gemündener Maares ist insbesondere darauf zurückzuführen, daß dieses Maar aus einem bereits bestehenden steilen Talhang herausgesprengt worden ist. Wir müssen es hinter dem Weinfelder Maar als zweitjüngstes einstufen.

Diese Altersabfolge stimmt mit den Untersuchungen FRECHENs überein. Er hat die mineralische Zusammensetzung der Auswurfmassen, die vom Grad der Differentiation im Magmaherd abhängt, über tephrochronologische Untersuchungen analysiert und konnte so die einzelnen Schuttfächer den jeweiligen Maaren zuordnen. Aus den Lagebeziehungen zueinander ergab sich die zeitliche Reihenfolge der Gaseruptionen.

Damit ist der erste Teil unserer vulkanologischen Exkursion beendet. Vom Parkplatz am südöstlichen Ende des Weinfelder Maares, zu dem vor Beginn der Wanderung der Bus bestellt worden war, läßt sich entweder in Manderscheid oder in Daun in einem Lokal eine Mittagspause einlegen. Erfolgte die Anfahrt in das Exkursionsgebiet mit einem Pkw, muß der Rückweg zum Ausgangspunkt zu Fuß erfolgen (ca. 2,5 km): zunächst über die L 64 bis nordwestlich der Weinfelder Kirche; von dort kurz vor dem Eingang zur Grube Mertens der Ausschilderung "Ski-Piste" folgen, um im weiteren Verlauf über einen Waldweg den Parkplatz vor dem Gemündener Maar zu erreichen.

Sollte der Tag dadurch zu weit fortgeschritten sein, empfiehlt sich ein Besuch der idyllischen Stadt Daun und hier vor allem des dort mit viel Phantasie eingerichteten "Eifel-Vulkanmuseums", in dem u.a. auch geologische Phänomene der Vulkaneifel mit Computermodellen simuliert werden und von Besuchern an naturnahen Modellen Vulkan- und Aschenausbrüche herbeigeführt werden können. Das Museum, dem auch ein Schulungsbereich angegliedert ist, hat nur in der Zeit vom 1.3. bis 30.11. in der Regel nachmittags bis 16.30 Uhr geöffnet. An Freitagen und im März und November zusätzlich auch an Dienstagen ist geschlossen. Es empfiehlt sich auf jeden Fall ein vorheriger Anruf. Derzeitige Telefon-Nummer: 06592/985354

Zur Fortsetzung der Exkursion fahren wir über die L 46 von Daun in Richtung Manderscheid. Etwa 3,5 km hinter dem Ort Bleckhausen tritt in südsüdöstlicher Richtung (Blick nach halbrechts) ein langgestreckter, bewaldeter Höhenzug in Erscheinung, der sich aus der Landfläche - hier etwa 450 m über NN - 50 bis 60 m heraushebt. Es ist der Mosenbergkomplex, den wir auf einem kleinen Umweg als nächstes größeres Ziel erreichen werden. In Manderscheid halten wir uns rechts in Richtung Bettenfeld, Deudesfeld. Bei Erreichen des tiefsten Punktes im Tal der Kleinen Kyll biegen wir wiederum nach rechts in Richtung Meerfeld ab und folgen der K 10, die nach ca. 500 m im Tal des tief eingeschnittenen Meerbaches verläuft.

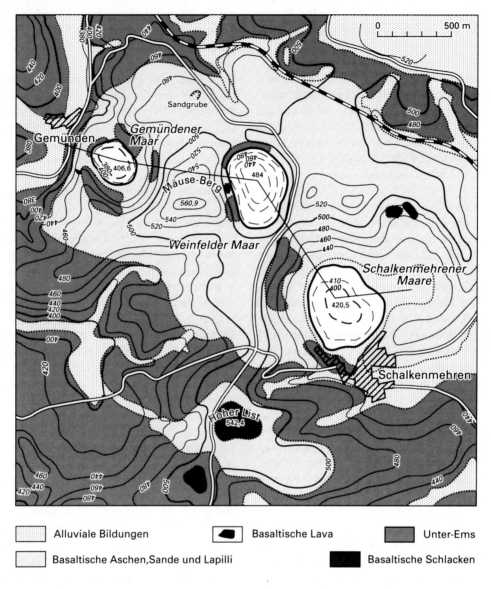

Alluviale Bildungen

Basaltische Lava

Unter-Ems

Basaltische Aschen, Sande und Lapilli

Basaltische Schlacken

nach Schulte 1891, leicht verändert durch Stiehl

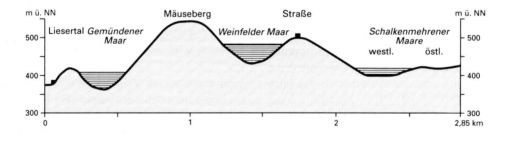

Abb. 6: Geologische Karte der Dauner Maare. (Nach L. SCHULTE in J. FRECHEN, 1971, leicht modifiziert von E. STIEHL)

Schon während der Fahrt von Manderscheid in das Tal der Kleinen Kyll waren an den Straßenböschungen unterdevonische Sandsteine und Tonschiefer aufgeschlossen; im Meerbachtal tritt besonders auffallend der Tonschiefer in Erscheinung. Wir befinden uns also wieder im Grundgebirge. Nach kurzer Fahrt erreichen wir

Standort 7.

Wir befinden uns am Westrand der Meerfelder Maares, des größten Maares der Westeifel mit einer Ausdehnung von 1.480 x 1.200 m. Die Längsachse hat eine Erstreckung von SE nach NW; eine Streichrichtung, die ihre Fortsetzung etwa 1,5 km weiter südöstlich in der Ausrichtung des Mosenbergkomplexes findet und die - wie bereits ausgeführt - überhaupt charakteristisch für das Rheinische Schiefergebirge ist. Schon von unserem Standort aus läßt sich erkennen, daß der Maarsee nur noch den nördlichen Teil des Maares füllt. Er hat eine Tiefe von etwa 17 m, und sein Wasserspiegel liegt heute in 319 m über NN. Der Höhenunterschied zwischen dem Maarboden und der Maarumrandung beträgt nach FRECHEN (1971) zwischen 113 und 212 m.

Der Maarsee, der starke Verlandungserscheinungen aufweist, wurde zwischen 1877 und 1880 um 2 m durch die Anlage eines Stollens abgesenkt (vgl.Abb.7), um die landwirtschaftlich nutzbare Fläche erweitern zu können. Die heutige Wasserfläche ist daher nur noch der Rest eines ehemals größeren Sees. Seit 1986 ist das Gebiet des Meefelder Maares Naturschutzgebiet. Nähere Einzelheiten dazu können Informationstafeln entnommen werden, die am westlichen Eingang zum Maar, unserem Standort, aufgestellt wurden. Es soll deshalb hier darauf verzichtet werden, den Inhalt dieser Tafel vollständig zu referieren.

Von allgemeinem Interesse zu sein scheinen aber doch einige Angaben: um der zunehmenden Eutrophierung des Sees zu begegnen, wurde in den 80er Jahren eine Maarsanierung durchgeführt. Dazu wurden folgende Maßnahmen ergriffen: Kanalisierung der Orte Bettenfeld und Meerfeld, Umleitung des Meerbaches (östlich am See vorbei), Ankauf von das Maar umgebenden Flächen, die seither nicht mehr gedüngt werden und nur noch extensiver Nutzung zugeführt sind. Im Maarsee selbst wurde eine Tiefenwasserableitung installiert, durch die wasserstoffarmes, aber nährstoffreiches Tiefenwasser aus dem See abgeleitet werden konnte. Seit Abschluß dieser Maßnahmen hat sich die Wasserqualität deutlich verbessert: die Blaualgenblüte verschwand, die Sichttiefe im See stieg an. Was die Erklärung zum Naturschutzgebiet betrifft, soll hier jedoch darauf hingewiesen werden, daß davon wohl nur Teile des Maares betroffen sind. Immerhin befinden sich am Nordufer des Sees ein Schwimmbad, eine Liegewiese, und es darf gefischt werden!

Im Rahmen dieser Exkursion bleibt leider keine Zeit, ausführliche Beobachtungen zur Maarentstehung und

Abb. 7: Kaiser- Wilhelm- Denkmal an der Einfahrt zum Meerfelder Maar. (Aufnahme: E. STIEHL, 1997)

zur Datierung der Vorgänge durchzuführen. Bereits an **Standort 5** wurde das Meerfelder Maar als Vertreter der Maare genannt, die durch das Vorhandensein größerer Wassermengen (Meerbach) und Gaseruptionen in Tiefen zwischen ca. 300 und 500 m entstanden sind. Daß es dabei zu Verstellungen großer Schollen kam, konnten MEYER und STETS (1979) nachweisen. An zwei von HUNSCHE (1973) durch die Feststellung positiver magnetischer Anomalien ausgemachten Stellen im SE und W des Maarkessels kam es über schmale Schußkanäle zum Auswurf von Tuffen (vgl. Abb.8). Die Wucht der Explosionen muß so gewaltig gewesen sein, daß im Schlot ein mächtiger Sog entstanden ist, der ultrabasisches Material vom Boden der Magmakammer oder sogar aus dem Erdmantel bis an die Erdoberfläche gefördert hat.

Hinsichtlich der Datierung dieser Vorgänge herrschen sehr unterschiedliche Vorstellungen. FRECHEN (1971) weist auf der Basis geomorphologischer Beobachtungen darauf hin, daß das kerbformige Meerbachtal zur Zeit der Maarentstehung im wesentlichen schon bis zum heutigen Niveau eingetieft war und gibt in einer Tabelle (1971, S. 156) 11.000 Jahre vor heute an. Diese Datierung basiert auf pollenanalytischen Untersuchungen und C^{14}-Bestimmungen. LORENZ und BÜCHEL (1978) geben ein Alter von 28.750 Jahren an. Diese Datierung basiert ebenfalls auf C^{14}-Bestimmungen, die allerdings auf die Analyse von Holzresten unmittelbar unter den Meerfelder Tuffen zurückgeht.

MEYER (1994, S. 309) hält diese Methode für erfolgversprechender, wenngleich auch sie vieldeutig sei.

Wir verlassen diesen Standort und fahren über Meerfeld (hier treffen wir auf den Vulkanweg 13, den wir im Folgenden für unsere Wanderung benutzen werden) und Bettenfeld in Richtung Manderscheid. Nach Durchfahren der Ortschaft Bettenfeld wird der Blick frei auf den der Ebene aufgesetzten länglichen, SE-NW-orientierten, Mosenbergkomplex. Nach nur wenigen hundert Metern biegen wir von der Landstraße nach rechts in einen kleinen Weg ein und können unser Fahrzeug parken. Für größere Fahrzeuge befindet sich etwa 300 m weiter auf diesem Seitenweg der größere Parkplatz "Am Mosenberg".

Ab hier erfolgt die Fußexkursion, die an der die Kleine Kyll überquerenden Brücke der Landstraße 46 zwischen Manderscheid und Großlittgen endet (ca. 3 km südliche Manderscheid). Verfügen wir über einen Bus oder einen Pkw mit unabhängigem Fahrer, bestellen wir den Fahrer dorthin. Dazu fährt man auf der von Bettenfeld kommenden L 16 bis Manderscheid und biegt wenige hundert Meter nach dem Ortseingang in einer scharfen Rechtskurve in die L 46 (Richtung Großlittgen) ein. Nach ca. 2 km führt diese Straße über enge Serpentinen in das Tal der Kleinen Kyll. Nach der letzten scharfen Kurve ist das Tal und damit der ausgemachte Treffpunkt erreicht. Es liegt im Einfallsreichtum des Fahrers, hier eine Parkmöglichkeit zu finden, da keine Parkplätze existieren. Eine Möglichkeit besteht darin, den Bus/Pkw noch 100 bis 200 m weiter zu fahren und vor dem Anstieg der Straße zum Gegenhang rückwärts in einem kleinen Forstweg (groß genug für einen Bus) kurzfristig (!) zu parken; längeres Parken sollte vermieden werden (Polizei, Forstverwaltung). Eine Zeitabsprache mit dem Fahrer ist sinnvoll. Dazu läßt sich aus eigener Exkursionserfahrung als Anhaltspunkt geben, daß ich selbst für den Mosenbergteil der Exkursion mit Studierenden etwa 3 1/2 Stunden benötige. Ein Handy-Kontakt mit dem Fahrer ist wegen des tief eingeschnittenen Tales nicht möglich!

Wir folgen nun zu Fuß der Ausschilderung "Vulkanweg" auf der Südwestseite des Mosenbergs leicht bergan. Auf dem Weg erkennen wir schon, daß wir uns auf vulkanischem Festgestein bewegen; ein deutlicher Gegensatz zu den Verhältnissen etwa am Mäuseberg im Dauner Maar-Bereich. Eine kleine Einsattelung gibt den Blick frei auf eine kleine kreisrunde Wasserfläche, die in das umgebende Gestein eingebettet ist. Noch vor wenigen Jahren trug eine hier aufgestellte Orientierungstafel - wie übrigens auch noch die Ausgabe 1988 der amtlichen topographischen Karte 1:25.000 - die Beschriftung "Windsborn-Maar". Diese alte Tafel ist heute durch ein Hinweisschild der Fremdenverkehrsgemeinde Bettenfeld ersetzt, auf dem der See als "einziger Bergkratersee nördlich der Alpen" bezeichnet wird. Eine dort ebenfalls aufgestellte, den Vulkanweg

und die jeweils zu beobachtenden Erscheinungen ausführlich erläuternde geologische Informationstafel steht nur wenige Meter davon entfernt.

Wir befinden uns an unserem **Standort 8**. (vgl. für die folgenden Standorte Abb. 8)

Die kleine Wasserfläche ist der Rest eines größeren Sees, dessen Wasser im vergangenen Jahrhundert durch einen Graben abgeleitet und zum Versickern gebracht worden war, um hier Torf zu gewinnen. Wir können uns an dieser Stelle noch keinen vollkommenen Eindruck von seiner Einbettung in das anstehende Gestein verschaffen, erkennen aber starke Verlandungserscheinungen am See. Er liegt in einer Höhe von 467 m NN, ist nur (noch) 1,7 m tief und sehr nährstoffarm (oligotroph).

Schon bei der Anfahrt zum Mosenberg und auf dem Weg zu unserem Standort war zu beobachten, daß die Vegetation gegenüber den Verhältnissen an den Dauner Maaren eine andere Zusammensetzung aufweist. Wir beobachten Ahorn- und eschenreiche Mischwälder (*Fraxino-Aceretum*) mit Bergahorn (*Acer pseudoplatanus*), Spitzahorn (*Acer platanoides*), Sommerlinde (*Tilia platyphyllos*), Berg-Ulme (*Ulmus glabra*), Gewöhnliche Esche (*Fraxinus excelsior*) Christophskraut (*Actaea spicata*) und einige Stickstoffzeiger im Unterwuchs wie Mondraute (*Lunaria rediviva*) und Brennessel (*Urtica dioica*), die in diesen Waldgemeinschaften natürliche Wuchsorte vorfindet. Dieses Vegetationsbild gibt uns einen Hinweis auf feuchte, nährstoff- und basenreiche basaltische Böden.

Um einen genaueren Einblick in die geologischen Verhältnisse gewinnen zu können, gehen wir auf unserem Weg noch etwas bergauf und befinden uns in einem grandiosen Schweißschlacken-Aufschluß. Von dem dort aufgestellten Kreuz aus ist der steile Abfall zu unserem ca. 20 - 30 m tiefer gelegenen kleinen See zu erkennen; zudem können wir feststellen, daß es sich beim Windsborn um einen wassergefüllten Ringwall aus einer Wechselfolge von Lavafetzen, Schweißschlacken und auch Tuffen handelt. Im NNE ist der Wall etwas erniedrigt, und wir können unserer Karte entnehmen, daß sich dort an den Windsborn das Hinkels"maar" anschließt. Auch bei ihm handelt es sich keineswegs um ein Maar, sondern ebenfalls um einen kleinen Krater, der in der Mitte des 19. Jahrhunderts zur Torfgewinnung trocken gelegt wurde und jetzt nur noch zeitweise und kurzfristig mit Wasser gefüllt ist.

Aus der Tatsache, daß der Kraterrand des Windsborn an dieser Stelle erniedrigt (vermutlich bei der Entstehung des Hinkels"maares" herausgesprengt) ist, können wir den Schluß ziehen, daß das Hinkels"maar" jünger als der Windsborn ist. Über die mögliche Altersstellung soll hier noch nicht eingegangen werden. Wohl aber soll festgehalten werden, daß die bisher

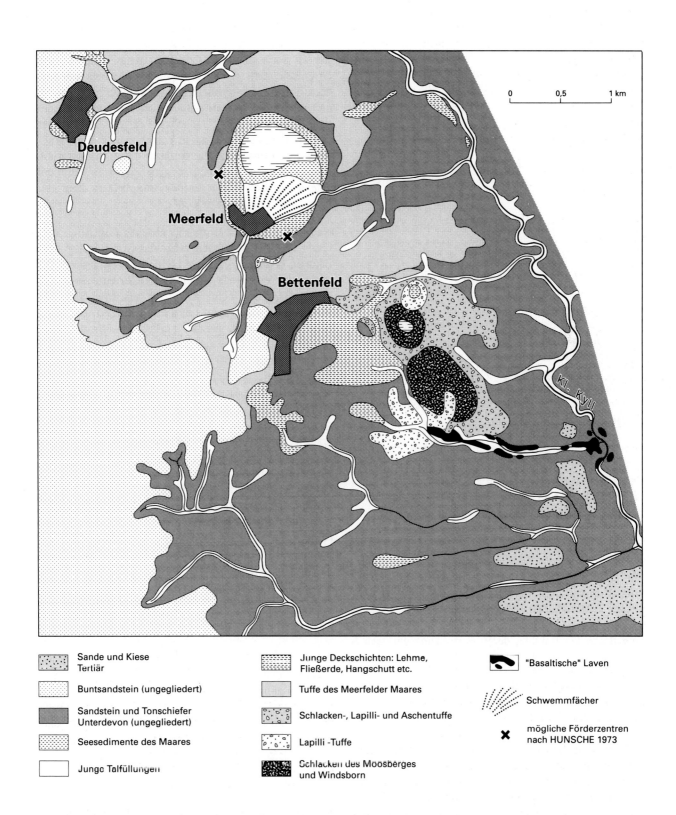

Abb. 8: Ausschnitt aus: Geologische Karte der Vulkangruppe von Manderscheid von W. MEYER und J. STETS (1979). (Geringfügig ergänzt und vereinfacht von E. STIEHL)

beobachteten Formen einen ähnlich hohen "Frische-grad" aufweisen wie die Maare bei Daun; mit dem Unterschied, daß es sich hier am Mosenberg in erster Linie um festes vulkanisches Gestein handelt.

Wir setzen unsere kleine Wanderung auf dem Vulkanweg nach SE fort, durchlaufen eine deutliche Einsattelung, passieren einen Grillplatz und folgen (wieder bergauf) der Ausschilderung "Gipfelhütte", die sich in 517 m Höhe befindet.

Standort 9

Von hier aus bietet sich ein eindrucksvoller Überblick über das Mosenberggebiet wie auch die charakteristischen geomorphologischen Grundzüge von Teilen der südlichen Eifel. Bei guten Sichtverhältnissen reicht der Blick bis zu den Moselbergen. Was den Mosenberg betrifft, erkennen wir, - unter Einbeziehung unserer bisher "erlaufenen" Erkenntnisse - daß dieser Höhenzug aus mehreren (vier) vulkanischen (basaltischen) Ausbruchszentren besteht, auf deren drittem wir uns gerade befinden (ein weiteres folgt unmittelbar südöstlich von unserem Standort). Der Blick nach E und SE erfaßt weitgespannte, leichtgewellte (tertiäre) Rumpf- und Trogflächen des devonischen Grundgebirges, in die Täler als Folge der Nähe zur Mosel als dem lokalen Vorfluter tief eingeschnitten sind. Ihre steilen Hänge sind in der Regel der landwirtschaftlichen Nutzung entzogen; sie sind bewaldet.

Die Exkursionsroute führt nun relativ steil bergab in südliche Richtung. Nach nur wenigen hundert Metern biegen wir kurz nach links in einen Seitenweg ein und haben so die Möglichkeit, einen Blick in das vierte Ausbruchszentrum am Mosenberg zu werfen. Es handelt sich auch hier um einen an den Hängen bewaldeten Krater (Ahorn- und eschenreicher Mischwald (*Fraxino-Aceretum*)), dessen Südflanke allerdings hufeisenförmig nach SW geöffnet ist und als Weideland genutzt wird. Am östlichen Hang sind Schlacken und vulkanische Tuffe sichtbar. Wenngleich kein Oberflächenwasser erkennbar ist, erinnert die geöffnete Form an eine flache Quellmulde, deren Fortsetzung ein nach S führendes - in der Regel trockenes - Flachmuldental ist, welches im weiteren Verlauf in das Tälchen des Hornbachs einmündet. Welche Vorgänge zu einer Öffnung des Kraterrandes geführt haben, muß an dieser Stelle noch unbeantwortet bleiben.

Wir gehen den eingeschlagenen Weg wenige Meter zurück und verfolgen den Vulkanweg (Ausschilderung "Horngraben") weiter nach Süden. Am Waldrand stoßen wir auf eine tiefe Abbaugrube und haben erstmals die Gelegenheit, an einer größeren Wand in die vulkanischen Ablagerungsverhältnisse Einblick zu nehmen.

Wir befinden uns am **Standort 10**.

Es handelt sich um das südlichste (fünfte) Förderzentrum am Mosenberg, welches erst vor wenigen Jah-

ren nach Abbau der hier lagernden Mosenbergtuffe entdeckt worden ist. Gut erkennbar ist die Wechsellagerung von Tuffen und Schlackenlagen; typisches Kennzeichen eines Schicht- (Strato-) Vulkans. Der Blick nach Süden über die als Weiden und Ackerflächen genutzten freien Flächen läßt für den aufmerksamen Beobachter südsüdöstlich vom Standort ein "Fremdelement" in der Landschaft erkennen: ein sich nach E erstreckender kleiner, vornehmlich mit Büschen und niedrigen Bäumen (Ahorn und Eschen) bestandener Rücken mit einer Höhe von ca. 5 - 10 m. Der topographischen Karte ist zu entnehmen, daß er parallel zum Horngrabenbach verläuft. Dies sollte unsere Neugierde erwecken, und so gehen wir am Waldrand wenige hundert Meter zurück und folgen dann der Ausschilderung "Horngraben".

Nach Erreichen des Horngrabenbaches folgen wir diesem nach E und können zwischen den Büschen und Bäumen erkennen, daß der kleine Rücken aus basaltischen Blöcken besteht, deren blasige Struktur auf einen hohen Gasgehalt beim Ausbruch schließen läßt. Es handelt sich um einen Lavastrom, dessen Ursprung entweder in dem gerade verlassenen Stratovulkan (**Standort 10**) liegt oder aber in dem nach SSW hufeisenförmig geöffneten südlichen Ausbruchszentrum des eigentlichen Mosenbergs. MEYER (1994) schließt die erste Möglichkeit wegen der geringen Größe dieses Schlackenkegels aus und geht davon aus, daß der Lavastrom den nach SSE geöffneten Mosenbergkrater durchbrochen hat. Wenn auch - wie er beschreibt - in dessen Krater und unmittelbar südlich davon nach magnetischen Messungen keine Lava mehr vorhanden ist, spricht das nicht gegen diese Vermutung, da der Lavastrom durchaus wegen stärkeren Gefälles der präbasaltischen Oberfläche abgerissen sein kann. Damit hätten wir eine Erklärung für die Hufeisenform des Kraters (s.o.).

Für uns bietet es sich an, diesem Lavastrom zu folgen und nach Indizien zu suchen, die eine zumindest relative Datierung des vulkanischen Geschehens am Mosenberg zulassen.

Auf dem Weg entlang des nur durch geringes Gefälle gekennzeichneten Horngrabentälchens fallen, wie schon an einigen Stellen vorher, einige Besonderheiten im Vegationsbild der Freiflächen auf: Bedingt durch das Wirken des Menschen und seiner Nutztiere entstand im Laufe der Jahrtausende aus der natürlichen Waldlandschaft eine Kulturlandschaft mit naturnahen, halbnatürlichen bis hin zu naturfernen Pflanzengesellschaften. Unter diesen anthropo-zoogenen Ersatzgesellschaften sind besonders die artenreichen montanen Goldhaferwiesen (*Geranio-Trisetetum flavescentis*) mit Schwarzer Teufelskralle (*Phyteuma nigrum*), Goldhafer (*Trisetum flavescens*), Berg-Storchschnabel (*Geranium sylvaticum*) oder Glatthaferwiesen (*Arrhenatheretum elatoris*) mit Glatthafer (*Arrhenatherum elatius*) und Knolligem Hahnenfuß (*Ranunculus bulbosus*) hervorzuheben. Von den Weiden sind besonders die blüten-

und artenreichen Flügelginster-Weiden (*Festuco-Genistetum sagittalis*) und Rotschwingel-Kammgrasweiden (*Festuco-Cynosuretum*) erwähnenswert. Eine Besonderheit am Mosenberg ist eine Magerrasengesellschaft mit Streifenklee (*Trifolium striatum*) und Zierlicher Fetthenne (*Sedum forsterianum*). Diese Assoziationen prägen gemeinsam mit naturnahen Wäldern und Gebüschen sowie anderen Pflanzengesellschaften das typische Bild der Landschaft der Vulkaneifel mit einer außerordentlich großen Vielfalt an biotischen und abiotischen Elementen.

Je weiter wir das flachmuldige Tälchen herunterwandern um so mehr können wir feststellen, daß die basaltischen Blöcke kompakter werden, was wohl auf die zunehmende Entgasung bei der Fortbewegung des Lavastroms zurückzuführen ist. Nach etwa 700 m läßt sich der Lavastrom nicht mehr verfolgen. Entweder hat er hier sein Ende gefunden oder ist von Sedimenten überdeckt. Wir können das hier nicht ohne Hilfsmittel feststellen, folgen dem Tälchen aber weiter, um vielleicht etwas später eine Antwort zu finden. Nur wenig später fällt uns an der südlichen Schulter des flachen Talhangs auf, daß die landwirtschaftlich genutzten Flächen durch ein Areal mit busch- und strauchartiger Vegetation unterbrochen werden, was gar nicht in das Nutzungsgefüge zu "passen" scheint.

Standort 11

Um den Grund zu finden, biegen wir an der Wegekreuzung, die wir mittlerweile erreicht haben, nach S ab und erkennen (vgl. auch Abb. 8), daß es sich um eine Schotterfläche handelt, deren eingehende Untersuchung für Exkursionsgruppen heute leider nicht mehr möglich ist, weil das Gebiet mittlerweile eingezäunt wurde. Mit etwas Glück jedoch kann man noch erkennen, daß es sich bei den Sedimenten um tiefgründig und intensiv verwitterte, stark zugerundete Quarzschotter handelt, deren bankige Ablagerung fast nur noch zu erahnen ist. Zurundungsgrad, Schichtung, das Fehlen leicht verwitterbarer Gerölle (dementsprechend hoher Quarzanteil) und die gelblich bis rote Einfärbung lassen uns damit auf Reste einer fluvialen Ablagerung schließen, wobei offen bleiben muß, ob es sich dabei möglicherweise um Reste einer Tertiären (pliozänen ?) Höhenterrasse handelt. Wir leiten auf unserer Exkursion lediglich ab, daß unser Lavastrom durch ein Tal abgeflossen ist, welches jünger ist als die Sedimentation der deutlich höher gelegenen Terrassen- oder Trogflächenreste.

Wir gehen wieder zurück zum Horngraben und verfolgen den Bachlauf in Richtung E. War das Gefälle des Tälchens bisher nur ganz schwach ausgebildet und waren von dem es durchfließenden Bach kaum Wassergeräusche zu hören, so ändert sich das kurz nach Erreichen des Waldrandes ganz deutlich: auf nur etwa 150 m versteilt sich das Gefälle fast drastisch und wie wir nur kurz danach sehen können, hat der (nun deutlich hörbare) Bach eine ca. 30 m tiefe Schlucht in das Gestein eingeschnitten. Nach der kurzen Steiltalstrecke ist dann das Bachlängsprofil wieder fast ausgeglichen.

Wir befinden uns in der "Wolfsschlucht", dem **Standort 12**

und haben unseren Basaltstrom wiedergefunden. In mächtigen Blöcken steht der Basalt in einer Mächtigkeit von bis zu 30 Metern an. Nach dem - je nach Witterungsverhältnissen nicht ganz ungefährlichen - Abstieg in das Tal, welches nach der Steilstrecke (s.o.) nun ein eher kastenförmiges Querprofil aufweist, können wir beim Durchlaufen desselben beobachten, daß der Basalt in den tieferen Lagen als Säulenbasalt ausgebildet ist (Durchmesser etwa 30 cm); eine Form, die sich bei langsamer Abkühlung senkrecht zu den Abkühlungsflächen bildet. Überlagert sind diese Säulen von Basaltblöcken. Nach nur kurzer Wegstrecke stoßen wir auf das tief eingeschnittene Tal der Kleinen Kyll in die der Horngrabenbach einmündet.

Dies ist nun ein ganz entscheidender Punkt für unsere Exkursion zum Mosenbergkomplex. Wie wir während unserer Wanderung beobachten konnten, hat der Lavastrom, den wir zuletzt verfolgten, eine Verbindung zum Mosenberg; wenn es uns also gelingt, eine zumindest relative Datierung des Lavastroms durchzuführen, haben wir gleichzeitig auch Angaben zumindest für das südliche Förderzentrum am Mosenberg. Der Lavastrom ergoß sich in ein bereits bestehendes Tal, welches in das Tal der Kleinen Kyll einmündete und füllte es mit Lava auf. Dieses Tal war vorher bereits - wie wir in der Wolfsschlucht sehen können - bei der Einmündung in die Kleine Kyll ca. 30 Meter in die Landoberfläche eingeschnitten, also von der Talgenese her schon weit entwickelt; entsprechend tief muß auch das Tal der Kleinen Kyll bereits eingeschnitten gewesen sein. Die einfließende Lava füllte nicht nur den Horngraben aus, sondern ergoß sich im Mündungsbereich auch in das Tal der Kleinen Kyll, die dadurch aufgestaut wurde. Wie Abb. 8 zu entnehmen ist, finden sich auch heute noch basaltische Ablagerungen an ihrem westexponierten Hang. Ebenso ist zu sehen, daß der Flußlauf im Mündungsbereich des Horngrabens etwas weiter nach E ausgebuchtet ist. Durch rückschreitende Erosion schnitt sich danach die Kleine Kyll wieder durch die Basaltbarriere; die dabei entstandenen Strudellöcher kann man etwas südlich des Einmündungsbereichs des Horngrabens bei der Germanenbrücke sehen. Auch heute ist übrigens ihr Längsgefälle noch nicht ganz ausgeglichen wie man an den kleinen Stromschnellen weiter südlich beobachten kann. Der Horngrabenbach - auf das Vorfluterniveau der Kleinen Kyll ausgerichtet - schnitt sich ebenfalls, allerdings wegen der geringeren Wasserführung langsamer, rückschreitend in sein verschüttetes ehemalige Bachbett ein. Diesen Vorgang konnten wir bei Erreichen des Waldes der Wolfsschlucht beobachten.

Allgemein können wir für unsere Mittelgebirge davon ausgehen, daß sich unsere Flüsse mit dem Ausklingen des letzten Glazials (Würm) auf ihr heutiges Niveau

- Niveau der Niederterrassen - eingeschnitten hatten. So tief allerdings war die Erosion der Kleinen Kyll zur Zeit des Ausbruchs des südlichen Mosenbergvulkans noch nicht erodiert, berichtet doch MEYER (1994, S. 332), daß sich dieser Fluß nach Durchschneiden des Lavastroms noch 5 - 10 m in den devonischen Untergrund eingesägt hat. Nach unseren einfachen und jeweils nur auf Einzelobjekte bezogenen Exkursionsbeobachtungen können wir daher höchstens ausschließen, daß die vulkanischen Vorgänge in das ausgehende Pleistozän, etwa ältere oder jüngere Dryaszeit, zu stellen sind; wir können jedoch davon ausgehen, daß diese Vorgänge während des Würm erfolgten.

Was den Mosenbergkomplex insgesamt betrifft, konnten wir feststellen, daß er aus fünf Eruptionszentren zusammengesetzt ist; darüber hinaus haben wir auch Hinweise dafür erhalten, daß das Hinkels"maar" jünger als der nach SE folgende Windsborn ist. Aus dem Erhaltungszustand der einzelnen Krater des Gesamtkomplexes läßt sich zugegebenermaßen mit etwas Spekulation als ein Ergebnis unserer Exkursion ableiten, daß das Alter der Eruptionen von NW nach SE zunimmt.

Diese Schlußfolgerung stimmt mit den bisher vorliegenden vulkanologischen Untersuchungen überein. Eindeutige Altersangaben lassen sich jedoch auch aus der wissenschaftlichen Literatur nicht ableiten, da die Angaben je nach verwendeter Methode streuen. Trifft die Datierung von LORENZ und BÜCHEL (1978) für das Meerfelder Maar, der jüngsten vulkanischen Erscheinung im Gebiet um Manderscheid, mit 28.750 Jahren zu, so sind die Mosenbergvulkane etwas (?) älter. Die Angabe zum Alter des Lavastroms im Horngraben auf der am Ausgang der Wolfsschlucht aufgestellten geologischen Informationstafel mit 43.000 Jahren, durch Thermolumineszenz-Analysen ermittelt, mag dann durchaus realistisch sein.

Damit hat unsere Exkursion ihren Abschluß gefunden. Können wir auf einen Bus oder einen Pkw mit unabhängigem Fahrer zurückgreifen, so folgen wir dem Tal der Kleinen Kyll nach E bis zur Landstraße 46, der Verbindungsstraße zwischen Manderscheid und Großlittgen. Näheres hierzu siehe Einleitungshinweis und Hinweis vor Standort 8.

Steht kein Bus oder ein anderes Fahrzeug zur Verfügung, muß der Rückweg zum Fahrzeug am Parkplatz bei Bettenfeld zu Fuß erfolgen. Dauer etwa 1 - 1,5 Stunden.

Literatur (* = Basisliteratur)

BIRKENHAUER, J.: Die Entwicklung des Talsystems und des Stockwerkbaus im zentralen Rheinischen Schiefergebirge zwischen Mitteltertiär und dem Alt-pleistozän. - Arbeiten zur Rheinischen Landeskunde, 34, Bonn 1973

CÜPPERS, K. (Hrg): Die Eifel - dargestellt von Dr. Dronke, Köln, o.J. (vermutl. 1899)

* FRECHEN, J.: Siebengebirge am Rhein - Laacher Vulkangebiet - Maargebiet der Westeifel. Vulkanisch-petrographische Exkursion. - Sammlung Geologischer Führer, 56, Stuttgart 1971

HALBFASS, W.: Die noch mit Wasser gefüllten Maare der Eifel. In: Verh. Naturhist. Verein preuß. Rheinl. Westf., 53, 1896

LORENZ, V.: On the Formation of Maars. In: Bull. Volcan., 37, S. 183 -204), Neapel 1973)

LORENZ, V. und G. BÜCHEL: Phreatomagmatische Vulkane in der südlichen Westeifel, ihr Alter und ihre Beziehung zum Talnetz. In: Nachr. dt. Geol. Ges., 19, Hannover 1978

LORENZ, V. und G. BÜCHEL: Zur Vulkanologie der Maare und Schlackenkegel der Westeifel. In: Mitt. Pollichia, 68, S. 29 - 100, Bad Dürkheim 1980

MEYER, W. und J. STETS: Die Manderscheider Vulkangruppe (Westeifel) in Beziehung zu den Strukturen des Sockels. In: Ztschr.dt.Geol. Ges., 130, S. 273 - 288, Hannover 1979.

* MEYER, W.: Zur Entstehung der Maare in der Eifel. In: Ztschr.dt.Geol.Ges.,136, S. 141 - 155, Hannover 1985

MEYER, W.: Geologie der Eifel, 3. Aufl., Stuttgart 1994

PAFFEN, K.H.: Die natürliche Landschaft und ihre räumliche Gliederung. Eine naturkundliche Untersuchung am Beispiel der Mittel- und Niederrheinlande. - Forschungen z. dt. Landeskunde, 68, Remagen 1953

QUITZOW, H.W.: Das Rheintal und seine Entstehung - Bestandsaufnahme und Versuch einer Synthese. - Centenaire Soc. Géol. Belgique: L'Evolution Quarternaire des Bassins Fluviaux, 53-104; Liège, 1974

SCHULTE, L.: Geologische und petrographische Untersuchungen der Umgebung der Dauner Maare. In: Verh. Naturhist. Verein preuß. Rheinl. Westf., 48, 1891; 50, 1893

SEMMEL, A.: Geomorphologie der Bundesrepublik Deutschland. Grundzüge, Forschungsstand, aktuelle Fragen _ erörtert an ausgewählten Landschaften. - Geogr. Ztschr., Beiträge erdkundl. Wissen, 30, 4. überarb. Aufl.L, Stuttgart 1984

STICKEL, R.: Zur Morphologie der Hochflächen des linksrheinischen Schiefergebirges und angrenzenden Gebieten. - Beitr. Landeskunde der Rheinlande, 5, Leipzig 1927

STRAKA, H.: Zur spätquartären Vegetationsgeschichte der Vulkaneifel. - Arb. z. rhein. Landeskde., 1, Bonn 1952

Anschriften der Autoren:

Bernd Schumacher, Jagdweg 17, D-53115 Bonn

Dr. Eckart Stiehl, Geographisches Institut der Rheinischen Friedrich-Wilhelms-Universität Meckenheimer Allee 166, D-53115 Bonn

Das Hohe Venn

Elmar Knieps

Thematik:	**Landschaftsökologie und Regionale Entwicklung (Natur-, Kulturlandschaft, wirtschaftliche Entwicklung in der Grenzregion)**
Durchzuführen als:	**Variante 1: Busexkursion mit kurzen Wanderungen**
	Variante 2: Fußexkursion
ungefähre Dauer :	**Variante 1: ca. 5 - 7 Stunden, je nach Wanderanteilen**
	Variante 2: 5 Stunden, ca. 15 km Fußweg
Anfahrt:	**per Bus, bzw. Pkw ca. 120 km**
Besonderheiten:	**Zugang zu den Naturschutzgebieten (Fußexkursion!) im Frühjahr und frühen Sommer bei anhaltend trockener Witterung gesperrt;**
	Informationen unter Tel.-Nr. 0032 80/44 72 72 bzw. /44 72 73
Besonderheiten der Ausrüstung:	**wetterfeste und warme Kleidung; bei Fußexkursion Gummistiefel und Proviant**
Empfohlene Karten:	**Wanderkarte 1:25 000 Hohes Venn. Hrsg. Institut Géographique National, 1955. Von der Wallonischen Region, Abt. Natur und Forsten, empfohlene und genehmigte Wanderwege. Brüssel.**

Einleitung

Das Hohe Venn ist eine in vielerlei Hinsicht eigentümliche Mittelgebirgslandschaft. Hinsichtlich seiner physisch-geographischen Ausstattung unterscheidet es sich deutlich von der südlich und östlich angrenzenden Eifel und den westlich sowie nördlich vorgelagerten Tief- bzw. Flachlandregionen. Das Charakteristikum des Hohen Venns sind ausgedehnte Hochmoorkomplexe, die sich hier seit der letzten Eiszeit bildeten und die das Landschaftsbild prägen.

Thematischer Schwerpunkt der Exkursion sind eine landschaftsökologische Raumanalyse sowie eine Skizzierung der Eingriffe des Menschen in die Landschaft, die das Hohe Venn zu einer Kulturlandschaft werden ließen. Der sich besonders in den vergangenen Jahrzehnten vollziehende Funktionswandel der Landschaftseinheiten soll kritisch beleuchtet und im Hinblick auf die zukünftige Entwicklung bewertet werden; dies schließt wirtschaftliche wie auch soziale Funktionen ein, wobei hier eine enge funktionale Verknüpfung mit den umliegenden Landschaften (Eupener Land, Monschauer Land, Malmedyer Land) gegeben ist.

Die Exkursion umfaßt sowohl physisch-geographische als auch anthropogeographische Themen, wobei nicht zuletzt der lange Anfahrtsweg von Bonn aus eine Ganztagsexkursion zwingend vorsieht. Für die An- und Rückfahrt von/nach Bonn müssen jeweils ca. zwei Stunden Zeit gerechnet werden. Je nach Jahreszeit, Witterung und Interessenlage ist die Durchführung der Exkursion in zwei grundsätzlich verschiedenen Varianten denkbar:

1. als Busexkursion mit einer größeren Zahl an Standorten und nur wenigen, relativ kurzen eingeschobenen Wanderungen bzw. zu-Fuß-Erkundungen (vgl. Karte 1);

2. als Tageswanderung, wobei dann Aspekte der Stadt- und Siedlungsgeographie sowie der industriellen Entwicklung etwas kürzer behandelt werden (vgl. Karte 2).

Aus diesem Grund ist der Exkursionsleitfaden thematisch aufgebaut; die beiden vorgeschlagenen Exkursionsrouten sind im Anhang beschrieben und enthalten Verweise auf die Kapitel der thematischen Beschreibung. Als weitere Variationsmöglichkeit bietet es sich an, die zahlreichen Bildungs- und Informationsangebote u.a. des Deutsch-Belgischen Naturparks Hohes Venn-Eifel, auf die ebenfalls im Anhang verwiesen wird, zu nutzen.

Zu beachten ist bei allen Aktivitäten im Hohen Venn, daß es für die Wälder und die Naturschutzgebiete sehr restriktive Betretungsregelungen gibt, die strikt einzuhalten sind.

- Bei Brandgefahr im Hohen Venn sind rote Fahnen entlang der Straßen gehißt. Das Betreten der so gekennzeichneten Bereiche ist dann strengstens untersagt. Dieses Verbot gilt nicht für den Naturlehrpfad des Poleûr-Venns zwischen Baraque Michel und Mont Rigi.

- Generell sollen im Hohen Venn nur markierte Wege begangen werden. Innerhalb der Naturschutzgebiete wurden 1992 Schutzzonen eingerichtet; über deren räumliche Ausdehnung und die geltenden Restriktionen informieren bei den Wanderparklätzen im Hohen Venn aufgestellte Tafeln sowie die als Ausrüstung unbedingt zu empfehlende Wanderkarte.

- **B-Zonen** stehen Besuchern von Sonnenaufgang bis Sonnenuntergang grundsätzlich offen, wobei nur markierte Wege begangen werden dürfen.

- **C-Zonen** dürfen nur in Begleitung eines anerkannten Führers und in Gruppen mit max. 30 Personen betreten werden; von Mitte März bis Ende Juni sind die C-Zonen auch für Gruppen mit Führer gesperrt. Informationen über Führungen erteilen das Naturparkzentrum Botrange und die Info-Stelle Signal Botrange (vgl. Anhang).

- **D-Zonen** sind für die Öffentlichkeit vollkommen unzugänglich; ein Betreten ist untersagt.

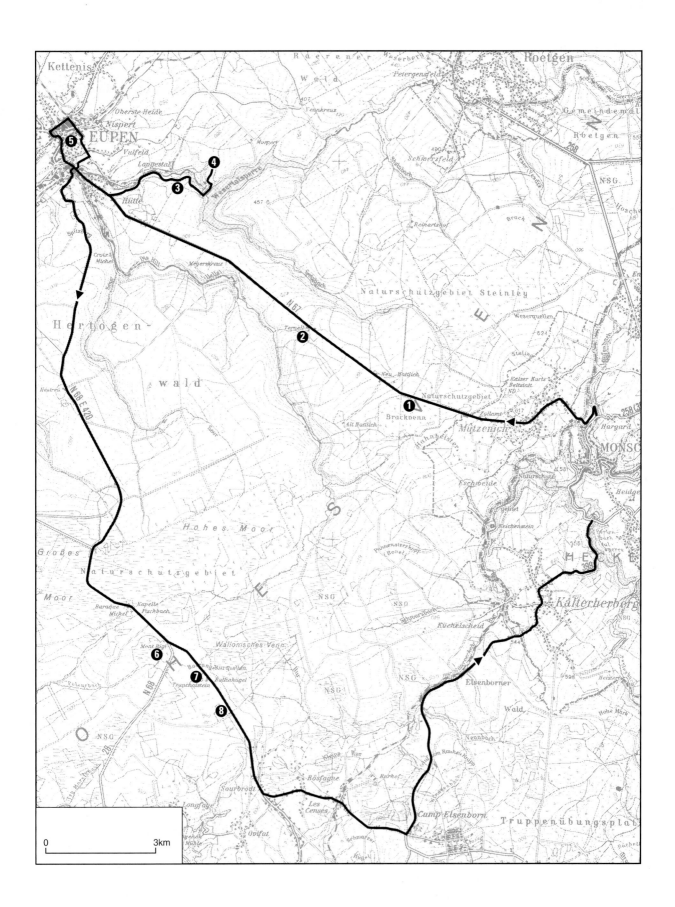

Karte 1: Exkursionsroute der Busexkursion (Variante 1). Ausschnitt aus der Topographischen Karte 1:100.000, Blatt C 5502 Aachen

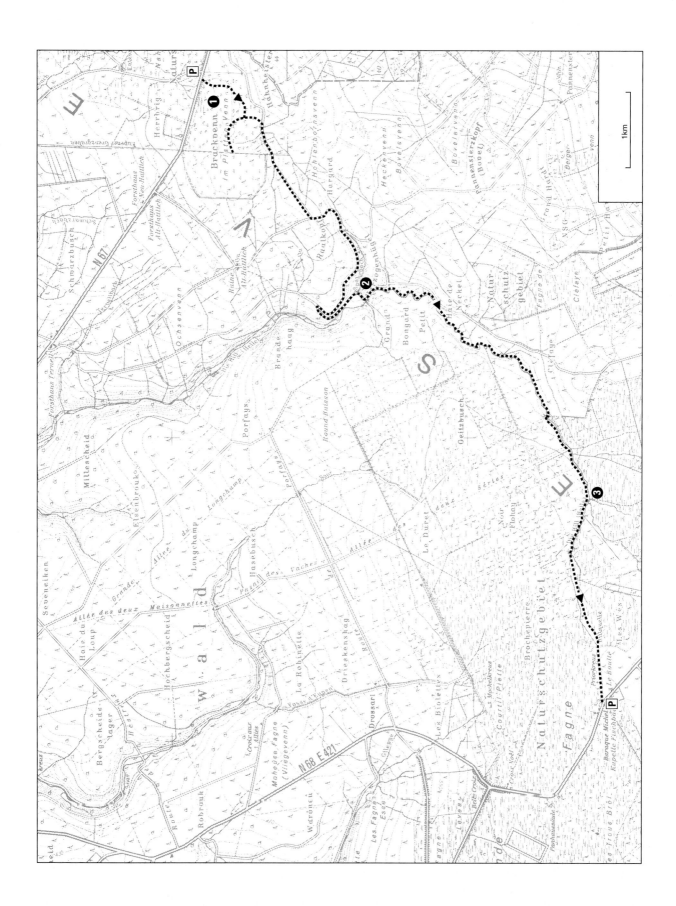

Karte 2: Exkursionsroute der Wanderung (Variante 2). Ausschnitt aus der Topographischen Karte 1:50.000, Blatt L 5502 Monschau

Empfohlene Jahreszeit für eine Exkursion:

spätes Frühjahr bis Herbst; im Winter u.U. lange geschlossene Schneedecke!

Das Exkursionsgebiet

Das Hohe Venn bildet den nordwestlichsten Vorposten des Rheinischen Schiefergebirges gegen das angrenzende Belgische Tiefland und die sich im Nordosten öffnende Niederrheinische Bucht. In Abweichung zur Naturräumlichen Gliederung Deutschlands, die das Hohe Venn zur Westlichen Eifel zählt, wird es hier gemäß seiner erdgeschichtlichen Stellung als Ausläufer der Ardennen angesehen, welche ebenfalls zum Rheinischen Schiefergebirge gehören. In dieser Weise abgegrenzt, erstreckt sich der Höhenzug des Venn-Massivs vom Amblève-Tal im Südwesten bis in die Gegend von Langerwehe und Gürzenich im Nordosten. Naturräumlich läßt sich dieses Gebilde in drei Landschaftseinheiten untergliedern: in die zum Vennvorland gehörende Venn-Fußfläche in einer Höhenlage von ca. 200 - 300 m NN, in die gestufte Venn-Abdachung - die morphologisch durch einen relativ steilen Anstieg von ca. 300 auf etwa 580/600 m NN auf einer horizontalen Distanz von nur 5 bis 7 km, vegetationsgeographisch durch eine dichte Bewaldung und siedlungsgeographisch durch ein fast völliges Aussetzen von Besiedlung und landwirtschaftlicher Nutzung gekennzeichnet ist - und schließlich das eigentliche Venn-Plateau. Dieses erreicht in Form einer flachen, schildförmig gewölbten Hochfläche eine Höhe von 694 m NN auf der Botrange und ist damit der höchste Teil der Ardennen. Die Hochfläche wird durch SW - NE streichende quarzitische Härtlingszüge gegliedert. Zwischen ihnen liegen flache, langgestreckte Mulden, die als Quellmulden die für das Hohe Venn so charakteristischen Hochmoorkomplexe tragen.

Das Venn-Plateau als Kerngebiet des Hohen Venns liegt zum überwiegenden Teil auf belgischem Staatsgebiet, die größeren Moorgebiete stehen unter Naturschutz.

Die Exkursion deckt neben dem Venn-Plateau die Wälder und Forsten der Venn-Abdachung und das Umfeld von Eupen innerhalb des Vennvorlandes ab.

Geologie und Geomorphologie

In den Ardennen treten die ältesten Gesteine des Rheinischen Schiefergebirges zutage. Es handelt sich um altpaläozoische Sedimentgesteine, die bereits in der kaledonischen Gebirgsbildungsphase gefaltet und aufgewölbt wurden. In vier Aufbrüchen bzw. Sätteln tauchen sie aus den sie umgebenden devonischen Gesteinen auf. Das Massiv von Stavelot bzw. der Venn-Sattel erreicht dabei, den nördlichsten Ausläufer dieser Ardennen-Antiklinale bildend, die größte flächenmäßige Ausdehnung. Abb. 2 zeigt seine Lage am Nordrand des linksrheinischen Schiefergebirges. Abb. 3 zeigt die Schichtenfolge, die den erdgeschichtlichen Werdegang des Gebietes widerspiegelt; sie beginnt mit Gesteinen des mittleren Kambriums. Über das gesamte Kambrium bis ins untere Ordovizium (Trema-

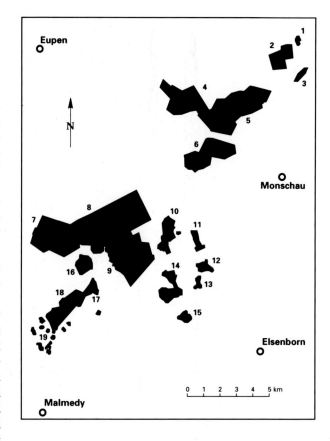

Abb. 1: Lage der Moorflächen auf dem Venn-Plateau, 1 = Wollerscheider Venn, 2 = Hoscheider Venn, 3 = Eicherscheider Venn, 4 = Kutenhart, 5 = Steinley, 6 = Brackvenn, 7 = Großes Moor, 8 = Hohes Moor, 9 = Wallonisches Venn, 10 = Cléfaye, 11 = Bergervenn, 12 = Schwarzes Venn, 13 = Herzogenvenn, 14 = Nesselo, 15 = Moorfläche bei Rurhof, 16 = Polleûr Venn, 17 = Neûr Lowé, 18 = Setai, 19 = Moorflächen bei Moûpa.

doc) wurden in ein relativ tiefes, sauerstoffarmes Geosynklinalmeer große Mengen toniger bis schluffig-sandiger Materialien sedimentiert, im weiteren Verlauf des Ordoviziums zunehmend gröber klastische Sedimente. Im oberen Ordovizium (Caradoc) erfolgte ein Zusammenschieben dieser mächtigen Schichtenfolge (altkaledonische Ardennenfaltung). Es entstand ein West-Ost streichendes, stark nordvergentes Faltengebirge, welches bis zum Unterdevon (Obergedinne) festländisch blieb. Die Gesteine der Tremadoc-Stufe (Ordovizium) werden als Salm-Schichten bezeichnet. Sie sind hier weniger metamorph als die Revin-Schichten des Kambriums und bestehen aus Tonschiefern und Sandsteinen.

Während des Silur erfolgte eine weitgehende Abtragung der ordovizischen und zum Teil auch der oberkambrischen Ablagerungen, besonders in den Sattelzonen des Faltengebirges. Zu Beginn des Devons (Unterdevon) sinkt das Gebiet des Venn-Sattels unter den Meeresspiegel und es setzt eine Sedimentzufuhr von Nordwesten her ein. Die Schichtenfolge setzt sich mit einem diskordant auf den altpaläozoischen Gesteinen lagernden Basiskonglomerat der obe-

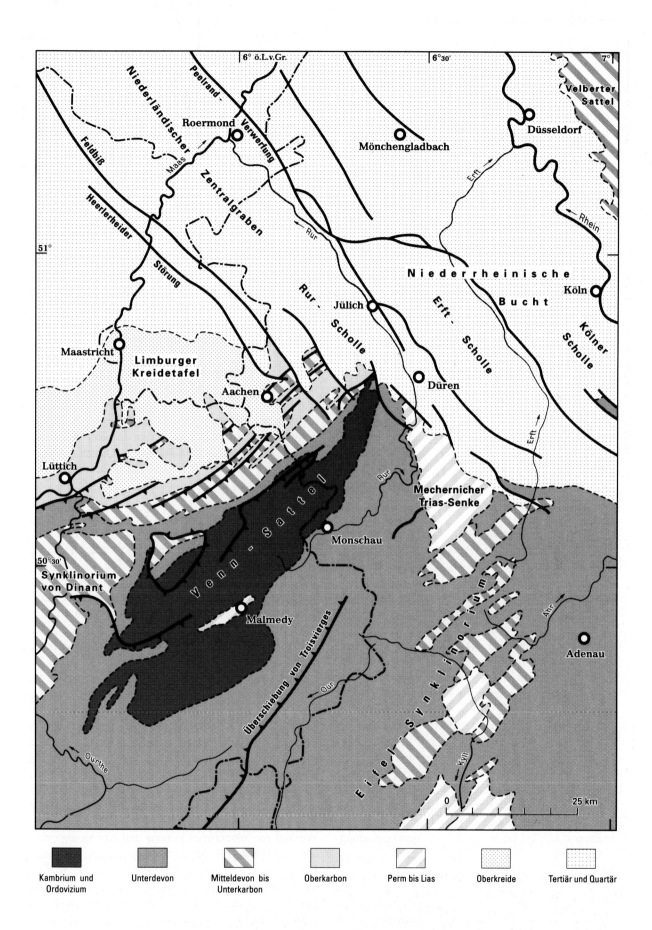

Abb. 2: Lage des Venn-Sattels am Nordrand des linksrheinischen Schiefergebirges; aus KNAPP 1980, verändert.

ren Gedinne-Stufe fort. Auf der Nordwestflanke des Venn-Sattels ist er in Form von Rinnenfüllungen ausgebildet und westlich der Wesertalsperre aufgeschlossen (**Standort 1.3**). Bis zur Wende Unter-/Oberkarbon blieb das Gebiet marin, wobei der Bereich des Venn-Sattels zumindest zeitweilig eine Untiefenzone darstellte. Ablagerungen aus dieser Zeit, die jünger als die der Gedinne-Stufe sind, sind im Exkursionsgebiet nicht erhalten.

Während der asturischen Phase wurde auch der Bereich des Venn-Sattels mit in die Faltung einbezogen, geschiefert und aufgewölbt sowie nach Nordwesten auf jüngere Ablagerungen überschoben. Es wurde eine neue Sattelstruktur (der Fringshaus-Sattel bildet seither den eigentlichen Kern des Venn-Sattels) und eine äußerst komplizierte innere Faltenstruktur des kambro-ordovizischen Kerns geschaffen; einhergehend damit erfolgte eine Metamorphose der prädevonischen Ablagerungen, besonders im Bereich der Südost-Flanke des Venn-Sattels.

Bis zum Ende des Mesozoikums blieb das Exkursionsgebiet Festland, das Faltengebirge wurde zu einer reliefarmen Rumpffläche abgetragen und unter wechselnden, zuletzt warmen und ariden Klimabedingungen bildeten sich tiefreichende Verwitterungsrinden aus. In der zweiten Hälfte der Oberkreide erfolgten Schollenbewegungen an Nordwest-Südost verlaufenden Störungslinien im Gebiet um Aachen, in deren Folge das Meer in mehreren Schüben in das Exkursionsgebiet vordrang. Im oberen Maastricht wurde schließlich der Venn-Sattel gänzlich überflutet.

Zur Beginn der Erdneuzeit wurde das Exkursionsgebiet wieder Festland und blieb es fast über das gesamte Alttertiär hinweg. Bis ins Oligozän wurden die kreidezeitlichen Sedimente unter feucht-warmen Klimabedingungen tiefgründig chemisch verwittert und weitgehend abgetragen. Reste dieser alttertiären Verwitterungsbildungen existieren als Feuerstein-Lehm, einem Verwitterungsprodukt der Orsbacher Feuersteinkreide aus dem unteren Obermaastricht. Um die Wende Alt-/Jungtertiär bzw. Oligozän/ Miozän gelangten nach einer Meerestransgression von Nordwesten her marine Sande zur Ablagerung, die zu den Kölner Schichten gestellt werden. Im frühen Miozän jedoch setzte eine Hebung des gesamten Gebietes auch der nördlichen Eifel ein, so daß die oft nur geringmächtige Bedeckung aus alttertiären Sedimenten und die unterlagernde Verwitterungsrinde rasch wieder der Abtragung ausgesetzt waren. Im Bereich des Hohen Venns sind Reste dieser Verwitterungsbildungen großflächig erhalten. Die Hebungstendenz des Gebirges verstärkte sich während des Pliozäns und hält bis heute an. Die Fließgewässer schnitten sich parallel dazu in das Grundgebirge ein, um das heutige Mittelgebirgsrelief herauszupräparieren.

Während der Kaltzeiten des Pleistozäns entstanden im Gebirge Frostschuttböden und Löß wurde aufgeweht. Unter periglazialen Klimabedingungen wurden durch Solifluktion auf den Hochflächen bei geringer Hangneigung Löß und Frostschutt in die vorhandenen Verwitterungslehme eingemischt, während bei stärkerer Hangneigung Fließerden entstanden, die zum Teil erhebliche Mächtigkeiten erreichen und oft große Quarzitblöcke enthalten. Die Palsen-Bildung fällt in die Zeit des ausgehenden Pleistozäns.

Die Ablagerungen in den Tälern entstammen dem Holozän. Es handelt sich in der Regel um mehr oder weniger schluffige Sedimente, aber auch um Sande, Kiese oder Gerölle. Die Moorbildung setzte mit dem Präboreal ein.

Die im Bereich des Venn-Sattels vorkommenden magmatischen Gesteine gehören altersmäßig ins Paläozoikum und bilden eine saure und eine basische Gruppe. Als Tiefengestein der sauren Gruppe ist der Tonalit des Herzogenhügels im Hilltal zu nennen, ein intrusiv in kambrischen Schichten steckender, 100 m mächtiger Lagergang mit einem mehrere 100 m breiten Kontakthof (**Standort 2.2**). Im oberen Getzbachtal ist als Ganggesteinsäquivalent des Tonalits ein Tonalitporphyrit, im mittleren Wesertal ein Quarz-Diabas-Gang als Vertreter der basischen Gruppe aufgeschlossen.

Im Zuge der tektonischen Beanspruchung des Gebirges um die mittlere Oberkreide, verstärkt aber ab dem mittleren Tertiär, ist die Schichtenfolge verstellt worden. Die tektonischen Bewegungen dokumentieren sich in einer Aufwölbung des Venn-Sattels, d.h. in einer Verbiegung und einer Verkippung nach Norden, in Querstörungen sowie in einer Klüftung, besonders des prädevonischen Gesteinssockels.

Auf tektonische Bewegungen läßt sich auch die heutige Ausprägung des Reliefs ursächlich zurückführen. Über den steilen, jungen Taleinschnitten läßt sich ein System von Einebnungsflächen erkennen, welches sich in Alt- und Jungflächen gliedert. Die ältesten Flächen besitzen oberkretazisches Alter und entstammen der langen Festlandsperiode des Gebietes während des Mesozoikums vor der Transgression des Oberkreide-Meeres. Die Zeit vom Oberkarbon bis zur Oberkreide ist die Zeitspanne der höchsten Heraushebung des Hohen Venns. In dieser Zeit entstand durch intensive Verwitterung und Abtragung eine ältere Einebnungsfläche, die durch nachträgliche tektonische Verbiegung und eine pultförmige Verkippung des Gebirgsblockes zur Tertiärzeit in ihre heutige Lage gekommen ist. Sie zeigt ein starkes Einfallen in nördliche Richtung und fällt dabei von ca. 670 m um Mont Rigi über ca. 610 m nördlich des Steling auf ca. 560 - 580 m NN bei Fringshaus ab. Auch im Bereich ihrer größten Höhenlage trägt sie noch flächenhaft Verwitterungsprodukte kreidezeitlicher Ablagerungen. Nach wohl mehrmaligem Wechsel von tektonischer Hebung und Absenkung erfolgte ab der Wende Alt-/Jungtertiär eine stärkere, schubweise Hebung und Verkippung des Gebirgsrumpfes, wodurch ein System von Jungflächen geschaffen wurde. Besonders gut zu verfolgen ist diese Flächentreppe im Umfeld der Ortschaft Roetgen bei der Fahrt auf der Bundesstraße B 258 mit Niveaus bei 385 - 395 m und 415 - 440 m sowie bei 450 - 470 m, 485 - 500 m, 515 - 525 m NN; ansatzweise erkennt man diese Treppung auch auf der

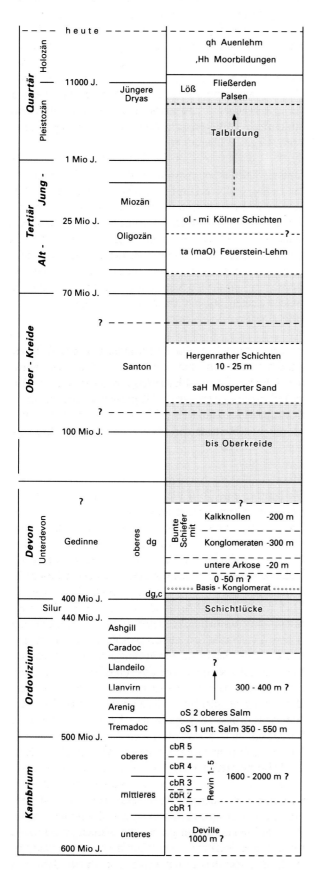

Abb. 3: Schichtenfolge im Exkursionsgebiet

Fahrt von Mützenich nach Eupen sowie von Eupen nach Baraque Michel.

Eine verstärkte Heraushebung des Geländes ab dem Pliozän, vor allem aber im Pleistozän, erhöhte die Erosionskraft der Fließgewässer, so daß diese durch rückschreitende Erosion Steiltäler in die älteren Flächensysteme hineinverlegen konnten. Den heutigen Mittelgebirgscharakter erhielt das Hohe Venn wie auch die Nordeifel erst durch diese hauptsächlich quartären Hebungsvorgänge.

Während des jüngeren Pleistozäns entstanden Fließerden auf den geneigten Hochflächen des Venn-Plateaus und den Talhängen durch solifluidale Prozesse. Es kam hierdurch zu einer Vermischung und Umlagerung der tertiären Verwitterungsprodukte (Tone der Verwitterungsrinde, Reste der Feuerstein-Kreide und kreidezeitlicher Sande, Quarzitblöcke) sowie zu einer oberflächlichen Einmischung von Löß und Lößlehm, wobei der Löß der jüngsten Glazialzeit (Weichsel/Würm) entstammt.

Die auffälligsten Elemente des periglazialen Formenschatzes sind sicherlich die Spuren periglazialer Erdhügel, sogenannter mineralischer Palsen, die ein Charakteristikum des Hohen Venns darstellen. Es handelt sich um meist runde, aber auch ovale oder langgestreckte Wallstrukturen. Die Wälle erreichen Höhen von bis zu 5 Metern über dem Ausgangsniveau; die meist geschlossenen Formen umgeben Hohlformen von bis zu 8 Metern Tiefe. Diese sind mehr oder weniger mit Wasser gefüllt und bilden dann Tümpel oder Niedermoorstandorte (**Standorte 1.1 und 2.1**).

Als Entstehungszeit der Palsen wird die Jüngere Dryas-Zeit ca. 11.000 Jahre vor heute angenommen. Im Innern der Wall-Struktur fand man Torfe sowie vulkanische Stäube, die sich auf ca. 12.500 bzw. ca. 11.000 Jahre vor heute (= Laacher See-Tuff 5) datieren ließen, womit sie der Alleröd-Wärmeschwankung zugeordnet werden können. Diese stammen aus der Zeit vor der Palsen-Entstehung, da sie heute in einer verfalteten Schichtlagerung vorliegen.

Zuerst setzte dann in den Hohlformen der Palsen-Strukturen ab dem Präboreal eine Moorbildung ein, die durch Entwässerungsmaßnahmen des Menschen in den letzten Jahrhunderten vielfach unterbrochen oder gar ganz beendet wurde; stellenweise erfolgte auch durch Torfstich eine weitgehende Entfernung der Torfauflagen. Die noch vorhandenen Torfauflagen, die im Bereich des intakten Hochmoores maximale Mächtigkeiten von 10 Metern erreichen, überdecken heute großflächig ein älteres Kleinrelief.

Rezente formenbildende Prozesse beschränken sich fast ausschließlich auf die Wirkung des fließenden Wassers perennierender oder episodischer Wasserläufe; diese entspringen weitgespannten Quellmulden. Bei hoher Wasserführung haben die Bäche eine hohe Erosions- und Transportkraft; sie richten dann mitunter starke Schäden an Brücken und im Uferbereich an (**Standorte 2.2 und 2.3**).

Nach dem Bau zahlreicher Talsperren kommt es unterhalb der Staumauern kaum mehr zu Schäden, da der Wasserabfluß jetzt ganzjährig reguliert wird.

Die Zahl der gut vorzeigbaren geologischen Aufschlüsse ist im Exkursionsgebiet relativ gering; sie liegen zudem verstreut und sind mit Kraftfahrzeugen kaum zu erreichen. Ein Aufsuchen mehrerer Aufschlüsse wird daher am Zeitbudget für eine Exkursion i.d.R. scheitern, so daß nur wenige ausgewählte Standorte in die Routenplanung aufgenommen werden.

Böden

Im Bereich des Venn-Plateaus und der Venn-Abdachung stellen Böden mit durch Staunässe bedingten hydromorphen Merkmalen den flächenmäßig größten Anteil der vorkommenden Bodentypen. Nach der Bodenart kann man eine gewisse Homogenität der vorkommenden Bodenkörper erkennen, denn es handelt sich in der Regel um mehr oder weniger steinige, schluffige bis tonige Lehmböden. Örtlich tritt bei entsprechender Beschaffenheit der Ausgangsmaterialien (Sande, Sandsteine, Quarzite) eine stärker sandige Bodenart auf.

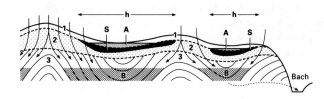

Abb. 4: Schematische Darstellung der Boden- und Grundwasserverhältnisse und der Verteilung der hydromorphen Böden
1 = wasserdurchlässiger Oberboden, 2 = Verwitterungszone,
3 = paläozoischer Gesteinssockel, A = gestautes Bodenwasser/-Staunässebereich, B = Grundwasserbereich, S = Staukörper, h = hydromorphe Böden. (aus POHAUT 1961)

Als das Ausgangssubstrat mit der flächenmäßig größten Verbreitung und folglich auch mit der größten Bedeutung für die Beschaffenheit der Böden sind die Solifluktionsbildungen der letzten Vereisungsstadien des Pleistozän auf den flachen bis leicht hängigen höheren Lagen des Venns zu nennen. Neben einem zum Teil hohen Anteil an Resten tertiärzeitlicher Verwitterungsprodukte enthalten diese mehrmals umgelagerten Fließerden Lößlehmanteile, Sande, Tone sowie auch größere Anteile an Quarzit-Frostschuttrelikten (Grus bis Blöcke). Die Verwitterungsprodukte des Tertiärs prägen bei ihrem Auftreten die Bodenbildungsprozesse nachhaltig. Es handelt sich neben Resten von Feuerstein-Lehm hauptsächlich um Graulehme oder Grauplastosole. Die ursprünglich mächtigen Profile waren gekennzeichnet durch hohe Tongehalte, wobei im oberen Profilbereich Kaolinite und im unteren Profilbereich Illite als Tonminerale überwogen. In den heute noch vorhandenen Resten überwiegen Illite.

Im Holozän schuf die Bodenbildung auf diesen Solifluktionsmassen der Graulehme Pseudogley-ähnliche Böden,

sogenannte Graulehm-Pseudogleye, stark verwitterte, stark verarmte, saure, dicht gelagerte Böden.

Die hier vorkommenden Pseudogleye sind als primäre Pseudogleye anzusehen; Stauzone und Staukörper sind kaum voneinander zu unterscheiden. In der Regel treten Humusauflagen auf, die unter Laubwaldbedeckung sowohl gering-mächtiger (7 cm) sind als auch in einer günstigeren Humusform vorliegen (schlechter Moder) als unter Nadelwald (10 cm, rohhumusartiger Moder bis Rohhumus).

Sind die Solifluktionsmassen besonders tonreich oder sind im Untergrund Staukörper vorhanden, dies können u.a. ungestörte Reste der oben erwähnten tertiären Verwitterungsdecken sein, so sind Staunässeböden in extremer Ausprägung, Stagnogleye oder Anmoor-Stagnogleye entstanden. Sie finden sich vorwiegend an flachen Oberhängen und im Bereich der Quellmulden. Kennzeichnend für sie ist eine anhaltende Vernässung des gesamten Profils, welche gleichbedeutend mit anhaltender Luftarmut und relativ niedrigen Bodentemperaturen ist; hierdurch unterliegen organische Komplexbildner nur einem gehemmten Abbau und unter reduktiven Bedingungen können Eisen, Mangan und Aluminium gelöst und im Oberboden lateral abtransportiert werden. Dies führte zu einer starken Marmorierung des Unterbodens. Häufig haben sich bis 30 cm mächtige Humusauflagen gebildet; bei ganzjähriger Wassersättigung bis nahe der Oberfläche ist es zur Moorbildung gekommen.

Moorböden sind als vollhydromorphe Böden anzusehen. Sie besitzen eine Torfauflage von mehr als 30 cm Mächtigkeit mit einem Gehalt an organischer Substanz in der Trockenmasse von mehr als 30 % und starke Reduktionsmerkmale in ihrem Mineralkörper. Neben ausgedehnten Niedermoor-Komplexen entstanden auch Hochmoore, die - ökologisch intakt - heute jedoch nur noch in Resten erhalten sind.

Sofern die Solifluktionsmassen weniger tonreich sind und höhere Sandanteile enthalten, sind sie wasserdurchlässiger und der Grad der Pseudovergleyung nimmt ab. In ebener Lage inselartig sowie im Bereich von Kuppen und Talhängen sind in die geschlossenen Pseudogley-Komplexe Braunerden eingeschaltet. Diese sauren Braunerden treten sowohl in typischer Ausprägung - bei gut wasserzügigen Substraten und in staunässefreien Lagen - als auch in Übergangsformen zu Pseudogleyen und Podsolen, ebenso auch als Ockererden auf.

Podsolierte Braunerden finden sich bei grobkörnigem, sandigem oder quarzitischem, gut wasserdurchlässigem Ausgangsmaterial besonders an den Südhängen der Täler im unteren Hangbereich. Der Unterboden ist auch hier oft verdichtet oder etwas tonreicher. Humusauflagen, eine extrem starke Versauerung sowie niedrige Nährstoffgehalte sind wie bei den Staunässeböden vorhanden, dazu eine Bleichung im Oberboden. Pseudovergleyte Braunerden treten in der Nachbarschaft von Pseudogleyen bei etwas stärkerer Hangneigung auf; einer nur kurzen Feucht-

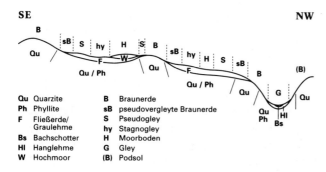

SE   NW

Qu	Quarzite	B	Braunerde
Ph	Phyllite	sB	pseudovergleyte Braunerde
F	Fließerde/	S	Pseudogley
	Graulehme	hy	Stagnogley
Bs	Bachschotter	H	Moorboden
Hl	Hanglehme	G	Gley
W	Hochmoor	(B)	Podsol

Abb. 5: Catena des Venn-Plateaus und der nordwestlichen
Venn-Abdachung

phase steht eine überwiegende Trockenphase gegenüber, so daß hydromorphe Merkmale nur in schwacher Ausprägung vorhanden sind. Ockerbraunerden, deren Name schon auf eine stärkere Anreicherung von Eisen im B-Horizont hindeutet, treten in der Nachbarschaft von Stagnogleyen auf; eine Eisenzufuhr aus diesen kommt durch lateralen Wasserzug zustande. Relativ häufig findet sich auch eine Kombination von Pseudovergleyung und Podsolierung. Die typischen Sauerbraunerden besitzen stabile Aggregate und neigen aufgrund der Anwesenheit von Al- und Fe-Oxiden kaum zur Tonverlagerung. Hohe Steingehalte sowie Flachgründigkeit sind neben der örtlich auch auftretenden Gefahr von Trockenschäden kennzeichnend.

Allen Böden im Bereich des Hohen Venns gemeinsam ist eine ausgeprägte Nährstoffarmut und Versauerung. Die pH-Werte der Böden liegen überwiegend unter 5 (sauer bis extrem sauer). Bei staunassen Böden kommt eine gewisse Luftarmut hinzu, was insgesamt negative Auswirkungen auf die Entwicklung der Ektomykorrhiza im Boden hat. Anspruchslose Pflanzen, bei den Waldbäumen vor allem die Fichte, finden geeignete Lebensbedingungen. Die Fichte erbringt eine befriedigende bis gute Ertragsleistung, ist auf den Pseudogleystandorten jedoch stark windwurfgefährdet.

Im Bereich der Täler (Talböden) sind im Einflußbereich des Grundwassers Gley-Böden entstanden. Aufgrund ihrer Entstehung aus lehmigen Bachablagerungen, denen jedoch verschiedene Lockergesteine beigemischt sind, ist ihre Bodenart in weiten Grenzen variabel und auch der Steingehalt wechselt häufig. In den Überflutungsbereichen der Flüsse sind aus lehmigen Ablagerungen Auenböden entstanden.

Durch Wirtschaftätigkeit hat der Mensch als zusätzlicher Bodenbildungsfaktor in den Bodenbildungsprozess eingegriffen; die Niederwaldwirtschaft besonders des 19. Jahrhunderts führte lokal über die Stadien der Verheidung und Verkrautung zu einer Degradation der ehemaligen Waldböden zu Rohböden. Eine Regeneration der durch Erosion und Plaggenhieb geschädigten Böden wurde durch Waldweide sowie Rott- und Schiffelwirtschaft verhindert.

Die Vergesellschaftung der Bodentypen in Beziehung zum Relief und zur Gesteinsausprägung zeigt Abbildung 5 in einem idealisierten Landschaftsschnitt durch die nordwestliche Venn-Abdachung.

Klima

Aufgrund seiner exponierten Luv-Lage in der Westdrift herrscht im Bereich des Hohen Venns ein ozeanisch geprägtes, feucht-gemäßigtes Klima mit kühlen, feuchten Sommern und langen, aber nur mäßig kalten, schneereichen Wintern. Der Temperaturverlauf über das Jahr ist relativ ausgeglichen. Bei vorherrschenden westlichen bis südwestlichen Winden fallen die Niederschläge hauptsächlich im Sommer und Winter. Für den Bereich der Hochfläche können durchschnittliche Windgeschwindigkeiten zwischen 30 und 40 km/h angegeben werden. Auch höhere Windgeschwindigkeiten sind nicht selten zu verzeichnen, womit dann starke Schäden (Windwurf) verbunden sind. Während der Übergangsjahreszeiten ist ein leichter kontinentaler Einfluß mit vorherrschenden Winden aus nördlichen bis östlichen Richtungen erkennbar. Die hohen Niederschläge der aktuellen Klimaepoche sind sowohl wirtschaftlich als auch ökologisch bedeutungsvoll.

Für die hochgelegenen Plateaubereiche können jährliche Niederschlagsmengen um 1.400 mm bei Jahresdurchschnittstemperaturen um 6° C angegeben werden; in den Talbereichen fallen um 1.100 mm Niederschlag, wobei die Temperaturen um 8 - 9° C liegen. In Verbindung mit sommerlichen Gewittern treten ergiebige Starkregen auf. Die frostfreie Jahreszeit ist relativ kurz; Bodenfrost kann auf den Plateaulagen praktisch ganzjährig auftreten. Tau und Nebel sind häufig.

Aufgrund der häufigen und dichten Bewölkung und der hohen Zahl trüber Tage ist die direkte Sonneneinstrahlung stark behindert. Die Zahl der Sonnenscheinstunden erreicht ca. 1.500 im Jahr und bleibt damit relativ gering. Folglich ist die Lufterwärmung durch Sonneneinstrahlung nicht sehr ausgeprägt.

Die Lufttemperatur erreicht ihre höchsten Werte im Juli/August, ihre niedrigsten im Januar/Februar. Die durchschnittliche tägliche Amplitude beträgt für die Station Botrange 7,2° C und erreicht im Monat Mai maximal 9,5° C; damit muß sie als niedrig angesehen werden. Noch höher als die Zahl der trüben Tage ist die Zahl der Tage mit Niederschlag: im langjährigen Mittel ca. 210 Tage. Die Verteilung der Niederschläge zeigt eine Zweigipfligkeit mit Depressionen im Frühjahr und Herbst. In diesen Jahreszeiten treten häufig ausgeprägte Trockenperioden auf, während die Sommer - verstärkt durch heftige und ergiebige Gewitterniederschläge - und Winter ausgesprochen feucht sind. Die feuchten Winter sind hier gleichbedeutend mit Schneefällen und beständigen Schneedecken, die eine Mächtigkeit von über 50 cm erreichen.

Tab. 1:Wichtige klimatologische und phänologische Daten für das Venn-Plateau und den nordwestlichen Venn-Abfall

	Venn-Abfall	Venn-Plateau
Jahresmitteltemp. (°C)	7,0 - 9,0	5,5 - 7,0
Januar-Mitteltemp.(°C)	-0,8 - 0,7	-1,7 - -0,8
Juli-Mitteltemp. (°C)	15,0 - 16,5	14,0 - 15,0
Trockenheitsindex	55	90
Jahresniederschl. (mm)	850 - 1.200	1.200 - 1.500
Schneefalltage	32	62
Tage mit Schneedecke	25 - 60	60 - >75
mittl. max. Höhe (cm)	25 - 40	40 - >55
Mittleres Datum der Frühfröste	25.10.	15.10.
Mittleres Datum der Spätfröste	27.04.	10.05.
Zahl der Eistage	17	36
Zahl der Frosttage	82	136
Zahl der heiterenTage	41	36
Zahl der Sonnentage	25	9
Mittleres Datum der Schneeglöckchenblüte	01.03.	21.03.
Mittleres Datum des Vollfrühlingsanfangs	06. - 15.05.	15. - 27.05.
Mittleres Datum der Haferernte	> 10.08.	> 23.08.
Hauptvegetations-periode in Tagen	138 - 150	127 - 138

Wasserhaushalt

Als Grundwasser führende Schichten kommt nur den Klüften und Spalten im Grundgebirge eine gewisse Bedeutung zu. Trotz einer schwachen Kapazität zirkuliert in ihnen ständig Wasser, welches dauerhaft Quellen speist. Jüngere Deckschichten sind wenig ergiebig und spenden nur temporär Wasser. Die weite Verbreitung dicht lagernder Böden behindert allgemein eine Grundwasserbildung. Die Böden des Hohen Venns weisen z.T. nur sehr geringe Versickerungsraten auf, so daß große Anteile des Niederschlags in den Böden gespeichert werden oder oberflächlich abfließen; insgesamt dominiert der Anteil des Abflusses.

Das Gewässernetz im Hohen Venn ist relativ dicht, nicht zuletzt aufgrund der vielen künstlich angelegten Entwässerungsgräben; ein Blick auf eine topographische Karte zeigt dies. Die Hauptbäche und ihre größeren Nebenbäche entspringen in den großen Moorkomplexen, wobei sich die Quellen ihrer oft zahlreichen Quelläste entlang von Quellhorizonten gruppieren.

Die den Mooren entspringenden Bäche zeigen extreme Spitzen in ihrem Abflußverhalten. Nach Niederschlägen fließt das Wasser sehr schnell ab und bringt dabei eine hohe Fracht an Huminstoffen aus den Moorgebieten mit. Dies ist mit der Tatsache zu begründen, daß ein hoher Anteil der Moore mehr oder weniger stark drainiert ist,

was das Abflußverhalten gegenüber unberührten Mooren negativ beeinflußt. Eine kontinuierliche und gleichmäßige Wasserführung ist nicht zu beobachten; ausgeprägte Abflußspitzen sind die Regel. Forschungen zum hydrologischen Einfluß der Moore in Gebirgsgebieten zeigten, daß auch intakte Moore kaum eine ausgleichende Wirkung auf den Wasserhaushalt haben. Da die Torfkörper praktisch ständig wassergesättigt sind, fehlt ihnen ein nennenswertes Retentionsvermögen. Kurzzeitig hohe Abflußspenden bei Schneeschmelze und nach Starkniederschlägen sowie ein geringer bis versiegender Abfluß in Trockenperioden sind allgemein kennzeichnend für Moore. Es kann ihnen aber dennoch eine gewisse hydrologische Funktion zukommen, wenn im Gebiet ihrer Verbreitung solche Böden vorherrschen, die aufgrund ihrer Korngrößenzusammensetzung (Bodenart) oder ihrer Genese (Bodentyp) einen Oberflächenabfluß begünstigen, was im Hohen Venn der Fall ist; dann wird der Abfluß durch die Moorpassage zumindest verzögert.

Den Waldbeständen ist ein durchaus positiver Einfluß auf den Wasserhaushalt zuzuschreiben. Die Interzeptionswirkung von Waldbeständen wird ergänzt durch Schneeakkumulation und eine Dämpfung der Abflußmenge bei der Schneeschmelze durch verzögertes Abschmelzen des Schnees. Von besonderer Bedeutung ist hier sicherlich auch die Bodenschutzfunktion, die Waldbeständen in Gebirgsregionen zukommt.

Neben einem negativen Einfluß der Moore auf das Abflußregime ist ein solcher auch auf die Wasserqualität der Oberflächengewässer festzustellen. Besonders bei hohen Abflüssen werden erhebliche Mengen von Huminstoffen aus dem Moor abgeführt, die eine Trinkwassernutzung der Wässer erschweren. Aus kultivierten und vorentwässerten Moorböden findet zudem ein Austrag von Stickstoff und Phosphat statt, der eine eutrophierende Wirkung auf die Fließgewässer ausübt.

Die Wasserbeschaffenheit der Wässer in Bächen, Gräben und Moortümpeln ist durchaus typisch für Moorgebiete. Die pH-Werte liegen zwischen 4 und 5, extrem niedrige Werte unter 4 kann man im Bereich der Hochmoore und im Umfeld von Fichtenforsten messen. Wasser aus Niedermooren weist häufig einen pH-Wert über 5 auf. Die Wässer sind sehr salzarm, zeigen eine sehr geringe elektrische Leitfähigkeit. Die Frachten von Humin- und Trübstoffen sind jedoch beträchtlich; auch gelöste Metallionen (z.B. Aluminium) findet man im Wasser. Der schnelle Abfluß des Moorwassers führt in Verbindung mit einem hohen Sauerstoffeintrag aufgrund hoher Turbulenzen zu einer weiter zunehmenden kolloidalen und humosen Trübung des Wassers. Daher zeigt das Bachwasser besonders bei hoher Wasserführung eine gelbliche bis bräunliche Färbung und auch Schaumbildung.

Das natürliche Gewässernetz ist durch den Aufstau von Flüssen und durch Gewässerumleitungen als ergänzende wasserwirtschaftliche Maßnahmen grundlegend umgestaltet. Unmittelbar unterhalb des ehemaligen Zusammenflusses von Getzbach und Weser hat man in den Jahren 1935 - 1949 das Wesertal durch einen 410 Meter langen und 63 Meter hohen Gewichtsdamm aus Beton verbaut und somit ca. 25 Mio. m³ Stauraum geschaffen; die Wasserfläche hat eine Größe von ca. 126 ha. Die in der Planung auf die Zeit vor dem ersten Weltkrieg zurückgehende Wesertalsperre (Lac d' Eupen) ist die größte Talsperre Belgiens und dient in erster Linie der Wasserversorgung von Bevölkerung und Industrie (Eupen, Herver Land, Lüttich). Darüber hinaus dient die Talsperre dem Hochwasserschutz und gewährleistet einen gleichmäßigen Abfluß der Weser über das ganze Jahr (**Standort 1.4**).

Als ergänzende Maßnahmen sind einige Gewässerumleitungen realisiert worden, um einerseits die Kapazität der Talsperre voll ausnutzen zu können und um andererseits das Wasser vor anthropogen bedingten Verunreinigungen zu schützen. Dem ersten Zweck dient die Überleitung von Hill-Wasser durch einen Stollen in die Talsperre. Um Siedlungsabwässer aus der Talsperre fernzuhalten wird die Weser westlich von Roetgen durch einen Stollen in den Grölisbach umgeleitet. Damit auf diese Weise nicht zuviel Wasser der Weser für die Talsperre verloren geht, baute man nach 1956 einen 3,5 km langen Betonkanal, durch den das Wasser der Weser zum überwiegenden Teil vor dem Grenzübertritt des Weserlaufs auf das Staatsgebiet der Bundesrepublik Deutschland in den Steinbach umgeleitet wird.

Die älteste Talsperre Belgiens ist die Gileppe-Talsperre (Lac de la Gileppe), erbaut 1869-1876 südwestlich von Eupen. Neben der Gileppe speist umgeleitetes Soor-Wasser (aus dem Hohen Moor) den heute ca. 24 Mio. m³ Wasser fassenden Trinkwasserspeicher für Vervier und Umgebung. Nördlich von Roetgen speist der Dreilägerbach aus dem Wollerscheider Venn die 1909-1912 erbaute Dreilägerbachtalsperre. Der ca. 4 Mio. m³ fassende Stausee dient der Trinkwasserversorgung von Kreis und Stadt Aachen; er ist nördlicher Eckpunkt des Verbundsystems der Eifelstauseen. Südlich des Hohen Venns wurde die Warche zu gleich zwei Talsperren (Bütgenbach und Robertville) aufgestaut. Ursprünglich zur Elektrizitätsversorgung gebaut, dienen die beiden Stauseen heute in erster Linie als Freizeitgewässer.

Vegetation/Landnutzung

Die Vegetation im Hohen Venn besteht aus einem charakteristischen Mosaik verschiedener Florenelemente bzw. Arealtypen. In der subatlantischen Provinz der mitteleuropäischen Florenregion gelegen, durchmischen sich hier typische mitteleuropäische mit atlantischen bis subatlantischen und boreal-gemäßigten Florenelementen. Hinzu kommen noch submediterrane, kontinentale, montane bis alpine und nordische Elemente. Diesen vielfältigen, wissenschaftlich wie ästhetisch interessanten Vegetationsaufbau hat vor allem SCHWICKERATH beschrieben.

Die räumliche Anordnung und die pflanzensoziologische Zusammensetzung der einzelnen Vegetationseinheiten bzw. -typen ist primär bedingt durch die jeweils spezifischen edaphischen und klimatischen Gegebenheiten an den Pflanzenstandorten. Zudem ist die Ausprägung der einzelnen Vegetationseinheiten das Ergebnis einer langen Entwicklungsreihe der Vegetation im Hohen Venn wie auch im gesamten Mitteleuropa.

Die Vegetationsentwicklung in Mitteleuropa seit der letzten Eiszeit verlief im wesentlichen parallel zu einer klimatischen Entwicklung, die generell von einer Erwärmungstendenz geprägt war. Entsprechend den jeweiligen Temperatur- und Feuchteverhältnissen zeigten die Vegetationsformationen eine charakteristische Artenzusammensetzung. Die grundsätzliche Übereinstimmung der Vegetationsentwicklung im Hohen Venn mit der in Mittel- bzw. Nordwesteuropa ist durch eine Reihe pollenanalytischer Untersuchungen von Torfen aus den Mooren des Hohen Venns belegt.

Zur Zeit, als der Mensch das Hohe Venn erstmals betrat, bedeckten ausgedehnte Rotbuchenwälder den Venn-Abhang und die trockeneren Bereiche des Venn-Plateaus. Die feuchteren Standorte trugen Erlen- und Birkenbruchwälder oder waren von ausgedehnten Mooren bedeckt. Die in Kapitel IX beschriebenen menschlichen Eingriffe in die Vegetationsentwicklung in größerem Ausmaß werden ab der Zeit der großen karolingischen Rodungsperiode (um 1000 n.Chr.) erkennbar. Ab dem späten Mittelalter kann von einem stärkeren Druck auch auf die Wald- und Moorbereiche des Hohen Venns ausgegangen werden. Die Bewirtschaftung der Wälder führte häufig zu Mittel- und Niederwäldern. Gegenüber den anderen Baumarten wurde die Eiche gefördert (Lohegewinnung). Die Walddegradation führte über die Niederwälder schließlich zu einer völligen Entwaldung weiter Bereiche und zu einer Ausdehnung der Heide mit Ericaceen und Pfeifengras, die durch Mahd und Brennen gegenüber anderen Arten begünstigt wurden. Ab dem 19. Jahrhundert, als die waldlosen Flächen ihre größte Ausdehnung erreicht hatten, begann man mit der Aufforstung dieser mit Nadelhölzern. Kiefern, vor allem aber Fichten, wurden parallel mit Entwässerungsmaßnahmen gepflanzt oder ausgesät. Diese Kulturforsten bestimmen heute weithin das Landschaftsbild.

Im Gegensatz zur realen natürlichen und zur Potentiellen Natürlichen Vegetation ist die heutige tatsächliche Vegetation weitgehend bestimmt von Nadelbäumen, obwohl nur die Bergkiefer (*Pinus mugo*) natürlicherweise im Hohen Venn auf Moorstandorten vorkommt. Lediglich im Hochmoorbereich und in einigen Laubwaldbeständen entspricht die heutige tatsächliche Vegetation der natürlichen. Nach der Zeit einer ausgedehnten Walddevastation wurden ab dem beginnenden 19. Jh. Heideflächen zunächst mit Kiefern (*Pinus sylvestris*) und Fichten (*Picea abies*), dann jedoch fast ausschließlich mit Fichten aufgeforstet. Ab der Mitte des 19. Jhs. begann man auch mit der Umwandlung von Laubwald in Fichten-Monokulturen. Diese monotonen Kulturforsten bedecken heute weite Bereiche des Hohen Venns (ca. 80 - 90% der Waldfläche). Besonders auf den Pseudogley-Böden ist die Fichte sehr vital und erbringt auch sehr gute Erträge. Seit einigen Jahren werden neben der Fichte andere Nadelbaumarten versuchsweise angepflanzt: die Sitka-Fichte (*Picea sitchensis*), die Küsten-Douglasie (*Pseudotsuga menziesii*) sowie die Europäische und die Japanische Lärche (*Larix dicidua, L. kaempferi*). Ihr Anteil an den Nadelhölzern insgesamt liegt zusammen mit einzelnen Tannenkulturen bei etwa 5 %.

Auf einigen Flächen finden sich auch Mischwälder aus Laub- und Nadelhölzern. Hier wurden Relikte der natürlichen Laubwälder durch Aufforstung mit Fichten ergänzt. Die verbliebenen reinen Laubwaldbestände sind Relikte der ursprünglichen natürlichen Vegetation oder anthropogen gestörte Fragmente dieser; daher entsprechen sie ihr in ihrer Artenzusammensetzung weitgehend. Allgemein herrscht die Stieleiche vor, sowohl edaphisch bedingt als auch anthropogen begünstigt. Bruchwälder beschränken sich auf Niedermoorstandorte.

Verschiedene Hochmoorbereiche, z.B. im südwestlichen Teil des NSG Brackvenn, sind intakt und wachsend. Unterschiedliche Hochmoorgesellschaften (*Sphagnetum*) durchmischen sich. In den randlichen, gestörten Bereichen und auf den Regenerationskomplexen finden sich neben den Hochmoor-bildenden Arten (Torfmoose, scheidiges Wollgras, armblütige Segge (*Carex pauciflora*), Rosmarinheide (*Andromeda polifolia*), kleinfrüchtige Moorbeere (*Vaccinium oxycoccus*) u.a.) auch Torf-abbauende Zwergsträucher und Heidevertreter (Besenheide (*Calluna vulgaris*), Glockenheide (*Erica tetralix*), schwarze Kräherbeere (*Empetrum nigrum*), Beinbrech (*Narthetium ossifragum*) u.a.). Das vermehrte Auftreten von Pfeifengras, welches mitunter geschlossene Bestände bildet, ist als Indikator für Störungen des Moor-Ökosystems anzusehen (**Standorte 1.1 und 2.1**).

Die Gesellschaften der Heideformation sind als Degradationsstadien der ursprünglichen Laubwälder anzusehen. Ein typischer Vertreter der Trockenheide ist die Besenheide-Preiselbeer-Gesellschaft (*Calluno-Vaccinietum vitis-idaea*) mit Borstgras (*Nardus stricta*). Auf den feuchten Standorten der Eichen-Birkenwälder sind Glockenheide-Gesellschaften (*Ericetum tetralicis*) und Borstgras-Binsen-Gesellschaften (*Nardo-Junctum squarrosi*) - sparrige Binse (*Juncus squarrosus*) - ausgebildet. Verschiedene Zwergsträucher und Pfeifengras sind regelmäßig vertreten.

Die zahlreichen und ausgedehnten Niedermoorstandorte im Randbereich der Hochmoore, im Bereich der Palsen-Relikte und in sumpfigen Mulden sind gekennzeichnet durch Gesellschaften, die in erster Linie von Binsen und Seggen gebildet werden. Die Fadenbinse (*Juncus filiformis*), die sparrige Binse, die spitzblütige Binse (*J. acutiflorus*), das schmalblättrige Wollgras, das weiße Schnabelried (*Rhynchospora alba*), die armblütige Segge, die verlängerte Segge, die Schlamm-Segge (*C. limosa*), die Fadensegge (*C. lasiocarpa*) und die Schnabelsegge (*C. rostrata*) sind häufige Arten in diesen Gesellschaften. In kleinen Moortümpeln z.B. des Brackvenns sind Schwingrasen ausgebildet (**Standorte 1.1 und 2.1**).

Nachdem keine Bewirtschaftung der Heide-Flächen mehr stattfindet (Mahd, Plaggen, Brennen, Weide), hat auf vielen Heide- und Niedermoorstandorten Verbuschung eingesetzt - vor allem Weiden treten als Pioniergehölze auf -, die eine Vegetationsentwicklung zu Eichen-Birkenwäldern oder Bruchwäldern andeutet. Bei entsprechendem Kleinrelief (etwa Wälle der Palsen-Relikte) zeigt sich eine vertikale Zonierung der Vegetationsanordnung. Auf den höheren und trockeneren Bereichen der Wälle ist eine Trockenheide ausgebildet, während auf den feuchten Bereichen am Fuß der Wälle eine feuchte Variante der Trockenheide oder Übergangsformen der feuchten Heide bis zum Niedermoor ausgebildet sind. Bei nicht so deutlich ausgeprägter Zonierung und einer Durchmischung von Arten der Heide, des Niedermoores und des Hochmoores werden die Standorte zum Typus des Heidemoores gezählt.

Eine landwirtschaftliche Nutzung beschränkt sich im Bereich des Venn-Plateaus heute nur noch auf einige wenige Grünlandflächen. In den Randbereichen des Venn-Plateaus, z.B. bei Mützenich, Kalterherberg oder Sourbrodt finden sich ausgedehnte Grünlandflächen. Hier wurden zur Grünlandnutzung z.T. mineralische oder auch organogene Böden drainiert, teilweise nach dem Abbau der Torflager. Im Bereich des Vennvorlandes oder in der östlich angrenzenden Eifel ist ebenfalls die Grünlandwirtschaft weit verbreitet. Das Monschauer Land und das Eupener Land z.B. sind typische Heckenlandschaften, wobei etwa Weißdorn-Hecken (*Crataegus spec.*) zur Begrenzung der Weideflächen dienen, die Gehöfte teilweise von haushohen Rotbuchen-Hecken (*Fagus sylvatica*) umgeben sind (zu sehen in Monschau-Höfen).

Die Moore

In Geologie und Bodenkunde bezeichnet man als Moore solche Standorte, die eine mindestens 30 cm mächtige(n) Torfauflage/Torfhorizont aufweisen. Torfe entstehen aus unvollständig verrotteten Pflanzenresten; in der Trockenmasse ist mehr als 30 % organische Substanz enthalten. Die Botanik bezeichnet als Moore in der Natur abgrenzbare Einheiten mit (wenigstens größtenteils) torfbildender Vegetation auf (wenigstens zeitweise) nassen Torfböden mit einer Reihe charakteristischer Arten, zusammen mit den von dieser Vegetation seit Beginn der Torfbildung abgelagerten Torfen.

Ausgehend von der botanischen Zusammensetzung der obersten Torfschicht und des natürlichen Bewuchses werden die Moore unter genetischen Gesichtspunkten in zwei Gruppen eingeteilt:

Die erste Gruppe verdankt ihre Entstehung und weitere Entwicklung einer geogenen Vernässung unter dem Einfluß von zufließendem Mineralbodenwasser. Die Vernässung kann topographisch bedingt sein (**topogen; Verlandungsmoor, Versumpfungsmoor**) oder durch ständiges Überrieseln von Mineralbodenwasser aus der Moorumgebung entstehen (**soligen; Hang- und Quellmoore**). Hydrologisch stehen diese Moore mit ihrer Umgebung

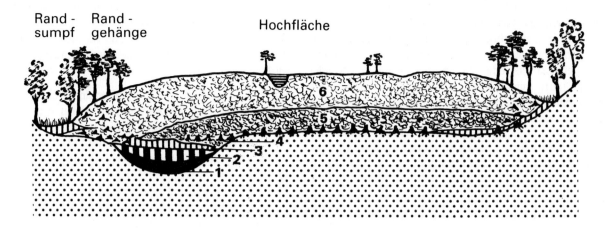

Abb. 6: Schema des Schichtbaues eines mitteleuropäischen Hochmoores (Querschnitt); Entstehung auf mineralischem Untergrund, z.T. über einem verlandeten See:1 = Mudde, 2 = Schilftorf, 3 = Seggentorf, 4 = Waldtorf, 5 = älterer Sphagnum-Torf, 6 = jüngerer Sphagnum-Torf; in der Mitte der Moor-Hochfläche ein wassergefüllter Kolk. (aus EHRENDORFER 1978)

über das Grundwasser in Kontakt und ständigem Austausch, so daß Nährstoffe zugeführt werden (minerotroph); morphologisch erheben sie sich kaum über ihre Umgebung, sondern füllen in der Regel Hohlformen aus. Hierher rührt die Bezeichnung **'Niedermoor'** für Moore dieser Gruppe. Durch die Nährstoffzufuhr sind Niedermoore oft nährstoffreiche Standorte, die durch eine außerordentliche Artenvielfalt der Vegetation gekennzeichnet sind.

Den **Niedermooren** werden die **Hochmoore** gegenübergestellt. Der Name 'Hochmoor' deutet an, daß sich ihre Oberfläche über die der Umgebung erhebt. Sie können auf Niedermoortorfen aufbauend entstehen oder aber als wurzelechtes Hochmoor direkt auf Mineralboden. Die Vernässung erfolgt ombrogen, das heißt nur durch die unmittelbar auf die Mooroberfläche fallenden Niederschläge. Die Nährstoffzufuhr ist auf den gleichen Weg beschränkt (ombrotroph); daraus resultiert eine ausgesprochene Nährstoffarmut der Hochmoorstandorte. Hochmoore besitzen ein autonomes Wasserregime; ihr Grundwasserspiegel ist in ähnlicher Weise wie die Mooroberfläche über den Grundwasserspiegel der Umgebung emporgehoben. Aufgrund der Oligotrophie der Hochmoorstandorte ist die Vegetation artenarm. Zusätzlich bereiten sich die die Hochmoorvegetation beherrschenden Torfmoose der Gattung *Sphagnum* durch Versauerung ein Milieu, das sie ihrer Konkurrenz weiter überlegen macht. Abbildung 6 zeigt einen Profilschnitt durch ein symmetrisches Hochmoor.

Eine Moorbildung setzt eine bestimmte Ausprägung und Kombination vor allem klimatischer und geologisch-edaphischer Umweltfaktoren über einen ausreichend langen Zeitraum hinweg voraus (gemäßigt-humides, subozeanisches bis montanes Klima mit ausreichenden, jedoch nicht übermäßig hohen und heftigen Niederschlägen und geringer Verdunstung = klimatischer Wasserüberschuß; eine gewisse Wärme und eine ausreichend lange Vegetationsperiode bei relativ hoher und gleichmäßiger Luftfeuchtigkeit; stagnierendes Wasser). Wenn möglichst basen- und sauerstoffarmes Wasser im Boden oberflächennah oder

sogar auf der Bodenoberfläche stagniert, so daß der Abbau der abgestorbenen organischen Substanz gehemmt ist, setzt Moorbildung ein.

Extreme Nähr- und Sauerstoffarmut im Boden bedeuten ungünstige Existenzbedingungen für die meisten Pflanzen; Torfmoose sind jedoch besonders an diese Verhältnisse angepaßt. Da sie Nährstoffe und Wasser ausschließlich aus den Niederschlägen beziehen, besitzen sie keine Wurzeln. Ungünstige Bodenverhältnisse bedeuten für sie daher keine Beeinträchtigung in ihren Existenzbedingungen. Die lichtbedürftigen Sphagnen können sich dann fast konkurrenzlos ausdehnen und eine Hochmoorbildung einleiten. Wie für *Ericaceen* ist auch für die Torfmoose eine Symbiose mit Pilzen lebensnotwendig.

Moorbildung bedeutet Torfbildung und Torfakkumulation. Torfe entstehen dadurch, daß Pflanzenreste der Moorvegetation in einem Milieu der Wassersättigung, der Nährstoffarmut und der Sauerstoffarmut bis -freiheit sowie bei relativ niedrigen Temperaturen nur einer (mehr oder minder) gehemmten Mineralisierung und Humifizierung unterliegen, so daß sich nur schwach zersetzte Pflanzenreste und Humusprodukte ansammeln. Durch Stapeln dieser Reste aufgrund des Höhenwachstums der Moorpflanzen (und damit der Mooroberfläche um $\pm$ 1 mm/ Jahr) können Torfpakete von beachtlicher Mächtigkeit entstehen (bis 10 m im NSG Brackvenn). Neben unzersetzter organischer Substanz werden auch noch Mineralstoffe in den Torfen festgelegt. Eine Moorbildung ist demnach eine Abzweigung aus den Stoffkreisläufen des Naturhaushaltes - eine Abzweigung aus dem Wasserkreislauf durch Speicherung von Wasser im Torf und in der lebenden Vegetation, aus dem Kohlenstoffkreislauf durch Festlegung organischer Substanz in Form von Torfen und schließlich aus dem Mineralstoffkreislauf durch Festlegung von Mineralstoffen (z.B. N) im Torf.

Im Hohen Venn setzte die Moorbildung zuerst in den Hohlformen der Palsen-Relikte ein; nachdem Wasserpflanzen Mudden und Gyttjen gebildet hatten, entstanden

Verlandungs-Niedermoore. Unter immer günstiger werdenden Klimabedingungen setzte nach vollständiger Verlandung Hochmoorbildung ein und die Hochmoorvegetation erklomm die Wälle und überwandt sie schließlich. Parallel dazu entstanden außerhalb der Wälle Bruchwälder direkt auf mineralischen Böden. Sich ausbreitende Sphagnen führten zu einer fortschreitenden Vernässung der Standorte, so daß Baumwachstum unmöglich wurde; auch hier entstanden letztlich Hochmoore. Soweit eine Rekonstruktion der Moorbildung heute möglich ist, kann angenommen werden, daß sich die lokalen Moorbildungen mit der Zeit ausdehnten und schließlich zu den großen Hochmoorkomplexen zusammenwuchsen, die der Mensch dann vorfand, als er die Ardennenwälder zuerst durchstreifte.

Im Hohen Venn sind heute beide Moortypen vertreten. **Hochmoorstandorte** finden sich im Großen und Hohen Moor, im Wallonischen Venn sowie im Brackvenn. Der Hochmoorbereich im westlichen Teil des NSG Brackvenn z.B. ist der von Abtorfung und Entwässerung verschont gebliebene Rest eines Sattel-Hochmoores. Es umfaßte das gesamte heutige NSG südlich der Straße Eupen - Monschau und reichte nach Westen bis zur Rodungsinsel von Alt Hattlich.

Als extrem oligotrophes (ombrogenes) *Sphagnum*-Moor ist der Hochmoorbereich im NSG Brackvenn z.B. auf eine Nährstoffversorgung allein durch Niederschläge und Staub angewiesen ist. Destruenten sind nicht nur durch Nässe, sondern auch durch einen Mangel an Mineralstoffen gehemmt. Die Vegetation ist sehr artenarm und wird im unberührten, wachsenden Teil westlich des Eupener Grenzgrabens überwiegend von Torfmoosen beherrscht. Dieser Teil kann als echtes *Sphagnum*-Hochmoor angesehen werden; es gliedert sich in viele Nano-Ökosysteme (Bulte, Schlenken). Schlenken sind wassererfüllte oder auch nur stärker durchnäßte Vertiefungen, in welchen eine mehr Niedermoor-ähnlich Vegetation aus grünen Sphagnen, Wollgräsern etc. gedeiht. Bulte sind kissenförmige Buckel, die von rötlichen, braunen oder gelblichen Sphagnen, horstig wachsenden Wollgräsern oder Simsen und evtl. Zwergsträuchern besiedelt werden. Sowohl im Bereich der Bulte als auch im Bereich der Schlenken findet das oben beschriebene Höhenwachstum statt, das vornehmlich von den Sphagnen getragen wird, wobei es in der Regel kein räumliches und zeitliches Abwechseln von Bulten und Schlenken gibt. Dieser Bereich des Hochmoores wird als Wachstums- oder Regenerationskomplex bezeichnet, weil nur hier die Produktion organischer Substanz den Abbau übersteigt.

Der Teil östlich des Eupener Grenzgrabens ist durch Entwässerungsmaßnahmen gestört; die Mooroberfläche zeigt rinnenförmige Einschnitte. Die Vegetation wird auch hier von Sphagnen beherrscht, doch treten Zwergsträucher und Büsche stark in Erscheinung. Man könnte diesen gestörten Teil als **Busch-*Sphagnum*-Hochmoor** bezeichnen.

Die Randbereiche des Hochmoors sowie andere Niedermoorbereiche fallen in die Kategorien der **Laubmoos-Moore** (mit Ast- und Laubmoosen sowie grasähnlichen Helophyten), der **Seggen-Moore** (mit grasähnlichen Helophyten) und der **Zwergstrauch- und Strauch-Moore** (mit starken Anteilen an niedrigen, meist immergrünen Holzgewächsen).

Vornehmlich im Bereich des Randgehänges eines Hochmoores halten sich Produktion und Abbau organischer Substanz in etwa die Waage, weil hier aufgrund geringerer Nässe der Abbau nicht so stark gehemmt ist. Daher nennt man diesen Bereich Stillstandskomplex. In solchen Hochmoorbereichen, welche durch äußere Einflüsse in ihrer natürlichen Entwicklung gestört sind, was meist auf Entwässerung zurückzuführen ist, vollzieht sich der Abbau organischer Substanz oft schneller als die Produktion. Es kommt zu einer Degradation der Vegetationsdecke, zu einem Abbau von Torf und schließlich zu einer Erosion von Torf durch oberflächlich abfließendes Niederschlagswasser. Dies wiederum hat zur Folge, daß Rinnen in die Mooroberfläche eingetieft werden. Demzufolge werden solche Bereiche als Erosionskomplexe bezeichnet.

Das Mikroklima eines Hochmoors ist kontinentaler als das seiner Umgebung. Hohe Temperaturunterschiede zwischen Tag und Nacht sind die Regel. Durch eine hohe Verdunstungsrate der Vegetation - und dadurch hohe Luftfeuchtigkeit - wird die eingestrahlte Energie aufgezehrt; eine Erwärmung des ständig wassergesättigten Torfkörpers kommt kaum zustande. Regelmäßige Nebel- und Taubildung sind die Folge.

Im Bereich der Abtorfung und auf ehemaligen Heidestandorten entstanden **Niedermoore** z.T. anthropogen bedingt (Entwaldung, Heidewirtschaft). Daneben finden sich in den Hohlformen der Palsen-Relikte **Verlandungsniedermoore,** teilweise mit Schwingrasen. Im Naturschutzgebiet Kutenhard/Steinley finden sich z.B. ausgedehnte Niedermoore oder auch **Heidemoore**.

Ebenso wie die Vegetation ist auch die **Tierwelt** der Moore in hohem Maße an die hier herrschenden Umweltbedingungen angepaßt und sehr charakteristisch.

Die extreme Ausprägung einiger wichtiger Standort- und Umweltfaktoren im Moor-Ökosystem, besonders im Hochmoor, führt dazu, daß nur sehr wenige Arten geeignete Lebensbedingungen finden. Diese sind jedoch essentiell auf die hier herrschenden Lebensbedingungen angewiesen. Selbst kleinste Veränderungen auch nur eines Umweltfaktors (z.B. Grundwasserstand) setzen die Konkurrenzkraft dieser hochspezialisierten Moorbewohner gegenüber anderen Pflanzen, die oft Ubiquisten sind, derart herab, daß sie ihre ursprünglichen Standorte gegen diese nicht verteidigen können.

Menschliche Eingriffe in das Ökosystem Moor dokumentieren sich daher zuerst in einer Veränderung der Vegetationszusammensetzung. Der Rückgang der Sphagnen und die starke Ausbreitung von Krähenbeere, Besenheide, Heide, Pfeifengras, Moorbirke u.a. werden als Anzeiger einer Degeneration gedeutet. Von den ursprünglich ca. 1.000 ha Hochmoorfläche sind heute noch ca. 100 ha vom Menschen weitgehend unbeeinflußt und ökologisch intakt.

Das Werden der Kulturlandschaft

Im Gegensatz zu den benachbarten Bördenlandschaften stammen die ersten Siedlungsspuren in unmittelbarer Nachbarschaft des Venn-Plateaus erst aus keltischer Zeit: **Mützenich** wird als eine keltische Siedlungsgründung angesehen. Ob für Mützenich aber eine kontinuierliche Besiedlung seit vorrömischer Zeit angenommen werden kann, ist zumindest fraglich. Das Alter von Pfahlbauten, die man im südlichen Teil des Hohen Venns in den Hohlformen von Palsen-Relikten fand, ist noch nicht sicher bestimmt. Ein altsteinzeitliches Alter ist jedoch denkbar, womit diese dann die ältesten Belege für die Anwesenheit von Menschen auf dem Venn-Plateau direkt wären. Das Gebiet des Hohen Venns muß man sich zur Römerzeit als ein geschlossenes Ur-Waldgebiet vorstellen, in das als sumpfige Bereiche die natürlichen Hochmoor-Komplexe eingebettet waren. Während der Römerherrschaft (57 v. Chr. - ca. 400 n.Chr.) siedelten verschiedene germanische Stämme in der Umgebung des Hohen Venns. Über das Hohe Venn hinweg legten die Römer erstmals feste Verkehrswege an, die die umliegenden Siedlungsräume miteinander verbanden; das Gebiet selbst blieb vorerst Durchgangsgebiet mit allenfalls sporadischen Ansiedlungen. In der folgenden fränkischen Zeit kam es zunächst zu einem teilweisen Verfall der alten Verkehrswege; fränkische Siedlungen beschränkten sich auf die Gebiete am Fuße des Hohen Venns.

Bis ins frühe Mittelalter war das Hohe Venn wohl zu ca. 90 % bewaldet, nur die Areale mit einer anhaltenden Vernässung, die eine Moorbildung erlaubte, waren waldfrei und trugen ausgedehnte Nieder- und Hochmoore mit z.T. mächtigen Torfschichten.

Mit Beginn des frühen Mittelalters wurde **Aachen** als Königssitz das Zentrum des Karolingerreiches. Der noch geschlossene Ardennenwald war als Reichswald das Jagdgebiet Karls des Großen. Die Bezeichnung 'Kaiser Karls Bettstatt' für einen mächtigen Quarzitblock westlich von Mützenich erinnert hieran. Ausgehend von der Abtei Stablo-Malmedy (um 650 gegründet) und dem Königsgut Konzen (888) setzte eine Rodungs- und Siedlungstätigkeit nun auch in den geschlossenen Waldgebieten der Nordardennen ein. Die fränkische Besiedlung erfolgte in Form von Einzelhöfen (Königshöfe) oder Siedlungsstellen für Forstbeamte. Hattlich wird als eine Hofgründung des 8. Jhs. angesehen und wäre damit die älteste Siedlung im nördlichen Bereich des Venn-Plateaus. Die Aktivitäten des Menschen beschränkten sich bis hierher auf die Rodung des Siedlungsplatzes, die Holzentnahme für Bauzwecke, die Jagd, das Sammeln von Beeren und Früchten sowie von Brennholz.

Eupen wurde um 1000 gegründet; der Name 'Eupen' bedeutet 'Wasser', vom niederdeutschen 'epe' abgeleitet. Schon im 13. Jh. nutzte man in Eupen die Venn-Wässer für die Tuchmacherei. Die Tuchmacherei erlebte ihre Blütezeit im 17. und 18. Jh.; in über 40 Fabriken beschäftigte die Tuchindustrie ca. 5.000 Arbeitskräfte. Bereits im 15.Jh. existierte ein nenneswertes Eisengewerbe. Zahlreiche Patrizierhäuser im Bereich des historischen Stadtkerns zeugen bis heute von dieser Epoche. Heute beherbergen viele der ehemaligen Tuchmacher- und Tuchhändlerhäuser Einrichtungen der städtischen und regionalen Verwaltung oder des Dienstleistungsgewerbes. Eupen ist Sitz von Rat und Regierung der Deutschsprachigen Gemeinschaft Belgiens (in den 9 Gemeinden der Deutschsprachigen Gemeinschaft leben ca. 67.000 Einwohner auf einer Fläche von 854 km²), die innerhalb der wallonischen Region in Belgien und der Provinz Lüttich weitgehende Autonomierechte wahrnimmt. Daneben ist Eupen wirtschaftliches Zentrum und mit ca. 17.000 Einwohnern größte Gemeinde Ostbelgiens. Während das Geschäfts- und Verwaltungszentrum in Eupens sog. Oberstadt angesiedelt sind, ist die Unterstadt bis heute geprägt von seiner Funktion als Industriestandort. Das Kabelwerk Eupen ist größter industrieller Arbeitgeber der Region (ca. 1.300 Arbeitskräfte).

Im 13. Jh. entstanden in einer ersten mittelalterlichen Rodungsperiode **Reichenstein** (1205) und **Monschau** (1215) aus Burggründungen sowie **Lammersdorf** (1213) und **Imgenbroich** (1239 ?). In einer zweiten Rodungsperiode entstanden weitere Einzelsiedlungen von den schon bestehenden Siedlungen aus, so zum Beispiel **Reinartzhof** (1338) als eine Einsiedler-Wohnstätte und Herberge an der damaligen Pilgerstraße Aachen - Trier. In der Umgebung der bestehenden Siedlungen wurden erstmals Entwässerungsmaßnahmen durchgeführt. Zu dieser Zeit war der Brandfeldbau (Feldwaldwechselwirtschaft) in Form der Rottwirtschaft gängige Wirtschaftsweise. Nach einer Rodung bzw. einem Einschlag des Holzbestandes erfolgte ein Abplaggen des Bodens; die getrockneten Plaggen verbrannte man im Herbst und säte in die Asche Getreide (etwa Buchweizen). Nach der Getreideernte wurde die Fläche beweidet und unterlag anschließend einer natürlichen Wiederbewaldung aus Stockausschlägen der Buchen und Eichen bis zu einem Niederwaldstadium. Dann wiederholte sich die Rodung. Es wechselte also eine Feldnutzung mit eine Niederwaldbrache. Die Rottwirtschaft war zunächst eine rein agrarische Form der Waldnutzung und führte zu einer Walddegradation (Niederwälder), wobei die zum Stockausschlag befähigten Baumarten gefördert wurden. In siedlungsferneren Waldbereichen fand ab dem 14. bzw. 15. Jh. Mastnutzung bzw. Waldweide und Streunutzung statt (bis ins 19. Jh.). Auch hier stellte sich eine Walddegradation ein, die jedoch zunächst nur zu Mittelwald führte. Ab etwa dem 16. Jh. - im Zuge einer dritten Rodungsperiode entstanden Rodungsinseln, Jagdhäuser oder Herbergen innerhalb der Waldbereiche auf dem Venn-Plateau (Mispert, Roetgen, Schwerzfeld, Sourbrodt, Ternell) - wurde die ursprünglich rein agrarische Nutzung der Niederwälder erweitert durch mehr gewerbliche Formen. Es galt den steigenden Holzkohle- und Lohebedarf der sich entwickelnden Eisen- bzw. Lederindustrie zu decken. Die Köhlerei (bis ins 18. Jh.) und die Lohewirtschaft (bis ins 19. Jh.) sowie steigende Bau- und Brennholzeinschläge (besonders ab dem 18. Jh.) hatten zur Folge, daß weite ehemalige Hoch- und Mittelwaldbereiche entweder in Niederwälder umgewandelt wurden, wobei hier die Eiche als Baumart stark gefördert wurde, oder aber mehr oder weniger ganz entwaldet wurden und Hutungen entstanden. Im Bereich westlich und südwestlich des Herzogenhügels bestanden bis ins 19. Jh. hinein ausgedehnte Eichenschälwälder (Bongard).

Die verschiedenen Formen der Niederwaldwirtschaft wirkten sich je nach der Intensität der Nutzung und der Beschaffenheit des Standortes zunächst in unterschiedlicher Weise aus, führten aber schließlich alle zum gleichen Ergebnis: zu einer Verheidung der Landschaft. Während die Eichenschälwälder als Niederwälder gepflegt wurden, da sie ein gutes Einkommen sicherten, und somit relativ lange Bestand hatten (bis ins 19. Jh. hinein), schritt unter dem Zwang einer intensiveren landwirtschaftlichen Nutzung (Bevölkerungswachstum; Brandfeldbau) die Bodendegradation und Verheidung auf den landwirtschaftlich genutzten Flächen schnell voran und ab dem 17. Jh. löste die Schiffelwirtschaft, bei der das Brachestadium nicht der Niederwald, sondern die Heide war, als ungeregelte Feldgraswechselwirtschaft die Rottwirtschaft langsam ab. Die Schiffelwirtschaft ihrerseits förderte zusätzlich die Verheidung. Gras- und Krautgesellschaften dehnten sich aus und bedeckten ehemals bewaldete Flächen. Eine Humusvernichtung durch häufig wiederkehrendes Brennen und die Erosion von Bodenmaterial auf vegetationslosen Flächen ließen die Böden auf weiten Flächen degenerieren. Heide, Ginster und Pfeifengras fanden am ehesten geeignete Lebensbedingungen auf diesen Böden. Im Laufe des 19. Jhs. kam es allgemein zu einer Intensivierung der landwirtschaftlichen Produktionsmethoden und im Zuge einer intensivierten Viehwirtschaft zu einer Vergrünlandung. Heideflächen und Schiffelländer wurden teilweise in geregelte Feldgraswechselwirtschaften umgewandelt. Ödlandkultivierungen wurden durchgeführt; die nun genutzten Flächen wie auch einige Schiffelländereien drainierte man jetzt, wenn es erforderlich schien. Überwiegend beschränkte man jedoch eine intensive Nutzung auf solche Standorte, die dazu günstigere Voraussetzungen boten. Ab 1885 gab es Neulandgewinnungsprojekte, nach 1900 zum Beispiel im Platten Venn oder auf ca. 330 ha Fläche zwischen Mützenich und Konzen. Damit einher ging ein Rückzug aus der Fläche; die Landwirtschaft blieb jedoch auch weiterhin vergleichsweise rückständig.

Eine Heidebewirtschaftung als extensive Form der landwirtschaftlichen Nutzung war bis ins späte 19. Jh. üblich. Schafherden weideten ab dem 17. Jh. bis in die 90er Jahre des 19. Jhs. auf den Heideflächen und verhinderten Waldaufwuchs auf den oft versumpften 'Vennen'. Die Mahd von Pfeifengras als 'Vennheu' (alle 3 bis 4 Jahre) und die Streunutzung der Heide (schlechte Heide-Streu; Heidehieb alle 10 Jahre) wurden gleich lange betrieben. Daneben sammelte die bäuerliche Bevölkerung im Herbst die Beeren der Heide als Marktware oder zum Eigenverbrauch. Auch die natürlicherweise sumpfigen und moorigen Flächen nutzte man nach Entwässerung zur Mahd von dann aufkommendem Pfeifengras oder man kämmte Torfmoos von der Mooroberfläche ab und vermischte es mit abgemähter Heide zur Streunutzung. Durch die Entwässerung

und Zerstörung der lebenden Torfmoosschichten kam es zum Stillstand des Moorwachstums; wenn kein Torfstich stattfand, lösten Heidegesellschaften die ursprünglichen Hochmoorgesellschaften in der Vegetation ab. Abbauprozesse der organischen Substanz setzten Nährstoffe frei und führten zu einer grundlegenden Veränderung der Standortverhältnisse und damit zu einer funktionalen Veränderung des ursprünglichen Moor-Ökosystems. Nachdem zu Beginn dieses Jhs. die Nutzung der Heideflächen sukzessive aufgegeben wurde, hat auf verschiedenen Heideflächen heute Verbuschung eingesetzt, die ohne Eingriffe durch den Menschen wieder zu einer Bewaldung führt.

Eine **geregelte Forstwirtschaft** gibt es im Hohen Venn seit ca. 1770, als österreichische Forstbeamte erstmals versuchten, die aufgelichteten und herabgewirtschafteten, überalterten Wälder durch Pflegemaßnahmen und Aufforstungen wieder zu regenerieren. Durch ungeregelte Holzeinschläge und die oben beschriebene agrarische Waldnutzung waren die einstmals geschlossenen Waldbestände lückenhaft geworden oder niedrigwüchsige Vegetationsformationen waren an ihre Stelle getreten. Es gab zu dieser Zeit jedoch auch noch größere zusammenhängende Waldbereiche im Hertogenwald.

Zu den Maßnahmen, die unter österreichischer Herrschaft (seit 1714) im Bereich der Forstwirtschaft durchgeführt wurden, zählten neben dem Verbot der Waldweide im Jahre 1770 die Aussaat von Kiefern und Tannen ab 1771. Durch das Verbot der Waldweide konnte zudem ein deutlicher Rückgang der Waldbrände erreicht werden.

Zur Zeit der französischen Herrschaft (1794 - 1815) wurden die Ansätze zu einer Waldregeneration nicht weitergeführt. Erst nachdem das Gebiet preußisch geworden war, wurden unter staatlicher Leitung Heideflächen, die man als Ödländer bezeichnete, aufgeforstet. Nachdem für das Jahr 1825 auch von Birkenkulturen berichtet wird, gelangten ab ca. 1840 fast ausschließlich Fichten zur Aussaat oder Pflanzung.

Nach ersten Planungen zu einer Kultivierung des gesamten Hohen Venns - zuerst zu einer landwirtschaftlichen Nutzung, dann überwiegend für eine forstwirtschaftliche Nutzung - aus den Jahren 1811, 1815 - 1820 und 1847 entstand 1857 ein General-Kulturplan für das gesamte Hohe Venn, der vorsah, innerhalb von 30 Jahren die um 1790 in einer Ausdehnung von ca. 12.000 ha vorhandenen offenen Flächen etwa zu 2/3 zu kultivieren, das heißt, weitgehend zu entwässern und zu 80% wieder zu bewalden.

Durch die Kultivierung sollten eine Klimaverbesserung, eine Regulation des Abflusses der Vennbäche, eine bessere Ausnutzung vorhandener Lagerstätten (Ton, Torf) und schließlich eine gesteigerte Holz- und Nahrungsmittelproduktion erreicht werden. Das Vorhaben bestand aus fünf Teilabschnitten: Entwässerung, Bewaldung, Bereitstellung von Flächen zur Körner- und Futterproduktion, Torfregulierung, Beaufsichtigung und Erhaltung der Meliorationsanlagen.

Finanziert durch den preußischen Staat wurden in der zweiten Hälfte des 19. Jhs. entsprechend der Planung weite Heideflächen drainiert und in Fichten-Monokulturen umgewandelt. Die höher gelegenen, trockeneren Bereiche wurden zuerst bepflanzt, so daß zunächst ein netzartiges Verbundsystem von wieder bewaldeten Bereichen auf dem Venn-Plateau entstand.

Nach 1875 schränkte man den ehrgeizigen Aufforstungsplan stark ein, nachdem aus den umliegenden Venn-Gemeinden Kritik dagegen laut wurde, weil man an der angestammten Heidenutzung festhalten wollte. Parallel zur Heideaufforstung wandelte man die vorhandenen Laubwälder in Misch- und schließlich auch in Fichtenreinbestände um. Gegen Ende des 19. Jhs. erhielten die Aufforstungsbemühungen neue Impulse durch allgemein steigende Holzpreise.

Von den ursprünglich ca. 12.000 ha offener Fläche um 1790 sind heute noch ca. 4.000 ha übriggeblieben, die auch größtenteils unter Naturschutz stehen. Die ehrgeizige preußische Planung von 1857 ist also verwirklicht worden, wenn auch erst nach 100 Jahren!

Obwohl die Fichtenaufforstungen, ja die Aufforstungen überhaupt, besonders im letzten Jh. äußerst kritisch betrachtet wurden, muß man sie vom heutigen Standpunkt aus gesehen differenziert bewerten. Die Aufforstung in Form von Fichten-Monokulturen ist sicher zu kritisieren, aber als Maßnahme der Wiederbewaldung muß man sie anerkennen; den Fichten-Monokulturen in der zweiten Generation muß man aufgrund der negativen ökologischen Begleiterscheinungen kritisch gegenüberstehen (nur eine Baumart, alle Bäume in der gleichen Höhen- und Altersstufe, geringe Regenerationsfähigkeit der Bestände, keine Krautschicht, fehlende Nahrungsgrundlage für Wild, artenarme Fauna, erhöhte Schädlingsgefahr, hoher Eigenverbrauch von Wasser, hoher Anteil unproduktiver Verdunstung, Gefahr von Trockenschäden, Boden- und Wasserversauerung, Windwurfgefahr, Schneebruchgefahr, erhöhte Brandgefahr, geschlossene Flachwurzeldecke, schwer abbaubare Nadelstreu, Rohhumusauflagen, hohe Säuregehalte des Humus, rasche oberflächliche Wasserableitung, Bodenverdichtung durch Stampfwirkung der Wurzeln, keine senkrechte Drainung).

Im Gegensatz zu den bereits genannten Orten/Siedlungsplätzen auf dem Venn-Plateau bzw. im direkten Umfeld sind die Siedlungsplätze um **Botrange**, also im Bereich der höchsten Erhebung des Hohen Venns, in der Regel jünger. **Baraque Michel**, heute Belgiens höchstgelegenes Hotel, hat eine überaus wechselvolle Geschichte. Hervorgegangen ist Baraque Michel aus einer schlichten Hütte, die um 1800 auf der Hochfläche gebaut wurde, um Verirrten im Moor Orientierung und Rettung zu ermöglichen. 1837 wurde die Kapelle Fischbach geweiht, in deren Turm eine Glocke und ein Leuchtfeuer angebracht waren. 1856 wurde an der fertiggestellten Landstraße Eupen-Malmedy eine Postkutschen-Relaisstation eingerichtet. Nach mehrfachem Umbau und Besitzerwechsel ist Baraque

Michel heute eine der wenigen festen touristischen Einrichtungen auf dem Venn-Plateau.

Eine weitere Einrichtung dieser Art ist **Mont Rigi**, südwestlich von Baraque Michel gelegen. Gaststätte und Hotel gehen auf das Jahr 1862 zurück. Aus einer gegen Ende des 19. Jhs. eingerichteten meteorologischen Station ist 1924 die Forschungsstation der Universität Lüttich hervorgegangen.

Zwischen Mont Rigi und dem Naturparkzentrum Botrange steht auf der höchsten Erhebung Belgiens (694 m NN) ein Aussichtsturm, **Signal de Botrange**; der Nachfolger eines Feuerwachtturmes von 1923 beherbergt eine Wetterstation und eine Auskunfts- und Beratungsstelle für Besucher des Hohen Venns. In einem Anbau ist eine Gaststätte eingerichtet.

Sourbrodt, im 18. und 19. Jh. eine der wohlhabendsten wallonischen Dörfer, ging aus einer 1534 errichteten Vennherberge hervor. Die Entwicklung Sourbrodts war maßgeblich getragen von Torfabbau und Meliorationsmaßnahmen im Wallonischen Venn und südlich angrenzenden Moorflächen ab ca. 1600. Sourbrodt wurde 1886 Bahnstation; die Gleise der Vennbahn verdanken ihre Existenz heute dem benachbarten Truppenübungsplatz **Elsenborn**. Die Vennbahn dient bis in heutige Zeit dem Holztransport. Seit 1990 betreibt ein privater Verein den Vennbahn-Betrieb erfolgreich unter touristischen Vorzeichen.

Trotz der Siedlungsleere des Hohen Venns in Vergangenheit und Gegenwart führten zu allen Zeiten, da der Mensch in den angrenzenden Gebieten siedelte, **Wege** über das Hohe Venn. Diese Wege mieden meist die sumpfigen Bereiche und hielten sich streng an höher gelegene, natürlicherweise trockene Bereiche. Während Fußwege schon für die vorrömische Zeit angenommen werden können, sind aus römischer Zeit Reste befestigter und befahrbarer Wege bekannt. Ab dem frühen Mittelalter sind Verbindungswege über das Hohe Venn sicher belegt. Von der zweiten Hälfte des 15. Jhs. bis zur Mitte des 18. Jhs. bestand eine Handelsstraße über das Hohe Venn, die zum Transport der Produkte der Aachener und später der Stolberger Kupfer- und Messingindustrie nach Belgien, Luxemburg und Frankreich diente; der Name Kupferstraße deutet darauf hin.

Vor dem Bau der Straße Eupen - Monschau in den Jahren nach 1840 bestand mit ungefähr gleicher Linienführung nur ein Fuß- und Karrenweg, der die Bezeichnung 'Eupener Wächs' trug. Sein Verlauf ist zum Beispiel der Tranchot-Karte noch zu entnehmen. Gleich diesem Beispiel folgen viele heutige Wege oder Straßen zumindest in Teilabschnitten in ihrer Linienführung älteren Vorläufern. Erst unter napoleonischer Herrschaft wurden Straßenverbindungen geplant, die z.T. erst unter preußischer Regierung fertiggestellt wurden.

Eine **Eisenbahnverbindung**, die Vennbahn, erhielten die Gemeinden im und um das Hohe Venn erst spät im 19. Jh.

Als im Jahre 1885 die Eisenbahnstrecke Aachen - Monschau - Malmedy eröffnet wurde, war dies bereits zu spät für die hier ansässigen Textil-Industriebetriebe. Die schon über längere Zeit bestehenden Standortnachteile gegenüber der Konkurrenz mit besserer Verkehrslage konnten nicht mehr ausgeglichen werden, so daß dieser einst blühende Industriezweig zugrunde ging. Der Land- und Forstwirtschaft brachte die Eisenbahn zunächst jedoch positive Entwicklungsimpulse durch verbesserte Transportmöglichkeiten für Düngemittel und land- und forstwirtschaftliche Produkte. Nachdem zuerst sowohl Personen- als auch Frachtverkehr abgewickelt wurde, ist die Bahnstrecke heute nur noch gelegentlich für Holzabfuhren und als Touristenattraktion in Betrieb.

Seit etwa Mitte der 80er Jahre dieses Jhs. ist in der **Forstwirtschaft**, vor allem auf belgischer Seite der Grenze, eine deutliche Tendenz zu einer naturnahen Waldbewirtschaftung zu erkennen. Man geht mehr und mehr ab von der Kahlschlagwirtschaft, setzt zum Rücken des geschlagenen Holzes zunehmend Kaltblut-Pferde ein und forstet durch Windwurf oder Schneebruch entblößte Flächen als Laub- oder Laubmischwald auf. Bei der selektiven Stammnutzung pflanzt man Laubholz unter oder gibt der Naturverjüngung eine Chance, wobei hier sowie bei Aufforstungen stets eine Gatterung (= Einzäunen der entsprechenden Parzellen) aufgrund des zu hohen Wildbestandes unumgänglich ist.

Vor allem wirtschaftliche Argumente verhinderten bisher ein stärkeres Abrücken von der Forstwirtschaft der Fichten-Monokultur. Sowohl was die Ertragsleistung angeht als auch bezüglich der erzielbaren Holzpreise und der Bestandsverhältnisse ist die Fichte günstiger einzustufen als Buche oder Eiche. Die Ertragsleistung der Fichte kann mit 10 Festmetern pro Hektar und Jahr als sehr gut angesehen werden und ist für die vorliegenden Böden sogar als optimal zu bezeichnen. Damit übertrifft die Fichte die Eiche und auch die Buche um mehr als das Doppelte. Zudem lassen sich in Belgien für Fichtenholz höhere Preise erzielen, als etwa für Buchenholz. Die vorhandenen Laubwaldbestände sind oft überaltert und in einem ungepflegten Zustand. Auch das erhöht die Kosten für die Forstwirtschaft und verringert die Gewinne. Ein auch wirtschaftliches Problem stellt die hohe Windwurf- und Schneebruchgefährdung der Fichte dar. Während im Hertogenwald die Menge des Windwurfholzes in der Regel ca. die Hälfte des regulären Hiebsatzes ausmacht, haben die Stürme des Winterhalbjahres 1984/85 hier, wie auch in der gesamten Eifel sehr große Schäden angerichtet (Windwurfholzes im Hertogenwald ca. 120.000 Festmeter, dies entspricht der 2,5-fachen Menge des durchschnittlichen jährlichen Hiebsatzes). Trotz zu erwartender wirtschaftlicher Einbußen ist die Forstverwaltung bemüht, in der Zukunft das Holzartenverhältnis zugunsten der Laubhölzer (jetzt ca. 20 %) zu verändern.

Aufgrund der Besitzverhältnisse (fast ausschließlich Staats- und Gemeindewald) und weitreichender Förderprogramme für Gemeinde- und Privatwald ist die Forstverwaltung in der Lage, den Prozeß der Ökologisierung der Forstwirtschaft gezielt voranzutreiben; dies geschieht über Aufforstungszuschüsse, wobei neben den Wirtschaftsbaumarten (z.B. der Traubeneiche) auch andere Laubholzarten (z.B. Birke, Erle, Weiden, Eberesche etc.) bevorzugt gefördert werden, über Zuschüsse zur Bestandspflege sowie über Auflagen zum Verfahren der Holzernte etc. Zahlreiche Laubholz-Aufforstungsflächen entlang der Exkursionsroute zeugen von den Erfolgen des langfristig angelegten Prozesses zu einem Umbau der Forsten in standortgerechte Wälder.

Das Problem des **Waldsterbens** kennt man auch im Hohen Venn. Nach der Fichte zeigt heute die Buche zunehmend Schäden. Geschädigte Bestände sind vor allem bei Wanderungen leicht auffindbar.

Ab dem 16. Jh. wird in der Literatur von der **Gewinnung von Torf und Ton** im Hohen Venn berichtet. Torf wurde lange Zeit planlos und ungeregelt gestochen. Auf den weiten, entwaldeten Flächen des Venn-Plateaus baute man zuerst geringmächtige Lagen von Bruchwald- oder Niedermoortorfen (bis maximal 2 m), sogenannten 'Rasentorf' ab. Neben der Selbstversorgung der Bauern mit Heizmaterial diente der gestochene Torf auch als Abgabe an den Grundherren und seit Aufblühen der Textilindustrien von Monschau und Eupen im frühen 18. Jh. auch als gängige Handelsware zum Heizen der Färberkessel.

Vor allem im Laufe des 19. Jhs. konzentrierte sich der Abbau jedoch weitgehend auf ergiebigere Hochmoortorfe. Weite Teile der ehemals ausgedehnten Hochmoore wurden abgetorft. Bis zum Beginn des 20. Jhs. reichte diese bäuerliche Torfgewinnung; nach der Eröffnung der Eisenbahnstrecke durch das Hohe Venn ging die Torfgewinnung jedoch stark zurück.

Dieser Abbau läßt sich besonders gut nachvollziehen im **Brackvenn**. Im östlichen Teil des Brackvenns wurden ursprüngliche Torfmächtigkeiten von fünf bis sieben Meter zum Teil bis auf die mineralische Unterlage abgebaut. Torfschuppen wurden zur Vorratshaltung und Trocknung des Torfes angelegt. Laut preußischer Planung von 1857 lagerten abbauwürdige Torfvorkommen im Brackvenn auf einer Fläche von ca. 120 ha und im Steinley-Venn auf einer Fläche von ca. 640 ha. Dem Torfabbau ging eine Grabenentwässerung voraus; hierdurch kam es zunächst zu einer Veränderung in der Vegetationszusammensetzung der Mooroberfläche. Dann wurde der Torf schichtenweise abgestochen, der Torfkörper also aufgezehrt, wodurch die Mooroberfläche erniedrigt wurde. So beseitigte man das ursprüngliche Ökosystem Moor beim Torfabbau stellenweise ganz. Über das Moor als Ökosystem und das Torfstechen informiert ein Moorlehrpfad im Poleûr-Venn bei Mont Rigi.

Von dem ehemals über 200 ha großen Hochmoor im Brackvenn sind heute nur noch ca. 50 ha intakt! Randliche Bereiche sind auch durch Entwässerungsgräben beeinträchtigt und unterliegen der Erosion oder einem natürlichen Torfabbau. Auf abgetorften Flächen setzte bei nicht mehr gepflegter Drainage eine Wiedervernässung ein und unter Umständen konnte auch Hochmoorvegetation diese Standorte wieder besiedeln, so zum Beispiel lokal im Bereich des Brackvenns in feuchten Senken. Solche Standorte waren in der Vergangenheit zum Teil aber auch noch im Rahmen der Heidebewirtschaftung genutzt, so daß Mahd und Streunutzung die Entwicklung von Pfeifengras förderte und eine Regeneration verhindert wurde.

Vermehrt seit der Anwesenheit des Menschen im Hohen Venn, vor allem aber seit auch die einst geschlossenen Waldbestände einer landwirtschaftlichen Nutzung unterworfen wurden und der Mensch künstliche Vegetationsformationen schuf, die er auch bewirtschaftete, ist eine große Zahl von **Bränden** belegt. Die Kenntnisse darüber reichen vom Jahre 58 n.Chr. bis ins Jahr 1971. Man kann davon ausgehen, daß wenigstens in den letzten zwei bis drei Jahrhunderten alle Brände auf anthropogen bedingte Entstehungsursachen zurückgehen.

Darüber hinaus können wenigstens zwei weitere Gründe für eine erhöhte Brandhäufigkeit angeführt werden. Zum ersten sind die in weiter Ausdehnung vorhandenen Heidestandorte zu nennen, deren Vegetation leicht entflammbare und leicht brennbare Materialien vor Beginn der neuen Vegetationsperiode im Frühjahr - zur Zeit einer relativen Trockenheit - in großer Menge zur Verfügung stellt. Zum anderen sind die Kulturforsten bzw. Fichten-Monokulturen zu nennen, die große Mengen an schwer zersetzbarer Streu produzieren, die ebenfalls leicht entflammbar ist und zumindest oberflächlich leicht austrocknet; weiterhin verändern Fichtenbestände das Wasserregime des Bodens nachhaltig.

Waren es zu vergangenen Zeiten häufig die verschiedenen Bewirtschaftungsformen der Wälder oder der Heideflächen, die eine Brandentstehung zur Konsequenz hatten, so sind heute Brände immer auf Unvorsichtigkeit oder Leichtsinn von Waldarbeitern oder, in der Mehrzahl der Fälle, von Touristen zurückzuführen. Auch in diesem Sinne stellt der Fremdenverkehr einen ökologischen Belastungsfaktor dar.

Durch Sperrung der Wald- und Venngebiete zu Zeiten erhöhter Brandgefahr und durch Hinweistafeln versucht man heute seitens der Forstverwaltung eine Brandentstehung weitgehend zu unterbinden. Daneben besteht ein Beobachtungs- und Meldenetz, welches im Brandfall eine rasche Bekämpfung gewährleistet.

Brande im Hohen Venn können in zwei Kategorien unterteilt werden, deren Auswirkungen und Bekämpfungsmöglichkeiten sehr unterschiedlich sind. Die häufigere Form der Brände ist der Oberflächenbrand. Bevorzugt tritt diese Form im Frühjahr auf, wenn nach der Schneeschmelze während einer relativen Trockenphase die Vegetationsreste der vergangenen Vegetationsperiode stark austrocknen. Betroffen von dieser Brandform sind vor allem trockene Heidestandorte, stark gestörte Hochmoorbereiche, Niedermoorstandorte mit wechselnder Vernässung und Waldbereiche. Hierbei werden die oberirdischen Pflanzenteile mehr oder weniger stark in Mitleidenschaft gezogen oder vernichtet. Auch in trockenen Sommern ist eine erhöhte Feuergefahr gegeben, wobei hier auch besonders Waldbestände gefährdet sind.

In ihren ökologischen Konsequenzen weitaus drastischer sind Brände, die die Humus- oder Torfschicht betreffen. Sie sind seltener und entstehen immer aus Oberflächenbränden. Entwässerte Moore oder natürlicherweise ausgetrocknete Torfkörper sind hier gefährdet. Das Feuer frißt sich langsam durch die Torfpakete und vernichtet diese oft weitgehend. Eine Bekämpfung ist kaum möglich. Nach dem Brand ist der Standort für seine ursprünglichen Bewohner (z.B. *Sphagnen*) für lange Zeit nicht mehr besiedelbar (Düngungswirkung durch Asche etc.). Torffeuer bedeuten also eine vollständige Zerstörung des betroffenen Ökosystems.

Die verheerendsten Brände, von denen berichtet wird, sind auf folgende Jahre datiert und betrafen Wald- oder Heideflächen beachtlichen Ausmaßes:

- 1900	945 ha	- 1947	1.782 ha
- 1901	1.200 ha	- 1964	580 ha
- 1911	1.500 ha	- 1968	525 ha
- 1921	1.100 ha	- 1971	750 ha

Eine Brandverhinderung ist alleroberstes Ziel im Bestreben des Erhaltes von Moorstandorten oder allgemein, oligotropher Standorte.

Naturschutz

Den Naturschutzbemühungen nicht nur im Hohen Venn liegt die Erkenntnis zugrunde, daß eine biologisch-ökologisch intakte Landschaft für die ständige Regeneration der natürlichen Lebensgrundlagen des Menschen und damit auch für die Regeneration der menschlichen Gesundheit von ausschlaggebender Bedeutung ist. Der sich hieraus ableitende Auftrag hat die Sicherung von Natur und Landschaft, d.h. der Erhaltung und Entwicklung ökologisch intakter, und letztlich auch der Erholung dienender Landschaften zum Ziel.

Mißt man die im Hohen Venn vorhandenen Moor- und Heidestandorte an den wichtigsten substanziellen Kriterien des Naturschutzwertes - Mannigfaltigkeit, Seltenheit, Repräsentativität, Bedeutung als biologische Ressource, natur- und kulturhistorische Bedeutung, synökologische Bedeutung, Erlebniswert, Arealgröße -, so muß man konstatieren, daß die Standorte diesen Kriterien in hohem Maße entsprechen. Die Teilgebiete der Venn-Landschaft müssen allesamt als überaus wertvoll angesehen werden.

Bereits 1911 gab es von verschiedenen Seiten Bemühungen, Teile der Moor- und Heidelandschaft des Hohen Venns unter Schutz stellen zu lassen. 1924 richtete die Universität Lüttich auf Mont Rigi eine erste Forschungsstelle ein. Im Jahre 1935 formierten sich die 'Amis de la Fagne' (Vennfreunde), die sich die Erhaltung und die Illustration des Venns zum Ziel setzten. 1957 schließlich wurden durch königlichen Erlaß erste Flächen (insgesamt 1.483 ha) zum Naturreservat erklärt. Auf deutscher Seite entstand 1960 der Naturpark Nordeifel (135.879 ha); dies bedeutete zwar noch keinen weitgehenden Schutz, doch wenigstens den Landschaftsschutzstatus. Ein Jahr später erfolgte dann die Einrichtung des NSG Wollerscheider Venn (12,72 ha) bei Lammersdorf. 1969 wurden im nordöstlichen Teil des Hohen Venns die Bereiche Brackvenn, Steinley und Hoscheit mit einer Fläche von ca. 1.600 ha als Erweiterung der bereits vorhandenen geschützten Flächen unter Schutz gestellt.

Als Anerkennung vergab der Europarat das Europadiplom für Naturschutz im Jahre 1966 für die im belgischen Teil des Hohen Venn gelegenen Naturreservate, die bis heute auf eine Gesamtfläche von 4.180 ha ausgedehnt wurden. 1969 entstanden sowohl der belgische Naturpark Hohes Venn - Eifel (67.850 ha) als auch der Naturpark Südeifel (40.436 ha).

Durch Zusammenschluß der drei Naturparke entstand 1971 der **Deutsch-Belgische Naturpark Hohes Venn - Eifel** (244.165 ha). Obwohl durch den Naturpark ein gewisser raumordnungsrechtlicher Schutz auch der die Naturschutzgebiete umgebenden Bereiche gegeben ist, bedeutet die gleichzeitige Forcierung des Erholungsbetriebes im Naturpark natürlich auch eine gewisse Belastung der geschützten Bereiche.

Die Schutzbestimmungen für die Naturschutzgebiete verbieten unter anderem ein Verlassen der markierten Wege, das Anzünden von Feuer, das Beschädigen oder Entfernen von Pflanzen, das Stören von Tieren, das Hinterlassen von Abfällen sowie das Verursachen von Lärm.

Die Naturschutzgebiete auf belgischem Staatsgebiet stehen unter der Aufsicht der staatlichen Forstverwaltung. Diese wird von einem 1970 ins Leben gerufenen Verwaltungsausschuß beraten. Im Naturschutzgesetz von 1973 ist die Einrichtung eines Verwaltungsausschusses für alle Naturschutzgebiete in Belgien vorgesehen. Der Ausschuß setzt sich zusammen aus Mitgliedern der Forstverwaltung, aus Wissenschaftlern, Umweltschützern und sonstigen Verbandsvertretern; den Vorsitz führt ein Mitglied des Hohen Rates für Naturschutz. Der Ausschuß berät und beschließt über Pflegemaßnahmen in den Naturschutzgebieten sowie über die Einrichtung von Fremdenverkehreinrichtungen. Weiterhin berät er die Forstverwaltung bei Maßnahmen im Umfeld der Naturschutzgebiete.

Den vorhandenen Mooren gebührt besondere Aufmerksamkeit. In unserer intensiv genutzten und immer eutropher werdenden Umwelt sind besonders Hochmoore als extrem oligotrophe Ökosysteme gleichzeitig sehr labile und nicht leicht zu erhaltende Ökosysteme. Man muß Moore zu den am stärksten gefährdeten Lebensräumen rechnen; die Tier- und Pflanzenwelt der Moore gehört zu den am stärksten bedrohten Biozönosen.

Ein wirksamer Schutz von Hochmoorgebieten erfordert eine ganze Reihe flankierender Maßnahmen, die über eine bloße Unterschutzstellung hinausgehen. Ebenso ist für die Erhaltung anthropogen entstandener Heide- und Niedermoorstandorte eine Pflege erforderlich, da die natürliche Sukzession zu einer Waldvegetation als Klimaxstadium führt; in gewissem Sinn wäre dies mit einer Verarmung der Landschaft gleichzusetzen.

Zum Erhalt und zur Pflege der unter Naturschutz stehenden Bereiche wurde ein Paket abgestufter Maßnahmenintensität entwickelt.

* Innerhalb der Naturschutzgebiete konzentrieren sich die Maßnahmen auf drei Ziel-Schwerpunkte:

* Zum ersten sollen die Hochmoorbereiche in ihrer Existenz gesichert werden. Weiterhin soll der Versuch unternommen werden, gestörte Bereiche zu regenerieren. Vom Menschen durch seine Bewirtschaftung geschaffene Einheiten sollen ebenfalls erhalten werden; hierbei sollen verschiedene Teilbereiche in jeweils verschiedenen Stadien der Entwicklung bzw. Sukzession quasi konserviert werden. Hierdurch soll das bestehende, vielgestaltige und ökologisch diversifizierte Mosaik von Standorttypen (Pflanzengesellschaften bzw. Biozönosen), welches ein Charakteristikum des Hohen Venns darstellt, in seinem Bestand gesichert werden. Hierzu ist vor allem eine Reihe von Pflegemaßnahmen vorgesehen, die - unter wissenschaftlicher Kontrolle und sachgemäßer Anleitung - unter anderem dazu dienen sollen, Lebensräume zu gestalten, die gefährdeten Arten ein Überleben ermöglichen sollen (z.B. dem Birkwild). Eine Kontrolle des Gehölzaufwuchses und bewirtschaftungsäquivalente Maßnahmen sollen den Bestand der Heide sichern.

* Sowohl innerhalb der Naturschutzgebiete als auch in ihren peripheren Bereichen sollen Pufferzonen geschaffen werden, die störende Einflüsse, die von anderen Nutzungen ausgehen können, fernhalten.

* Die die Naturschutzgebiete umgebenden Waldbereiche werden in die Planung mit einbezogen. Unter dem Aspekt einer organischen Einbettung der Naturschutzgebiete in die Landschaft und einer Vernetzung natürlicher oder naturnaher Bereiche soll das Holzartenverhältnis zugunsten der Laubhölzer verändert werden; vor allem die Fichte soll zurückgedrängt werden.

* Hochmoorbereiche sowie Niedermoorbereiche sollen regeneriert bzw. renaturiert werden. Hierzu werden die Hochmoore von Außeneinflüssen möglichst weitgehend abgeschirmt, vor allem im Brandfall sind sie bevorzugt zu verteidigen. Die abgetorften Bereiche sollen aus den jetzt vorhandenen Heide- und Molinia-Stadien regeneriert bzw. renaturiert werden. Dies soll durch eine Erhöhung des Grundwasserspiegels, durch Mahd, Aufwuchskontrolle und eventuell Verbiß durch Moorschnucken erreicht werden.

* Ein ganzes Bündel von Maßnahmen dient der Verwirklichung von zwei anderen Zielen, einer Erhaltung und Regeneration von Heidestandorten und der Schaffung von geeigneten Lebensräumen für das Birkwild. Erste Maßnahme ist hier die Entfernung des Fichtenanfluges.

* Außer im Bereich der als Balzräume für das Birkwild vorgesehenen Flächen, wo einzelne Fichten oder Fich-

tengruppen erhalten bleiben sollen, sollen alle Fichten auf den Heideflächen entfernt werden. Lokal sollen die Bestände von Waldkiefer (*Pinus silvestris*) in lichtem Zustand (1 Stamm/ha) erhalten bleiben.

- Auf Teilflächen soll durch jährliche Mahd Balzraum für das Birkwild geschaffen, in den umgebenden Bereichen sollen lichte Laubwaldbestände erhalten werden.

- Auf weiteren Teilflächen ist vorgesehen, durch bewirtschaftungsäquivalente Maßnahmen (Mahd/Brennen/Abplaggen) die verschiedenen Heidegesellschaften zu erhalten und zu regenerieren. Eine flächenhafte Wiederbewaldung soll hierdurch verhindert werden.

- Durch verschiedene Intensitäten der Pflege/Bewirtschaftung der Heidestandorte können verschiedene Entwicklungsstadien der Heideformation mit jeweils unterschiedlichen Pflanzengesellschaften erhalten bleiben.

- Der Erfolg bzw. die Auswirkungen der einzelnen Maßnahmen werden für die Zukunft als Entscheidungsbasis über weitere Pflegemaßnahmen dienen.

- Um die touristischen Aktivitäten besonders im Bereich der Naturreservate in geordneten, das heißt ökologisch unbedenklichen Bahnen und Ausmaßen zu halten, werden dem Besucher bequeme und zugleich informative Angebote gemacht.

- Die touristischen Aktivitäten bleiben auf bestimmte Bereiche konzentriert; eine intensivere touristische Erschließung unterbleibt. Der Besucherverkehr ist auf festgelegte Wege beschränkt worden; durch Informations- und Hinweistafeln werden die Besucher zu angepaßten Verhaltensweisen angehalten. Durch die Einrichtung der bereits genannten Schutzzonen wird die Bewegungsfreiheit der Besucher in den Naturschutzgebieten eingeschränkt. Da die Anlage von Holzstegen und Bohlenwegen nicht verhindern konnte, daß Besucher sich auch abseits der markierten Wege bewegten und Trittschäden erheblichen Ausmaßes an der überaus sensiblen Vegetation verursachten, ist das Betreten einiger Bereiche heute nur noch mit einem von der Forstverwaltung autorisierten Führer möglich.

Allgemein ist man darauf bedacht, bei der Entwicklung des Fremdenverkehrs im Hohen Venn, der zum Teil ein reiner Autotourismus ist (Venn- und Seen-Route), nicht zuviel des Guten zu tun und einen Massentourismus, der nicht mehr kontrollierbar ist, zu verhindern. Dann wären selbst die Naturreservate bedroht.

Dem Naturpark Hohes Venn-Eifel kommt hierbei eine besondere Bedeutung zu, da er Ansätze und Aktivitäten sowohl des Tourismus als auch des Naturschutzes über Gemeinde-, Landes-, Regional- und Staatsgrenzen hinweg koordiniert. In einem Landschafts- und Entwicklungsplan für den Naturpark Hohes Venn-Eifel werden u.a. "Ziele und Zielprojektionen für die wichtigsten Bodennutzungsarten Land- und Forstwirtschaft sowie für Naturschutz und Landschaftsschutz" und "Maßnahmenvorschläge ... zum landschafts- und sozialverträglichen Tourismus" formuliert. Die der Naturparkeinrichtung zugrundeliegenden Verwaltungsabkommen formulieren als Ziele des Naturparks:

- "Die Erhaltung der natürlichen Landschaft, ihrer Werte und Eigenarten, sowie die Pflege und Gestaltung dieser Landschaft.

- Die Förderung der wirtschaftlichen, kulturellen und sozialen Interessen, wobei jedoch die natürlichen Schönheiten der Landschaft bewahrt bleiben müssen."

Als Aufgabe des Naturparks leitet sich hieraus ab, wesentliche Beiträge zu leisten zu

- "Schutz, Pflege und Entwicklung der Landschaft. Hier werden insbesondere die Erhöhung der Biodiversität sowie die Förderung naturnaher Methoden in der Land-Forst- und Wasserwirtschaft angestrebt.

- Sicherung eines umwelt- und sozialverträglichen Fremdenverkehrs u.a. durch die schonende Erschließung für die stille Erholung,

- Schaffung eines breiten Umweltbewußtseins durch Umweltbildung, Informations- und Öffentlichkeitsarbeit,

- Eigenständige Regionalentwicklung mit einer strukturpolitischen Sonderrolle des Naturparks in den vorgenannten Bereichen."

Der Naturpark muß zu einer großräumigen Vorbildlandschaft entwickelt werden und Wege zur nachhaltigen Entwicklung aufzeigen.

Aus diesen eher allgemeinen Zielen leitet der Landschafts- und Entwicklungsplan eine Reihe von Maßnahmenprogrammen ab, deren Koordination und Umsetzung in erster Linie dem Naturpark obliegt; beispielhaft seien hier genannt:

Naturschutz und Landschaftsschutz

1 Schutz und Pflege von grenzüberschreitenden Tälern und Wasserläufen im Deutsch-Belgischen und Deutsch-Luxemburgischen Naturpark
2 Heckenlandschaft
3 Einsatz einer Pflegemannschaft zur Biotoppflege
4 Regelung des Vogelfangs im Naturpark
5 Landschaftsbezogene Biotopmanagementmaßnahmen

Landwirtschaft

1 Förderung biologischer Anbaumethoden und Vergabe eines Qualitätslabels im Naturpark
2 Der Landwirt als Landschaftspfleger sowie Beratung bestehender Naturschutzprogramme
3 Tourismus in der Landwirtschaft

Forstwirtschaft

1 Förderung und Unterstützung einer naturnahen Waldwirtschaft
2 Ansiedlung von höherwertigen Holzverarbeitungsbetrieben
3 Fachkundige Betreuung, Information und Öffentlichkeitsarbeit
4 Der Wald als Erholungsraum

Erholung

- Natur- und Erlebniszentrum Botrange
- Torfmuseum Bahnhof Sourbrodt
- Aufwertung des Signal de Botrange
- Lehrpfade.

Wirksamkeit erlangt der Landschafts- und Entwicklungsplan für den Naturpark nach einem entsprechenden Beschluß des Planes durch die Träger in Form einer hieraus abgeleiteten Selbstbindung des Naturparks und seiner Träger.

Wirtschaft

Einen Umstand, der allgemein als nachteilig für eine wirtschaftliche Entwicklung angesehen wird, hat sich Ostbelgien in den vergangenen Jahren durchaus zunutze gemacht, die Grenzlage.

Neben dem traditionellen Wirtschaftsfaktor **Tourismus,** der sich u.a. auf die relativ günstige Lage zum Verdichtungsraum Aachen-Lüttich-Maastricht stützt, schlagen heute zunehmend die Dreisprachigkeit und die entsprechende Mobilität der Bevölkerung positiv zu Buche. Man sieht sich als Mittler zwischen den Industrie- und Dienstleistungszentren in Belgien, Deutschland und den Niederlanden sowie Luxemburg. Diese Anpassung an die aktuellen Entwicklungen drückt sich aus z.B. im starken Transportsektor mit Speditionen sowie der guten Ausstattung mit Beratungsfirmen, Handelshäusern und Banken. Die Rolle der Eisenbahn aus dem 19. Jh. als Verkehrs- und Transportmittel haben heute das Autobahnnetz und zunehmend die Telekommunikation übernommen. Der Kraftfahrzeugverkehr hinterläßt deutliche Spuren in der Landschaft und auch in den Ortschaften der Region.

Industrie und Gewerbe sind mittelständisch geprägt. Nur wenigen Großbetrieben stehen eine Vielzahl kleiner Familienbetriebe gegenüber. Das Firmenspektrum reicht von der Metall- und Kunststoffverarbeitung über die Veredlung land- und forstwirtschaftlicher Erzeugnisse bis zum Maschinenbau und High-Tech-Unternehmen. Bemerkenswert, weil regionaltypisch, ist die Holzverarbeitung mit zur Zeit 23 Sägereien und einer jährlichen Verarbeitungskapazität von ca. 420.000 m³ Stammholz. In den letzten Jahren ausgedehnt wurde auch die Weiterverarbeitung des Holzes etwa in der Möbelproduktion. Vor allem in westdeutschen Tageszeitungen werben die ostbelgischen Möbelhäuser besonders aus der Umgebung von St. Vith und haben einen regelrechten Möbel-Einkaufstourismus hervorgerufen.

Ähnlich wie in der Holzverarbeitung mit den Bemühungen um Weiterverarbeitung der Rohprodukte vor Ort sind die Aktivitäten in der Landwirtschaft ausgerichtet. Ziel ist der Absatz typisch regionaler Produkte möglichst in der heimischen Gastronomie oder durch Direktvermarktung sowie eine Koppelung der Landwirtschaft an touristische Aktivitäten. Diese reichen von Angeboten wie 'Ferien auf dem Bauernhof' oder der Förderung von Ferienwohnungen bis hin zur Förderung der kulturlandschaftserhaltenden Bewirtschaftungsweisen der traditionellen Landwirtschaft (z.B. Grünlandwirtschaft in den Heckenlandschaften um Eupen oder St. Vith).

Aus diesen beispielhaft genannten Anknüpfungspunkten des Tourismus ergibt sich die generelle Ausrichtung der Tourismus-Aktivitäten hin zu einem sozial- und umweltgerechten Tourismus, der Einheimischen wie Gästen die reizvolle Landschaft erhält und gewachsene soziale Strukturen respektiert.

Räumlicher Schwerpunkt des Tourismus mit ca. 110 Hotels und über 250 Restaurants in Ostbelgien sind im Norden Eupen und Raeren sowie im Süden St. Vith und die Warche-Stauseen; saisonabhängig sind auch die Wälder und die offenen Flächen des Venn-Plateaus für Wanderer und Wintersportler beliebte Zielgebiete. Neben den landschaftsbezogenen Angeboten wie Wandern, Radfahren, Mountainbiking, Wassersport etc. entwickelt sich besonders in jüngster Zeit ein Kulturtourismus (Museen, folkloristische Veranstaltungen zu traditionellen Anlässen etc.) und eine Angebotspalette mit kulinarischer Ausrichtung (regionale Produkte).

Dem Naturpark Hohes Venn-Eifel kommt als Mittler zwischen den Belangen des Naturschutzes und den touristischen Aktivitäten eine bedeutende Rolle zu. Eine enge grenzüberschreitende Zusammenarbeit mit der für den Naturschutz in Belgien zuständigen Forstverwaltung sowie naturkundlichen Einrichtungen auf der einen Seite und touristischen Institutionen auf der anderen Seite gelingt eine weitgehende Verknüpfung touristisch-wirtschaftlicher Interessen mit den Anforderungen des Naturschutzes. Angebote naturkundlicher Bildung und die Einbeziehung kultureller Aspekte sind hier wichtige Ansatzpunkte für eine Entwicklung hin zu einem Qualitätstourismus.

Unter wirtschaftlichen, unter Umwelt- und verkehrlichen Aspekten ist der Tourismus im Bereich des Hohen Venn und seines näheren Umfeldes jedoch durch eine sehr kurze Verweildauer der Besucher gekennzeichnet. Die Besucher sind vielfach Tagesgäste und verursachen aufgrund der strukturellen Ausrichtung primär auf den motorisierten Individualverkehr nicht unerhebliche Umweltbelastungen durch An- und Abreise sowie Fahrten zwischen den touristischen Zentren.

In der Forstwirtschaft ordnet man den Waldbeständen drei übergeordnete Funktionen bzw. Ziele zu, die die Art der Bewirtschaftung prägen: Holzproduktion, Bestandserhaltung, Schutz von Boden und Wasser. Für die Produktion werden aufgrund der beiden anderen Funktionen/Ziele weitgehende Einschränkungen bezüglich etwa Durchforstung, Holzernte, Aufforstung etc. formuliert und streng kontrolliert. Um den Wildbestand zu reduzieren, werden verbindliche Abschußpläne durch die Forstverwaltung aufgestellt und ihre Einhaltung unter Strafandrohung kontrolliert.

Grundsätzlich ist die wirtschaftliche Entwicklung und die Entwicklung des Arbeitsmarktes im Bereich Ostbelgiens ähnlich wie in den benachbarten Regionen in den letzten Jahren verlaufen; sie sind gekennzeichnet durch einen Rückgang des produzierenden Gewerbes und der Land- und Forstwirtschaft sowie einer Zunahme des Dienstleistungssektors. Entsprechend der bereits erwähnten Funktionszuordnungen (Eupen als Dienstleistungs- und

Produktionsstandort, südliche Gemeinden als landwirtschaftlich geprägte bzw. Tourismusgemeinden) existieren in Ostbelgien die gleichen Probleme wie in anderen Ballungsrandregionen. Es ergibt sich die Notwendigkeit des Berufspendelns (nach Luxemburg, Deutschland und in die wallonische Region) besonders für die südlichen Gemeinden; das Niveau der Arbeitslosigkeit ist jedoch deutlich geringer als in der benachbarten wallonischen Region.

Neue Werte

Ostbelgien sieht sich selbst als aufstrebende Region im Herzen Europas, welche nicht nur für die Zukunft gerüstet ist, sondern diese auch aktiv mitgestalten möchte. Hierzu setzen die Verantwortlichen nicht einseitig auf einen bestimmten Wirtschaftsbereich oder auf einen kurzfristigen wirtschaftlichen Effekt, sondern versuchen durch Vernetzung verschiedener Bereiche des gesellschaftlich-kulturellen sowie des wirtschaftlichen Lebens einen langfristigen Prozeß im Sinne einer eigenständigen Regionalentwicklung anzustoßen. Dem Erhalt der natürlichen Ressourcen kommt hierbei - vielleicht auch aufgrund eines gewissen Nachholbedarfs in einigen Bereichen - eine zentrale Rolle zu; Natur- und Umweltschutz nehmen keine reine Alibifunktion wahr, vielmehr sieht man sich durchaus im Geiste der Konferenz von Rio in der Verantwortung. Der Fremdenverkehr setzt auf das Kapital der Landschaft und den Erhalt der Ressourcen innerhalb gewachsener Strukturen (sozial- und umweltverträglich; Qualitätstourismus, Vier-Jahreszeiten-Tourismus, Familientourismus, Kulturtourismus). Die Elemente der Natur- und der Kulturlandschaft werden schonend erschlossen, aber nicht ausgebeutet. Ressourcenerhalt hat einen hohen Stellenwert. Im Hintergrund der gesamten Aktivitäten steht u.a. ein 1994 von der Regierung der Wallonischen Region vorgelegter Entwurf eines Umweltplanes für die nachhaltige Entwicklung in der Wallonischen Region.

Die Produkte der Landschaft
- Ruhe, Luft zum Atmen, Wasser zum Trinken, biologische Vielfalt

und die Leistungen der heimischen Bevölkerung
- Pflege der Kulturlandschaft, bodenständige Produkte aus Land- und Forstwirtschaft, Dienstleistungen vielfältiger Art

bilden gemeinsam den Kapitalgrundstock für eine eigenständige wirtschaftliche Entwicklung der Region, die eine Entvölkerung ebenso verhindert, wie eine von externen Kräften gesteuerte Überprägung von Landschaft und Gesellschaft.

Die Exkursionsrouten

Variante 1 (Busexkursion, vgl. Karte 1)

Anfahrt über Monschau, Mützenich Richtung Eupen; ca. 1 km hinter der ehemaligen Grenzstation Wanderparkplatz nördlich der Straße (nur für PKW, Bus auf Forststraße abstellen, Busfahrer bleibt beim Bus):

1.1 Ca. 2 Stunden dauernde Wanderung auf markierten Wegen durch das NSG Brackvenn südlich der Straße nach Eupen; **Themen:** Pflanzengesellschaften feuchter Standorte, Palsen, Torfstich, Nieder- und Hochmoor.

Weiterfahrt in Richtung Eupen zum Naturzentrum Haus Ternell (ca. 4 km):

2.1 Das Naturzentrum Haus Ternell bietet ein kleines Museum sowie Lehrpfade zu den **Themen** Wald und Geologie. Eine kurze Wanderung von ca. 1 Stunde Dauer im Umfeld vermittelt einen Einstieg in die Themen Wald und Forstwirtschaft.

Weiterfahrt Richtung Eupen; nach ca. 6,5 km Abzweigung zur Wesertalsperre (Lac d' Eupen). Nach ca. 1,5 km beim Anstieg rechts in der Straßenböschung Aufschluß des unterdevonischen Basiskonglomerats:

3.1 Das Konglomerat erscheint als betonähnliche, schräg gestellte Gesteinslage zwischen feinkörnigen Gesteinen. Darüber hinaus hat man auf der Fahrt von Mützenich her die Flächensysteme und -treppung erlebt, so daß eine Erläuterung zur Geologie und Geomorphologie hier sinnvoll möglich ist.

Weiterfahrt über die Staumauer zum Parkplatz der Gaststätte an der Wesertalsperre:

4.1 Staumauer, Wasseraufbereitung am Fuß der Staumauer (Führung nach vorheriger Anmeldung möglich, ca. 1,5 Stunden), Wasserlehrpfad.

Alternativ zu einer kurzen Wanderung bei Haus Ternell ist auch hier eine ca. 1,5 stündige Wanderung auf markierten Wegen zu den **Themen** Wasserwirtschaft und Wald/ Forstwirtschaft entlang der Wesertalsperre und über das Forsthaus Mospert möglich.

Fahrt zurück zur Hauptstraße, bergab Richtung Eupen-Zentrum:

5.1 Stadtrundfahrt Eupen (Stadtplan vom Verkehrsverein Eupen).

Ampelkreuzung an der Weser (Unterstadt) geradeaus überqueren, Richtung Zentrum; Umrunden des Zentrums (bei Interesse Fußexkursion durch den Bereich der Oberstadt = Zentrum, ca. 1 Stunde Dauer; Bus parkt am Bahnhof), über den Bereich der Sportstätten Eupens im Südosten der Stadt zurück zur Unterstadt (Ampelkreuzung an der Weser), geradeaus Richtung Malmedy. Blick auf das industrielle Zentrum Eupens.

Fahrt in südlicher Richtung (Malmedy) auf das Venn-Plateau über Baraque Michel nach Mont Rigi (ca. 1 km hinter Baraque Michel):

6.1 Der Moorlehrpfad im Poleûr-Venn, der auch dann zugänglich ist, wenn die Wälder und Moore gesperrt sind (rote Fahnen gehißt), vermittelt auf einer ca. 1,5 stündigen Wanderung die **Themen** Ökosystem Moor, Torfstich, Wasser im Moor.

Weiterfahrt in Richtung Robertville (an der Abzweigung bei Mont Rigi links halten); nach ca. 1,5 km Signal de Botrange:

7.1 Neben der Informations- und Beratungsstelle ist die Tranchot-Pyramide einen Besuch wert. Die Pyramide (ca. 80 cm hoch) aus Kalkstein, Vermessungspunkt 1. Ord-

Abb. 7: Tranchot-Pyramide von 1807
(aus FRANKARD et al. 1991)

nung, ist benannt nach dem französischen Oberst und Kartographen Jean Joseph Tranchot.

Fahrt zum Naturparkzentrum Botrange (ca. 1 km weiter in Richtung Robertville):

8.1 Ein Besuch des Naturparkzentrums Botrange lohnt vor allem bei schlechtem Wetter; eine Ausstellung zu den Landschaften des Naturparks und zum Naturschutz gibt dann zumindest einen Überblick oder ergänzt die Erlebnisse der Erkundungen vor Ort.

Fahrt über Sourbrodt (Richtung Elsenborn, vor Camp Elsenborn links) und Kalterherberg nach Monschau; von hier Rückfahrt:

Fahrtzeit von Monschau bis Monschau ca. 1 Stunde.

Die Gestaltung der Tour und der einzelnen vorgeschlagenen Wanderungen/Fußexkursionen an den genannten Standorten bedarf einer Auswahl! Diese sollte sich an der Interessenlage und der Witterung ausrichten. Die für Wanderungen zu veranschlagenden Zeiten sind genannt, so daß eine individuelle Zusammenstellung möglich ist. Bei der Nutzung der Museums- und Führungsangebote ist eine vorherige telefonische Anmeldung unbedingt zu empfehlen. Bei stärker biologisch-ökologischem Interesse empfiehlt es sich, eine vom Naturparkzentrum Botrange ausgehende geführte Wanderung in das Wallonische Venn zu unternehmen; tel. Anmeldung ist unbedingt erforderlich, eine solche Wanderung ist nur mit autorisiertem Führer möglich!

Imbiß-/Einkehrmöglichkeiten: Naturzentrum Haus Ternell, Gaststätte der Wesertalsperre, Eupen, Baraque Michel, Signal de Botrange, Naturparkzentrum Botrange.

Variante 2 (Fußexkursion, vgl. Karte 2)

Anfahrt über Monschau, Mützenich Richtung Eupen; ca. 1 km hinter der ehemaligen Grenzstation Wanderparkplatz nördlich der Straße (nur für PKW, zum Aussteigen Bus auf Forststraße abstellen, Bus fährt nach Baraque Michel):

1.2 Wanderung im Uhrzeigersinn auf markierten Wegen durch das NSG Brackvenn südlich der Straße nach Eupen bis zum Eupener Grenzgraben (= Rand des Hochmoors).

Themen: Pflanzengesellschaften feuchter Standorte, Palsen, Torfstich, Nieder- und Hochmoor.

Von hier ca. 300 m zurück gehen, nach Süden abzweigen, nach weiteren 500 m nach Westen abzweigen. Weg talabwärts zum Herzogenhügel im Hilltal. **Themen:** Wald und Forstwirtschaft:

2.2 Im Hilltal beim Herzogenhügel ist eine Rast gut möglich. Hier können auch die **Themen** Geologie, Geomorphologie und Gewässer erläutert werden.

Den markierten Weg GR 573 die Hill aufwärts bis nach Baraque Michel gehen:

3.2 Während der Wanderung nach Baraque Michel können mehrere kurze Stops eingelegt werden, um Beobachtungen zu erläutern. **Themen:** Lebensräume des Venn-Plateaus und der Täler, Geomorphologie, Gewässer, Klima, Naturschutz.

Bei Baraque Michel wartet der Bus auf dem Parkplatz. Von hier aus Rückfahrt über Sourbrodt nach Monschau (s.o.).

Die Wanderung dauert etwa 5 Stunden (Proviant mitnehmen). Auf der Wanderung ist zu beachten, daß der Weg Schutzzonen der Kategorien C und D berührt; die markierten Wege dürfen auf keinen Fall verlassen werden. Besonders für die Wanderung empfiehlt sich die Mitnahme der Wanderkarte 1:25.000.

1. Karten

Institut Géographique National (Hrsg.) (1995): Hohes Venn. Wanderkarte 1:25.000. Von der Wallonischen Region Abt. Natur und Forsten empfohlene und genehmigte Wanderwege. Brüssel

Landesvermessungsamt Nordrhein-Westfalen (Hrsg.) (1997): Naturparke Nordeifel/Hohes Venn. Freizeitkarte 1:50.000. Bonn

Landesvermessungsamt Nordrhein-Westfalen (Hrsg.) (1990[4]): Deutsch-Belgischer Naturpark Rureifel/Hohes Venn. Nordteil. Wanderkarte 1:50.000. Bonn

Landesvermessungsamt Rheinland-Pfalz (Hrsg.) (1988[4]): Deutsch-Belgischer Naturpark Schneifel/Ourtal. Südteil. Naturparkkarte 1:50.000. Koblenz

2. Literatur

* = Basisliteratur

*ARENS, D. (1988): Die Ardennen. Eine alte Kulturlandschaft im Herzen Europas. DuMont Kunst-Reiseführer. Köln

BASTIN, B. (1985): Etude palynologique d'une couche de tourbe mise au jour dans le "rempart" d'une "palse" de la Konnerzvenn. In: Hautes Fagnes, 51. Jg., H. 3, S. 72-73

BASTIN, B.; JUVIGNE, E.; PISSART, A.; THOREZ, J. (1974): Etude d'une coupe degrade a travers un rempart d'une cicatrice de pingo de la Brackvenn. In: Annales de la Societe Geologique de Belgique, T. 97, S. 341-358

BECKER, CH.; BESEL, K. (1996): Unterwegs in Eifel & Ardennen. Eupen

*CASPERS, N.; KREMER, B. P. (1978): Das Hohe Venn. Europäische Landschaft im Deutsch-Belgischen Naturpark. = Rheinische Landschaften 14. Köln

EHRENDORFER, F. (197831): Geobotanik. In: STRASSBURGER, E. (Begr.): Lehrbuch der Botanik für Hochschulen. S. 862-987. Stuttgart, New York

ELIAS, G. (1994): Die Ostkantone. Die grüne Lunge Belgiens. Eupen

FRANKARD, PH.; LEJEUNE, I.; LESPAGNARD, B.; TAFFEIN, C. (1991): Wanderungen im Wallonischen Venn. Führer. Mont Rigi

GAY, J.-M.; HUYGEN, J.-M. (1991): Reiseführer der Ostkantone, Belgien. Brüssel

*KAMP, C. (19805): Das Hohe Venn. Gesicht einer Landschaft. Düren

KNAPP, G. (19803): Erläuterungen zur Geologischen Karte der nördlichen Eifel 1:100.000. Krefeld

METZ, G. (1995): Das Hohe Venn von A-Z. Eupen

PAHAUT, P. (1961): Carte des sols de la Belgique 1:20.000. Texte explicatif de la Planchette de Reinartzhof - 136 A - et Hoscheit - 136 B -. Gent

* PERSCH, F. (1950): Zur postglazialen Wald- und Moorentwicklung im Hohen Venn. In: Decheniana, Bd. 104, S. 81-93

PISSART, A. (1983): Remnants of periglacial mounds in the Hautes Fagnes (Belgium): Structure and age of the ramparts. In: Geologie en Mijnbouw, S. 551-555

PISSART, A. (1983): Pingos et Palses: Un Essai de Synthese des Connaissances Actuelles. In: Abhandlungen der Akademie der Wissenschaften in Göttingen, Mathematisch-Physikalische Klasse,3.Folge, Nr.35, S.48-69

PISSART, A.; JUVIGNE, E. (1985): Les remblaiements periglaciaires dans les vallees des Hautes Fagnes. In: Hautes Fagnes, 51. Jg., H. 3, S. 70

PISSART, A.; JUVIGNE, E. (1985): L'age et l'origine des viviers des Hautes Fagnes. In: Hautes Fagnes, 51. Jg., H. 3, S. 71

RICHTER, D. (1969): Aachen und Umgebung. Nordeifel und Nordardennen mit Vorland. = Sammlung Geologischer Führer, Bd. 48. Berlin, Stuttgart

*SCHUMACKER, R.; NOIRFALISE, A. (1979): Das Hohe Venn. Liège

SCHWICKERATH, M. (1975): Hohes Venn, Zitterwald, Schneifel und Hunsrück. Ein florengeographischer, vegetationskundlicher, bodenkundlicher und kartographischer Vergleich. In: Beiträge zur Landespflege in Rheinland-Pfalz. Bd. 3, S. 9-99

WEISSEN, F.; LETOCART, M. (1984): Der Hertogenwald. In: Informationen und Materialien zur Geographie der Euregio Maas-Rhein, Heft 14, S. 45-50

3. Adressen und Telefonnummern

Allgemeine Hinweise zu Wanderungen und Sperrungen im Hohen Venn:

Signal de Botrange, Tel. 0032/(0)80/447272 oder 447273
Naturparkzentrum Botrange, Route de Botrange 131, B-4950 Robertville; Tel. 0032/(0)80/445781, Fax 0032/(0)80/444429
Naturzentrum Haus Ternell, Ternell 2 - 3, B-4700 Eupen; Tel. 0032/(0)87/552313

Auskünfte zu Tourismus/Wintersport:

Verkehrsamt der Ostkantone, Mühlenbachstraße 2, B-4780 St. Vith; Tel. 0032/(0)80/227664

Forschungsstation der Universität Lüttich: Wissenschaftliche Station des Hohen Venns, Route de Botrange 137, Mont Rigi, B-4950 Robertville; Tel. 0032/(0)80/446182

Wesertalsperre Eupen: Führungen für Gruppen auf Anfrage, Tel. 0032/(0)87/740028

Verkehrsverein Eupen, Marktplatz 7, B-4700 Eupen; Tel. 0032/(0)87/553450, Fax. 0032/(0)87/556639

4. Allgemeine Informationen zur Wirtschaft:

EUREGIO MAAS-RHEIN, Limburglaan 10, NL 6229 GA Maastricht; Tel. 0031/(0)43/3897492

5. Lehrpfade:

- Lehrpfad im Poleûr-Venn
- Moorlehrpfad im Neûr Lowé
- Geologischer Lehrpfad Ternell
- Wasserlehrpfad der Wesertalsperre Eupen

Anschrift des Autors

Elmar Knieps, Auf dem Stengel 40, D-53489 Sinzig

Das untere Niederrheingebiet - Raum Kalkar und Umgebung

Eine physisch-geographische Exkursion

Helmut Siebertz

Thematik:	**Quartärmorphologie des Niederrheins**
durchzuführen als:	**Busexkursion oder mit Pkw, auch mit Fahrrad möglich**
ungefähre Dauer:	**2-tägig; 1. Tag: Niederrheinischer Höhenzug, (ca. 22 km), 2. Tag: Rhein-niederung, (ca. 31 km)**
Anfahrt von Bonn:	**ca. 150 km**
Besondere Hinweise:	**diverse Aufschlüsse sind bereits zugeschüttet, Aufgrabungen sind nur temporär einsehbar**
Empfohlene Karten:	**Topographische Karte 1:25 000, Blatt 4203 Kalkar, Quartärmorphologische Karte aus dem unteren Niederrheingebiet (siehe Beilage)**

1. Einleitung

Seit den fünfziger Jahren hat das untere Niederrheingebiet (Abb. 1) eine rege wissenschaftliche Tätigkeit erfahren, an der Geologen, Pedologen und Geomorphologen mit unterschiedlichen Fragestellungen und recht differenzierten Ergebnissen beteiligt waren; die Ergebnisse fanden in verschiedenen Karten ihren Niederschlag.

Im Rahmen des Projektes „Geomorphologische Detailkartierung in der Bundesrepublik Deutschland" wurde für den nordwestdeutschen Raum das topographische Kartenblatt Kalkar beispielhaft für eine im Quartär geprägte Landschaft kartiert (vgl. SIEBERTZ 1977). Durch den günstigen Schnitt des Kartenblattes sind die Inhalte sowohl von pleistozänen als auch von holozänen Prozessen und Ablagerungen vertreten. Die Landschaft am unteren Niederrhein zeigt hier relativ lückenlos die erdgeschichtliche Entwicklung der letzten 200.000 Jahre. Besonders hervorzuheben sind hier die saalezeitlichen Gletscherablagerungen, der periglaziale Klimaeinfluß mit den Windsedimenten im Weichsel-Glazial sowie die durch den Rhein geprägte Niederung mit ihren fluvialen Formen und Substraten (vgl. SIEBERTZ 1981).

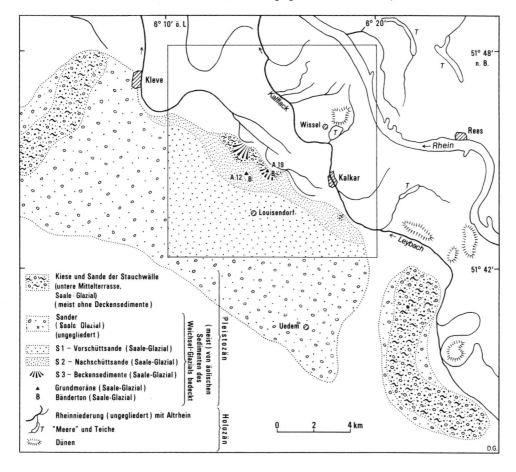

Abb. 1: Ausschnitt des Kartenblattes Kalkar und seiner Umgebung

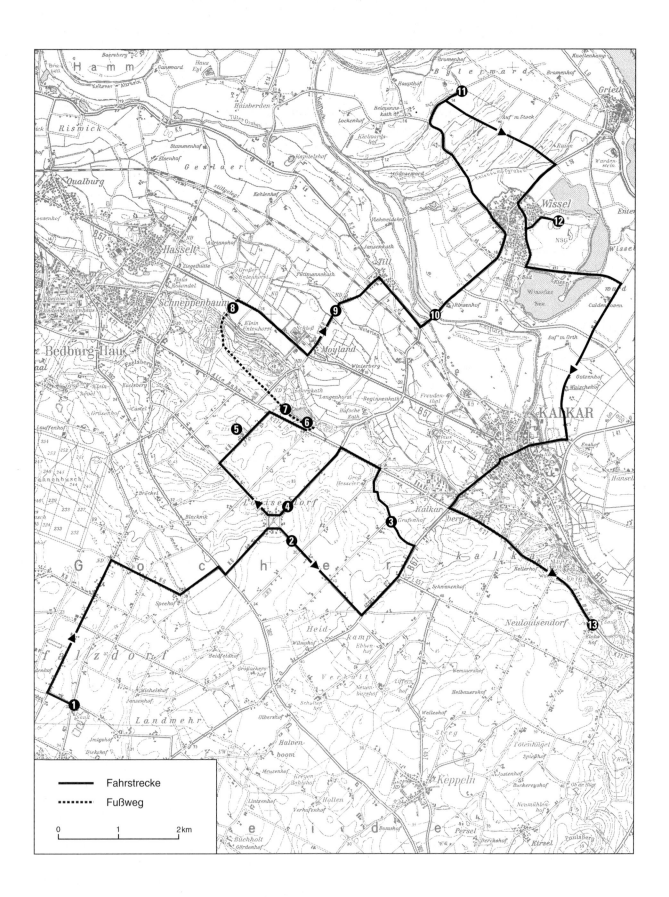

Abb. 2: Exkursionsroute

Die Exkursionsroute (Abb. 2) führt durch ein landschaftlich reizvolles Gebiet, welches neben der flachen Niederungslandschaft des Rheins einen Teil des Niederrheinischen Höhenzuges beinhaltet, der für eine morphologische Reliefierung am unteren Niederrhein sorgt. Neben den bereits erwähnten Untersuchungen der Kollegen aus den Nachbarwissenschaften sind zahlreiche Beiträge aus physisch-geographischer Sicht geleistet worden, die häufig nur mit zusätzlicher Hilfe von Studenten im Rahmen der Geländepraktika durchgeführt werden konnten.

Viele der Aufschlüsse, die für die fachlichen Inspirationen von Bedeutung waren, sind geschlossen, bewachsen oder zugeschüttet, so daß der Einblick in diese heute nicht mehr gewährleistet ist. Daher werden an den Exkursionsstandorten die landschaftsgenetischen Prozesse und geowissenschaftlichen Vorkommnisse für den Betrachter ausführlich beschrieben, erläutert und durch Abbildungen, Tabellen, Literaturhinweise und eine quartär-morphologische Karte ergänzt, die inhaltlich verstärkt auf die ökologischen Anforderungen der Gegenwart ausgerichtet ist (Beilage). Die Erläuterungen zu dieser Karte erscheinen in der DECHENIANA (Bonn).

2. Beschreibung der Exkursionsroute auf dem Niederrheinischen Höhenzug

Der Niederrheinische Höhenzug bildet einen morphologischen Block, der sich markant aus der Rhein- und Niersniederung heraushebt. Seine Höhen liegen im Westen um 25-30 m über NN und steigen nach Osten kontinuierlich an. Die höchsten Erhebungen sind dabei der Monreberg mit 72 m (Beilage) sowie die außerhalb des Kartenblattes liegenden Höhenrücken um Kleve mit über 100 m. Nach Süden findet der Niederrheinische Höhenzug im Xantener Hochwald, der Bönninghardt sowie im Schaephuysener Höhenzug seine Fortsetzung.

Der Niederrheinische Höhenzug wird im Norden vom Reichswald eingenommen. Das Zentrum besteht aus dem Pfalzdorfer Plateau, der Louisendorfer Höhe sowie der Uedemer Hochfläche (Abb. 4); sie ergeben zusammen die Gocher-Heide, deren Name noch an die ursprüngliche wirtschaftliche Funktion erinnert, als die Bedeutung der dort liegenden Decksedimente mit den daraus resultierenden Böden und deren günstige landwirtschaftliche Eigenschaften noch nicht bekannt war.

Standort 1: Aufschluß A 4 Gocher Heide
(Kalksandsteinwerk; R 25.12900; H 57.29500)

Thema a: eiszeitliche Ablagerungen des Saale-Glazials (Drenthe-Stadial)

Die im Saale-Glazial (Drenthe-Stadial) von Skandinavien in das norddeutsche Tiefland vorrückenden Gletscher erreichten im Niederrheingebiet ihre weiteste Ausdehnung nach Westen (vgl. THOME 1958, 1959).

Dort haben sie einen glazialen Formen- und Sedimentschatz hinterlassen, der in zahlreichen Aufschlüssen beobachtet werden konnte und für die differenzierte Ansprache der Gletscherbewegungen in diesem Raum von Bedeutung war (vgl. HEINE 1983; SIEBERTZ 1983b, 1984a, 1986, 1987b).

Der Aufschluß zeigt den typischen Sedimentaufbau, wie er auf der Sanderhochfläche des Niederrheinischen Höhenzuges zu finden ist. Die Basis beginnt mit marinen pliozänen Sanden, die sehr quarzreich sind und nur einen geringen Anteil an Ferralliten aufweisen. Der Kiesanteil wird meistens nur durch geringmächtige schmale Kiesbänke charakterisiert. Verschiedentlich befinden sich grau-grüne, glaukonithaltige Sandbänke in der Aufschlußwand. Die Ablagerungen deuten aufgrund ihrer Söhligkeit durchweg auf eine kontinuierliche Sedimentation hin, die lokal von Kreuz- und Deltaschichtungen unterbrochen wird, was auf ein unruhiges Sedimentationsmilieu unter randsedimentären Bedingungen hindeutet. Dies ist für das untere Niederrheingebiet bedeutend, da nach QUITZOW (1985) das Pliozänmeer den Raum um Kleve-Weeze tangierte. Die Korngrößenanalysen zeigen eine Zusammensetzung, die sich überwiegend auf die Mittelsandfraktion beschränkt und damit mit den Vorschüttsanden in Tab. 3 vergleichbar ist. Schwermineralogisch beinhalten die tertiären Sande nach BRAUN (1978b) - hier in Verbindung mit den weichselzeitlichen Decksedimenten - überwiegend Hornblende (und Augit), was auf den rheinischen Vulkanismus im Tertiär zurückzuführen ist; untergeordnet befinden sich Zirkon (magm.) und Turmalin (peg.-pneum.) (Tab. 1 in SIEBERTZ 1984a). Die Bedingungen, die zu einer Anreicherung spezifischer Schwerminerale in tertiären Sanden führen, sind von SIEBERTZ (1984a) beschrieben worden.

Als adäquates Aufschlußprofil für diesen Sander dient die Abb. 3; dieser Aufschluß (A 2) liegt etwa 1300 m nördlich in der Nähe des Augustinshofs. Er ist heute planiert und wurde von DASSEL (1989) auf glazialtektonische Lagerungsstörungen hin untersucht. Das Profil besteht oberhalb der tertiären Ablagerungen aus einem relativ grob- bis mittelkörnigen etwa > 3m mächtigen von Kiesen durchsetzten Sandersediment. Es handelt sich hierbei ausschließlich um Sedimente der Eisvorstoßphase, Vorschüttsande (S1), die überwiegend den gesamten Höhenzug aufbauen (Abb. 7). Die Zusammensetzung in den Korngrößen besteht vornehmlich aus Mittelsand, untergeordnet Grobsand; gegenüber den pliozänen Sanden ist der Vorschüttsand sehr kiesreich, erreicht jedoch nur eine Kiesgröße, die nach SIEBERTZ (1977) allgemein unter 5 cm Durchmesser liegt, womit das fluvioglaziale Schmelzwassermilieu zum Ausdruck gebracht wird. Die Ablagerungen liegen durchweg söhlig; Kreuzschichtungen sind in der Regel selten anzutreffen. Anzumerken ist, daß der Sander nach etwa 700-800 m westlich auskeilt und dort von der Niers unterschnitten wird.

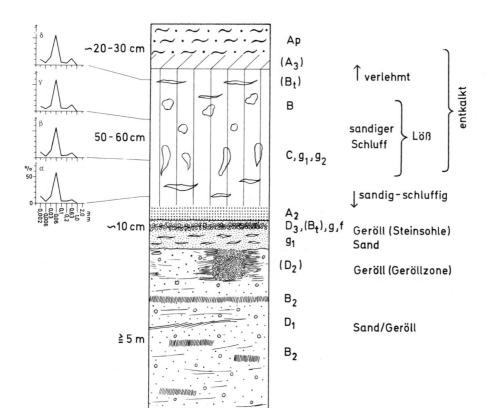

Abb. 3: Sanderaufschluß
A 2 mit Decksediment-
profil

Die Schwermineralanalysen im Vorschüttsand zeigen nach SIEBERTZ (1984a) ein Spektrum, welches der unteren Mittelterrasse nahe kommt. Hier handelt es sich nach KAISER (1961) um Hornblende und Augit, wobei untergeordnet die metamorphen Schwerminerale Epidotit und Zoisit sowie ein hoher prozentualer Anteil an nicht bestimmbaren Alteriten zu finden sind (Tab. 1 in SIEBERTZ 1984a). Die sedimentologische Zusammensetzung der Vorschüttsande hat zur Folge, daß gegenüber den pliozänen Sanden ein deutlicher Anteil an Ferralliten vorhanden ist, die lokal für kräftige Oxidationen im Profil verantwortlich sind (B2 in Abb. 3). Neben der typischen Sanderschüttung befinden sich im Sander häufig Geröllansammlungen, die als fluvioglaziale Uferwälle gedeutet wurden und beinahe ausschließlich von Geröllen in größerer Mächtigkeit und Geröllgröße aufgebaut sind (D2 in Abb. 3 u. D(S2) in Abb. 9). Die Gerölle zeigen einen Durchmesser, der deutlich über den Kiesen des Sanders liegt und bis zu 10 cm erreicht. Sie sind alle kantengerundet bis gerundet, so daß sie den Einfluß des fluvialen Milieus repräsentieren. Nordische Gesteine sind außerhalb der Grundmoräne lediglich vereinzelt zu finden, da der Sander überwiegend umgelagerte untere Mittelterrasse repräsentiert.

Thema b: periglazialer Formenschatz im Sander

In den meisten Aufschlüssen befindet sich im Hangenden des Sanders eine Steinsohle bzw. lokal auch eine größere Kiessohle, die von Geröllgrößen zusammengesetzt ist, die denen der fluvioglazialen Uferwäl-

le gleicht und durchweg gröber sind als die des Sanders. Je mehr die Aufschlüsse in Stauchwallnähe liegen, desto gröber werden die Gerölle und es mischen sich vermehrt kleine Moränenblöcke und nordische Geschiebe dazwischen, die in ihrer Morphometrie reinen Moränenschutt repräsentieren, neben den sonst gerundeten Geröllen des fluvioglazial abgelagerten Sanders. Diese Steinsohle wurde nach SIEBERTZ (1987c) unter spätkaltzeitlichen-frühwarmzeitlichen Klimabedingungen als gröbere Kiesschicht im Saale-Glazial abgelagert, abgetragen und in der Weichsel-Kaltzeit unter periglazialem Klima solifluidal eingeregelt (vgl. SIEBERTZ 1989) mit ihren Längsachsen parallel oder quer zum Hang und dann von weichselzeitlichen äolischen Decksedimenten plombiert (Abb. 3). Auffallend ist, daß die Steinsohle in mehr oder minder großer Regelhaftigkeit fast durchgehend im Hangenden aller Sanderarten vorhanden ist, wie die Aufschlüsse und Aufgrabungen in SIEBERTZ (1983a) deutlich zeigen.

Die grobkörnigen Vorschüttsande neigen unter periglazialen Klimabedingungen zu lokal schwach ausgeprägten oder nur angedeuteten Eiskeilbildungen. Kryoturbationstaschen und Rieseneiskeilbildungen, wie sie von GOLTE & HEINE (1974,1980) sowie KLOSTERMANN & DASSEL (1987) in der Weezer Hees beschrieben wurden, sind in den stark wasserdurchlässigen Sedimenten nicht nachzuweisen. Eine fossile Frostspalte konnte jedoch in den Vorschüttsanden im Nordosten des Höhenzuges von SIEBERTZ (1984b) beschrieben werden. Sie liegt außerhalb des Kartenblattes Kalkar auf Klever Gebiet in unmittelbarer Nähe zur früheren drenthezeitlichen Eisrandlage.

Standort 2: Aufgrabung auf der Louisendorfer Höhe (R 25.16000; H 57.32000)

Thema: periglaziale äolische Ablagerungen und Formen des Weichsel-Glazials

Die Steinsohle bildet in Abb. 3 die Basis für die im Hangenden liegenden äolischen Decksedimente, die - bis auf wenige Randgebiete des Sanders und der Stauchwälle - beinahe den gesamten Höhenzug mit sehr differenzierten Ablagerungen überdecken (Abb. 4). Die Detailkarte von SIEBERTZ (1991) zeigt dies deutlich; die Wiedergabe derselben im Blatt Kalkar bildet nur einen kleinen generalisierten Ausschnitt dieses Raumes; in der Neufassung der quartärmorphologischen Karte sind bereits alle vorkommenden Sedimente des Höhenzuges vertreten.

Die Sedimente zeigen in ihrer Korngrößenzusammen-setzung einen sehr differenzierten Aufbau (Abb. 5), der von diversen Feinsandarten bis zum Löß mit seinen Varietäten reicht (vgl. SIEBERTZ 1990), wobei die Lößreihe fast den gesamten Höhenzug bedeckt, während die Flugsande in den Randzonen nur untergeordnet auftreten (vgl. SIEBERTZ 1991). Die Decksedimente der Lößreihe wurden im jüngeren Weichsel-Hochglazial unter trockenkalten periglazialen Klimabedingungen aus der Niers- und Rheinniederung ausgeweht. Die Hauptablagerung erfolgte vornehmlich aus Südwest, wobei andere Windrichtungen nach SIEBERTZ (1988) untergeordnet waren (vgl. KLOSTERMANN 1980). Die Tab. 1 zeigt einerseits die Komplexität sowie andererseits die Differenziertheit dieser Ablagerungen auf dem Höhenzug, so daß der Sedimentstratigraphie von SIEBERTZ (1992) besondere Aufmerksamkeit gewidmet wurde (vgl. SIEBERTZ 1980a,1983a).

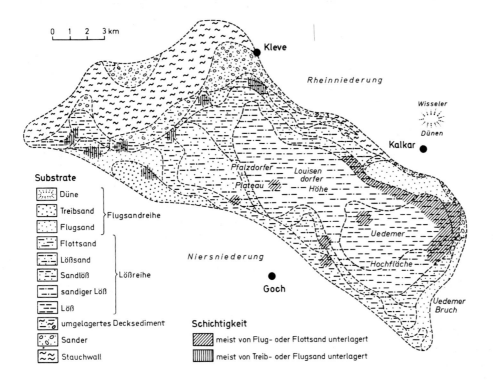

Abb. 4: Äolische Decksedimente auf dem Niederrheinischen Höhenzug

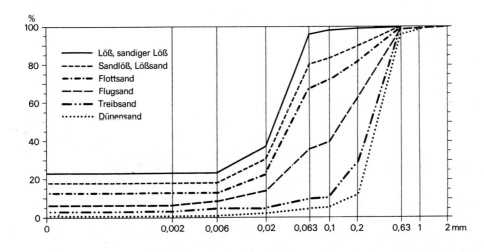

Abb. 5: Kornsummenkurven äolischer Decksedimente vom Niederrheinischen Höhenzug

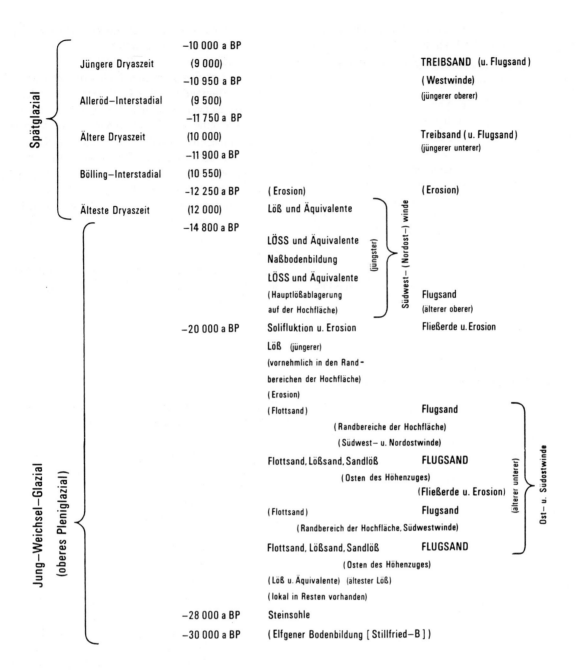

Tab. 1: Chronostratigraphische Gliederung der äolischen Decksedimente des nördlichen Niederrheinischen Höhenzuges

Das Hangende des Profils (Abb. 3) zeigt einen Sandlöß (Beilage), der für den Höhenzug bereits randsedimentäre Bedingungen repräsentiert (vgl. SIEBERTZ 1991). Die Ablagerungen, primär kalkhaltig, sind heute durchweg entkalkt und verlehmt, so daß pedologisch hier ein Sandlöß-Lehm vorliegt. Die Korngrößenzusammensetzung besteht vornehmlich aus Grobschluff, untergeordnet aus Ton, wobei in den Kornverteilungskurven eine Zweigipfeligkeit durch ein ausgeprägtes Maximum im Mittelsand (0,63-0,2 mm) zu verzeichnen ist. Die Korngrößenzusammensetzung der Decksedimente ist aus Tab. 2 zu ersehen; auffällig dabei ist bei der terrestrischen Verwitterung die Abhängigkeit zwischen Grobschluff und Ton (Tab. 2). Das Decksediment zeigt aufgrund der Feldspatverwitterung sowie der Freisetzung von Eisen eine Ockerfärbung, wobei je nach Tonverlagerung oder auch Ton-

mineralneubildung eine Verdichtung im Profil auftritt mit Versickerungsverzögerungen, die eine mehr oder minder starke Pseudovergleyung verursacht (Abb. 3). In den Lößprofilen konnte röntgenographisch Illit, Chlorit und Kaolinit nachgewiesen werden (vgl. SIEBERTZ 1983a).

Der sich aus diesem Sediment entwickelnde Boden - in den Aufschlüssen meist weggeschoben - sind daher pseudovergleyte Braunerden oder Pseudogley-Braunerden, bei feineren Substraten dann Braunerden (Abb. 6) und Parabraunerden, lokal pseudovergleyt, mit günstigen bodenphysikalischen Eigenschaften für die Landwirtschaft. Die langjährigen Erkenntnisse über die äolischen Decksedimente und deren Veränderungen in der Sedimentansprache haben zu Änderungen in der Ansicht der Bodentypen auf dem Niederrheinischen

	Sedimenttyp	ØFG	ØGrobschluff (0,06-0,02mm)	ØMittelsand (0,63-0,2mm)	Ton (<0,002mm)
Lößreihe	Flottsand	62-66	53%	13-15%	9%
	Lößsand	67/68	57%	9%	11%
	Sandlöß	69/70	61%	5%	13%
	sandiger Löß	71	61%	4%	14%
		72	62%	3%	15%
		73	62%	2%	17%
	Löß	74	60%	1%	18%
		75	59%	1%	21%
		76	56%	–	24%
Flugsandreihe				Ø Sandfraktionen (0,63-0,1mm)	
	Flugsand	59	38%	38%	
		52	29%	56%	
	Treibsand	49	13%	70%	
		43	9%	80%	
				(0,63-0,2mm) 82%	
	Dünensand	38	2%	(0,63-0,1mm) 91%	

Tab. 2: Korngrößenzusammensetzung der äolischen Decksedimente vom Niederrheinischen Höhenzug

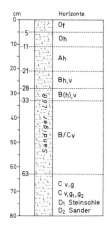

Abb. 6: Pedologisches Decksedimentprofil (sandiger Löß) des Staatsforstes Tannenbusch

Höhenzug geführt, deren Ergebnis eine genauere Abhängigkeit von Decksediment und Boden widerspiegelt (vgl. SIEBERTZ 1995). Alle diese Sedimente klüften bei einer Aufgrabung senkrecht.

Standort 3: fluvioglaziale Schmelzwasserrinne am Kalkarberg (Beilage; R 25.18420; H 57.32280)

Thema: asymmetrische Talbildung

Der gesamte Niederrheinische Höhenzug ist oberflächenmäßig von Schmelzwasserrinnen durchzogen, die meistens radial vom Eis weggerichtet sind und entsprechend dem natürlichen Gefälle nach Westen in die Niersniederung verlaufen. Besonders ausgeprägte Schmelzwasserrinnen befinden sich im Reichswald bei Kleve in unmittelbarer Nähe zu den Stauchwällen. Die

Querung derselben auf dem Kartenspielerweg ist ein gutes Beispiel dafür.

Den Kalkarberg umschließt in einem Halbkreis eine Schmelzwasserrinne, die den Sander in Richtung Rheinniederung hin durchfließt und dort endet. Bei dieser Schmelzwasserrinne bildete sich aufgrund des engen Radius' ein ausgeprägter Prall- und Gleithang aus. In der letzten Kaltzeit (Weichsel-Glazial) wurde unter periglazialen Klimabedingungen der Permafrostboden oberflächenmäßig aufgetaut, wobei sich auf der Hangseite, die der Sonne zugewandt war, Solifluktion einstellte. Dabei wurde der ursprüngliche Prallhang solifluidal überformt und geglättet, wobei die Decksedimente einen entscheidenden Anteil hatten; die Schmelzwasserrinne zeigt nun aufgrund dieses Prozesses eine Asymmetrie, die in diversen Abflußbahnen, sofern sie eine bestimmte Tiefe erreichen, sich in den Mittel- sowie in den Unterläufen häufig deutlich ausprägt (Beilage; SIEBERTZ 1981).

Standort 4: Ortseingang von Louisendorf (R 25.16260; H 57.32750)

Thema: zur glazialen Serie und zum glaziären Zyklus im Raum Louisendorf-Moyland

Das sich von der Louisendorfer Höhe aus nach Osten anschließende Gebiet bis zum Stauchwall von Moyland bildet den glazialmorphologischen Angelpunkt der Gletscherbewegungen des Saale-Glazials in diesem Raum. Bis zur Louisendorfer Höhe stießen die Gletscher zweimal vor; sie sedimentierten beim Vorrücken den Vorschüttsand, der beinahe den gesamten Höhenzug aufbaut (Abb. 7). Im Grenzbereich zwischen Hochsander und Eisstirn nahe Louisendorf (Beilage; SIEBERTZ 1981) quetschte der Gletscher die Grundmoräne aus; deren Reste findet man noch in den Steinsohlen der Aufschlüsse in der näheren Umgebung. Die Eisrandlage bei Louisendorf läßt nach SIEBERTZ (1987b) den Schluß zu, daß der aufgeschüttete Hochsander als Endmoränenvertreter im Sinne von GRIPP (1975) zu deuten ist. Dieser weiteste Eisvorstoß nach Westen mit der Sedimentation des Vorschüttsandes wird als Louisendorf-Staffel bezeichnet (Abb. 7, 8; Beilage).

Für die weitere glazialmorphologische Entwicklung sind die Sedimente der Eisrückzugsphase entscheidend; sie schließen sich nach Osten an die Louisendorfer Höhe an und werden von zwei Aufschlüssen (A 12, A 19 in Abb. 7) repräsentiert, wovon A 19 der Baggersee im Stauchwall von Moyland bildet und A 12 zwischen Louisendorf und dem Stauchwall liegt (vgl. SIEBERTZ 1981; Beilage) mit einem geringmächtigen, aber flächenhaft ausgedehnten Grundmoränevorkommen. Dieser stratigraphisch interessante Aufschluß (Abb. 8, 9), von HEINE (1983) und von SIEBERTZ (1983b) unabhängig bearbeitet, wurde zur Mülldeponie umfunktioniert und schließlich ganz zugeschüttet, so daß der Einblick heute verwehrt ist.

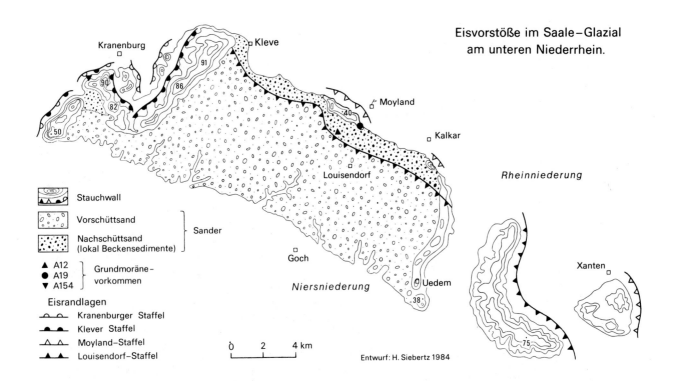

Abb. 7: Eisrandlagen des Saale-Glazials im unteren Niederrheingebiet

	Sedimentologische Gliederung	Stratigraphische Gliederung	Genetische Gliederung
40 cm	sandiger Schluff (sU)	Sandlöß	äolische Ablagerungen
	Gerölle	Steinsohle	selektive Abtragung
P9–45 cm	Sand mit starken Verbraunungen (g1)	Sander (Beckensediment)	Eiszerfall (Toteisbildung mit Stausee-ablagerungen) (als Fließerde überprägt?)
25 cm	tonig-sandig-kiesige Schicht mit vereinzelt nordischen Gesteinen	Grundmoräne II	3. Eisvorstoß (Moyland II–Staffel)
P7–35 cm	grau-grüner Sand	Sander (Nachschüttsand)	Rückzug des Eises
15 cm	Sand mit Verbraunungen (g1) und vereinzelt nordischen Gesteinen	Grundmoräne I	2. Eisvorstoß (Moyland I–Staffel)
P5–12 cm	grau-brauner Ton	Bänderton	
P4–28 cm	grüner Sand	Sander (Beckensediment)	Eiszerfall (Toteisbildung) (Stauseeablagerungen)
30 cm	grüner Sand mit Verbraunungen (g1)		
1,5 cm	sandig-toniger Verbraunungsabschnitt (g1)		
P2–27 cm	Ton (pseudovergleyt g1, g2)	Bänderton	
P1– ≥ 5 m	grau-blauer (glazifluviatil um-gelagerter tertiärer?) Sand mit kleinen Kiesbändern durchsetzt	Sander (Nachschüttsand)	Rückzug des Eises
		Sander (Vorschüttsand von Louisendorf)	1. Eisvorstoß (Louisendorf–Staffel)

Aufnahme: April 1979

Abb. 8: Differenziertes saale-glaziales Sedimentprofil (A 12: Ostwand) der Eisrandlagen im Raum Louisendorf-Moyland

Standort 5: Aufschluß A 12 zwischen Alte Bahn und Louisendorf (R 25.15350; H 57.34200)

Thema: stratigraphische und genetische Gliederung des glaziären Zyklus´

Mit dem Zurückweichen des Gletschers werden allgemein durch die Schmelzwässer feinere fluvioglaziale Sanderablagerungen sedimentiert, die sedimentologisch-stratigraphisch als Nachschüttsand (S2) bezeichnet werden. Entsprechend dem glaziären Zyklus von HECK (1961) liegen diese Sedimente - durch eine Grundmoräne getrennt - über den Vorschüttsanden; den Abschluß bilden dann die Beckensedimente (S3). Dieser glaziäre Zyklus ist in diesem Raum selten anzutreffen, da hier die Sedimente meist in einer glaziären Abfolge hintereinander lagern (vgl. SIEBERTZ 1987b), und selten in stratigraphischer Lage (Hangendes in Abb. 8).

Der Nachschüttsand von A 12 (Westwand in Abb. 9) besteht aus einer etwa 5 m hohen Sedimentablagerung, die sich durch eine differenzierte Korngrößenzusam-

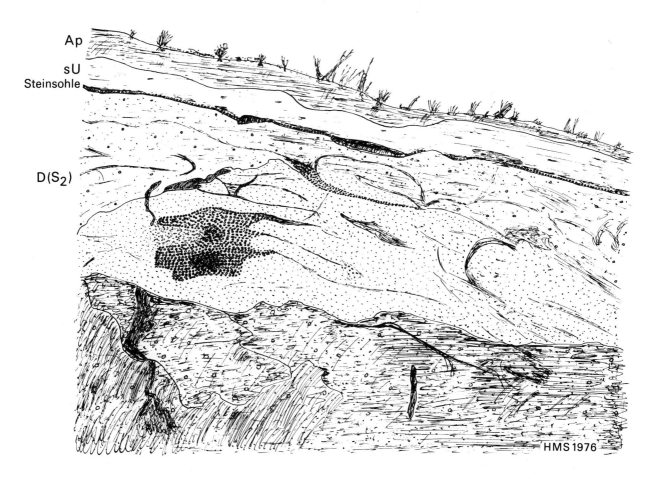

Abb. 9: Nachschüttsande im Aufschluß A 12 (Westwand)

	Vorschüttsand	Nachschüttsand				Beckensediment						Bänderton
Grob-Mittelsand (2,0—0,2 mm)	X > 80 %	X > 50 %	x < 40 %	x 30—50 %	—	X > 40 %	x 25—45 %	—	x < 30 %	—	X > 50 %	—
Feinsand (0,2—0,063 mm)	—	x < 40 %	X > 50 %	x 30—50 %	X > 80 %	x < 30 %	x 25—45 %	X > 50 %	x < 30 %	x < 40 %	—	—
Schluff/Ton (0,06—<0,002 mm)	—	—	—	—	—	x < 30 %	x 25—45 %	x < 40 %	X > 40 %	X > 50 %	x < 40 %	X > 80 %

Tab. 3: Durchschnittswerte von Korngruppenkombinationen der saalezeitlichen
Sandersedimente im unteren Niederrheingebiet

mensetzung deutlich von den Vorschüttsanden abhebt (Tab. 3). Der Nachschüttsand ist sehr quarzreich, lokal (leicht) verkiest und gering an Ferralliten; örtlich sind auch glaukonithaltige Sande miteinbezogen. Das Verhältnis von Fein- zu Mittelsand beträgt beim Nachschüttsand etwa 2:1; beim Vorschüttsand ist es umgekehrt. Schwermineralogisch repräsentatiert der Nachschüttsand pliozäne Sande (Tab. 1 in SIEBERTZ 1984a). Dieser beinhaltet überwiegend metamorphe Schwerminerale, wie den Granat und untergeordnet die Gruppe Epidotit und Zoisit. WEYL (1949) ist der Auffassung, daß der erhöhte Anteil von Granat auf eine relative Anreicherung aufgrund der Verwitterung in den tertiären Sanden des (Miozäns und) Pliozäns zurückzuführen ist unter Verlust von Hornblende und Epidotit (vgl. SIEBERTZ 1984a). Die Ostwand von A 12 ist in Abb. 8

dargestellt; der genetisch sedimentologisch-stratigraphische Aufbau des Aufschlusses spricht für sich und bedarf daher keiner Interpretation (vgl. Abb. 3 in HEINE 1983).

Die Eisrückzugsphase mit Toteisbildung und der Ablagerung von Beckensedimenten (S3), lokal auch Bändertonen, läßt den endgültigen Zerfall des Eises erkennen. Entsprechend der Schmelzwasserbildung sind dies vornehmlich glazilimnische Sedimente, die differenzierte Korngruppenkombinationen bilden (Tab. 3). Da die Beckensedimente nahtlos in die Nachschüttsande übergehen, sind diese nicht optisch, sondern nur durch Laboranalysen zu gliedern. Sie sind verstärkt fächerförmig konzentriert im Stauchwall von Moyland zu finden (vgl. SIEBERTZ 1981; Beilage). Ihre Schwermi-

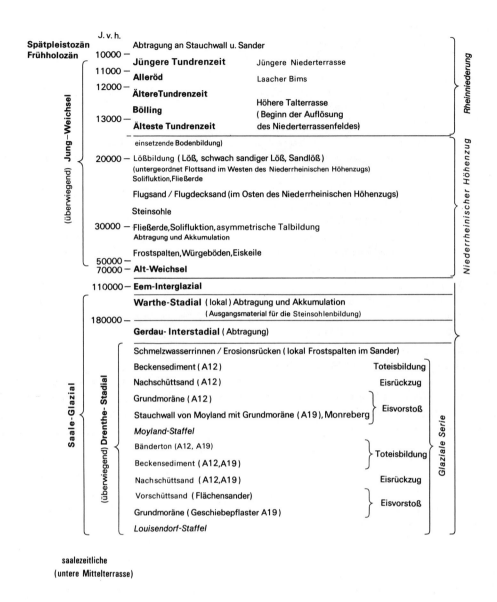

Tab. 4: Gliederung des Saale- und Weichsel-Glazials auf dem Niederrheinischen Höhenzug aus geomorphologischer Sicht

neralzusammensetzung weist nach BRAUN (1968) ein Spektrum auf, welches sich genetisch auf die Metamorphose (Epidotit-Zoisit, Staurolith) sowie überwiegend auf die pegmatitisch-pneumatolytische Absonderung stützt. Hier spiegelt sich der Anteil tertiärer Ablagerungen und der Zerfall nordischer Geschiebe wider. Turmalin und Staurolith sind nach DEJONG (1956) charakteristisch für tertiäre Sedimente (vgl. SIEBERTZ 1984a).

Standort 6: Aufschluß A 19 Kiesgrube von-Steengracht im Stauchwall von Moyland

Thema: Grundmoräne und Sedimente der Eisrückzugsphase

Der Baggersee im Stauchwall von Moyland - in der älteren Literatur auch als Kiesgrube von-Steengracht bekannt - ist mit der älteste Aufschluß in diesem saalezeitlich geprägten Raum. In ihm befinden sich bei guter Aufschlußlage gestauchte untere Mittelterrasse, ein-

gearbeitet in die Sedimente der Eisrückzugsphase der Louisendorf-Staffel (Nachschüttsande S2, Beckensedimente S3). Stauchungen und Fältelungen können - besonders an der Westwand - deutlich beobachtet werden. In Nischen sind größere Bändertonvorkommen vorhanden, die aufgrund ihrer nicht immer eindeutig auf den Jahresrhythmus anzusprechenden Charakter nicht als Warven zu bezeichnen sind. Die typische Korngrößenzusammensetzung des Bändertons besteht überwiegend aus Schluff mit einem untergeordneten Tonanteil (Tab. 3).

Der von-Steengracht Aufschluß wurde bereits von BRAUN (1964, 1978a) auf seine petrographischen und mineralogischen Besonderheiten beschrieben. So verbirgt der Baggersee im Untergrund zahlreiche nordische Geschiebe, welche als Grundmoräne der Louisendorf-Staffel abgelagert und beim Rückzug des Gletschers von den Sandersedimenten (S2 u. S3) überdeckt wurden. In diesem Aufschluß konzentriert sich schwer-

und leichtmineralogisch nachweisbar der Zerfall zahlreicher nordischer Geschiebe (Tab. 1 in SIEBERTZ 1984a), der sich in den Beckensedimenten in einem Quarz-Feldspatverhältnis von 85:15 (Nachschüttsand 95:5) niederschlägt; dieser läßt aufgrund der Feldspatverwitterung den Aufschluß in einer beige-ockerfarbenen Ansicht erscheinen. Für die nordischen Geschiebe wurde die Hesemann-Kennzahl 2170 berechnet, so daß die Gesteine vornehmlich aus dem südschwedischen und ostfennoskandischen Raum stammen (vgl. BRAUN 1964,1978a)

Der Stauchwall von Moyland wurde bei einem erneuten zweiten Eisvorstoß, der Moyland-Staffel (Tab. 4), gebildet, wobei die Sedimente der Eisrückzugsphase (Louisendorf-Staffel) gestaucht und von einer überwiegend sandig-lehmigen Grundmoräne überzogen wurde. Diese ist an der Ostseite der Sandgrube aufgeschlossen und zeigt pseudovergleyte Verwitterungsspuren mit Marmorierungen sowie durch den Eisdruck entstandene unregelmäßige Fältelungen. Der Eisvorstoß erreichte noch einmal über A 12 hinaus Louisendorf und hinterließ dort geringmächtige Ablagerungen (Abb. 8).

Die Ablagerungen der Louisendorf-Staffel sowie der Moyland-Staffel zusammen bilden eine glaziale Serie, die nicht im Sinne von Albrecht Penck syngenetisch, sondern polygenetisch aufgebaut ist (Beilage). In Tabelle 4 sind die wichtigsten stratigraphischen Ablagerungen und Verhältnisse über die Aufschlüsse A 12 und A 19 zusammengefaßt. Bedeutsam für die Kenntnisse über die allgemeinen Gletschervorstöße ins untere Niederrheingebiet und deren Auswirkungen auf die Landschaftsgenese im Hinblick auf die Veränderungen des Flußregimes sind die grundlegenden Schriften von THOME (1958, 1959). Eine Zusammenfassung über den Verlauf der unterschiedlich gedeuteten Eisrandlagen durch die verschiedenen Autoren ist von SIEBERTZ (1986) beschrieben worden. Durch neuere Untersuchungen versucht KLOSTERMANN (1985), diese Ergebnisse zu modifizieren und das Saale-Glazial am Niederrhein einer Neugliederung zuzuführen.

Standort 7: Stauchwall von Moyland
(R 25.16000; H 57.34900)

Thema: spätglaziale äolische Decksande und deren Bedeutung für die Bodenbildung

Spätglaziale äolische Flugsedimente unterscheiden sich als Decksande in der Korngrößenzusammensetzung häufig von den hochglazialen Flugsanden nur durch einen höheren Anteil an Mittelsanden (0,63-0,2 mm). Aufgrund der Winddynamik im Spätglazial handelt es sich meist um gröbere Treibsande oder Flugsande (Tab. 2), die in nicht reliefierten Räumen morphologisch als Dünen abgelagert wurden (vgl. Wahner Heide auf der rechtsrheinischen Mittelterrasse). Aus den Tabellen 5 und 6 ist die Diversität der unterschiedlichen Kornkombinationsmöglichkeiten bei den Treib- und

	Düne	Treibsand			
Mittelsand 0,63-0,2 mm	X 70-90%	X 25-45% (25-40%)	x 19-40% (19-35%)	X 35-70%	X 40-60%
Feinsand 0,2-0,1 mm		X 25-45% (25-40%)	X 35-60% (35-55%)	x 19-40%	

Tab. 5: Alternative Möglichkeiten in der Zusammensetzung von Mittel- und Feinsand (Korngruppenkombinationen) bei Düne und Treibsand (Lokalitäten: Niederrheinischer Höhenzug und Wisseler Dünen)

Flugsanden zu ersehen; sie zeigen gegenüber den Lößablagerungen die Weitmaschigkeit und große Streubreite in der Kornzusammensetzung.

Für die spätglazialen Treib- und Flugsande gelten Westwinde, weil die Ablagerungen östlich der Ausblasungsgebiete liegen. Ein solches Vorkommen befindet sich unmittelbar am Stauchwall von Moyland (Beilage).

Aus älteren Bodenkartierungen, z.B. MÜCKENHAUSEN & WORTMANN (1953), ist zu ersehen, daß die Böden auf sandigen Substraten noch durchweg als Podsole bezeichnet werden. Die Erfahrung auf dem Höhenzug allerdings hat gezeigt, daß trotz des groben Sedimentgerüstes und der früheren Bewaldung sich die Podsolierung in Grenzen hält, meistens sogar nur ansatzweise zu finden ist. Oft finden sich die typischen Podsolhorizonte in größerer Profiltiefe, so daß sie mit dem Bohrstock nicht mehr erreichbar und für eine Bodenklassifizierung völlig ohne Bedeutung sind. Der Grund liegt in der Tatsache begründet, daß als Liefergebiete hier die Nachschüttsande und Beckensedimente dienen, die aus pliozänen marinen Ablagerungen aufgebaut sind und sehr wenig Ferrallite beinhalten; die Folge ist, daß die Treib- und Flugsande deshalb pedologisch nur ansatzweise Podsolcharakter zeigen (vgl. SIEBERTZ 1995). Damit zeigt sich, daß Treib- und Flugsande nicht automatisch auch als Podsolbildner in Frage kommen; dies ist unmittelbar vom Edukt des Materials abhängig.

3. Beschreibung der Exkursionsroute in die Rheinniederung bei Kalkar

Die Rheinniederung wird - bis auf wenige äolische Sedimente westlich von Kalkar sowie den Wisseler Dünen - von rein fluvialen Ablagerungen aufgebaut (vgl. SIEBERTZ 1981; Beilage). Den ältesten Sedimentkörper bildet hier die jüngere Niederterrasse, die ober-flächenmäßig nur durch ihren Materialbestand - dem allerödzeitlichen Laacher Bims - von der sie unterlagernden älteren Niederterrasse getrennt werden kann. Umgelagerte Bimsstücke werden von STEEGER (1955) westlich von Kalkar erwähnt (Abb. 10), so daß zumindest lokal Bims auch außerhalb der Niederterrasse in jüngeren Sedimenten abgelagert wurden. Die Hauptab-

	Flugsand											
Mittelsand 0,63–0,2 mm	X 25–50% (30–50%)	x 19–35% (19–30%)	X 25–40%	X 25–45%	X 30–50%	x 19–30%	x 19–30%		x 19–30%	X 25–40% (25–35%)		
Feinsand 0,2–0,1 mm	X 19–30%		X 19–25%			x 19–30%	x 19–30%	X 30–50% (30–40%)	X 25–50% (30–40%)	X 25–40% (25–35%)	x 19–35% (19–30%)	X 25–40% / X 19–25% (0,1–0,063 mm)
Grobschluff 0,06–0,02 mm	x 19–30%	X 30–50%	X 25–40% (25–35%)	X 25–45% (25–40%)	x 19–35% (19–30%)	X 25–50% (25–45%)	x 19–30%	x 19–35% (19–30%)	x 19–30% (19–25%)	x 19–25%	X 30–50%	X 25–40% (0,1–0,063 mm)

Tab. 6: Alternative Möglichkeiten der Korngruppenzusammensetzung beim Flugsand
(Lokalität: Niederrheinischer Höhenzug)

lagerungsperiode der jüngeren Niederterrasse fällt somit mit der jüngeren Tundrenzeit (Spätweichsel-Glazial) zusammen (Tab. 4); aufgrund der klimatischen Bedingungen kann davon ausgegangen werden, daß Niederterrassensedimente noch im frühen Altholozän zur Ablagerung kamen und dann von holozänen Kiesen und Sanden abgelöst wurden (vgl. KLOSTERMANN 1989).

Nach BRUNNACKER (1978) beginnt bereits die Auflösung des Niederterrassenfeldes im Spätglazial (Tab. 4), so daß sich bis ins Altholozän Sedimentation und Erosion einander abwechseln (Tab. 7). Mit der Auflösung der Niederterrasse bleiben nach BRUNNACKER (1978) „Alte Kerne" in der Rheinniederung erhalten; sie stellen mit etwa 16-17 m über NN die höchsten Erhebungen und dienen als frühzeitliche Siedlungsgebiete. Im Blatt Kalkar sind dies Qualburg (Quadriburgium), Hasselt, der Große Born und Wissel; sie bilden morphologisch die höhere Talterrasse (vgl. SIEBERTZ 1981; Beilage). Das von BRUNNACKER (1978) kartierte Holozän bei Kalkar zeigt noch Reste des Niederterrassenfeldes in der westlichen Rheinniederung unter jüngeren Sedimenten (durchweg mittelholozäne Hochflutlehme) verdeckt (Abb. 10). Die Niederterrasse ist zur Zeit nur in einem Aufschluß einzusehen; dort liegt sie fluvial gut geschichtet, lokal mit Deltaschüttung und auflagernden altholozänen Sanden, die im Hangenden von jungholozänen Auenlehmen abgeschlossen werden.

Standort 8: fluviale Rinne bei Moyland
(R 25.15000; H 57.36240)

Thema: altholozäne fluviale Morphodynamik

Die eigentliche morphologisch-sedimentologische Entwicklung an der Oberfläche in der Rheinniederung am unteren Niederrhein beginnt im Kartenblatt Kalkar erst mit dem späten Altholozän. Adäquate Sedimente sind für diesen Zeitraum nur durch Sande und Kiese in geringer Mächtigkeit vertreten; sie lagern der im Untergrund gelegenen tieferen Niederterrassenfläche auf und

sind von jüngeren Sedimenten überdeckt. Mit der Niederterrassenauflösung haben sich noch Reste des altholozänen Rheins im Westen der Niederung erhalten; sie sind als kleine Mäanderbögen vorzufinden, die von dem jüngeren Sedimentkörper gekappt werden und meist von geringmächtigen lehmigen Ablagerungen (überwiegend mittelholozäne Hochflutlehme) gefüllt sind. Die Kornanalyse eines solchen Profils ergab einen Grobschluffgehalt von 21%, Mittelschluff 18%, Ton 28% und die Sandfraktionen 0,63-0,063 mm von etwa 41%. Diese werden häufig von altholozänen Sanden und Kiesen, in Stauchwall- und Sandernähe auch von Schwemmfächern saale-glazialer Sedimente unterlagert (Profil in Beilage). Die Hochflutlehme erreichen schnell den kiesigen Untergrund (vgl. SIEBERTZ 1981; Beilage; A 9, B 1, B 4 in Abb. 10, 11) und sind in den Rinnen stellenweise vermoort.

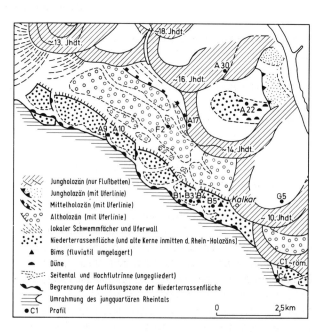

Abb. 10: Die Rheinniederung bei Kalkar aus geologischer Sicht (nach BRUNNACKER 1978)

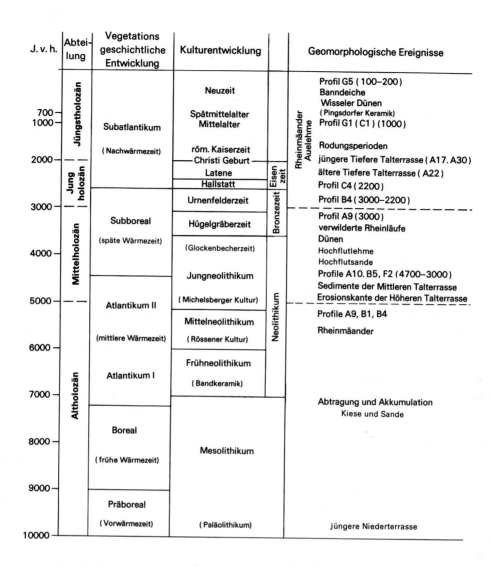

Tab. 7: Die morphologische und sedimentologische Gliederung der holozänen
Rheinniederung im Blatt Kalkar

Standort 9: verwilderter mittelholozäner Rheinarm
(R 25.16950; H 57.36180)

Thema: die Sedimente der mittleren Talterrasse und deren Bedeutung für die Entwicklung der Bodenbildung in der Rheinniederung

Im Kartenblatt lassen sich die Hochflutsedimente des Holozäns erst mit dem Mittelholozän, dem Höhepunkt des Atlantikums II, gut erfassen (Tab. 7). Die Aussage von BRUNNACKER (1978), daß in der Regel das Mesolithikum fehlt, läßt sich zumindest auf die feinkörnigen Hochflutsedimente übertragen. Dies hängt mit der Tatsache zusammen, daß der Niederrhein Abtragungs- und Akkumulationsgebiet ist; deshalb erreichen die Hochflutablagerungen - bis auf die jungholozänen Rinnen - im günstigsten Falle Mächtigkeiten zwischen 3-5 m und erreichen dann den kiesigen Untergrund. Die Alterszuordnung der Sedimente war lange in Frage gestellt, so daß die relative Altersangabe für den die mittlere Talterrasse aufbauenden Sedimentkörper noch mit einem Fragezeichen versehen wurde (vgl. SIEBERTZ

1981). Die von URBAN et al. (1983) durchgeführten vegetationskundlichen Untersuchungen an diesem Sedimentkörper zeigten, daß diverse Profile auf der mittleren Talterrasse dem Mittelholozän zuzuordnen sind (Abb. 10; Tab. 7), so daß heute der größte Teil dieser Talterrasse in diesem Alter seine Bestätigung findet. Problematisch dabei bleiben die Sedimente nördlich von Qualburg. Die Ablagerungen bestehen dort aus einem mäßig bis stark sandigen Hochflutlehm, der von der Korngrößenzusammensetzung her für ein jungholozänes Sediment nicht charakteristisch ist.

Die mittlere Talterrasse - von SIEBERTZ (1980b) noch als mittlere Talstufe bezeichnet - hat ein Höhenniveau von 15-16 m über NN. Die verwilderten Rheinarme sind kaum merklich in den Sedimentkörper eingelassen. Sedimentologisch wird diese aus Hochflutlehmen in mehr oder weniger sandiger Zusammensetzung (sandige Lehme) geprägt (A 10, B 3, B 5 in Abb. 10, 11), wobei die Rinnen durch jüngere Ablagerungen etwas feinkörniger sind und die tonig-schluffige Komponente zunimmt (vgl. SIEBERTZ 1981; Beilage). Der mittel-

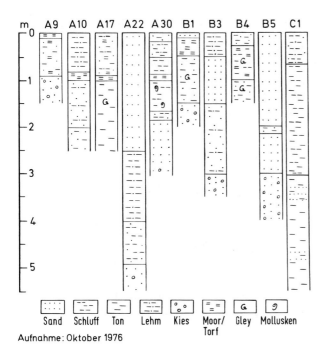

Aufnahme: Oktober 1976

Abb. 11: Diverse Sedimentprofile der in Abb. 10
dargestellten Rheinniederung

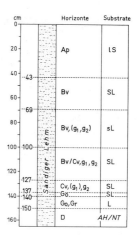

Abb. 12: Ein pedologisches Profil aus Hochflutlehm auf der
mittleren Talterrasse (Mittelholozän) bei Qualburg
(terrestrische Gley - pseudovergleyte Braunerde)

holozäne Sedimentkörper zeigt Tongehalte um 15%,
Grobschluff um 13% und in den Sandfraktionen 0,63-
0,063 mm etwa 61%; in den Rinnen sind die Ablagerungen feiner, so daß der Tongehalt bei etwa 24% und
die entsprechenden Sandfraktionen zusammen um 34%
liegen. Die Aussage von SCHRÖDER (1979), daß die
Tongehalte in diesen Sedimenten zwischen 15% und
30% liegen, der Grobsandgehalt sehr gering ist (oder
völlig verschwindet wie bei den äolischen Sedimenten;
vgl. SIEBERTZ 1990), der gesamte Sandgehalt aber höher ist als der Grob- und Mittelschluff zusammen, findet in diesem Terrassenkörper seine Bestätigung. Eine
Einheitlichkeit ist im Profilaufbau auch nicht festzustellen, da jeder Ablagerungszyklus seinen eigenen Se-
dimentationsrhythmus besitzt. SCHRÖDER (1979) bemerkt dazu, daß die vertikale Differenzierung von fluvial gebildeten Sedimentprofilen sehr wechselt; eine
Ablagerungskontinuität, wie sie die äolischen Decksedimente im Durchschnitt zeigen, fehlt bei den fluvialen Ablagerungen. Deshalb gilt die Aussage von
BRUNNACKER (1977), daß mit dem späten Neolithikum (Tab. 7) tonreichere Sedimente zur Ablagerung
kamen, nur für diverse Profilabschnitte und nicht generell für das Gesamtprofil. Die Tongehalte liegen in den
Profilen des Mittelholozäns durchweg unter 30%; in
zwei Sedimentabschnitten wurden sogar 37% und 45%
erreicht, wobei Feinheitsgrade von 82,2 errechnet wurden und sich die Kornfraktionen fast ausschließlich auf
die Fraktionen von Schluff und Ton verteilten (vgl.
dazu Tab. 2).

Das Grundwasser liegt in diesem mittelholozänen Sedimentkörper im Durchschnitt 2 m unter Flur; aufgrund anthropogener Eingriffe im südlichen Raum des

Niederrheinischen Tieflandes liegt das Grundwasser
heute teilweise wesentlich tiefer (vgl. RÖMERMANN
1986). Dies hat zur Folge, daß die Gleye in den Rinnen zuweilen von einem fossilen und einem rezenten
Gleyhorizont geprägt sind.

Entsprechend der Bodenkarte von BRAUN (1967) sind
die Rücken der mittleren Talterrasse noch als semiterrestrische Böden klassifiziert, während die gleichen
Böden nach PAAS (1985) schon einen terrestrischen
Charakter zeigen und überwiegend als Braunerden sowie pseudovergleyte Braunerden auftreten (Abb. 11).
Diese Talterrasse wird deshalb auch sedimentologisch
mit den älteren Hochflutbildungen in Verbindung gebracht. Das Profil (Abb. 12) wurde am Rande des
Niederterras-senkerns von Qualburg aufgenommen
(R 25.12780; H 57.37360); es zeigt die typischen -
heute als terrestrisch gedeuteten - Böden auf der mittelholozänen mittleren Talterrasse, in diesem Falle eine
Gley-Pseudogley-Braunerde (Abb. 12). Der Oberboden
(Ap-Horizont) besteht häufig aus jüngeren Auensedi-
menten, die den mittelholozänen Hochflutbildungen
(sandige Lehme) auflagern und noch vor der Hauptein-
deichung mit den Hochwässern zur Ablagerung kamen
(vgl. SIEBERTZ 1980b); sie sind durchweg völlig entkalkt.

Standort 10: Rheinarm Kalflack
(R 25.18780; H 57.35900)

Thema: jungholozäne fluviale Morphodynamik

Die jungholozäne Rheinniederung schließt sich östlich
an die mittlere Talterrasse (Mittelholozän) an. Sie ist
gegliedert in eine ältere tiefere sowie eine jüngere tiefere Talterrasse (vgl. SIEBERTZ 1981; Beilage), wobei
die jüngere tiefere Talterrasse nur durch die Alt-Rhein-
arme präsentiert ist. Im Kartenblatt Kalkar wird das
Jungholozän durchweg mit der Ablagerung von Auen-

lehmen in Verbindung gebracht. Nach SIEBERTZ (1987a) zeigt sich eine Tendenz in der Sedimentzusammensetzung, die eine Gradierung in der Feinheit von der mittleren Talterrasse zur tieferen Talterrasse beschreibt. Die genetisch als abgetragene Böden und deren Substrate zu bezeichnenden Auensedimente sind in ihrer Korngrößenzusammensetzung durchweg schluffiger und toniger, so daß die tonig-lehmige Komponente in den meisten Fällen überwiegt. Der Sandanteil ist hier untergeordnet; er nimmt in den Rinnen gegenüber den höher liegenden Flächen ab (A 17, C 1 in Abb. 10, 11).

Auf den Rücken zeigt sich eine Korngrößenzusammensetzung, die überwiegend in den Sandfraktionen sowie im Grob-, Mittelschluff und Ton seine Bestätigung findet. Die Rinnen dagegen liegen mit ihren Korngrößen im Schluff- und Tonbereich (bis 40%), so daß in einem Profilabschnitt ein Feinheitsgrad FG von 84,1 errechnet wurde (Stillwassersediment in der Kalflack), wobei der Tongehalt mit 28% an der Höhe der Kennzahl nicht ausschlaggebend war, sondern die günstige Korngrößenverteilung über die Schluffkomponenten (Berechnung des Feinheitsgrades s. SIEBERTZ 1982). Nach SCHRÖDER (1979) liegt tonmineralogisch eine Dominanz von Illit und Kaolinit vor, die ähnlich denen der Lösse auf dem Niederrheinischen Höhenzug gleicht und die Verbindung der jungholozänen Auensedimente zu den abgetragen Kulturböden aufzeigt.

Die Profilaufnahme durch die Rheinniederung (Beilage) zeigt deutlich die Schwierigkeit einer Sedimentgliederung im fluvialen Bereich; homogene Profile sind - gegenüber äolischen Deckschichten auf dem Niederrheinischen Höhenzug - selten oder gar nicht vorhanden (vgl. SCHRÖDER 1979). Der meist nicht kontinuierliche Wasserfluß läßt selbst bei seichtem Hochwasser keine Einheitlichkeit in der Sedimentation aufkommen. Somit lassen sich in der Korngrößenzusammensetzung vom Mittel- zum Jungholozän auch nur Tendenzen feststellen, die sich durch den Einfluß von Klima und fluvialem Milieu im Holozän ergeben haben (Tab. 7).

So setzt die Auenlehmbildung nach SIEBERTZ (1980b, 1987a) erst mit dem Jungholozän ein, weil die klimatischen und anthropogenen Voraussetzungen dafür am besten geschaffen waren. Für die nördliche Rheinniederung bei Emmerich werden Auenlehmablagerungen von BRAUN & THIERMANN (1981) bereits im Subboreal, verstärkt aber im Subatlantikum, erwähnt. In der südlichen Rheinniederung bei Xanten setzt nach KLOSTERMANN (1989) sowie KLOSTERMANN & PAAS (1990) die Auenlehmablagerung bereits im Boreal (frühe Wärmezeit) bzw. Atlantikum ein (Tab. 7). Die Morphologie und das Alter der Rheinmäanderbögen allerdings zeigt, daß für eine Auenlehmbildung im unteren Niederrheingebiet die Voraussetzungen im Jungholozän am besten gegeben waren. So liegen auch die Altersbestimmungen von URBAN et al. (1983) für die

Auenlehme im passenden Rahmen zum jungholozänen Terrassenkörper. Alle älteren Sedimente werden daher als Hochflutlehme bezeichnet und mit dem Mittelholozän in Verbindung gebracht (Beilage). Über die Perioden der verstärkten Auenlehmablagerung berichtet zusammenfassend SIEBERTZ (1980b, 1987a). Das Alter der jungholozänen Rinnen ist aus historischen Daten zusammengetragen worden und in Abb. 10 vermerkt (u.a. HOPPE 1970).

Die Kalflack bildet die Fortsetzung des von Süden kommenden Leybachs; westlich von Wissel durchfließt sie einen Altrheinarm aus dem 14. Jahrhundert (Abb. 10). Für diesen Standort sprechen die Profile A 17 und C 1 (Abb. 11). Die Sedimente in dieser Rinne sind aufgrund des ruhig fließenden Gewässers als reine Stillwasserablagerungen zu betrachten und deshalb vornehmlich aus Ton und Schluff zusammengesetzt (A 17, C 1). Vereinzelt beinhalten die Profile Sandschmitzen, was sedimentationsmilieubedingt verursacht ist. Pedologisch bilden die Sedimente in dieser Rinne einen semiterrestrischen Boden aus, den Gley, der häufig von Mollusken durchsetzt ist (vgl. SIEBERTZ 1987a). An der Oberfläche besitzt er einen geringmächtigen Ah-Horizont aus Auenlehm, so daß der Boden auch als Auen-Gley bezeichnet werden kann. Der Gley zeigt eine grau-blaue Farbe und nimmt oft den Charakter von Faulschlamm (Sapropel) an; die Ablagerungen des Jungholozäns sind durchweg kalkhaltig.

Standort 11: Aufschluß in der älteren tieferen Talterrasse nördlich von Wissel
(R 25.19300; H 57.39730)

Thema: Niederterrasse, Grundwasserschwankungen und Auenlehmablagerung

Die Niederterrasse ist hier (zur Zeit noch) auf einer kleinen Fläche aufgeschlossen, so daß das gespannte Grundwasser noch nicht die Größe eines Baggersees erreicht hat und somit Einblick in diese Ablagerungen ermöglicht. Diese sind etwa 1,50 m tief aufgeschlossen, söhlig geschichtet; Deltaablagerungen sind nur ansatzweise zu beobachten. Die Gerölle werden im Hangenden von einer etwa 30 cm mächtigen, von Grobsanden und kleinen Kiesen zusammengesetzten altholozänen Ablagerung aufgebaut. In ihr befindet sich eine Oxidationsschicht von weniger als 10 cm Mächtigkeit; sie bildet in den ockerfarbenen Sedimenten den „Eisernen Hut", der auf einen ehemaligen hohen Grundwasserstand am unteren Niederrhein hindeutet. Dieser wird - selbst bei günstigen Niederschlagsbedingungen und dem Zufluß aus dem Hinterland - heute nicht mehr erreicht. Das gespannte Grundwasser in dem Aufschluß steht zur Zeit bei einer noch aufliegenden etwa 2 m mächtigen nicht differenzierten Auenlehmdecke bereits bei 3,50 m unter Flur und erreicht unter nichtgespannten Verhältnissen einen noch niedrigeren Wert. Über die Grundwasserverhältnisse im unteren Niederrheingebiet berichtet ausführlich RÖMERMANN (1986).

Die sedimentologisch-stratigraphischen Verhältnisse des Jungholozäns in diesem Aufschluß ähneln denen in von A 30 in Abb. 11. Es handelt sich um tiefbraunen, zähen Auenlehm mit einem hohen Tongehalt, der von unterschiedlichen Sandanteilen durchsetzt ist. Der Sand nimmt außerhalb der Rinnen auf den Rücken zu und bildet dann einen kräftigen Lehm aus (vgl. SIEBERTZ 1981; Beilage). Es handelt sich hierbei um semiterrestrische Auenböden, die durchweg kalkhaltig sind und bei intensiver landwirtschaftlicher Nutzung schnell terrestrischen Bodencharakter annehmen. Pedologisch werden sie als Auenböden klassifiziert, so daß der genetische Bezug der Ablagerung unter semiterrestrischen Bedingungen gewahrt bleibt. Die Rinnensedimente zeigen hier einen Tongehalt von etwa 30%, während die restlichen Kornfraktionen vornehmlich auf den Schluff beschränkt sind; die Sandfraktionen sind hier völlig untergeordnet.

Ein jungholozänes Auenlehmprofil wurde von Klaus Heine (und dem Autor) an einem sehr kalten Februartag (winterliche Hochdruckwetterlage) des Jahres 1978 östlich der Dünen im ehemaligen Wisselwarder Graben aufgenommen. Heute ist dieser Raum bereits ausgekiest; er wird nun von einem Baggersee eingenommen. Der damals niedrige Grundwasserstand (etwa 2,50 m unter Flur) mag dem Winterklima zuzuschreiben sein, gegenüber dem Go/Gr-Horizont wurde doch eine Distanz angezeigt, wie sie bereits in dem neuen Aufschluß auch beobachtet werden konnte. In diesem Profil waren unterhalb der eigentlichen jungholozänen Auenlehmdecke verschiedene Verlandungszonen zu erkennen, die auf Stillwässer mit entsprechender Vegetation hindeuten. Untersuchungen an diversen Ablagerungen dieser Periode von URBAN et al. (1983) zeigen, daß diese Sedimente recht jung sind und mit der Rheinverlagerung im Jüngstholozän in Verbindung gebracht werden können (Profile C 1, G 5 in Abb. 10; Tab. 7).

Standort 12: Wisseler Dünen (Beilage)

Thema: Stratigraphie und Alter der Dünen

Aufgrund der Lage der Wisseler Dünen zum Ortskern sowie den stratigraphischen Lagerungsverhältnissen der Dünen zum Untergrund bilden diese ein wichtiges Bindeglied für die Altersbestimmung der morphochronologischen Vorkommnisse im Jüngstholozän. Wissel liegt auf einem Niederterrassenkern, der - wie Hasselt und Qualburg - seit der Auflösung des Niederterrassenfeldes aus der holozänen Rheinniederung herausragt und von Sand sowie Kies aufgebaut wird. Umschlossen ist dieser Kern von der älteren tieferen Talterrasse. Südöstlich des Ortes greifen Auenlehmablagerungen bzw. Dünensande auf die Niederterrasse über. Wie die Beilage zeigt, läßt sich lokal stratigraphisch sogar eine Abfolge von Kies und Sand im Liegenden sowie Dünensanden im Hangenden nachweisen, die durch eine Auenlehmdecke voneinander getrennt sind (Profil A 22 in Abb. 10, 11).

Aufgrund dieser Stratigraphie lassen sich die Sedimente - zumindest chronologisch - einer relativen Altersdatierung zuführen. Von URBAN et al. (1983) sind die jungholozänen Ablagerungen mit einer relativen Zeitrechnung von mittelalterlich bis jünger festgelegt worden (Tab. 7). Funde von Scherben einer spätmittelalterlichen Pingsdorfer Keramik durch HÖPPNER & STEEGER (1936) zunächst zwischen den Dünen und der Niederterrasse, später in den Kiesen und Sanden der Niederterrasse bei Auflage von Auenlehm und Dünensand, lassen den Schluß zu, daß die Dünen im Spätmittelalter-frühe Neuzeit gebildet wurden. Die Sedimente entstammen dem südlich gelegenen Altarm aus dem 14. Jahrhundert (Abb. 10); sie besitzen eine Korngrößenzusammensetzung, die in ihrem Spektrum typisch sind für Dünensande mit einer guten Sortierung von 80-90% und mehr in der Mittelsandfraktion 0,63-0,2 mm (vgl. SIEBERTZ 1990).

Pedologisch haben diese Dünensande schlechte Eigenschaften. Aufgrund der hervorragenden Permeabilität sind die Dünen trocken; der substanziell geringe Mineralgehalt und die physikalisch schlechten Eigenschaften der Humuszersetzung führen in der Regel zur Ausbildung von A-C Profilen (Regosol). Aufgrund der einseitigen Korngrößenzusammensetzung und der geringen Verzahnung der einzelnen Kornfraktionen tritt bei einer Aufgrabung auch keine Klüftung auf.

Standort 13: Sanderhang westlich des Großen Born
(vgl. Beilage 2 in: SIEBERTZ 1980b)

Thema: Bodenersosionsprobleme in den äolischen Deckschichten sowie Rutschungen und Bodenkriechen im Sanderhang

Dieser Grenzbereich zwischen Sanderabfall - unterschnitten durch den Rhein - und der Rheinniederung wird durch eine Anzahl von Kerb- und Muldentälern repräsentiert, die in ihrer Anlage fluvioglazial gebildet, aufgrund der Steilheit zur Rheinniederung hin durch fluviatile Tätigkeiten erosiv sowie akkumulativ überformt wurden und an ihren Hängen eine Reihe von morphodynamischen Prozessen beinhalten. Die Prozesse erstrecken sich besonders auf Rutschungen und Bodenkriechen, wobei der Baumbestand durch das Hakenschlagen diese Vorgänge unterstreicht (Beilage 2 in SIEBERTZ 1980b).

Im Rahmen der geomorphologischen Detailkartierung wurde von dem Autor eine "morphologisch-morphodynamische Karte des Grenzbereiches Sander-Rheinniederung" im Maßstab 1:5.000 erstellt, die besonders die rezente Morphodynamik westlich des Großen Born widerspiegelt. Der Sander zeigt in diesem Raum eine Wölbung, die bis zum Sanderabfall von äolischen Decksedimenten, dem (schwach) sandigen Löß, aufgebaut und landwirtschaftlich intensiv genutzt wird. Die sich aus diesem feinen Substrat bildenden Böden sind im günstigsten Falle Braunerden bzw. Parabraunerden mit entsprechenden Verdichtungshorizonten.

Daraus folgt bei Entkalkung die Verlehmung (Löß-lehm) und Permeabilitätsprobleme mit häufig kräftiger Pseudovergleyung im Profil. Die Folge ist eine Abweisung der Niederschläge mit oft kräftiger Erosion in Hangrichtung, so daß hier ständig Abtragungsvorgänge verschiedenster Art in Richtung Sanderhang zur Rheinniederung hin stattfinden. Die Karte (Beilage 2 in SIEBERTZ 1980b) verdeutlicht dies beispielhaft; diese ist - vielleicht lokal mit kleinen Einschränkungen - auch heute noch aktuell.

Literatur

* = Basisliteratur

*BRAUN, F.J. (1964): Endmoränen-Stauchwall und Eisrandbildungen bei Moyland/Ndrh. - Der Niederrhein, 2: 58-63, 7 Abb., 1 Tab.; Krefeld.

-- (1967): Übersichtskarte von Nordrhein-Westfalen 1:100.000, B. Bodenkarte C 4302 Bocholt; Krefeld.

*- (1968): Übersichtskarte von Nordrhein-Westfalen 1:100.000, Erläuterungen zur geologischen Karte C 4302 Bocholt, 13-92, 12 Abb., 4 Tab., 4 Taf.; Krefeld (Geol. L.-Amt Nordrhein-Westfalen).

-- (1978a): Geschiebekundliche und mineralogisch - petrographische Besonderheiten im Endmoränen-Stauchwall von Moyland bei Kalkar/Ndrh. - Fortschr. Geol. Rhld. u. Westf., 28: 325-333, 2 Abb., 1 Tab., 1 Taf.; Krefeld.

-- (1978b): Zur Herkunft und Zusammensetzung des „Sandlösses" auf der Uedemer Sander-Hochfläche (Niederrhein). - Fortschr. Geol. Rhld. u. Westf., 28: 335-343, 5 Abb., 3 Tab.; Krefeld.

-- & THIERMANN, A. (1981): Geologische Karte von Nordrhein-Westfalen 1:25.000, Erläuterungen zu Blatt 4103 Emmerich, 104 S., 6 Abb., 9 Tab., 2 Taf.; Krefeld (Geol. L.A. Nordrhein-Westfalen).

BRUNNACKER, K. (1977): Das Holozän im Binnenland - die geologische Gegenwart. - Geol. Rdschau, 66: 755-770, 6 Abb., 1 Tab.; Stuttgart.

*- (1978): Der Niederrhein im Holozän. - Fortschr. Geol. Rhld. u. Westf., 28: 399-440, 14 Abb., 4 Tab., 1 Taf.; Krefeld.

DASSEL, W. (1989): Auswirkungen des Inlandeisschubes auf die Schmelzwasserablagerungen des Reichswaldsanders. - Natur am Niederrhein (N.F.), 4: 53-60, 7 Abb., 1 Tab.; Krefeld.

DEJONG, J.D. (1956): Sedimentpetrographische Untersuchungen in Terrassen Schottern im Gebiet zwischen Krefeld und Kleve. - Geol. en Mijnb. (N.S.), 18: 389-394, 5 Abb., 1 Tab.; s´Gravenhage.

GOLTE, W. & HEINE, K. (1974): Fossile Riesen-Eiskeilnetze am Niederrhein. - Eiszeitalter u. Gegenwart, 25: 132-140, 8 Abb.; Öhringen.

-- (1980): Fossile Rieseneiskeilnetze als periglaziale Klimazeugen am Niederrhein. - Niederrhein. Studien, Arb. Rhein. Landeskde, 46: 15-26, 7 Abb., 1 Tab.; Bonn.

*GRIPP, K. (1975): Hochsander-Satzmoräne-Endmorä-

nenvertreter. - Z. Geom., N.F., 19: 490-496, 3 Fig., 1 Phot.; Berlin-Stuttgart.

*HECK, H.L. (1961): Glaziale und glaziäre Zyklen. - Geologie, 10: 378-395, 2 Abb.; Berlin.

HEINE, K. (1983): Vorstoß des nordeuropäischen Inlandeises am Niederrhein (Raum Kleve-Kalkar-Goch). - Beiträge zum Quartär der nördlichen Rheinlande, Arb. Rhein. Landeskde, 51: 39-49, 4 Abb.; Bonn.

HÖPPNER, H. & STEEGER, A. (1936): Das Naturschutzgebiet „Wisseler Dünen" am unteren Niederrhein. - Rhein. Heimatpflege, 1: 92-98, 5 Abb.; Düsseldorf.

*HOPPE, CH. (1970): Die großen Flußverlagerungen des Niederrheins in den letzten zweitausend Jahren und ihre Auswirkungen auf Lage und Entwicklung der Siedlungen. - Forsch. dt. Landeskde, 189: 1-88, 32 Abb., 13 Bild., 3 Taf.; Bonn-Bad Godesberg.

KAISER, K.H. (1961): Gliederung und Formenschatz des Pliozäns und Quartärs am Mittel- und Niederrhein, sowie in den angrenzenden Niederlanden unter besonderer Berücksichtigung der Rheinterrassen. - KAYSER, K. & KRAUS, TH. (Hrsg.), Köln und die Rheinlande, Festschr. XXXIII Deutscher Geographentag, 236-278, 6 Abb., 7 Tab., 3 Kart.; Wiesbaden.

KLOSTERMANN, J. (1980): Die Ursachen der konzentrischen Anordnung von Flugsand, Sandlöß und Löß auf der Uedemer Hochfläche. - Der Niederrhein, 47: 1-5, 4 Abb.; Krefeld.

*- (1985): Versuch einer Neugliederung des späten Elster- und des Saale-Glazials der Niederrheinischen Bucht. - Geol. Jb., A, 83: 1-42, 22 Abb., 1 Tab.; Hannover.

-- (1989): Geologische Karte von Nordrhein-Westfalen 1:25.000, Erläuterungen zu Blatt 4304 Xanten, 154 S., 14 Abb., 13 Tab., 3 Taf.; Krefeld (Geol. L.A. Nordrhein-Westfalen).

-- & DASSEL, W. (1987): Quartäre Tektonik und ihre Auswirkungen auf die Erstreckung von Würgeböden und Keilstrukturen. - Z. dt. Geol. Ges., 138: 33-44, 8 Abb.; Hannover.

-- & PAAS, W. (1990): Saale-Kaltzeit, Weichsel-Kaltzeit und Holozän im Niederrheinischen Tiefland. - SCHIRMER, W. (Hrsg.), Rheingeschichte zwischen Mosel und Maas, deuqua-Führer 1, 191-213, 12 Abb.; Hannover (Deutsche Quartärvereinigung).

MÜCKENHAUSEN, E. & WORTMANN. H. (1953): Bodenübersichtskarte von Nordrhein-Westfalen 1:300.000; Hannover.

*QUITZOW, H.W. (1985): Tertiär. - Geologie am Niederrhein, 21-23, 2 Abb.; Krefeld (Geol. L.A. Nordrhein - Westfalen).

*RÖMERMANN, H. (1986): Grundwasser am Niederrhein - Gleichen und Ganglinien. - Natur am Niederrhein, 1: 60-71, 5 Abb.; Krefeld.

SIEBERTZ, H. (1977): Geomorphologische Entwicklung im Raum Kalkar/unterer Niederrhein - mit einer geomorphologischen Kartierung 1:25.000 Blatt

Kalkar, 144 S., 14 Abb., 23 Tab., 6 Beilagen (Diplom - Arbeit Univ. Bonn).

-- (1980a): Weichselzeitliche äolische Sedimente des Reichswaldes (unterer Niederrhein) und ihr paläogeographischer Aussagewert, 143 S., 23 Abb., 10 Tab. (Diss. Univ. Bonn).

-- (1980b): Ausgewählte quartärmorphologische Probleme am unteren Niederrhein - Ergebnisse einer geomorphologischen Kartierung, dargestellt am Beispiel einer geomorphologischen Übersichtskarte vom Raum Kalkar. - Niederrheinische Studien, Arb. z. Rhein. Landeskde, 46: 37-46, 3 Abb., 2 Kart.; Bonn.

*- (1981): Morphologisch-morphochronologische Karte von Kalkar und Umgebung 1:25.000; Bonn (2. erg. Aufl. 1986).

-- (1982): Die Bedeutung des Feinheitsgrades als geomorphologische Auswertungsmethode. - Eiszeitalter u. Gegenwart, 32: 81-91, 4 Abb., 5 Tab.; Hannover.

-- (1983a): Neue sedimentologische Untersuchungsergebnisse von weichselzeitlichen äolischen Decksedimenten auf dem Niederrheinischen Höhenzug. - Beiträge zum Quartär der nördlichen Rheinlande, Arb. z. Rhein. Landeskde, 51: 51-97, 8 Abb., 6 Tab., 1 Kt.; Bonn.

-- (1983b): Sedimentologische Zuordnung saalezeitlicher Gletscherablagerungen zu mehreren Vorstößen am unteren Niederrhein. - Eiszeitalter u. Gegenwart, 33: 119-132, 6 Abb., 2 Tab.; Hannover.

-- (1984a): Die Stellung der Stauchwälle von Kleve-Kranenburg im Rahmen der saalezeitlichen Gletschervorstöße am Niederrhein. - Eiszeitalter u. Gegenwart, 34: 163-178, 8 Abb., 1 Tab.; Hannover.

-- (1984b): Eine fossile Frostspalte in den saalezeitlichen Sandersedimenten des Niederrheinischen Höhenzuges bei Kleve. - Decheniana, 137: 251-258, 5 Abb., 1 Tab.; Bonn.

*- (1986): Neue Befunde über den Verlauf der saalezeitlichen Eisrandlagen im Niederrheingebiet. - Decheniana, 139: 375-383, 6 Abb., 1 Tab.; Bonn.

*- (1987a): Die Landschaftsgenese im unteren Niederrheingebiet - dargestellt am Beispiel von Kalkar und Umgebung. - Der Niederrhein, 54: 14-20, 5 Abb., 1 Kt.; Krefeld.

*- (1987b): Glaziale Serie und glaziäre Zyklen im Niederrheingebiet. - Der Niederrhein, 54: 153-160, 10 Abb., 1 Tab.; Krefeld.

-- (1987c): Die stratigraphische und paläogeographische Bedeutung der Steinsohle in den pleistozänen Sedimenten des Niederrheins und angrenzender Gebiete. - Decheniana, 140: 193-203, 8 Abb., 2 Tab.; Bonn.

-- (1988): Die Decksedimente auf dem Niederrheinischen Höhenzug in ihrer Beziehung zu den Luftdruck- und Windverhältnissen während der Weichsel-Kaltzeit in Nordwestdeutschland. - Natur am Niederrhein, 3: 1-12, 8 Abb., 3 Tab.; Krefeld.

-- (1989): Geologisch-geomorphologische Einregelungsmessungen an Steinsohlen auf dem Niederrheinischen Höhenzug. - Natur am Niederrhein (N.F.), 4: 20-24, 4 Abb., 1 Tab.; Bonn.

-- (1990): Die Abgrenzung von äolischen Decksedimenten auf dem Niederrheinischen Höhenzug mit Hilfe von Korngruppenkombinationen. - Decheniana, 143: 476-485, 5 Abb., 5 Tab.; Bonn.

*- (1991): Karte der äolischen Decksedimente auf dem Niederrheinischen Höhenzug 1:60.000; Bonn (2. Aufl. 1995).

-- (1992): Neue Befunde zu den sedimentologisch-stratigraphischen Lagerungsverhältnissen und zur Alterszuordnung der äolischen Decksedimente auf dem Niederrheinischen Höhenzug. - Eiszeitalter u. Gegenwart, 42: 72-79, 3 Abb., 2 Tab., 1 Kt.; Hannover.

*- (1995): Konvergenzen sedimentologischer und pedologischer Kartierungsergebnisse auf dem Niederrheinischen Höhenzug in bezug auf ihre paläogeographische Ausdeutung. - Natur am Niederrhein (N.F.), 10: 14-29, 17 Abb., 2 Tab., 1 Kt.; Krefeld.

*SCHRÖDER, D. (1979): Bodenentwicklung in spätpleistozänen und holozänen Hochflutlehmen des Niederrheins, 296 S., 63 Abb., 56 Tab. (Habil. Schrift Univ. Bonn).

STEEGER, A. (1955): Weitere Beobachtungen über das Vorkommen von Bimsstein in den jüngeren Rheinterrassen des unteren Niederrheins. - Geol. Jb., 69: 387-390; Hannover.

*THOME, K.N. (1958): Die Begegnung des nordischen Inlandeises mit dem Rhein. - Geol. Jb., 76: 261-308, 11 Abb.; Hannover.

*- (1959): Eisvorstoß und Flußregime am Niederrhein und Zuider See im Jungpleistozän. - Fortschr. Geol. Rhld. u. Westf., 4: 197-246, 19 Abb., 5 Tab., 1 Taf.; Krefeld.

URBAN, B., SCHRÖDER, D. & LESSMANN, U. (1983): Holozäne Umweltveränderungen am Niederrhein - Vegetationsgeschichte und Bodenentwicklung. - Beiträge zum Quartär der nördlichen Rheinlande, Arb. z. Rhein. Landeskde, 51: 99-123, 17 Abb., 3 Tab.; Bonn.

WEYL, R. (1949): Zur Ausdeutbarkeit von Schwermineral-Vergesellschaftungen. - Erdöl u. Kohle, 2: 221-224, 3 Abb., 3 Zahlentaf.; Hamburg.

Anschrift des Autors

Dr. Helmut Siebertz, Alte Schulstr. 16, D-53229 Bonn-Bechlinghoven

Von der Ur- und Frühgeschichte bis zum Technologie- und Kommunikationszeitalter

Eine historisch-geographische Exkursion durch die niederrheinische Auenkulturlandschaft

Peter Burggraaff

Im Gedenken an Prof. Dr. Gerhard Aymans (gest. am 8.5.1996)

Thematik:	**Historische Betrachtung der Kulturlandschaft und Einzelelementen am Unteren Niederrhein**
durchzuführen als:	**Bus- bzw. PKW-Exkursion, vor Ort auch Fahrrad möglich**
ungefähre Dauer:	**etwa 10 Stunden, ca. 175 km**
Anfahrt:	**von Bonn bis Xanten ca. 125 km**
Empfohlene Karten:	**Topographische Karte 1:100.000, C 4302 Bocholt**

Diese Exkursionsbeschreibung sollte ursprünglich zusammen mit meinem leider allzufrüh verstorbenen Förderer Prof. Dr. Gerhard Aymans verfaßt werden.

So möchte ich ihm diesen Beitrag in dankbarer Erinnerung an unsere gemeinsamen Forschungsaktivitäten und -reisen am unteren Niederrhein - das Land und die Menschen, mit denen er sich so verbunden fühlte - widmen.

Einleitung

Da diese Exkursionroute (Abb.1) weitgehend durch die holozäne Rheinaue verläuft (Xanten-Grieth-Kleve-Emmerich-Rees-Kalkar-Xanten), sind vor allem die kleinen Höhenunterschiede in der Aue zu beachten, weil diese für den Besiedlungsvorgang und für die Standortwahl der Dörfer und Einzelhöfe sehr wichtig waren. Bei den Erhebungen handelt es sich einerseits um natürliche Uferwälle, Stromrücken sowie geestähnliche sandige Erhebungen oder Donken und andererseits um vom Menschen errichtete Wurten und Deiche. Die Niederungen bestehen dagegen aus alten, heute trockenen Stromrinnen und alten Flußläufen. Über die Jahrhunderte hinweg mußte man sich gegen das Rheinhochwasser schützen. In folgender Auflistung werden die wichtigsten Phasen des anthropogenen Hochwasserschutzes kurz zusammengefaßt.

Hochwasserschutz

- Ansiedlung auf Uferwällen und Geestrücken; hierbei waren bis zum 8. Jahrhundert keine Deiche notwendig.

- Die ersten Deiche waren sogenannte Querdeiche, die quer auf die Siedlungen orientiert waren. Hier entlang wurde das überschüssige Wasser über die alten Stromrinnen flußabwärts geleitet (8.-9. Jahrhundert).

- Mit Ringdeichen wurden kleinere Gebiete gegen das Wasser geschützt (10. Jahrhundert).

- Mit den Polder- oder Sommerdeichen wurden größere Flächen wie Warden und Rheininseln gegen das Sommerhochwasser geschützt (11.-12. Jahrhundert). Für

die Höfe waren auch neben dem Deichbau Wurten gegen das Winterhochwasser erforderlich. Viele Sommerdeiche sind nach dem 2. Weltkrieg abgetragen worden, und die restlichen erhaltenen Abschnitte stehen heute als Bodendenkmal unter Schutz.

- Mit den Banndeichen an beiden Rheinseiten wurden nach 1350 größere zusammenhängende Flächen gegen das Hochwasser geschützt. Hierzu wurde kein neuer Deich angelegt, sondern es wurden die vorhandenen stromseitigen Polderdeiche erhöht und mit neuen Querdeichen verbunden. Hierdurch wurde das Flußbett verengt, wodurch die Hochwässer - auch als Folge der Eisdämme - zunahmen. Aus diesem Grunde mußten bis heute die sogenannten Banndeiche ständig erhöht und verbreitert werden. Schließlich wurde 1965 zwischen Grieth und Griethausen ein neuer Hochwasserschutzdeich gebaut.

Die Exkursion verläuft durch das Gebiet des ehemaligen Herzogtums Kleve. Trotz des starken Einflusses der Kölner Erzbischöfe entstand die Herrschaft im Gebiet der Rheinwarde und Eilande zwischen Kleve und Monreberg. Seit dem 12. Jahrhundert besaß der Graf von Kleve auch die Vogteirechte an Xanten. Die rechtsrheinischen Städte Emmerich, ursprünglich geldrisch, und Rees ursprünglich kölnisch, kamen nach 1350 - zunächst als Pfandstädte - an Kleve.

Nach dem Tod des letzten Herzogs von Kleve Johann Wilhelm (1609) kam das Herzogtum an das Kurfürstentum Brandenburg (Königreich Preußen). Ab der französischen Periode gehörte das Gebiet bis 1947 zur preußischen Rheinprovinz, und seit 1947 ist es Teil des Kreises Kleve (Regierungsbezirk Düsseldorf) des Landes Nordrhein-Westfalen.

Die Exkursionsroute (vgl. Abb. 1)

Der Startpunkt der Exkursion befindet an der Stelle der ehemaligen römischen Stadt **Colonia Ulpia Trajana (1)** nördlich von Xanten. Die Gründung erfolgte zwischen 98

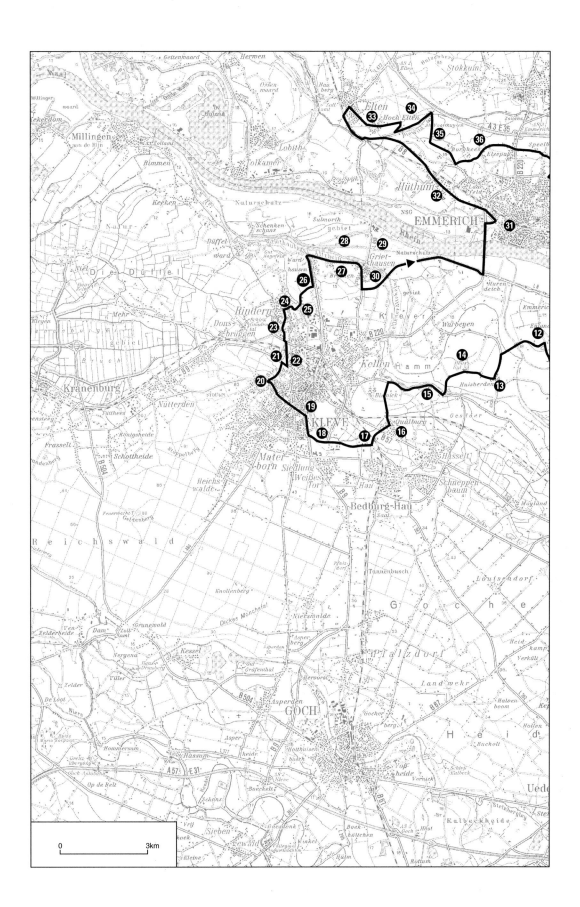

Abb. 1: Exkursionsroute

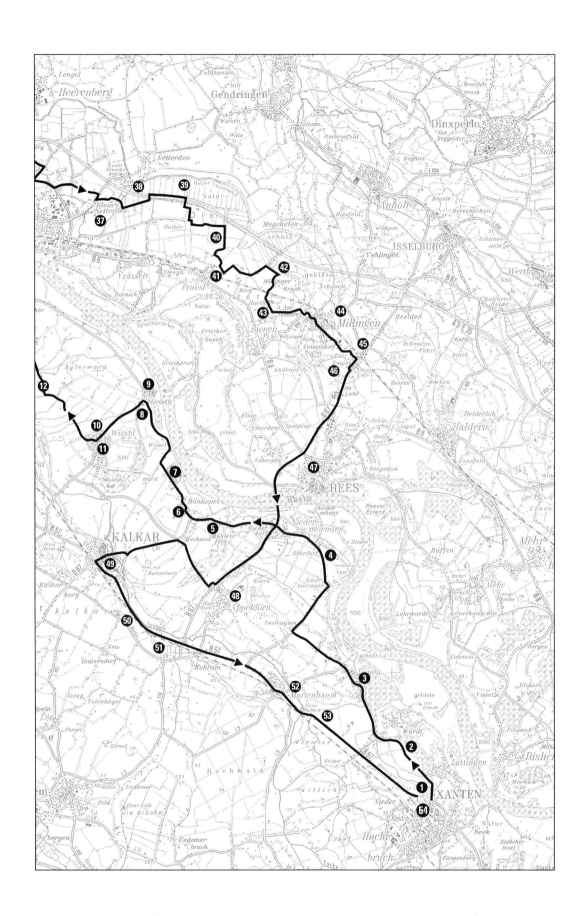

und 102 n.Chr. Diese Stadt stellte sich als regelmäßiges Rechteck dar, das lediglich an der Südostseite Rücksicht auf einen alten Rheinlauf nimmt, an dem sich der Hafen befand. Die Stadtmauer hatte eine Länge von 3,4 km, und die Fläche innerhalb der Mauer betrug 73 ha. 274 n.Chr. bedrohten die ersten Germaneneinfälle die Stadt, die unter Konstantin I. 306-311 n.Chr. durch eine viereckige Festung innerhalb des zentralen Straßenkarrees gesichert wurde. Die Aufgabe der Stadt erfolgte 351 n.Chr. Heute befindet sich dort der archäologische Park Xanten.

In Richtung Hönnepel sind die Auswirkungen des Kiesabbaus in der Rheinaue (der ehemaligen Wardinsel) mit großen Wasserflächen deutlich sichtbar. Der Kiesabbau hat am unteren Niederrhein für die landschaftliche Eigenart bedrohliche Ausmaße erreicht. Erhalten ohne jeglichen landschaftlichen Bezug ist das von zwei Bäumen flankierte **Hagelkreuz (2)**, das im 17. Jahrhundert errichtet wurde.

Die Siedlung **Vynen (3)** wird bereits 1167 urkundlich erwähnt. Es handelt sich dabei um eine Reihensiedlung entlang des Rheinuferwalls. Das nordwestlich gelegene **Niedermörmter (4)** wurde im 11. Jahrhundert erwähnt. Der Name geht auf das römische Munimentum (inferior) zurück. Die Siedlung entstand bei einem alten römischen Uferfort am Rheinübergang nach Rees. Im 15. Jahrhundert wird der Name "Monementen" häufig gebraucht. Die 1040 erwähnte spätgothische St. Barnabaskirche wurde im 2. Weltkrieg zerstört und durch einen Neubau ersetzt. Niedermörmter ist eine Reihensiedlung hinter dem Rheindeich. Die **Windmühle zwischen Niedermörmter und Hochend (5)** datiert aus dem 16. Jahrhundert und ist bereits auf der Karte von Christian 's-Grooten von 1560 kartiert. **Hochend** ist eine Gehöftreihe am Rande des Uferwalls.

Der Ort **Hönnepel (6)** wird im Klever Urbar von 1318 als "Honepel" erwähnt, ist jedoch bedeutend älter. Die St. Reginflediskirche stammt aus dem Jahr 1220. Einen Vorgängerbau soll es bereits im 8. Jahrhundert im Zusammenhang mit einem Benediktinerinnen-Tochterkloster der Abtei von Denain (Vallenciennes, Frankreich) aus dem 9./10. Jahrhundert gegeben haben. Die Auflösung des Klosters erfolgte 1233. Die Wasserburg Haus Hönnepel wurde erstmals 1335 erwähnt.

In Richtung von Grieth befindet sich das heutige "**Kernwasser Wunderland**" (7), das als "**Schneller Brüter**" - ein Milliardenprojekt - seit den 70er Jahren für Schlagzeilen sorgte. Heute wird diese vom Steuerzahler bezahlte und nie vollendete Atomruine als Erholungsobjekt genutzt. **Die Wasserburg Wardenstein (8)** südlich von Grieth wurde 1369 in einer Belehnungsurkunde als "Werdenstein, dat huys bij Grieth" erwähnt.

Das ehemalige Städtchen **Grieth (9)** war eine wohlüberlegte Stadtgründung des Grafen von Kleve (1250) als Gegenpol zum damals noch kurkölnischen Rees (vgl. Abb. 2). In der französischen Periode (1798-1813) verlor Grieth

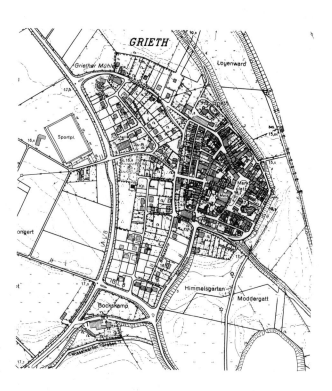

Abb. 2: Altstadt Grieth (Grundlage: DGK)

seinen Stadtstatus. Die Fläche der befestigten Altstadt betrug nur 5 ha. 1517 wurde Grieth durch einen Brand verwüstet. Zwischen 1631 und 1708 wurde der südöstliche Bereich des ursprünglichen rechteckigen Stadtgrundrisses durch Seitenerosion des mäandrierenden Rheins zerstört. Grieth war vor allem eine Schiffer- und Fischerstadt. Die Peter-und-Paul-Kirche entstand um 1250, ein Neubau erfolgte 1450. Heute ist der alte Ortskern als Denkmalbereich unter Schutz gestellt und eignet sich sehr gut für einen Spaziergang.

Das südwestlich gelegene **Wissel (11)** ist heute das einzige von einem **Ringdeich (10)** umgebene Dorf am Unteren Niederrhein. Diese Siedlung datiert vermutlich aus dem Frühmittelalter (855). Der Bedeutung des Ortes kann mit der Tatsache belegt werden, daß Wissel bis 1244 Sitz eines Klever Amtes war, das dann nach Grieth verlegt wurde. Wissel ist ein unregelmäßiges Haufendorf mit kleinen Höfen und Äckern innerhalb des Ringdeiches. Abgesehen vom rechteckigen Kirchplatz haben die Straßen einen unregelmäßigen Verlauf, was bei einem Durchgang noch gut zu erkennen ist. Hier hat es im 17. und 18. Jahrhundert auch Tabakanbau gegeben.

Das 1170 urkundlich erwähnte **Haus Kemnade** war ursprünglich eine Wasserburg. Das bestehende Hauptgebäude hat noch einen spätmittelalterlichen Kern, ist aber im 16. Jahrhundert errichtet worden. Die heutige ehemalige **Stiftskirche St. Clemens** wurde im 2. Hälfte des 12. Jahrhunderts als romanische Basilika gebaut und ist der Nachfolgebau einer älteren Kirche. 1167 wurde das anstelle der 1115 zerstörten Burg "Wischele" errichtete **Kollegiatstift** erstmals urkundlich erwähnt. Die ursprünglich rings um die Kirche an dem rechteckigen Kirchplatz gelegenen Häuser der Kanoniker wurden durch einen Brand 1621/22 zerstört. Danach wurden dort Gehöfte errichtet. 1802 erfolgte die Säkularisation des Stiftes und in den Jahren danach wurden die Stiftsgebäude abgerissen.

Der **Rückstaudeich (11)** westlich von Wissel gehörte zu einem Deichsystem, das sich über Grieth, Wissel bis nach Kalkar erstreckte. Die südwestlich von Wissel gelegene **"weiße" Mühle** stammt aus dem Jahre 1870.

Nördlich von Wissel war der Rhein im 16. und 17. Jahrhundert besonders aktiv. In der **Bylerward (12)** sind die Stromlaufverlagerungen des Rheins mit Prall- und Gleithängen als Folge der Mäandrierung noch sehr deutlich im Gelände zu erkennen. Die Standorte der Einzelhöfe, die deutlich sichtbar auf Wurten stehen, sind in die zweite Hälfte des 17. Jahrhunderts zu datieren. Aus der wichtigsten kartographischen Quelle des unteren Niederrhein - dem klevischen Kataster von ca. 1730 - geht hervor, daß das ursprüngliche lokale Wegenetz damals noch nicht fertig ausgebaut war. Heute ist das Wegenetz durch eine Flurbereinigung der 70er Jahre verändert worden.

Um 1650 floß der Rhein um das **Emmericher Eyland (12)**. Diese Rheininsel ist seit dem 17. Jahrhundert aus zahlreichen kleinen Inseln durch fortschreitende Verlandung zsammengewachsen. Hauptsächlich besiedelt mit Einzelhöfen, entstand erst am Ende des 19. Jahrhunderts ein kleiner Ortskern, u.a. mit einer Molkerei und einer Schule. Der nördliche Teil, der um 1730 wieder linksrheinisch war, gehörte nach dem klevischen Kataster zu Emmerich. Nach einigen gescheiterten Versuchen konnten die Emmericher Bürger durch das Graben eines Kanals (1648) erreichen, den Rhein wieder an der Stadt vorbei strömen zu lassen.

Das westliche gelegene Dorf **Huisberden (13)** liegt auf dem Uferwall einer früheren Rheininsel und wurde 843 bereits urkundlich erwähnt. Der 1265 erwähnte Name des Hofes "Huswerde" war in karolingischer Zeit im Besitz der Petrusabtei Corbie an der Somme. Die Ortschaft ist wahrscheinlich auch karolingischen Ursprungs. Die heutige St.-Petruskirche wurde im ausgehenden 14. Jahrhundert errichtet. Der Vorgängerbau ist erstmals 1290 erwähnt; ist jedoch früher (um 1100) zu datieren. Das westlich von Huisberden gelegene **Haus Eyl (14)** hatte vor 1300 den Namen Weilhausen (Weylhusen). Die Wasserburg wurde 1341 errichtet. Das Hauptgebäude hat man 1790 abgerissen.

Südlich von Huisberden wird der alte **Banndeich (15)** überquert. Dieser geschlossene Deich entstand nach 1350 in der Regierungszeit vom Herzog Adolf II. von Kleve. Er ist nicht als Neubau zu verstehen. Die bereits vorhandenen Polderdeiche wurden erhöht und durch neue Quer- oder Verbindungsdeiche miteinander verbunden. Am Deich sind noch die Spuren von Deichdurchbrüchen an wasserführenden Kolken und an bogenförmigen Spuren von Wiederherstellungsmaßnahmen erkennbar. In Richtung von Qualburg befindet sich das Haus **Riswick (15-16)**, das ca. 1000 erstmals erwähnt wurde. Heute ist es architektonisch ein Bau der 50er Jahre.

Das südliche gelegene **Qualburg (16)** war ursprünglich eine spätrömische Befestigung namens Quadriburgium des 1.- 2. Jahrhunderts n.Chr. am Rheinlimes (Wurtenkastell) auf einer Kuppe (Sanddüne) im Bereich der St.-Martinskirche. Im 3. Jahrhundert n.Chr. wurde die Anlage u.a. mit einem Doppelgrabensystem verstärkt. Hier konnten wiederholt bei Baubeobachtungen römerzeitliche Befunde angeschnitten werden. Befestigungsteile und Kleinfunde deuten auf eine Siedlungstätigkeit vom 1. bis 4. Jahrhundert n.Chr. hin. Außerdem gibt es archäologische Funde, die auf eine Besiedlung im Früh- und Hochmittelalter hinweisen. Die Pfarrkirche St. Martin wird 1134 erwähnt, ist aber wahrscheinlich noch älter. Dies wird durch den Fund von Memoriensteinen des 11. Jahrhunderts belegt. Zwischen 1888 und 1890 wurde die alte Kirche abgebrochen und eine neugotische Saalkirche errichtet. Das heutige Pastoratgebäude datiert von 1859.

Die zu überquerende **Bahnstrecke Geldern-Goch-Kleve (16)** legte man zwischen 1856 und 1863 an. Die **heutige B57** wurde 1830 als Chaussee zwischen Kleve und Kalkar angelegt und ist sowohl auf den Schwanenturm in Kleve als auch auf den Turm der Nikolaikirche in Kalkar ausgerichtet. Das südlich der Bahntrasse liegende **Qualburger Bruch (16)** wurde 1326 mit Gräben entwässert und anschließend kultiviert.

Kleve (19) und die Residenzanlagen (17-23) des Statthalters Johann Moritz von Nassau (1647-1679)

Die ersten Residenzanlagen wurden kurz nach dem Ende des Dreißigjährigen Krieg zwischen 1650 und 1653 südlich von Kleve errichtet. Dort wurde das Landhaus Freudenberg mit einem Sternbusch mit schönem Panoramablick auf die Höhen der Endmoräne der Saale-Eiszeit angelegt. Hier ließ der Statthalter Johann Moritz von Naussau neben einer Kapelle eine Einsiedelei „Berg en Dal" bauen. Gegenüber ließ er im gleichen Jahr seine **Grabstätte (17)** errichten. In der Niederung -**Kermisdahl (18)**- entstanden die sogenannten **Galeien** mit auf Schwanenburg und Stiftskirche hin orientierten Obstbaumalleen. Die 1653 angelegte und von vier Baumreihen flankierte **Nassauallee** in Kleve verband den **Alten Park** mit der Stadt und der Schwanenburg. Zwischen der Allee und Kermisdahl wurde 1664 auf der Höhe **der Moritzpark** errichtet, der an die zur gleichen Zeit erbaute Residenz des Statthalters - den Prinzenhof - anschließt.

Die Stadt **Kleve (19)** (Lage am Kliff) ist westlich der **Schwanenburg (19)**, deren Vorgängerbau 1059 erwähnt wurde und der südwestlich der ehemaligen Stiftskirche (1141/47) gelegenen Marktsiedlung entstanden. Der Schwanenturm entstand zwischen 1440 und 1454. 1828 wurde die Burg als Gerichtssitz umgebaut. Heute ist sie noch immer Sitz des Amtsgerichtes Kleve.

1242 erhielt die nordwestlich der Burg entstandene Siedlung Stadtrechte, die später mit der Stiftssiedlung im Süden zusammenwuchs. Um 1350 wurde das Kollegialstift St.

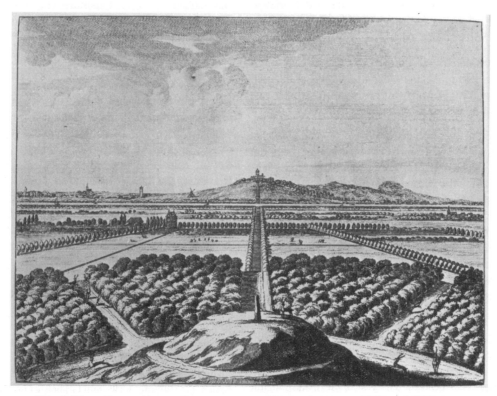

Abb. 3: Kleve; Komposition aus Sternberg und Amphitheaterachse nach Norden zum Eltenberg
(Peter Schenk 1660-1711; Frontispiz: Tiergarten zu Kleve)

Marie und die Stiftssiedlung (Immunität) in die städtische Befestigung einbezogen. Dieses Stift wurde 1334 (1327) in **Monreberg (50)** bei Kalkar errichtet und 1341 nach Kleve verlegt. Im 14. und 15. Jahrhundert erweiterte die Stadt sich westlich der Kirche und am Alten Rhein und erreichte eine Fläche von 30 ha. 1528 wurde die Stadt von einem Brand getroffen, der besonders den westlichen Stadtteil traf. In der Stadt befanden sich verschiedene Klöster (Minoriten, Beginen und Kapuziner), die 1802 säkularisiert wurden.

Der zweite Schwerpunkt des Ausbaus der Parkanlagen des Johann Moritz von Nassau für die Residenz Kleve befand sich im Westen und Nordwesten der Stadt. Hier wurden 1658 vom Waaijen- oder Sternberg zehn Alleen in den Wald hinein gerodet. Diese sternförmigen Sichtachsen (Panoramablicke) waren sowohl auf die nahe gelegene markante Schwanenburg und die Stiftskirche als auch auf Kirchen in der nahen und weiteren Umgebung orientiert (vgl. Abb. 3). Gleichzeitig wurde in der quellenreichen Mulde des dem Sternberg vorgelagerten Springberges das **Amphitheater (21)** mit dem **Minervabrunnen (21)** (1652-1660) nach Plänen des bekannten niederländischen Baumeisters Jacob van Campen errichtet. Vom Terrassengarten aus wurde die als **"Neuer Tiergarten" (21)** von 1657 bezeichnete Gesamtanlage in den 1660er Jahren durch die Einbeziehung des Klever Stadtwaldes in westlicher Richtung erweitert. Die 1654 errichtete **Wasserburg (23)** in Rindern wurde mit spitzförmig darauf orientierten Alleen in die Residenzanlagen einbezogen. Der auf die

Eltener Stiftskirche hin orientierte **Prinz-Moritzkanal (23)** von 1560, der ursprünglich als schiffbare Verbindung mit dem Rhein gedacht war, wurde nicht vollendet und verband lediglich die Wasserburg mit den Anlagen auf dem Springberg. Außerdem überzog man die Dorffluren von Hau und Materborn südlich und südwestlich von Kleve mit einem Netz von Alleen. Weiterhin wurden das **Gut Ranzow** von 1663 und das 1704 als barockes Schloß umgebaute ehemalige Kloster **Gnadenthal** zwischen Donsbrüggen und Rindern ebenfalls in die Residenzanlagen aufgenommen.

Durch diese Anlagen hatte Kleve sich zur dritten Residenzstadt von Brandenburg/Preußen entwickelt. Die Klever Residenzanlagen standen sogar Modell für den „Tier- und Lustgarten" und die Prachtstraße „Unter den Linden" in Berlin. Außerdem hatten sie Vorbildcharakter für Garten- und Parkanlagen in der näheren Umgebung (Elten, Moyland, Hueth, Reckenburg).

Mit der Entdeckung einer Quelle entwickelte Kleve sich seit dem 18. Jahrhundert zum vielbesuchten Badeort. Park- und Badeanlagen wurden von französischen Truppen bis auf wenige Reste zerstört. Im 19. Jahrhundert sind dann neue Anlagen wie das im klassizistischen Stil gebaute Kurhaus (heute Stadtarchiv) entstanden.

Mit dem Bau der Eisenbahnlinien Köln-Krefeld-Kleve-Nimwegen (1856-1863), Kleve-Elten (1865) mit Anschluß an die Strecke Oberhausen-Arnheim und Moers-

Xanten-Kleve (1904) war Kleve ein bedeutender Eisenbahnknotenpunkt. In dieser Zeit entstanden auch die ersten Fabriken, und die Stadt erweiterte sich. Durch die Stilllegung der Bahnstrecken Kleve-Elten (heute Fahrradweg) und Kleve-Kranenburg-Nimwegen in den 70er und 80er Jahren hat Kleve die Knotenpunktfunktion verloren.

Trotz der Zerstörungen in den letzten Kriegsjahren und den Nachkriegsbaumaßnahmen haben die historisch entstandenen Strukturen sich weitgehend erhalten können und die unterschiedlichen Entwicklungsphasen der Stadt in zusammenhängenden Strukturen sind nachzuvollziehen.

Das nördlich gelegene Dorf **Rindern (24)** liegt auf einem mächtigen Uferwall. Seit der Mitte des 19. Jahrhunderts wird das Dorf Rindern mit dem antiken Ort Arenacum/ Harenatium gleichgesetzt, und Funde belegten den Standort eines vermuteten römischen Militärlagers. Nach Abzug der Römer wurde Rindern bereits in merowingischer Zeit wiederbesiedelt. Ein alter **Rheinlauf (25)** floß im Frühmittelalter unmittelbar östlich von Rindern. Der älteste Vorgängerbau der Willibrordskirche ist seit 720/727 nachgewiesen. Die alte mittelalterliche Kirche wurde 1870 abgerissen und an ihrer Stelle eine neue Kirche gebaut.

Die Ortschaft **Wardhausen (27)** wurde im 8. Jahrhundert erwähnt und gehörte zur luxemburgischen Abtei Echternach. Der bei Wardhausen in den Alten Rhein mündende **Spoykanal (26)** wurde 1428 gegraben und verband Kleve mit dem Rhein. Im 17. Jahrhundert erfolgte eine Kanalbetterweiterung. Das östlich des Kanals gelegene **Brienen (27)** wird ebenfalls bereits 770 erwähnt. Die Ortschaft ist aus einem Hof entstanden, der bereits vor der Kultivierung des südlich gelegenen Hammschen Polders (9. Jh.) bestanden hat. Das **Johanna-Sebus-Denkmal (27)** am Rheindeich in Brienen errinnert an die Hochwasserkatastrophe vom 13.1.1809, bei der die Kirche von Brienen in den Fluten verschwand. Der aufopfernde lebensrettende Einsatz von Johanna Sebus, die dabei ihr Leben verlor, fand auch in die deutsche Literatur Eingang und wurde von Goethe beschrieben.

Die nördlich des Alten Rheins gelegene Rheininsel **Salmorth (28)** ist ebenfalls wie die Rheininsel Grietherbusch und Grietherort lediglich von einem Sommerdeich umgeben. Die Besiedlung mit Einzelhöfen erfolgte hier seit dem späten 16. Jahrhundert. Heute wird diese Insel bei Hochwässern noch immer überschwemmt. Die **Eisenbahnkastenbrücke (29)** nördlich von Griethausen der Trajektbahn Kleve-Elten wurde 1893 errichtet und steht heute aufgrund ihrer einmaligen Stahlkonstruktion als technisches Denkmal unter Schutz.

Das ehemalige Städtchen **Griethausen (30)** war eine der letzten Stadtgründungen im Herzogtum Kleve (vgl. Abb. 4). Es erhielt 1374 Stadtrechte und war flächenmäßig mit 3,5 ha die kleinste Stadt. Es gab bereits eine vorstädtische Siedlung bei einem grundherrlichen Hof des 9. Jahrhunderts. Die St.-Martinskirche wurde zwischen 1397 und 1433 errichtet. Aus den Quellen geht hervor, daß es 1357

Abb. 4: Griethausen (Grundlage DGK)

eine Zollstätte gab. Die Burg, zwischen 1373 und 1421 nordöstlich der Kirche erbaut, wurde 1636 bei Kämpfen zwischen niederländischen und spanischen Truppen zerstört. Von zwei Windmühlen ist nur die Westmühle von 1864/65 als Stumpf erhalten. Die alte Bannmühle südlich der Stadt (1368 erwähnt), wurde nach einem Brand von 1820 neu gebaut und 1957 schließlich abgerissen.

Die **stillgelegte Ziegelei bei dem Janssenhof (30-31)** südlich des neuen Rheindeiches von 1965 ist seit Ende der 60er Jahre außer Betrieb. Die Blüteperiode der Ziegeleien lag zwischen 1860 und 1970. Sie wurden vor allem durch das Vorhandensein von Eisenbahnlinien begünstigt. Sie bildeten damals mit ihren hohen Schornsteinen ein Wahrzeichen der Flußaue. Heute sind in diesem Raum nur noch zwischen Emmerich und Vrasselt Ziegeleien in Betrieb. Zurückgeblieben sind Gebäuderelikte (Trocken- und Lagerscheunen) in unterschiedlichem Erhaltungszustand und die abgegrabenen Flächen, die größtenteils wieder rekultiviert worden sind. Nur Tümpel und sumpfige Flächen deuten noch auf die Kleigewinnung.

Die Hausgruppe **Hurendeich (30-31)** war ursprünglich ein Spottname für den Sommerdeich östlich von Warbeyen. Seit dem 18. Jahrhundert wird die östlich der heutigen B 220 gelegene Hausgruppe so bezeichnet. Beim Bau des **neuen Banndeiches** von 1965 **(30-31)** hat das Deichvorland die heutige Form bekommen. Die Höfe, die sich vor 1965 dort befanden, sind im Rahmen eines begleitenden Flurbereinigungsverfahrens auf bzw. hinter den Deich umgesiedelt worden. Mit diesem neuen Deich wurde die Überschwemmungsfläche des Rheins erheblich reduziert. Der Bau der **Emmericher Rheinbrücke (30-31)** mit der größten Spannweite im Rheinland von 500 m erfolgte 1965. Die Fertigstellung dieser Brücke bedeutete eine erheblichen Erleichterung für den Nord-Süd-Verkehr.

Die Stadt **Emmerich (31)** ist aus zwei Siedlungskernen (1. bei der heutigen St. Aldegundiskirche und 2. bei der heutigen St. Martinskriche von 1050) auf einer pleistozänen Erhebung entstanden. Das Martinsstift wurde 915 erwähnt und 1050 nach der Martinskirche verlegt. Im Spätmittelalter gab es weitere Klöster in und um die Stadt: z.B. die der Beginen, Augustinerinnen, Franziskanerinnen, Fraterherren und Kreuzherren. Die evangelische Kirche wurde 1690-1715 nach dem Beispiel der Amsterdamer Oosterkerk (Arnold van der Leen) gebaut.

Aus einer Urkunde von 1142 geht hervor, daß Emmerich mit u.a. Schmithausen, Rees, Niederelten, Xanten und Doetinchem zum Bund niederrheinischer Kaufleute gehörte. Emmerich erhielt 1233 Stadtrechte vom Grafen von Geldern. Die Stadt spielte seit dem 13. Jahrhundert eine wichtige Rolle in der Hanse. 1355 kam die Stadt zum Herzogtum Kleve. Mit ihren 40 ha war sie flächenmäßig die größte Stadt des Unteren Niederrheins. Während der niederländischen Besatzung von 1612-1672 wurde die Stadt stark befestigt und erlebte im Gegensatz zu vielen anderen Städten in dieser Epoche eine Blüteperiode.

Nach 1815 wurde Emmerich Zollstadt, und es setzte ein langsamer Aufstieg ein. Am Ende des 2. Weltkriegs wurde Emmerich stark im Mitleidenschaft gezogen; 90% der Stadt wurden durch den Luftkrieg zerstört. Nach dem Wiederaufbau ist neben wenigen Bauten (Kirchen) nur noch das historische Straßengefüge erhalten geblieben.

Westlich von Emmerich erstreckt sich der **Banndeich der Hüthumschen und Schockewardschen Deichschau (32)** aus dem frühen 14. Jahrhundert. Die älteste Deichschaukarte, auf der dieser Deich eingetragen ist, stammt von 1667. Die neogotische St.-Georg-Kirche von **Huthum (32)** wurde um die Jahrhundertwende gebaut. Die Endung des Ortsnamens Hüthum auf "hum=heim" legt nahe, daß die Siedlung auf dem Uferwall im 8. Jahrhunderts bereits bestanden hat, sie wird urkundlich aber erstmals 1206 erwähnt. Hüthum wurde erst 1906 zu einer eigenständigen Pfarrei erhoben. Die Windmühle - heute als Stumpf erhalten - stammt aus dem Jahre 1873.

Auf der Sanderhebung nördlich von Hüthum weisen zahlreiche archäologische Funde auf eine frühmittelalterliche Besiedlung und eine Allmendenutzung als Heide hin. Am Nordrand dieser Erhebung liegen der mittelalterliche Abergs- und der Loohof. Die nördlich von Hüthum verlaufende Bahnstrecke Arnheim - Oberhausen der **Köln-Mindener Eisenbahn (31)** wurde 1856 angelegt.

Obwohl es keine Belege gibt, daß **Niederelten (33)** Stadtrechte hat, war es doch eine bedeutende Siedlung am Westrand des Eltener Bergs, die bis ins 9. Jahrhundert zurückreicht. Belegt wird dies durch die Angehörigkeit zum bereits erwähnten Bund der Niederrheinischen Kauf-

leute 1142 (Wesel, Xanten, Rees, Emmerich, Doetichem, Schmithausen). Die Siedlung liegt an einem wichtigen Handelsweg, der heutigen B8. Durch seine Bedeutung hat Niederelten bereits eine gewisse stadtähnliche Gestaltung. Dies wird im 15. Jahrhundert auch durch die erwähnten ca. 5.000 Einwohner und Gewerbe wie Bierbrauereien belegt. Die Martinskirche wurde um 1150 gebaut. Nördlich und östlich der Siedlung befinden sich ältere Ackerkomplexe (Plaggenesche) mit einer relativ hohen archäologischen Fundhäufigkeit; sie sind zum größten Teil überbaut worden. Der Eltener Berg war in der römischen Kaiserzeit germanisches Siedlungsgebiet.

Die Siedlung Niederelten könnte sogar aus Standortüberlegungen gesehen - Lage an einer alten Handelsstraße - älter sein, als **das Reichsstift von Hochelten (33)**, das vom Otto I. Grafen Wichmann 967/968 gegründet wurde. Die gräfliche Burg wandelte er in ein freiadliges, dem Heiligen Vitus geweihtes, Damenstift um. Die erste Äbtissin war Irmgardis, die Tochter des Grafen Wichmann. Elten wurde bereits durch Otto I. am 18.7.944 Graf Wichmann zu Lehen gegeben.

Das Stift bestand mit baulichen Erweiterungen aus Palas, Kreuzgang, Wohnbauten und Kirche von 1585 bis zur Säkularisation im Jahre 1811 als Reichsstift. Seit ihrem Bau stellt die weit sichtbare Eltener Stiftskirche auf dem Berg einen sehr markanten Geländepunkt dar und fungierte in der zweiten Hälfte des 17. Jahrhunderts für die klevischen Rezidenzanlagen als wichtiger Orientierungs- und Vermessungspunkt. Die umgebenden Alleen und Parks entstanden vom späten 17. bis ins frühe 18. Jahrhundert. 1819 wurde die Stiftskirche Pfarrkirche.

Durch die strategische Lage bedingt, entstanden während des Ersten und Zweiten Weltkriegs umfangreiche militärische **Bunkeranlagen** und **Schützengräben (34)**. Von 1949 bis 1963 stand Elten unter niederländischer Verwaltung.

Die ehemalige Wasserburg **Alt-Voorthuysen (35)** liegt an einer Furt (Übergang) in der Wild (Haus an der Furt). Um 950 kommt es als Königshof in den Besitz des Grafen Wichmann. Die Anlage wurde mit einer rechteckigen Dammanlage und Innengraben befestigt. 1517 wurde die Anlage von friesischen Söldnern zerstört. 1840 wurde an Stelle der zerstörten Burg ein Bauernhof errichtet. Am nördlichen Wildufer liegt der Hof **Neuvoorthuysen (Kleinvoorthuysen)**, ein klassizistischer Bau aus den 80er Jahren des 19. Jahrhunderts.

Südöstlich von Voorthuysen verlief die ehemalige geldrisch-klevische bzw. seit 1609 die Grenze zwischen den Generalstaaten und Brandenburg/Preußen bis 1816. Die heutige Grenze wurde 1816 aufgrund der Beschlüsse des Wiener Kongresses von 1813 von einer gemeinsamen Grenzkommission endgültig festgelegt.

Etwa 1,5 km südöstlich von Voorthuysen liegt die ehemalige Wasserburg **Hassent (35)** mit einem Schutzwall, Graben und Zugbrücke. Davor lag ein doppelter Graben mit zwei Wällen. Der Graben ist verlandet und der Wall ist abgetragen. Hassent wurde Anfang des 14. Jahrhunderts erwähnt und 1345 als "Hassenbroek" bezeichnet. 1598/99 wurde Hassent durch holländische Truppen zerstört. Einige Bauteile des heutigen zweigeschossigen Herrenhauses stammen noch aus 1565 (Gedenkstein) und der größte Teil aus dem 18. Jahrhundert.

Der heutige zweistöckige Backsteinbau des Hauses **Borghees (36)** stammt aus dem Jahre 1680. An der linken Seite ist der Standort einer hochmittelalterlichen mehrteiligen Anlage mit Vor- und Hauptburg, der 827 und 838 als "Landhaus Hese nahe bei Emmerich" erwähnt wird, im Gelände mit verlandeten Gräben erkennbar. Diese Gräben umgeben einen rechteckigen Innenraum.

Die mittelalterlichen Ortschaften **Elsepaß** (1314) und **Speelberg** (1335) **(36-37)** nördlich von Emmerich sind erst nach 1816 an Preußen gekommen und liegen am Nordrand der pleistozänen Erhebung (Donk) von Emmerich. Nordöstlich von Emmerich befindet sich die **ehemalige Ziegelei bei Kordewerk (36-37)**. Sie ist noch an den Tümpeln erkennbar, die sich als Relikte der Abgrabung nach der Stillegung zu schützenswürdigen Biotopen entwickelt haben.

Klein Netterden (37) ist die Tochtersiedlung der niederländischen Siedlung Netterden, die durch die neue Staatsgrenze von 1816 voneinander getrennt wurden. Archäologische Funde belegen fränkische Siedlungsspuren. Die Siedlung wurde 1237 erstmals urkundlich erwähnt.

Die **Tote Landwehr (38)** bildete bis 1816 die Grenze zwischen Preußen und den Generalstaaten (die Niederlande). Landwehre oder Landwehrgräben sind im Zusammenhang mit der Herausbildung von Territorialherrschaften und dem Aufkommen der Städte entstanden. Sie bildeten meistens die Grenzen von Herrschaften, Ämtern oder Stadtfeldmarken. Sie bestanden aus Gräben und mit undurchlässigen dornigen Hecken und Sperrpflanzen bepflanzten Wällen, die für Mensch und Tier unpassierbar waren. An Durchlässen mit sogenannten "Planken", Schlagbäumen und Wachttürmen wurde Zoll- und Wegegeld erhoben, und es wurden Kontrollen durchgeführt. Sie hatten allerdings keine große Bedeutung als militärisches Hindernis. Die nahe östlich gelegene **Löwenberger Landwehr (38)** wurde 1412 als "nyen Lantwere" bezeichnet. Sie fungierte hier auch als Entwässerungsgraben.

Die Hetter (39) war ein ausgedehntes Bruchgebiet im Urstromtal des Rheins, das um 1340 von holländischen "Broekers" urbar gemacht und in Schlägen (Hufen) eingeteilt worden ist. Diese Schläge oder Hufen - ein spätmittelalterliches Landmaß - waren von geradlinigen parallel voneinander verlaufenden Entwässerungsgräben umgeben. Zunächst gab es dort noch Ackerbau, aber in der Klevischen Katasterkarte von 1724 ist nur Grünland verzeichnet. Die Schläge sind im Gelände noch durch Baum- bzw. Heckenreihen, Vertiefungen und Gräben erkennbar. Die Besiedlung mit Einzelhöfen ist bis zum heutigen Tag dünn geblieben. Im Gegensatz zum benachbarten Wertherbruch südlich von Isselburg ist keine Reihensiedlung entstanden. Es existieren nur Einzelhöfe wie der Hof **Grönschlag (40)**. Die Ursache für die dünne Besiedlung war, daß viele Hufen den benachbarten Bauernschaften und Einzelhöfen auf dem alten Land zugeschlagen wurden. Seit 1992 steht die Hetter unter Naturschutz. Der vom Fernsehen bekannte niederrheinische Kabarettist Hanns Dieter Hüsch hat für dieses Naturschutzgebiet die Patenschaft übernommen. Durch diese hauptsächlich ökologisch begründete Schutzform wird diese strukturell gut erhaltene Kulturlandschaft ebenfalls geschützt.

Das Haus **Offenberg (41)** war keine Wehrburg, sondern ein Offenhaus, das dem Landesherrn jederzeit offenstand. Die Anlage wurde in der 2. Hälfte des 15. Jahrhunderts gebaut. Die klevische Katasterkarte von ca. 1730 zeigt den Grundriß des dreiflügeligen Baus, kurz vor seiner Zerstörung. Heute ist die Grabenanlage als unregelmäßiges Rechteck erhalten, außerdem Teile der seit 1823 als Hof genutzten Nebengebäude. Die Alleen gehören ebenfalls zur Anlage.

Holländerdeich (42) ist ein ehemaliger spätmittelalterlicher Erschließungsdeich für die Kultivierung des Bruchgebiets. Der Name "im Holland" errinnert an holländische "Broekers", die das Gebiet um 1340 kultivierten und in Schläge (Hufen) mit parallel verlaufenden Entwässerungsgräben einteilten.

Die Paesche Landwehr (42-43) westlich „im Holland" bildete die alte Grenze zwischen den ehemaligen klevischen Ämtern Offenberg-Praest und Hueth. 1361 bekam Rutger van Heckeren die Genehmigung, in der Hetter die Wasserburg **Hueth (43)** zu bauen, die 1383 fertiggestellt wurde. Sie war der Sitz des Gerichtes Bienen. Die von spanischen Truppen zerstörte alte zweiteilige Wasserburg wurde im 17. und 18. Jahrhundert als barockes Herrenhaus mit Alleen und Gartenanlagen im Stil der Klever Residenzanlagen wiederaufgebaut. Der Kern des Mittel- und Ostflügels datiert aus dem 14. Jahrhundert, wie auch der Nordostturm mit dem gut erhaltenen sechsteiligen Kuppelgewölbe und Kegeldach. Das Herrenhaus und die Vorburg sind im 2. Weltkrieg bis auf die Umfassungsmauern zerstört worden. Heute ist die Vorburg mit Turm noch erhalten. Die Gräben, Parkanlagen und die Allee zur B8 sind gut erhalten.

Die östlich von Hueth verlaufende **Huether Landwehr (43-44)** bildet die spätmittelalterliche Grenze zwischen den ehemaligen Ämtern Hueth-Bienen und Millingen. Die **Millinger Landwehr (43-44)** ist heute ein Entwässerungsgraben und bildet die Grenze zwischen den ehemaligen Ämtern Hueth-Bienen und Millingen.

Der Ort **Millingen (44)** ist ein frühmittelalterliches Straßendorf. Die erste Quellenerwähnung der St.-Quirin-Kirche erfolgte 720 als: "basilica dommnae nostrae in villa Millingi". Die heutige Kirche wurde 1120 erstmals erwähnt. Sie wurde im 15. Jahrhundert in eine gotische Basilika umgebaut.

Die alte feinstreifige Parzellierung der Ackerkomplexe an den Ortsrändern und die Siedlungsstruktur des alten Dorfkerns sind heute noch weitgehend erhalten.

Die **Prinz Leopoldhütte mit Industriesiedlung und Fabrikantenhaus (45)** wurden kurz nach der Anlage der Bahnstrecke Arnheim-Oberhausen (1856) beim Bahnhof Empel errichtet. Neben dem Fabrikantenhaus befinden sich noch einige Arbeiterwohnungen aus dem Ende des 19. Jahrhunderts.

Die **Hurler Landwehr (46)** bildet die Grenze der alten Herrschaft Empel, die an allen Seiten von dem Landwehrgraben umgeben ist. Das **Haus Empel (46)** ist aus einer frühmittelalterlichen Burganlage, einer sogenannten "Motte" hervorgegangen; einzelne Hinweise lassen sogar auf eine fränkische Anlage schließen. Die älteste schriftliche Erwähnung stammt von 1240. Auf dem Gelände befand sich ein sogenannter "Heidenturm", der 1826 abgerissen wurde. Seit 1489 war Empel in Besitz der Familie Diepenbroich. Die Burg- und Parkanlagen wurden nach 1570 errichtet und 1945 weitgehend zerstört. Heute sind nur noch die Gräben, Linden- und Roßkastanienalleen und Reste der Park/Gartenanlage von 1846 erhalten geblieben.

Der ehemalige Ziegeleikomplex im Lohr (zwischen 46 und 47) an der B 67 ist seit den 70er Jahren nicht mehr in Betrieb. Dieser zerfallene Komplex dokumentiert allerdings noch als Relikt die Bedeutung des Ziegeleigewerbes am unteren Niederrhein. Die meisten Gebäude sind erhalten geblieben, wie die Ofengebäude und Trockenscheunen. Die abgegrabenen Flächen sind rekultiviert worden.

Rees (47) ist die älteste kurkölnischen Stadtgründung des unteren Niederrheins von 1228 und als Siedlung auf einer ehemaligen Rheininsel (Uferwall) entstanden (vgl. Abb. 5). 1142 gehörte sie dem bereits erwähnten Bund niederrheinischer Kaufleute an. Bis 1392 gehörte sie zu Kurköln und ist danach an das Herzogtum Kleve übergegangen. Am Ende des Mittelalters hatte die Stadt eine Fläche von 18 ha. Während der holländischen Besatzung (1614-1672) avancierte sie zur bedeutensten nach niederländischem System befestigten Festungsstadt am unteren Niederrhein (1614-1648) und in Europa. Nach 1650 zerfielen die Festungsanlagen. 1761 befestigten die Franzosen die Stadt nach dem Vauban'schen System. Abgesehen von einigen Mauerresten, zwei Rundtürmen und dem 1470 erbauten Rondell, das als Eisbrecher gegen Eisgang bei Rheinhochwasser fungierte, ist die Stadt am Ende des 2. Weltkrieges völlig zerstört worden. Die ehemalige Stiftskirche (St. Maria Himmelfahrt, 1040-1059) wurde 1819 abgetragen und 1817-1828 durch einen klassizistischen Neubau im Schinkelstil ersetzt. Die heutige evangelische Kirche wurde 1623/24 von den Holländern gebaut. Mit dem Bau der **Reeser Brücke (47-48)** von 1967, die eine Spannweite von 225 m hat, gab es eine erhebliche Verbesserung des Nord-Süd-Verkehrs.

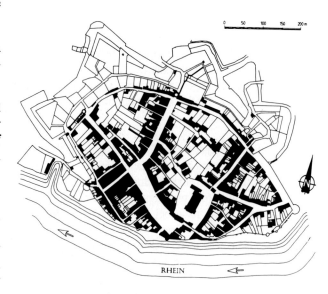

Abb. 5: Rees, Stadtgrundriß um 1825

Die Siedlung **Appeldorn (48)** ist 793 erstmals urkundlich erwähnt. Die Lambertuskirche entstand etwa um 1350 und erfuhr nach ihrer Zerstörung 1945 einen Wiederaufbau nach dem Krieg. Die benachbarte Wasserburg **Boetzelaer (48)** wurde vor 1350 errichtet und in den Kriegsjahren 1944/1945 zerstört.

Kalkar (49) (vgl. Abb 6) war eine gezielte Neugründung des Grafen von Kleve auf einer Rheininsel, der Kalkarer Ward (Sandrücken) von 1230. 1230 wurde auch mit dem Bau der reich ausgestatteten Nikolaikirche begonnen (die evangelische Kirche datiert von 1694). Kalkar erhielt 1242 Stadtrechte. Nach 1380 erfolgten Stadterweiterungen auf dem Ostteil der Ward, und die Stadt erstreckte sich auf einer Gesamtfläche von 24 ha. Die östliche Stadthälfte war durch die Ansiedlung von Klöstern mit Gartenanlagen dünner besiedelt. Um 1320 sind bereits steinerne Stadttore bekannt. 1499 errichtete man vor den Toren Bollwerke. 1598 wurde die Stadt von spanischen Truppen erobert; 1640-1645 wurde sie von hessischen Truppen nach niederländischem Bastionsstil und zwischen 1656 und 1672 die brandenburgische Fortifikation mit einem zitadellenähnlichen Ausbau im Süden befestigt. Beim Bau der Zitadelle wurden Teile der südlichen Altstadt abgerissen. Die Entfestigung erfolgte 1674 durch französische Truppen. Von der Zitadelle sind heute nur noch Spuren erhalten.

Daß Kalkar heute - als Denkmalbereich unter Schutz gestellt - die noch am besten erhaltene Stadt am Niederrhein ist, ist Folge des wirtschaftlichen Niedergangs und der damit verbundenen geringen Neubautätigkeit seit dem 17. Jahrhundert und den relativ geringen Zerstörungen im Zweiten Weltkrieg.

Die benachbarte Siedlung Altkalkar ist merowingischen Urprungs.Die St. Pancratius-Kirche von **Altkalkar (49)** wurde um 1100 erbaut, aber erst 1258-1291 im "Xantener liber procurationen" erwähnt und 1341 dem Kollegialstift Kleve zugewiesen. Die Kirche wurde im Dreißigjährigen Krieg zerstört und erst 1689 wiederaufgebaut.

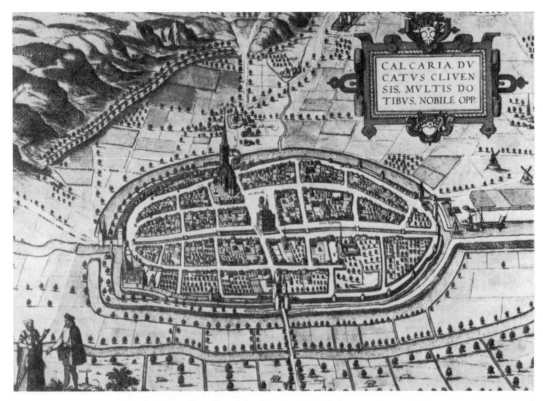

Abb. 6: Braun-Hogenberg, Ansicht der Stadt Kalkar von Osten, 1575

Die Höhenburgwüstung **Monreberg (50)**, seit dem im 10. Jahrhundert als "Veste Munna" erstmals quellenmäßig erfaßt, wurde 1011 von Graf Wichmann errichtet, aber bereits 1018 wieder zerstört. Die Burg war die Stammburg der Grafen von Kleve. 1269 bestand die Anlage aus einer Vor- und Hauptburg. 1327 entstand eine Kirche für das gegründete Kollegialstift in der Vorburg. Das Kollegialstift wurde 1341 nach Kleve verlegt. Seit 1649 ist die Burg Monreberg nach mehreren Zerstörungen und jeweiligem Wiederaufbau eine Burgwüstung geblieben. Das römische Lager in der Nähe des Hofes Großer Born östlich von Monreberg wird in den antiken Quellen als **Burginatium (51)** bezeichnet. Es diente als Auxiliarkastell von Reitertruppen. Dies wird durch archäologische Befunde von 40 v.Chr. bis 5 n.Chr. belegt.

Der Ort **Marienbaum (52)** entwickelte sich durch ein in der ersten Hälfte des 15. Jahrhunderts dort aufgefundenes Marienbild zum Wahlfahrtsort. Für das Marienbild ließ Herzog Adolf VI. von Kleve eine Wahlfahrtskirche errichten. Adolfs Witwe Maria von Burgund gründete dort ein Brigittinen-Kloster. Nach einem Brand wurde das Kloster 1513 wiederaufgebaut und schließlich baute man 1712 die heutige Wahlfahrtskirche. **Haus Balken (53)** südöstlich von Marienbaum wird in der ersten Hälfte des 15. Jahrhunderts mehrfach erwähnt und ist im Besitz der Rheinberger Familie Underberg.

Endpunkt der Exkursion ist die mittelalterliche Stadt **Xanten (54)**, die 1228 Stadtrechte erhielt. Im Bereich eines römischen und merowingerzeitlichen Gräberfeldes entstanden im 9. Jahrhundert das bedeutende Stift St. Viktor und eine hochmittelalterliche Handelssiedlung. Die ersten Vorgängerbauten des mächtigen Xantener Domes (oder St.-Viktor-Kirche) reichen bis in das Frühmittelalter zurück. An heutigen Bau hat man über Jahrhunderte hinweg (1263 bis ca. 1550) gebaut.

Basisliteratur

AYMANS, G.: Die preußische Katasteraufnahme im Herzogtum Kleve der Jahre 1731-38. In: Erdkunde, 40 (1986), S.14-28.

BURGGRAAFF, P.: Kulturlandschaftswandel am unteren Niederrhein seit 1150. Beiheft, Karte IV.7.1: Kulturlandschaftswandel am unteren Niederrhein 1150-1730 [unter Mitarb. von K.-D. KLEEFELD], Karte IV.7.2: Kulturlandschaftswandel am unteren Niederrhein 1730-1984. Mit einem Beitrag von R. STRAßER. Die jungen Rheinlaufveränderungen zwischen Grieth und Griethausen (S. 6-17). Köln 1993 (Geschichtlicher Atlas der Rheinlande, Lfg. 4, IV.7.1 u. IV.7.2).

GORISSEN, F.; MATENAAR, F.; GRÄF, H. [Hrsg.]: 150 Jahre Landkreis Kleve. Beiträge zur geschichtlichen Entwicklung. Kleve 1966.

HAHN, H.; ZORN, W.; JANSEN, H. [Mitarb.]; KRINGS, W. [Mitarb.]: Historische Wirtschaftskarte der Rheinlande um 1820. Bonn 1973 (Arbeiten zur Rheinischen Landeskunde, 37 = Rheinisches Archiv, 87).

HOHMANN, K.-H.: Bau- und Kunstdenkmäler im Kreis Kleve. Eine kursorische Übersicht. Neuß 1995.

KNOLL, G.M.: Der Niederrhein. Landschaft, Geschichte und Kultur am unteren Niederrhein. Köln 1990 (DuMont Kunst-Reiseführer).

NEGENDANK, J.; RICHTER, G.: Geographische und geologische Grundlagen. Köln 1982 (Geschichtlicher Atlas der Rheinlande, Lfg. 1, Karten I/1-I/5 und Beiheft).

PETRI, F.; DROEGE, G. [Hrsg.]: Rheinische Geschichte in drei Bänden. Düsseldorf. Band 1: Altertum und Mittelalter, Teilband 1: Altertum (1978), Teilband 2: Frühes Mittelalter (1980), Teilband 3: Hohes Mittelalter 1983. Band 2: Neuzeit (3. Aufl. 1980. Band 3: Wirtschaft und Kultur im 19. und 20. Jahrhundert (1979). Bild- und Dokumentationsband (1978).

Weiterführende Literatur zu einzelnen Standorten

BINDING, G.; JANSSEN, W.; JUNGKLAAß, F.K.: Burg und Stift Elten am Niederrhein. Archäologische Untersuchungen der Jahre 1964/65. Düsseldorf 1970 (Rheinische Ausgrabungen, 8).

BINDING, G.: Elten am Niederrhein. Köln 1986 (Rheinische Kunststätten, 197).

BURGGRAAFF, P.; WEGENER, W. [Mitarb.]: Genese einer Kulturlandschaft am Unteren Niederrhein zwischen Rees und Kleve. Ein interdisziplinäres Forschungsprojekt des Rheinischen Amtes für Bodendenkmalpflege und des Kreises Kleve. In: Kalender für das Klever Land 1991, S. 167-173.

CLEMEN, P.: Die Kunstdenkmäler der Rheinprovinz. 1. Band, IV: Die Kunstdenkmäler des Kreises Kleve. Düsseldorf 1892. 2. Band, I: Die Kunstdenkmäler des Kreises Rees. Düsseldorf 1892.

CÜPPERS, H.; RÜGER, CHR. B. (unter Mitarb. v. B. BEYER mit Beitr. v. M.J. MÜLLER u. J. SCHALICH): Römische Siedlungen und Kulturlandschaften. Köln 1985 (Geschichtlicher Atlas der Rheinlande, Lfg. 2, Karten III/1-III/2 und Beiheft).

CUYPERS, W.: Emmerich. Düsseldorf 1991.

DIEDENHOFEN, W.: Garten und Parks in Kleve. Köln 1986 (Rheinische Kunststätten, 202).

DIEDERICHS, A.: Beiträge zur Geschichte des Städtchen Griethausen. Kleve 1969.

DÜFFEL, J.: Bilder aus der Vergangenheit der Stadt und Festung Rees. Emmerich 1939. Neuaufl. mit einem Nachtrag von H. TERLINDEN. Kleve 1972

DÜFFEL, J.: Zur Geschichte der Stadt Emmerich und ihrer nächsten Umgebung. Emmerich 1955.

ENNEN, E.: Rheinisches Städtewesen bis 1250. Köln 1982 (Geschichtlicher Atlas der Rheinlande, Lfg. 1, Karte VI.1 und Beiheft).

EVERS, H.: Straßen in Emmerich. Geschichtsbild der Straßen einer alten Stadt am Niederrhein. Köln 1977.

FLINK, K.; JANSSEN, W. [Hrsg.]: Grundherrschaft und Stadtentstehung am Niederrhein. Kleve 1989 (Klever Archiv, 9).

FLINK, K. [Hrsg.]: Historischer Ortskernatlas der Stadt Kleve und ihrer Ortsteile. Kleve 1992.

FREISBERG, F.; HÖVELMANN, E.: Praest und Vrasselt. Schwestergemeinden an der großen Straße. In: Heimatkalender des Kreises Rees, 1955, S. 51-59.

GOEBEL, F.: Alte Wasserburgen im Reeser und Emmericher Gebiet. In: Beiträge zur Geschichte der Stadt Emmerich, 3 (1986), S. 17-28.

GORISSEN, F.: Niederrheinische Städteatlas - Klevische Städte. 1. Heft Kleve. Kleve 1952. 2. Heft Kalkar. Kleve 1953 (Publikationen der Gesellschaft für rheinische Geschichtskunde, LI).

GORISSEN, F.: Kellen. Siedlung und Gemeinde in ihrer geschichtlichen Entwicklung. Kellen 1954.

GORISSEN, F.: Grieth das 700jährigen Schifferstädtchen am Niederrhein. Kleve 1954.

GORISSEN, F.: Rhenus bicornis. In: Niederrheinisches Jahrbuch, 9 (1965), S. 79-164.

GORISSEN, F.: Griethausen. Geschichte einer Stadtgründung oder Aufstieg und Niedergang eines Rheinhafens. Köln 1974.

GORISSEN, F.: Geschichte der Stadt Kleve - von der Residenz zur Bürgerstadt, von der Aufklärung bis zur Inflation. Kleve 1977.

GORISSEN, F.: Rindern (Harenatium - Rinharen). Römisches Limeskastell, angloschottisches Coenobium Willibrords, feudale Grundherrschaft und Herrlichkeit, Deichschau. Band 1. Von den Anfängen der Besiedlung bis zum Ende der Herrlichkeit - Darstellung und Quellen. Kleve 1985.

GORISSEN, F.: Historische Topographie der Stadt Kleve. Von den Anfängen bis zu Beginn der brandenburgischen Zeit (Dissertation 1939/1942). Kleve 1992.

GRÄF, H.: Die geschichtliche Entwicklung des Deichwesens im Landkreis Kleve. In: 150 Jahre Landkreis Kleve. Kleve 1966.

HILGER, H.P.: Kalkar am Niederrhein. 9. Aufl. Köln 1985 (Rheinische Kunststätten, 39).

HÖPFNER, H.-P.: Eisenbahnen. Ihre Geschichte am Niederrhein. Köln 1986.

HOHMANN, K.-H.: Schloß Moyland in Bedburg-Hau (Kreis Kleve). Köln 1989 (Rheinische Kunststätten, 346).

HOFMANN, M.: Ziegeleien im niederrheinischen Tiefland - 1890-1977 - und die von ihnen verursachten Lehm- und Tonabgrabungen. In: Der Niederrhein. Zeitschrift für Heimatpflege und Wandern, 45 (1978), S. 9-15.

HOPPE, Chr. Die großen Flußverlagerungen des Niederrheins in den letzten 2000 Jahren und ihre Auswirkungen auf Lage und Entwicklung der Siedlungen. Bonn 1966 (Forschungen zur deutschen Landeskunde, 189).

HORN, H.G. [Hrsg.]: Die Römer in Nordrhein-Westfalen. Stuttgart 1987.

750 Jahre Stadt Rees. Ausstellung der Stadt Rees und der Archivberatungsstelle des Landschaftsverbandes Rheinland im Rathaus zu Rees vom 11.-26. Mai 1978. Rees 1978.

JANSSEN, W.: Niederrheinische Territorialbildung. Voraussetzungen, Wege, Probleme. In: ENNEN, E.; FLINK, K. [Hrsg.]: Soziale und wirtschaftliche Bindungen am Niederrhein. Kleve 1981, S. 95-113.

JÖRISSEN, J.: Chronik der Gemeinde Bedburg-Hau. Kleve 1990.

KEYSER, E.: Rheinisches Städtebuch. Stuttgart 1956 (Deutsches Städtebuch, 3).

KLOSTERMANN, J.: Das Quartär der Niederrheinischen Bucht. Krefeld 1992.

KOSCHIK, H. [Hrsg.]: Kulturlandschaft und Bodendenkmalpflege am unteren Niederrhein. Köln 1993 (Materialien zur Bodendenkmalpflege, 3)

KRÄMER, K.E.: Von Burg zu Burg am Niederrhein. 3. Aufl. Duisburg 1979.

KUNZE, H. Vom Spoy-Graben zum Spoykanal. Verbindung zwischen Kleve und dem Rhein. In: Kalender für das Kleverland 1983, S. 104-107.

Land im Mittelpunkt der Mächte. Die Herzogtümer Jülich-Kleve-Berg. [Ausstellungskatolog]. 3. Aufl. Kleve

LEMMERZ, F.: Die Städte des Herzogtums Kleve und ihre Beziehungen zum ländlichen Raum im 18. Jahrhundert (1713-1806). Bonn 1994 (Arbeiten zur Rheinischen Landeskunde, 63).

Linker Niederrhein. Krefeld, Xanten, Kleve. Mainz 1969 (Führer zu vor- und frühgeschichtlichen Denkmälern, 14).

OTT, H.: Rheinische Wasserburgen. Geschichte, Formen und Funktionen. Würzburg 1984.

PELZER, C.: Studien zur topographisch- und bevölkerungsgeschichtliche Entwicklung der Stadt Emmerich. In: Annalen des Historischen Vereins Niederrhein, H. 146/147, 1948.

PELZER, C.: Geschichte der Stadt Emmerich im 19. Jahrhundert mit einer Abriß der älteren Stadtgeschichte. Emmerich 1985.

PETRI, F.: Die Holländersiedlungen am klevischen Niederrhein und ihr Platz in der Geschichte der niederländisch-niederrheinischen Kulturbeziehungen. In: Festschrift Matthias Zender. Studien zu Volkskultur, Sprache und Landesgeschichte. Bonn 1972, S. 1117-1129.

Ressa Uber. Das fruchtbare Rees. 725 Jahre Stadt Rees. In: Heimatkalender des Kreises Rees, 1955, S. 99-107.

ROTTHAUE, H. (genannt Löns): Sechs Gemeinden und ein Amt, die Chronik des Amtes Vrasselt. Emmerich 1969.

Schenkenschanz "de sleutel van den hollandschen tuin". Ausstellungskatalog. Kleve 1986.

SCHOLTEN, R.: Beiträge zur Geschichte von Wissel und Grieth und zur Genealogie niederrheinischer Geschlechter. Cleve 1889.

SCHOLTEN, R.: Zur Geschichte von Hönnepel und Niedermörmter. In: Annalen des Historischen Vereins für den Niederrhein, 51 (1891), S. 105-148.

SCHOLTEN, R.: Qualburg im Kreise Kleve und seine Umgebung. In: Annalen des Historischen Vereins für den Niederrhein, 54 (1892), S. 175-197.

SOMMER, S.: Mühlen am Niederrhein. Die Wind- und Wassermühlen des linken Niederrheins im Zeitalter der Industrialisierung (1814-1914). Köln 1991 (Werken und Wohnen. Volkskundlichen Untersuchungen im Rheinland, 19).

SPIES, W.: Der Unterlauf des Rheinstromes zu Friedrichs des Großen Zeiten. In: Die Heimat, 17 (1938), S. 215-226.

VOGT, H.: Niederrheinischer Windmühlenführer. 2. Aufl. Krefeld 1991.

VOLLMER, G.: Die Stadtentstehung am unteren Niederrhein. Eine Untersuchung zum Privileg der Reeser Kaufleute von 1142. Bonn 1952 (Rheinisches Archiv, 41).

WEGENER, W.: Die Löwenberger Landwehr bei Emmerich. Ein Beitrag zur Entstehung und Funktion von Landwehren bzw. Landwehrgräben am Niederrhein. In: Kalender für das Klever Land 1992, S. 147-149.

WÖRNER, G.: Der Park am Schloß Moyland in Bedburg-Hau. In: Kulturlandschaftspflege im Rheinland. Symposion 1990. Tagungsbericht. Köln 1991 (Beiträge zur Landesentwicklung, 46), S. 85-89.

WÖRNER, G.: Gärten und Parks des Johann Moritz von Nassau-Siegen in Kleve, Moritzgrab und Amphitheater. In: Kulturlandschaftspflege im Rheinland. Symposion 1990. Tagungsbericht. Köln 1991 (Beiträge zur Landesentwicklung, 46), S. 90-96.

Anschrift des Autors

Drs. Peter Burggraaff, Büro für historische Stadt- und Landschaftsforschung
Kaufmannstr. 81, D-53115 Bonn